Gerhard Konzelmann

Der Jordan

Ur-Strom
zwischen Heil und Haß

Hoffmann und Campe

Technische Vorbemerkung

– Politiker des 20. Jahrhunderts werden so wiedergegeben, wie diese sich selbst in lateinischen Buchstaben schreiben, also: Yassir Arafat, Ariel Sharon, Shimon Peres, Abu Jihad (gespr.: Dschihad) etc.;
– biblische Namen folgen den Loccumer Richtlinien für die ökumenische Bibelübersetzung (z. B. f statt ph, t statt th), also: Josef, Kafarnaum, See Gennesaret, Nazaret, Jonatan, Mose, Gomorra etc.; griechische folgen der üblichen Transkription;
– für eingedeutschte Namen und Begriffe gilt die Schreibweise nach Duden, also: Jordan, Jarumuk, Bajezid, Dschebel, Hadsch, Hedschas etc. Im übrigen werden arabische Ortsbezeichnungen in einer der deutschen Aussprache angenäherten Umschrift wiedergegeben, israelische anhand amtlicher Karten.

CIP-Titelaufnahme der Deutschen Bibliothek

Konzelmann, Gerhard:
Der Jordan: Ur-Strom zwischen Heil u. Hass /
Gerhard Konzelmann. – 1. Aufl. –
Hamburg: Hoffmann u. Campe, 1990
ISBN 3-455-08313-7

Copyright © 1990 by Hoffmann und Campe Verlag, Hamburg
Schutzumschlag- und Einbandgestaltung Werner Rebhuhn
Karten: Alfred Skowronski
Gesetzt aus der Aldus-Antiqua
Satzherstellung: Fotosatz Otto Gutfreund, Darmstadt
Druck und Bindung: May & Co, Darmstadt
Printed in Germany

Inhalt

Der lebendige Fluß und das Tote Meer — 11

Teil I
Palästina auf palästinensischem Boden
Auf der Suche nach Frieden für eine ruhelose Region

Staat ohne Land — 17
Die magischen Worte des Yassir Arafat — 17
Am Jordan soll der Palästinenserstaat entstehen — 29
König Husseins historischer Verzicht — 38

David und Goliat mit vertauschten Rollen — 43
Ariel Sharon will den Jordan zur Grenze Israels machen — 43
Intifada, der Aufstand — 46
Die PLO muß die politische Initiative zurückgewinnen — 50

Teil II
Heimstatt für den einen Gott
Im verheißenen Land treffen die Söhne Israels auf fremde Stämme und auf das Volk der Philister

Während der Wanderung wird Israel zum Volk — 57
Die Geschichte beginnt in Sodom und Gomorra — 57
Mose weist den Weg zum Jordan — 64
»Du darfst den Jordan nicht überschreiten!« — 71
»Der Herr ließ das Jordanwasser austrocknen« — 75

Dem Starken gehört die Zukunft — 78
Ramses II. zieht vom Nil zum Oberlauf des Jordan — 78
Josua läßt ein Denkmal errichten — 81
Jericho — 82
Und er schlug sie »mit der Schärfe des Schwertes« — 87
Jahwe besiegt Baal — 94
Baal setzt sich wieder durch — 104
Krieg gegen Hazor, die Weltstadt am oberen Jordan — 106

Der Jordan als Mittelachse jüdischen Landes — 113
Noch fehlt ein Zentrum der Macht — 113
Gefahr droht von den »Söhnen des Ostens« — 116
Der Irrweg der Bundeslade — 125
Im Jordantal wird Saul als König eingesetzt — 129
Sauls Schicksal entscheidet sich in Gilgal — 136
Sauls Tod und Begräbnis — 141

Interessenverlagerung ins Ostjordanland — 145
Hauptstadt am Ostufer des Jordan — 145
David erobert das Land Ammon — 150
Die Einigung der jüdischen Sippen – ein mühsamer Prozeß — 153
Der Jordan im Reich des Königs Salomo — 162
Eine Erzgießerei an der Furt von Adama — 164
Die zwei Propheten aus dem Jordantal — 168

Fremdherrschaft und Exil als Strafe Gottes — 182
»Er tat, was dem Herrn mißfiel« — 182
Gedanken aus Babylon an den Jordan und ans Tote Meer — 187
Der Jordan gerät in Vergessenheit — 190
Die Nabatäer, Volk am Toten Meer — 192
Zenon erforscht das Jordantal — 196
Zum erstenmal in der Geschichte: Verfolgung aus Glaubensgründen — 200

Teil III
Bewährungsproben für das auserwählte Volk und seinen Pakt mit Gott
Der lange Weg in die Diaspora

Rückbesinnung auf die einstige Grösse — 205
Der Widerstand formiert sich — 205
Die jüdischen Sippen räumen das Ostjordanland — 208
Ein folgenschweres Bündnis — 211
Der Jordan rettet die jüdische Nationalbewegung — 213
Jonatans Tod in der Jordansenke und das Ende der Seleukidenherrschaft — 216
Die Wiederherstellung des Reiches Davids — 218

Im Machtbereich Roms — 220
»Hierüber ergrimmte Pompejus« — 220
Die römische Ordnung im Land um den Fluß — 225
Das Jordantal als Machtbasis Herodes' — 228
Kleopatra interessiert sich für die Jordansenke — 233
Tod im »tiefsten Loch der Erde« — 236
Krieg im Ostjordanland schafft Ärger mit Rom — 242
Herodes will in Jericho sterben — 246

Unruheherd Jordan — 254
Gewalt und Zerstörung werden zum Alltag — 254
Mesad Chassidim, die Festung der Frommen — 257
Im Jordangraben, nicht in Jerusalem wurde der Glaube bewahrt — 262
Der Name Johannes bedeutet: Gott gibt Gnade — 265

Der Gesalbte — 276
Jesus am See Gennesaret — 276
»Du, Kefar Nahum, wirst zur Hölle fahren!« — 285
»Jordan« heißt: »kommt von Dan« — 287
Am Jordan erkennt Jesus seine Berufung — 290
»Es ist der Herr!« — 296

DER JÜDISCHE KRIEG	299
Die Unruhen halten an	299
Masada, das Rückgrat der Aufrührer	301
Josephus' Bestandsaufnahme an See und Fluß	306
»Mit Blut gefärbt war der ganze See«	308
Innerjüdische Querelen führen zur Katastrophe	314
Der Freitod der 960	320

TEIL IV
NICHT MEHR NUR GOTT UNTERTAN
Wechselnde Herrschaft heißt Wandel der Kulturen

PAX ROMANA	329
Östlich des Jordan entsteht der Limes Arabicus	329
»Männer von En-Gedi, vergeßt nicht eure Brüder!«	332
Teverya, »der Nabel der Welt«	338
Die Römer fühlen sich im Ostjordanland wohl	343
Der Glaube an Jesus kehrt an den Jordan zurück	347
Nach der Reichsteilung	349
IM NAMEN ALLAHS	352
»Verbrennt nicht die Palmenbäume!«	352
Die Moslems siegen am Jarmuk	356
In Odruh verliert Arabien die Aussicht auf inneren Frieden	361
Im Jordanland erfüllen sich erotische Träume	364
»Wacht das Haus Omaija, oder schläft es?«	368
EINBRUCH DES ABENDLANDS	370
Ein christlicher Fremdkörper westlich des Jordan	370
Ostwärts des Flusses werden Kreuzritter zu Raubrittern	375
»Oultrejourdain« führt ein Eigenleben	379
Rainalds Weg in den Untergang	386
Kleinkrieg zwischen Moslems und Christen am Jordan	393

»Assassinen« und Christen verbünden sich	399
Der Jordan als Grenze Ägyptens	404

Das Osmanische Reich sorgt für ein Gleichmass der Zeit — 408

»Die reinste Luft des Heiligen Landes«	408
Pilgerforts im Ostjordanland	412
Kanonendonner – Konfrontation mit der Moderne	415
»Der Jordan ist nicht mit der Seine vergleichbar!«	420
Europäer entdecken die Faszination des Jordanlandes	423
Was fehlt, ist eine Karte des Jordanlandes	426
Noch einmal macht die Geschichte Pause	431

Eine Absichtserklärung wird zum politischen Angelpunkt — 435

Der Weltkrieg wirft seine Schatten voraus	435
Britische Truppen rücken in Jerusalem ein	437
Das Ende der türkischen Flotte auf dem Toten Meer	439
Allenbys Feldzug am Jordan	443
Der Jordan als Grenzfluß	449
Folgen der trickreichen Politik Lord Balfours	451
Der Holocaust beschleunigt die Entwicklung	454

Teil V
Brennpunkt Naher Osten
Ein Pulverfaß alter und neuer Konflikte

Der Kampf um Israel — 457

Abruptes Ende des britischen Mandats	457
Israelischer Sieg im Jordantal	459
Flüchtlingselend	461
Streit um das Jordanwasser	464
»Unsere Soldaten verbeißen sich wie Rasende ins Jordanwestufer«	468

HOFFNUNG DER ENTWURZELTEN	472
Karame – eine Kleinstadt im Jordanland	472
König Husseins Bemühungen um Ausgleich und Frieden	475
Das Tal der Tränen	479
Landnahme der Gegenwart	480
»Der König geht betteln, die Königin kauft ein«	484
ANHANG	489
Ergänzende Literatur	490
Register	493

Der lebendige Fluß und
das Tote Meer

Gott, so wissen die Menschen des Jordanlandes zu berichten, habe am Ende des dritten Tages der Schöpfung der Welt, als Erde und Meer getrennt und die Pflanzen geschaffen waren, mit seinem mächtigen Daumen einen tiefen Graben in die Oberfläche des festen Landes eingedrückt. Das sei in jenem Augenblick geschehen, als der Allmächtige, weit in die Zukunft vorausblickend, darüber nachdachte, wo er die Hölle inmitten seines Schöpfungswerkes ansiedeln werde. Daß Hölle und Paradies zur Bestrafung und zur Belohnung seiner Geschöpfe notwendig werden würden – davon war Gott überzeugt. Der glühende Herd ewiger Qualen und der Garten immerwährender Zufriedenheit waren im Schöpfungsplan vorgesehen. Gott wußte nur noch nicht, wie diese Orte beschaffen sein sollten.

Es wird auch erzählt, Gott habe sich zunächst nicht vorstellen können, welche Art von Glutofen die unbarmherzige Hitze erzeugen könne, die gebraucht werde, um alle Frevler zu quälen und zu verbrennen. Das Paradies zu gestalten schien leichter zu sein: In der Vorstellung Gottes war es eine Gegend der Kühle, von einem Fluß durchzogen, an dessen Ufern sich die Seligen, die gottgefällig gelebt hatten, ausruhen sollten.

Als Gott auf den tiefen Graben sah, den sein Daumen in die Erdkruste gezogen hatte, da erkannte er, daß ihm die Schaffung der Hölle schon gelungen war. In der Vertiefung sammelte sich schnell sengende Hitze, ausgehend von den Sonnenstrahlen, die senkrecht in den Graben hineinstachen. Kein Wind kühlte am Grund die glühende Luft. Dem Frevler, der sie später einmal einatmen mußte, trocknete sie wohl die Zunge aus, dem verbrannte sie den Schlund. Für die Verdammten war also der Ort ewiger Qual vorhanden.

Doch da bemerkte Gott, daß er einen schlechten Platz für die Hölle gewählt hatte. Nicht weiter als die Spanne seiner Hand entfernt lag eine Felsplatte, die er eigens geformt hatte, damit sie der Erlösung der Menschen diene. Das ganze Umfeld der Felsplatte war dazu bestimmt,

Mittelpunkt des Heils zu werden. Von der Felsplatte würde dereinst ein Prophet zum Himmel aufsteigen, um das Gesetz Gottes kennenzulernen. Das ebene Feld um die Felsplatte war auserwählt, damit dort ein Tempel entstehe, eine Herberge für Gott. Im Mittelpunkt des Heils war auch der Hügel zu finden, auf dem, nach der Vorbestimmung, der Erlöser den Menschen das ewige Leben retten werde.

Berichtet wird, Gott habe die unmittelbare Nähe von Heil und Hölle gescheut. Der Graben, den sein Daumen in die Erde gedrückt hatte, war also ungeeignet, der Ort ewiger Verdammnis zu sein. Über seinen Rand, so war zu befürchten, würde das Stöhnen der geplagten Seelen dringen; es würde Schrecken erregen an den Stätten des Heils. Den tiefen Graben konnte Gott nun nicht mehr zur Hölle werden lassen. Doch einmal Geschaffenes zu zerstören, das war nicht Gottes Absicht. Das Werk der Zerstörung wollte er der Zeit überlassen.

Da die Schöpfung sinnvoll war, mußte auch der Graben einen Sinn bekommen. Gott wollte, so erzählen sich die Menschen am Jordan, die Vertiefung einbeziehen in das Schöpfungswerk. Es sollte auch zum Lebensraum für Pflanzen, Tiere und Menschen werden. Doch da war erst die gewaltige Hitze zu kühlen, die sich in der Tiefe durch das gesammelte Licht der Sonne gebildet hatte. Die glutheiße Luft hatte die Felsenwände des Grabens weißgebrannt und zerklüftet. Kein Tropfen Feuchtigkeit war da, der Leben möglich gemacht hätte.

Wasser allein konnte Kühlung bringen. Berichtet wird, Gott habe behutsam die Schneekappe des Berges Hermon angehaucht, die unweit des Grabens zum Himmel leuchtete. Der Hauch Gottes ließ Wasser aus dem Schnee rinnen. An verschiedenen Stellen bildeten sich Bäche, die sich zu einem Fluß vereinigten, um sich einen Weg hinab in die Tiefe zu suchen. Nach Gottes Willen schoß der Fluß aber nicht geradewegs über das Gestein in den Graben, sondern bildete eng verlaufende Schlangenlinien. So hatte das Wasser Gelegenheit, die Höllenglut in der Tiefe allmählich zu kühlen. Da der Fluß nicht reißend war, sondern in Schlingen und Bögen gemächlich strömte, konnte sich fruchtbare Erde ablagern, Nährboden für Pflanzen aller Art. Palmen wuchsen, die Schatten boten. Das Wasser und die Pflanzen verwandelten die Hölle schließlich in ein Paradies.

Den ersten Menschen, die erstaunt den Kontrast zwischen den weißen, kahlen Felsen und der saftig-prallen Vegetation am Grunde des Grabens sahen, gab Gott die Fähigkeit, das Land zu beackern, nach ihrer Vorstellung zu bepflanzen. Nirgends auf der Erde war es bisher geschehen, daß die Menschen dem Boden ihren Willen aufzwangen; nirgends hatte es bis dahin seßhafte Bauern gegeben. Die Menschen am Fluß im tiefen Graben aber wollten bleiben, wollten auf dem fruchtbaren Boden mit Hilfe des Wassers Getreide ernten. Daß die Menschen, angelockt durch den Fluß, ihr unruhiges Nomadenleben aufgaben, habe – so wird erzählt – dem Schöpfer gefallen.

Da war Gott gnädig, den Fluß besonders zu segnen. Er gab dem Wasser die Kraft, nicht nur den Leib zu säubern und Krankheiten zu lindern, sondern auch die Seele zu reinigen. Die Menschen begriffen, was Gott für sie getan hatte: Sie tauchten in das Wasser und fühlten sich wie neugeboren.

Gott hatte erkannt, daß er den Ort der Verdammnis nicht schaffen konnte. Selbst wenn er das Böse beabsichtigte, erwuchs daraus das Gute. Er gab deshalb Luzifer die Macht, den Ort der Hölle zu bestimmen und die Art der Qualen für die Frevler ebenfalls. Und doch blieb Gottes ursprüngliche Absicht, die Hölle zu schaffen, nicht ohne Folgen für das Tal, in dem jetzt der Fluß strömte. Der Graben, den Gottes Daumen gefurcht hatte, war eine Vertiefung, in die Wasser zwar hineinfließen, von dort jedoch nicht mehr abfließen konnte. Am tiefsten Ende des Grabens fand das Wasser keinen Weg mehr. Es staute sich und sammelte sich an. Die Sonnenstrahlen, die auf das ruhende Wasser stachen, sorgten dafür, daß Dampf entstand, der in Wolken aufstieg und über den Rand des Grabens entschwebte. Das verdampfte Wasser aber ließ Salze zurück. Seit dem Tag, als zum erstenmal das Wasser des Hermon die tiefste Stelle des Grabens erreicht, als sich ein See zu bilden begonnen hatte, nahm der Salzgehalt des Wassers ständig zu. Es hat sich in eine höllische Brühe verwandelt, die gesättigt ist mit lebensfeindlichen Salzen. Fische, die vom Fluß bei starker Strömung hineingeschwemmt werden in das Gewässer am Ende des Grabens, verenden innerhalb weniger Augenblicke. In der Nähe des Ufers gedeiht keine Pflanze.

Die Stille des Todes umgibt den See. Nebelschwaden, die durch die Verdampfung entstehen, hüllen ihn häufig ein. Es geschieht selten, daß ein Schiff zu sehen ist, denn nur wenige Siedlungen säumen den Rand dieses Toten Meeres.

Doch hat der Fluß, ehe er die Todeszone erreicht, noch einen anderen See zu speisen. Gewaltig ist der Kontrast zwischen den beiden. Der See Gennesaret im Norden gehört zu den fischreichsten Gewässern der Welt. An seinen Ufern wachsen Bananenstauden, Dattelpalmen, Orangenbäume. Seit alters zog dieser See die Menschen an; sie siedelten gern nahe am Wasser.

Leben und Tod stellen die beiden Seen dar. Am Grund eines Grabens, der tiefer liegt als der Wasserspiegel des Mittelmeeres, sind diese Extreme zu finden – verbunden durch einen Fluß, der den Namen Jordan trägt. Zu den heiligen Flüssen der Erde zählt er, zu den

Gewässern, an deren Ufern sich nach der Überzeugung von Juden, Christen und Moslems Gott mehr als an anderen Stätten der Erde manifestiert hat.

Das Heilige Land war nie eine Region des Friedens. Streit um das Wasser des Jordan kennzeichnet die Geschichte des Tals und der Berglandschaft an beiden Ufern. Völker kämpften um den Besitz des Flusses, denn wer das Wasser kontrollierte, der war auch Herr des Landes, das allein durch dieses Wasser fruchtbar ist. Daß sich Geschichte wiederholen kann, wird sichtbar bei der Betrachtung der Vergangenheit des Gebiets rings um den Fluß.

Blutige Kämpfe tobten gestern und werden in der Gegenwart ausgetragen. Zwei Völker, gleich stark an Zahl, erheben heute Anspruch auf das Land am Jordan. Jeweils vier Millionen Menschen sind überzeugt, das Gebiet am westlichen Ufer des Flusses gehöre ihnen; viele halten sogar am Glauben fest, Gott habe gerade ihnen das Land zur ewigen Heimat gegeben und ein Verzicht darauf käme einem Verbrechen gegen Gottes Willen gleich. Drei Generationen sind während der vergangenen Jahrzehnte geprägt worden vom Kampf um Fluß und Boden. Unsägliches Leid befiel die Bewohner, die festhalten wollten an ihrer Heimat am Jordan. Die Zahl der Toten kann niemand nennen.

Doch in der Gegenwart, in der Zeit der blutigsten Auseinandersetzung am Westufer des Jordan, entsteht Hoffnung, daß gerade dort ein Ende des Streits möglich sein könnte. Täglich sterben Menschen im Jordanland an Schußverletzungen. Doch trotz zunehmender Gewalt zeichnen sich Signale für den Frieden ab. Sie wurden ausgelöst durch den Mann, der bisher als Urheber der Gewalt am Jordan gegolten hat.

Teil I

Palästina auf palästinensischem Boden

*Auf der Suche nach Frieden
für eine ruhelose Region*

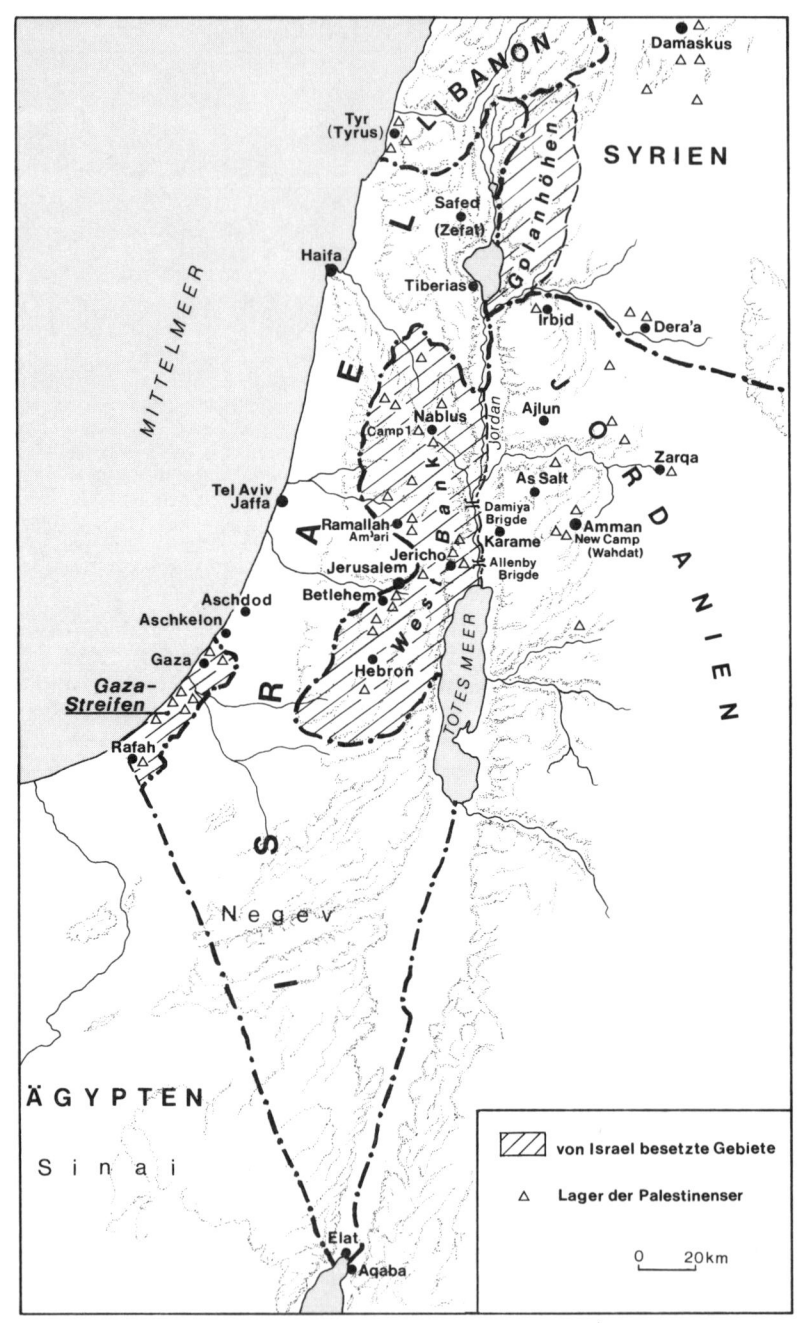

Staaten um den Jordan im ausgehenden 20. Jahrhundert

STAAT OHNE LAND

Die magischen Worte des Yassir Arafat

Wir verzichten vollständig und absolut auf jede Form von Terrorismus. Die PLO verurteilt den Terrorismus, gleichgültig ob er von Einzelpersonen, Gruppen oder von Staaten durchgeführt wird. Dies sage ich jetzt in aller Deutlichkeit, damit dieser Sachverhalt allgemein zur Kenntnis genommen werden kann. Es ist unser Standpunkt, daß alle Staaten des Mittleren Ostens das Recht haben, in Frieden und Sicherheit zu existieren.« Gemeint sind Palästina, Israel und die Nachbarstaaten dieser beiden Länder.

Kaum waren diese Worte gesprochen, da wurden sie dem amerikanischen Außenminister George Shultz nach Washington übermittelt. Er hatte schon mit Spannung darauf gewartet. Sein Aufatmen war spürbar, als er sagte: »Damit ist der Standpunkt der Palästinensischen Befreiungsbewegung deutlich ausgesprochen. Die Vereinigten Staaten von Amerika sind nun bereit, einen handfesten Dialog mit Vertretern der PLO zu beginnen.«

Vergessen war im State Department, daß die Palästinensische Befreiungsbewegung nahezu ein Vierteljahrhundert lang als eine mörderische Bande von Terroristen gegolten hatte, als Abschaum der Menschheit. Die magischen Worte des Yassir Arafat hatten nun auch die Erinnerung daran ausgelöscht, daß dreizehn Jahre zuvor Außenminister Henry Kissinger der israelischen Regierung versprochen hatte, die Verantwortlichen in Washington würden sich auf keinen Dialog mit dem Vorsitzenden der Palästinensischen Befreiungsbewegung einlassen. Henry Kissinger, ein Kenner diplomatischer Winkelzüge und Finessen, hatte damals, 1975, seinem Versprechen aber schon den klugen und künftige Entwicklungen offenlassenden Zusatz beigefügt: »... solange die PLO nicht die von der amerikanischen Regierung festgesetzten Vorbedingungen erfüllt.« Zur Amtszeit des Außenministers Kissinger erschien der Gedanke, Yassir Arafat werde jemals das Existenzrecht des Staates Israel anerkennen, als völlig unrealistisch. In den Medien der Welt präsentierte sich der Vorsitzende der Palästinensischen Befreiungsbewegung als der grimmige Feind des jüdischen Staates, der sich nie dazu würde durchringen können, den Juden ein Heimatrecht im eigenen, unabhängigen Staat zu gönnen.

Schwer genug ist es Yassir Arafat am 14. Dezember des Jahres 1988 geworden, Israel in den Kreis der Staaten einzuschließen, die das Recht besitzen, im Mittleren Osten in Frieden und Sicherheit zu existieren. So ganz freiwillig hat er die entscheidenden Worte nicht gesprochen. Das State Department hatte ihm mitteilen lassen, George Shultz werde sich nicht mit einem verklausulierten oder umschreibenden Statement begnügen. Die Zeit der Deutlichkeit und Eindeutigkeit ohne Umschweife sei jetzt gekommen.

Damit die amerikanische Forderung erfüllt werden konnte, wurde – fast von einer Stunde zur anderen – in Genf im Gebäude der Vereinten Nationen eine Pressekonferenz angesetzt. Hektische UN-Beamte hatten die Journalisten zusammengeholt mit dem Argument, es sei wichtig, noch einmal zu hören, mit welchen Worten Arafat den Standpunkt der PLO definitiv festlege. Beabsichtigt war also eine Korrektur der Aussage des PLO-Vorsitzenden vom Vortag. Was Arafat am 13. Dezember 1988 gesagt hatte, war dem amerikanischen Außenminister offenbar nicht deutlich genug gewesen.

Die Delegierten der Vollversammlung der Vereinten Nationen hatten diese Sätze zu hören bekommen: »Die PLO sucht eine umfassende Lösung für die am arabisch-israelischen Konflikt beteiligten Parteien. Eingeschlossen in die Lösung sollen der Staat Palästina, Israel und deren Nachbarn sein. Ihnen soll das Recht auf Existenz in Frieden und Sicherheit garantiert sein.«

Das Existenzrecht des Staates Israel war also schon am 13. Dezember 1988 anerkannt worden – gefehlt aber hatte die für jeden verständliche Absage an jede Form von Terrorismus. Gerade diese den Terrorismus verurteilende und verdammende Absage mußte jedoch deutlich ausgesprochen werden, wenn die amerikanische Regierung ihre bisherige Meinung, die PLO sei eine Bande von Terroristen, ändern sollte. Nicht genügt hatte dem amerikanischen Außenminister das unausgesprochene Versprechen, die PLO werde keine Aktion mehr unternehmen, die eine Gefahr bedeuten könnte für den Staat Israel – diese Zusage war ganz selbstverständlich eingeschlossen gewesen in die Garantie des Existenzrechts für Israel.

George Shultz wußte, daß er dem PLO-Chef eine schmerzhafte Überwindung abverlangte: Aktionen, die in der Sprachregelung des State Department als »Akte des Terrorismus« galten, waren für den Oberbefehlshaber der Guerillaorganisation Palästinensische Befreiungsbewegung Teil des »legitimen Kampfes« des Volkes der Palästinenser gegen den Staat Israel gewesen. Verzicht auf »alle Formen des Terrorismus« konnte nur bedeuten, daß die PLO dem »legitimen Kampf« abschwor. Die Kämpfer in der PLO wurden damit überflüssig, bedeutungslos. Gerade sie aber waren bisher die Basis der Kampforganisation gewesen. Ihnen hatte Yassir Arafat jahrelang bei jeder Gelegenheit eingehämmert, nur der bedingungslose Kampf ermögliche die Aussicht des palästinensischen Volkes, auf ehrenhafte Weise Gleichberechtigung mit dem jüdischen Volk zu erringen. Nun wurde dem Vorsitzenden der Kampforganisation das Eingeständnis abverlangt, der Kampf sei zu Ende, sei ohne Ergebnis geblieben. Arafat rang sich dazu durch zu sagen, was George Shultz von ihm erwartete. Doch nachdem die magischen Worte ausgesprochen waren, meinte der Mann mit dem schwarz-weißen Kopftuch: »Genug ist genug!«

Wie am Tag zuvor, als Arafat vor den Delegierten der Generalversammlung gesprochen hatte, waren im siebten Stock des U.S. State Department in einem kleineren Raum neben dem großflächigen Büro des Außenministers vier Männer versammelt, denen George Shultz die Aufgabe übertragen hatte, zu beurteilen, ob der führende Palästinenser die richtigen Formulierungen von sich gab. Die Verantwortung lastete auf Under Secretary Michael Armacost, Executive Assistant Charles Hill, Assistant Secretary for Middle East Affairs Richard Murphy und Counsellor Max Kampelman. Am 13. Dezember war ihre einhellige Meinung gewesen: »Er hat sich gedrückt. Die Aussage war völlig unzureichend!« Am Nachmittag des 14. Dezember stimmten die vier Männer nach Abhören der Tonbandaufzeichnung von Arafats Pressekonferenz – der Wortlaut war über Funk von der amerikanischen Botschaft in Genf überspielt worden – ebenfalls überein, nur diesmal im positiven Sinn: »Arafat ist über den Graben gesprungen!« Ihr Urteil veranlaßte George Shultz um 16.01 Uhr Ortszeit, den National Security Adviser Colin Powell anzurufen, um ihm mitzuteilen, er werde Anweisung für die Aufnahme offizieller Gespräche zwischen der amerikanischen Regierung und der PLO geben.

Dramatisch war der Umschwung, den der Außenminister der USA vollzogen hatte, in der Wirkung nach außen. Die Wende und die Voraussetzungen dazu waren gründlich vorbereitet worden. Im geheimen waren die Vorarbeiten erfolgt, einer Verschwörung gleich. Spannend ist die Abfolge der Ereignisse.

Der schwedische Außenminister Sten Anderson hatte im März 1988 Israel besucht. Er wurde Zeuge der Entschlossenheit der palästinensischen Jugend, das Joch der israelischen Besatzungsmacht loszuwerden – und er hatte gesehen, mit welcher Härte die israelischen Soldaten im

Gebiet westlich des Jordan den Aufstand niederzuknüppeln versuchten. Einen Monat später, während eines Besuchs in Washington, schilderte Sten Anderson seine Eindrücke dem amerikanischen Kollegen. Beide waren der Meinung, die Spannung zwischen Israelis und Palästinensern habe einen Grad erreicht, der nach einer Lösung verlange. Der schwedische Außenminister verließ im April 1988 die amerikanische Hauptstadt mit dem sicheren Gefühl, George Shultz verlange eine Initiative von ihm.

In seinem Stockholmer Ministerium fand Sten Anderson bald schon günstige psychologische Voraussetzungen für eine schwedische Beteiligung an der Suche nach einer Konfliktbewältigung. Im September 1988 jährte sich zum 40. Mal der Tag der Ermordung des Grafen Folke Bernadotte. Der schwedische Adlige war Präsident des Roten Kreuzes seines Landes gewesen. Im Auftrag der Vereinten Nationen hatte Graf Bernadotte unmittelbar nach der Gründung des Staates Israel zwischen Arabern und Israelis zu vermitteln versucht. Er hatte Berichte an seine Zentrale geschrieben, die Mordaktionen israelischer Kampforganisationen gegen arabische Dörfer und Siedlungen dokumentierten. Folke Bernadotte hatte sich vor allem dafür eingesetzt, der heiligen Stadt Jerusalem den Status einer Internationalen Stadt zu verleihen. Mit diesem Einsatz hatte sich der Graf bei fanatisch nationalistischen Israelis verhaßt gemacht. Sie veranlaßten Mitglieder der radikalen Organisation Stern-Gang, den UN-Diplomaten zu ermorden.

Am 17. September 1988, also am 40. Jahrestag der Ermordung, gab das israelische Fernsehen zwei Mitgliedern der einstigen Stern-Gang Gelegenheit, ihre Beteiligung an der Erschießung als verdienstvolle Tat im Sinne des Staates Israel darzustellen. Voll Empörung berichteten schwedische Diplomaten aus Tel Aviv über diese Ungeheuerlichkeit an das Stockholmer Außenministerium. Anzunehmen ist, daß Sten Anderson, der Chef dieser Behörde, durch die Berichte in seiner Absicht bestärkt wurde, die Beziehungen zwischen der amerikanischen Regierung und Yassir Arafat zu verbessern.

Durch Andersons Vermittlung trafen sich am 21. November 1988 drei einflußreiche Juden aus New York mit dem Vorsitzenden der PLO. Die drei Persönlichkeiten waren die Rechtsanwältin Rita Hauser, der Verleger Stanley Sheinbaum und Drora Kass, Mitglied des Center for Peace in the Middle East. Die führenden Mitglieder jüdischer Gemeinden der USA verfaßten zusammen mit Yassir Arafat ein Dokument, das Veränderungen im Standpunkt der PLO festhielt: Die Anerkennung des Staates Israel wurde deutlich ausgesprochen. Der Wortlaut war für das Auge des amerikanischen Außenministers bestimmt.

Sicher ist, daß George Shultz das Dokument gelesen hat. Gestört hat ihn am Text offenbar das Fehlen jeglicher Erwähnung der Einstellung der Palästinensischen Befreiungsbewegung zum Terrorismus, denn als sich der Außenminister nur wenige Tage später mit dem Problem zu befassen hatte, ob Arafat ein Visum zum Besuch der Vollversammlung der Vereinten Nationen in New York bekommen sollte, lehnte George Shultz das Gesuch ab mit dem Argument, der Chef der PLO habe mit Terrorismus zu tun; er habe damit das Recht verwirkt, in die USA einreisen zu dürfen.

Mit dieser Entscheidung schienen alle Bemühungen gescheitert zu sein, der PLO in Washington eine Tür zu öffnen. George Shultz, der Terrorismus als die gefährlichste Seuche dieser Welt haßte, war wohl zu diesem Zeitpunkt noch entschlossen, für den Rest seiner Amtszeit gegenüber Israel Kissingers Versprechen von einst einzuhalten, der PLO keine Hand zu reichen. Diejenigen unter den Ratgebern Arafats, die gemeint hatten, es sei klüger, mit allen Versuchen, in Washington die Öffnung zu erreichen, bis zum Amtsantritt der neuen amerikanischen Regierung zu warten, sahen ihre Ansicht bestätigt. Der PLO-Vorsitzende aber ließ sich nicht beirren.

Hilfreich war der bereits designierte Außenminister der künftigen amerikanischen Regierung, James Baker. Er war besorgt, George Shultz werde die amerikanisch-arabischen Beziehungen ins Chaos führen, um sich bei den Israelis am Ende seiner Amtszeit noch beliebt zu machen. Die Berater von Shultz im State Department waren der Meinung, die Ablehnung des Einreisevisums für Yassir Arafat sei eine ganz persönliche Entscheidung des Außenministers, die nicht mit den bestehenden Gesetzen in Einklang zu bringen wäre, denn schließlich hätte die Regierung der Vereinigten Staaten die Verpflichtung, Personen einreisen zu lassen, die vom Generalsekretär der Vereinten Nationen eingeladen worden seien. Tatsächlich existierte ein Präzedenzfall: Henry Kissinger hatte im November 1974 keine Möglichkeit gesehen, Arafats Auftritt vor der Generalversammlung der Vereinten Nationen durch Visaverweigerung zu verhindern.

Was seine Berater dachten und sprachen, war dem noch amtierenden Außenminister gleichgültig. Von Bedeutung war ihm die Meinung seines Nachfolgers. So vorsichtig James Baker auch sein mußte – schließlich war er noch nicht ins State Department eingezogen –, so ließ er doch keinen Zweifel daran, daß er die Zeit für den Dialog mit den Personen, die auf die Palästinenser wirklich Einfluß besaßen, für gekommen hielt. Stieß George Shultz die PLO vor den Kopf, dann mochte es lange dauern, bis deren Führer wieder bereit waren, Fühler auszustrecken in Richtung Washington. Mit dem so entstandenen Problem hatte sich dann nicht mehr George Shultz, sondern James

Baker zu befassen – der aber wollte nicht mit einem solchen Erbe belastet sein. Baker ließ deshalb den noch amtierenden Außenminister wissen, er sei daran interessiert, daß Yassir Arafat fair behandelt werde. Eine Revision der Entscheidung, den PLO-Vorsitzenden nicht in die USA einreisen zu lassen, war kaum möglich. Doch es bot sich ein Ausweg aus der schwierigen Situation: Wenn Arafat nicht zur Vollversammlung der Vereinten Nationen reisen durfte, dann mußte eben die Generalversammlung zu Arafat kommen. George Shultz sagte deutlich, er habe nichts dagegen, wenn Arafat in Genf den Delegierten seinen Standpunkt in der gegenwärtigen Situation des Nahostkonflikts darlege. Diese Anregung machten sich zunächst die Vertreter Ägyptens und Jordaniens zu eigen. Präsident Husni Mubarak und König Hussein von Jordanien telefonierten mit Pérez de Cuéllar, dem Generalsekretär der Vereinten Nationen; sie äußerten die Bitte, der Generalsekretär möge die Delegierten darüber abstimmen lassen, ob sie die Reise nach Genf antreten wollten. Pérez de Cuéllar sah keinen Grund, die Bitte abzuschlagen. Nur ganz vorsichtig erwähnte er, die Reise der Delegierten werde rund eine halbe Million Dollar kosten. Husni Mubarak entgegnete, das Geld werde sich wohl finden lassen. Den Namen des Ölstaates Saudi Arabien, dessen Königsfamilie häufig schon durch Dollarüberweisungen Aktionen unterstützt hatte, die für die Zukunft der PLO und der Palästinenser nützlich waren, nannte der ägyptische Staatschef dabei nicht.

Die Abstimmung der Delegierten der UN-Generalversammlung brachte für Yassir Arafat ein Ergebnis, das nicht hätte günstiger ausfallen können. Die Auszählung ergab: 154 Stimmen für und nur zwei Stimmen gegen die Verlegung der Sitzung nach Genf.

George Shultz hatte wahrscheinlich eine Auswirkung der Visumsablehnung nicht bedacht: die gewaltige Steigerung der Medien-Publicity um dieses Ereignis. Daß die Vertreter der ganzen Welt nach Genf reisten, um sich anzuhören, was der Vorsitzende der Palästinensischen Befreiungsbewegung zu sagen hatte, weckte überhaupt erst weltweites Interesse. In New York wäre Arafats Rede ein Tagesordnungspunkt unter anderen gewesen – in Genf wurde sie zum Mittelpunkt einer aufsehenerregenden Aktion der Weltorganisation. Die Fernsehstationen und die Zeitungen der ganzen Welt waren begierig darauf, direkt aus Genf berichten zu können.

Als feststand, daß Arafat vor den Delegierten der UN-Generalversammlung reden würde, da schaltete sich Sten Anderson, der schwedische Außenminister, wieder in das Geschehen ein. Er fragte beim State Department in Washington nach, welche Formulierungen den amerikanischen Forderungen entsprechen würden. Aus der amerikanischen

Hauptstadt wurde ihm mitgeteilt, Arafat könne nur dann mit einer Öffnung der US-Politik für die PLO rechnen, wenn er deutlich die Existenz des Staates Israel anerkenne und zugleich dem Terrorismus abschwöre. George Shultz ließ jetzt den schwedischen Kollegen wissen, daß die Erfüllung dieser Bedingungen sofortige Gespräche zwischen amerikanischen Beamten und PLO-Vertretern zur Folge haben könne.

Sten Anderson wollte nun das Geschehen in feste Gleise lenken. Nichts Unvorhergesehenes durfte mehr geschehen. Für den 7. Dezember des Jahres 1988 bat er die einflußreichen Persönlichkeiten aus der jüdischen Gemeinde von New York noch einmal nach Stockholm.

Da das Treffen nicht geheimzuhalten gewesen war, blieb Sten Anderson nichts anderes übrig, als in einer Pressekonferenz zu erklären, was geschehen war. Es war nicht zu verbergen gewesen, daß die Rechtsanwältin Rita Hauser beim Abendessen dem PLO-Chef mit großer Freundlichkeit die Hand gereicht hatte. Zwar hatte Rita Hauser nie zu den harten Gegnern der Kontakte mit Arafat gezählt – schließlich gehörte sie zur Spitze des International Center for Peace in the Middle East –, doch stand sie auch nicht außerhalb der jüdischen Gemeinde in den USA; Rita Hauser war vielmehr den Meinungsbildnern unter den Juden der Vereinigten Staaten zuzurechnen. Die Wirkung des Händedrucks war vorauszusehen: Gab Rita Hauser dem PLO-Chef erst die Hand, konnte der wohl nicht mehr zu den Terroristen gerechnet werden.

In der Tat hatte sich Arafat gegenüber Rita Hauser und den anderen Delegationsmitgliedern aus den USA vor diesem Händedruck verpflichtet, »den Terrorismus in jeder Form zu verdammen«. Sten Anderson kommentierte diese Verpflichtung so: »Dies ist endlich der Durchbruch in Richtung Frieden im Nahen Osten.« Der schwedische Ministerpräsident meinte: »Wir haben einen historischen Schritt vollzogen, wie er bisher undenkbar war. Die PLO akzeptiert Israel als Staat im Mittleren Osten.«

Obgleich die Gruppe der Mitglieder der jüdischen Gemeinde in den USA keineswegs als Sprecher der amerikanischen Juden beim Treffen mit Yassir Arafat auftrat, betonte Sten Anderson, diese Begegnung – und vor allem der Händedruck zwischen dem Vorsitzenden der PLO und der Rechtsanwältin Rita Hauser – schlage eine offizielle Brücke zwischen Palästinensern und Juden. Er veranlaßte deshalb die Gesprächspartner, ein Dokument zu verfassen, das die Übereinstimmung der Meinung schriftlich festhielt. Die wesentlichen Punkte des Kommuniqués lauten:

»1. Einigkeit besteht darüber, daß die PLO in Friedensverhandlungen eintritt, die im Rahmen der Vereinten Nationen stattfinden sollen.

Als Teilnehmer kommen die ständigen Mitglieder des Sicherheitsrats in Frage sowie Israel und die PLO als alleinige Vertretung des palästinensischen Volkes. Voraussetzung ist, daß alle Teilnehmer an den Verhandlungen als gleichberechtigt gelten. Grundlage der internationalen Konferenz sind die UN-Resolutionen 242 und 338 sowie das Recht des palästinensischen Volkes auf Selbstbestimmung ohne äußere Einmischung. Dieses Recht ist in der UN-Charta verankert. Es umfaßt die Freiheit der Entscheidung zur Gründung eines eigenen Staates.

2. Die PLO tritt für die Gründung eines unabhängigen Staates Palästina ein und akzeptiert die Existenz des Staates Israel als Bestandteil der politischen Ordnung in der Region Mittlerer Osten.

3. Die PLO erklärt, sie weise zurück und verurteile jede Form von Terrorismus. Eingeschlossen in die Verurteilung ist auch jede Form des Staatsterrorismus.

4. Die PLO fordert zur Lösung des palästinensischen Flüchtlingsproblems auf, in Übereinstimmung mit internationalem Recht und mit den UN-Resolutionen, die auch das Recht auf Rückkehr in die Heimat oder auf Entschädigung einschließen.

5. Die amerikanischen Persönlichkeiten bei diesem Treffen unterstützen und begrüßen ganz außerordentlich die Unabhängigkeitserklärung der Palästinenser und die Proklamation eines Staates, der in Frieden leben will. Die amerikanischen Persönlichkeiten sind der Meinung, daß nun kein Hindernis mehr besteht für den Dialog zwischen der Regierung der Vereinigten Staaten von Amerika und der PLO.«

Der schwedische Außenminister informierte seine europäischen Kollegen über das Ergebnis der Gespräche zwischen den jüdischen Persönlichkeiten aus den USA und Arafat. Die Kollegen sollten wiederum ihre Regierungschefs von der Entwicklung in Kenntnis setzen. Margaret Thatcher, François Mitterrand und Helmut Kohl handelten sofort: Sie baten Ronald Reagan, er möge unter allen Umständen positiv auf die Erklärung der PLO reagieren.

Druck übten auch der ägyptische Präsident und der jordanische König aus. Beide argumentierten in ihren Telefonaten mit Ronald Reagan so: Wenn die Vereinigten Staaten kalt über Arafats Erklärung hinwegsähen, bekämen die radikalen arabischen Staaten Auftrieb, vor allem Syrien, das sich noch immer gegen jegliche Friedenslösung sträubte; die Freunde Syriens würden dann auch innerhalb der PLO dafür sorgen, daß Arafats Zeit an der Spitze der Organisation zu Ende gehe.

Obgleich George Shultz zugesagt hatte, er werde die direkten Gespräche zwischen State Department und PLO zulassen, befürchteten Husni Mubarak und König Hussein noch immer, die Regierung der USA könnte derart unter diplomatischen Beschuß aus Israel geraten, daß Ronald Reagan – am Ende seiner Amtszeit um einen ehrenvollen Abgang bemüht – George Shultz zwingen werde, Arafats »magische Worte« zu überhören. Da war schon die Äußerung des israelischen Außenministers zu vernehmen gewesen: »Die Amerikaner werden sich doch nicht von Arafat an der Nase herumführen lassen! Arafat verurteilt den Terrorismus, doch er selbst hört keineswegs damit auf!«

Das Treffen mit Angehörigen der jüdischen Gemeinden der USA hatte auch innerhalb der palästinensischen Kampforganisation Unwillen erregt. Nicht nur die von Syrien beeinflußten Kommandeure protestierten; auch mancher, der bisher durchaus der Linie des Yassir Arafat gefolgt war, ließ sich jetzt darüber aus, die Gespräche von Stockholm seien dem Verrat des Anwar as Sadat gleichzusetzen, der einst in Jerusalem vor Israel kapituliert habe. Das Ergebnis der Gespräche sei ja nicht gewesen, daß Arafat die jüdischen Persönlichkeiten vom Recht der Palästinenser auf den Kampf um Palästina überzeugt habe – im Gegenteil: Arafat habe sich seine Worte diktieren lassen, habe sich also dem Diktat der Juden gebeugt.

Diese Vorwürfe veranlaßten den PLO-Chef zu persönlicher Vorsicht. Sein Stab erfuhr erst im letzten Augenblick vor einer Reise, welches Ziel vorgesehen war. Arafat gewöhnte sich an, keine zwei Nächte hintereinander im selben Haus zu übernachten – aus Angst, Attentäter könnten sich einschleichen. Besorgten Freunden aber sagte er: »Mir wird nichts geschehen. Ich weiß, daß ich ganz friedlich im Bett sterben werde.« Der Vorsitzende der Palästinensischen Befreiungsbewegung sprach sich selbst Mut zu.

Es war Arafats Berater Mohammed Said, der schließlich den richtigen Weg wies. Mohammed Said ist Palästinenser, doch besitzt er einen amerikanischen Paß – und er pflegt engen Kontakt zu Diplomaten der USA im Nahen Osten und in Europa. In Genf wandte sich Mohammed Said an Botschafter Vernon Walters, um zu erfahren, ob er Anweisungen aus Washington habe, eilends den Wortlaut von Arafats Rede vor den Delegierten der Generalversammlung der Vereinten Nationen nach Washington zu übermitteln. Als der Diplomat sagte, am 13. Dezember habe im diplomatischen Funkverkehr zwischen Genf und Washington das Thema »Arafat« Vorrang, da wußte Mohammed Said, daß George Shultz bereit war, im Sinne der PLO zu handeln. Vernon Walters fügte noch hinzu, sein Außenminister erwarte allerdings Eindeutigkeit; dies könne wohl kein Problem darstellen, habe der PLO-Vorsitzende doch oft genug gesagt, er sei kein Terrorist und lehne den Terrorismus ab.

Warum Arafat dann zunächst zögerte, sein Verdammungsurteil über den Terrorismus auszusprechen, sagte er seinen Vertrauten nach der Rede vom 13. Dezember 1988: »Ich sah da Delegierte im Saal vor mir sitzen, die gekämpft hatten für die Befreiung ihres Landes und die schließlich durch Kampf gesiegt hatten. Sie hatten meist mit Methoden gekämpft, die von der übrigen Welt als terroristisch bezeichnet werden. Verurteilte ich den Terrorismus, dann verurteilte ich diese Männer. Dieses Urteil kam mir nicht über die Lippen!« Arafat meinte damit ganz besonders die Algerier, deren Kampf gegen die französischen Kolonialisten über lange Jahre hin Vorbild für die Palästinenser gewesen war.

So war es geschehen, daß er in seine Rede den Satz einflocht, er grüße besonders alle diejenigen im Saal, die in nationalen Befreiungsbewegungen für die Unabhängigkeit ihres Landes gekämpft hätten. Die algerischen Delegierten spendeten daraufhin lebhaften Beifall. Als Botschafter Vernon Walters diese Einfügung nach Washington zu übermitteln hatte, da wußte er, daß George Shultz genau diese Textstelle mißverstehen würde. Dem amerikanischen Außenminister mußte die Huldigung vor »nationalen Befreiungsbewegungen« als Verneigung vor Vietnam und dem Vietkong erscheinen – die unbewältigte Vergangenheit der USA tat ihre Wirkung.

Shultz' Meinung war: »Die Rede weist interessante Aspekte einer Entwicklung in die entscheidende Richtung auf, doch von einer Verurteilung des Terrorismus war nichts zu hören.« George Shultz ließ sich auch nicht durch Telefonate aus London, Amman und Cairo dazu bringen, seine ablehnende Haltung noch einmal zu überprüfen. Husni Mubarak sprach sogar noch einmal mit Ronald Reagan und meinte, man könne Arafat doch nicht dazu zwingen, in aller Öffentlichkeit auch noch die Unterhose auszuziehen.

Das Ergebnis der Telefonate war immerhin, daß Ronald Reagan und George Shultz dem PLO-Vorsitzenden die Chance einräumten, noch einmal seinen Standpunkt in Fragen des Terrorismus deutlich zu machen. Am 14. Dezember 1988 waren dann die magischen Worte des Yassir Arafat zu vernehmen: »Wir verzichten vollständig und absolut auf jede Form von Terrorismus. Die PLO verurteilt den Terrorismus, gleichgültig, ob er von Einzelpersonen, Gruppen oder von Staaten durchgeführt wird.«

Von diesem Augenblick an sah die amerikanische Regierung die Feindschaft gegenüber der Palästinensischen Befreiungsbewegung als beendet an. Yassir Arafat hatte schon lange begriffen, daß ohne die Hilfe der USA sein Wunschtraum, einen Staat zu gründen, für das palästinensische Volk nicht in Erfüllung gehen konnte. Immer wieder hatte er einen Satz zitiert, den der einstige amerikanische Außenminister Henry Kissinger in der ersten Hälfte der siebziger Jahre ausgesprochen hatte: »Den Schlüssel zu jeder Lösung des Nahostproblems haben die Vereinigten Staaten in der Hand. Von der Sowjetunion können die Araber nur Waffen bekommen. Den Frieden aber können *wir* ihnen geben – *nur wir allein!*«

Durch Kampf war die Heimat am Jordanufer nicht zu erreichen, das war Arafat schon mehr als zehn Jahre zuvor bewußt geworden. Nun, da zum erstenmal seit der Gründung des Staates Israel im Jahre 1948 von politisch vernünftigen Menschen in allen Ländern der Welt – auch in den USA – von der Möglichkeit einer Gründung des Staates der Palästinenser gesprochen wurde, war er entschlossen, voll auf die Karte der Vereinigten Staaten zu setzen. Dies geschah im Bewußtsein der Sicherheit, daß ihm der bisherige Freund, die Regierung der Sowjetunion, die Freundschaft deshalb nicht aufkündigen werde. Im Zeichen der Entspannung zwischen Ost und West konnte es kaum mehr geschehen, daß die Sowjetunion eifersüchtig über die Treue ihrer Partner und Abhängigen wachte. Ein Vierteljahrhundert lang hatten sich die Mächtigen im Kreml als Beschützer der Palästinensischen Befreiungsbewegung fühlen können; die Generalsekretäre der Kommunistischen Partei der Sowjetunion – in erster Linie Breschnew – waren häufig Arafats Gesprächspartner gewesen, weil sie in ihm einen Verbündeten gesehen hatten »im Kampf gegen den amerikanischen Imperialismus«.

Der PLO-Vorsitzende hätte von jeher schon Beziehungen zu den Regierenden in Washington vorgezogen, doch die israelischen Außenpolitiker wußten eine derartige Entwicklung immer zu verhindern – mit dem Argument, die Palästinensische Befreiungsbewegung sei eine terroristische Vereinigung, die politisch auf keinen Fall aufgewertet werden dürfe. Das Ergebnis war, daß Arafat, da er die internationale Anerkennung brauchte, sich in Richtung Moskau orientieren mußte. Die Umarmung durch die Kremlherren ließ ihn wiederum in Washington verdächtig erscheinen, kommunistische Neigungen zu besitzen. Generalsekretär Breschnew hatte dieser Zustand gefallen – auf diese Weise war die PLO an ihn gebunden.

Breschnews Nachfolger Gorbatschow war vom Beginn seiner Regierungszeit an nicht daran interessiert, alleiniger Beschützer der PLO zu sein; er war nicht der Meinung, der enge Kontakt zu Arafat zeichne ihn besonders aus. In Gorbatschows Politik paßte die Unterstützung einer Organisation nicht, die unter Umständen durch ihre Aktionen ein erneutes Aufflammen des Nahostkonflikts bewirken könnte, das – aus der Sicht des Generalsekretärs – dann womöglich wieder mit einer Niederlage sowjetischer Waffen, die den arabischen Armeen geliefert worden waren, endete. Ein Aspekt der Nahostkriege von 1967 und 1973 war gewesen, daß der Weltöffentlichkeit auf drastische Weise die Überlegenheit der amerikanischen Waffensysteme demonstriert worden war. Gorbatschow wollte keine Erneuerung dieser Blamage erleben. Deshalb war er darauf aus, den Gefahrenherd PLO zu neutralisieren: Die Organisation sollte jeglichen Gedanken an Kampfaktionen aufgeben, um sich auf die Suche nach einer politischen Lösung zu konzentrieren. Deshalb gehörte auch der Generalsekretär der KPdSU zu den Mächtigen der Welt, die Ronald Reagan baten, er möge Yassir Arafat die Tür nach Washington öffnen.

Zuvor schon, im Herbst 1988, war der Vorsitzende der Palästinensischen Befreiungsorganisation von sowjetischen Diplomaten, die im Auftrag Gorbatschows handelten, gedrängt worden, endlich den völkerrechtlich legalen Schritt zur Proklamierung eines palästinensischen Staates zu unternehmen. Arafat hatte mit der Ausrufung der Staatsgründung lange gezögert. Nach seiner Meinung war damit auch sofort die Aufstellung einer Exilregierung als Vertretung des palästinensischen Volkes verbunden. Der PLO-Chef befürchtete, diese Exilregierung werde dann immer verantwortlich gemacht, wenn irgendwelche Palästinenser unbedachte Aktionen durchführten. Arafat war von der Sorge geplagt, die Welt werde von ihm verlangen, Terrorakte wie die Entführung des Kreuzfahrtschiffs »Achille Lauro« und die Erschießung des amerikanischen Bürgers Klinghoffer an Bord jenes Schiffes zu verhindern. Er wußte genau, daß er nicht die Kontrolle über alle Palästinensergruppen in der Hand hielt, daß Anschläge verübt wurden ohne sein Wissen und ohne seine Billigung. Machtmittel, alle Palästinenser zu Wohlverhalten zu zwingen, besaß er nicht. War er aber erst Chef einer palästinensischen Exilregierung, dann hatte er vor der Welt für jeden Sprengstoffanschlag, für jede Entführung und für jeden Mord einzustehen, der Palästinensern zur Last gelegt würde.

Die Diplomaten der sowjetischen Botschaft in Tunis – dort befindet sich Arafats Hauptquartier – aber redeten Arafat zu, seine Ängstlichkeit in dieser Sache zu überwinden. Er könne nicht von den Regierungen der Welt Anerkennung als Führer der Palästinenser verlangen, wenn er sich weigere, Verantwortung zu übernehmen. Zum Gesprächspartner europäischer Regierungen könne er erst werden, wenn die Ministerpräsidenten und Außenminister überzeugt seien, den Mann vor sich zu haben, der das Volk der Palästinenser in allem vertrete und der auch in kritischen Situationen, etwa bei Gefahr terroristischer Anschläge, Ansprechpartner sei.

Im Verlauf des Sommers 1988 reifte in der Vorstellung des Yassir Arafat der Gedanke an die Gründung des Staates der Palästinenser, obgleich sich das Land dieses Staates vollständig in der Hand des Gegners Israel befand. Am 14. September 1988 hielt sich der PLO-Vorsitzende in Straßburg am Sitz des Europäischen Parlaments auf. Eingeladen hatte ihn die sozialistische Fraktion; sie bot ihm das Podium, damit er seine Ideen vom friedlichen Zusammenleben im Nahen Osten wirksam darstellen konnte.

Vor allem war Arafat interessiert zu erfahren, wie die europäischen Parlamentarier und die Regierungen auf die Proklamation des Staates der Palästinenser reagieren würden. Er fragte Politiker und Journalisten, ob sie der Ansicht seien, der Palästinenserstaat fände offizielle Anerkennung durch die Regierungschefs der Länder der Europäischen Gemeinschaft. Zu spüren war, wie sehr diese Frage den künftigen Chef des sicher noch für lange Zeit fiktiven Staatsgebildes beschäftigte. Würde »Palästina« von den Regierenden nicht zur Kenntnis genommen, dann entpuppte sich die Proklamation zur sinnlosen Posse, über die alle Welt Grund hätte zu lachen. Mit Anerkennung durch die Regierungen des Warschauer Paktes konnte Arafat ohne Zweifel rechnen. Sie war ihm wichtig und doch zugleich zweitrangig: Wirkliches Gewicht im internationalen Ansehen besaßen allein die Stimmen der Europäer und der Vereinigten Staaten von Amerika. Fragte Arafat in Straßburg, ob sein künftiger Staat mit der Sympathie von Helmut Kohl oder Margaret Thatcher rechnen könne, erhielt er keine Antwort, die ihn befriedigte. Am ehesten noch, so meinten vor allem die französischen Abgeordneten des Europäischen Parlaments, war bei François Mitterrand auf eine positive Reaktion zu hoffen.

Die Skepsis, die ihm entgegenschlug, entmutigte Arafat keineswegs. Sein Standpunkt war: »Wenn die USA ihre Position ändern, dann stellen auch die Europäer über Nacht ihre Haltung um. Kohl wartet ab, was in Washington geschieht!« Daß Gorbatschow die Proklamation des Palästinenserstaats für richtig hielt, das wußte er. Daß der Generalsekretär die Meinung der Regierenden in Washington beeinflussen könnte, das hoffte er. Der Entschluß war gereift, sich auf das Wagnis einzulassen.

Am Jordan soll der Palästinenserstaat entstehen

Seine Vorliebe für dramatische Gesten verließ Arafat auch in den kritischen Augenblicken nicht, als sein Plan ins Wanken geriet und die Zahl der Kritiker in den PLO-Gremien so sehr anwuchs, daß Arafats

Berater nervös wurden. Da war plötzlich der Abstimmungssieg in der Frage, ob der Staat der Palästinenser ausgerufen werden könne, unsicher geworden. Um den rettenden Einfall war der Vorsitzende nicht verlegen. Er rief Fathi, den Kommandeur seiner Leibwache, in den Beratungssaal. Vor den Kritikern und Unzufriedenen fragte Arafat den Mann, der für seine Sicherheit zuständig ist: »Stimmt es, daß ich dich schon vor Jahren aufgefordert habe, mir eine Kugel in den Kopf zu schießen, wenn ich jemals auch nur daran denke, den Staat Israel anzuerkennen?« Fathi bestätigte, daß er einen solchen Befehl erhalten habe, und der sei immer noch gültig. Daraufhin fragte Arafat weiter: »Wenn wir jetzt den Staat der Palästinenser proklamieren und die Sicherheitsratsresolution Nummer 242 als für uns gültig bestätigen, siehst du dich dann veranlaßt, die Pistole zu ziehen, um auf mich zu schießen?« Die Antwort des Kommandeurs der Leibwache war, daß er weder in der Proklamation der Palästinenserheimat noch in der Bestätigung des Sicherheitsratsbeschlusses Nummer 242 eine Anerkennung des Staates Israel sehen könne. Deshalb müsse er die Frage verneinen.

Beide, Arafat und Fathi, hatten das Spiel von Frage und Antwort abgesprochen. Beide wußten, daß die Anerkennung des Staates Israel nicht zu umgehen war; nur durch diese Anerkennung bestand ein Hoffnungsschimmer, daß westliche Regierungen die Proklamation zumindest zur Kenntnis nehmen würden. Um sein Ziel zu erreichen, verfolgte Arafat die »Taktik der Bewußtseinserweiterung«: Hatte er seine Kritiker erst einmal dafür gewonnen, den Sicherheitsratsbeschluß Nummer 242 als gültig und bindend zu bestätigen, konnte er auf dieser Basis weiterwirken; ihm blieb dann die Möglichkeit, darauf hinzuweisen, daß der Sicherheitsratsbeschluß Nummer 242 ja bereits stillschweigend die Existenz des israelischen Staates anerkenne – und über dessen Gültigkeit sei man sich doch einig gewesen.

Den Beschluß Nummer 242 hatte der Weltsicherheitsrat der Vereinten Nationen am 22. November 1967 gefaßt, also unmittelbar nachdem die Armeen von Ägypten, Syrien und Jordanien den Junikrieg jenes Jahres so schmählich verloren hatten. 1988, als die Auseinandersetzung um das Dokument des Weltsicherheitsrats die Führung des palästinensischen Volkes beschäftigte, war der Wortlaut genau 21 Jahre alt. Nie in dieser langen Zeit war der Beschluß verwirklicht worden.

Der Text des Beschlusses lautet:

»Der Sicherheitsrat, getragen von der fortwährenden Sorge um den Ernst der Situation im Mittleren Osten, betont, daß Wegnahme von Land durch kriegerische Aktionen nicht zulässig ist. Er stellt fest, daß auf einen gerechten und dauerhaften Frieden hingearbeitet werden muß, der es jedem Staat in diesem Gebiet gestattet, in Sicherheit zu leben.

Der Sicherheitsrat betont ferner, daß alle Mitgliedsstaaten sich durch Annahme der Charta der Vereinten Nationen verpflichtet haben, in Übereinstimmung mit Artikel 2 dieser Charta zu handeln.

Der Sicherheitsrat bestätigt, daß die Erfüllung der Prinzipien der Charta die Schaffung eines gerechten und dauerhaften Friedens im Mittleren Osten erforderlich macht, der die folgenden Grundsätze zu beachten hat:

1. Rückzug der israelischen Streitkräfte aus Gebieten, die sie während des jüngsten Konflikts besetzt haben.
2. Beendigung des Kriegszustands und Achtung der Souveränität, der territorialen Integrität und der politischen Unabhängigkeit jedes Staates im Mittleren Osten. Alle Staaten der Region des Mittleren Ostens haben das Recht, in Frieden innerhalb sicherer und anerkannter Grenzen zu leben, und zwar frei von Drohungen und frei von Akten der Gewalt.

Der Sicherheitsrat betont die Notwendigkeit,
 a) die freie Schiffahrt auf den internationalen Wasserwegen des Gebiets zu garantieren,
 b) eine gerechte Lösung des Flüchtlingsproblems zu erreichen,
 c) die territoriale Unverletzbarkeit und politische Unabhängigkeit jedes Staates im Mittleren Osten zu garantieren, und zwar durch Maßnahmen wie die Einrichtung entmilitarisierter Zonen.

Der Sicherheitsrat fordert den Generalsekretär auf, einen Sondergesandten zu ernennen, der in den Mittleren Osten zu reisen hat, um dort mit den betroffenen Staaten Kontakt zu halten, in der Absicht, Übereinkommen zu fördern und Bemühungen um eine friedliche und akzeptierte Lösung zu unterstützen, die in Übereinkunft steht mit den Prinzipien dieses Beschlusses.

Der Sicherheitsrat fordert den Generalsekretär auf, dem Sicherheitsrat so bald wie möglich vom Fortschritt der Arbeit des Sondergesandten zu berichten.«

Seit dem 22. November 1967, seit dem Tag, an dem der Text dieses Sicherheitsratsbeschlusses vom entscheidenden Gremium der Weltorganisation verabschiedet worden war, hatten die arabischen Regierungen darauf gehofft, daß er zum politischen Werkzeug würde, um die Verantwortlichen in Israel zum Verzicht auf die im Junikrieg von 1967 eroberten Gebiete zu bewegen. Die israelische Regierung aber hatte ein Schlupfloch gefunden, das sie vor dem Zwang zum Abzug aus dem Gebiet am Westufer des Jordan bewahrte: Der Text des Sicherheitsratsbeschlusses war in einer zweisprachigen Fassung verabschiedet worden: englisch und französisch. Die beiden Fassungen unterscheiden sich in einem winzigen Detail: Der französische Text fordert die Israelis auf, sich aus *den* besetzten Gebieten zurückzuziehen. Die englische Fassung aber enthält diesen bestimmten Artikel nicht; sie verlangt von der israelischen Armee nur, sich »aus besetzten Gebieten« zurückzuziehen. Die Verantwortlichen in Israel hatten schon unmittelbar nach der Beschlußfassung im Spätherbst 1967 erklärt, sie betrachteten den englischen Text als bindend. Allerdings verlange er nicht den Abzug aus *den* besetzten Gebieten und folglich nicht aus allen Gebieten, die von den Truppen des Staates Israel im Juni 1967 besetzt worden seien. Über die Frage, welche der Eroberungen wieder freizugeben seien, müsse also verhandelt werden. Israel sei bereit zu solchen Verhandlungen – auch über das Gebiet am Jordan könne ohne Vorbedingungen gesprochen werden.

Die Tür zu Gesprächen aber war bereits von den arabischen Staaten versperrt worden. Vom 29. August bis zum 3. September 1967 hatten in der sudanesischen Hauptstadt Khartum die Könige und Präsidenten Arabiens beschlossen, mit Israel nicht zu verhandeln, Israel nicht anzuerkennen, mit Israel keinen Friedensvertrag abzuschließen. Diese »Drei Nein« der arabischen Staatschefs blockierten fortan alle Verhandlungen zwischen Israel und seinen Nachbarn. Die »Drei Nein« schufen jedoch das Klima für die Entwicklung der Palästinensischen Befreiungsbewegung – als Kampforganisation. Israel wurde von den arabischen Staaten nicht akzeptiert; die Existenz des jüdischen Staates sollte folglich nicht geduldet werden. Daraus war der Auftrag an die PLO abgeleitet, die staatliche Struktur des »zionistischen Gebildes Israel« zu zerschlagen.

Für Yassir Arafat galten damals, nach dem Verlust des letzten Rests von Palästina, nach der Eroberung des Westjordanlands durch die Israelis, die »Drei Nein« als unantastbare Richtlinie. Die Möglichkeiten, verlorenes Gebiet wieder zurückzuerhalten, die der Sicherheitsratsbeschluß Nummer 242 bot, existierten für Arafat nicht. Im ganzen Text, den er weitgehend unverständlich fand, dem er mißtraute, tauchten die Begriffe »Palästinenser« oder »palästinensisches Volk« nirgends auf. Da war allein vom »Problem der Flüchtlinge« die Rede, von einer anonymen Masse also, ohne Identität, ohne Zuordnung der betroffenen Menschen zu einer Heimat.

Arafat wußte genau, warum die Autoren des Textes alle Begriffe vermieden hatten, die mit »Palästina« in Verbindung gebracht werden konnten: Sie hatten Rücksicht zu nehmen auf die Vertreter Jordaniens und Syriens, die von ihren Regierenden streng angewiesen worden waren, bestimmte Sprachregelungen einzuhalten. Für König Hussein existierte kein Palästina – und für die Mächtigen in Damaskus auch nicht. Hussein sah im Gebiet am Westufer des Jordan einen territorialen Bestandteil seines Staates. Sollten die Israelis das Gebiet zwischen Jordan und Jerusalem tatsächlich wieder aushändigen, dann war König Hussein der Empfänger – und nicht ein Vertreter der »Palästinenser«. In seinem Bewußtsein waren die Menschen, die sich »Palästinenser« nennen wollten, nichts anderes als jordanische Untertanen.

Die Repräsentanten der regierenden Baathpartei Syriens sahen den Sachverhalt so: Das gesamte Gebiet, auf dem sich derzeit der Staat Israel befand, gehörte zu Groß-Syrien. Der Gedanke, da werde eines Tages ein Land »Palästina« bestehen, war für die Funktionäre der Baathpartei ein Hirngespinst – deshalb hatte niemand das Recht, sich »Palästinenser« zu nennen.

So war, um die Proteste Jordaniens und Syriens zu vermeiden, der Text des Sicherheitsratsbeschlusses Nummer 242 entstanden, um dessen Annahme die Chefs der Palästinenserorganisationen im Herbst 1988 stritten. Eigentlich war das Dokument während der 21 Jahre seiner Existenz wertlos geworden. Längst gab es keinen Sondergesandten für den Nahen Osten mehr – nie war der Text Grundlage für irgendeine Form des israelischen Rückzugs. Das Dokument ohne Wert war nur noch Mittel, um den Kritikern von Yassir Arafat innerhalb der PLO den verhaßten Schritt zur Anerkennung der Existenz des Staates Israel leichter zu machen. Sie brauchten dabei das Wort »Israel« überhaupt nicht in den Mund zu nehmen. Die Anerkennung war vollzogen, wenn sich die Palästinensische Befreiungsbewegung dazu durchrang, diese Formulierung für gültig zu erklären: »Alle Staaten der Region des Mittleren Ostens haben das Recht, in Frieden innerhalb sicherer und anerkannter Grenzen zu leben, und zwar frei von Drohungen und frei von Akten der Gewalt.«

Um diese Gültigkeitserklärung wurde gestritten, als Yassir Arafat seinen Leibwächter Fathi zum Schiedsrichter einsetzte. Ort des Streits war der Club des Pins am Meer außerhalb von Algier. In diesem Kongreßzentrum hatte am 12. November 1988 die Tagung des Palästinensischen Nationalrats, des Exilparlaments der Palästinenser, begonnen. Dieser Palästinensische Nationalrat war 1964 gegründet worden; er wurde zum zentralen Organ des weltweit zerstreuten Volkes der Palästinenser. Er besteht aus 448 Delegierten. Sie sind, soweit dies einem Volk möglich ist, das zumeist aus Flüchtlingen besteht, demokratisch gewählt worden: In den Lagern im Libanon, in Jordanien, in Syrien, im Gazastreifen, im Westjordanland – aber auch in den Palästinenservereinigungen, die in den Vereinigten Staaten von Amerika, in

Brasilien, Argentinien und in Europa existieren. Wo dies möglich ist, bilden die politischen Organisationen der Palästinenser den Rahmen für die Wahl der Delegierten. Dazu gehören die Volksfront zur Befreiung Palästinas, die Demokratische Volksfront zur Befreiung Palästinas und vor allem Arafats eigene Organisation, die über 55 Sitze im Palästinensischen Nationalrat verfügt.

Am 12. November 1988 hatten sich nicht alle Delegierten im Club des Pins in Algier versammeln können. Die 186 Mitglieder des Nationalrats, die das palästinensische Volk im von Israel besetzten Gebiet vertraten, hatten das Westjordanland und den Gazastreifen nicht verlassen dürfen. Auch die syrische Regierung hatte den 57 Delegierten, die im Namen der in syrischen Lagern lebenden Palästinenser hätten abstimmen sollen, keine Erlaubnis zur Reise nach Algier gegeben.

Die Zahl der Mitglieder des Nationalrats war bei diesem Treffen in Algier um die Hälfte reduziert – da mußte einem geschlossenen Block von 55 Delegierten eine entscheidende Rolle bei den Abstimmungen zufallen. Stimmten die Mitglieder der Organisation Al Fatah für die Annahme des Sicherheitsratsbeschlusses Nummer 242, dann war viel gewonnen; dann durfte Arafat damit rechnen, daß auch die 150 Delegierten, die aus Westeuropa, aus Nord- und Südamerika gekommen waren und die als »Unabhängige« galten, zusammen mit dem Block der Al Fatah stimmen würden.

Arafat mußte jedoch die Erfahrung machen, daß einige Mitglieder seiner Hausmacht, seiner Gruppe Al Fatah, nicht über den eigenen Schatten springen wollten. Diejenigen, die sich gegen Arafat stellten, argumentierten, er habe doch selbst immer gesagt, die Anerkennung des Sicherheitsratsbeschlusses Nummer 242 sei die Trumpfkarte, die er erst am Verhandlungstisch, im Angesicht einer israelischen Delegation auf den Tisch legen werde. Arafat entgegnete, es werde überhaupt zu keinen Verhandlungen kommen, wenn nicht die USA Druck ausübten auf Israel – diesen Druck aber werde es ohne Vorleistung der Palästinenser nicht geben. Für die Regierung der Vereinigten Staaten sei die Vorleistung mit der Anerkennung des Sicherheitsratsbeschlusses erfüllt.

Nach zehn Stunden Diskussion, morgens um 3 Uhr, verließ der PLO-Chef bei diesem Stand von Rede und Gegenrede den Konferenzsaal im Club des Pins. Er legte sich keineswegs ins Bett, sondern ging, nur von Fathi, dem Chef der Leibwache, begleitet, am Meer auf und ab. Die Anhänger und die Kritiker seiner Politik diskutierten weiter. Er wußte, daß den Gegnern schließlich die Argumente ausgehen würden; hatten sie doch keine echte, erfolgversprechende Alternative vorzuschlagen. Doch Arafat übereilte nichts. Erst als im Osten, über dem

Mittelmeer, der erste Schein des Morgens zu erkennen war, kehrte er in den Saal zurück. Da hatten sich kurz zuvor auch die Zögernden unter den Delegierten der Al Fatah entschlossen, dem Chef keine Hindernisse mehr in den Weg zu legen.

Am Morgen des 13. Novembers 1988 berief Dr. George Habbash, der Chef der Volksfront zur Befreiung Palästinas, seine 25 Delegierten zu geschlossener Sitzung in den Club des Pins. Zuvor hatte er auf dem Gang des Konferenzzentrums in Algier eine Begegnung mit dem belgischen Staatsbürger Paul Cools, dessen Sohn als Geisel im Libanon festgehalten wurde. Eindringlich bat der Vater um Hilfe. Der Siebzigjährige glaubte zu einem Mächtigen zu reden, dessen Wort Freiheit für seinen Sohn bedeuten könnte. Doch George Habbash kannte den Fall nicht – er besaß nicht den geringsten Einfluß auf die Entführer. Mit einer Geste der Hilflosigkeit beendete Habbash das Gespräch. Der Belgier fand in Algier keinen, der ihm helfen konnte.

Die Begegnung mit Paul Cools blieb jedoch nicht ohne Wirkung auf Habbash. Er hatte sich vorgenommen gehabt, seine Delegierten auf ein »Nein« zu Arafat einzuschwören; er war entschlossen gewesen, die Sitzung des Palästinensischen Nationalrats platzen zu lassen, wenn Arafat sich mit seinem Standpunkt, es sei Zeit, den Sicherheitsratsbeschluß Nummer 242 anzunehmen, durchzusetzen begann. Doch als sich die Tür hinter ihm und seinen 25 Delegierten geschlossen hatte, da war der Kämpfer George Habbash zu einem weißhaarigen 61 Jahre alten Mann geworden, der resignierte. Er sagte zwar, daß es wohl sinnlos sei, die Resolution des Weltsicherheitsrats anzuerkennen, wenn nicht von vornherein gewährleistet sei, daß die Palästinenser dafür auch wirklich handfest belohnt werden würden. Er habe sich jedoch zum Standpunkt durchgerungen, es sei klüger für die Gesamtpolitik des palästinensischen Volkes, wenn er und seine Delegierten nicht den Konferenzsaal unter Protest verließen. Finde sich eine Mehrheit für die Politik des Yassir Arafat, werde er diese Mehrheit stützen – und er werde auch für die Proklamierung des Palästinenserstaats stimmen.

Dieser Entschluß war mutig, denn die Basis der Organisation des Dr. George Habbash befindet sich in der syrischen Hauptstadt Damaskus, mitten im Machtzentrum des Präsidenten Hafez Assad, des resoluten Feindes einer Proklamation des Palästinenserstaates. Hafez Assad hatte verhindern können, daß Delegierte aus seinem Land nach Algier, zur Sitzung des Nationalkongresses, reisen durften – Habbash aber hatte seine Vertrauten schon Wochen zuvor aus Damaskus nach Algerien abgezogen, da er seine Politik nicht von Hafez Assad bestimmen lassen wollte. Nach Damaskus zurückkehren aber wollte er wieder. Für ihn kam als Basis nur eine arabische Hauptstadt in Frage, die nahe bei der

Heimat, bei Palästina, lag. Wenn George Habbash schon nicht in Jordanien, also am Jordan leben durfte, dann wenigstens in der Nachbarschaft. Sein Verhalten bei der Abstimmung schmälerte die Möglichkeit der Rückkehr nach Syrien.

Zur Meinungsänderung des Dr. George Habbash hatte auch der Frontwechsel seines wichtigsten Mitarbeiters von einst, Bazam Abu Sharif, beigetragen, der zu denen gehört hatte, die Arafat davor warnten, sich »auf den Weg der Kapitulation vor Israel« zu begeben. Derselbe Bazam Abu Sharif hatte zu Beginn der Sitzung des Palästinensischen Nationalrats gesagt: »Das palästinensische Volk erlebt einen Wendepunkt. Er vollzieht sich in Algier. Dort wird zum erstenmal die Fahne des unabhängigen Staates Palästina gehißt werden!«

Bazam Abu Sharif war der Theoretiker der Auseinandersetzung der Volksfront zur Befreiung Palästinas mit den Vereinigten Staaten von Amerika gewesen. Er hatte seinem Chef George Habbash die Materialien für die Reden geliefert, in denen Amerika als haßerfüllter Feind des Volkes der Palästinenser angeprangert worden war. Nun aber hatte derselbe Bazam Abu Sharif für Yassir Arafat eine Studie erarbeitet, die darlegte, daß allein die Vereinigten Staaten von Amerika die Macht besäßen, den Palästinensern zu ihrem Staat am Jordan zu verhelfen. Deshalb müsse jede Anstrengung unternommen werden, um die Sympathien der Mächtigen in den USA zu gewinnen. Arafat hatte diesen Bazam Abu Sharif zu seinem Berater für amerikanische Angelegenheiten ernannt. George Habbash aber hatte seinen Theoretiker verloren. Der Chef der Volksfront zur Befreiung Palästinas begann Arafats Überlegenheit anzuerkennen.

»Die Schwimmer gegen die Strömung der Geschichte haben aufgegeben!« Dieses Fazit zog Arafat am 14. November 1988.

Zu diesem Zeitpunkt waren Bazam Abu Sharif und andere Berater des Vorsitzenden der Palästinensischen Befreiungsbewegung damit beschäftigt, den Text der Proklamation des Palästinenserstaates zu formulieren. Ermutigende Worte waren aus den USA zu hören gewesen: Präsident Ronald Reagan hatte am Vortag gesagt, er würde die Anerkennung des Sicherheitsratsbeschlusses Nummer 242 als Fortschritt in der notwendigen Richtung betrachten. In der Nacht zum 15. November folgte Arafat dem Wink aus Washington: Im Namen der PLO akzeptierte der Vorsitzende den Text, der 21 Jahre zuvor vom Sicherheitsrat der Vereinten Nationen als Basis einer umfassenden Lösung des Nahostkonflikts betrachtet worden war.

Wichtiger für Arafat war jedoch in jener Nacht diese Proklamation: »Im Namen Gottes und im Namen des Volkes, des palästinensischen

Volkes, proklamieren wir den Staat Palästina auf palästinensischem Boden! Das heilige Jerusalem wird seine Hauptstadt sein!«

Zur politischen Ausrichtung des eben proklamierten Staates sagte Arafat, Palästina werde demokratisch sein, geprägt vom selbstverständlichen Recht auf Bildung von Parteien, die, je nach Wählermeinung, in einem Parlament wirksam werden sollen. Das Land werde keinem der weltpolitischen Blöcke angehören. Meinungsfreiheit werde das politische Leben des Landes bestimmen. Den Gläubigen aller Religionen sei die Freiheit garantiert, nach ihrer Überzeugung leben zu können. Gewalt und Terror, so sagte Arafat, werden verpönt sein in Palästina – doch niemand werde dem palästinensischen Volk das Recht rauben können, im besetzten Gebiet Widerstand gegen die Besatzungsmacht Israel zu leisten.

Die Grenzen des Staates Palästina seiner Vision umriß Yassir Arafat nicht. Er schloß allerdings Jerusalem in das Staatsgebiet ein, wobei er offenließ, ob nur der arabische Teil der Heiligen Stadt gemeint war oder die Gesamtheit ihres Gebiets. Daß er – gleichgültig, welchen Umfang er der Hauptstadt geben wollte – mit der Einbeziehung Jerusalems die Realisierung seiner Vision aufs äußerste belastete, war ihm bewußt. Er brachte damit die Gesamtheit des Volkes von Israel gegen den Plan des Palästinenserstaates auf. Wenn sich die Israelis in einer Sache einig sind, dann darin, daß Jerusalem die ungeteilte Hauptstadt ihres Staates sein soll. Arafat aber verlangte, daß zu einem Palästina auf dem Boden des Westjordanlandes auch die Klagemauer in Jerusalem gehören sollte, das wertvollste Heiligtum des jüdischen Volkes ingesamt.

Die Nennung der Heiligen Stadt als Zentrum der Staatsvision war nicht aus taktischen Gründen geschehen. Der Moslem Arafat, der in seiner PLO auch für christliche Palästinenser verantwortlich ist, glaubt verpflichtet zu sein, Palästina als Heimstätte der drei Religionen Islam, Christentum und Judentum der Welt zu präsentieren. Er will dafür sorgen, daß die heiligen Stätten – der Felsendom, die Grabeskirche und die Klagemauer – den Gläubigen zum Gebet offenstehen. In einer Welt zunehmender religiöser Radikalisierung sieht Arafat den Staat Palästina als Ort für eine Begegnung der Religionen. Die Moslems, so meinte er schon früher einmal, werden zwar die Mehrheit im Lande bilden, doch der Koran werde nicht das Gesetzbuch Palästinas sein.

Aber an derartige Freiheiten und Konsequenzen der Rede des PLO-Vorsitzenden dachten die Zeugen der Staatsproklamation im Großen Saal des Kongreßzentrums von Algier in jener Nacht vom 14. auf den 15. November 1988 nicht. Arafat erntete Jubel.

Begeisterung brach auch aus im Land, das Arafat als Staatsgebiet von Palästina bezeichnet hatte: im Gazastreifen und im Gebiet am Westufer des Jordan. Vergessen war dort plötzlich, daß König Hussein von Jordanien noch vier Monate zuvor als Souverän beider Ufer des Jordan gegolten hatte – trotz der Besetzung des westlichen Ufers durch Israel. Der König selbst hatte die völkerrechtliche und die psychologische Voraussetzung dafür geschaffen, daß der Nationalkongreß der Palästinenser den Staat überhaupt proklamieren konnte.

König Husseins historischer Verzicht

»Jordanien ist nicht Palästina!« Am 31. Juli 1988 trennte sich König Hussein von Jordanien mit diesen Worten vom Gebiet am westlichen Ufer des Jordan. Der Fluß wurde damit zur Trennungslinie zwischen dem haschemitischen Königreich Jordanien und dem Gebiet der Palästinenser. Seit 1948 hatte der Jordan zwei Staatshälften der Monarchie miteinander verbunden. Am letzten Tag des Monats Juli 1988 aber teilte der König in einer Fernsehansprache seinem Volk mit, er sei künftig nicht mehr zuständig für das westliche Ufer des Gewässers, das seinem Land den Namen gibt: Jordanien, das Land am Jordan.

Daß die Lostrennung nicht dem königlichen Willen entsprungen war, machte Hussein deutlich: »Wir respektieren den Willen der Palästinensischen Befreiungsbewegung, der einzigen legitimen Vertretung des palästinensischen Volkes, auf Lösung des Gebiets von uns, um darauf einen unabhängigen Staat Palästina zu begründen. Wir sagen dies in völliger Übereinstimmung mit den Palästinensern und mit der PLO.« In seiner Rede, die kaum eine halbe Stunde dauerte, sagte der König allerdings auch, daß er zu weiteren Konzessionen an die Führung des palästinensischen Volkes nicht bereit sei: »Einheit zu bewahren, ist jedem Staat eine wichtige Aufgabe. Für Jordanien aber ist Einheit noch bedeutender, sie ist die Basis unserer Stabilität. Die Bewahrung unserer nationalen Einheit ist heilige Pflicht. Irgendwelche Kompromisse in dieser Frage sind ausgeschlossen!«

Die Untertanen verstanden, was ihr König ihnen sagen wollte – vor allem die Palästinenser, die ostwärts des Jordan leben. Sie stellen die Mehrheit der Bevölkerung im Staatsgebiet, das weiterhin zum »Haschemitischen Königreich Jordanien« gehörte. Als die beiden Ufer des Jordan noch vereinigt waren, als der König noch nicht auf das Gebiet zwischen Fluß und Jerusalem verzichtet hatte, waren zwei Drittel der Jordanier Angehörige des palästinensischen Volkes. Die Stammbevölkerung Transjordaniens, die Abkommen der Beduinen der Region um Amman, galten immer als an Zahl den Palästinensern unterlegen. Dennoch war diese Minderheit politisch bestimmend gewesen; die palästinensische Mehrheit hatte über Jahrzehnte hin das Gefühl, nur geduldet zu sein im Herrschaftsbereich des Königs.

Die Palästinenser hatten deshalb ständig dazu geneigt, sich eher der PLO-Führung unterzuordnen als dem Monarchen. Mit seiner Mahnung, die Bewahrung der Einheit sei als heilige Pflicht zu betrachten, wandte sich Hussein an die palästinensischen Bewohner des Restlandes Jordanien ostwärts des Flusses. Sie durften nicht auf den Gedanken kommen, sich auf den Anschluß an einen möglichen Palästinenserstaat vorzubereiten. Sie hatten auch in Zukunft Untertanen des Königs zu bleiben. Ohne die Palästinenser, die in Amman, Zarqa und Salt leben, kann das Königreich nicht fortbestehen. Kompromisse sind in dieser Frage für den König tatsächlich ausgeschlossen.

Daß die Loslösung des Gebiets am Jordanwestufer Konsequenzen für die Bevölkerung dort haben würde, daran ließ Hussein keinen Zweifel: »In Erfüllung unserer Pflicht werden wir die rechtlichen und die administrativen Bindungen mit dem bisherigen Westteil unseres Landes abbauen.«

Der Ankündigung folgte sofort die Tat: Hussein löste das Unterhaus der Nationalversammlung auf. In diesem parlamentarischen Gremium bestand die Hälfte der Delegierten aus Vertretern der Einwohner des Westjordanlandes. Das Unterhaus der Nationalversammlung war die Plattform gewesen, von der aus sich die Palästinenser West-Jordaniens bisher an die Weltöffentlichkeit wenden konnten. Die Auflösung war ein logischer Schritt: War das Land im Westen des Jordan nicht mehr Teil von Jordanien, brauchte der König den Menschen dort keine Plattform mehr zu bieten, damit sie ihre Meinung sagen konnten. Die PLO sollte künftig für die Meinungsfreiheit der Bewohner von Ost-Jerusalem, Hebron, Jericho und Nablus sorgen.

Begeisterung war die Reaktion der Frauen und Männer in jenen Städten. Ihre Meinung war immer gewesen: »Wir brauchen Jordanien nicht!« Viele waren der Überzeugung, nun sei ein wichtiger Schritt getan, der die Gründung des Palästinenserstaates ermögliche. Männer mit Einsicht aber verbargen ihre Sorgen nicht.

Zu ihnen gehörte Saleh Abdel Jawad, Politologieprofessor an der palästinensischen Bir-Seit-Universität. Er sagte: »Ein Sieg ist das sicher, denn der König hat unser Land endlich uns Palästinensern übergeben. Doch wir werden einen hohen Preis dafür zahlen müssen. Manchmal glaubt man, einen Sieg errungen zu haben, und stellt dann fest, daß man sich nur Probleme auf den Hals geholt hat.« Jawad fürchtete zu Recht, der König werde die monatlichen Zahlungen an die rund 20 000 Beamten im Westjordanland einstellen lassen, die sich immer noch als königlich-jordanische Staatsdiener betrachteten.

Am 4. August 1988 entschied die Regierung des haschemitischen Königreichs, im Gebiet westlich des Jordan bestehe für den Staat keinerlei beamtenrechtliche Bindung an bisher im jordanischen Staatsdienst beschäftigte Personen mehr. Als Stichtag der Entlassung für alle Beamten wurde der 16. August 1988 festgesetzt. Nach jordanischen Angaben belief sich die Gesamtzahl der Entlassungen auf 16 000 Personen. Für sie hatte das Königreich im Jahr mehr als dreißig Millionen Dollar ausgegeben.

Zwar wurden Gelder für Härtefälle von der jordanischen Staatskasse zur Verfügung gestellt – etwa 4000 Männer, die zwanzig Jahre dem König gedient hatten, erhielten Pensionen –, doch die Entlassung von 16 000 Familienvätern traf die Empfindung der Bevölkerung des Westjordanlandes schwer. Der König hatte einen radikalen Schnitt vollzogen: Wenn die PLO schon alleiniger Vertreter des palästinensischen Volkes sein wollte, dann hatte sie auch für dieses palästinensische Volk zu sorgen. Für die 1,3 Milliarden Dollar, die unter dem Titel »Entwicklungsprojekte« im Haushaltsplan des Finanzministeriums vorgesehen waren, wurde ein Verwendungszweck im Land ostwärts des Jordan gefunden. König Hussein fühlte sich nicht mehr verpflichtet, in dem Land, das die Palästinenser für ihren Staat beanspruchten, Entwicklungshilfe zu leisten.

Am 7. August 1988 gab der König die Zahl der Untertanen bekannt, auf die er verzichtet hatte: »850 000 Menschen, die bisher als Jordanier gelten konnten, leben im Gebiet westlich des Jordan. Sie bleiben dort. Wir wissen, daß die Jordanbrücken die Lebensadern der 850 000 sind. Deshalb haben wir nicht die Absicht, diese Brücken über den Fluß zu sperren, um das Land der PLO vom Königreich zu trennen. Ein derartiger Gedanke liegt uns wahrhaftig fern – auch wenn wir entschlossen sind, die verwaltungstechnischen Brücken zwischen den beiden Gebieten abzubrechen. Nur eines gestehen wir den 850 000 Frauen und Männern zu: Wenn sie jordanische Pässe besitzen, dürfen sie diese Pässe weiterhin benützen, jedoch nur als Reisedokumente, die Aufschluß geben über die Identität einer Person. Die königlich-jordanischen Reisepässe derjenigen, die im Westen des Jordan leben, dokumentieren künftig nicht mehr einen Anspruch auf Staatsbürgerschaft im haschemitischen Königreich.«

Auf 850 000 Bürger hat König Hussein im August 1988 verzichtet, auf ein Drittel der Menschen, die bisher in Jordanien gewohnt hatten. Vom unruhigsten Teil der Bewohner Jordaniens hat er sich getrennt, von Untertanen, die keineswegs dankbar dafür waren, daß sie sein Großvater, König Abdallah, davor bewahrt hatte, schon im Jahre 1948, bei den Kämpfen um die Gründung des jüdischen Staates, von Israel geschluckt zu werden. König Abdallah hatte durch Eingliederung des Jordanwestufers sein Land Transjordanien in das ansehnlichere Jordanien verwandelt. Durch Verzicht auf das Gebiet zwischen Jordan und Jerusalem hat der Enkel Hussein die wichtigste Lebensleistung des Großvaters zerstört: Er hat die Gestalt des ursprünglichen Landes Transjordanien wiederhergestellt. Der Kommentar des Enkels: »Die Zeit der Gemeinsamkeit ist vorüber. Niemand kann auf mich zählen, wenn es darum gehen sollte, im Namen der Palästinenser mit den Israelis zu verhandeln. Ich stand bisher dafür zur Verfügung – von nun an nicht mehr.«

Vertraute des Königs sagen, der Verzicht sei ihm schwergefallen. Er hatte seinen Großvater über alles geliebt. Zu zerstören, was dem König Abdallah heilig gewesen war, die Einheit der beiden Jordanufer, bereitete ihm Kummer. Doch als dienstältester Staatschef der arabischen Welt hatte er es sich abgewöhnt, seinen Schmerz öffentlich zu zeigen. Daß es ihm nicht gelungen war, zum Monarchen der Palästinenser im Westen des Jordan zu werden, daran gab er sich selbst keine Schuld, hatte er doch geglaubt, die Untertanen in Cisjordanien gleich wie alle anderen Bürger des Königreichs behandelt zu haben. Eigentlich hätte er Dankbarkeit und Treue erwartet, so sagte er in kleinem Kreis. Doch für Dankbarkeit seien die Palästinenser ohnehin nicht bekannt, denn schließlich hätte ihm einer aus diesem Volk den Großvater erschossen.

Dem König, der schwierige Situationen überlebt hat, ist der Charakterzug der Geduld nicht abzusprechen. War er in Bedrängnis geraten, hatte Hussein immer Wege gefunden, um sich und seine Herrschaft zu retten. Er ist ein Meister der taktischen Finesse. Im August 1988 spürte Hussein, daß die Weltöffentlichkeit auch diesmal glaubte, er handle nach der militärischen Regel des Rückzugs zur Frontbegradigung; aus der neuen, sicheren Position werde er sich dann verlorenes Gebiet zurückholen. Seine Bekräftigung, diesmal sei ihm nicht nach Taktik zumute, wurde ihm nicht geglaubt. Anzunehmen ist, daß er in Wahrheit eben doch darauf wartet, daß der Palästinensischen Befreiungsbewegung die Verwirklichung der Vision vom Staat am Westufer des Jordan mißlingt, daß Yassir Arafat scheitert.

Dem PLO-Chef hatte Hussein zwar durch den Verzicht auf das Land am Westufer des Jordan die völkerrechtliche Möglichkeit gegeben, für das nun offenbar herrenlos gewordene Gebiet den Staat der Palästinenser auszurufen, doch zugleich hatte ihm der Verzicht nahezu unlösbare Probleme geschaffen. Das schlimmste dieser Probleme war, daß 20 000 Beamte, die bisher Geld aus der jordanischen Staatskasse erhalten hatten, nun von der PLO bezahlt werden wollten. Gelang es der PLO-Führung nicht, den beamteten Familienvätern den Lebensunterhalt zu ermöglichen, mußte sie mit Unzufriedenheit rechnen, die dazu führen konnte, daß der Ruf »Wir wollen Hussein!« zu hören sein würde.

Es war nicht das Problem, daß die PLO die dreißig Millionen Dollar nicht aufbringen konnte, die bisher aus Amman ins besetzte Gebiet westlich des Jordan geflossen waren. Der Betrag stand Arafat zur Verfügung – die Schwierigkeit war, die Dollars in das Besatzungsgebiet der Israelis zu bringen.

Die königliche Finanzbehörde hatte die Gelder auf offizielle Bankkonten in Jericho, Hebron, Nablus, Ost-Jerusalem transferiert, ohne daß die Besatzungsmacht Einspruch erhoben hätte. Die israelische Regierung hatte jedoch sofort nach Bekanntwerden der jordanischen Kündigung der Beamtengehälter mitgeteilt, sie werde auf keinen Fall gestatten, daß die Palästinensische Befreiungsbewegung die Verpflichtung zur Gehaltszahlung übernehme. Dies hätte Ausübung von Hoheitsrechten durch die PLO bedeutet. Ganz von selbst wären die Palästinenser sonst im besetzten Gebiet fortan vom Gefühl geleitet worden, die PLO, die Beamte bezahle, sei ihre rechtmäßige Regierung.

Arafat suchte einen Mittelweg: Er schickte Mahmud Abbas, ein Mitglied des Exekutivkomitees der PLO, in die jordanische Hauptstadt Amman mit dem Vorschlag, der König möge doch die Überweisungen ins besetzte Gebiet wie bisher auch weiterhin durchführen lassen – die PLO aber werde in Wahrheit die Gehälter der Beamten zahlen, denn sie werde der Finanzverwaltung des Königreichs den entsprechenden Betrag monatlich ersetzen. Hussein ließ sich auf diesen Vorschlag nicht ein. Der König entgegnete: »Wenn wir die Gelder überweisen, entsteht der Eindruck, die Verantwortung für Palästina liege immer noch bei uns. Ich betone noch einmal, daß wir alle administrativen Brücken zwischen uns und dem Gebiet westlich des Jordan abgebrochen haben.«

David und Goliat mit vertauschten Rollen

Ariel Sharon will den Jordan zur
Grenze Israels machen

Wir haben jetzt Gelegenheit, unseren Staat auch bei Jericho bis zum Jordan auszudehnen, dann ist der Fluß gegenüber Jordanien unsere Grenze. Dann gibt es am Jordan kein besetztes Gebiet mehr, dann gehört das alles uns, und wir können Ordnung schaffen auf die Art, die wir für richtig halten. Jetzt, da der König von Jordanien das Gebiet nicht mehr haben will, brauchen wir nur zu erklären, die Gesetze Israels seien jetzt auch im einstmals jordanischen Territorium westlich des Jordan gültig. Niemand wird protestieren können, denn das Land gehört niemand mehr. Alle Bürger des Staates Israel sind sich doch einig, daß der Jordan in Wahrheit unsere Ostgrenze ist.«

Ariel Sharon, der Held des Krieges von 1973, hat die Anregung gegeben, das Gebiet am Jordan ganz einfach zu annektieren. Er war zwar zum Zeitpunkt dieser Erklärung zu seinem Ärger noch immer nur Minister für Handel und Industrie in der Regierung des Ministerpräsidenten Yitzhak Shamir, doch er hatte bereits angekündigt, er werde nach einem möglichen Sieg des Likudblocks bei den Wahlen am 1. November 1988 Anspruch auf eine Schlüsselfunktion in der Regierung erheben. Unzufrieden war Ariel Sharon im Herbst 1988 nicht nur mit seinem »Ministerium der Krämer und Flaschner«, sondern auch mit dem Regierungschef, der nicht energisch genug sei, um die Palästinenser im besetzten Gebiet zu zähmen.

Der Premierminister ließ sich durch seinen Minister für Handel und Industrie nicht zu einer Beschlagnahme des Landes im Westen des Flusses treiben. Yitzhak Shamir argumentierte so: »Menachem Begin hat während der Verhandlungen von Camp David im September 1978 dem amerikanischen Präsidenten Carter versprochen, daß Israel den Geltungsbereich seiner Gesetze nicht auf das besetzte Gebiet ausdehnen werde. Die israelische Regierung hält Abmachungen, die sie einmal getroffen hat, ein. Wir sind noch immer bereit, über eine Autonomie der Palästinenser zu verhandeln, so wie dies im Vertrag von Camp David festgelegt worden ist.«

Außenminister Shimon Peres erkannte im Vorschlag des Handels- und Industrieministers, das Land am Jordan zu annektieren, einen eindeutigen Angriff auf seine Politik, mit Jordanien zu einer friedlichen Lösung aller strittigen Probleme zu kommen. Shimon Peres hatte auf den König gesetzt – und nun hatte sich Hussein aus der Verantwortung zurückgezogen. Shimon Peres hatte mit Bevollmächtigten des Königs über eine mögliche Autonomie der Menschen im besetzten Gebiet reden und verhandeln wollen. Seit dem Verzicht des Königs auf sein ehemaliges Staatseigentum zwischen Fluß und Jerusalem war nicht mehr mit dem Besuch von Bevollmächtigten aus Amman zu rechnen – wenigstens solange der Verzicht gültig war.

Die Gültigkeit eines solchen Verzichts begann Shimon Peres plötzlich zu beschäftigen. Rechtskundige Beamte des israelischen Außenministeriums waren auf seinen Wunsch dabei, Gutachten darüber zu erstellen, ob ein Staatschef, ein Monarch das Recht habe, Land, das Bestandteil seines Staates ist, einfach wegzugeben. Die Spezialisten kamen zum Ergebnis, daß eine derartige Übertragung von Territorium möglich sei. Die Frage wäre nur, an wen die Übertragung erfolge. Völkerrechtlich sei nur ein anderer Staat in der Lage, die Übertragung anzunehmen. Zur Not könne auch eine von den Vereinten Nationen anerkannte Organisation Empfänger einer derartigen Landschenkung sein; das Völkerrecht gestatte einen derartigen Vorgang. Voraussetzung der Rechtskräftigkeit aber sei, daß ein gültiger Vertrag zwischen dem Verzichtenden und dem Empfänger abgeschlossen werde. Da König Hussein, der Souverän von Jordanien, und Yassir Arafat, der Vorsitzende der Palästinensischen Befreiungsbewegung, nach allgemeinem Wissen keine vertraglichen Abmachungen getroffen hatten, die das Gebiet des Jordanwestufers betrafen, so war, nach den Regeln des Völkerrechts, König Hussein noch immer der rechtmäßige Staatschef des besetzten Gebiets westlich des Jordan. Husseins Verlautbarung durfte nach Meinung der Völkerrechtler im israelischen Außenministerium nur als rechtsunwirksame Absichtserklärung angesehen werden.

Ernst genommen werden mußte der Vorgang also erst, wenn der jordanische Monarch die Organisation der Vereinten Nationen davon informierte, daß er mit den dazu berechtigten Vertretern der PLO einen Abtrennungsvertrag abgeschlossen habe. Dieser Vertrag würde den Palästinensern das Recht geben zu erklären, sie seien Besitzer eines eigenen Staatsgebiets. Damit wären sie auf dem Weg zur Staatsgründung einen großen Schritt weitergekommen, denn nach klassischer völkerrechtlicher Definition bedarf es dreier Faktoren, damit ein Staat durch andere Staaten anerkannt werden kann: Ein Volk muß vorhanden sein, das diesen Staat tragen will; diesem Volk muß ein Staatsgebiet gehören; von diesem Volk muß Staatsgewalt ausgehen. Die Abtretungserklärung des Königs Hussein würde dem Volk das Gebiet geben. Damit würden zwei der drei notwendigen Faktoren zur Staatsgründung völkerrechtlich faßbar.

Daß sich Hussein nur auf Worte beschränkt hatte, war für Außenminister Shimon Peres ein Anzeichen für ein taktisch bestimmtes Vorgehen des Königs mit dem Ziel, der Welt zu beweisen, daß es nutzlos sei, Hoffnungen auf die PLO zu setzen, weil sie nicht dazu geschaffen sei, ein verläßlicher politischer Partner zu sein. Die Analyse seiner Völkerrechtsspezialisten gab Shimon Peres das Material an die Hand, das ihm, so glaubte er, Verständnis für Husseins Vorgehensweise ermöglichte. Er wurde bestärkt in seiner Absicht, auf Verhandlungen über eine Teilautonomie der Palästinenser hinzuarbeiten – ohne Rücksicht auf politische Aktionen der PLO. Für Shimon Peres gab es nur die eine Konsequenz: Die PLO interessiert uns nicht – wir warten auf die Stunde des Königs von Jordanien.

Um die Voraussetzung zur »Wiedergeburt des Königs als arabischer Führer« nicht zu zerstören, mußte Sharons Wille, den Jordan zur Grenze Israels gegenüber Jordanien zu machen, blockiert werden. Dies geschah am besten dadurch, daß die israelische Regierung nichts unternahm, um eine politische Lösung für die Probleme der Palästinenser, der Bewohner der Städte und Dörfer westlich des Flusses, zu finden. Seit 1967, seit der Eroberung des Westjordanlandes durch die israelische Armee, hatten die Regierungen in Jerusalem geglaubt, die Ruhe im besetzten Gebiet durch Härte garantieren zu können. Seit Dezember 1987 wurde nach und nach diese Härte als Hilflosigkeit der Sieger entlarvt.

Ariel Sharons Haltung ist verständlich: Yitzhak Shamir hat die Menschen im Land westlich des Jordan nicht zu geduldigen Befehlsempfängern machen können. Also mußte die Idee, das Gebiet nach Husseins Verzicht einfach zu annektieren, die von Sharon gewünschte Lösung zur Folge haben: Die Palästinenser würden aus dem nun israelischen Territorium ausgewiesen werden. Ariel Sharon weiß genau, daß der Staat Israel keinen Bevölkerungszuwachs von 850000 Palästinensern ertragen kann – damit würde der Anteil der Araber auf über ein Drittel der Gesamtzahl der Menschen in Israel ansteigen. Hatte schon der jordanische Monarch die Palästinenser am Westufer des Jordan für seine unruhigsten Untertanen gehalten, so war vorauszusehen, daß dieselben Menschen sich nicht israelischer Herrschaft unterwerfen würden. Um ihren Staat vor andauernder Unruhe zu bewahren, müßten die Verantwortlichen in Israel zu dem Mittel greifen, das bereits jetzt diskutiert wird und das schon einen Namen hat:

»Palästinensertransfer«. Der Begriff bezeichnet die Deportation der Palästinenser aus ihrer Heimat über den Jordan, hinüber nach Jordanien. Ariel Sharon ist der Meinung, allein der »Palästinensertransfer« werde Ruhe einkehren lassen in den Städten Jericho und Hebron.

Intifada, der Aufstand

Das Fernsehen hat sie weltweit bekannt gemacht, die steinewerfenden Kinder: In Gruppen stürmen sie hinter Mauerdeckungen hervor und werfen Steinbrocken gegen vorüberfahrende israelische Jeeps, gegen Soldaten auf Patrouillengang. Die Männer der Israel Defence Force tragen Stahlhelme, haben Maschinenwaffen umgehängt, sind meist durch splitterabweisende Westen geschützt. Ihre Ausrüstung macht sie schwerfällig. Die jungen Angreifer, in leichter Kleidung, bewegen sich leichtfüßig. Sie machen sich einen Sport daraus, die israelischen Soldaten so lange zu reizen, bis die Bewaffneten Tränengasgranaten werfen oder Geschosse aus ihren Maschinenpistolen feuern. Tag für Tag wiederholen sich die Vorgänge: Israelische Soldaten stolpern hinter rennenden Kindern her, die sie nicht fangen können. In der Wut benützen sie ihre todbringenden Waffen.

Wie so häufig schon wird auch während der Monate des Aufstands bei der Darstellung der Ereignisse das Bild von David und Goliat gebraucht – anders jedoch als früher: Bei allen Auseinandersetzungen galt Israel als der an Kraft unterlegene David, der sich aber durch seinen Mut und durch seine Entschlossenheit gegen den übermächtigen Goliat, den die Araber darstellen, behaupten kann. Der Aufstand im Land am Jordan aber zeigt der Welt die Umkehrung des Bildes: Die steinewerfenden jungen Palästinenser stellen David dar; die durch ihre Ausrüstung schwerfälligen israelischen Soldaten sind in die Rolle des Goliat gezwungen. Das Resultat dieser Umkehrung ist, daß die palästinensischen Jugendlichen ihrer Sache Sympathie einbringen – die Israelis aber geraten unter Anklage, die Menschenrechte zu mißachten.

»Selbst wenn die Krawalle Monate dauern sollten, werden wir mit ihnen letztlich doch Schluß machen, und zwar für immer!« Der israelische Verteidigungsminister hatte diese Prognose im Januar 1988 ausgesprochen; damals war der Aufstand im besetzten Gebiet gerade vier Wochen alt. Yitzhak Rabin hatte noch Mühe, den Namen auszusprechen, den die Revolte inzwischen erhalten hatte: »Intifada« – zu übersetzen mit »der Aufstand«.

Zwei Jahre später bebt das besetzte Gebiet noch immer. Die israelische Armee hat die aufrührerischen Palästinenser nicht zähmen können. Sie hat Menschen getötet in der Absicht, die Jugendlichen im Land zwischen Jordan und Jerusalem abzuschrecken und einzuschüchtern. Yassir Arafat sagt, 540 Palästinenser seien umgebracht worden; die Organisatoren des Aufstands an Ort und Stelle geben die Zahl der Toten mit 410 an; die israelischen Behörden sprechen von knapp über 300 Toten. Müßig ist die Diskussion über Zahlen. Fest steht, daß fast an jedem Tag Menschen durch Geschosse aus israelischen Waffen starben. Erschreckend viele Jugendliche sind verwundet worden: Nach Angaben der Gesundheitsbehörde des Staates Israel mußten im Jahr 1988 fast 4000 Frauen und Männer wegen ihrer Schußverletzungen in Krankenhäusern versorgt werden.

Nicht vergessen werden darf, daß auch Israelis ihr Leben verloren haben: Sechs Zivilisten und zwei Soldaten starben. Rund 500 Unbewaffnete und über 700 Angehörige der Armee wurden verwundet.

Hundertfach wiederholte sich während der Monate des Aufstands der Ablauf des Geschehens: Nach dem Mittagsgebet stürmen junge Männer aus der Al-Aqsa-Moschee in Jerusalem. »Allahu akbar«, ist ihr Schrei – »Es gibt keinen Gott über Allah!« Plötzlich flattert die grünrot-schwarze Fahne der PLO über den Köpfen der Jugendlichen. Der Schrei »Allahu akbar« verstärkt sich. Durch das Tor von der Altstadt Jerusalems her drängen junge Frauen und Männer auf die freie Fläche vor dem Felsendom. Aus Hunderten werden Tausende. Eine Gruppe übergießt eine israelische Fahne mit Benzin und zündet sie an. Bald darauf brennt auch eine Flagge der Vereinigten Staaten. Zu gewaltiger Wucht ist der Ruf »Allahu akbar« angewachsen. Vor dem Moscheehof, in der arabischen Altstadt von Jerusalem, steigt die Spannung von Minute zu Minute. Ladenbesitzer ziehen die Gitter vor den Schaufenstern ihrer Geschäfte herunter aus Angst, die Scheiben könnten eingedrückt werden, wenn erst einmal die revolutionäre Wut die Massen auf die Via Dolorosa getrieben hat.

Um ein Überschwappen der Demonstration auf die Stadt zu verhindern, greifen die israelischen Sicherheitstruppen ein, die zwischen der Klagemauer und der Al-Aqsa-Moschee am Rand der Terrasse vor dem Felsendom stationiert sind. Vom ersten Augenblick ihres Einsatzes an handeln die Bewaffneten mit Härte: Sie schießen Tränengasgranaten in die Menge. Die stinkenden Schwaden, die Schleimhäute derart reizen, daß der Schmerz in Augen, Hals und Zunge unerträglich wird, sollen die tobenden Jugendlichen aus dem Moscheehof treiben. Doch das Gas bewirkt das Gegenteil: Die Wut der Demonstranten steigert sich. Erstickt aber werden die Schreie. Nur noch vereinzelt ist jetzt der Ruf »Allahu akbar« zu hören.

Die jungen Frauen und Männer beginnen sich zu wehren gegen Soldaten, die eine Tränengasgranate nach der anderen abfeuern, um die ätzenden Schwaden nicht abklingen zu lassen. Die Demonstranten werfen Steine, die zumeist faustgroß sind; auch Mauerbrocken fliegen durch die Luft auf die israelischen Soldaten zu, die sich durch Schilde schützen. Gaswolken und aufgewirbelter Staub mischen sich und bilden Nebel um die goldglänzende Kuppel des Felsendoms. Hin und her wogen die Fronten zwischen Soldaten und Demonstranten. Kaum haben die Steinewerfer die Phalanx der Schildträger zurückgetrieben, müssen sie vor neuen Salven der Tränengasgranaten zurückweichen. Mehr als zwei Stunden dauert die Auseinandersetzung. Dann zerbricht nach und nach die Front der Demonstranten. Jetzt sehen die israelischen Soldaten ihre Chance, einzelne der besonders hartnäckigen Werfer von Steinen und Mauerbrocken zu packen.

Hinderlich ist wiederum die Schwerfälligkeit der Bewaffneten. Den Angegriffenen ist es ein leichtes, davonzurennen. Sehen sie keinen Ausweg mehr, flüchten sie in die Moschee. Die Soldaten haben zwar Befehl, das islamische Heiligtum nicht zu betreten, doch der Zorn treibt sie häufig an, Demonstranten bis in den Innenraum der Moschee zu verfolgen. Das Eindringen Bewaffneter in das Haus Allahs steigert wiederum die Empörung der Moslems – und gibt ihnen Anlaß für erneute Protestdemonstrationen.

So entstand über Monate hin eine Aktion aus der anderen. Jede neue Demonstration brachte eine Steigerung an Haß für beide Seiten. Waren Tote und Verwundete zu beklagen, wurden die Emotionen zur Hysterie aufgeheizt. Daß irgendwann Versöhnung möglich würde zwischen Israelis und Palästinensern, erschien im Verlauf der Monate von »Intifada« immer unwahrscheinlicher.

Was sich in Jerusalem ereignete, geschah auch in den kleineren Städten des besetzten Gebiets und in den Flüchtlingssiedlungen westlich des Jordan – im Lager Am'ari zum Beispiel.

Das Lager besteht aus niedrigen Gebäuden, die meist aus billigen Schwemmsteinen gemauert sind. Dort, wo die Wände der Häuser verputzt sind, prangen in farbiger Schrift Parolen, die Israel verfluchen und seinen baldigen Untergang voraussagen. Schlagworte preisen die eigene Standhaftigkeit, den erfolgreichen Widerstand »gegen die stärkste Militärmacht« im Nahen Osten. Neben, unter und über den Parolen flattert Wäsche. Palästinenserinnen waschen, auch wenn ihre Männer vor dem Haus Autoreifen anzünden. Der fettig-schwarze Rauch der brennenden Reifen soll israelische Patrouillen reizen, die durch die Lagerstraßen von Am'ari streifen.

Am'ari kann als typisch gelten für hunderte ähnlicher Palästinenser-siedlungen am Westufer des Flusses. Das Lager entstand zur Zeit der Gründung des Staates Israel, als die Palästinenser aus ihren Dörfern bei Lydda und Latrun vor den neuen Herren des Landes flohen. Ihr Fluchtziel war der arabische Staat Jordanien gewesen, der sich auch westlich des Jordan ausdehnte. Sie hofften, ein Wunder würde ihnen die Rückkehr in die Heimat ermöglichen – doch dieses Wunder konnte nicht geschehen. Im Juni 1967 wurden die jordanischen Truppen auf das Ostufer des Jordan zurückgeworfen. Der Herrschaftsbereich des Staates Israel dehnte sich nun bis zum Fluß aus.

Fortan lebten die Bewohner des Lagers Am'ari unter israelischem Besatzungsrecht. Sie waren zwar keine Gefangenen, sie durften sich außerhalb der Siedlung Arbeit suchen, doch war es ihnen nicht erlaubt, politische Organisationen zu gründen, die palästinensischen Nationalismus manifestierten. Wer im israelischen Kernland arbeitete, verdiente gutes Geld. Arm waren die Lagerbewohner nicht. Der bescheidene Wohlstand veränderte das Gesicht von Am'ari: Fernsehantennen standen auf den Flachdächern der Häuser; Kühlschränke machten die Lebensmittel im heißen Klima länger haltbar; auf den Straßen parkten Autos, gebrauchte Fahrzeuge, importiert aus Europa.

Die Männer, die in israelischen Betrieben arbeiteten, brauchten sich nicht als Sklaven zu fühlen; sie wurden dort auch nicht als Menschen zweiter Klasse behandelt. Die Diskriminierung empfanden sie immer erst bei der Heimkehr nach Am'ari. Ihr Haus stand nicht auf dem Boden, der ihre Heimat war. Sie waren an diesen Platz geflohen, dem sie nun nicht mehr entrinnen konnten. Sich irgendwo in der Stadt eine Wohnung zu suchen, dazu konnte sich keine der Familien durchringen. Man wollte beieinander bleiben, wie man in der Heimat zusammengelebt hatte. Der Zusammenhalt des Dorflebens war in das Lager Am'ari gerettet worden und galt fortan als unantastbar. Starre Formen der Existenz ohne Abwechslung bildeten sich. Da war die Arbeit, die ein passables Leben ermöglichte, und da war das Programm des jordanischen Fernsehens, das zur einzigen Unterhaltung im Lager wurde. Tod, Hochzeit und Geburt gaben Anlaß zu Festlichkeiten. Geburten geschahen häufig: Innerhalb eines Jahres wurden mehr als 100 000 Kinder im besetzten Gebiet geboren. Die Jugendlichen bestimmten das Bild der Siedlungen und Lager.

Eine neue Generation wuchs heran. Sie sah, daß die Älteren resigniert hatten, daß sie sich mit der Ordnung abgefunden hatten, die von der israelischen Besatzungsmacht festgesetzt worden war. Die jungen Menschen der Geburtsjahrgänge nach 1967 hatten nie ein Leben in Freiheit erfahren. Von Kindheit an waren sie es gewohnt, die bewaffneten israelischen Soldaten durch das Lager patrouillieren zu sehen. Waffen waren den Israelis vorbehalten. Was ihnen verboten war, das begehrten die palästinensischen jungen Männer: Sie sehnten sich nach Waffen, um den Israelis ebenbürtig zu sein, um kämpfen zu können.

Die PLO muß die politische Initiative zurückgewinnen

»Kampf bis zur Vernichtung des Staates Israel!« Das versprach die Palästinensische Befreiungsbewegung des Yassir Arafat. Doch die PLO konnte nur geringe Erfolge vorweisen. Ihre kämpferische Wirksamkeit – meßbar in Anschlägen, Überfällen und Attentaten – war geschrumpft, weil die israelischen Sicherheitsbehörden immer wachsamer wurden. Die Führung der PLO, die in Amman und Beirut dem besetzten Gebiet und dem Gegner, dem Staat Israel, räumlich nahe gewesen war, mußte ins weit entfernte Tunis ausweichen. Yassir Arafat verlor den Kontakt zu den Menschen am Westufer des Jordan. Er blieb Symbolfigur des palästinensischen Nationalismus; aber er büßte die Eigenschaft ein, Führer von Befreiungskämpfern zu sein. Aus dem Kommandochef war ein Staatsmann geworden.

Die jungen Palästinenser sahen in Arafat nicht mehr das revolutionäre Vorbild. Sie begannen im Dezember 1987 ihre Aktion »Intifada«, ohne sich mit der PLO-Führung in Tunis abzustimmen. Im geheimen hatten sich in den Städten und Lagern Organisationskomitees gebildet, die eine neue Taktik des Widerstands entwickelten; sie sollte den Gegner reizen, aber nicht verwunden. Die Mitglieder dieser Komitees waren junge Männer und Frauen; die meisten waren nach 1967 geboren. Die Aktiven im Widerstand waren dann aber noch jünger: »Kinder der Steine« wurden sie bald genannt.

Die Organisatoren blieben bei dieser Bezeichnung, die keine Namen nannte. Für Flugblätter zeichnete »Das Vereinigte Komitee der Nationalen Volkserhebung« verantwortlich. Es existiert nicht wirklich – die Organisatoren wissen, daß es unklug wäre, die vielen kleinen Gruppierungen des Widerstands zu einem Vereinigten Komitee zusammenzuschließen. Die Stärke von »Intifada« liegt in der Zersplitterung der Einheiten, die Widerstand leisten: Sie bilden sich, um Aktionen zu unternehmen, um in den Lagern und Dörfern Steine zu werfen, und sie lösen sich rasch wieder auf. Wird eine Siedlung von den Besatzungstruppen eingeschlossen, weil die Bewohner gezwungen werden sollen, Demonstrationen des Widerstands aufzugeben, dann formieren sich Komitees, die eine gerechte Verteilung der Lebensmittel zu organisieren versuchen. Ansätze zur Selbstverwaltung werden spürbar, ohne daß die Organisatoren stärker hervortreten. Unsichtbar sind die Kräfte, die im Verlauf des Jahres 1988 das Gebiet westlich des Jordan in ihre Hand bekamen.

Die führenden Köpfe der PLO in Tunis wurden durch »Intifada« überrascht. Staunen löste vor allem die Hartnäckigkeit aus, mit der die jungen Menschen ihren Aufstand durchhielten. Von Anfang an hatten die Organisatoren die Aktionen auf Dauer geplant. »Intifada« sollte kein kurzes Aufflammen des Widerstands sein, sondern ein anhaltendes Feuer, das der ganzen Welt auf Dauer zeigen sollte, daß sich die Menschen im Gebiet westlich des Jordan nach Freiheit sehnen.

Als Tag für Tag junge Frauen und Männer von Geschossen getroffen zusammenbrachen, versuchte Arafat eilends seine Organisation anzukoppeln: Er mußte den Eindruck erwecken, sein militärischer Fachmann Abu Jihad habe in enger Verbindung mit ihm, dem Oberbefehlshaber der PLO, die Pläne für »Intifada« ausgearbeitet, und er sei auch weiterhin der Verantwortliche für die Durchführung des Aufstands. Arafat konnte sich nicht erlauben, als Beobachter zuzusehen, wie die Palästinenser im Zentrum des Krisengebiets Front bezogen gegen den Feind. Der PLO-Chef hätte damit jegliche Legitimation verloren, für das palästinensische Volk zu sprechen. In Verlautbarungen und Interviews machte sich Arafat zum Sprecher der Aufständischen.

Einen Aspekt betonte Arafat dabei besonders: die Auswirkung des Tränengases auf schwangere Frauen. Ärzten im arabischen Teil von Jerusalem war aufgefallen, daß Frauen, die Tränengas eingeatmet hatten, und sei es auch nur in schwacher Dosierung, häufig Fehlgeburten zu erleiden hatten. Nach Arafats Meinung sei die israelische Führung darauf aus, genau diese Wirkung zu erzielen. Durch bewußten Einsatz einer besonderen Art von Tränengas werde so die überaus hohe Geburtenrate des Palästinensischen Volkes in den vom Aufstand betroffenen Gebieten reduziert. Der PLO-Chef warf der Regierung des Staates Israel vor, sie betreibe Völkermord.

Für die publizistische Stütze von »Intifada« aus der Ferne waren die Organisatoren im besetzten Gebiet dankbar. Zu hören war aber auch, daß sie Äußerungen, der Aufstand sei von außen geplant und organisiert worden, als Anmaßung empfanden. Allerdings trat keiner der jungen Palästinenser, die an Ort und Stelle Verantwortung trugen, vor die Fernsehkameras – sie wären von den israelischen Besatzungssoldaten gesucht und verhaftet worden. Sie mußten im verborgenen bleiben. Desto mehr packte sie die Wut, wenn sie aus Tunis, aus dem Hauptquartier der PLO, Erklärungen hörten – aus dem Mund von Funktionären, die nach Meinung der Organisatoren von »Intifada« weitab und in Sicherheit lebten.

Respekt gewann die PLO-Führung erst wieder, als Abu Jihad, Arafats Militärstratege, in Tunis ermordet wurde. Eine israelische Kommandogruppe war in der Nacht an Land gegangen und in den Außenbezirk der tunesischen Hauptstadt gefahren, in dem Abu Jihad wohnte. Unbemerkt hatte sie sein Haus betreten und ihn mit schallgedämpften Pistolen erschießen können. Abu Jihad hat dafür gebüßt, daß er selbst die Welt glauben ließ, er sei der Verantwortliche für »Intifada«.

Arafat mußte schließlich selbst eingestehen, daß sein Einfluß auf den Ablauf des Aufstands gering war. Als »Intifada« bereits über ein Jahr gedauert hatte, sagte er: »Wenn ich heute versuchen würde zu befehlen, daß ›Intifada‹ eingestellt wird, würden mich ›die Kinder der Steine‹ erschießen. Sie bestimmen selbst, was geschieht!« Es war allerdings auch nie Arafats Absicht gewesen, dem Aufstand ein Ende zu bereiten, denn seine Pläne für die künftige politische Entwicklung wurden dadurch beschleunigt.

Er erinnerte sich daran, daß der frühere Außenminister der USA, Henry Kissinger, folgenden Grundsatz aufgestellt hatte: Der ständig schwelende Nahostkonflikt gerät erst dann politisch in Bewegung, wenn zuvor ein Ereignis kriegerischer Art die Weltöffentlichkeit aufgeschreckt hat. Auf Kissingers vorsichtig geäußerte Anregung, Präsident Anwar as Sadat möge dafür sorgen, daß »die Araber selbst etwas unternehmen«, damit er mit Verhandlungen beginnen könne, reagierte Sadat im Jahre 1973 mit dem Entschluß, den Übergang seiner Armee über den Suezkanal zu wagen. Ein spektakuläres Ereignis, so kalkulierte Henry Kissinger, rüttelte die Menschen auf und weckte weltweit das Interesse an der Lösung des Konflikts zwischen Ägypten und Israel. Der Frieden von Camp David wurde durch den Krieg am Suezkanal im Oktober 1973 möglich. Fortan galt Kissingers Rezept des Krisenmanagements im Nahen Osten: »Erst müssen Menschen sterben, dann werden Friedensgespräche von der ganzen Welt gefordert«, als gültig für alle Konfliktfelder rings um Israel.

»Intifada« bot die beste Gelegenheit, Politiker in Europa, vor allem aber in den USA, bereit zu machen, sich mit dem Problem zu befassen. Das Interesse der Öffentlichkeit sollte Anlaß sein, sich um eine Lösung des Konflikts zu kümmern. Aufgeschreckt wurden die Menschen der westlichen Länder vor allem durch Fernsehbilder von israelischen Soldaten, die palästinensischen Jugendlichen durch Schläge mit Steinbrocken die Armknochen zu brechen versuchten. Daß dieser Vorgang keine Seltenheit war, bestätigten Ärzte wie Professor Jack Geiger von der City University of New York, der zusammen mit Kollegen in Krankenhäusern des besetzten Gebiets jugendliche Palästinenser untersucht hatte, denen mit schweren Gegenständen die Ellen- und Speichenknochen durchschlagen worden waren. Nach Aussagen von Jack Geiger waren einige hundert junge Männer auf diese Weise mißhandelt worden.

Der Professor aus New York hatte den Kampfplatz Westjordanland allerdings auch mit der Gewißheit wieder verlassen, daß die Mehrheit der israelischen Soldaten derartige Brutalitäten ablehnten, daß viele der Männer, die im Einsatz standen gegen die »Kinder der Steine«, seelisch unter der Verpflichtung litten, Gewalt als Mittel des Kampfes einzusetzen. Die Folge seien Depressionen oder Flucht in den Alkoholismus. »Intifada« zerstöre die moralische Kraft der israelischen Armee.

Die israelische Reaktion auf den Aufstand schadete auch den traditionell guten Beziehungen zwischen den Regierungen der USA und des jüdischen Staates. Der amerikanische Außenminister George Shultz wies seinen Vertreter bei den Vereinigten Nationen schon im Januar 1988 an, kein Veto gegen eine Verurteilung Israels wegen der Vorgänge im besetzten Gebiet einzulegen. Bis zu diesem Zeitpunkt hatte sich die israelische Regierung darauf verlassen können, daß das US-Außenministerium derartige Verurteilungen verhinderte. Israel war dabei, die Freundschaft der Regierenden in Washington zu verlieren.

Der Verlust an Ansehen ereignete sich ausgerechnet im Jahre 1988 – in dem eigentlich der 40. Geburtstag des jüdischen Staates gefeiert werden sollte. Ministerpräsident Shamir hatte die Koexistenz zwischen Arabern und Israelis demonstrieren wollen, das friedliche Nebeneinander auch im besetzten Gebiet. Bürgermeister Teddy Kollek, verantwortlich für Gesamt-Jerusalem, hatte auf das Zusammenleben der beiden Völker hingearbeitet: Seine Stadt sollte ein Beispiel geben für alle Städte und Dörfer westlich des Flusses. Doch Mitte 1988 gab Teddy Kollek zu: »An das Nebeneinander im selben Gebiet zu glauben ist Illusion!«

Zum Zeitpunkt des 40. Jahrestags der Staatsgründung stellte die israelische Finanzverwaltung fest, daß das Westjordanland ein stabiler Faktor im wirtschaftlichen Leben des Staates gewesen war: Nahezu eine Milliarde Dollar hatten israelische Unternehmer und Kaufleute allein 1987 durch Lieferungen in das besetzte Gebiet eingenommen. Im ersten Jahr der »Intifada« reduzierte sich diese Summe auf die Hälfte. Ein Boykottaufruf des »Vereinigten Komitees der Nationalen Volkserhebung« hatte sich als wirkungsvoll erwiesen. Die Palästinenser kauften weniger Schuhe und Textilien. Am Erwerb von Maschinen – die Menschen am Westufer des Jordan waren vor allem gute Abnehmer von Baumaschinen aus Israel gewesen – waren die Eltern der »Kinder der Steine« kaum mehr interessiert.

Beabsichtigt war, zum 40. Geburtstag des Staates den internationalen Touristenstrom in das eigene Land zu lenken. Gerechnet wurde mit mehr als eineinhalb Millionen Besuchern. Doch die Fernsehbilder, die steinewerfende Jugendliche und schießende israelische Soldaten zeigten, schreckten viele Vergnügungsreisende und die Bildungsbeflissenen ab. Die Besucherzahl sank um ein Drittel.

Planungsminister Gad Jakobi schätzte die Verluste der israelischen Wirtschaft, die bis Ende 1988 durch »Intifada« bedingt waren, auf 1,4 Milliarden Dollar. 1989 setzte sich diese Entwicklung fort: Ungebrochen war der Widerstand gegen die israelische Besatzungsmacht.

Da blieb den Bürgern Israels keine Gelegenheit, stolz zu sein auf Stabilität und Stärke. Eigentlich war geplant gewesen, sich zum Jubiläum und während der Monate danach an die Rückkehr des jüdischen Volkes zu seinen eigenen Wurzeln zu erinnern. Doch »Intifada« gemahnte daran, daß auch vor Jahrtausenden, als das Volk der Juden Wurzeln schlug im Land westlich des Jordan, Kampf und Tod die Existenz der Menschen bestimmt hatten. Die Bibel erzählt von Schlachten und Aufständen, von Entführungen und Rache, von Siegen und Niederlagen im Land am Jordan und am Toten Meer. Das älteste historische Ereignis, das im Alten Testament geschildert wird, hat das Tote Meer zum Schauplatz. Das Geschehen liegt rund vierzig Jahrhunderte zurück.

Teil II

Heimstatt für den einen Gott

Im verheißenen Land treffen die Söhne Israels auf fremde Stämme und auf das Volk der Philister

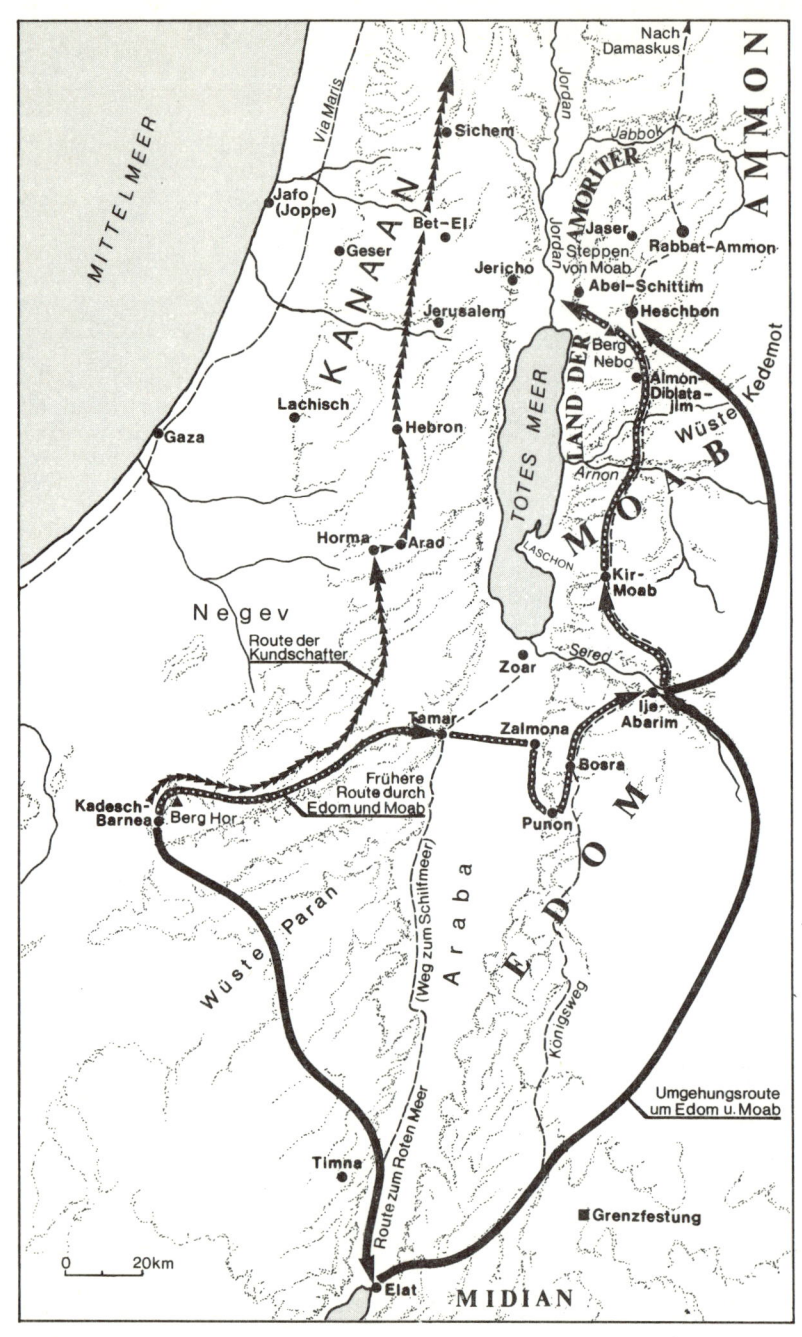

Wanderwege der jüdischen Sippen im 13. Jahrhundert v. Chr.

WÄHREND DER WANDERUNG WIRD
ISRAEL ZUM VOLK

Die Geschichte beginnt in
Sodom und Gomorra

Es begab sich zu der Zeit Amrafels, des Königs von Schinas, Arjochs, des Königs von Ellasar, Kedor Laomers, des Königs von Elam, und Tidals, des Königs der Gojim, daß sie Krieg anfingen mit Bera, dem König von Sodom, Birscha, dem König von Gomorra, Schinab, dem König von Adma, Scheemeber, dem König von Zebojim, und dem König von Bela, das ist Zoar. Vereint zogen diese alle nach dem Siddimtal, dem Salzmeer.« (Gen 14,1-3)

Das Buch Genesis berichtet, was geschehen ist: Könige, die offenbar im Norden des Jordantals ihre Reiche besaßen, zogen aus der Gegend der heutigen Stadt Damaskus den Jordan entlang nach Süden, um Städte am »Salzmeer« zu überfallen. Die »Könige des Nordens« erwiesen sich als stark. Ihre Truppen gewannen gegen die Bewaffneten von Sodom und Gomorra. Dem Bibeltext ist zu entnehmen, daß sich am Toten Meer einst »Erdpechgruben« befanden. Wahrscheinlich handelte es sich um sumpfige Flächen am Ufer des Gewässers, die mit einer dicken, asphalthaltigen Brühe bedeckt waren. Bei den »Erdpechgruben« endete die Verteidigung der Könige von Sodom und Gomorra gegen die Angreifer aus dem Norden: »Sie fielen da hinein« und starben in der Brühe. Ihre Kämpfer flohen ins Gebirge. »Die Sieger aber nahmen alle Habe von Sodom und Gomorra und alle ihre Nahrungsmittel weg und zogen ab.«

Die »Könige des Nordens« raubten jedoch nicht nur Gegenstände, sie entführten auch Menschen. Einer der Entführten wird namentlich genannt: Er hieß Lot und war in Sodom seßhaft. Abraham, so wird berichtet, sei sein Onkel gewesen. Neffe und Onkel hatten sich samt ihren Familien vor einer Hungersnot nach Ägypten gerettet und waren dann wieder in die Gegend des Jordan zurückgekehrt. Dort hatten sich die Sippen der beiden getrennt. Von Abraham aufgefordert, sein eigenes Land zu wählen, hatte Lot das Wunder des tief ins Land eingegrabenen Jordantals entdeckt: »Da erhob Lot seine Augen. Er sah, daß das ganze Jordantal vollständig bewässert war, wie der Garten des

Herrn, wie das Land Ägypten. Da wählte sich Lot das ganze Jordangelände. Er schlug seine Zelte bis nach Sodom hin auf.« (Gen 13,10–11)

Alle Bemühungen der Archäologen, die Lage der einstigen Stadt Sodom aufzufinden, erwiesen sich als fruchtlos. Sie suchten nach Spuren sowohl am südlichen als auch am nördlichen Ende des Toten Meeres. Einige Forscher glauben Hinweise zu haben, daß die Reste von Sodom seit langem schon unter der Oberfläche des Salzwassers liegen; sie gehen dabei von Unterschieden in der Höhe des Wasserspiegels zwischen einst und jetzt aus. Tatsächlich haben geologische Untersuchungen ergeben, daß sich das Tote Meer mehrfach verkleinert und dann wieder vergrößert hat: In vorgeschichtlicher Zeit könnte es seinen Graben einmal ganz ausgefüllt haben; im Verlauf von einigen zehntausend Jahren schrumpfte es auf den Grabengrund zusammen.

Die Menge des Wassers, die der Jordan in den Salzsee fließen ließ, war abhängig von den Klimabedingungen im Gebiet des Hermongebirges. Die Höhe des Wasserspiegels wurde aber auch beeinflußt durch ein Ansteigen oder Absinken der Lufttemperatur direkt über der Wasserfläche sowie durch Wechsel in den Windverhältnissen im Talkessel. Heftige warme Winde förderten die Verdunstung; kühlere Wetterperioden minderten sie. Es ist also durchaus möglich, daß die Ruinen von Sodom unter dem Wasserspiegel des Toten Meeres von der Salzbrühe konserviert worden sind.

Dies wäre auch der Fall, wenn eine andere Theorie der Wirklichkeit entspräche. Sie hält für wahrscheinlich, daß das Tote Meer nicht immer rund 80 Kilometer lang gewesen ist, sondern daß sich das Meeresbecken in zwei Phasen gebildet hat. Da springt in seinem südlichen Drittel eine Landzunge von Osten her ins Wasser vor, die Halbinsel Laschon. Der Name leitet sich vom arabischen Wort für »Zunge« ab, das »Lisan« heißt. Das Gewässer südlich von Laschon erreicht meist nur eine Tiefe von zehn Meter; nördlich von Laschon werden jedoch 400 Meter gemessen. Beide Meeresteile sind wohl zu unterschiedlichen Zeiten entstanden. Geologen sind der Meinung, das Nordbecken des Toten Meeres sei vor etwa 25 000 Jahren gebildet worden; das Südbecken aber in weit jüngerer Zeit – vor vielleicht 4000 Jahren. Die Erdkruste südlich der heutigen Landzunge El Lisan sei damals eingebrochen im Zusammenhang mit Erdbewegungen, wie sie häufig im Grabengebiet des Jordan stattfinden. Die südliche Verlängerung des Meeresbeckens habe sich dann mit Wasser gefüllt.

Die Erdbewegung könne, so lautet die Theorie, nicht ohne Risse an der Bodenoberfläche erfolgt sein. Durch diese Risse müsse Wasser in vulkanische Zonen eingedrungen sein; Dämpfe entwickelten sich unter der Erde. Ein Überdruck baute sich auf, der schließlich brennbare Gase und asphaltähnliches Material aus den Rissen der Erdoberfläche hinausschleuderte. Der Eindruck, »Schwefel und Feuer« regne vom Himmel herab auf die Erde und auf die menschlichen Siedlungen, konnte also durchaus entstehen. Bis heute sind am südwestlichen Rand des Toten Meeres heiße, schwefelhaltige Quellen zu finden.

Eine Katastrophe könnte sich damals, vor rund 4000 Jahren, ereignet haben, die Städte und Dörfer vernichtete. Sie hat sich vielleicht im Lauf der Generationen verdichtet zur Legende von Lot und seinen Töchtern und von Sodom und Gomorra.

Auf der ältesten Landkarte, die wir vom Jordangebiet besitzen, sind die Städte Sodom und Gomorra nicht verzeichnet. Die Karte ist als Mosaikboden in der Kirche von Madeba erhalten. Die Stadt, die zu biblischer Zeit von Bedeutung war und damals Medeba hieß, liegt im Bergland ostwärts des Toten Meeres. Die Mosaikkarte ist der letzte noch existierende Beweis vom Reichtum der Stadt Madeba: Sie ist überaus kunstfertig gestaltet und gibt genau die Topographie des Jordanlandes wieder. Im 6. Jahrhundert n. Chr. muß das Mosaik entstanden sein. Während der dreizehn Jahrhunderte, die seither vergangen sind, brachen einzelne Teile aus dem Mosaikboden heraus und wurden achtlos weggeworfen. Irgendwann brannten Moslems die Kirche nieder; das Feuer schadete dem Fußboden allerdings nicht. Wirkliche Beschädigungen wurden der Landkarte erst um das Jahr 1860 zugefügt, durch Handwerker, die den Auftrag hatten, eine neue Kirche zu bauen.

Die Reste, die erhalten sind, zeigen den Unterlauf des Jordan und das Tote Meer. Genau bis zur Einmündung in den Salzsee wird der Jordan als fischreiches Gewässer dargestellt: Da tummeln sich goldene Fische in großer Zahl; der letzte vor der Mündung wendet sich jedoch ab vom Toten Meer, als ob er eilends zurück in den Fluß schwimmen wolle. Zwei Schiffe fahren auf der Oberfläche des Salzsees. Da es in diesem Gewässer keine Fische gab, können die Schiffe auch keine Fischerboote sein – sie waren also zum Transport von Menschen und Waren zwischen Siedlungen am Toten Meer bestimmt. Tatsächlich läßt die Mosaikkarte von Madeba am Südufer des Sees eine Stadt erkennen, die mit dem Namen Zoar bezeichnet wird. Die Lage von Sodom und Gomorra aber war zum Zeitpunkt, als die Karte entstand, in Vergessenheit geraten.

Eine arabische Ortsbezeichnung hält allerdings die Erinnerung an den Namen der Stadt Sodom wach. Am Südufer des Toten Meeres liegt Dschebel Usdum, der Hügel Sodom. Er besteht aus salzhaltigem Boden, der aber keine Spur einer Stadt bewahrt. Eindeutig ist jedoch die Aussage der Bibel, daß die Stadt in der Nähe des Salzsees lag.

Eindeutig ist auch das Urteil über die Bewohner von Sodom: »Sie waren böse und schwere Sünder vor dem Herrn.« (Gen 13,12) Lot, der mit Abraham aus Ägypten in das Land am Jordan gekommen war, gehörte nicht zu diesen Sündern. Doch die siegreichen »Könige des Nordens« hatten keinen Unterschied gemacht, als sie ihre menschliche Beute wegführten. Lot war ihr Gefangener; er mußte mit ihnen ziehen, nach Norden, den Jordan entlang. Lot ist das erste Opfer der Gewalt im Gebiet um den Fluß, das wir mit Namen kennen.

Doch dieser Gefangene hatte Glück: Sein Onkel Abraham, der weiter im Norden siedelte, verfolgte das sorglos abziehende Heer der »Könige des Nordens«. Er konnte ihnen die Beute abnehmen und die Gefangenen befreien. Am Oberlauf des Jordan, nördlich des Sees Gennesaret, geschah die Befreiung – dort, wo der Jordan aus mehreren Einzelflüssen entsteht. Über 200 Kilometer weit war Lot entführt worden.

Was dem Heimkenrer dann geschah, wird im Buch Genesis erzählt: »Zwei Engel kamen abends nach Sodom. Lot saß gerade am Stadttor von Sodom. Als er sie sah, stand er auf und verneigte sich tief vor ihnen. Er sprach: ›O meine Herren, kehret doch ein ins Haus eures Knechtes, bleibt über Nacht und waschet euch die Füße! Am frühen Morgen könnt ihr dann aufstehen und eures Weges ziehen!‹ Sie antworteten: ›Nein, wir wollen im Freien übernachten!‹ Lot aber bat sie inständig, und so betraten sie schließlich sein Haus. Er bereitete ihnen ein Mahl. Man aß auch ungesäuertes Brot, das Lot rasch gebacken hatte. Noch waren sie nicht schlafen gegangen, da umringten die Männer der Stadt Sodom das Haus. Jung und alt waren dabei.« (Gen 19,1–4)

Was die Männer aus der Stadt Sodom wollten, das ließen sie Lot bald wissen. Sie hatten erfahren, Fremde seien angekommen; und offenbar hatte sich auch herumgesprochen, daß diese Fremden besonders schöne und anziehende männliche Erscheinungen waren. Da das Buch Genesis berichtet, die beiden Leute aus der Ferne seien Engel gewesen, liegt der Schluß nahe, daß sie tatsächlich von außerordentlicher Schönheit gewesen sein müssen. Die Männer von Sodom wollten ihre Lust an ihnen befriedigen. So forderten sie Lot auf, die zwei Fremden herauszugeben.

Lot fühlte sich verpflichtet, seine Gäste zu schützen – so wollte es der Brauch. Die Fremden hielten sich in seinem Haus auf. Standen sie erst draußen vor der Tür, waren sie rechtlos in Sodom, der Lust der Männer ausgeliefert. Gegen die vielen, die gewalttätig zu werden drohten, konnte er als einzelner nichts ausrichten. Lot versuchte zunächst zu beschwichtigen: »Er ging zu ihnen hinaus vor die Tür. Er schloß sie aber hinter sich zu. Dann sagte Lot: ›Meine Brüder, handelt doch nicht so verwerflich!‹«

Diese Worte mußten wohl Gelächter ausgelöst haben. Auf jeden Fall blieben sie ohne Wirkung. Das Aussehen und das Benehmen der Männer, die vor dem Haus standen, hat Lot Schrecken eingejagt. Er sah sich gezwungen, der Masse ein Angebot zu machen, das ihm vermutlich schwergefallen war: »Seht, ich habe zwei Töchter, die noch keinen Mann kennen. Ich will sie zu euch herausbringen. Macht mit ihnen, was euch gefällt. Nur tut diesen zwei Männern nichts, denn sie sind doch nun einmal unter den Schatten meines Hauses getreten!« (Gen 19,8)

An den Töchtern, an Frauen waren aber die nicht interessiert, die ihre Lust an den zwei fremden Männern befriedigen wollten. Ihr Zorn auf den wuchs, der sie hindern wollte, ihre Begierde auszuleben. Ihnen fiel ein, daß auch Lot aus der Fremde gekommen war und damit kein volles Bürgerrecht besaß. So spürten sie keine Hemmungen, sich auch an ihm zu vergehen. »Sie drangen ungestüm auf Lot ein und waren nahe daran, die Tür aufzubrechen. Die zwei Männer drinnen aber streckten ihre Hände aus, um Lot ins Haus zu ziehen. Die Tür verschlossen sie. Dann schlugen sie die Leute vor dem Tor des Hauses mit Blindheit, so daß sie sich vergebens bemühten, den Eingang zu finden.« (Gen 19,9–11)

Die Gäste im Haus, die eigentlich Engel waren, gaben Lot den Rat, noch in jener Nacht die verdammte Stadt Sodom zu verlassen, denn sie seien entschlossen, bei Tagesanbruch den gesamten Ort zu vernichten. Niemand werde verschont außer Lot. Ihm sei erlaubt, auch die Familie mitzunehmen. Die Weisung der Engel, ins Gebirge zu fliehen, wollte Lot nicht befolgen. Er argumentierte, in der Nähe befinde sich die kleine Stadt Zoar, dorthin wolle er sich begeben. Nach einigem Zögern gestatteten ihm die Engel, Zuflucht in Zoar zu suchen.

Die Lage dieser Siedlung läßt sich identifizieren: Der Platz heißt heute As Safi und liegt abseits brauchbarer Straßen am Südende des Toten Meeres. Um eine Wasserstelle herum hat sich mitten im kargen Land eine Oase gebildet. Niedrige Lehmhäuser stehen dort unter Dattelpalmen.

Hier überlebte Lot die Katastrophe, von der das Buch Genesis berichtet: »Die Sonne war eben über der Erde aufgegangen, und Lot war in Zoar angekommen, da ließ der Herr über Sodom und Gomorra Schwefel und Feuer vom Himmel herabregnen, und er vernichtete von Grund auf jene Städte, die ganze Umgebung, alle Einwohner der Städte und alles, was auf dem Erdboden wuchs. Lots Frau aber sah hinter sich und erstarrte zur Salzsäule.« (Gen 19,23–26)

Lots Onkel Abraham blickte von ferne auf den Ort der Katastrophe: »Er sah hinüber nach Sodom und Gomorra und schaute das ganze

Gefilde jenes Landes. Rauch stieg auf aus dem Erdboden, wie der Rauch eines Schmelzofens.« (Gen 19,28)

Es ist müßig, darüber zu streiten, auf welche Weise Sodom und Gomorra ausgelöscht worden sind. Da die Lage der beiden Städte nicht mehr auszumachen ist, kann sich kein Forscher um die Lösung des Rätsels bemühen. So bleibt der Bericht für uns eine biblische Geschichte, die nicht greifbar ist in ihrem Realitätsgehalt. Doch das Geschehen, das ihr zugrunde liegt, gehört zur Geschichte des Landes um den Jordan und um das Tote Meer. Mit Lots Entdeckung der Gegend um den Fluß begann eine Kette von Ereignissen, die ins Gedächtnis der Menschen tief eingeprägt sind.

Nicht vergessen ist auch, was Lot nach der Katastrophe geschehen ist. In Zoar wollte er offenbar nicht bleiben. Das Buch Genesis sagt, er habe fortan Angst gehabt, in einer Stadt zu leben. Er floh deshalb in die Berge über dem Toten Meer. Mit seinen zwei Töchtern, die er den Männern von Sodom angeboten hatte, lebte er weit von allen Menschen in einer Höhle. Was sich dann ereignete, liest sich im Buch Genesis (19,31–38) so:

»Da sprach die Ältere zu den Jüngeren: ›Da ist kein Mann, der mit uns verkehren könnte, so wie es in aller Welt Brauch ist. Komm, wir wollen unseren Vater mit Wein berauschen und uns dann zu ihm legen, damit wir von ihm Nachkommen erhalten.‹ Sie machten also in jener Nacht ihren Vater mit Wein trunken. Daraufhin legte sich die Ältere zu Lot. Er aber spürte nichts, weder wie sie sich zu ihm legte, noch wie sie aufstand. Am anderen Tag sprach die Ältere zu der Jüngeren: ›Gestern habe ich mich zu meinem Vater gelegt. Wir wollen ihn auch für heute nacht betrunken machen! Dann gehe du hinein und lege dich zu ihm, dann werden wir Nachkommen erhalten!‹ Sie machten darauf auch in jener Nacht ihren Vater mit Wein trunken. Die Jüngere erhob sich und legte sich zu ihm. Er aber spürte nicht, wie sie sich hinlegte und wie sie aufstand. So empfingen die beiden Töchter Lots von ihrem Vater. Die Ältere gebar einen Sohn, den sie Moab nannte. Er ist der Stammvater der Moabiter bis heute. Auch die Jüngere gebar einen Sohn, den sie Ben Ammi nannte. Er ist der Stammvater der Ammoniter bis heute.«

Aus der Verbindung von Vater und Töchtern wuchsen – so will es die Legende des Alten Testaments – die Gründer zweier mächtiger Großfamilien, zweier Stämme, aus denen im 13. Jahrhundert v. Chr. Königreiche entstanden, deren Existenz historisch zu belegen ist. Der Gang durch die Geschichte des Landes um den Jordan verläßt die Phase der Legende und tritt ein in die Wirklichkeit.

Beide Großfamilien waren zunächst Nomaden gewesen, die bemüht waren, im kargen Land um das Tote Meer ihre Herden am Leben zu erhalten. Ihre Wanderung endete schließlich östlich des Salzsees und des Flusses. Die Region Transjordanien muß damals, vor mehr als 3000 Jahren, sehr viel fruchtbarer gewesen sein als heute. Wo in unserer Zeit nur trockener Fels und Sand das Bild der Landschaft bestimmt, muß es einst Oasen gegeben haben mit üppiger Vegetation – grüne Kontraste zum sonst gelb-braunen Land. Sicher blieb das Pflanzenwachstum immer auf ganz bestimmte Flächen begrenzt; das Bergland konnte durchaus, wie es auch im Alten Testament geschieht, als Steppe bezeichnet werden. Und doch gab es Wasserläufe, die das Land menschenfreundlich machten. Bäche, gespeist von Quellen, haben die Täler, die noch zu sehen sind, aus den Felsformationen geschliffen. Die Trockenheit begann erst vor etwas mehr als tausend Jahren das Land ostwärts des Jordan zu prägen. Noch zur Zeit der Omaijadenkalifen, also am Ende des 6. und am Anfang des 7. Jahrhunderts n. Chr., entstanden dort prachtvolle Gebäudekomplexe, die wir »Wüstenschlösser« nennen. Das waren Residenzen der islamischen Herrscher, gebaut als Unterkünfte für Hunderte von Beamten, Dienern und Soldaten. Als dann Transjordanien verödete, gerieten die »Wüstenschlösser« in Vergessenheit, da niemand es wagte, die wasserlosen Wüstenstriche zu durchwandern.

Da das Land drüben über dem Jordan für den Menschen gute Lebensbedingungen bot, wurde es für die wachsenden Großfamilien Moab und Ammon zum geeigneten Siedlungsgebiet. Das Volk Moab wählte die Gegend ostwärts des Salzsees zur Heimat. Sie wird heute von der Straße Amman–Aqaba durchschnitten. Die Ammoniter begannen den Boden weiter nördlich zu bestellen, rings um die heutige jordanische Hauptstadt Amman.

Das fruchtbare Land im Tal von Amman war schon Jahrhunderte zuvor von Menschen genutzt worden. Ein kleiner Fluß, der auch während der Sommerhitze nicht versiegt, bot immer Wasser für Menschen, Tiere und Pflanzen. Die ersten Siedlungen müssen dort schon um das Jahr 4000 v. Chr. entstanden sein. Die Besitznahme durch das Volk Moab kann nicht ohne Kampf erfolgt sein; ein derart günstiger Siedlungsplatz wie das Tal von Amman war auch in frühgeschichtlicher Zeit nie ohne Besitzer gewesen. Über Streit zwischen den Völkern der Amoriter und der Ammoniter berichtet das Alte Testament.

Die Geschichte des Großclans Moab und Ammon brauchte uns keineswegs zu interessieren, wenn sie nicht wenigstens für eine gewisse Zeit eng verbunden gewesen wäre mit der einer anderen Großfamilie, die dann allerdings ihre historische Bedeutung beibehielt – die Sippe der Hebräer machte den beiden Völkern ihr Land streitig.

Mose weist den Weg zum Jordan

Irgendwann in der Mitte des 13. Jahrhunderts v. Chr. wurde der Herrscher des Landes Moab durch Boten gefragt, ob er bereit wäre, einem Stamm des jüdischen Volkes den Weg zum Jordan zu öffnen. Keinerlei feindliche Absicht gegen das Volk Moab lenke die Schritte des wandernden Volkes; der Wunsch sei, Land zu nehmen westlich des Jordan. Der Herrscher von Moab lehnte die Bitte ab. Offenbar traute er den Neuankömmlingen nicht, obgleich es sich um Verwandte handelte. Wer das Alte Testament für eine verläßliche Geschichtsquelle hält, der sei daran erinnert, daß Lot und seine ältere Tochter den Stammvater der Moabiter gezeugt hatten. Lot aber war der Neffe von Abraham, dem Stammvater des jüdischen Volkes. Wer Skepsis empfindet, der kann die Erzählung als Symbol nehmen für den Grad der Verwandtschaft der Völker der Juden und der Moabiter. Die Historiker sind sich darin einig, daß sie ethnisch verbunden waren. Trotzdem verhielt sich das Volk Moab feindlich, vom Tag des ersten Kontaktes an. Die Folge der Weigerung, den Weg zu öffnen, war, daß die Sippe, die von Ost nach West über den Jordan wollte, einen gewaltigen Umweg zu bewältigen hatte.

Eine imponierende Strecke hatte das Volk bereits hinter sich gebracht. Zur Regierungszeit Pharao Ramses' II. (1290–1224 v. Chr.) hatte die Sippe unter Führung von Mose Ägypten verlassen. Generationen zuvor waren die jüdischen Familien als Nomaden auf der Flucht vor Trockenheit im Land westlich des Jordan an den Nil gezogen und dort bald schon von den Herrschern, die umfangreiche Bauprojekte vorantreiben wollten, als Arbeiter in den Dienst genommen worden. Obgleich sie kein schlechtes Leben an den »Fleischtöpfen Ägyptens« hatten, verließ sie doch die Sehnsucht nach dem Jordanland nie. Sie wollten schließlich ihren Traum von der Heimkehr in die einstige Heimat wahr machen.

Aus Männern, Frauen und Kindern, die am Nil in festen Häusern gelebt hatten, waren wieder Nomaden geworden, die durch die Halbinsel Sinai wanderten. Doch während der Jahre des Zuges durch das unwirtliche Land war eine erstaunliche Veränderung vor sich gegangen: Aus einer Masse von Verwandten, die unter sich zerstritten waren, die mit Gott und ihrem Führer Mose haderten, war eine Sippe geworden, die sich dem Gesetz Gottes beugte und in den Zehn Geboten Gottes Willen erkannte. Packte die wandernden Juden einmal die Lust, diesem Gott und seinem Beauftragten Mose zu entfliehen, dann wurden sie durch die starke Persönlichkeit des Mose wieder unter das Gesetz gezwungen.

Niemand weiß, wie viele es waren, die zur Rückwanderung unter Mose Ägypten verlassen hatten. Es mögen vielleicht 10 000 gewesen sein. Viele, die Mose gefolgt waren, erreichten die Nähe zur Heimat nicht, denn die Wanderung dauerte beinahe vierzig Jahre. Mose hatte nicht den direkten Weg, die Mittelmeerküste entlang, gewählt. Er hatte sein Volk durch die Halbinsel Sinai geführt.

Nicht eindeutig festlegen läßt sich die Route der Juden. Sicher ist nur, daß Mose den Familien an geeigneten Rastplätzen Zeit gewährt hat, damit Kinder geboren werden konnten, damit sich auch die Tiere der Herden vermehrten. Deshalb war die Sippe jung, die südlich des Toten Meeres in der Oase Kadesch-Barnea ankam – und sie war durch ihre Tiere gut mit Lebensmitteln versorgt. Von Kadesch-Barnea aus erging die Bitte an den Herrscher von Moab, er möge die Wanderung durch sein Gebiet gestatten. Eine gleiche Bitte war auch an den König von Edom gerichtet, dessen Gebiet südlich an das Land Moab anschloß.

Als sicher gilt, daß ähnliche Wünsche wandernder Familien in den Jahren zuvor nicht abschlägig beantwortet worden waren. Die Sippe des Mose war keineswegs die erste, die den Nil verlassen hatte, um in die Jordangegend zurückzukehren. Doch diesmal blieben die Mächtigen in Moab und auch in Edom hart: Sie weigerten sich standhaft, die Genehmigung zum Durchzug zu erteilen.

Da die Völker Edom und Moab südlich und östlich des Toten Meeres einen Riegel bildeten, sah sich Mose gezwungen, den Herrschaftsbereich beider Staatsgebilde zu umwandern. Der Weg mußte wieder nach Süden führen und dann in weitem Bogen nach Osten. Den Gedanken, von der Oase Kadesch-Barnea direkt nach Norden, in das Land Kanaan, das sich zwischen Jordan und Mittelmeer erstreckte, hineinzustoßen, hatte Mose aufgeben müssen. Kundschafter, die von dort zurückgekehrt waren, hatten berichtet, die staatliche Ordnung in Kanaan sei gefestigt, das Land befinde sich in starker Hand.

Im Vierten Buch Mose ist der Auftrag überliefert, der den Kundschaftern von Kadesch-Barnea aus den Weg gewiesen hatte: »Ziehet von hier durch das Südland und steiget hinauf ins Gebirge! Achtet darauf, wie das Land beschaffen ist und das Volk, das dieses Land bewohnt: Ob es stark ist oder schwach, ob es wenig oder zahlreich ist; ob das Land, das es bewohnt, fruchtbar oder schlecht ist; wie die Städte sind; ob die Bevölkerung in Städten oder in Festungen wohnt. Achtet ferner darauf, ob der Boden fett oder mager ist; ob er mit Bäumen bepflanzt ist oder nicht. Zeigt euch mutig und bringt auch von den Früchten des Landes mit!« (Num 13,17–20)

Der Auftrag, den Mose gegeben hatte, verpflichtete die Kundschafter, »ins Gebirge« hinaufzusteigen. Gemeint waren die Ausläufer des

Hermon – dort befand sich die Nordgrenze des Landes Kanaan. Die Männer, die Kanaan zu erkunden hatten, sollten auch Nachricht zurückbringen über die Situation am Jordanursprung. Mose wollte gründlich informiert werden über den gesamten Bereich, der für die Landnahme in Frage kam. Sicher bewahrt das Alte Testament nur einen Teil des Reports der Kundschafter. Überliefert ist die Aussage: »Die Kanaaniter wohnen am Meer und am Jordan.« (Num 13,29)

Der Bericht von der Ordnung und der Stärke des Staates Kanaan entmutigte viele aus der wandernden Sippe keineswegs. Mose mußte sich mit dem Willen einiger Männer auseinandersetzen, den direkten Einbruch zu wagen. Doch Mose behauptete sich: Das Volk hatte von der Oase Kadesch-Barnea aus, die so nahe bei der ersehnten Heimat lag, rund 130 Kilometer nach Süden zu wandern, bis zur Nordspitze des Roten Meeres, bis zur Gegend der heutigen Stadt Elat. Von dort aus zog die Sippe nach Norden, in der Absicht, die Königreiche Edom und Moab zu umgehen. Das 21. Kapitel des Vierten Buches Mose spricht diesen Plan deutlich aus: »Vom Berg Hor« – er befindet sich nördlich der Oase Kadesch-Barnea – »zog man in der Richtung nach dem Schilfmeer weiter, um das Land Edom zu umgehen. Unterwegs aber wurde das Volk ungeduldig.« (Num 21,4) Da bissen Giftschlangen die Unruhestifter und trieben so die Sippe voran. Trotz aller Eile mußten Ruhepausen eingelegt werden. Merkwürdig aber ist, wo diese Pausen stattfanden.

Wer die im Alten Testament genannten Rastplätze auf ihre geographische Lage überprüft, der muß feststellen, daß sie sich keineswegs außerhalb des Gebiets der Königreiche Edom und Moab befanden und daß es zumindest zwei Routen gegeben haben muß. Kapitel 21 des Vierten Buches Mose berichtet: »Sie lagerten bei Ije-Abarim in der Wüste, die östlich an Moab grenzt. Von dort zogen sie weiter und lagerten im Bachtal Sered.« (Num 21,11–12)

Dieses Tal Sered hat die Jahrtausende seit dem biblischen Geschehen überdauert: Der Bach heißt heute Nahr az Zered und gehört zu einem meist trockenen Talsystem südlich des Toten Meeres, dessen Zentrum in der Senke liegt, die den Graben des Salzsees nach Süden fortsetzt. Wenn die wandernde Sippe das »Bachtal Sered« überquert hat, dann folgte sie der uralten Straße, die das Land um die heutige Stadt Amman mit der Nordspitze des Roten Meeres verband. Die Straße war nichts anderes als ein Trampelpfad, geprägt von Menschenfüßen und Kamelhufen auf Fels und im Sand. »Königsweg« hieß die Route, weil auf ihr einst vier Könige nach Sodom gezogen waren, um die Stadt auszuplündern. Dieser Königsweg führte allerdings mitten durch das Kernland des Reiches Edom.

»Von dort brachen sie auf und lagerten jenseits des Arnon an der Stelle der Wüste, wo er aus dem Gebiet der Amoriter heraustritt. Denn der Arnon bildet die Grenze Moabs zwischen den Moabitern und Amoritern.« (Num 21,13) Auch das Tal des Arnon ist eine geographische Formation, die erhalten geblieben ist. Sie heißt heute Wadi Mujib. Das Tal in seiner gesamten Länge bildete die Grenze zwischen Moab und dem Land der Amoriter. Offenbar hat Mose die Gebiete, deren Herrscher ihm feindlich gesinnt waren, nicht strikt gemieden.

Wenn die Aufzählung der Rastplätze, wie sie im Kapitel 33 des Vierten Buches Mose zu lesen ist, der Wirklichkeit entspricht, kann die Angabe, Mose hätte die Königreiche Edom und Moab umwandert, ohnehin nicht stimmen. »Vom Berg Hor brachen sie auf und schlugen ihr Lager in Zalmona auf.« (Num 33,41) Das war der direkte Weg nach Osten durch die Araba; und weiter ging es über Punon zum Königsweg: über Ije-Abarim nach Norden bis Almon-Diblatajim (Num 33,46).

Wissenschaftler sind diesem Widerspruch der Textstellen nachgegangen und zur Einsicht gelangt, daß sich Berichte über die letzte Phase der Wanderung des jüdischen Volkes mit Erzählungen vermischt haben, die Ereignisse aus unterschiedlichen Zeiten betreffen. Der Wanderweg mitten durch die Königreiche war vielleicht von Rückkehrern aus Ägypten gewählt worden, die früher schon, wohl eine Generation zuvor, das Land am Toten Meer erreicht hatten. Ihnen war der Durchzug gewährt worden.

Anzunehmen ist also, daß der Bericht vom weiten Umweg der Wirklichkeit der Wanderung entspricht. Die Fortsetzung der Überlieferung des Vierten Buches Mose läßt darauf schließen: Am Ende der Umwanderung der Reiche Edom und Moab mußte sich das von Mose geführte Volk nach Westen wenden, dem Jordan zu. Das Ostufer des Flusses aber war keineswegs Niemandsland. Das Land dort war Siedlungsgebiet des Volkes der Amoriter.

In der eigenen Sprache hießen die Menschen dieses Volkes wohl Amurru. Ihre Sprache war semitischen Ursprungs. Als ihre Heimat gilt Mesopotamien, vor allem das westliche Gebiet des Zweistromlandes. Die Amurru galten als unruhiges Nomadenvolk, das keine eigenständige Kultur entwickeln konnte. In ihrer Frühzeit zerstörten sie bestehende Kulturen; später übernahmen sie Ordnung und Lebensformen bereits entwickelter Völker. Als die Amurru zum Jordan gezogen waren, paßten sie sich dem Volk des Landes Kanaan an.

Im 13. Jahrhundert v. Chr. – zur Zeit, als die Sippe des Mose die Nähe des Jordan erreichte – bestand, so berichtet das Vierte Buch Mose, am Ostufer des Jordan ein in sich geschlossener Staat der Amoriter.

Das Volk Amurru gehörte nun nicht länger zu den Nomaden; es war seßhaft geworden. Dem Bibeltext ist zu entnehmen, daß die Hauptstadt Heschbon hieß. Wer heute nach einem Ort namens Heschbon sucht, der kann ihn finden, abseits der Straße von Amman nach Madeba – das ist die Stadt, in der die älteste Landkarte des Jordangebiets entdeckt worden ist. Doch kaum jemand verläßt diese Straße, um nach Heschbon zu gelangen, das auf jordanischen Karten als Hisban verzeichnet ist. Wenige Lehmhütten stehen auf einem trockenen, staubigen Hügel. Nichts ist mehr zu sehen von der befestigten Hauptstadt des Amoriterkönigs, der den Namen Sihon trug.

Wenn die Sippe des Mose zum Jordantal gelangen wollte, mußte sie durch den Staat der Amoriter ziehen. Im Vierten Buch Mose ist der Text erhalten, mit dem sich der Anführer der jüdischen Sippe an Sihon wandte: »Ich möchte dein Land durchwandern. Wir wollen nicht abbiegen auf ein Feld oder in einen Weinberg. Wir werden kein Wasser aus deinen Brunnen trinken, sondern auf dem Königsweg dahinziehen, bis wir dein Gebiet wieder verlassen können.« (Num 21,22)

König Sihon aber hielt sich an die Politik, die schon seine Nachbarn in Edom und Moab verfolgt hatten: Er gab zur Antwort, daß er den Durchzug nicht gestatte. Die Bewaffneten des Amoriterstaats wurden mobilisiert zum Kampf gegen die Fremden, die um Durchzugsgenehmigung gebeten hatten. Das entscheidende Gefecht fand außerhalb des von König Sihon beherrschten Gebietes statt, bei einem Ort, dem das Vierte Buch Mose den Namen Jahza gibt. Er wird heute Khirbet al Medeiniyeh genannt und liegt südöstlich von Madeba. Die Männer des Mose siegten dort über die Truppe des Amoriterkönigs. Die Eroberung des Jordangebiets durch das jüdische Volk hatte begonnen: »Sie eroberten das Land vom Arnon bis zum Jabbok.« (Num 21,24) Der Verlauf des Jabbok entspricht dem heutigen Wadi Zarqa, das von Osten in die Jordansenke herunterführt. Sein Wasser fließt bei Damiya in den Jordan. »Israel nahm alle Städte dieses Landes ein und setzte sich in sämtlichen Städten der Amoriter fest, in Heschbon und in allen dazugehörenden Tochterstädten.«

Als König Sihon geschlagen wurde, hätte er eigentlich mit Hilfe rechnen können aus einem Staat, dem das fruchtbare Land am Ostufer des nördlichen Jordan gehörte. Das Alte Testament nennt diesen Staat »Baschan«. Gesegnet war er durch seinen Reichtum an Herden. Rinder und Schafe wurden in Baschan gezüchtet. Möglich ist, daß der Herrscher von Baschan und König Sihon vom Land der Amoriter durch Vertrag politisch aneinander gebunden waren. Auf jeden Fall fühlten sich die Herren des reichen Landes am oberen Jordan bedroht und zogen mit ihren Bewaffneten der Sippe des Mose entgegen. Als Mose zögerte, sich auf den Kampf einzulassen, da hörte er Gottes Stimme, die ihm versicherte, wenn er unverzagt das Gefecht wage, werde auch das Land Baschan dem jüdischen Volk gehören: »Verfahre so mit dem König von Baschan, wie du mit dem Amoriterkönig, der in Heschbon saß, verfahren bist!« (Num 21,34)

Am Ende des Kampfes war das jüdische Volk tatsächlich auch über den Mächtigen von Baschan siegreich: »So schlugen sie ihn, seine Söhne und alle seine Leute, daß ihm keiner übrigblieb, der entkommen konnte, und sie besetzten sein Land.« (Num 21,35) Das Gefecht, das Mose zum Herrn über das gesamte Land am Ostufer des Jordan machte, soll bei der heutigen Stadt Dera'a stattgefunden haben, an der Straße von Damaskus nach Amman.

Zwar stellt der Text des Vierten Buches Mose ausdrücklich fest, die Sippe des Mose habe sowohl den Staat der Amoriter als auch das Land Baschan besetzt. An eine ständige Besetzung durfte der Anführer des wandernden Volkes jedoch nicht denken: Sein Ziel war der Jordan. Auf das Gebiet westlich des Flusses kam es ihm an. Die Länder ostwärts des Jordantals in Besitz zu nehmen, dazu reichte die Zahl seiner Männer nicht aus – und doch schufen die Eroberungen dem jüdischen Volk Anspruch auf transjordanisches Gebiet in späterer Zeit.

Zurückgekehrt in die Gegend des Salzsees, sammelte sich die Sippe an einem Platz, der im Alten Testament Schittim genannt wird; gemeint ist wohl die Erhebung Tell al Harman, westlich von Heschbon, der Hauptstadt des Königs Sihon. Mose brauchte offenbar Zeit, um einen erfolgversprechenden Plan für den Zug über den Fluß zu entwerfen – in das Land, das zu besetzen er sich vorgenommen hatte. Kundschafter wurden ausgesandt, die erforschen sollten, wie stark die Verteidigungskräfte der Städte westlich des Jordan waren. Vor allem mußte festgestellt werden, wo der Fluß überschritten werden konnte. Der Jordan selbst lag als Hindernis vor Mose und seinem Volk.

Heute noch fließt der Jordan in seinem Unterlauf zwischen der Damiya Bridge und der Allenby Bridge in einem engen Bett. Doch das Land, besonders auf der östlichen Seite, ist kultiviert: von Kanälen durchzogen, in Plantagen aufgeteilt. Wildwuchs bedeckte vor mehr als 3000 Jahren den fruchtbaren Boden. Direkt am Wasser standen dichte Weidenbüsche, die nur schwer zu durchdringen waren. Wege durch das Gestrüpp dorniger Pflanzen zu bahnen, die sich über die Sohle des Jordangrabens ausgebreitet hatten, war schwierig. Bisher hatte sich das wandernde Volk auf bergigem und staubigem, aber doch meist kahlem Boden fortbewegt. Übersichtlich war das Land vor, seitwärts und hinter den Wandernden gewesen. Doch nun lag ein grüner Gürtel von rund einem Kilometer Breite vor ihnen.

Weder Mose noch die Unterführer um ihn kannten die Plätze, an denen das Überqueren des Wassers möglich war. Brücken über den Jordan bestanden in jener Zeit nicht – sie sind bis heute eine Seltenheit. Ein Übersetzen ans andere Ufer mit Booten oder Flößen war nicht möglich, da Felsbrocken in den engen Windungen des Gewässers die Verwendung derartiger Schwimmkörper nicht erlaubten. Der Jordan ist nie schiffbar gewesen. Gelegenheit, das Gewässer zu überwinden, boten allein Furten, an denen das Wasser breiter auseinanderfließen konnte als an anderen Stellen; es war dann niedriger und ohne Gefahr zu durchwaten. Derartige Furten gab es jedoch meist nur am Oberlauf des Jordan: zwanzig nördlich des Sees Gennesaret; südlich davon waren es nur fünf. Wo sie sich befanden und wie die Zugänge beschaffen waren, mußte erst erkundet werden.

Auch die Gegner waren damit beschäftigt, sich kundig zu machen, was da eigentlich vor sich ging. Das Reich Moab war bisher von den Eindringlingen nicht angegriffen worden. Es besaß Verbündete im weiten Umkreis des Jordanlandes, und sein Herrscher bat deshalb die Freunde, mit ihm die Situation von einem Berg aus, der Pisga hieß, zu beurteilen. Ras Siyagha wird der Berg heute genannt. Seine Höhe beträgt 802 Meter über dem Meeresspiegel – er ragt eindrucksvoll noch über den Jordangraben, der 350 Meter unter dem Meeresspiegel liegt. Vom Berg Pisga aus konnten die Verbündeten des Königs von Moab hinübersehen nach Schittim, dessen Erhebung niedriger war. Das Resultat ihrer Beobachtung war: »Das Volk, das aus Ägypten auszog, hat die Oberfläche dieses Landes überschwemmt.« Der König von Moab charakterisierte die Situation mit den Worten: »Jetzt wird dieser Haufen alles rings um uns abfressen, wie das Rindvieh das Grüne des Feldes abgrast.« (Num 22,4) Abzulesen ist daraus, daß die Zahl der Menschen, die bei Schittim lagerten, eindrucksvoll gewesen sein muß.

Hoffnungslos war die Situation der Menschen von Moab dennoch nicht. Es bestand immer noch die Möglichkeit, die Moral der wandernden Sippe zu untergraben, ihr den Glauben an den eigenen Gott auszutreiben, sie vertraut zu machen mit den bequemeren religiösen Sitten, die bisher am Jordan üblich waren. Das Vierte Buch Mose schildert das Geschehen mit knappen Worten: »Israel lagerte in Schittim. Das Volk begann, mit den Töchtern Moabs Unzucht zu treiben. Diese riefen das Volk zu den Opfermahlzeiten ihrer Götter. Das Volk aß und warf sich vor diesen Götzen nieder.« (Num 25,1–2)

Legenden, die den Bibeltext ergänzen, erzählen davon, daß die Frauen aus dem Volk Moab die Männer des wandernden Volkes durchaus als Verwandte angesehen hätten. Sie erinnerten an Terach, den Vater Abrahams, und an Abrahams Neffen Lot, der mit seiner ältesten

Tochter, wenn auch unwissentlich, den Stammvater des Volkes Moab gezeugt hatte. Die Frauen meinten, wer so nahe verwandt sei, der dürfe sich nicht abweisend verhalten, der solle sich nicht abseits setzen. Da die Frauen des Volkes Moab offenbar nicht nur großzügig, sondern auch sehr schön waren, verfielen ihnen wohl einige der Männer. Die Folge war, daß die Schwachgewordenen nicht nur die Frauen, sondern bald auch deren Götter sympathisch fanden, deren Gebote weit weniger streng waren als die des Gottes, von dem Mose seine Anweisungen erhalten hatte. Auch in dieser Phase der Auflösung des Zusammenhalts der wandernden Sippe hörte Mose wieder die Stimme dieses strengen Gottes, der sprach: »Nimm alle Volksverführer und laß sie zu Ehren des Herrn angesichts der Sonne an Pfählen aufhängen, damit der heiße Zorn des Herrn von Israel ablasse!« (Num 25,4) Als Konsequenz dieser Vorfälle verbot Mose im Hinblick auf folgende Eroberungen jegliche Verbindung mit besiegten Völkern. Daß er selbst das Land »drüben über dem Fluß« nicht betreten werde, war dem Anführer der Wanderung durch die Wüste zu diesem Zeitpunkt bewußt geworden.

»Du darfst den Jordan nicht überschreiten!«

An der Grenze zum Gebiet Moab vollendete Mose sein Gesetzeswerk, das auf dem langen Weg von Ägypten bis in die Nähe des Jordan entstanden war. Manche Vorschrift wurde ergänzt, andere wurden in Details präzisiert. Eine Sammlung von Vorschriften war geschaffen worden, die das Zusammenleben des jüdischen Menschen mit bisher ungewohnter gesetzgeberischer Perfektion regelte. 248 Gebote und 365 Verbote werden Mose zugeschrieben. Es werden nicht alle von ihm selbst erlassen worden sein. Manche müssen in späterer Zeit entstanden sein, als die ersehnte Heimat längst erreicht war. Doch auf dem Weg durch die Wüste war der Rahmen geschaffen worden, der das jüdische Volk künftig von anderen abgrenzte und zugleich den Zusammenhalt des Volkes möglich machte.

Mit dem Ende der Gesetzgebungsarbeit war die Lebensaufgabe des Führers Mose abgeschlossen. Es blieb ihm nur noch Zeit, eine letzte Rede zu halten. Im Buch Deuteronomium ist der Wortlaut bewahrt: »Ich bin jetzt 120 Jahre alt und vermag nicht in den Kampf zu ziehen. Auch hat der Herr zu mir gesagt: ›Du darfst den Jordan nicht überschreiten!‹ Der Herr, dein Gott, ist es, der vor dir hinzieht. Er wird diese Völker vor dir vertilgen, und du trittst in ihren Besitz ein. Josua soll dir voran über den Jordan ziehen, wie der Herr verheißen hat. Der Herr wird mit ihnen verfahren, wie er verfuhr mit den Amoriterkönigen, die er vernichtet hat. Sobald der Herr diese Völker euch preisgibt, sollt ihr an ihnen handeln genau nach dem Befehl, den ich euch erteilt habe. Seid fest und stark. Fürchtet euch nicht und erschreckt nicht vor den Völkern, denn der Herr, dein Gott, ist es, der mit dir zieht. Er wird dich nicht aufgeben und nicht verlassen!« (Dtn 31,2–6)

Josua, der Nachfolger Mose, war dessen langjähriger Vertrauter und enger Mitarbeiter gewesen; er war der Mann, der wohl am besten die Gesetze, die Mose festgelegt hatte, anwenden und deuten konnte. Josua hatte auch zu den Kundschaftern gehört, die das Land bis hinauf zum Ursprung des Jordan durchstreift hatten. Er wußte besser als andere, was die Sippe erwartete. Ihm war die schwierige Aufgabe zugewiesen, das Hindernis Jordan zu überwinden.

Da für die Zukunft des Volkes vorgesorgt war, konnte Mose Abschied nehmen. Er wollte wenigstens das Land und den Fluß von ferne sehen dürfen, wenn ihm deren Nähe schon versagt bleiben sollte. Er stieg hinauf zum Berg Pisga, auf dem zuvor die Feinde gestanden und hinuntergeblickt hatten auf Schittim. Mose sah nach Westen, nach Süden und nach Norden. Vor ihm, in Richtung der untergehenden Sonne, lag das Bergland von Judäa. Blickte Mose nach unten, sah er das Tote Meer vor sich, das sich nach Süden erstreckte. Schaute er über den Salzsee nach Süden, kam die Wüste Negev in sein Blickfeld. Dieses Land hatte Gott seinem Volk versprochen – aber auch alles, was er im Norden sehen konnte. Da setzte sich das Bergland von Judäa fort, bis es am Horizont verschwand. Ganz fern, im Dunst, ließ sich das Hermongebirge erahnen, an dem der Jordan entspringt, der in seiner gesamten Länge, nach Gottes Versprechen, zum Reich der Juden gehören sollte. Weit hinauf konnte er, von seiner hohen Warte aus, den gewundenen Verlauf des silbernen Bandes mit den Augen verfolgen. Wie ein Spiegel leuchtete der See Gennesaret. Rechts vor ihm, nahe am Fluß, war die Stadt gelegen, die sein Volk zuerst erobern sollte – Jericho.

Noch einmal, so berichtet das Alte Testament, hörte Mose die Stimme Gottes: »Dies ist das Land, das ich dem Abraham, Isaak und Jakob eidlich zugesagt habe, indem ich sprach: Deinen Nachkommen will ich es verleihen. Ich habe es dich mit eigenen Augen sehen lassen. Hinüberziehen aber darfst du nicht!« (Dtn 34,4)

Berichtet wird, Mose sei, nachdem er diese Worte seines Herrn vernommen hatte, auf dem Berg hoch über dem Nordende des Salzsees gestorben.

Wo Mose bestattet worden ist, weiß niemand. Das Buch Deuteronomium bleibt unbestimmt in seiner Aussage: »Man begrub ihn im Tal, im Lande Moab, gegenüber von Bet-Peor.« (Dtn 34,6) Dies war eine Siedlung im Gebiet ostwärts des Jordan. Das Mauerwerk, das rechts neben der Straße von Jerusalem herunter ins Jordantal als »Grab des Mose« bezeichnet wird, enthält keine Gebeine. Der Platz kann nicht der Bestattungsort gewesen sein, denn er befindet sich im Westen des Jordan. Auch als Toter hatte der Anführer der Wanderung in die versprochene Heimat, »drüben über dem Fluß«, nicht einziehen dürfen.

Gott hatte Mose sterben lassen, obgleich – so betont der biblische Text ausdrücklich – »sein Auge nicht erloschen und seine Frische nicht geschwunden war« (Dtn 34,7). Keine Krankheit hatte ihn befallen. Er war immer machtbewußt gewesen; es war ihm bis zuletzt ein Drang gewesen, die Menschen zu beherrschen. Die Abtretung der Macht aus freier Entscheidung an Josua so kurz vor dem Ziel ist ein Vorgang, der wohl überhaupt nur durch göttliches Eingreifen erklärt werden kann.

Rätselhaft bleiben die Gründe für den erzwungenen Rücktritt am östlichen Jordanufer. Möglich ist, daß Mose während der langen Wanderung nicht immer der unbeirrbare Knecht Gottes gewesen ist, daß er »Sünden« begangen hat, die ihn ungeeignet machten, Oberhaupt des Volkes in der neuen und endgültigen Heimat zu sein. Vielleicht hatte sein Zusammenleben mit einer dunkelhäutigen, »fremdrassigen« Frau Mißfallen erregt. Er selbst hatte doch die Männer der Sippe aufgefordert, sich aller Frauen zu enthalten, die nicht zum wandernden Volk gehörten. Es gibt Hinweise, daß in der Zeit, als der jüdische Staat des Saul, David und Salomo in Blüte stand, Texte des Alten Testaments getilgt wurden, die Episoden enthielten, aus denen ein weniger günstiges Bild der Persönlichkeit des Mose abgelesen werden konnte.

Der Nachfolger Josua war sich wohl bewußt, daß sein Ansehen als Führer davon abhing, ob es ihm gelang, das Hindernis Jordan zu überwinden. Daß einzelne oder auch ganze Familien durch die Furten wateten, war durchaus üblich. Zehntausende samt den schwerbeladenen Tieren durch den Fluß zu geleiten war eine Aufgabe, für die es kein Vorbild gab. Das Problem war die Gefahr eines Angriffs aus der Stadt Jericho heraus während der Stunden des Übergangs. Jeder war damit beschäftigt, sich, die Seinen, seine Habe und seine Tiere durch das Wasser an das andere Ufer zu bringen. In der Zeit, da dies geschah, waren Unordnung, Kopflosigkeit und egoistisches Handeln einzelner Gruppen gar nicht zu vermeiden. Das Durcheinander aber konnte ein beherzter Feind ausnützen, der sich auskannte im Weidendickicht am Jordanufer, der wußte, wo das Wasser flach und wo es tief war. Die Sippe mußte mit hohen Verlusten rechnen. Deshalb war es auch ganz verständlich, daß sich mancher die Frage stellte, ob es überhaupt vernünftig sei, den Jordan zu überqueren. Jetzt, da Mose tot sei, bestehe doch kein Zwang mehr, seiner Anweisung zu folgen und das

Land drüben über dem Fluß zu besetzen. Das Land Moab war fruchtbar und bot Platz – auch waren seine Bewohner nicht unfreundlich. Überdies war nach der Niederlage der Amoriterkönige kaum mehr mit Feindschaft zu rechnen. Die Zahl derer wuchs, die der Meinung waren, es sei wohl besser, am Ostufer des Flusses zu bleiben.

Eine Frist von dreißig Tagen blieb Josua, um eine Lösung für das Problem des Flußübergangs zu finden. So lange wurde der Tod des Mose vom Volk beweint.

Josua nutzte die Zeit, in der das Volk – der religiösen Tradition gemäß – mit Klagen und Weinen beschäftigt war; er schickte Spione los, die den Zugang zum Fluß und die Beschaffenheit der nächsten Furt erkunden sollten. Den Befehlshaber interessierte auch, ob sich die nächste Stadt, Jericho, auf den Verteidigungsfall vorbereitete.

Die zwei Männer überwanden den Fluß und erreichten die Stadt, die nur eine Stunde Fußmarsch vom Jordan entfernt liegt. Sie waren darauf bedacht, nicht aufzufallen, und sie benahmen sich so, wie man das in Jericho von Fremden gewohnt war: Sie gingen in das Freudenhaus der Stadt, in dem allerdings nur eine Frau lebte. Ihr Name war Rahab. Bei ihr wollten die beiden Kundschafter übernachten.

Ihr Kommen war allerdings aufgefallen. Der Mächtige in Jericho – das Buch Josua nennt ihn »König« – hatte davon erfahren, und er schickte Bewaffnete in das Haus der Rahab; die sollten die Fremden verhaften und zum Verhör abführen. Doch Rahab bemerkte rechtzeitig, daß Männer, die zum Gefolge des Mächtigen gehörten, auf ihr Haus zugingen – und sie versteckte die Spione des Josua. Den Bewaffneten erklärte Rahab, zwei Männer seien in der Tat bei ihr gewesen, sie hätten die Stadt jedoch bei der Abenddämmerung wieder verlassen. Wohin sie gegangen seien, wisse sie nicht. Die Männer des Königs ahnten, daß es sich um Angehörige der Sippe handeln mußte, die jenseits des Jordan lagerte, und sie setzten den beiden in Richtung der nächstgelegenen Furt nach. Vom Dach ihres Hauses aus konnte Rahab den Weg der Verfolger beobachten. Sie war sicher, daß sie in dieser Nacht nicht zurückkehren würden, denn das Tor der Stadt Jericho war bereits geschlossen worden. Es blieb aus Gründen der Sicherheit bis zum Morgen fest verriegelt. Rahab hatte Gelegenheit für ein langes Gespräch mit den beiden Spionen.

Die Männer des Josua erfuhren, daß die Stimmung der Menschen in Jericho schlecht war. Die Angst ging um. Die Bewohner waren überzeugt vom Sieg der Einwanderer. Zuviel hatte man schon gehört von den Erfolgen gegen die Amoriterkönige. Bekannt war auch, daß wundersame Ereignisse den Weg durch die Wüste erleichtert hätten. Rahab sah eine Gelegenheit, sich und die Familie ihres Vaters im Falle der

Eroberung der Stadt zu retten. Sie bot ein Geschäft an: Sie werde dafür sorgen, daß die beiden Kundschafter sicher die Stadt verlassen könnten. Als Gegenleistung erbat sie sich Schonung in der Stunde des Sieges der jüdischen Sippe. Die fremden Männer versprachen, sich an die Abmachung zu halten.

Rahab gab den Spionen, die zu ihrer Sippe zurückkehren wollten, den Rat, sich noch drei Tage lang in den Höhlen der aufragenden Wände des Jordangrabens zu verstecken, dann sei die Aufregung in Jericho über ihr Erscheinen wohl abgeflaut. Die Fremden dankten für diesen Rat und ließen sich an einem Strick an der Außenwand des Hauses der Rahab auf den Boden hinabgleiten. Sie befanden sich dort schon außerhalb der Stadt – das Haus der Rahab stand an der Ringmauer von Jericho.

Die Spione konnten Josua berichten, die Menschen in der ersten Stadt, die erobert werden sollte, seien verzagt; ihr Wille zum Widerstand sei schwach. Die Einnahme von Jericho werde gelingen.

»Der Herr ließ das Jordanwasser austrocknen«

Als die dreißig Trauertage, die das wandernde Volk dem toten Mose gewidmet hatte, verflossen waren, da wußte Josua, daß er nicht länger zögern durfte. Schon am nächsten Morgen wurde der Aufbruch befohlen. Jede Familie brach ihre Zelte ab, trieb Rinder und Schafe zusammen und ordnete sich in den Zug ein. Männer, Frauen, Kinder und Tiere machten sich auf den Weg von Schittim hinunter ins Tal. Die Männer trugen die Bundeslade mit sich, das Heiligste, das sie besaßen. Darinnen befanden sich die Gesetzestafeln des Mose – sie stellten das Zeichen ihres Bundes mit Gott dar.

Am Abend erreichte die Sippe das Weidengestrüpp am Ostufer des Jordan. Josua ordnete an, noch einmal zu übernachten, ehe das Unvorstellbare, der Übergang der Zehntausende über den Fluß, gewagt werde. Die Umstände erwiesen sich als äußerst ungünstig: Der Jordan führte hohes Wasser, gespeist von der Schneeschmelze im Hermongebirge. Abzuwarten, bis der Wasserspiegel auf normale Höhe zurückging, war unmöglich – das Unternehmen duldete keinen Aufschub. Josua befahl den Trägern der Bundeslade, mutig in das Jordanwasser hineinzusteigen.

Was dann geschah, darüber berichtet das Buch Josua: »Da nun die Leute aus ihren Zelten aufbrachen, um den Jordan zu überschreiten, befanden sich die Priester als Träger der Bundeslade an der Spitze des Volkes. Als die Träger der Lade an den Jordan kamen und die Priester, die diese Lade trugen, ihre Füße am Rand in das Wasser tauchten, da blieb das Wasser stehen. Was von oben zufloß, staute sich wie durch einen Damm. Das zum Salzmeer fließende Wasser verschwand vollständig. So konnte das Volk den Jordan gegenüber von Jericho durchziehen. Die Priester aber, als die Träger der Bundeslade des Herrn, standen fest auf trockenem Boden, mitten im Jordan, während das ganze Volk auf dem Trockenen hinüberzog, bis alle den Zug durch den Jordan vollendet hatten.« (Jos 3,14–17)

Jahwe, der Gott, mit dem Mose den Pakt im Namen des jüdischen Volkes geschlossen hatte, war offenbar zum Wegbereiter für die wandernde Sippe geworden. Die Überlieferung gibt die Überzeugung wieder, Jahwe habe Steine in den Jordan stürzen lassen; er habe so einen Staudamm geschaffen, der den Unterlauf des Jordan so lange trocken hielt, bis der Durchzug abgeschlossen war.

Wer in späterer Zeit eine Erklärung des Vorgangs im Bereich der menschlichen Logik suchte, der glaubte, ein Erdbeben habe an einer Stelle die Uferwände des Jordan zum Einsturz gebracht; das Geröllmaterial habe ausgereicht, um den Wasserlauf zu verstopfen. Erdbeben sind im Bereich des Jordangrabens mit seiner eigentümlichen geologischen Struktur tatsächlich keine Seltenheit. Bekannt ist auch, daß der Fluß des Wassers durch Steinbrocken und Lehmmassen, die ins Jordanbett hinunterbrachen, häufig behindert wurde. Es geschah dann, daß die Sohle des Jordanbetts in der Hitze der Sonneneinstrahlung rasch austrocknete und begehbar wurde, bis der aufgestaute Wasserspiegel über den Damm aus Stein und Lehm anstieg und der Wasserdruck das Hindernis beseitigte. Nie aber geschahen derartige Ereignisse, wenn jemand darauf wartete, weil er ans andere Ufer gelangen wollte. Der Gedanke liegt deshalb nahe, Josua habe die Klugheit besessen, selbst das Wasser des Jordan aufstauen zu lassen – zu dem Zeitpunkt, den er bestimmte.

Wie es auch gewesen sein mag: Josua nutzte die Gelegenheit, die sich ihm bot; er brachte Menschen und Tiere heil über den Jordan. Diejenigen aber, denen das Land westlich des Flusses immer noch gehörte, ließen die Möglichkeit verstreichen, den Eindringlingen während der Stunden des Übergangs eine Niederlage beizubringen, die der Sippe den Gedanken an die Landnahme ausgetrieben hätte.

Den Männern von Jericho konnte nicht entgangen sein, was sich am Fluß bei hellem Tageslicht ereignete. Von der Stadt aus ist der Flußverlauf nach Norden und nach Süden hin zu übersehen. Lähmung ihres Willens muß die Mächtigen befallen haben. Sie waren zu keiner ernsthaften Verteidigungsanstrengung fähig. Das Buch Josua drückt den Verfall der Kampfmoral der Verantwortlichen in Jericho so aus:

»Da verzagte ihr Herz, und der Mut wich von ihnen angesichts der Israeliten.« (Jos 5,1)

Die Furcht hatte sicher eine Ursache: Die Masse der Gegner hat wohl Schrecken verbreitet. Die Zahl der Eindringlinge muß imponierend gewesen sein. Das Buch Josua gibt an, dem Befehlshaber hätten 40 000 kampfgerüstete Männer gehorcht, die nun bereitstanden zur Eroberung des Westjordanlandes. Auch wenn diese Zahl übertrieben sein mag, stellten die Kämpfer der wandernden Sippe, die Erfahrungen gesammelt hatten in den Gefechten mit den Kampfverbänden der Könige im Osten des Toten Meers und des Jordan, zweifellos die schlagkräftigste Truppe im Gebiet zwischen Euphrat und Nil dar.

Dem Starken gehört die Zukunft

Ramses II. zieht vom Nil zum Oberlauf des Jordan

Die Großmacht Ägypten, die über viele Generationen hin Herr über das Land Kanaan gewesen war, hatte in jener Zeit an Einfluß verloren. Ursache dafür war ein Streit mit den Hethitern gewesen, die hartnäckig von der Gegend um Damaskus aus mit dem Einmarsch ins Jordanland gedroht hatten. Ramses II. war der ägyptische Herrscher gewesen, der zuletzt Kriege im Land Kanaan geführt hatte. Ein Flachrelief aus der Zeit des Pharaos Ramses II. (1301–1235 v. Chr.) berichtet von der Eroberung der Stadt Aschkelon an der Mittelmeerküste, nördlich des heutigen Palästinenserzentrums Gaza, und von der Herrschaft über andere bedeutende Siedlungen im Küstenbereich. Dann aber verließen die ägyptischen Truppen das Gebiet wieder. Im Ägyptischen Museum in Cairo wird auf Papyrusstreifen der Bericht eines Ägypters aus Kanaan aufbewahrt, der sich darüber beklagt, die Wege zwischen den Städten seien unsicher. Der Abzug der ägyptischen Truppen wirke sich darin aus, daß Räuber jeden überfielen, der sich allein oder in kleiner Gruppe aus der Stadt herauswage.

Unmittelbar vor der Ankunft der Sippe des Mose im Land ostwärts des Toten Meers war der Kampf zwischen Ägypten und dem Staat der Hethiter durch Stellvertreter geführt worden: Sihon, der Amoriterkönig, war ein Verbündeter der Hethiter; er hatte Heschbon dem Herrscher von Moab abgenommen, der als Vasall des Pharaos galt. Zeitlich läßt sich dieser Vorgang vom Historiker nicht erfassen. Nicht einmal das Jahrhundert kann geschichtlich genau bestimmt werden. Doch in jener Zeit kam es zu einem weltpolitischen Ereignis, dessen Ablauf auf den Monat genau definiert werden kann. Möglich ist, daß während der Phase der Landnahme durch die jüdische Sippe die Ägypter durch jenes Land stürmten. Beim See Gennesaret erreichten sie die Jordansenke: 20 000 Mann, aufgeteilt in vier Heeresgruppen. Zweieinhalbtausend Streitwagen führten sie mit sich. Mitte März des Jahres 1286 v. Chr. hatten sie das Nilland in Richtung Osten verlassen. Ihr Anführer hatte den direkten Weg gewählt, nicht den langen Marsch durch die Wüste:

Fußtruppen und Streitwagenfahrer waren die Mittelmeerküste entlang gezogen bis in die Gegend der heutigen Stadt Tel Aviv. Megiddo war das nächste Ziel gewesen, die Festung der Ägypter im Bergland, auf halbem Wege zwischen Jordan und Mittelmeer gelegen. Dann wurde das Jordantal zur Heerstraße der 20 000 Ägypter.

Ramses II. selbst führte sie an, während des ganzen Weges aufrecht im Streitwagen stehend. Der Pharao war noch jung, erst 25 Jahre alt, und voll Energie. Er wollte im »Beduinenland« – so wurde am Nil die Region zwischen Jordan und Euphrat genannt – Ordnung schaffen. An der Wand der Säulenhalle in Karnak ist eine Inschrift erhalten, die aussagt, was den Pharao damals bedrückte: »Die Feinde im Beduinenland denken an Aufruhr und Streit. Ein jeder mordet. Einer bringt den anderen um. Sie fügen sich nicht den Gesetzen.«

Obgleich Ramses II. erst seit vier Jahren regierte, hatte er schon einmal das Land zwischen Jordan und Mittelmeer durchzogen. Dieser Krieg wird durch eine Inschrift auf einer Stele dokumentiert, die am Nahr al Kalb gefunden wurde, am Hundsfluß, der nördlich der libanesischen Stadt Beirut ins Meer fließt. Streit mit den Hethitern war die Ursache jenes Vorstoßes gewesen. Es war ihm damals gelungen, regionale Fürsten an seine Herrschaft, an Ägypten zu binden. Besonders erfolgreich war er mit dieser Politik bei den Mächtigen des Volkes der Amurru, der Amoriter, gewesen. Deren Überwechseln ins Lager der Ägypter hatte wiederum den Monarchen der Hethiter erzürnt – sein Name war Muwatallis. Er begann gegen Ramses II. aufzurüsten.

Ramses II. erfuhr offenbar nichts von den Vorbereitungen der Hethiter, und er war auch nicht informiert, daß Muwatallis ihm mit einer durchaus ebenbürtigen Streitmacht entgegenzog. Ramses II. fuhr im Streitwagen durch das Land der oberen Zuflüsse des Jordan in der optimistischen Überzeugung, er könne seinen Herrschaftsbereich bis hierher ausdehnen. Da er nirgends auf Widerstand traf, glaubte der Pharao, weiter in das Land der Hethiter vorstoßen zu können. Er verließ mit seinen 20 000 Kämpfern die Jordanregion und drang ein in das fruchtbare Beka'a-Tal, ostwärts des Libanongebirges. Er folgte dem Litanifluß und gelangte schließlich an den Orontes, der heute Nahr al Asi heißt. Ramses II. wollte die Stadt Kadesch erreichen – ohne zu wissen, daß das Heer der Hethiter bereits dort stand. Unbekümmert hatte er seine Truppen nach Norden geführt; keiner seiner Unterbefehlshaber hatte ihn gewarnt.

Die Detailkenntnis von den Vorgängen im Jahr 1286 v. Chr. ist beachtlich. Die Zeiten überdauert haben schriftliche Dokumente, die sowohl Taten und Ansichten des Hethiterfürsten Muwatallis als auch des Pharaos wiedergeben. Über den Hethiter gibt das Papyrus Sallier III

Auskunft, das im Britischen Museum in London aufbewahrt wird. Informationen über Ramses II. sind zahlreichen Inschriften an Tempelwänden in Abu Simbel und Theben zu entnehmen.

Als der Pharao erkannte, daß der Feind nahe war, da befand er sich taktisch in schlechter Position: Seine vier Heeresgruppen marschierten weit auseinandergezogen. Eine Konzentration der Verbände war nicht so rasch möglich. Muwatallis, der seinen Vorteil erahnte, griff an, und es gelang ihm, unter Ausnutzung des Überraschungsmoments, mehrere ägyptische Verbände auseinanderzutreiben. Ramses II. bemerkte die Katastrophe erst spät, doch dann handelte er entschlossen.

Inschriften in Abu Simbel geben davon Auskunft: »Der Erhabene drang ein in das Heer der Feinde. Gewaltig war seine Kraft. Er tötete das gesamte Heer der Hethiter und alle Führer dieses Volkes. Sie fielen alle auf ihre Gesichter, einer über den anderen, und der Erhabene erschlug sie. Sie lagen ausgestreckt vor ihren Pferden. Der Pharao war allein. Niemand befand sich an seiner Seite.«

Der Pharao Ramses II. war – das haben die Historiker festgestellt – ein Meister der Propaganda. Doch konnte er es sich wohl kaum leisten, über eine derartige Heldentat berichten zu lassen, ohne daß ein Wahrheitskern vorhanden war. Es muß dem Pharao gelungen sein, durch seinen persönlichen Einsatz die Niederlage abzuwenden. Im richtigen Augenblick traf dann eine Elitetruppe auf dem Kampfplatz ein, die sich aus Männern des Volkes Amurru rekrutierte, aus Amoritern also – auch Menschen semitischer Abstammung, die im Jordangebiet ihre Heimat hatten. Der Verband der Amurru kämpfte mit gewaltigem Einsatz. Die hohen Verluste der Hethiterarmee veranlaßten Muwatallis, den Rückzugsbefehl zu geben.

Ramses II., der mit knapper Not einer demütigenden Niederlage entgangen war, besaß keine Truppenverbände mehr, die frisch genug gewesen wären, den Hethitern nachzusetzen. Er konnte nicht einmal die Stadt Kadesch, die sein Kriegsziel gewesen war, besetzen.

Der Feldzug des Pharaos hat die Verhältnisse im Land zwischen Jordan, Mittelmeerküste und Euphrat nicht zu Ägyptens Gunsten verändern können. Die beiden politischen Pole, die Reiche des Pharaos und des Hethiterkönigs, blieben erhalten und neutralisierten sich gegenseitig. Zwischen ihren Gebieten entstand ein Freiraum, in dem regionale Konflikte ohne Einwirkung von außen ausgetragen werden konnten. Einige Jahrzehnte lang wurden weder die Ägypter noch die Hethiter im Jordangebiet beherrschend aktiv. Etwa um das Jahr 1270 v. Chr. schlossen die beiden Großmächte eine Art Friedensvertrag, der das Gebiet zwischen Mittelmeer und Jordan weiterhin formal dem Einfluß des Pharaos zuordnete.

Josua läßt ein Denkmal errichten

Merenptah, der Sohn des Ramses, rückte um das Jahr 1220 v. Chr. mit einem Heer in das Jordantal vor. Erhalten ist eine Stele, die von einem Sieg am Südufer des Sees Gennesaret spricht. Der Text besagt: »Israel ist verwüstet. Sein Samen ist dahin.«

Ob dieser Sieg tatsächlich stattgefunden hat, läßt sich nicht mehr feststellen. Die Bibeltexte dementieren die Nachricht vom Untergang des Volkes Israel. Es hat den Überfall durch Pharao Merenptah überlebt. Wichtig ist die Siegesmeldung auf der Stele allein deshalb, weil in ihr zum erstenmal der Name Israel erwähnt wird. Das jüdische Volk hatte also um das Jahr 1220 v. Chr. am Jordan Fuß zu fassen vermocht. Die »Israel-Stele« ist der Beweis für den Abschluß eines Vorgangs, den wir sonst nur aus dem Alten Testament kennen: Die Landnahme war gelungen – von der nun zu berichten ist.

Die Einwanderer hatten vom brüchigen Gleichgewicht zwischen den Großmächten profitiert. Sie hatten das Land am Nil zum Zeitpunkt der Schwäche der ägyptischen Staatsorganisation verlassen und waren am Ziel der Wanderung angekommen, als die Macht des Pharao zurückgedrängt und der Einfluß der Hethiter von Nordosten her nicht stark genug war. So blieben die Zehntausende unbehelligt, als sie den Jordan überquerten. Die Großmächte griffen nicht ein.

Josua hatte sogar Zeit, ein Denkmal zur Erinnerung an das wichtige Ereignis errichten zu lassen. Der Herr hatte ihm den Befehl dazu gegeben: »Wähle aus dem Volk zwölf Männer, aus jedem der Stämme einen Mann. Befiehl ihnen: Nehmt mitten aus dem Jordan, von dort, wo die Priester standen, zwölf Steine, schafft sie dann hinüber und legt sie an dem Platz nieder, auf dem ihr diese Nacht zubringen werdet!« (Jos 4,2–3) Josua befolgte die Anweisung seines Herrn. Dann erklärte er den Männern, die zwölf Gesteinsbrocken zusammengetragen hatten, den Sinn des Steinhaufens: »Dies soll ein Denkmal für euch sein! Fragen euch dann später eure Kinder: Was bedeuten für euch diese Steine; so antwortet ihnen: Die Jordanwasser wurden gespalten vor der Bundeslade des Herrn, da sie durch den Jordan zog, und das Wasser des Jordan verschwand. Diese Zeichen sollen für die Israeliten ein immerwährendes Erinnerungszeichen sein!« (Jos 4,21–24)

Solange der Boden des Flusses noch trocken war, wurde – auf Josuas Anordnung – auch mitten im Jordan ein Haufen aus zwölf Gesteinsbrocken aufgeschichtet, und zwar genau dort, wo die Füße der Priester, die die Bundeslade getragen hatten, den Grund des Flusses berührt hatten. Das Buch Josua teilt mit: »Der Steinhaufen befindet sich dort im Jordan bis zum heutigen Tage.« (Jos 4,9)

Konnte der Übergang, die Überwindung des Hindernisses Jordan, auch als Erfolg gefeiert werden – das Buch Josua berichtet von den Feiern »in den Steppen von Jericho« –, so war sich Josua doch bewußt, daß die eigentliche Bewährungsprobe, der Kampf um die Grenzfestung Jericho, noch bevorstand. Der Befehlshaber ließ sich Zeit. Er hatte für sein Volk einen Lagerplatz ausgewählt, der etwas erhöht lag und der einen guten Überblick über alles bot, was in der Ebene westlich des Jordan geschah. Zu sehen war, daß das Jordanwasser wieder floß wie zuvor, bis hinaus ins Tote Meer. Bemerkt wurde auch die Ruhe um die Stadt: Niemand ging durch das Tor hinein, und niemand kam heraus.

Gilgal hieß der erste Lagerplatz des jüdischen Volkes im Westjordangebiet. Er war damals für alle Zeiten in Besitz genommen worden – so empfinden besonders religiös denkende Menschen jüdischen Glaubens bis heute. Der Anspruch auf das ganze Westjordangebiet bis hin zum Fluß wird damit begründet, Gott habe an diesem Platz erklärt, hier sei die Schmach der Gefangenschaft in Ägypten vom Volk, das durch die Wüste gewandert war, weggenommen worden. Erloschen sei die Schmach durch die Beschneidung all der Männer, die während der Wanderschaft, die vierzig Jahre lang gedauert hatte, geboren worden waren. Die Männer, die als Beschnittene Ägypten verlassen hatten, waren in der Zwischenzeit alle gestorben. Unterwegs aber hatte diese Operation nicht durchgeführt werden können. Die Männer warteten am Ort Gilgal, »bis die Wunden verheilt waren« (Jos 5,8).

Auch während dieser Zeit der Genesung blieben die Eindringlinge unbehelligt. Weiterhin lähmte Angst die Entscheidungskraft der Mächtigen in Jericho. Dabei waren sie die Herren einer stolzen Stadt mit stolzer Vergangenheit und Tradition. Jericho ist älter als jede andere Siedlung im Gebiet zwischen dem Jordan und der Ostküste des Mittelmeers. In der gesamten Region macht Jericho an Alter nur die Stadt Byblos Konkurrenz.

Jericho

Nach übereinstimmender Meinung der Archäologen, die sich mit dem Gebiet des Jordantals befaßten, wohnten schon im Jahre 9000 v. Chr. Menschen auf dem Boden von Jericho. Er besaß außerordentliche Vorteile. Auf einer sanften Anhöhe gelegen, war er leicht zu verteidigen. Dazuhin gab es Wasser in großer Menge. Nicht nur vom nahen Fluß – er ist heute sieben Kilometer entfernt, floß damals aber wohl näher bei der Stadt –, sondern auch aus Quellen, die selbst in der größten Hitze des Sommers nicht versiegen. Wärme und Wasser sorgten auf fruchtbarem Boden für üppiges Pflanzenwachstum. Die Natur bot sich hier dem Menschen an: Er mußte sich aufgefordert fühlen, den Boden zu bestellen. So verwundert es nicht, daß die Altertumsforscher der Meinung sind, auf den Hügeln von Jericho habe der Mensch begonnen, den Boden zu pflügen, Felder zu bestellen, Landwirtschaft zu betreiben. Die Wurzeln der menschlichen Kultur sind also hier gelegt worden, als sich Nomaden darauf besannen, nicht länger nach Landflächen zu suchen, um sie abzuernten und abzuweiden, bis die Öde Mensch und Tier zwang weiterzuziehen – sondern einmal abgeernteten Boden zu pflegen und erneut zu bebauen. Jericho wurde lange vor der Ankunft des jüdischen Volkes als »die Stadt der Palmbäume« gepriesen.

Die Lage der heutigen Stadt entspricht nicht ganz der Position des alten Jericho. Die frühgeschichtliche Siedlung ist zwei Kilometer nordwestlich der Stadt zu finden. Das Gelände heißt Tell as Sultan. Die Suche nach dem ursprünglichen Jericho war nicht leichtgefallen. Erste Versuche, Reste der biblischen Stadt aufzuspüren, waren 1868 gescheitert. Erst zwei Forschergenerationen später, in den dreißiger Jahren dieses Jahrhunderts, konnten Spuren der alten Kulturen entdeckt werden. Die Ausgrabungen ließen erkennen, daß um das Jahr 9000 Halbnomadenfamilien Hütten aus Weidegeäst und aus Schilf errichtet hatten. 2000 Jahre später entstanden runde Bauwerke aus Lehm, die schon als Häuser zu bezeichnen sind. Feststellbar sind ferner Reste einer ersten Mauer zum Schutz der Siedlung. Sehr bald hatten die Bewohner von Jericho einen Turm gebaut: zusammengefügt aus groben Steinen im Durchmesser von acht Meter. Der Turm konnte in Stunden der Gefahr als Ort der Zuflucht dienen. Erstaunlich ist nur, daß er innen nicht hohl, nicht bewohnbar war. Das massive Gebäude besaß nur eine Innentreppe, die zur oberen Plattform führte. Die Reste des Turms, die heute zu sehen sind, haben eine Höhe von sieben Meter. Zu erkennen ist die Enge der Stadt: Hauswand steht neben Hauswand, dichtgedrängt. So fanden viele Familien Platz in Jericho. Geschätzt wird, daß um das Jahr 8000 rund 2000 Menschen hier wohnten.

Rätselhaft ist, warum diese blühende Siedlung dann über viele Generationen hin verlassen lag. Im 6. Jahrtausend erst wurde auf dem Hügel wieder gebaut, auf veränderte Art. Die früheren Häuser hatten nur einen Raum umfaßt; nun standen den Familien meist mehrere Räume zur Verfügung. Die Zivilisation hatte Fortschritte gemacht: An den Backsteinwänden sind Spuren von Verzierungen zu erkennen; die Fußböden bestanden aus gestampfter Erde. Zwei Gebäude wurden wohl für kultische Zwecke benützt. Unbekannt ist, welche Götter angebetet und welche Rituale gepflegt wurden. An einer der beiden Kultstätten wurden unter dem Fußboden Schädel gefunden, denen menschliche Gesichter aus Ton aufgeklebt worden waren. Muscheln bildeten die Augen. Die Menschen von Jericho verehrten vermutlich ihre Vorfahren, dienten einem Ahnenkult.

Während dieser zweiten Phase der Besiedlung besaß die Stadt keine Ringmauer. Die Reste des früheren Walls waren inzwischen von Erde zugedeckt. Offenbar benötigten die Bewohner der Stadt damals keinen Schutz. Archäologen sind der Meinung, die erneute Besiedlung sei durch Menschen erfolgt, die aus der Ferne herbeigezogen wären. Die fremden Siedler hätten einer eigenständigen und schon weit fortgeschrittenen Kulturstufe angehört. Auch ihre Zeit ging vorüber, und wieder blieb der Hügel über Jahrhunderte unbewohnt. Inzwischen hatten die Menschen gelernt, Gefäße aus Ton herzustellen. Seltsame Gebilde wurden bei Ausgrabungen im Gebiet der frühgeschichtlichen Stadt Jericho gefunden: terrinenähnliche Töpfe, die mit menschlichen Gesichtern verziert sind. Die Augen, so schlicht sie dargestellt sind, verraten Klugheit. Die spitzige Nase verleitet zum Glauben, die Menschen des 4. Jahrtausends v. Chr. seien witzige Wesen gewesen.

Eine Blütezeit muß die Stadt erlebt haben, als findige Köpfe begriffen hatten, wie man Bronze herstellt und verarbeitet. Im Boden der Ausgrabungsstätte Tell as Sultan sind siebzehn Schichten zu erkennen, die auf unterschiedliche Bauphasen schließen lassen. Längst hatte Jericho wieder eine Ringmauer, doch muß sie – wie die Ausgrabungsergebnisse beweisen – häufig eingestürzt sein. Auf dem Schutt der alten Mauer wurde jeweils eine neue gebaut. Es ist nicht auszumachen, ob die Befestigungen durch Angreifer oder durch Erdbeben zerstört worden sind. In der frühen Bronzezeit muß die Kette von Aufbau und Zerstörung der Mauer aber durch deren völligen Einsturz zu einem Ende gekommen sein. Als die Mauersteine am Boden lagen, zogen die Bewohner der Stadt Jericho offenbar weg. Warum dies geschah, weiß niemand wirklich zu sagen. Vermutet wird, die Ägypter hätten Jericho damals vernichtet. Die Stämme hatten zu wandern begonnen. Von Nordosten, aus der Tiefe Syriens, waren Großfamilien ins Jordantal gezogen, aber nicht, um hier zu siedeln. Sie blieben Halbnomaden, die ihre Herden von Weideplatz zu Weideplatz trieben. In festen Häusern wollten sie nicht wohnen.

Die Häuser von Jericho zerfielen. Den Clans, die an der Wasserstelle Rast machten, dienten die noch bestehenden ummauerten Räume jeweils für kurze Zeit als Lager für ihr Getreide. Spuren sind entdeckt worden, die darauf hinweisen, daß das Getreide dort auch gemahlen wurde. Die Reste der Stadt Jericho taugten kaum mehr zu Wohnzwecken; vorherrschend war die gewerbliche Nutzung.

Die Spezialisten – darunter ganz besonders Kathleen M. Kenyon von der British School of Archaeology in Jerusalem – kamen zu der Erkenntnis, daß im 14. Jahrhundert, unmittelbar vor der Einwanderung der jüdischen Sippe, Jericho wieder zum festen Wohnort geworden war. Scherben von Tongefäßen sind zu finden, die in jener Zeit entstanden sein müssen; sie lassen den Schluß zu, die Fundstätte sei ständig bewohnt gewesen.

Überreste von Häusern oder gar von Befestigungen aus der Zeit, als Josua den Plan zur Eroberung von Jericho entwarf, sind allerdings nie entdeckt worden. Der Archäologe Avraham Negev vom Institute of Archaeology of the Hebrew University ist der Meinung, daß die Stadt damals, als Rahab ihr Freudenhaus an der Stadtmauer für Fremde offenhielt, aus getrockneten Lehmziegeln bestanden habe – auch die Ringmauer war wohl aus diesem Baumaterial aufgeschichtet worden. Während der Eroberung durch die Krieger des Josua stürzten Häuser und Mauern in sich zusammen. Niemand beachtete das Ruinenfeld mehr. Die winterlichen Regengüsse vieler Jahre haben dann das ohnehin wenig stabile Material der nur in der Sonne getrockneten und nicht gebrannten Ziegel aufgeweicht und schließlich aufgelöst. Nachweisbar sind dickere Lehmschichten in den Querschnitten, die von den Archäologen im Untergrund von Tell as Sultan freigelegt wurden.

»Jericho war nach außen und innen fest versperrt wegen der Israeliten« – davon berichten die Chronisten, die den Text des Buches Josua (6,1) formuliert haben. Diese Schilderung des Alten Testaments, Jericho sei von festen Mauern geschützt worden, läßt sich aber kaum in Übereinstimmung bringen mit dem archäologischen Befund. Es bleibt nur der Schluß, die Mauern seien tatsächlich schon in einem derart schlechten Zustand gewesen, daß sie ohne große Kraftanstrengungen zum Einsturz gebracht werden konnten.

Gott selbst habe den Eroberungsplan entworfen, heißt es im Buch Josua: »Da sprach der Herr zu Josua: ›Siehe, ich gebe Jericho in deine Gewalt, seinen König und seine Kriegsmannen. Ziehet nun, sämtliche streitbare Männer, um die Stadt herum, und kreiset sie einmal ein! So sollt ihr sechs Tage lang handeln. Sieben Priester sollen sieben Widderhornposaunen vor der Bundeslade hertragen. Am siebten Tag aber ziehet siebenmal um die Stadt, vom Posaunenschall der Priester begleitet. Wird dann das Widderhorn geblasen, so erhebet, wenn ihr den Posaunenschall hört, ein mächtiges Kriegsgeschrei. Es wird darauf die Stadtmauer in sich zusammenstürzen, und das Volk steige über die Trümmer in die Stadt hinein, ein jeder dort, wo er sich gerade befindet!‹« (Jos 6,2–5)

Befehlshaber und Volk handelten den Anweisungen Gottes entsprechend. An sechs Tagen hintereinander wurde die Bundeslade um die Stadtmauer herumgetragen; ihr folgten alle Bewaffneten des jüdischen Volkes. Die Widderhornposaunen ertönten, doch kein anderer Laut war zu hören – das Kriegsgeschrei blieb dem siebten Tag vorbehalten.

Mit keinem Wort wird berichtet, was während dieser sechs Tage in der Stadt geschah. Hatte zuvor schon Angst geherrscht, dann mußte sie sich von Tag zu Tag durch den Umzug und durch den Posaunenschall gesteigert haben. Das Warten auf den Sturmangriff konnte nur zermürbend wirken. Anzunehmen ist, daß weder die Führung noch die Kämpfer einen vernünftigen Gedanken fassen konnten, wie der Widerstand zu organisieren sei. Ihre aussichtslose Lage muß den Bewohnern von Jericho bewußt gewesen sein.

Doch der überlieferte Bericht spricht nur von den Angreifern und von der Stunde ihres Triumphs am siebten Tag der Belagerung: »Als das Volk den Posaunenschall vernahm, erhob es ein lautes Kriegsgeschrei, und die Mauer stürzte in sich zusammen. Die Leute stiegen in die Stadt ein, und zwar da, wo jeder gerade stand. So nahmen sie die Stadt ein.« (Jos 6,20)

Der Befehl an die Bewaffneten lautete, »mit des Schwertes Schärfe« jedes Lebewesen zu töten, das sich innerhalb der Mauer befand: »Männer und Frauen, Kinder und Greise, Ochsen, Schafe und Esel.« (Jos 6,21) Der Bericht des Buches Josua läßt darauf schließen, daß die Gegenwehr der Männer von Jericho nicht wert war, erwähnt zu werden. Auch wird die Einnahme der Stadt nicht als Heldentat gefeiert, die Verluste in den eigenen Reihen gefordert hat. Gestorben wurde offenbar nur auf der Seite der Verlierer: Niemand überlebte in Jericho – außer Rahab, die wenige Tage zuvor den beiden Kundschaftern das Leben gerettet hatte. Sie und ihre Familienangehörigen wurden aus der Stadt gebracht. Die Sieger sorgten für Unterkunft: Rahab und die Ihren wurden außerhalb des Lagers der Juden untergebracht. Dann wurde Jericho angezündet. Alle Gebäude brannten nieder.

Nach dem Willen des Josua sollte die Stadt nie mehr wiederaufgebaut werden. Er verfluchte für alle Zeiten jeden, der auch nur daran denke, sich ein Haus auf dem Platz zu bauen, auf dem einst Jericho stand. Für das Fundament, das jemand bauen wolle, werde dessen ältester Sohn sterben, für die Türen der jüngste.

Die Archäologen – vor allem wiederum Kathleen M. Kenyon – bedauern außerordentlich, bei ihren Grabungen auf keinen Beweis für die Zerstörung der Stadt durch ein Großfeuer gestoßen zu sein. Ihr wissenschaftliches Urteil: »Mauerreste wurden nicht gefunden; Spuren einer Zerstörung im Verlauf des 14. Jahrhunderts v. Chr. auch nicht. In den Grabungsschichten, die jener Zeit zuzuordnen sind, gibt es keinen Hinweis, etwa durch Asche oder durch Schwarzfärbung von Steinen, daß ein Brand gewütet hat.« Der Eindruck entsteht, der Fluch des Josua habe die sichtbare Erinnerung an Jericho getilgt.

Wenn Josua Jericho zerstört hatte, konnte er die Absicht damit verbunden haben, zu verhindern, daß sein Volk im Jordantal blieb, sich in der fruchtbaren und wasserreichen Gegend zu Bauern entwickelte und so die Lust verlor, das Bergland zu erobern, das eigentlich die künftige Heimat der aus Ägypten Heimgekehrten sein sollte. In Jericho sollte niemand mehr wohnen, und das Lager Gilgal war nur ein Provisorium, das nicht auf Dauer Wohnplatz bleiben konnte. Josuas Absicht war, möglichst bald aus dem Flußtal in die Berge des Westjordanlandes zu ziehen.

Und er schlug sie »mit der Schärfe des Schwertes«

Die nächste Stadt im bergigen Gebiet hieß damals Ai – so berichtet das Buch Josua. Sie lag, nur 15 Kilometer von Jericho entfernt, östlich der heutigen palästinensischen Stadt Ramallah, unweit der Siedlung Bet-El. Der Platz, wo sich Ai einst befand, heißt At Tell, der Hügel. Genau wie Jericho war Ai auf einer sanften Anhöhe erbaut worden. Diese Stadt wollte Josua als nächste erobern. Vom Tal, von Gilgal aus, schickte er Kundschafter in das Bergland hinauf: Sie hatten den Auftrag, zu prüfen, ob Ai leicht oder schwer zu erobern wäre. Die Spione kamen zurück mit der Erkenntnis, die Stadt könne mit bescheidenen Kräften eingenommen werden. Josua glaubte seinen Kundschaftern und gab nur einem Teil seiner Kämpfer Befehl, Ai zu stürmen und niederzubrennen.

Dieser Befehl konnte allerdings nicht ausgeführt werden: Die 3000 Männer, die Josua von Gilgal aus losgeschickt hatte, stießen auf eine überaus starke Verteidigung. Die Angreifer wurden zurückgeschlagen und verfolgt bis zur Stelle, wo der steile Abhang beginnt, der hinunterführt ins Jordantal. Diesmal erlitten die Kämpfer des Josua Verluste: 36 der Angreifer starben unter den Schwerthieben der Verteidiger.

Mit einer Niederlage hatte Josua nicht gerechnet; sie bedrückte ihn. Das Alte Testament erzählt, den Feldherrn habe Niedergeschlagenheit befallen, die sich wiederum auf andere Männer der Führungsspitze des wandernden Volkes ausgewirkt habe. Vor der Bundeslade kniend streuten sich Josua und die Ältesten Staub aufs Haupt. Ausrufe der Verzweiflung sind überliefert. Josua soll Gott anklagend gefragt haben, warum er das Volk über den Jordan geführt habe, wenn es jetzt doch nur zum Opfer der bisherigen Bewohner des versprochenen Landes werde. Vorwürfe richtete Josua auch gegen sich selbst: »Hätten wir uns doch entschlossen und wären jenseits des Jordan geblieben!« (Jos 7,7)

Josua hatte nach dieser Niederlage den bisherigen Optimismus verloren. Als Befehlshaber, als Führer des jüdischen Volkes mußte er sich Sorgen machen um die politischen und die militärischen Folgen der Ereignisse von Ai: »Was soll ich sagen, nachdem Israel vor seinen Feinden geflohen ist? Alle, die ringsum im Lande Kanaan wohnen, werden davon erfahren. Bald haben sie keine Angst mehr. Sie werden uns umzingeln und angreifen. Dann wird unser Name vom Erdboden verschwinden.« (Jos 7,8)

Gott, so wird im Buch Josua berichtet, habe dem Niedergeschlagenen einen Grund nennen können für die überraschende Schwäche der jüdischen Kämpfer: Während der Einnahme von Jericho hatten einige der Sieger wertvolle Gegenstände, Silberstücke und Goldbarren gestohlen. Derartige Beute aber war dazu bestimmt, unter der Aufsicht Gottes allen zu gehören, Besitz der Allgemeinheit zu sein. Gott hatte sich betrogen gefühlt, und er hatte sich gerächt: Die Niederlage war die Folge des Diebstahls gewesen.

Josua sah sich gezwungen, hart durchzugreifen. Die Täter wurden ermittelt. Sie hatten einen Mantel für sich behalten, dazu 200 Silberstücke und einen Goldbarren. Josua befahl, die Schuldigen zu steinigen. In einem Seitental des Jordangrabens wurde der Befehl ausgeführt.

Noch immer hielt sich das wandernde Volk am Ort Gilgal auf. Das Jordantal blieb für einige Zeit das Zentrum der Überfälle, die von den Kämpfern verübt wurden. Sie folgten damit dem Brauch, der seit Generationen in der Region der Wüsten üblich geworden war: Wer dazu durch Kraft und Mut befähigt war, der überfiel seinen Nachbarn und raubte ihn aus. Allein die Großmächte, die Ägypter und die Hethiter, hatten zur Zeit ihrer Stärke für Ordnung sorgen können. Ihre Schwäche ermutigte die Sippen der Steppe und der Städte, den Brauch der »Razzien« wiederaufleben zu lassen. Zum Prinzip der »Razzia« gehörte es, alles, was nicht vom Ort des Überfalls weggeschleppt werden konnte, zu verbrennen. Dem Opfer der Razzia sollte kein Eigentum bleiben. Wenn immer es möglich war, wurde der Überfallene getötet. So hatte Josua in Jericho gehandelt; so hatte er in Ai verfahren wollen.

Die Erfahrung aus der Niederlage brachte Josua dazu, eine List anzuwenden. Er täuschte vor, aus dem Sieg des Gegners nichts gelernt zu haben. Wieder ließ er mit unterlegenen Kräften angreifen, und wieder wandten sich, als die Gegenwehr an der Stadtmauer energisch war, die Angreifer zur Flucht. Der Ablauf des Gefechts sah genauso aus wie Tage zuvor beim ersten Versuch, Ai einzunehmen: Die Kämpfer des Josua rannten nach Osten, in Richtung ihres Stützpunkts Gilgal im Jordantal, davon. Die Verteidiger aber folgten ihnen. Die gesamte Bevölkerung verließ die Stadt, um zu sehen, wie die Kämpfer aus dem Tal zurückgetrieben und niedergestochen wurden. Da war niemand, der zu Hause bleiben wollte, wenn es darum ging, die lästigen Eindringlinge, die von drüben, aus dem Land auf der anderen Seite des Flusses, gekommen waren, zu töten. Gnade sollte diesmal nicht geübt werden.

Die List des Josua aber hatte darin bestanden, seine Truppe aufzuteilen. Die schwächere Gruppe hatte von Norden her angegriffen; ein stärkerer Verband aber befand sich westlich der Stadt, in einem Hinterhalt. Als die Bewohner von Ai ihre Stadt verlassen hatten, um die geschlagenen, flüchtenden Angreifer zu verfolgen, da gab Josua dem zweiten Verband seiner Kämpfer das Zeichen zum Überfall auf die verlassenen Mauern und Häuser. Zu spät erkannten die Männer und Frauen von Ai, daß die Fremden aus dem Tal sie übertölpelt hatten. Sie gerieten, als sie zur Stadt zurück wollten, zwischen die Fronten der beiden jüdischen Kampfgruppen. In ihrer Verwirrung blieb denen, die sich bereits als Sieger gefühlt hatten, keine Chance, das Glück noch einmal zu wenden. Das Buch Josua berichtet, 12 000 Männer, Frauen und Kinder seien getötet worden, »alles Leute von Ai«.

Die Zahl ist der Legende zuzuordnen. Nicht vergessen werden darf, daß der biblische Bericht mehr als 600 Jahre nach den Ereignissen erstmals schriftlich festgehalten wurde. Aber nicht nur die Zahl der toten Gegner ist anzuzweifeln, sondern die Erzählung vom Sieg bei Ai insgesamt. Bei Ausgrabungen des Geländes At Tell, auf dem die Mauern und Häuser von Ai einst standen, stellten Archäologen fest, daß die Bauwerke dort etwa tausend Jahre zuvor derart zerstört worden waren, daß in damaliger Zeit niemand mehr an Wiederaufbau denken wollte. Im Jahrhundert der Landnahme durch das jüdische Volk war der Hügel ostwärts der heutigen Stadt Ramallah unbewohnt. Das Buch Josua aber schreibt die Zerstörung der Stadt dem Nachfolger des Mose zu: »Josua brannte Ai nieder und machte es zu einem ewigen Schutthaufen, zu einer Trümmerstätte bis auf den heutigen Tag.« (Jos 8,28) Gemeint ist bis ins 7. Jahrhundert v. Chr.

Die Grabungsbefunde der Archäologen unserer Zeit und der Wortlaut des Alten Testaments lassen sich nicht in Einklang bringen: Die unterschiedlichen Meinungen über den Ablauf der Ereignisse müssen als zwei voneinander getrennte Wahrheitsebenen betrachtet werden, die in glücklichen Momenten ineinander fließen und dann manchmal sogar deckungsgleich werden. Selbst wenn wir in Betracht ziehen, daß vor mehr als 3000 Jahren in der mündlichen Überlieferung von Generation zu Generation jeweils nur wenig an Aussage und Sinn des Textes verändert wurde, so kann doch die Summe der geringfügigen Veränderungen den Bericht über ein Geschehen entstellen und schließlich mit neuem Sinn versehen. Möglich ist durchaus, daß die ursprüngliche Überlieferung die Stadt Ai nicht als ummauerte Festung beschrieb, sondern als Siedlungsplatz einer Halbnomadensippe, die sich am Ort der zerstörten Stadt niedergelassen hatte. Je weiter dann für den Erzähler die Ereignisse zurücklagen, je größer der Unterschied wurde zwischen der einst ruhmreichen Zeit der jüdischen Sippe und ihrer armen, schmachvollen Lage in der Gegenwart, desto glanzvoller wurde das Geschehen von früher dargestellt, in der Hoffnung, die ruhmvolle Epoche eines Josua werde erneut anbrechen.

Auch wenn Ai keine stolze Stadt mehr war, deren Eroberung weithin als Ruhmestat die Menschen in Erstaunen versetzte, so ist dennoch vorstellbar, daß die Razzien des Josua gegen Siedlungen im Jordantal und im angrenzenden Bergland die Mächtigen im Gebiet zwischen Jordan, Mittelmeerküste und Libanongebirge beunruhigte. Daß eine Sippe die andere überfiel, daran waren sie gewöhnt; neu war die Hartnäckigkeit, die Systematik der Angriffe. Die Leute, die von Josua kommandiert wurden, gaben sich nach einem Erfolg nicht zufrieden, nicht einmal für eine gewisse Zeit. Selbst reiche Beute konnte ihre Aggressivität nicht beruhigen. Sie waren darauf aus, Schrecken zu verbreiten. Die gnadenlose Tötung der Überfallenen hatte den Zweck, Bewohner von Siedlungen, die sich von der wandernden Sippe bedroht fühlten, zur Flucht zu veranlassen. Josua wollte, daß alles Land am Jordan menschenleer wurde, damit es durch sein Volk besetzt werden konnte. Deshalb mußte es ihm mißfallen, wenn sich die Bewohner einer Stadt durch List das Weiterleben auf dem Heimatboden sicherten.

Da kamen zu ihm nach Gilgal im Jordantal überaus zerlumpte Frauen und Männer. Ihre Schuhe waren zerrissen; die Säcke, in denen sie Lebensmittel mit sich führten, waren geflickt; Die Weinschläuche sahen aus, als könnten sie keine Flüssigkeit mehr halten. Als er sah, daß das Brot, mit dem sich die Fremden ernährten, hart wie Stein war, glaubte Josua, er habe Menschen vor sich, die wochenlang, wenn nicht über Monate hin bis zu ihm gewandert waren. Ihre Aussage bestätigte den Eindruck: »Aus fernem Land kommen wir!« Der Zweck ihres Besuchs sei der Abschluß eines Bündnisses mit Josua und dessen Volk. Ihr Angebot erfolgte durchaus nicht auf der Basis der Gleichberechtigten, sondern der Unterwerfung: »Eure Knechte sind wir!«

Einen Augenblick lang spürte Josua Zweifel, ob diese Frauen und Männer tatsächlich von weit her gekommen waren. Er fragte sehr direkt, ob sie nicht doch vielleicht in der Nähe wohnten, ob ihre Erzählung von der langen Wanderung gar nicht der Wahrheit entspreche. Ihre Antwort war: »Hier, sieh unser Brot. Es war noch warm, als wir es zu Hause für den langen Weg einsteckten am Tage, als wir aufbrachen. Es ist ganz trocken, und es zerbricht leicht. Hier, sieh die Weinschläuche. Sie waren ganz neu, als wir sie füllten, doch jetzt sind sie alt und verbraucht. Kleider und Schuhe sind völlig abgenützt worden auf dem weiten Weg hierher.« (Jos 9,12–13) Josua glaubte diesen Beteuerungen endlich. Der Bündnisvertrag wurde geschlossen, der den Fremden das Überleben garantierte. Ein Eid beim Gott des wandernden Volkes besiegelte den Vertrag.

Die Überraschung war groß, als Josuas Männer bei ihren Streifzügen hinauf ins Gebirge feststellten, daß die Bündnispartner tatsächlich in der Nähe wohnten, in einer Gegend, die leicht erreichbar war von Gilgal im Jordantal aus. Die Stadt Gibeon war ihre Zuhause. Der Platz, wo sie sich einst befand, liegt etwa zwölf Kilometer nordwestlich von Jerusalem – das damals schon existierte.

Daß ihm die Stadt Gibeon als Beute entgangen war, ärgerte Josua, und auch im Volk verbreitete sich Zorn darüber, überlistet worden zu sein. Doch der Eid des Bündnisses war bei Gilgal im Namen des allmächtigen Gottes ausgesprochen worden. Der Befehlshaber wagte nicht, diesen Eid zu brechen. Doch er bestimmte, daß die Menschen von Gibeon, die sich selbst als Knechte angeboten hatten, künftig Holzfäller und Wasserschöpfer für die Gemeinschaft des jüdischen Volkes zu sein hatten.

Das Feldlager Gilgal blieb viele Monate lang provisorische Heimat der Sippe, die eine jahrzehntelange Wanderschaft hinter sich hatte. Josua nahm sich Zeit mit der Festlegung endgültiger Siedlungsplätze; erst mußte der künftige Lebensraum erweitert und gesichert werden. Der Platz Gilgal bot auch immer noch die Chance für ein rasches Ausweichen über den Fluß nach Osten, wenn eine erdrückende Übermacht die Hügel herunter ins Tal steigen sollte.

Und diese Gefahr bestand häufig, denn die meisten der zahlreichen Städte des Berglandes zwischen Jordan und Mittelmeer waren nicht bereit zu kapitulieren. Dem Beispiel der Männer von Gibeon wollten die Herren von Jerusalem und Hebron nicht folgen – sie hatten sogar die Absicht, diejenigen zu bestrafen, die durch List Verbündete des Volks, das in Gilgal lagerte, geworden waren. Ein Bündnis wurde schließlich geschlossen zwischen fünf »Amoriterkönigen« – so nennt sie das Buch Josua. Gemeinsam wollten sie Gibeon überfallen, um so ein Beispiel zu schaffen für alle, die eine Kapitulation vor den Einwanderern im Sinn hatten.

Die Situation wurde gefährlich für Gibeon, das so nahe bei Jerusalem lag, bei der Stadt, die den Widerstand gegen Überläufer organisierte. Die Verantwortlichen von Gibeon schickten deshalb Boten hinunter ins Jordantal, nach Gilgal, mit der Aufforderung an Josua, der bedrohten verbündeten Bevölkerung zu Hilfe zu kommen. Der Befehlshaber des wandernden Volkes, das begonnen hatte, sich Land anzueignen, sah eine Möglichkeit, den bisherigen Besitzern des fruchtbaren Bodens ringsum zu beweisen, daß die Neuankömmlinge durch ihren mächtigen Gott ein Recht auf Landnahme zugesprochen bekommen hatten, daß Widerstand deshalb sinnlos sei. Die Chance anzugreifen, ehe die fünf »Amoriterkönige« ihre Bewaffneten zu einem geschlossenen Kampfverband formiert hatten, war gegeben. Nur in dieser Phase des gegnerischen Aufmarsches konnten die Kämpfer des Josua siegen und sich so Ellbogenfreiheit schaffen für die Besetzung weiteren Bodens. Eile war geboten.

Aus dem Buch Josua ist zu erfahren, daß Gibeon von Gilgal aus bei hohem Marschtempo in einer Nacht zu erreichen war. Die alttestamentarische Quelle berichtet, Josua habe die Dunkelheit ausgenützt und sei tatsächlich vor der Stadt Gibeon zu der Zeit eingetroffen, als beim Gegner noch organisatorische Verwirrung herrschte. Gesteigert wurde das Durcheinander offenbar durch ein Naturereignis, das nicht einmal so selten ist im Bergland um Jerusalem. Es hagelte. Doch diesmal seien die Eisklumpen ungewöhnlich groß gewesen. Menschen seien durch sie erschlagen worden: »Die durch Hagelsteine endeten, waren zahlreicher als jene, welche die Israeliten mit dem Schwert erschlugen.« (Jos 10,11) Erstaunlich ist, daß nichts über Verluste der Truppe des Josua durch den Hagelschlag berichtet wird – nur die Gegner seien also getroffen worden.

Josua habe der Sonne befohlen, in ihrem Weg anzuhalten, und zwar bei Gibeon. Den Mond habe er dazu gebracht, im Tal von Ajalon stillzustehen. An der »Steige von Bet Horon« habe der Befehlshaber den Gestirnen derartige Anordnungen gegeben. Die Sonne wurde also im Osten angehalten und der Mond im Westen. Eine greifbare Erklärung für diesen Vorgang konnte niemand finden. In Kommentaren zum Buch Josua ist zu lesen, es habe wohl ein Gewitter geherrscht, als Josua mit seiner Truppe vom Jordantal aus hochstieg nach Gibeon – schließlich sei der Hagelschlag ein Anzeichen für außerordentliche Wetterbedingungen. Die Sonne sei durch Wolken verborgen gewesen und habe danach wieder besonders hell gestrahlt. Unklar ist, was gleichzeitig mit dem Mond geschehen sein soll. Die Geschichte bleibt ein Wunder. So ist sie wohl auch von den frühen Erzählern des Berichts vom Sonnenwunder gemeint gewesen – als Darstellung eines Symbols für ein absolut unfaßbares Geschehen. Daß Josua und seine Leute über die Kampfverbände der fünf Amoriterkönige siegten, galt wohl vom Tag des Erfolges an als ganz besonderes Wunder: »Da hielt die Sonne an, und der Mond stand stille, bis Josua sich gerächt hatte am Volk seiner Feinde!« (Jos 10,13)

Der Sieg wurde, wenn die Berichte die Wahrheit sprechen, im Blutrausch gefeiert. Umgebracht wurden alle Bewohner der Städte, die den fünf Königen gehört hatten. Auch die Könige selbst, die zunächst geflohen waren und sich in einer Höhle sicher glaubten, wurden brutal erschlagen. In rasendem Zug bewegte sich das siegreiche Volk nach Süden und eroberte eine Stadt nach der anderen. Mancher Name ist bekannt: vor allem Hebron. Andere Städte lassen sich heute nicht mehr identifizieren: Makkeda ist eine von ihnen. Jerusalem aber wurde von Josua unbehelligt gelassen, obgleich gerade der Verantwortliche dieser Stadt – sein Name wird mit Adoni-Zedek angegeben – zur Allianz gegen die Eindringlinge aufgerufen hatte. Josua hat wohl sorgfältig ausgewählt, welche Städte dem Blutrausch seiner Kämpfer zum Opfer fallen sollten. Nur die schwächeren wurden vernichtet.

Auch dieser Zug weit hinein ins Land westlich und südwestlich von Jerusalem hatte noch nicht den Zweck, den Einwanderern fruchtbaren Boden zu sichern. Eine Ansiedlung der Familien war noch nicht vorgesehen. Weiterhin blieb das südliche Jordantal, die Gegend um die Stadt Jericho, Machtzentrum des Josua: »Dann kehrte Josua und ganz Israel mit ihm zurück nach Gilgal.« (Jos 10,43) Die Schlacht bei Gibeon und die damit verbundenen Gefechte waren auch nichts anderes als eine der im Lande üblichen »Razzien« gewesen.

Die Region, die von dieser Razzia betroffen gewesen war, gehörte zum Einflußgebiet der Pharaonen. Der Zug der Kämpfer des Josua hatte nahe an die Stadt Gaza herangeführt, in eine Gegend, die »Tor Ägyptens« genannt wurde. Ramses II. hätte niemals geduldet, daß vor dem Tor seines Landes derartige Auseinandersetzungen stattgefunden hätten; er hätte die Schuldigen bestraft. Doch sein Sohn Merenptah, der noch um das Jahr 1220 v. Chr. einen Feldzug ins Westjordanland unternommen hatte, war inzwischen gleichgültig geworden. Der Niedergang der XIX. Dynastie wirkte sich in den Grenzgebieten aus: Die Städte des Landes Kanaan standen nicht mehr unter dem Schutz einer Großmacht. Die Sippen brauchten sich nicht mehr vor den Ägyptern zu fürchten.

Diese Erkenntnis hatte Josua aus dem Erlebnis des Kampfes am »Tor Ägyptens« gezogen. Der Befehlshaber konnte daran denken, die ihm anvertrauten Menschen anzusiedeln. Das Lager bei Gilgal im Jordantal hatte ausgedient.

Jahwe besiegt Baal

»Wenn ich nun hingehe zum Volk Israel und sage: ›Der Gott eurer Väter hat mich zu euch gesandt!‹, dann werden sie wissen wollen: ›Wie heißt er?‹ Was soll ich ihnen dann antworten?« (Ex 3,13)

Es war Mose gewesen, der Gott nach dem Namen gefragt hatte – und er hatte diese Antwort gehört: »›Ich bin, der ich bin! So sollst du zum Volk sprechen: Der ich bin hat mich zu euch gesandt!‹ Und weiter sollst du zum Volk Israel sagen: ›Jahwe, der Gott eurer Väter, der Gott Abrahams, der Gott Isaaks und der Gott Jakobs hat mich zu euch gesandt!« (Ex 3,14–16) Und Gott bestimmt, sein Name sei für immer Jahwe – dies sei sein Rufname von Generation zu Generation.

Wer das Buch Exodus als Bericht annimmt, der eine wahre Begebenheit schildert, der stellt fest, daß Jahwe zu einem Mann gesprochen und sich ihm offenbart hat, der einen anderen Menschen erschlagen hat, dessen Gewissen aber durch die Bluttat nicht belastet war. Mose hat einen Ägypter getötet, der einen Juden geschlagen hatte. Der Mißhandelte gehörte zu den jüdischen Sippen, die Fronarbeit in Ägypten zu leisten hatten. Mose aber hatte zu den Privilegierten gezählt. Er war – obgleich auch er jüdischer Abstammung war – im Haus des Pharaos aufgewachsen. Die Tochter des Herrschers am Nil hatte ihn einst, so wird erzählt, als kleines Kind im Schilf gefunden. Eine jüdische Frau hatte das Kind in einem Korb am Ufer des Nils ausgesetzt. Der Grund für diese Verzweiflungstat war der Befehl des Pharaos gewesen, alle männlichen Neugeborenen unter den Juden zu ertränken.

Mose muß noch sehr jung gewesen sein, als er die Bluttat beging. Der Totschlag veränderte sein Leben: Er mußte fliehen. Aus dem Bevorzugten wurde ein Flüchtling, der froh war, wenn er in der Steppe bei Nomadenfamilien Aufnahme fand. Lange wanderte er, bis er sicher war vor ägyptischen Verfolgern: Er durchquerte die Halbinsel Sinai und erreichte das Land Midian an der Ostküste des Roten Meeres. An einer Wasserstelle lernte er Familienmitglieder eines Priesters kennen, der im Laufe der Monate, die Mose im Land Midian blieb, größeren Einfluß auf den Flüchtling gewann, als der Text des Buches Exodus aussagt. Möglich ist, daß dieser Priester – sein Name war Jitro – von Abraham zu erzählen wußte und von dessen Gott, dem Einzigen und Allmächtigen. Die Überlieferung hat die Erinnerung bewahrt an einen Sohn des Abraham, der Midian hieß und der von seinem Vater ins Land ostwärts des Roten Meers geschickt worden war, damit er dort lebe.

Der Priester Jitro gab dem Fremden schließlich eine seiner sieben Töchter zur Frau. Ein Sohn war geboren, ein zweiter gezeugt, als Mose die Stimme Jahwes aus einem brennenden Dornbusch vernahm. Im

Lande Midian empfing Mose die Offenbarung: »Ich bin, der ich bin! Jahwe, der Gott eurer Väter, der Gott Abrahams!« Keinen Augenblick zweifelte Mose daran, daß Gott zu ihm sprach, und er folgte dem Befehl, die jüdischen Familien aus Ägypten wegzuführen »in ein schönes und weiträumiges Land, das von Milch und Honig fließt« (Ex 3,8) – in das Land zwischen Jordan und Mittelmeer.

Vorstellbar ist, daß der erste Hinweis auf dieses Land von Jitro, dem Schwiegervater, gekommen war. Denn dieser Priester, von dessen Religion nichts überliefert ist, hielt sich, nachdem Mose wieder zurückgekehrt war zu den jüdischen Sippen, im Lande Midian informiert über die Vorgänge am Nil, über den Erfolg des Mose, die Sippen zum Auszug aus Ägypten zu überreden. Als Mose mit seinem Volk unterwegs war durch die Wüste auf die Halbinsel Sinai zu, da besuchte ihn sein Schwiegervater, um die näheren Umstände von Flucht und Wanderung zu erfahren. Ihm wurde von Wundern berichtet, die Jahwe zugunsten des wandernden Volkes gewirkt hatte – und Jitro pries Gott und opferte ihm. Das Buch Exodus läßt wissen, der Schwiegervater habe Mose mit guten Ratschlägen versorgt. Jitro verabschiedete sich befriedigt von Mose: »Du kannst bestehen, wenn dir Jahwe hilft. Auch dieses ganze Volk wird befriedigt heimkehren!« (Ex 18,23)

Als die gewaltigste Kraft stellte sich Gott Jahwe dem wandernden Volk dar: Packend schildert das Buch Exodus die Begegnung mit dem für die Masse unsichtbar bleibenden Gott, als Mose Rast vor dem Berg Sinai befohlen hatte: »Am dritten Tag, als es Morgen geworden war, brach Donner los, und Blitze zuckten. Schwere Wolken hingen über dem Berg, und überaus lang war schmetternder Posaunenklang zu hören. Das ganze Volk im Lager bebte. Mose führte das Volk Gott entgegen aus dem Lager heraus. Die Menschen stellten sich am Fuß des Berges auf. Der Berg Sinai war ganz mit Rauch bedeckt, weil Gott im Feuer auf ihn herabgekommen war. Der Rauch stieg wie der Qualm eines Schmelzofens auf. Der ganze Berg zitterte gewaltig. Der Posaunenschall wurde stärker und stärker. Mose redete, und Gott antwortete ihm unter Donnerschall.«

Der Herr war auf den Sinaiberg herabgekommen, und zwar auf die Spitze. Er rief den Mose auf den Gipfel des Berges, und Mose stieg hinauf. »Da sprach der Herr zu Mose: ›Steige hinab und befiehl nachdrücklich dem Volke, daß es zu dem Herrn nicht durchbreche, um ihn zu sehen, denn viele müßten sonst umkommen. Auch die Priester, die sich dem Herrn zu nahen pflegen, sollen sich heilig halten, damit der Herr gegen sie nicht losbricht!‹ Da entgegnete Mose dem Herrn: ›Das Volk kann gar nicht zum Berge Sinai hinaufsteigen, denn du selbst hast uns eingeschärft, eine Grenze um den Berg zu ziehen und sie nicht zu verletzen.‹ Der Herr sagte nun zu ihm: ›Steige hinab und komme mit Aaron wieder herauf! Die Priester aber und das Volk sollen nicht durchbrechen, um zum Herrn heraufzukommen. Er würde sonst gegen sie losbrechen.‹ Da stieg Mose zum Volk hinab und teilte ihm den Willen Gottes mit.« (Ex 19,16-25)

Mose und sein Bruder Aaron hörten von diesem Gott den Wortlaut der Zehn Gebote, die künftig die Existenz jedes einzelnen im Volk und das Zusammenleben aller regeln sollten. Das sechste dieser Gebote enthielt den Pakt zwischen Jahwe und dem jüdischen Volk: »Ich erweise aber meine Gnade bis in die tausendste Generation denen, die mich lieben und meine Gebote halten.« (Ex 20,6) Ihnen oder ihren Nachkommen ist damals auch die Heimkehr in das Land am Jordan zugesichert worden. Im Hinblick auf die Zukunft, auf die Ankunft im versprochenen Land war die Gesetzgebung erfolgt.

Neuartig, revolutionär war sie. Nie hatte es ähnliches gegeben. Kein Beispiel ist dafür bekannt, daß andere Glaubensgemeinschaften bis dahin einen Ruhetag für den Menschen geschaffen hatten, der regelmäßig, in gleichem Abstand einzuhalten war. Vor anderen Gesetzen hatte die Heiligung des Feiertags Vorrang in der Reihenfolge der Zehn Gebote. Unmittelbar nach der Verkündung der einmaligen und allmächtigen Position Gottes wird bereits im Dritten Gebot bestimmt: »Du sollst am siebten Tag keinerlei Arbeit tun, weder du selbst noch dein Sohn, noch deine Tochter, noch dein Knecht, noch deine Magd, noch dein Vieh, noch dein Fremdarbeiter, den du in dein Haus aufgenommen hast.« (Ex 20,10) Die Freizeitregelung durch die Zehn Gebote, vor mehr als 3000 Jahren im Namen des Gottes Jahwe den Menschen verkündet, prägt die abendländische Kultur bis in unsere Zeit.

Rechtsbestimmungen zur Lösung zivilrechtlicher Probleme ergänzen die Zehn Gebote. Als Sozialgesetzgebung sind sie noch revolutionärer als die Gebote: Die Faktoren Menschlichkeit und Menschenwürde werden spürbar. Sie galten in der ägyptischen Rechtsordnung am Nil, waren aber bei den jüdischen Sippen bisher nicht zu finden. Jahwe verordnet seinem Knecht Mose: »Dies sind die Rechtsbestimmungen, die du dem Volk auferlegen sollst: Wenn du einen jüdischen Sklaven erwirbst, so soll er sechs Jahre lang Dienst leisten. Im siebten Jahr aber soll er, ohne Entschädigung für dich, in die Freiheit entlassen werden. Ist er allein gekommen, so soll er auch allein fortgehen; war er bereits verheiratet, so soll auch seine Frau mit ihm gehen.« (Ex 21,1-3)

Mose hörte von Jahwe Grundsätze, die bis zu jenem Zeitpunkt als Rechtsvorschrift undenkbar waren. Nie hatte eine höhere Rechtsautorität – ein Herrscher oder, wie in diesem Fall, Gott – eine Regelung getroffen, die prinzipiell allen Sklaven aus dem eigenen Volk Hoffnung auf Freiheit gab. Für Frauen galt diese Bestimmung allerdings nicht. Für weibliche Sklaven sollte dieses Gesetz gelten: »Verkauft ein Mann seine Tochter als Sklavin, so soll sie nicht, wie die Sklaven, im siebten Jahr entlassen werden.« (Ex 21,7) Diese Regelung war als Schutz für die Frau gedacht, der ja nicht die Möglichkeit offenstand, sich Lebensbedingungen selbst zu schaffen.

Daß alle die Gesetze, die Jahwe zugeschrieben werden, auf dem Berg Sinai verkündet wurden oder während der langen Wanderung durch die Halbinsel Sinai, kann niemand ernsthaft behaupten. Sie sind nach und nach entstanden – vielfach erst zu einer Zeit, als die Wanderung abgeschlossen und die Landnahme erfolgreich erkämpft war. Zu den erst später verkündeten Gesetzen gehören die Vorschriften, den Armen seien die Früchte der Feldränder zu überlassen, Witwen und Waisen seien zu schützen, auch persönliche Feinde hätten sich in der Not beizustehen.

Dem Schutz des Lebens ist nicht nur das Fünfte Gebot gewidmet, sondern auch ergänzende Rechtsvorschriften: »Wer einen Menschen schlägt, so daß er stirbt, soll getötet werden.« (Ex 21,12) Würde diese Bestimmung ohne Ergänzung gelten, wäre damit auch das Urteil über Mose selbst gesprochen, denn er hatte am Nil einen Ägypter erschlagen. Der Zusatz aber ersparte Mose den Tod: »Hat er es aber nicht vorsätzlich getan, sondern Gott hat es seiner Hand so widerfahren lassen, so bestimme ich dir eine Stätte, wohin er fliehen kann.« (Ex 21,13) Die eigene Biographie des Mose spiegelt sich in dieser Gesetzgebung.

Das Zweite Buch Mose berichtet, der Anführer des Volks habe noch einmal den Berg Sinai besteigen müssen – diesmal in Begleitung des Josua, des Befehlshabers zur Zeit der Landnahme. »Die Wolke aber bedeckte den Berg, und der Lichtglanz Gottes ließ sich auf dem Berg nieder. Sechs Tage lang bedeckte ihn die Wolke. Die Erscheinung des Lichtglanzes glühte wie brennendes Feuer auf dem Gipfel des Berges vor den Augen des Volkes, und Mose stieg mitten in die Wolke hinein auf den Berg. Vierzig Tage und vierzig Nächte brachte Mose dort zu.« (Ex 24,16–18) »Und als Gott mit ihm zu Ende geredet hatte, gab er ihm zwei Tafeln, auf denen sein Gesetz geschrieben stand. Steinern waren die Tafeln und von Gottes Finger beschrieben.« (Ex 31,18)

Diese Tafeln waren der heiligste Besitz des jüdischen Volkes – und sie wurden zur entscheidenden Waffe während der Eroberung des Jordanwestufers. Die Steinplatten wurden in einem Kasten verwahrt, der aus Akazienholz angefertigt war. Seine Maße sind im Buch Exodus angegeben: Die Länge des Kastens betrug demnach eineinhalb Meter. Breite und Höhe maßen einen Meter. Innen und außen sei der Kasten mit reinem Gold überzogen gewesen. Zwei goldene Figuren, Engel darstellend, deren Gesichter einander zugewandt waren, zierten den Kasten. Er wurde »Bundeslade« genannt, denn Kasten und Inhalt waren das Symbol des Bundes, den Jahwe mit dem jüdischen Volk geschlossen hatte. Diese Bundeslade wurde an Stangen getragen. Die Träger waren Priester. Sie hatten dem Zug des Volkes mit ihrer Last voranzuschreiten zum Zeichen, daß sich der eine allmächtige Gott verpflichtet hatte, dem von ihm für einen Bund, für ein Bündnis auserwählten Volk beizustehen. Machte die Marschkolonne halt, dann wurde über die Lade ein Zelt gebreitet, dessen Aufbau nach einem genau festgelegten Verfahren zu erfolgen hatte. Dieses Zelt sollte die Wohnstätte Gottes sein: sein Aufenthaltsort, wenn er den Himmel verließ, um sich bei seinem Volk aufzuhalten.

Daß Gott im Zelt wohnte, war durchaus nicht symbolisch gemeint, sondern wurde als Wirklichkeit empfunden. Die Gegenwart Gottes bot Sicherheit – der Bund mit ihm war die wirkungsvollste Allianz, die es geben konnte. Gott verlangte nur die Einhaltung seiner Gebote. Hielt sich das Volk an die Vorschriften, dann konnte es seinen Willen gegenüber anderen Völkern durchsetzen, dann war ihm auch der Sieg bei der Annexion von Land, bei der »Landnahme«, sicher.

Eine jüdische Legende schildert die Sicherheit, Gott als Beistand zu haben, die nach der Ankunft im Jordanland das Bewußtsein des wandernden Volkes, das seßhaft werden wollte, beherrschte: »Gott stand da und maß die Erde. Er hatte jedes Volk der Erde geprüft, ob es würdig sei, auf den rechten Weg gewiesen zu werden. Kein Volk hatte er gefunden als die Sippe, die durch die Wüste gewandert war. Er besah sich alle Länder und Städte, um zu prüfen, wo er selbst seine irdische Wohnung beziehen könnte. Kein Land war besser für ihn geeignet als das Land Kanaan. Gott ging mit der Maßschnur durch alle Reiche, und er fand kein Land, das geeigneter gewesen wäre für sein Volk als das Land Kanaan.«

Das Gebiet zwischen Jordan und Mittelmeerküste sollte zur Heimstatt Gottes werden. Doch dort war bereits ein anderer Gott zu Hause. Sein Name war Baal.

Das Wort Baal ist semitischen Ursprungs; es läßt sich mit »Herr« oder mit »Eigentümer« übersetzen. Der Gott Baal galt im Land Kanaan als Herr der ganzen Welt. Vor allem aber wurde er als der Mächtige angebetet, der über die Kraft verfügte, Regentropfen fallen zu lassen; Baal bestimmte auch, ob Tautropfen Pflanzen und Erde benetzten. Er war der Gott des lebenspendenden Wassers. Damit war Baal auch der Gott des Jordan.

Die Bewohner des Jordanlandes lebten in der Überzeugung, Baal befinde sich im Kampf mit Mot, dem Gott der Unfruchtbarkeit, des Todes. Immer aufs neue entbrennt dieser Kampf. Er wird geführt, bis eine Seite siegt. Doch auch dann sind Sieg und Niederlage nicht endgültig. Nach einer Zeit des Kräftesammelns fordert der Unterlegene den Sieger erneut heraus. Während der Kampfpausen aber setzt der seinen Willen durch, der eben Sieger geworden ist. Hat Mot gewonnen, sucht Trockenheit das Land heim, dann fließt wenig Wasser vom Hermongebirge herunter ins Jordantal. Bleibt Baal der Sieger, können die Menschen mit reichen Ernten und mit Fruchtbarkeit der Herden rechnen. Jeweils sieben Jahre dauere es, davon waren die Bewohner des Jordanlandes überzeugt, bis nach einer Entscheidung erneut gekämpft werde. So wird erklärt, daß häufig auf sieben fette Jahre sieben magere Jahre folgen können. Jedoch nur, wenn Baal der Verlierer ist. Da er aber der Herr der Welt ist, müssen schon besondere Gründe für sein Versagen bestehen. Deshalb waren magere Jahre am Jordan selten.

Festzustellen, wie die Gestalt des Gottes Baal in der Vorstellung der Menschen aussah, ist schwierig. Häufig sind bei Ausgrabungen auf heute israelischem und syrischem Gebiet Darstellungen des Stieres zu finden. Stierbilder waren wohl Symbol und Ausdruck der Kraft und der Fruchtbarkeit. Erwiesen ist aber auch, daß Baal durchaus als menschenähnliches Wesen begriffen wurde – als Gott, der wie ein Mensch aussah, der auch menschliche Ansprüche stellte.

Sein Wohnsitz war nicht im Jordanland gelegen. Baal wohnte, nach der Überzeugung der Menschen des Landes Kanaan, weit im Norden: dort, wo der Nahr al Asi, der einstige Fluß Orontes, ins Mittelmeer mündet. Auf einem Berg, der in den Landkarten Dschebel al Aqra heißt, besaß Gott Baal seinen strahlenden Palast. Der Dschebel al Aqra ist über viele Monate des Jahres hin schneebedeckt. Die weiße Bergkappe ist bei klarem Wetter weit im Land zu sehen. Sie macht dann einen wahrhaft strahlenden Eindruck.

War der Berg von Wolken verhangen, dann glaubten die Menschen vor mehr als 3000 Jahren, auf dem Dschebel al Aqra geschehe Wundersames; im Palast des Gottes Baal. Die Vorstellung beschäftigte sich besonders mit dem Verhältnis des Gottes zu seiner Schwester Anat, die als Göttin des Krieges, aber auch der ungezügelten Erotik galt. Anat war nicht nur die Schwester des Gottes, sondern auch dessen wilde Geliebte, die allerdings immer darauf bedacht war, ihre Jungfräulichkeit zu bewahren. Sie wurde mit den Titeln »Herrin« und »Jungfrau« angeredet. Ihre wahre Leidenschaft scheint dem Krieg gehört zu haben – nach Meinung ihrer Anbeter. Blieben auf einem Kampffeld Tote zurück, so wurde deren Ende dem Schwert der Anat zugeschrieben. In Blut zu waten machte ihr Vergnügen.

Diese Beschreibung ihrer Leidenschaft, Kriege zu führen, ist erhalten geblieben: »Ihre Leber schwillt vor Lachen. Ihr Herz füllt sich vor Freude. Die Leber der Anat ist voll Entzücken, wenn Blut an ihren Füßen klebt, hoch bis zu den Knien.«

Der Glaube an Baal und seine Schwester umfaßte auch die Überzeugung, Anat helfe dem Bruder bei der Auseinandersetzung mit dem Meeresgott Jamm, der sich nicht damit begnügen wollte, die Wasser des Meeres zu beherrschen, der auch die Flüsse unter seine Kontrolle bringen wollte – und dazu gehörte der Jordan. Anat wollte verhindern, daß vom Meer aus das Leben im Fluß bestimmt werde. Dies konnte nur dadurch geschehen, daß sie dem Flußwasser den Weg ins Meer zuschüttete. So war der Jordan abgeschnitten vom Meer. Der Meeresgott Jamm hatte damit keinen Zugang zum Fluß. Machtlos mußte er zusehen, wie Baal im Jordanland allein regierte.

Daß dies tatsächlich unumschränkt und unbehindert möglich wurde, auch dafür sorgte Anat. Der Glaube der Anhänger Baals umfaßte auch die Überzeugung, Anat habe Mot, den Gott der Unfruchtbarkeit und des Todes, eingefangen und in Stücke geschlagen. Die Gliedmaßen habe sie verbrannt. Die Asche sei dann zwischen Mühlsteinen zerrieben und über die Felder ausgestreut worden. Der Gott der Unfruchtbarkeit, zu Erde zermahlen, trug so doch noch zur Fruchtbarkeit bei.

Gewaltig ist der Unterschied zwischen Jahwe und Baal. Der Gott im Lande Kanaan verlangte Anbetung – und die Bewohner glaubten, sich dafür seine Hilfe zu sichern. Ihre Bitten, so dachten sie, würden Baal dazu bringen, Getreide, Sträucher und Palmen wachsen zu lassen und den Tierherden Fruchtbarkeit zu schenken. Von der Göttin der Liebe, die mit ihm zusammen lebte, war zu erwarten, daß sie sinnliche Kraft schenkte und damit dem Mann Glück brachte. Tausendfach sind Amulette aus gebranntem Ton erhalten, die eine weibliche Figur mit ausgeprägten Geschlechtsmerkmalen darstellen. Männer haben diese Amulette um den Hals getragen in der Überzeugung, die Göttin lohne es ihnen. Das Verhältnis von Mensch zu Gott war ausgerichtet auf die Faktoren Anbetung und Belohnung. Baal hatte nicht die Eigenschaft, als Gesetzgeber zu wirken. Nicht im Ansatz ist in der Baalsreligion der Wille des Gottes zu spüren, Einfluß auf die Lebensweise der Gläubigen zu gewinnen, ihnen seine Entscheidung aufzuzwingen.

Der Gott Jahwe aber, mit dem Mose gesprochen hatte, wollte nur das eine: dem Volk sein Gesetz geben – wobei nur an das jüdische Volk gedacht war. Befolgten die Menschen, die diesem Volk angehörten, sein Gesetz, dann war er bereit, unter ihnen zu wohnen.

So blieb, als Josua begann, dem Volk, das aus Ägypten gekommen war, das Land Kanaan zu erobern, der Gott Baal auf Dschebel al Aqra im syrischen Land. Jahwe aber zog mit Josua und seinen Leuten; er war bei ihnen in der Schlacht. So wurde Gott Jahwe zur wichtigsten Waffe des jüdischen Volkes. Es wurde unbesiegbar durch die Überzeugung, der Gott, der das Zelt bezogen hatte, das um die Bundeslade gebreitet war, sei allmächtig und stehe auf seiten der jüdischen Kämpfer. Baal taugte nicht dazu, Männer zu motivieren, in den Kampf zu ziehen: Niemand führte das Schwert in seinem Namen. Der Gott Baal war somit Jahwe unterlegen. Die Vernichtung der Bewohner des Landes Kanaan war nicht aufzuhalten.

»So nahm Josua dieses ganze Land: das Gebirge, die Steppe im Süden, das Land Kanaan mit Bergen und Ebenen und auch die Jordansenke.« Die biblischen Berichte betonen immer wieder und ausdrücklich, Josua habe niemand verschont. Die Geschichte der Landnahme (vgl. etwa Jos 8–11) ist geprägt durch Formulierungen wie: »Alle Leute schlugen sie mit des Schwertes Schärfe bis zu ihrer völligen Vernichtung; nichts von dem, was Atem hatte, ließen sie übrig.« – »Niemand ließ er entkommen.« – »Keine Schonung wurde ihnen zuteil, man vernichtete sie, wie der Herr befohlen hatte.« – »So schlug er die Bewohner des Landes mit der Schärfe des Schwertes von Kadesch-Barnea an bis nach Gaza und bis nach Gibeon – und kehrte zuletzt in das Lager nach Gilgal zurück.«

Vergessen war offenbar das Fünfte Gebot und die im Buch Exodus erhaltene Zusatzerläuterung: »Wer einen Menschen schlägt, so daß er stirbt, soll getötet werden!« (Ex 21,12) Wahrscheinlich war das Gebot zur Achtung des Menschenlebens von Anfang an nur auf die Menschen der jüdischen Sippe gemünzt und nicht als Aufforderung zur Schonung von Frauen und Männern gedacht, die an Baal und nicht an Jahwe glaubten. Eine Textstelle des Buches Josua läßt allerdings erkennen, daß Gruppen der bisherigen Bevölkerung die Zeit der Landnahme überlebt hatten: »Der Stamm Manasse war außerstande, alle Städte in Besitz zu nehmen, daher entschlossen sich die Leute von Kanaan, in diesem Lande weiterzuleben. Als das Volk Israel allmählich stärker wurde, machte es die Kanaaniter fronpflichtig. Doch ganz verdrängt haben sie diese nicht.« (Jos 17,12–13)

Die Bibeltexte mögen also wohl übertreiben, doch sie lassen das Eroberungsprinzip erkennen, das keine Teilung des Landes mit der bisherigen Bevölkerung vorsah. Die Städte sollten leer und das Land entvölkert und unbebaut sein. Durch die Razzien, die alle Gilgal im Jordantal zum Ausgangspunkt hatten, war die Voraussetzung für die endgültige Landnahme geschaffen: Das Land westlich des Flusses war schließlich zwar nicht ganz menschenleer, aber doch herrenlos geworden. Gott Baal hatte kaum noch Anbeter. Im Namen ihres Gottes konnte der jüdische Großclan, der aus Familiengruppen bestand, den Boden in Besitz nehmen.

Die Phase der Razzien, der Überfälle von Gilgal aus, muß Jahrzehnte gedauert haben, denn Josua, der Nachfolger des Mose, war inzwischen, so wird berichtet, »alt und hochbetagt«. Ihm stand noch die schwierige Aufgabe der Landverteilung bevor. Das Buch Josua berichtet, der Anstoß dazu sei in Gilgal erfolgt. Im Lager nahe beim Jordanfluß seien erste Wünsche und Ansprüche auf bestimmte Gebiete an den Befehlshaber herangetragen worden.

Da erinnerte ein Mann, der Kaleb hieß, Josua daran, daß er vor 45 Jahren einer der Kundschafter gewesen sei, die Mose nach Kanaan geschickt habe, um den Zustand von Land und Bewohnern zu erforschen. Mose habe ihm damals das Bergland westlich des Salzmeeres versprochen; es sei somit ewiger Erbbesitz seiner Familie. Josua erkannte den Anspruch im Prinzip an, doch das ganze Bergland gab er dem Mann, der Kaleb hieß, nicht. Kaleb mußte sich mit der Stadt Hebron und mit schwer bebaubarem und trockenem Boden im Süden begnügen. Die Folge war Unzufriedenheit in der Familie des Kaleb. Seine Tochter klagte über das »dürre Südland«, in dem sie leben müsse – ein Land ohne Wasserstellen. Das fruchtbare Bergland übergab Josua dem Stamm Juda. Genau wird das Gebiet definiert: »Seine Ostgrenze ist das Salzmeer bis zur Jordanmündung. Die Grenze nach Norden beginnt an der Jordanmündung.« (Jos 15,5) Den wichtigsten Anteil am Fluß erhielt der Stamm Manasse zugesprochen. Von Jericho bis nahe zum See Gennesaret gehörte dieser Großfamilie künftig das Gebiet am westlichen Jordanufer – und über weite Strecken hin auch das Bergland im Osten des Flusses. Der Stamm Manasse war fortan der eigentliche Herr des Jordan. Als einziger der Stämme kontrollierte er – wenigstens über eine Strecke von 40 Kilometer – beide Flußufer.

Partner im Besitz am Jordanostufer waren die Großfamilien Gad und Ruben. Als Siedler in »Transjordanien« waren sie fortan Außenseiter im Gesamtverband des werdenden jüdischen Staates, dessen Hauptgebiet das Land zwischen Jordan und Mittelmeerküste wurde.

Anteile am Besitz des Jordanwestufers erhielten von Josua der Stamm Benjamin: »Die Grenze geht auf der Nordseite vom Jordan aus; der Fluß bildet die Grenze auf der Ostseite; die Grenze endet an der Nordspitze des Salzmeeres, am südlichen Ende des Jordan. Das ist die Südgrenze.« (Jos 18,19–20) Das Territorium, in dem Gott Jahwe Herr sein sollte, war damit abgesteckt. Ewige Dankbarkeit konnte er erwarten, hatte Jahwe doch das Volk in ein Land geführt, das alle Familien ernähren konnte. Er hatte für Sicherheit des Volkes gesorgt; die Anhänger des Gottes Baal stellten keine Gefahr mehr dar. Das Land westlich des Jordan hätte eine Zone der Zufriedenheit werden können – dennoch schien Jahwes Autorität in Gefahr zu geraten.

Daß seine Herrschaft bedroht war, das ist aus dem Wortlaut der letzten Ansprache abzulesen, die Josua vor seinem Tode hielt: »Ihr sollt euch nicht etwa unter die noch übriggebliebenen Völker mischen, ihr sollt auch nicht an ihre Götter denken, auch nicht Schwüre auf ihren Namen leisten. Ihr dürft ihre Götter nicht verehren. Ihr dürft euch nicht vor ihnen niederwerfen. Vielmehr dem Herrn, eurem Gott sollt ihr gehorchen, wie ihr es bisher getan habt!« (Jos 23,7–8)

Der Grund für das Abbröckeln der Autorität des Gottes, mit dem das Volk einen Pakt geschlossen hatte, lag in den Reizen der Kultur der Unterlegenen. Die Leute von Kanaan, die überlebt hatten, bewahrten so weit wie möglich ihre Zivilisation, die reich war durch Assimilation von Kulturelementen aus Ägypten und aus der Region um Euphrat und Tigris. Das jüdische Volk hatte während der langen Wanderung, die nahezu zwei Generationen gedauert hatte, vergessen, was Luxus ist. Am Nil waren die Familien einem hohen Lebensstandard begegnet. Auf dem Weg durch die Halbinsel Sinai hatten sie Gottes Gesetz kennengelernt und damit ein hohes Maß an moralischem und ethischem Verhalten erlangt, doch hatten sie auf schöne und raffinierte Güter verzichten müssen. Im Land Kanaan aber stand das wandernde Volk, das über Jahrzehnte gewohnt war, im Zelt zu leben, vor kunstvoll errichteten Häusern mit bequemen Räumen, mit Badekammern, mit Küchen. Den Komfort der Städte des Landes Kanaan übernahmen die Familien, die nur an Entbehrungen gewöhnt waren, gern. Die Frauen fanden Gefallen an der edlen Kleidung, die üblich war im Land am Westufer des Jordan: Die härenen Gewänder, die praktisch gewesen waren auf dem Zug durch die staubige Halbinsel Sinai, wurden vertauscht gegen Kleider aus luftigen und faltenreichen Stoffen, die ägyptischen Mustern nachgeschneidert waren. Fremd mußte den Siegern auch die kosmetische Kunst der Frauen von Kanaan gewesen sein, die Töpfchen voll duftender Essenzen und farbiger Substanzen zur Verschönerung des Gesichts besaßen.

Sieger und Besiegte hatten keine Schwierigkeiten, ihre Kenntnisse und Erfahrungen auszutauschen: Ihre Sprachen waren verwandt durch die gemeinsame semitische Wurzel. Die Leute von Kanaan werden schon bald begonnen haben, den Einwanderern von ihren Göttern zu erzählen, von der Liebesgöttin Anat, die darauf warte, angebetet zu werden – um sich durch Verleihung von Kraft in der Liebe für die Verehrung dankbar zu erweisen. Offenbar fanden es die neuen Herren im Lande Kanaan bald schon angebracht, erotisch-kühne Darstellungen der Liebesgöttin um den Hals zu tragen, denn gerade im jüdischen

Siedlungsgebiet wurden zahlreiche derartige Tonfiguren gefunden. Zur Zeit des Mose hätte es keiner gewagt, sich mit Abbildern fremder Götter zu schmücken – wer das Symbol der Fruchtbarkeitsgöttin getragen hätte, der wäre wohl gesteinigt worden. Doch während der Altersphase des Josua hatte eine Zersetzung des Glaubens an den einen Gott begonnen. Und nach dem Tode dieses letzten Führers – er soll 110 Jahre alt geworden sein – nahm Jahwes Autorität noch stärker ab.

Baal setzt sich wieder durch

Am Ende von Josuas irdischer Existenz waren schon Warnungen laut geworden. Die Initiative zur Umkehr ging vom Jordantal aus, vom Lager in Gilgal. Das Buch Richter erzählt: »Der Engel des Herrn zog aus Gilgal hinauf nach Bochim und sprach: ›Ich führte euch aus Ägypten heraus und brachte euch in das Land, das ich euren Vätern eidlich versprochen habe. Ich habe gesagt, ich werde meinen Bund mit euch in Ewigkeit nicht aufheben. Ihr aber dürft mit den Bewohnern dieses Landes keine Verträge schließen! Ihr müßt ihre Altäre abbrechen. Ihr habt jedoch meiner Stimme nicht gehorcht! Warum habt ihr das getan?« (Ri 2,1–2)

Die Mahnung blieb ohne Wirkung, denn nach Josuas Tod übernahmen Männer die Führung in den jüdischen Familien, die nichts wußten oder nichts wissen wollten vom Pakt zwischen Jahwe und dem jüdischen Volk. Das Resultat des Generationswechsels beschreibt das Buch Richter mit diesen Worten: »Sie verehrten Baal. Sie verließen den Herrn, den Gott ihrer Väter, der sie aus dem Ägypterland weggeführt. Sie liefen anderen Göttern nach, Götter der Völker ihrer Umgebung, warfen sich vor ihnen nieder und reizten den Herrn. Sie verließen den Herrn und ehrten den Baal.« (Ri 2,11–13)

Die Folge war eine Schwächung der Verteidigungskraft der jüdischen Stämme. Sie lebten in Frieden mit den Völkern zusammen, denen sie das Land abgenommen hatten; sie paßten sich deren Kultur an und empfanden Sympathie für deren Götter. Die Front zwischen Siegern und Besiegten, die unter Josua noch schroff gewesen war, weichte auf. Da war bald kein Mann der alten Generation mehr, der noch aus Erfahrung wußte, wie gefährlich die Gedemütigten sein konnten, wenn sie durch außenstehende Mächte ermutigt wurden, die Herrschaft des gerade seßhaft gewordenen Volkes abzuschütteln.

Mesopotamien hatte sich damals entschieden, seine Macht in Richtung Südosten auszudehnen. Das Herannahen der Reiterheere, die an Euphrat und Tigris zu Hause waren, veranlaßte Männer des Landes

Moab, sich an den früheren Ruhm ihres Staates zu erinnern. Sie vermochten die Kontrolle durch die ohnehin schwachen jüdischen Stämme Gad und Ruben abzuschütteln, denen von Josua einst der Boden am östlichen Jordanufer zugewiesen worden war. Innerhalb kurzer Zeit erstand das Land Moab wieder – regiert von einem Herrscher, der, nach Aussage des Buches Richter, Eglon hieß. Dieser König befahl seinen Bewaffneten den Angriff über den Jordan hinweg nach Westen, hinein ins Gebiet der Stämme Benjamin und Manasse. König Eglon zog als Sieger in die »Palmenstadt« ein. Jericho wurde wieder zur Stadt des Gottes Baal.

Ergebnisse der Ausgrabungen am Tell as Sultan, unweit der heutigen Stadt Jericho im Jordantal, beweisen die Eroberung nicht. Nach den Erkenntnissen der Archäologen war das Gebiet der alten »Palmenstadt« damals jahrhundertelang überhaupt nicht bewohnt gewesen. Das Buch Richter aber läßt wissen, daß König Eglon die Stadt am Westufer des Jordan achtzehn Jahre beherrscht habe.

Über das, was dann in den Mauern von Jericho geschah, wird diese Geschichte erzählt: »Das jüdische Volk schrie zum Herrn, und der Herr ließ ihnen einen Retter entstehen, einen Mann aus dem Stamm Benjamin, der Ehud hieß. Er war Linkshänder. Zu seinen Aufgaben gehörte es, dem König Eglon von Moab regelmäßig Tributzahlungen zu überbringen. Nun machte sich Ehud einen zweischneidigen Dolch, etwa eine Fingerspanne lang, und gürtete ihn unter sein Gewand an die rechte Hüfte. So brachte er dem König Eglon von Moab die Abgaben des jüdischen Volkes. Mit ihm waren Männer, die den Tribut zu tragen hatten. Als die Steuer übergeben war, verließ Ehud mit seinen Begleitern Jericho. Doch dort, wo Gilgal, das Lager des Josua, gewesen war, kehrte Ehud um und ging zurück zu König Eglon. Zu diesem sprach er: ›Ich habe eine geheime Botschaft an dich, o König!‹ Eglon fragte: ›Geheim?‹, und alle, die um ihn standen, gingen fort. Eglon hielt sich im kühlen Obergeschoß des Hauses auf, und Ehud war allein bei ihm. Da sagte Ehud: ›Einen Gottesspruch habe ich für dich!‹ Da erhob sich Eglon von seinem Sitz. Ehud streckte seine linke Hand aus, er griff den Dolch an seiner rechten Hüfte und stieß ihn dem König in den Leib. Eglon aber war fettleibig, und so drang nach der Klinge auch der Griff ein, und das Fett umschloß Klinge und Griff. Der Dolch blieb dort, denn Ehud hatte ihn nicht aus dem Leib herausgezogen. Durch ein Schlupfloch gelangte Ehud aus dem Obergemach des Hauses, aber erst nachdem er die Türen verschlossen und verriegelt hatte.« (Ri 3,15–24)

Den Fortgang der Geschichte schildert das Buch Richter so: »Als Ehud gegangen war, kamen die Diener des Königs und bemerkten, daß die Türen zum Obergemach verriegelt waren. Sie meinten: Er verrichtet gewiß in der kühlen Kammer seine Notdurft. So warteten sie eine lange Zeit. Niemand aber öffnete ihnen die Türen zum Obergemach. Sie holten sich schließlich den Schlüssel und schlossen auf. Da lag ihr Herr tot am Boden. Ehud aber war entkommen, während die Diener gewartet hatten. Er ging an Gilgal vorbei und entkam in das Bergland im Gebiet des Stammes Efraim.« (Ri 3,24–26)

Ehud wußte, daß er den Tod des Königs von Moab nur dann in einen größeren Erfolg ummünzen konnte, wenn er die Verwirrung in der Stadt Jericho ausnutzte. Er sah voraus, daß die Besatzung in der Palmenstadt ohne ihr Oberhaupt nicht länger am Westufer des Jordan bleiben wollte. Er rechnete mit der kopflosen Flucht der Männer des Volkes Moab. Wenn es ihm gelang, die Gegner an der Furt über den Jordan abzufangen, dann konnte er einen Sieg von dauerhafter Wirkung erzielen.

Das Buch Richter erzählt das Ende der moabitischen Besetzung des Westjordanlandes so: »Sobald Ehud heimkam, stieß er im Bergland Efraim in die Posaune. Alle vom Stamm Benjamin, Efraim und Manasse sollten mit ihm vom Gebirge herabziehen – er selbst an ihrer Spitze. Er befahl ihnen: ›Mir nach, denn der Herr gibt eure Feinde, das Volk Moab, in eure Gewalt!‹ Da stiegen sie ihm nach zu Tal und besetzten die Jordanfurt, noch ehe die Flüchtenden dort angekommen waren. Niemand ließen sie über den Fluß hinüber. Sie erschlugen vom Volk Moab damals ungefähr 10 000 Mann, lauter starke und streitbare Kämpfer. Niemand entkam. Moab mußte sich danach unter die Faust des jüdischen Volkes beugen, und das Land hatte achtzig Jahre Ruhe.« (Ri 3,26–30)

Krieg gegen Hazor, die Weltstadt am oberen Jordan

Josua hatte sich als Anführer der Familien bewährt, die sich bei Jericho im Lager Gilgal aufgehalten hatten. Im Prozeß der »Landnahme« teilten sich die Familien auf über das Land zwischen Jordan und Mittelmeerküste. Eine politische Zentrale aber, eine gemeinsame Hauptstadt, besaßen sie nicht. Nach Josuas Tod war keine überragende Führerpersönlichkeit mehr hervorgetreten, die stark genug gewesen wäre, den Eigeninteressen der einzelnen Stämme Fesseln anzulegen.

Nur hin und wieder werden imponierende Gestalten erkennbar, die in Notsituationen einen Ausweg fanden. Die deutsche Übersetzung des Alten Testaments gibt ihnen die Bezeichnung »Richter«, weil sie auch in Streitfragen zu entscheiden hatten – in erster Linie aber waren sie »Retter«, weil sie durch militärische Aktionen Teile des jüdischen

Volkes aus feindlicher Umklammerung befreien konnten. Häufig durften sie sich dabei besonderer Beziehungen zu Gott Jahwe rühmen. Nie aber waren diese »Richter« zuständig für das gesamte Gebiet der jüdischen Familien. Sie besaßen ihre Basis immer in einem bestimmten Stamm; im glücklichsten Fall erhielten sie Hilfe aus nachbarlichen Stammesgebieten.

Es geschah auch, daß eine Frau Richter war. Zu berichten ist von Debora, die im Bergland des Stammes Efraim lebte und dort rechtliche und politische Entscheidungen traf, wenn auch meistens beschränkt auf die Belange der Großfamilie, der sie selbst angehörte. Bis heute berühmt wurde Debora jedoch durch eine politische Aktion, die über ihren Wirkungskreis hinausgriff: Sie organisierte den Widerstand gegen einen Mächtigen im Norden des Landes Kanaan, der die Stämme am See Gennesaret bedrängte.

In Hazor residierte er, nördlich des Sees Gennesaret, in einer Stadt, die an der uralten Handelsroute im oberen Jordantal gelegen war, dort, wo sich Bäche und Flüsse, die vom Hermon herunterfließen, vereinigen. Die Stelle, an der einst Hazor stand, ist heute noch von der Straße, die in Richtung Libanon führt, leicht erreichbar. Tell al Kedah heißt der Platz – ein Hügel, dessen Inneres den Archäologen mehr Aufschlüsse über die Frühgeschichte des Jordanlandes geben konnte als die Ausgrabungsstätte Tell as Sultan bei Jericho.

Die tiefsten Schichten brachten Spuren einer Ansiedlung zutage, die um das Jahr 1800 v. Chr. bewohnt war. Andeutungen einer Stadtmauer sind noch zu erkennen. Sie muß im 17. Jahrhundert zerstört worden sein. Verfärbungen der Steine lassen auf gewaltige Brände schließen und damit auf eine gewaltsame Vernichtung der Stadt Hazor. Angenommen wird, ein Heer aus Ägypten habe Hazor erobert und dem Erdboden gleichgemacht.

Beweise existieren, daß sich die Stadt Hazor um das 18. Jahrhundert v. Chr. von Ägypten abgewandt und in Richtung Euphrat und Tigris orientiert hat. In Mari, der sagenhaften Stadt am Euphrat, waren Dokumente verfaßt worden – Schriften auf Tontafeln –, die davon berichten, daß aus Mesopotamien große Mengen von Metallen nach Hazor geschickt worden seien, da sie dort für die Herstellung von Bronze gebraucht wurden. Diese Dokumente lassen auch auf eine politische Partnerschaft mit Hammurabi, dem König von Babylon, schließen. In den dreißiger Jahren dieses Jahrhunderts sind die Tontafeln entdeckt worden, und erst damit wurde die Bedeutung von Hazor im Spannungsfeld zwischen Euphrat und Nil klar. Die Sympathie der Stadt für Hammurabi konnte den Ägyptern nicht gefallen haben.

Daß Hazor damals von den Herrschern am Nil tatsächlich zu den

Feinden gerechnet wurde, ist einer anderen historischen Quelle zu entnehmen, die durch einen seltsamen Brauch der Gewaltigen am Nil entstanden war. Sie verfluchten Städte, Herrscher oder ganze Länder, in denen sie Feinde vermuteten. Dies geschah dadurch, daß der Name der betreffenden Stadt, des Herrschers oder des Landes in Figuren aus Ton eingeritzt wurde, die dann im Feuer hart gebrannt wurden. Priester zerschlugen die Figuren, wohl unter Ausstoßung von Flüchen, zu Scherben. Das Ergebnis sollte sein, daß Unheil die Stadt, den Herrscher oder das Land befiel. Bei Ausgrabungen im Nilland sind viele derartige Scherben gefunden worden, die wahrscheinlich aus dem 18. Jahrhundert v. Chr. stammen. Viele Bruchstücke konnten wieder zu Figuren zusammengefügt werden. Auf einer derartigen Tonstatuette, die aus Rumpf und Kopf besteht, ist im eingeritzten Text der Name der Stadt Hazor zu erkennen. Genannt ist auch der Name des Stadtkönigs; er hieß Gti. Ägyptologen sind der Meinung, der Name sei nicht semitischen Ursprungs. Doch es läßt sich nicht feststellen, welches Volk damals, im 18. Jahrhundert v. Chr., in Hazor gelebt hat.

Der Zerstörung von Hazor in jener Zeit folgte bald der Wiederaufbau. Auf der Asche der vorigen Stadt wurden neue Häuser gebaut. Ausgrabungsbefunde geben den Hinweis, daß Hazor besonders im 14. Jahrhundert v. Chr. wohlhabend gewesen sein muß. Die Stadt konnte sich ein ganz außergewöhnliches Heiligtum leisten. Seine gut erhaltenen Reste sind erst in der Mitte dieses Jahrhunderts im Geröllschutt von Tell al Kedah gefunden worden. Eine menschliche Figur, aus Basalt gehauen, kam zum Vorschein. Die sitzende Gestalt, 40 Zentimeter groß, stellt einen Mann dar, dessen Hände bereit sind, einen Gegenstand zu halten. Doch dieser Gegenstand ist nicht dargestellt. Ein langes Gewand, das bis unter die Knie reicht, kleidet die Gestalt. Eingegraben in den steinernen Oberkörper ist die Andeutung eines halbmondförmigen Halsschmucks, der allerdings über den ganzen Brustkorb reicht. Die Basaltfigur – darüber sind sich die Spezialisten einig – kann nur als Symbol des Mondgottes gesehen werden. Gestützt wird diese Ansicht durch weitere Funde in unmittelbarer Nähe der sitzenden Gestalt. Ein Basaltblock lag im Schutt, 50 Zentimeter hoch, auf dem zwei Hände zu sehen sind, die sich dem Vollmond entgegenstrecken. Halbmond und Vollmond waren durch Symbole im selben Heiligtum vereinigt. Dies gilt als Beweis dafür, daß in Hazor der Mondgott angebetet wurde. Festzustellen ist aber auch, daß irgendwann Schluß gemacht wurde mit dessen Verehrung.

Der Kopf des sitzenden Mannes befand sich nicht an seinem Platz auf dem Rumpf der Figur – er lag neben den Füßen. Er ist mit Gewalt abgeschlagen worden, von Menschen, die das Heiligtum des Mondgot-

tes verwüsten wollten. Weitere Schäden konnten sie allerdings nicht anrichten, da der harte Basalt ihrer Zerstörungswut widerstand.
Andere Gegenstände, am selben Ort gefunden, ermöglichten eine ungefähre Zeitangabe, in welchem Jahrhundert der Mondgott in Hazor verehrt wurde. Aus Bruchstücken von Tongefäßen, aus der Art, wie die Töpfe beschaffen waren, konnte abgelesen werden, daß das Heiligtum aus dem 13. Jahrhundert v. Chr. stammte. Die Zerstörung kann im gleichen Zeitraum stattgefunden haben. Doch ist es schwierig, die wechselvolle Geschichte von Hazor zeitlich zu ordnen.

Daß die Stadt Hazor damals bedroht war, ist Dokumenten zu entnehmen, die am Ausgrabungsort Tell al Amarna in Mittelägypten entdeckt worden sind. Ausgegraben wurde der Palast Pharao Amenophis' IV., der um das Jahr 1360 v. Chr. den Platz Tell al Amarna als Regierungssitz ausgewählt hatte. Gefunden wurde das Archiv des Pharaos: Hunderte von Tontafeln sind über die Jahrtausende erhalten geblieben. Die Texte, in Keilschrift in den Ton eingedrückt, nennen häufig den Namen der Stadt Hazor. Erwähnt ist der Wille der Regierenden von Hazor, Kontakt zu halten mit den Verantwortlichen am Nil. Aus heutiger Sicht schwer zu deuten sind die Klagen aus Hazor, Unheil drohe der Stadt und ihrem Oberhaupt durch Intrigen. Daß der Mächtige von Hazor tatsächlich denunziert worden ist, beweist eine Tontafel, die der König von Tyrus dem Pharao geschickt hatte. Da ist zu lesen: »Der König von Hazor hat seine Stadt verlassen und sich den jüdischen Sippen angeschlossen.« Der Schreiber hat wohl eine Lüge in die Welt gesetzt, um den Pharao auf die Stadt Hazor wütend zu stimmen.

Ein Papyrus aus jener Zeit, in Ägypten gefunden, enthält Fragen, die ein Hofbeamter des Pharaos einem Mann stellt, der sich offenbar im besonderen Sachgebiet »Hazor« auskennt. Der Schreiber will wissen, wie lange ein Eilkurier braucht, um die Stadt am Jordan zu erreichen. Er erkundigt sich auch nach der Beschaffenheit des Flusses.

Nach heutigen Kategorien war Hazor in jener Zeit eine Weltstadt – die einzige im Bereich zwischen Jordansenke und Mittelmeer. Verständlich ist, daß sich jemand, der Verantwortung trug für jüdische Sippen im Lande Kanaan, Gedanken machte über die Absichten des Mannes, der in Hazor herrschte. Die Richterin Debora aus dem Stamm Efraim war beunruhigt durch Nachrichten, der König Jabin von Hazor verfüge über 900 Streitwagen aus Eisen, die zum Einsatz gegen die Stämme am See Gennesaret bereitstünden. Debora fühlte sich verantwortlich für die gefährdeten Familien Naftali und Sebulon. Sie befahl beiden Sippen, ihre bewaffneten Kräfte am Berg Tabor zu vereinigen.

Dieser Berg liegt auf halbem Wege zwischen dem See Gennesaret und Nazaret. Er bildet eine buckelartige Erhebung von 400 Meter Höhe über der Ebene, die sich westlich und südlich vor ihm ausbreitet. Das Buch Richter erzählt, auf dem Berg Tabor habe die Richterin Debora 10 000 Kämpfer versammelt. Die Nachricht von der Mobilisierung jüdischer Streitkräfte sei dem König Jabin von Hazor und dessen Feldherrn Sisera mitgeteilt worden. Sisera gab Befehl zum Feldzug gegen das Heer der Richterin Debora.

Der Aufmarsch der Verbände aus Hazor war mit Schwierigkeiten verbunden. Der direkte Weg zum Berg Tabor konnte wegen des bergigen Geländes westlich des Sees Gennesaret nicht gewählt werden. Nachdem Sisera bis zur Einmündung des Jordan in den See marschiert war, folgte er dem Weg am Westufer der breiten Wasserfläche. Dann wies ihm wieder der Jordan die Route. Bei Bet-Schean wandte sich das Heer aus Hazor nach Westen, um einem Tal zu folgen, das in das Jesreel-Tal und schließlich in die Ebene vor dem Berg Tabor mündet.

Nicht ganz hundert Kilometer betrug der Weg, den das Heer des Sisera zurückzulegen hatte; für eiserne Streitwagen war das eine beachtliche Strecke, denn die Straßen in diesem Gebiet waren nicht für Wagen, sondern für Fußgänger und Lasttiere angelegt worden. Der Feldherr Sisera, so wird berichtet, habe alle 900 Streitwagen, die ihm zur Verfügung standen, zum Feldzug mitgenommen. Die Kolonne hatte sich westlich des Jordan durch ein enges Tal zu quälen. Das Ergebnis des beschwerlichen Anmarsches war, daß die Streitwagen bei der Ankunft vor dem Berg Tabor nicht in Kampfordnung zu bringen waren. Vom ersten Augenblick des Gefechts an siegten die Männer der Richterin Debora. Sisera, der erkennen mußte, daß Streitwagen für die Verteidigung ungeeignete Kampfmittel waren, stieg von seinem Gefährt. Zu retten war nichts mehr – so floh der Feldherr der geschlagenen Truppen in Richtung Jordan.

Noch ehe Sisera den Fluß erreicht hatte, zwang ihn Müdigkeit zur Rast. An seinem Weg lag das Zelt einer Familie, die zu den Freunden der Mächtigen in Hazor zählte. Als ihn die Frau – niemand sonst war eben anwesend – aufforderte, doch bei ihr auszuruhen, folgte er ihr ohne Argwohn. Nachdem sie ihn mit Milch gestärkt hatte, legte sich der Feldherr aufs Lager und schlief sofort ein. Das Buch Richter schildert, was dann geschah: »Die Frau nahm einen Hammer, ergriff einen Zeltpflock und trat dann vorsichtig an den Schlafenden heran. Sie durchschlug mit dem Pflock seine Schläfe bis auf die Erde. So starb er denn.« (Ri 4,21)

Aus dem Bericht wird deutlich, daß Familien, die bisher zur Stadt Hazor gehalten hatten, dabei waren, die Front zu wechseln. Die Frau trat den Reitern entgegen, die Sisera verfolgt hatten, und machte sie auf den Toten in ihrem Zelt aufmerksam: »Und siehe, Sisera lag tot hingestreckt, den Zeltpflock noch in seiner Schläfe.« (Ri 4,22)

Die Richterin Debora, so wird erzählt, habe in ihrem Siegeslied die Tat so beschrieben (Ri 5,25–30):

> Um Wasser bat Sisera, Milch spendete sie,
> in prachtvoller Schale reichte sie Rahm.
> Ihre Hand greift nach dem Zeltpflock,
> ihre Rechte nach dem Hammer.
> Sie zerhämmert Sisera, zerschlägt sein Haupt,
> zerschmettert, durchbohrt seine Schläfe.
> Zu ihren Füßen gekrümmt, gefallen, liegt er erschlagen,
> gerade dort, wo er hinsank.
> Siseras Mutter, durchs Fenster schaut sie,
> und blickt durchs Gitter ins Land hinaus.
> »Warum zögert sein Wagen zu kommen?
> Warum säumen seiner Streitwagen Räder?«
> Die Klügste ihrer Fürstinnen antwortet ihr,
> und die Mutter wiederholt sich selbst deren Worte:
> »Sicherlich finden und teilen sie Beute:
> Ein Weib oder auch zwei Weiber für jeden Mann!
> Beute an Tüchern für Sisera.
> Beute an Tüchern!
> Ein Bundtuch, zwei Bundtücher für meinen Hals als Beute!«

Blickte die sorgenvolle Mutter von Hazor aus hinunter ins Jordantal, dann sah sie wohl eines Tages Reiter und Fußvolk, die jedoch nicht von ihrem Sohn Sisera befehligt wurden. Jüdische Krieger fielen ins Flußtal ein und griffen Hazor an. Die Stadt wurde geplündert und dann in Brand gesteckt. Das Buch Josua schreibt die Eroberung und Zerstörung dem Nachfolger des Mose zu, doch aller Wahrscheinlichkeit nach war Josua nicht verantwortlich für die Vernichtung der Weltstadt Hazor. Er muß schon seit einer Generation tot gewesen sein.

Daß Hazor in jener Zeit, am Ende des 13. Jahrhunderts v. Chr., tatsächlich vernichtet worden ist, beweisen die Ergebnisse der Ausgrabungen. Im oberen Teil der Stadt sind noch Reste eines palastähnlichen Gebäudes zu erkennen, der aus Tonziegeln erbaut worden war. Viele der erhaltenen Ziegel sind intensiv im Feuer gehärtet. Dies wird als Hinweis darauf gewertet, daß der Palast durch Brand zur Ruine wurde.

Der Gedanke liegt nahe, damals sei auch der Darstellung des Mondgottes im Heiligtum von Hazor der Kopf abgeschlagen worden. Tatsächlich endete mit dem 13. Jahrhundert v. Chr. die Zeit der Besiedlung des Stadtgebiets im oberen Jordantal durch Bewohner, die den ursprünglichen Völkern des Landes Kanaan zuzurechnen sind. Familien des jüdischen Volkes nahmen nach und nach den Platz über dem Jordan in Besitz. Die neuen Bewohner werden von den Historikern der Zivilisationsstufe der Halbnomaden zugeordnet, die keine eigenen festen Häuser bauten, sondern Zelte über die Ruinen breiteten, um sich selbst und die Herden darunter zu bergen. Sie werden den Glauben an den einen und allmächtigen Gott nach Hazor mitgebracht haben. Kaum anzunehmen ist, daß sie noch den Mondgott angebetet haben oder daß sie zu denen gehörten, »die taten, was Gott mißfiel« (Ri 6,1) – zu denen also, die bereits von Gott abgefallen waren, um sich den bisherigen Göttern des Landes Kanaan zuzuwenden. Der abgeschlagene Kopf neben dem Rumpf des sitzenden Mannes aus Stein ist eher ein Beweis für die radikale Ablehnung der alten Götterwelt durch überzeugte Anhänger eines Gottes, der nicht bildhaft dargestellt werden durfte.

Der Jordan
als Mittelachse jüdischen Landes

Noch fehlt ein Zentrum der Macht

Die jüdischen Familien, die nach der Zerstörung von Hazor in den Ruinen der Stadt und auf dem Weideland im oberen Jordantal lebten, nahmen das Land nordwärts des Sees Gennesaret nicht auf Dauer in Besitz. Sie lösten nicht einfach die Menschen ab, die im Bau der Weltstadt gelebt und wohl im Verlauf der Eroberung ihr Leben verloren hatten. Das obere Jordantal hat deshalb nach dem Abschluß der Phase der Landnahme im 12. Jahrhundert v. Chr. nicht zum zusammenhängenden Siedlungsgebiet des jüdischen Volkes gehört.

Die Mittelachse im Reich der Stämme bildeten der Jordan und das Tote Meer. Vom Fluß und vom Salzsee aus erstreckte sich die eroberte Region über das Bergland an beiden Ufern in West und Ost. Sie hatte eine in sich geschlossene Form und wäre daher leicht zu verteidigen gewesen, wenn sich nicht strategische Probleme ergeben hätten. Das eine dieser Probleme entstand durch eine Enklave. Mitten im Grenzgebiet zwischen den Familien Juda und Benjamin lag eine Festung, die noch nicht hatte erobert werden können: Jerusalem. Dort lebte die Sippe der Jebusiter, deren Herkunft unbekannt ist. Sie waren Verbündete der Ägypter gewesen, hatten aber nach dem Schwinden des Einflusses der Pharaonen im Land zwischen Jordan und Mittelmeer ihre Unabhängigkeit bewahren können. Niemand hatte es gewagt, von ihnen Tribut zu verlangen. Sie besaßen eine Festung, auf die Verlaß war: Geschützt durch Abhänge und Mauern bewahrten die Jebusiter ihren Stolz mitten im eroberten Gebiet.

Je länger die Jebusiter ein Machtfaktor blieben, desto mehr wuchs im Bewußtsein der führenden Männer der Stämme Juda, Benjamin, Efraim und Manasse das Gefühl, Jerusalem müsse unbedingt erobert werden, denn diese Stadt sei wie keine andere dafür geschaffen, Mittelpunkt des jüdischen Siedlungsgebietes zu sein. Doch die Zeit war noch lange nicht reif dafür. Vorerst besaß das Land der Juden weiterhin keinen Mittelpunkt, sondern eine Mittelachse: den Fluß. An seinem Ufer existierte noch immer das Lager Gilgal, die erste Station der jüdischen Sippen auf dem Weg über den Jordan nach Westen. Die Erinnerungsstätte – die Steine, die Josua hatte aufhäufen lassen – war noch zu sehen. Aus den Bibeltexten ist auch zu erkennen, daß »hölzernes Schnitzwerk« den Ausgangspunkt der Landnahme markierte. Gemeint ist wohl eine Art Mahnmal für die Taten des Josua, des letzten Befehlshabers, der absolute Gewalt besessen hatte.

Sicher gingen die Gedanken der Menschen, die ins von Gott versprochene Land gezogen waren, häufig zurück in die Zeit von Mose und dessen Nachfolger. Damals hatten die Sippen ein Machtzentrum besessen, das führte und dem unbedingt zu gehorchen war. Zu dieser Zeit spürte das Land den Mangel, von keiner starken Faust gelenkt zu werden. In den Texten des Buches Richter zeigt sich dies deutlich: »In jenen Tagen gab es keinen König in Israel, und so tat jeder das, was ihm beliebte.« (Ri 17,6) Das Land hatte noch keine Hauptstadt und auch noch keine Führungspersönlichkeit, die alles – Land und Volk – zusammenhielt.

Das zweite strategische Problem entstand dadurch, daß der Anschluß von Exklaven mißlungen war. Westlich des Sees Gennesaret saßen die Stämme Naftali, Sebulon und Issachar. Obgleich in ihrem Gebiet der Einfluß der bisherigen Herrscher des Landes Kanaan nach dem Sieg am Berg Tabor über den Streitwagenverband aus Hazor hatte gebrochen werden können, war es den drei Stämmen nicht möglich gewesen, die Ebene von Jesreel, südlich des Berges Tabor, zu besiedeln. Ein Korridor bestand vom Jordan herauf nach Westen, der das Hauptland der jüdischen Familien vom Gebiet Naftali, Sebulon und Issachar trennte. Das einheitliche Staatsgebiet war noch nicht geschaffen.

Ein Stamm aber war offenbar aus dem Gebiet, das ihm gehören sollte, hinausgedrängt worden – die Sippe Dan. Diesem wohl kleinen Zweig des jüdischen Volkes war Boden in der Region westlich von Jerusalem zugedacht gewesen. Doch der Versuch, sich festzusetzen, schlug fehl: Die ursprüngliche Bevölkerung wollte sich die fruchtbaren Teile ihres Heimatbodens nicht wegnehmen lassen und schnürte den bereits von Dan besetzten Lebensraum mehr und mehr ein. Es blieb der Sippe schließlich nichts anderes übrig, als nach Norden auszuweichen. Plündernd zog sie durch das Bergland, das der doch ebenfalls jüdischen Großfamilie Efraim gehörte. 600 Männer, so berichtet das Buch Richter, hatte der Clan Dan mit Waffen versehen können.

Wie einst Mose hatte die Stammesführung Kundschafter ausgeschickt, die Land suchen sollten, dessen Besitzer nicht auf den Verteidigungsfall vorbereitet waren. Die Spione fanden am Oberlauf des Jordan, an den Abhängen des Hermongebirges, das, was ihnen zu suchen aufgetragen war. Bei der Rückkehr zum Stamm konnten sie berichten: »Wir sahen, daß das Land sehr schön ist! Kommt ihr dorthin, so trefft ihr auf ein sorgloses Volk. Das Land erstreckt sich weit und breit. Fürwahr, Gott gibt euch ein Land in die Hand, wo es an nichts mangelt!« (Ri 18,9–10)

Die Aufforderung der Kundschafter wurde befolgt. Die Großfamilie Dan überquerte ostwärts von Bet-Schean den Jordan und folgte seinem Ufer bis zum See Gennesaret. Dann machte sie einen Bogen durch unbesiedeltes Gebiet. So erreichte sie unentdeckt die Stadt Lajisch. Ohne einen Grund zu haben – dies betont das Buch Richter ausdrücklich –, überfielen sie »die ruhigen und sorglosen Leute. Sie schlugen sie mit der Schärfe des Schwertes und zündeten Lajisch an.« (Ri 18,27)

Lajisch unterstand der Oberhoheit der Stadt Saida im heutigen Libanon; doch von dort kam keine Hilfe. Die Verantwortlichen in Saida schickten auch keine Strafexpedition. Ohne behelligt zu werden, konnten die Männer der Familie Dan die Stadt wieder bewohnbar machen. Sie hieß künftig »Stadt Dan«.

Der Platz, an dem sich die Siedlung einst befand, heißt heute Tell al Qadi, Hügel des Richters. An seinem Fuß befindet sich die Quelle eines der Flüsse, die den Jordan bilden. Von hier aus ist das Hermongebirge besonders gut zu erkennen. 3000 Meter hoch ragt sein Massiv; es ist fast das ganze Jahr hindurch schneebedeckt. Majestätisch ist sein Anblick. Er hat schon die ursprüngliche Bevölkerung des Landes Kanaan dazu veranlaßt zu glauben, der Hermon sei der Sitz der Götter. Das Buch Richter (3,3) spricht vom »Berg Baal-Hermon« und sagt damit aus, daß auf ihm der regionale Baal-Gott zu Hause sei. Der wiederum sorgte, nach Meinung der Bewohner des oberen Jordantals, für das lebenspendende Wasser.

Der Überfluß an Wasser war einer der Gründe gewesen, warum – wie das Buch Richter berichtet – das Land so schön war und die Menschen vor dem Überfall durch die Sippe Dan so ruhig und sorglos gewesen waren. Sie konnten sich darauf verlassen, daß ihre Felder nie trocken und dürr wurden. Einen zweiten Grund für Ruhe und Sorglosigkeit ließen die Ausgrabungen am Tell al Qadi erkennen, die seit dem Jahre 1965 ausgeführt wurden: Die Stadt, die einst Lajisch geheißen hatte, war schon seit ihrer Frühzeit mit außerordentlich starken Befestigungen ausgestattet. Dicker und höher als sonst üblich müssen die Mauern gewesen sein. Spuren deuten auf häufige Brände im Stadtgebiet während des 3. Jahrtausends v. Chr. hin – doch die Mauern waren nie zerstört worden. Die Archäologen schließen daraus, daß Lajisch bis zum Überfall durch den Stamm Dan nie erobert worden ist.

Die Brände hatten die Stadt zwar zeitweilig unbewohnbar gemacht – manchmal lebte dort über Jahrhunderte hin niemand –, doch dann, auch das machen die Ausgrabungen deutlich, siedelten sich wieder Menschen innerhalb des wuchtigen Mauerrings an. Sie benützten die Ruinen als Fundamente neuer Gebäude und vertrauten ihre Sicherheit den alten Befestigungen an.

Die Ausgrabungen geben keine Auskunft darüber, wie es den Bewaffneten des Stammes Dan gelang, die Mauern zu überwinden, die allen, die dahinter wohnten, das feste Gefühl der Sicherheit eingeflößt hatten. Keiner der Archäologen, die sich um die Geheimnisse von Tell al Qadi kümmerten, konnte Beschädigungen der Festungsanlagen bemerken. Festzustellen ist allerdings, daß die Stadt im frühen 11. Jahrhundert v. Chr. niedergebrannt worden ist. Die Zerstörung wird wohl mit Recht in Zusammenhang gebracht mit der im Buch Richter erzählten Eroberung durch den Stamm, der in der zuerst gewählten Heimat nicht hatte Fuß fassen können.

Auch die Eroberer folgten dem Brauch, ihre Häuser auf den Grundriß der früheren Gebäude zu stellen. Doch sie konnten offenbar nicht den gesamten Raum innerhalb der Mauern füllen – der Stamm Dan war also weniger zahlreich an Menschen als die Sippe, die zuvor Lajisch bewohnt hatte. Der Mangel an Verteidigern kann Ursache gewesen sein, warum die Stadt Dan zwei Generationen nach der Eroberung bereits wieder zerstört worden ist. Entsprechende Brandspuren werden von den Spezialisten einer Feuersbrunst am Ende des 11. Jahrhunderts v. Chr. zugeschrieben, die alle Häuser verwüstet hat. Scherben weisen darauf hin, daß die Hauseinrichtungen damals gewaltsam zerstört worden sind.

Gefahr droht von den »Söhnen des Ostens«

Das Fehlen einer Zentralmacht wirkte sich in jenen Jahren, in denen die Landnahme zu Ende ging, ungünstig auf den Prozeß der inneren Festigung aus. »Die Söhne des Ostens«, so nennt sie der Bericht des Alten Testaments, brachen über das Jordantal herein. Gemeint sind vor allem die Männer des Volkes Midian, das an der Westküste der Arabischen Halbinsel zu Hause war. Das Volk hatte sich darauf spezialisiert, Handel zu treiben zwischen weit entlegenen Gebieten. Seine Händler waren die Herren der Karawanenroute, die vom Mittelmeer her die Städte des Landes Kanaan berührte und durch die Wüste weiterführte in den Jemen.

Die Karawanenführer hatten wohl festgestellt, daß das Land um den Jordan nicht in festen Händen war, daß den jüdischen Sippen ein gemeinsames Oberkommando über die Bewaffneten fehlte. Auch war der Mangel an Zusammenhalt zwischen den Sippen spürbar; jede der Großfamilien lebte für sich, von den anderen abgegrenzt. Ein Land, in dem derartige Zustände herrschten, mußte als geeignetes Ziel für Raubzüge erscheinen. So hatte es sich das Volk Midian angewöhnt, immer dann das Jordanland heimzusuchen, wenn dort die Ernte bevorstand. Allerdings folgten die Midianiter nicht dem traditionellen Brauch der »Razzien«, die aus raschem Schlag und raschem Rückzug bestanden, sondern sie ließen sich Zeit: Sie brachten jeweils auch ihre Herden mit; die Tiere sollten sich satt fressen auf den Feldern rings um den Fluß. »Sie kamen in ungeheuerer Menge, wie Heuschreckenschwärme«, so berichtet das Buch Richter. »Sie besetzten das Land, um es zu verheeren.« (Ri 6,5)

Die Not zwang die jüdischen Sippen dazu, eine gemeinsame Strategie zu entwickeln. Sie besannen sich zuallererst auf ihren gemeinsamen Gott, der sie vor gar nicht allzu langer Zeit durch die Wüste bis an den Jordan geführt hatte. Einer der Männer, die besonders eindringlich den Kontakt zu diesem Gott suchten, hieß Gideon. Er gehörte zu denen, die das Land bebauten und sich besonders über die Plünderung der Ernte durch das Volk von der Arabischen Halbinsel ärgerten. Erzählt wird, Gideons Vater habe nicht an den Gott der Juden geglaubt, sondern habe Baal angebetet – obgleich er Jude war. Mit der Anbetung dieses Gottes stand der Vater nicht allein. Seine Glaubensbrüder empörten sich, als sie sahen, daß Gideon den Altar des Baal über Nacht umgestoßen hatte. Sie verlangten Gideons Tod. Doch der Vater sprach den vernünftigen Satz: »Ist Baal ein Gott, so mag er sich selbst rächen an dem, der sein Standbild niedergerissen hat.« (Ri 6,31)

Daß er das Götterbild gestürzt und diese Tat überlebt hatte, ohne von Baals Rache getroffen worden zu sein, machte aus Gideon einen Mann, der respektiert wurde – nicht allein von der eigenen Familie, sondern auch von einem Teil der anderen jüdischen Sippen. Die Stämme Naftali und Manasse, in deren Gebiet die Reiter des Volkes Midian eingedrungen waren, organisierten auf Gideons Rat hin Widerstand. Darauf waren die Eindringlinge nicht gefaßt. In Verwirrung flohen sie in Richtung Jordan. Am Fluß aber warteten Kämpfer des Stammes Efraim auf die Flüchtenden. Sie kontrollierten die einzige Furt, die in der Mitte des Flußlaufs zwischen See Gennesaret und Totem Meer zu finden war. Obgleich sie diesen strategisch wichtigen Platz besetzt hielten, gelang es ihnen nicht, den gesamten Verband der Midianiter aufzureiben. Viele der Gegner konnten über den Fluß flüchten. Wer ein Reittier besaß, der war nicht unbedingt auf die Furt angewiesen. So erreichten auch die beiden Fürsten des Volkes Midian das andere Ufer des Jordan. Doch bald schon, als sie aus dem Tal ins Gebirge hinaufritten, wurden sie gefangengenommen und gleich darauf getötet. »Ihre Köpfe brachte man zu Gideon über den Jordan hinüber.« (Ri 7,25)

Da hatte eine Führerpersönlichkeit durch Tatkraft, Verstand und Überzeugungsvermögen die Voraussetzung für den eindrucksvollen Sieg am Jordan geschaffen. Die politisch Denkenden aus den jüdischen Stämmen erkannten die Vorteile, die ein zentrales Oberkommando bot. Sie forderten Gideon deshalb auf: »Werde Herrscher über uns, du, dein Sohn und dein Enkel! Du hast uns ja aus der Gewalt der Midianiter gerettet!« (Ri 8,22) Eine Dynastie sollte gegründet werden, eine Erbfolge in direkter Linie. Doch Gideon lehnte das Angebot für sich und seine Nachkommen ab mit dem Argument, nur Gott allein dürfe der Herrscher des jüdischen Volkes sein. Es blieb dabei: »Zu jener Zeit gab es noch keinen König in Israel.«

Klage führten bald darauf die jüdischen Familien am Ostufer des Jordan. Die ursprüngliche Bevölkerung im Hügelland um die heutige Stadt Amman, im Alten Testament Ammoniter genannt, erholte sich und versuchte die Siedler zu vertreiben, deren Vorfahren aus Ägypten gekommen waren. Möglich ist, daß die jüdischen Familien am Jordanostufer den Eindruck erweckten, sie seien haltlos und schwankend in ihrem Glauben. Die Überlieferung erinnert daran, daß »die Israeliten wieder taten, was dem Herrn mißfiel. Sie dienten dem Gott Baal.« (Ri 10,6) Die Mächtigen der Ammoniter, deren Gott ja ebenfalls Baal war, sahen sich durch die Baalsanbetung der jüdischen Siedler wohl ermutigt, diese »Glaubensbrüder« unter ihre Herrschaft zu bringen.

Die Berichte des Alten Testaments lassen ahnen, daß die jüdischen Sippen im Osten des Jordan nicht in Dörfern und Städten wohnten. Sie waren Nomaden, die in Zelten hausten – und die sich nicht darum kümmerten, unter welchen Bedingungen die Nachbarsippen lebten, solange nur sie unbehelligt blieben. Der Zugriff der Ammoniter sorgte dafür, daß die Familien Zusammenhalt suchten. Sie brauchten vor allem jemand, der Kampferfahrung besaß und der kommandieren konnte.

Dieser eine war zu finden: ein Mann namens Jiftach, der in seiner Familie mißachtet war, weil ihn keine rechtmäßige Ehefrau geboren hatte. Er galt als »Hurenkind« unter den Verwandten. Aus Zorn über die Mißachtung hatte Jiftach im Bergland ostwärts des Jordan eine Räuberbande gegründet, die darauf spezialisiert war, Karawanen zu überfallen. Da diese Warentransporte meist ganz gut bewacht waren, benötigte Jiftach für die Angriffe mutige und kampferprobte Männer. Vor allem hatte er selbst Erfahrungen sammeln können – und deshalb erschien er den Ältesten der im Ostjordanland bedrohten Familien als der geeignete Befehlshaber in einer Auseinandersetzung mit den Ammonitern. Jiftach war bereit, die Verantwortung für die Kriegführung zu übernehmen.

Er begann den Konflikt mit diplomatischem Geplänkel. Er ließ die Herrschenden im Lande Ammon fragen, aus welchem Grunde sie den jüdischen Siedlern ihr Land wegnehmen wollten. Er bekam als Antwort zu hören: »Israel hat das Land weggestohlen. Das war geschehen, als es aus Ägypten herkam. Es hat das Land genommen vom Arnon bis zum Jabbok und bis zum Jordan. Gib es also jetzt friedlich wieder heraus!« (Ri 11,13)

Erneut schickte Jiftach einen Boten zum Fürsten im Lande Ammon, der in der Gegend der jetzigen jordanischen Hauptstadt zu finden war. Das Buch Richter erzählt, dieser Text sei zu überbringen gewesen:

»So spricht Jiftach: Israel hat das Land der Moabiter und Ammoniter nicht weggestohlen. Nein, als Israel aus Ägypten fortzog, kam es durch die Wüste an das Schilfmeer und von dort nach Kadesch-Barnea. Israel schickte Gesandte an den König von Edom mit der Bitte: ›Ich möchte durch dein Land hindurchziehen!‹ Der König von Edom aber hörte nicht darauf. Auch an den König von Moab wandte man sich, doch der wollte auch nicht. So blieb Israel in Kadesch-Barnea. Es wanderte dann durch die Wüste, umzog das Land Edom und das Land Moab. Die Sippe lagerte jenseits des Arnon. In das Gebiet von Moab kam sie nicht, denn der Arnon bildet die Grenze von Moab. Nun schickte Israel Gesandte an Sihon, den König von Heschbon. Israel bat ihn: ›Laß mich doch durch dein Land zu meinem Reiseziel!‹ Doch Sihon verweigerte Israel den Durchzug durch sein Land. Er zog alle seine Truppen zusammen und begann den Kampf gegen Israel. Aber der Herr, der Gott Israels, gab König Sihon und all sein Kriegsvolk in die Gewalt Israels. Dann besetzte Israel das ganze Land der Ammoniter, der Einwohner jenes Landes. Sie nahmen das ganze Gebiet der Ammoniter in Besitz, vom Arnon bis zum Jordan.« (Ri 11,15–22)

Jiftach argumentierte im nachfolgenden Text, daß das Volk Ammon keine Rechtsansprüche habe auf das Siedlungsgebiet der jüdischen Familien ostwärts des Jordan, denn es sei damals, zur Zeit der Landnahme, nicht Eigentum der Ammoniter gewesen. Die kriegerische Auseinandersetzung, die vom Fürsten der Ammoniter vom Zaum gebrochen wurde, sei deshalb ein Unrecht. Jiftach appellierte an den Fürsten, er möge den Überfällen seiner Krieger ein Ende setzen.

Die Kämpfer des Volkes Ammon fühlten sich den schlecht bewaffneten Halbnomaden im Land am Ostufer des Jordan wohl überlegen. Ihr Herrscher nahm deshalb die Erklärung des Jiftach gar nicht zur Kenntnis. Diese Harthörigkeit hatte er allerdings bald zu bereuen, denn die

Entschlossenheit der jüdischen Familien, nicht nachzugeben, entschied den Kampf. Die angreifenden Ammoniter konnten die Front der Nomadenkämpfer nicht durchbrechen. Als Jiftachs Männer dann zum Angriff übergingen, besaßen die Ammoniter keine Kraft mehr standzuhalten – »sie mußten sich vor den Israeliten demütigen« (Ri 11,33).

Unmittelbar nach diesem Erfolg geschah es, daß sich die Verantwortlichen des Stammes Efraim, dem das Westufergebiet des Jordan gehörte, von Jiftach übergangen fühlten, denn sie hatte der Befehlshaber nicht aufgefordert, am Abwehrkampf im Land am anderen Ufer teilzunehmen. Die Sippe Efraim hatte damit auch kein Recht, einen Anteil an der Beute zu fordern. Auf ruppige Art beschimpften die Anführer deshalb den Sieger des Krieges gegen die Ammoniter. Sie drohten ganz offen, ihm das Haus über dem Kopf anzuzünden. Erklärungen und Entschuldigungen aus dem Mund Jiftachs wollten sie gar nicht anhören. Aus dem Wortstreit entwickelte sich bald ein Bürgerkrieg. An der Jordanfurt, in der Nähe der heutigen Damiya Bridge, wurde er ausgefochten.

Dort, am Ostufer des Flusses, befand sich damals eine Kleinstadt, die Adam genannt wurde. Der Ortsname ist auf Dokumenten aus Archiven des Pharaos Scheschong zu finden – die Schreibweise am Nil war Adama. Durch Abschleifung des »A« am Anfang des Wortes und durch Einschub des Vokals »i« hat sich der heutige Name der Gegend gebildet, »Damiya«. Überreste der Stadt haben Archäologen in der Bodenerhebung Tell ad Damiya gefunden.

Die Festung Adam wurde zum Hauptquartier des Siegers gegen die Ammoniter. Die Empörten aus dem Stamm Efraim ließen sich vor den Toren nieder. In ihrer Enttäuschung und Wut vollführten sie Drohgebärden und lautes Geschrei. Schließlich befanden sich so viele Efraimiten vor den Mauern der Stadt, daß sich Jiftach belagert fühlen mußte. Er schickte deshalb Boten aus zu den Weideplätzen im Ostjordanland mit dem Auftrag, Männer zusammenzuholen, die bereit waren, die Festung Adam zu entsetzen.

Noch ehe er den Kampf gegen die Belagerer begann, beorderte Jiftach besonders mutige Kämpfer zur Jordanfurt. Sie sollten verhindern, daß sich, wenn der Kampf für die Belagerer unglücklich ausging, eine größere Zahl der Efraimiten hinüber in die Heimat retten konnte. Die Wächter der Furt hatten darauf zu achten, ob Männer, die von Ost nach West die Furt durchqueren wollten, Worte aussprechen konnten, die mit »Sch« begannen (Ri 12,6). Waren die Furtbenützer nur in der Lage, Worte korrekt zu sprechen, die mit »S« anfingen, waren sie sofort zu töten. Offenbar hatten die Angehörigen der Sippe Efraim Schwierigkeiten mit der Aussprache des »Sch«.

Die Wächter an der Jordanfurt brauchten nicht lange zu warten, da trafen am Fluß Männer ein, die es eilig hatten, durch das flache Wasser zu waten. Die Kämpfer des Jiftach fragten jeden einzelnen, ob er zum Stamme Efraim gehörte. Die Antwort war immer »Nein«. Dann mußte der Wanderer ein Wort aussprechen, das mit »Sch« begann. Gelang es ihm, durfte er passieren. Jeder, der scheiterte, wurde niedergestochen. Seine Leiche fiel ins Jordanwasser. Das Buch Richter gibt die Zahl der Efraimiten, die damals am Fluß starben, mit 42 000 an. Die Zahl ist nicht ernst zu nehmen.

Als Klage über die Zustände im Land östlich und westlich des Jordan ist es zu verstehen, wenn Erzählungen des Alten Testaments mit der immer gleichen Formel beginnen: »Es geschah in jenen Tagen, da es keinen König in Israel gab.« In den Berichten spiegelt sich der Zustand der menschlichen Gesellschaft im Land zwischen Jordan und Mittelmeer. Nichts war mehr zu spüren vom hohen moralischen Standard, den Mose dem jüdischen Volk aufgezwungen hatte. Festzustellen ist die Rückkehr zu Gebräuchen, die einst in der Stadt Sodom am Salzmeer üblich waren.

Da war ein junger Mann aus dem Stamm Levi unterwegs im Westjordanland; er wurde von einer seiner Frauen begleitet. In Jerusalem, das damals noch Jebus hieß, hatte er nicht übernachten wollen, weil er Angst hatte vor den Bewohnern, die nicht zu den jüdischen Sippen gehörten. In der Stadt Gibea die Nacht zu verbringen war seine Absicht. Dort fand er tatsächlich jemanden, der ihn bei sich aufnahm. Diesem gastfreundlichen Mann geschah dasselbe, was einst Lot in Sodom erleben mußte: Leute pochten an die Tür des Hauses und sprachen zu dem Hausbesitzer: »Gib uns den Mann heraus, der in dein Haus eingekehrt ist, wir wollen ihm beiwohnen.« (Ri 19,22) Der Gastgeber fühlte sich verpflichtet, den jungen Mann vor homosexueller Aggression zu schützen, und wollte die Männer zur Vernunft bringen: »Meine Brüder! Handelt doch nicht so abscheulich. Begeht nicht eine derartige verruchte Tat!«

Lot hatte einst zwei Engel in sein Haus in Sodom aufgenommen, an denen sich die erotische Lust der Stadtbewohner entfacht hatte – die Engel hatten sich damals selbst helfen können. Der Gastgeber in Gibea aber hatte einen jungen Mann aus Fleisch und Blut bei sich, den Verzweiflung packte. Als der Hausbesitzer die Angst des Gastes erkannte, machte er den Männern, die einen Gast aus dem Stamm Levi vergewaltigen wollten, einen Vorschlag: »Meine Tochter, die noch Jungfrau ist, und seine Frau will ich euch herausschaffen, denen könnt ihr Gewalt antun und mit ihnen machen, was euch beliebt. An diesem Mann aber begeht bitte keine ruchlose Tat!« (Ri 19,24)

Die Leute draußen vor dem Haus aber waren keineswegs an Frauen interessiert, auch nicht an einem noch unberührten Mädchen. Sie wollten Lust finden bei dem jungen Mann. Der aber handelte entschlossen: »Er ergriff seine Frau und schob sie hinaus ins Freie. Man mißbrauchte sie, und sie trieben ihren Mutwillen an ihr die ganze Nacht bis zum Morgengrauen. Erst als die Morgenröte heraufstieg, ließ man sie fort. Als die Frau beim Anbruch des Tages zurückgekehrt war, brach sie am Eingang des Hauses, in dem ihr Eheherr schlief, zusammen und lag dort, bis es hell war.« (Ri 19,25–26)

Das Buch Richter bezeichnet das Opfer der Massenvergewaltigung als »Nebenfrau« des Mannes aus dem Stamm Levi, als weibliches Wesen, das nicht das Recht besaß, den vollen Schutz der Sippe zu genießen. Sie war eine Art Gebrauchsobjekt zum Vergnügen des Mannes. Ihre Kinder waren, wie sie selbst, im Clan nicht voll anerkannt – wie der Fall des Jiftach zeigt, der als »Hurensohn« gegolten hat, weil seine Mutter rechtlich nicht Ehefrau gewesen war. Eine Frau, die rechtlos war, konnte von ihrem Besitzer einer Bande zur Vergewaltigung übergeben werden, wenn dies seinen Interessen entsprach.

Der biblische Bericht läßt keinen Zweifel daran, daß der Mann die Nacht im Hause seines Gastgebers in gutem, tiefem Schlaf verbrachte: »Ihr Herr erhob sich am Morgen, öffnete die Haustüre und trat hinaus, um seine Wanderung fortzusetzen. Da lag das Weib, seine Nebenfrau, am Hauseingang, mit ihren Händen auf der Schwelle. Er sprach zu ihr: ›Steh auf, wir wollen gehen!‹ Aber es antwortete niemand. Da lud er sie auf seinen Esel und wanderte zurück an seinen Wohnort.« (Ri 19,27–28)

Nun wäre es Zeit gewesen, die Frau zu bestatten. Der Mann aus dem Stamme Levi aber hatte andere Absichten: »Er nahm das Messer, ergriff seine Nebenfrau und zerstückelte sie gliedweise in zwölf Teile und schickte sie in das ganze Gebiet von Israel.« (Ri 19,29)

Für die Anführer der Stämme waren die Leichenteile das Zeichen dafür, daß ein Verbrechen, ein Frevel begangen worden war und daß jemand Anklage erheben wollte vor der Versammlung aller jüdischen Sippen. Berichtet wird ausdrücklich, auch an die Stämme ostwärts des Jordan seien Stücke der Leiche geschickt worden, und ebenso an die Großfamilie Dan, die im Quellgebiet des Flusses lebte. Das Zeichen veranlaßte die Stämme, ein Treffen verantwortlicher Männer zu vereinbaren. Sie einigten sich auf die Stadt Mizpa als Treffpunkt. Sie liegt etwa zehn Kilometer nördlich des Ortes Gibea, in dem die Frau vergewaltigt worden war.

Mizpa gehörte zum Gebiet des Stammes Benjamin. Diese Sippe wurde angeklagt, den Tod der Frau verschuldet zu haben. Dann wurden sie aufgefordert, die Übeltäter auszuliefern, damit sie bestraft werden könnten. Die führenden Köpfe in Gibea aber weigerten sich, diesem Ansinnen nachzukommen. Die in Mizpa versammelten Anführer der jüdischen Stämme machten daraufhin die Gesamtheit der Sippe Benjamin haftbar für den Frevel, der in Gibea geschehen war. Sie beschlossen die Vernichtung des Stammes, der eine Freveltat deckte. Elf Stämme rüsteten sich zum Bürgerkrieg gegen die eine Sippe, deren Gebiet sich vom Jordan nach Westen, ins Bergland hinein, erstreckte.

Erzählt wird, die Männer des Stammes Benjamin seien mutige und geschickte Kämpfer gewesen. Zwei Tage lang hielten sie der Übermacht stand. An beiden Tagen konnten sie sich bei Einbruch der Nacht als Gewinner betrachten. Dann allerdings wurden sie leichtsinnig, weil sie das Gefühl hatten, das Kriegsglück sei nun für immer auf ihrer Seite. Sie bemerkten auch am dritten Tag Anzeichen, daß die Gegner nahe daran waren, die Nerven zu verlieren und sich zurückzuziehen. Doch als die Kämpfer des Stammes Benjamin sich eben anschickten, ihre Feinde zu verfolgen, erkannten sie, daß sich die vermeintlich Flüchtenden umwandten und zum Angriff übergingen. Eine zweite Überraschung war von noch größerer Wirkung: Einem Teil der Bewaffneten, die gegen Benjamin kämpften, war es gelungen, in die Stadt Gibea einzudringen und sie in Brand zu stecken. Eine Rauchsäule stand über Gibea. Deren Ursache war den Bewohnern der Stadt, die draußen kämpften, nicht bekannt. Ein Augenblick der Verwirrung genügte, um die Front der Kämpfer des Clans Benjamin zum Einsturz zu bringen. Sie suchten Rettung in der Flucht Richtung Jordan. Doch, so lautet der Bericht, gelang es keinem, den Fluß zu erreichen.

Die Sieger kamen bald zur Erkenntnis, daß der Bürgerkrieg gegen Benjamin durch Versöhnung beendet werden müsse. »Mit der Schärfe des Schwertes« war die Sippe geschlagen worden. Verwüstet waren die Siedlungen. Frauen und Kinder waren getötet worden. Am Leben geblieben waren Kämpfer, von denen viele nun kein Zuhause und keine Familie mehr besaßen. Die Sieger fühlten sich für den Fortbestand des Stammes Benjamin veranwortlich. Den Unterlegenen mußte die Möglichkeit zur Gründung neuer Familien gegeben werden.

Nun hatten aber, als der Bürgerkrieg gegen Benjamin beschlossen wurde, die Führer der verbündeten Sippen den Schwur geleistet, aus ihren Familien den Männern von Benjamin für alle Zeiten keine Mädchen zur Frau zu geben. Der unterlegene Stamm konnte freilich nur überleben, wenn Frauen für die Männer gefunden wurden. Sie mußten jedoch aus jüdischen Familien stammen, denn nur die Kinder jüdischer Mütter konnten wieder als Juden gelten. Dem stand nun der Schwur entgegen, der verhinderte, daß Jüdinnen Männer aus Benjamin heirateten. Da kam jemand auf einen Ausweg; er wurde möglich durch einen zweiten Schwur, den die Stammesvertreter zur Zeit der Beratungen ihres Vorgehens gegen Benjamin geleistet hatten: Die Familien, die sich nicht am Bürgerkrieg beteiligten, sollten ausgerottet werden; alle sollten sterben, Männer und Frauen. Die Überlegung der Sieger war nun, die Frauen dieser Familien, die unbestritten Jüdinnen waren und trotzdem ihr Recht auf Leben verwirkt hatten, den frauenlosen Männern der Sippe Benjamin zu geben.

Die Suche nach einer Großfamilie, die sich nicht am Bürgerkrieg beteiligt hatte, war schließlich erfolgreich: Die Bewohner der Ortschaft Jabesch hatten sich vor der Verpflichtung, gegen Gibea zu kämpfen, gedrückt.

Jabesch lag östlich des Jordan. Von dieser Siedlung ist keine Spur mehr vorhanden. Sie muß auch in der Zeit, aus der berichtet wird, unbedeutend gewesen sein: eher eine Ansammlung von Zelten als von festen Häusern. Jabesch war einer der Orte im Gebiet ostwärts des Flusses, um den sich Halbnomaden angesiedelt hatten. Anzunehmen ist, daß die Männer der Großfamilie, die in Jabesch lebte, überhaupt nichts vom Aufruf zum Bürgerkrieg gegen Benjamin gehört hatten. Doch die Ursache ihres Fernbleibens wurde gar nicht erst untersucht. Ein starker Verband Bewaffneter erhielt diese Anweisung: »Geht hin und schlagt die Bewohner von Jabesch in Gilead mit der Schärfe des Schwertes, auch Frauen und Kinder!« Doch dieser Befehl wurde durch einen Zusatz ergänzt: Die Frauen von Jabesch sollten untersucht werden, ob sie mit einem Mann zusammengewesen waren oder nicht. Wurde festgestellt, daß eine Frau nicht mehr jungfräulich war, sollte sie, zusammen mit den Männern, getötet werden. Jungfrauen aber waren zu schonen.

Das Buch Richter erzählt, 400 Mädchen hätten sich in Jabesch als unberührt erwiesen. Sie wurden aus dem Gebiet am Ostufer des Jordan weggeführt und hinübergebracht über den Fluß – als Friedensgabe an die Männer aus dem Stamm Benjamin, die den Bürgerkrieg überlebt hatten. Doch der überlieferte Bericht läßt auch wissen, daß die 400 Mädchen nicht ausgereicht hätten. Den Männern, die noch immer keine Frauen hatten, sei empfohlen worden, sich junge Mädchen zu rauben. Auch dies sei ein Ausweg aus der durch Eid festgelegten Verpflichtung, kein jüdischer Stamm dürfe eine Frau an einen Mann aus Benjamin geben. Frauen, die geraubt wurden, waren aber nicht freiwillig hergegeben worden. Ihre Väter hatten somit den Eid nicht gebrochen. Das Buch Richter schließt mit folgender Erzählung:

»Die Ältesten der Stämme sprachen: ›Wie können wir denen zu Frauen verhelfen, die noch immer keine besitzen? In Benjamin sind die

Frauen ausgerottet! Wir selbst aber können ihnen von unseren Töchtern keine Frauen geben, denn wir hatten geschworen: Verflucht sei, wer an Benjamin eine Frau gibt!‹ Sie sagten also: ›Wir halten doch in jedem Jahr das Fest des Herrn in der Stadt Schilo. Gehet hin und legt euch in den Weinbergen auf die Lauer. Seht ihr dann, wie die Töchter von Schilo herauskommen, um ihre Reigen zu tanzen, dann brecht aus den Weinbergen hervor, und jeder von euch raube sich eine Frau aus den Töchtern von Schilo und entfliehe in das Land Benjamin. Sollten etwa die Väter oder Brüder der Frauen kommen, um sich bei uns über euch zu beklagen, dann werden wir ihnen sagen: ›Habt doch Mitleid mit den Männern von Benjamin. Ihr habt ihnen die Frauen doch nicht freiwillig gegeben. Nur dann würdet ihr mit Schuld behaftet sein.‹ Die Männer von Benjamin befolgten den Rat. Sie raubten sich Frauen entsprechend ihrer Anzahl aus den Mädchen, die vor der Stadt Schilo Reigen tanzten, und dann gingen sie zurück in das Gebiet ihres Stammes. Sie bauten die Städte wieder auf und lebten dort mit ihren Familien. Auch die Männer der anderen Stämme gingen in jener Zeit auseinander, jeder in sein Gebiet und zu seiner Sippe. In jenen Tagen gab es keinen König in Israel. Jeder tat, was ihm gefiel.« (Ri 21,16–25)

Der Irrweg der Bundeslade

Als einst die jüdischen Stämme den Jordan überquert hatten, da war der hölzerne Kasten, der die Gesetzestafeln bewahrte, der Garant des Sieges gewesen. Josua hatte damals den Priestern befohlen: »Erhebet die Bundeslade und schreitet den Leuten voran!« Und so war es geschehen. Die Überzeugung, daß Gott selbst gegenwärtig war im heiligen Behältnis, daß seine Kraft Menschen und Elemente beherrschte, hatte das Handeln bestimmt.

Vom Jordan aus war die Bundeslade nach Gilgal getragen worden, ins erste Lager der Sippe nach der Überwindung des Flusses. Dort stand sie monatelang unter einem Zeltdach. Allmählich geriet sie in Vergessenheit. Dies hatte einen ganz praktischen Grund: Während der Jahre der Landnahme führten die Sippen Krieg durch Überfälle, durch Razzien. Die Kämpfer drangen in Städte und Siedlungen ein; sie plünderten und zündeten die Häuser an, dann zogen sie ab ins Jordantal, nach Gilgal. Bei derartigen Beutezügen konnten sie die Bundeslade nicht mit sich führen; ihr Transport hätte die gesamte Aktion schwerfällig gemacht und damit anfällig für Gegenangriffe. So blieb der Kasten in Gilgal, bis sich die Sippen im Bergland westlich des Jordan hatten festsetzen können. Josua, der erste Befehlshaber nach Mose, hatte dann noch selbst dafür gesorgt, daß die Bundeslade in den von Gilgal 20 Kilometer entfernten Ort Schilo gebracht wurde: »Daselbst richteten sie das Offenbarungszelt auf.« (Jos 18,1) Schilo gehörte zum Gebiet des Stammes Efraim.

Schilo war schon lange vor der Landnahme ein religiöses Zentrum gewesen. Die Altäre des Gottes Baal und der mit ihm verwandten höheren Mächte waren dort angebetet worden. Die Stadt lag günstig an Verkehrswegen, die von Juda nach Norden führten ins Stammesgebiet Manasse; diese Wege kreuzten sich mit denen, die das Jordantal mit der Mittelmeerküste verbanden. Geographisch gesehen war diese Kreuzung Mittelpunkt des Berglandes im Westen von Jordan und Totem Meer. Derartige Plätze waren auch immer der Ort, um den Schutz der Kräfte zu erbitten, die als Lenker allen Geschehens angesehen wurden. Für Josua lag der Gedanke nahe, dort, wo bereits eine religiöse Tradition bestand, auch das Heiligtum für den eigenen Gott zu errichten. So entstand »das Gotteshaus in Schilo« (Ri 18,31).

Josua mag daran gedacht haben, Schilo zum Machtzentrum, zur Hauptstadt im Siedlungsgebiet der Stämme zu machen, doch die politische Entwicklung war dafür nicht günstig: Die Stämme wollten selbständig bleiben; die Anführer achteten eifersüchtig darauf, daß niemand – kein Mann und keine Stadt – übermächtig wurde. Dazuhin wurde das Gefühl der jüdischen Bewohner des Landes Kanaan, ein besonderes Verhältnis zum einen und allmächtigen Gott zu besitzen, immer schwächer. Baal und einige weibliche Gottheiten zogen Interesse auf sich, stellten sie doch geringere Anforderungen an die Gläubigen als der strenge Gott, mit dem Mose einen Bund geknüpft hatte. So schwand nach und nach die Erinnerung an diesen Bund – und damit auch an die Bundeslade. Sie geriet schließlich nahezu völlig in Vergessenheit. Unbedeutend wurde der Ort, an dem sie stand; kaum jemand zog noch dorthin, um den einen Gott anzubeten. Schilo verkümmerte und verfiel auch als Markt.

Generationen vergingen, ehe sich die Stämme wieder an das Heiligtum erinnerten, das ihnen einst den Weg in das versprochene Land geöffnet hatte. Erst als die Sippen in Gefahr waren, das Land zwischen Jordan und Mittelmeer an ein anderes Volk zu verlieren, sollte Gott wieder zur Waffe werden für die Bedrängten.

Um die Zeit, als Josua das jüdische Volk über den Jordan geführt hatte – das war im 13. Jahrhundert v. Chr. –, waren auch von See her landfremde Großfamilien in das Land Kanaan eingebrochen. Ägyptische Beamte, denen damals die Aufsicht über die Ostküste des Mittelmeers anvertraut war, nannten die Eindringlinge »Seevölker«. Eine andere Bezeichnung war »Purasti« – wobei das »r« nur deshalb in

dieses Wort geraten war, weil in der Sprache der Pharaonenepoche das
»l« fehlte. Gesprochen wurde der Name des fremden Volkes von den
eigenen Angehörigen wohl als »Pulasti«. Daraus entstanden dann zwei
Begriffe, die wir kennen: »Philister« und »Palästinenser«.

Woher sie gekommen waren, das wissen auch ägyptische Geschichtsquellen nicht. Ihre Heimat lag wohl weit über dem Meer, wahrscheinlich in Griechenland. Sie hatten versucht, im Nildelta Fuß zu fassen, doch dort war die ägyptische Verteidigung noch intakt gewesen.

Im Süden der Ostküste des Mittelmeers ließen sich die Philister schließlich nieder. Dort war Ägyptens Streitmacht schwach geworden. Es gelang den Philistern, drei Städte in Besitz zu nehmen: Gaza, Aschkelon und Aschdot. Damit hatte dieses Volk beachtliche Wirtschaftszentren in der Hand, die am Meer – und damit offen zur übrigen Welt – lagen. Diesen Vorteil besaßen die jüdischen Stämme nicht. Ihr Gebiet befand sich im Landesinnern. In ihrem Zentrum gab es zwar einen Fluß und ein Binnenmeer, doch das Gewässer führte nicht hinaus aus der Enge des Jordantals. Die Stämme der Juden waren abgeschnitten von der technischen Entwicklung jener Zeit.

Die Philister waren bereits eine Entwicklungsstufe weiter: Sie konnten Eisen herstellen. Sie besaßen damit härtere Waffen als die Kämpfer der Stämme Juda, Efraim und Manasse, die ihre direkten Nachbarn waren. Die Philister kämpften mit Schwertern aus Eisen – ihren Gegnern standen nur Waffen aus Bronze zur Verfügung. Die Philister wußten das Geheimnis der Eisenerzeugung zu wahren. Das Monopol der Eisenherstellung gehörte ihnen bis um das Jahr 1020 v. Chr. Die jüdischen Stämme, abgeschlossen im Flußtal und im Bergland, blieben über lange Zeit rückständig. Im Ersten Buch Samuel ist die Situation beschrieben: »Im ganzen Lande Israel fand sich damals kein Schmied. Denn die Philister sagten sich, die Hebräer könnten sich sonst Schwerter oder Lanzen machen. Jeder aus Israel mußte also zu den Philistern hinab, um eine Pflugschar, einen Spaten, eine Axt oder eine Sichel zu erwerben. Im Kriegsfall besaßen die Hebräer keine Schwerter und keine Lanzen.« (1 Sam 13,19–20)

Den Nachteil konnten nur mutige und geschickte Kämpfer ausgleichen – wie der junge David. Erfolgreich gegen die Waffen der Philister war derjenige, der beweglicher war als die mit Waffen überladenen Philister. Bekannt geworden durch das Buch Samuel ist einer dieser Bewaffneten: Sein Name war Goliat. Bemerkenswert war seine Größe; er überragte seine Gegner bei weitem. Vor allem aber lösten seine Rüstung und seine Bewaffnung bei seinen Feinden Erstaunen und Schrecken aus: »Er hatte einen ehernen Helm auf seinem Kopf und war mit einem Schuppenpanzer bekleidet, der ganz aus Erz bestand und hundert Pfund wog. An den Beinen trug er eherne Schienen. Auf seinem Rücken war ein Wurfspieß aus Eisen zu sehen, dessen Spitze zwölf Pfund schwer war.« (1 Sam 17,5–7)

Nicht allein das Wissen um die Technik der Herstellung von Eisen gab den Philistern einen Vorteil, sie bildeten auch eine geschlossene ethnische Einheit und waren nicht aufgespalten in unabhängig existierende Sippen. Die Stämme Juda, Benjamin, Efraim und Manasse waren Rivalen im Streit um Lebensraum. Die Philister aber band ein gemeinsames Interesse zusammen.

Ohne Zweifel wußten sie ihre Überlegenheit stärker zu nutzen, als im biblischen Bericht zu erkennen ist. Insbesondere der Stamm Juda muß zeitweise von den Philistern beherrscht worden sein. Simson, ein Mann, der durch seine Kraft die Philister zu ärgern vermochte, mußte sich von seinen eigenen Leuten sagen lassen: »Weißt du denn nicht, daß die Philister unsere Herren sind?« In Gibea, im Herzen des jüdischen Landes, residierte offenbar ein Vertreter des Staates der Philister: »Danach kommst du nach Gibea, wo der Beamte der Philister wohnt.« (1 Sam 10,5) Daraus ist abzulesen, daß sich das Gebiet der Philister auf dem Territorium des Stammes Juda in Richtung Jordan ausdehnte. Mit der Eroberung von Bet-Schean gelang den Philistern in der Region Manasse der Vorstoß ins Jordantal südlich des Sees Gennesaret.

Berichtet wird, die Angst vor der völligen Überwältigung durch die Philister habe die Anführer der jüdischen Stämme veranlaßt, sich an die Bundeslade zu erinnern. Dies geschah um das Jahr 1050 v. Chr., also rund 300 Jahre nachdem sie in Schilo abgestellt worden war. In der Schlacht von Eben-Eser, westlich von Schilo, sollte Gottes Anwesenheit wieder einmal den Sieg erzwingen, doch die Bundeslade brachte keine Wende im Kampfverlauf. Den Philistern gelang es, die jüdischen Kämpfer in die Flucht zu schlagen. Schilo wurde derart zerstört, daß sich Generationen scheuten, dort zu bauen. Als Kultstätte wurde Schilo nie mehr geheiligt – vielleicht um die Erinnerung daran zu verdrängen, daß bei jenen Kämpfen Schreckliches geschehen war: Die Philister hatten die Bundeslade erobert.

Das Buch Samuel berichtet: »Die Philister nahmen die Lade Gottes und brachten sie von Eben-Eser nach Aschdod und von dort in den Tempel des Gottes Dagon und stellten sie neben das Standbild des Dagon. Als die Leute von Aschdod am anderen Morgen aufstanden, lag Dagon vor der Lade des Herrn auf seinem Angesicht am Boden. Man nahm ihn und stellte ihn wieder an seinen Platz. Am folgenden Morgen fanden sie nach dem Aufstehen Dagon wieder am Boden liegend vor der Lade des Herrn. Sein Haupt und beide Hände lagen abgetrennt auf der Schwelle. Nur der Rumpf Dagons war übriggeblieben.« (1 Sam 5,1–4)

Nach diesen Erfahrungen wollten die Bewohner von Aschdod die Bundeslade nicht in ihrem Tempel behalten. Auf Anraten ihrer Priester luden sie den hölzernen Kasten auf einen Karren; der von zwei Kühen gezogene Wagen fuhr dann, ohne daß ihn ein Mensch lenkte, an den Philisterstädten Gat und Ekron vorbei nach Osten. Bald bemerkten die Menschen des Stammes Juda, was die Ladung des Wagens war. Sie geleiteten das Heiligtum zum Ort Bet-Schemesch. Dort hatten einige Männer die Kühnheit, den Kasten zu öffnen, um sich den Inhalt anzusehen. Die Betreffenden starben – so wird berichtet.

Ein Dorf auf einem Hügel bei der Stadt Gibea, Kirjat-Jearim genannt, wurde zum Platz bestimmt, an dem die Bundeslade künftig stehen sollte: in der Mitte zwischen der Nordspitze des Toten Meeres und der Mittelmeerküste.

Im Jordantal wird Saul als König eingesetzt

Und wieder geriet die Bundeslade in Vergessenheit. Genausowenig wie Schilo wurde der Platz Kirjat-Jearim zu einem Glaubenszentrum. Von der Bundeslade unter dem Zelt auf dem Hügel ging nicht mehr die religiöse Faszination aus, die nötig war, um die auseinandertreibenden Stämme zusammenzuhalten. Man mußte sich wohl auch daran erinnern, daß sich die Gegenwart des Heiligtums bei der Schlacht von Eben-Eser für die jüdischen Kämpfer nicht positiv ausgewirkt hatte. Dazuhin war es von den Philistern, wahrscheinlich aber auch von den eigenen Leuten, entweiht worden. Der Wert des Heiligtums bei Bet-Schemesch war zweifelhaft geworden. Berichtet wird, die Menschen hätten sich wieder Baal zugewandt.

Die Sippen vergaßen den einen Gott, mit dem sie ein Bündnis verband – und sie verloren damit die Besonderheit, die sie vor anderen Stämmen auszeichnete. Sie verloren ihren ureigensten Charakter und waren damit reif für den Untergang. Während der 300 Jahre, die vergangen waren seit der Landnahme unter Josua, war es nicht gelungen, aus den Nomaden ein geeintes Volk zu formen. Jeder Clan war stets nur auf den eigenen Wohlstand hin orientiert. Korrupt war die Priesterkaste, die sich aus Männern des Stammes Levi rekrutierte. Die lange ununterbrochene Periode, während der sie Prediger waren, hatte sie oberflächlich werden lassen. Die Kraft des Glaubens konnten die Priester nicht mehr vermitteln, und damit waren sie ausgeschieden aus dem Kreis derer, die den Weg weisen konnten in eine gesicherte

Zukunft. Die Männer des Stammes Levi begriffen nicht, daß nur eine Änderung der inneren Struktur der Stämme ein Verschwinden des jüdischen Volkes im Nichts aufhalten konnte. Eine starke Autorität war nötig, um das Unheil abzuwenden. Ein willensstarker Herrscher wurde gebraucht.

Nun war in der Zeit, ehe die Bundeslade in Philisterhand gefallen und die Stadt Schilo zerstört worden war, bei der Familie, die das Heiligtum zu betreuen hatte, ein Junge herangewachsen, der in der Gewißheit lebte, Gott spreche zu ihm und durch ihn. Er hieß Samuel und war überzeugt, berufen zu sein, dem Volk Gottes Willen mitzuteilen. Gegen den Baalsglauben führte Samuel einen beharrlichen Kampf.

Erfolg stellte sich jedoch erst nach der Niederlage von Eben-Eser ein. Samuel hatte die Zerstörung von Schilo überlebt. Er war ein geachteter Mann geworden, dessen Urteil gefragt war. Zum Richter wurde er im Bergland westlich des Jordan, im Gebiet der Stämme Efraim und Benjamin. Jedes Jahr besuchte Samuel einmal die drei wichtigsten Städte der Region, um Urteile zu sprechen und für das kommunale Leben wichtige Entscheidungen zu treffen: Bet-El und Mizpa im Bergland sowie Gilgal im Jordantal. Das einstige erste Lager der jüdischen Sippen nach der Überquerung des Flusses war offenbar eine beachtliche Siedlung geworden – während Jericho zu jener Zeit unbedeutend war. Den Archäologen ist es bisher allerdings nicht gelungen, Spuren von Gilgal zu finden.

Von Gilgal kehrte Samuel immer wieder in seinen Geburtsort Rama zurück, den die Altertumsforscher ebenfalls noch nicht haben identifizieren können. Sie nehmen an, er habe sich etwa 25 Kilometer westlich des Jordan in den Bergen befunden. Das Buch Samuel informiert, der Richter habe dort einen Altar für den einen und allmächtigen Gott errichtet: Ungefähr fünf Kilometer von Rama entfernt stand das einzig gültige Heiligtum, die Bundeslade. Daß er das »Haus Gottes«, die hölzerne Lade, besucht habe, davon ist nichts überliefert.

Eines Tages, so wird erzählt, seien einige Älteste der benachbarten Stämme zu Samuel nach Rama gekommen. Sie wollten sich beklagen, daß Samuel das Richteramt seinen eigenen, untauglichen Söhnen übertragen habe, die sich bestechen ließen und das Recht beugten. Die Klage mündete in eine Diskussion darüber, welche Regierungsform für die Sippen gefunden werden müßte. Die Ältesten waren sich darüber einig, daß die aus der Nomadenzeit überlieferten Machtstrukturen für die neue Zeit nicht mehr geeignet waren. Samuel bekam sehr direkt den Vorschlag zu hören, er möge doch einen König einsetzen. Die Ältesten fügten hinzu: ». . . wie es bei allen Völkern der Brauch ist!« (1 Sam 8,5)

»Die Sache mißfiel dem Samuel.« (1 Sam 8,6) Die Besucher hatten nicht ihn aufgefordert, Herrscher über die jüdischen Sippen zu sein. Deutlich hatten sie auf sein Alter hingewiesen. Sie wollten einen jungen König. Vergessen war, daß das jüdische Volk einen Herrn über sich hatte, der als oberste Autorität der Schöpfung gelten konnte. Nach dem bisherigen Glauben wohnte er im geheimnisvollen, geweihten Kasten, den Mose ihm hatte anfertigen lassen – und er befand sich in der nächsten Ortschaft, weniger als zwei Stunden Fußmarsch entfernt. Dieser Herr genügte den Ansprüchen nicht mehr, er war nicht mehr gefragt. Samuel – gewohnt, mit Gott zu reden – besprach auch diese Entwicklung mit seinem Herrn, und so erfuhr er, daß Gott den Wunsch der Ältesten sehr wohl als Abfall von ihm selbst begriffen habe: »Ich soll nicht mehr König über sie sein. Ganz so, wie sie seit dem Tage, da ich sie aus Ägypten fortführte, an mir gehandelt haben, wie sie mich verließen und anderen Göttern dienten.« (1 Sam 8,8)

Obgleich Samuel von Gott selbst schließlich den Rat erhielt, er möge den Wunsch des Volkes erfüllen, versuchte der Richter, die Einsetzung eines Königs zu verhindern. Eindringlich schilderte er, welche Ansprüche ein König stellen werde: Die Familien würden ihr Recht auf Eigentum verlieren, würden zu Sklaven eines willkürlich herrschenden Monarchen werden. Doch Samuels Einwände blieben ohne Wirkung. Er wurde aufgefordert, einen König für die Stämme zu suchen. Die Ältesten hatten beschlossen: »Wir wollen sein wie alle Völker.« (1 Sam 8,20)

Damit war deutlich gesagt, daß sich die Sippen nicht mehr als das »auserwählte Volk« betrachten wollten. In seinen Gesprächen mit Gott fand Samuel keinen Widerstand gegen die Einsetzung der Monarchie im Land zwischen Jordan und Mittelmeerküste. Gott übernahm sogar die Auswahl der Person, die König sein sollte: Ein Mann aus dem Stamm Benjamin kam dafür in Frage; sein Name war Saul.

Für Samuel war die Festlegung auf einen ganz bestimmten Mann ein schwieriges Problem gewesen. Es bestand darin, mit der Wahl nicht nur die eine Person zu erhöhen, sondern dessen ganzen Stamm. Jede Sippe, die den König stellen durfte – das war vorauszusehen –, wollte für sich einen besonderen Status beanspruchen, wollte sich über die anderen stellen. Klug war deshalb die Entscheidung für einen Mann aus dem Stamm Benjamin: Er war der kleinste der Stämme, und sein Ansehen litt noch immer unter der Erinnerung an die Vergewaltigung der Frau des Mannes aus dem Stamm Levi. Die Voraussetzung, sich über die anderen Sippen zu erhöhen, war für die Großfamilie Benjamin gering. Sie würde nicht den Mut aufbringen, für sich besondere Vorrechte zu verlangen.

Saul war Bauer und begriff gar nicht, warum gerade er dazu auserwählt wurde, das jüdische Volk zu führen. Er hatte immer schlicht gelebt und verspürte keinen Wunsch, sich zu ändern. Mancher, der eigentlich dafür war, daß ein König eingesetzt werde, war erstaunt und enttäuscht zugleich über die Wahl des Saul. Die Meinung der Skeptiker kommt im Ersten Buch Samuel (10,27) zum Ausdruck: »Was wird gerade dieser uns helfen können! Sie verachteten ihn und brachten ihm kein Geschenk.«

Noch ehe die Einsetzung Sauls zum König gefeiert werden konnte, mußte eine militärische Entscheidung erreicht werden. Das Volk Ammon war erneut in die Siedlungsgebiete ostwärts des Jordan eingebrochen und belagerte die Stadt Jabesch, die am Anstieg der Berge über dem Fluß gelegen war. Der Platz heißt heute Tell al Maqlub.

Jabesch hatte schlimme Zeiten hinter sich: Innerhalb seiner Mauern hatten etwa fünf Generationen zuvor die Angehörigen jener Großfamilie gewohnt, die sich nicht an der Strafexpedition gegen die Sippe Benjamin beteiligt hatten. Nur die Jungfrauen sollen damals verschont und mit den nach dem Bürgerkrieg überlebenden Männern der Sippe Benjamin verheiratet worden sein. Offenbar war der Ort Jabesch danach wieder besiedelt worden, wohl von Familien, die über den Jordan nach Osten gewandert waren. Als die Bewohner von Jabesch bedroht waren durch die Krieger des Volkes Ammon, fühlte sich Saul, der erste König der jüdischen Sippen, verpflichtet, ihnen zu helfen. Aus allen Stämmen rief er Kämpfer zusammen zum Entsatz der Stadt Jabesch.

Südlich von Bet-Schean überquerte Sauls Streitmacht den Jordan. Beim Anstieg ins Bergland teilte sie sich in drei Kolonnen auf. Außerhalb der Sichtweite der Gegner brachten die Männer die Nacht zu. Bei Morgengrauen überfielen sie die Belagerer. Das Heer des Königs von Ammon wurde geschlagen. Saul hatte sich als Herrscher erwiesen, der vom Glück gesegnet war.

Es hätte der Sitte entsprochen, wenn Saul nach dem Sieg seine Kampfverbände aufgelöst und die Männer nach Hause geschickt hätte. Doch Saul führte sie den Jordan herunter nach Gilgal. Dort wurde er zum König eingesetzt. Samuel salbte ihn mit Öl.

Dem Wunsch des Volkes war damit entsprochen: Es hatte seinen Herrscher bekommen und war »ein Volk wie andere auch«. Das Erste Buch Samuel (11,15) gibt die Stimmung jenes Tages wieder: »Saul und alle jüdischen Männer waren überaus fröhlich.«

Mit Absicht hatte Saul, wohl auf Rat von Samuel, den Ort Gilgal zum Platz seiner Salbung und seiner Einsetzung zum Monarchen gewählt. In Gilgal hatten die Sippen zum erstenmal auf Boden westlich des Jordans genächtigt. Von hier aus war die gewaltige Leistung der

Besitznahme des Landes in Angriff genommen worden. Gilgal war ein Symbol des Aufbruchs – ein derartiges Symbol hatten die Stämme bitter nötig.

Die Philister fühlten sich noch immer als die eigentlichen Herren im Westjordanland. Ihre Beamten kontrollierten das Leben in den wichtigen Städten. In Gilgal aber residierte kein Vertreter des Philisterstaats. Das Jordantal war rein jüdisches Gebiet. Hier konnte Saul unbeobachtet handeln. Von Gilgal aus konnte er den neuen Aufbruch organisieren, der durchaus vergleichbar war der Aufgabe, die Josua zu meistern hatte. Damals hatte sich das Land Kanaan in fremder Hand befunden – als Saul König wurde, waren die Philister dabei, die jüdischen Sippen vollends zu unterwerfen. Was Saul unternahm, war ein Aufstand gegen die Philister. Vom Jordantal aus nahm die Rebellion ihren Anfang.

Mit einem Mord begann die Volksbewegung zur Befreiung der jüdischen Stämme von der Herrschaft der Philister: Der Sohn des Königs Saul – sein Name war Jonatan – tötete den Beamten der Philister, der in der Stadt Gibea als politischer Kontrolleur residierte. Saul selbst ordnete an, daß die Nachricht von der Tötung »des Unterdrückers« sofort im ganzen Gebiet der Sippen verbreitet werde: »Die Hebräer sollen es hören!« (1 Sam 13,3) Doch rasch wurde die Nachricht verfälscht. Bald erzählten sich die Menschen von Dorf zu Dorf, Saul habe den Beamten der Philister erschlagen – also der König selbst. Grausam werde sich das Volk, das sich als das stärkere erwiesen habe, für den Mord rächen.

Die Tat seines Sohnes zwang den König, rasch zu handeln, wenn er seine Untertanen vor Repressalien retten wollte. Er mußte seine Bewaffneten auf den Fall der Abwehr von Übergriffen vorbereiten. Es war jedoch völlig ausgeschlossen, die Männer im Bergland, in der Nähe von Gibea, zu versammeln. Als Platz der Vorbereitung auf den kommenden Krieg kam allein das Jordantal in Frage, das knapp außerhalb der Reichweite der Beamten und des Heeres der Philister lag. An die Stämme wurde die Parole ausgegeben, die Bewaffneten hätten sich in Gilgal einzufinden. Wieder einmal bekam das erste Lager, das die Sippen einst westlich des Flusses angelegt hatten, Bedeutung: Gilgal wurde zum Zentrum des jüdischen Widerstands.

Meldungen trafen ein, die Schrecken verbreiteten: Die Philister mobilisierten 3000 Streitwagen mit Besatzungen von insgesamt 6000 Mann; sie verfügten über Fußtruppen, deren Kämpfer so zahlreich waren »wie der Sand am Ufer des Meeres«. Von der Mittelmeerküste rückte dieser starke Verband unaufhaltsam gegen die Städte im Bergland vor.

König Saul mußte feststellen, daß sich die Meldungen und Gerüchte verheerend auf die Kampfmoral seiner Bewaffneten auswirkten. »Sie versteckten sich in Höhlen, in Löchern, in Felsspalten, in Gewölben und in Zisternen.« (1 Sam 13,6) Die Zahl der Deserteure muß beachtlich gewesen sein: »Große Scharen gingen über den Jordan.« (1 Sam 13,7) Die Flüchtenden glaubten sicher zu sein im Ostjordanland, mit dem Fluß als Barriere zwischen sich und dem Feind.

Saul aber wartete in Gilgal. Samuel, der ihn zum König gemacht hatte, wollte persönlich vor Beginn der Kampfhandlungen Gott ein Opfer bringen – doch Samuel war nicht im Lager erschienen. Die Gefahr stieg mit jedem Tag: Nicht nur, daß sich der Feind bedrohlich näherte; Sorge erzeugte vielmehr die noch immer anwachsende Zahl derer, die sich aus dem Lager Gilgal ohne Erlaubnis entfernten. Saul sah sich schließlich gezwungen, selbst das Opfer zu vollziehen, um damit das Signal zur Kampfbereitschaft zu geben.

Kaum aber hatte sich Saul zum Handeln entschlossen, da traf Samuel in Gilgal ein. Er nahm es dem König übel, Gott geopfert zu haben. Samuel hatte sich doch den Kontakt zu Gott selbst vorbehalten, auch wenn er die Ämter im Staat niedergelegt hatte. Gott zu opfern, das war allein seine Sache – und er zeigte dem König seine Ungnade. Saul versuchte sich zu verteidigen: »Ich sah, daß das Volk mich verließ, und du kamst nicht zur vereinbarten Zeit, und die Philister bereiteten sich zum Angriff vor. Da dachte ich: Jetzt werden mich die Philister in Gilgal überfallen, den Herrn aber hatte ich immer noch nicht gnädig gestimmt. So faßte ich mir ein Herz und vollzog das Opfer.« Samuels Antwort aber war schroff: »Dumm hast du gehandelt!« (1 Sam 13,11–13) Er wirft dem König vor, Gottes Willen nicht beachtet zu haben, der darauf ausgerichtet gewesen sei, Samuel die Opferung vornehmen zu lassen. Gott sei nun derart verärgert, daß er nicht mehr die Absicht habe, das Königtum Sauls auf Dauer zu bestätigen. Sauls Nachfolger stehe bereits fest. Den Namen des neuen Königs nannte Samuel allerdings nicht.

Kaum hatte Saul Autorität übertragen bekommen, wurde sie ihm auch bereits wieder entzogen. Samuel entfernte sich aus dem Lager von Gilgal und verließ das Jordantal. Obgleich er nur noch Herrscher auf Zeit war, blieb Saul auf seinem Posten. Da er nicht von den Philistern angegriffen wurde, entschied er sich dafür, selbst offensiv zu werden. Zuwarten konnte nur zur Folge haben, daß sich die Zahl seiner Kämpfer immer mehr verminderte. Saul befahl den Abmarsch aus Gilgal, um sich im Bergland dem Philisterheer zu stellen.

Seine Strategie war offenbar erfolgreich, trotz des politischen Rückschlags, den er durch Samuels Verhalten erlitten hatte. Das Erste Buch

Das Königreich Sauls, um 1025–1006 v. Chr.

Samuel ist allerdings sehr sparsam mit Informationen über den Verlauf des Feldzugs. Da steht nur der eine Satz: »Man schlug an jenem Tag die Philister von Michmas bis Ajalon. Das Volk war danach sehr erschöpft.« (1 Sam 14,30)

Die beiden im Kriegsbericht genannten Ortsnamen sind geographisch nachzuweisen. Die einstige Stadt Michmas, im Gebiet des Stammes Benjamin gelegen, ist heute nur noch eine kleine Ortschaft, Muchmas genannt, abseits der Straße, die von Jerusalem aus direkt nach Norden führt. Östlich des Ortes beginnt die Jordansenke. Ein Weg führt von Muchmas aus hinunter nach Jericho.

Ajalon ist nach Meinung der Altertumsforscher dort gelegen, wo sich heute die Siedlung Yaln befindet, in der Gegend von Latrun, etwa drei Kilometer von der Straße Jerusalem–Tel Aviv entfernt. Die Wegstrecke von Muchmas nach Yaln beträgt rund 25 Kilometer. So weit hätte also, nach Angaben des Ersten Buches Samuel, König Saul das Heer der Philister vom Rand des Jordangrabens nach Westen getrieben.

Der rasche Erfolg war wohl dadurch begünstigt, daß die Verbände der Philister damit beschäftigt waren, Dörfer der Umgegend auszuplündern. Erzählt wird, Saul habe die Gegner noch weiter verfolgen wollen, doch sein eigener Sohn Jonatan habe Sauls Eid gebrochen, niemand werde etwas zu sich nehmen, ehe die Philister vernichtend geschlagen seien – Jonatan hatte sich während des Kampftags durch Honig gestärkt. Saul war entschlossen, den eigenen Sohn dem Eid gemäß zu töten. Die Kämpfer aber verehrten den jungen Mann. Er war ein Kriegsheld für sie, der es nicht verdient hatte, wegen eines Eides zu sterben. Hatte doch Jonatan durch eine überraschende Stoßtruppaktion aus einem engen Tal heraus einen Teil der plündernden Philistertruppe derart verwirrt, daß allgemeine Flucht die Folge war. Ohne die Tollkühnheit des Königssohns hätten die jüdischen Kämpfer nicht siegen können. Sie wollten sich dankbar zeigen. Das entschlossene Auftreten der Kämpfer rettete Jonatan: Saul gab seinen Männern nach und zog das Schwert nicht. Die Auseinandersetzung, ob Jonatan sterben solle oder nicht, hatte viel Zeit gekostet. An die weitere Verfolgung der Philister war nicht mehr zu denken.

Sauls Schicksal entscheidet sich in Gilgal

Samuel hatte wohl geglaubt, er werde trotz der Einsetzung eines Königs auch weiterhin der starke Mann im Verband der Stämme des jüdischen Volkes bleiben. Daß Saul selbständig Entscheidungen getroffen hatte, von deren Ergebnis die Zukunft der Stämme abhing, schmälerte sein Ansehen. Saul war in den Augen der Bewohner der Städte im Bergland, die unter dem Druck der Philister standen, zum Hoffnungsträger geworden: Er hatte gesiegt – und weitere Siege waren von ihm zu erwarten. Samuel aber war an den Erfolgen nicht beteiligt. Er wollte handeln, ehe er ganz aus dem Bewußtsein der Menschen im Jordantal und auf den Hügeln verschwand.

Auf keinen Fall durfte Samuel seine eigene Unzufriedenheit zu erkennen geben. Er mußte argumentieren, Gott habe Ursache, verärgert zu sein. Samuel erzählte, Gott habe ihm dies mit deutlichen Worten gesagt: »Es reut mich, daß ich Saul zum König gemacht habe, denn er hat sich von mir abgewandt und meine Befehle nicht ausgeführt!« Wenn Gott aber seine Wahl bedauerte, war Samuel dann nicht verpflichtet zu handeln? Daß er mit der Schmälerung des königlichen Ansehens Saul gerade in dem Augenblick in den Rücken fiel, als dieser nicht nur im Kampf gegen die Philister stand, sondern auch gegen das Volk Amalek, dessen Gebiet an die südwestliche Küste des Toten Meeres grenzte, war Samuel gleichgültig. Er klagte den König unmittelbar nach dessen Sieg an, er habe die wertvollen Tiere der Herden des besiegten Volkes am Leben gelassen und nach Gilgal geführt. Gott aber habe befohlen, nichts Lebendiges aus dem Besitz des Volkes Amalek dürfe verschont werden.

In Gilgal, im Jordantal, fand ein entscheidendes Gespräch zwischen Samuel und Saul statt. Das Erste Buch Samuel hat den Dialog in ausführlichen Zitaten bewahrt: »Als Samuel zu Saul nach Gilgal kam, da begrüßte ihn Saul: ›Gesegnet seist du dem Herrn. Ich habe den Befehl Gottes ausgeführt!‹ Aber Samuel fragte: ›Was bedeutet denn dieses Blöken der Schafe und dieses Brüllen der Rinder, das da an mein Ohr dringt?‹ Und Saul antwortete: ›Das haben meine Leute aus Amalek mitgebracht. Sie haben die besten Tiere von den Schafen und Rindern verschont, um sie dem Herrn zu opfern. Den übrigen aber haben wir durch die Schärfe des Schwertes den Tod gegeben.‹ Da fiel ihm Samuel in die Rede: ›Nun mache endlich Schluß! Ich will dir verkünden, was der Herr mir heute nacht gesagt hat.‹ Saul antwortete: ›Rede!‹ Samuel fuhr fort: ›Die Sache steht doch so: Obgleich du nur von geringer Abstammung warst, bist du das Haupt der Stämme des jüdischen Volkes, denn der Herr hat dich zum König gemacht! Nun sandte dich Gott mit dem Befehl: Geh hin und vollstrecke den Bann an den Frevlern, am Volk Amalek, kämpfe gegen sie und rotte sie aus! Warum hast du denn auf den Befehl Gottes nicht gehört? Warum hast du Beute an dich genommen wie ein Plünderer? Warum hast du getan, was in den Augen des Herrn böse ist?‹ Saul widersprach: ›Ich habe doch auf die Stimme des Herrn gehört! Ich zog den Weg entlang, den mir

Gott gewiesen hatte. Ich habe Agag, den König von Amalek, hierhergebracht, die anderen leben nicht mehr. Meine Männer aber führten von der Beute Schafe und Rinder hierher nach Gilgal, um sie dem Herrn zu opfern!«‹ (1 Sam 15,13–21)

Samuel aber blieb bei seinem Standpunkt, Saul habe den Befehl Gottes nicht beachtet; Gott ziehe Gehorsam der Bereitschaft, Opfer darbringen zu wollen, vor. Deshalb habe Gott sich entschieden: »Der Herr hat heute das Königtum über Israel von dir gerissen. Er hat es einem anderen gegeben, der besser ist als du!« Es gelang zwar dem König, seinen Ankläger zu überzeugen, im Interesse des Ansehens vor Ältesten und Volk sei es klug, gemeinsam das Opfer darzubringen, doch dann trennten sich die Wege. Sie sahen sich nie mehr.

Eine Weissagung des Mose ging damals um im Land zwischen Jordan und Mittelmeer: »Der erste König, der über das Volk Gottes herrschen will, wird durch das Schwert sterben!« Die Prophezeiung ließ offen, ob sich das Schwert in den Händen von feindlichen Kriegern oder von Attentätern befinden – oder ob der König das Schwert gegen sich selbst richten würde? Saul, so wird erzählt, begann zu sinnieren. Der Konflikt mit Samuel bedrückte ihn schwer. Saul litt unter Depressionen, die mit Tobsuchtsanfällen wechselten. Immer wieder versuchte er sich aufzuraffen, um die psychologische Wühlarbeit Samuels zu ignorieren. Doch gegen diese Parole konnte er nicht bestehen: »Es reut Gott, daß er Saul zum König gemacht hat!« (1 Sam 15,11)

Nicht jeder, der bisher zu den Anhängern König Sauls gehört hatte, fiel von ihm ab. Es müssen einige hundert Männer gewesen sein, die mit ihm zusammen Gilgal verließen, um nach Gibea hinaufzuziehen. Dort stand das Bauerngehöft, das noch immer Sauls einzige Wohnstätte war. Nie hatte dieser König ein Haus besessen, das wie ein Palast ausgesehen hätte. Wenn er sich nicht im Kampf befand, dann sorgte Saul für seine Felder und Herden; er lebte von der Landwirtschaft. Nie hatte er sich bereichert. In Überlieferungen wird Sauls Charakter deutlich: »Warum war Saul zum König auserwählt? Weil er so bescheiden war. Ein Knecht war ihm seinesgleichen, wie ein Bruder behandelte er ihn. Saul kannte keinen Stolz. Warum aber setzte sich die Herrschaft der Familie des Sauls nicht fort? Weil an ihm so gar kein Fehler war.«

Geplagt von der Wühlarbeit Samuels gegen ihn verfiel Saul zeitweise in stumpfsinniges Grübeln. Die Menschen um ihn hatten den Eindruck, »der Geist Gottes ist aus ihm gewichen« (1 Sam 16,1). Einige bedauerten Saul, und sie empfahlen ihm, er möge doch für Unterhaltung seines Gemüts sorgen; vielleicht brauche er jemand, der Musik zu machen verstehe, der die Harfe spielen könne. Jemand hatte auch sofort einen konkreten Vorschlag parat: Der Sohn des Isai aus Betlehem sei begabt, schöne Melodien zu spielen. Saul ging auf diesen Vorschlag ein. Der Sohn des Isai wurde ins Haus des Königs nach Gibea geholt. Sein Name war David.

Die biblischen Berichte lassen uns wissen, David habe als ganz junger Mann »den Riesen Goliat« besiegt, der ein Krieger aus dem Volk der Philister gewesen sein soll. Dem König gefiel dieser David – sowohl wegen des Saitenspiels als auch wegen der kriegerischen Fähigkeiten. Er wurde bald Kommandeur eines Truppenverbands im Kampf gegen die Philister. Als er dann allerdings erfolgreicher wurde, als es der König bisher gewesen war, da wuchs in Saul Neid. Bald schon konnte er Davids Saitenspiel nicht mehr ertragen. In einem Anfall von Umnachtung ergriff Saul eines Nachts seinen Speer, »um David an die Wand zu spießen« (1 Sam 19,10). Doch zweimal warf der König daneben. David konnte entfliehen.

Zu Samuel begab sich der junge Mann. Im Bergland, in der kleinen Stadt Rama, trafen sie sich. Samuel hätte den König, den er selbst gesalbt hatte, längst schon abgesetzt, wenn er auf einen geeigneten Nachfolger gestoßen wäre. Beim Treffen in Rama scheinen sich die Interessen von David und Samuel verbunden zu haben.

Die Folge dieses Treffens für Saul war, daß er künftig in zwei getrennte militärische Auseinandersetzungen verwickelt war: Der Kampf gegen die Philister ging weiter, und ein Bürgerkrieg mit Anhängern Davids begann. Die Gefechte mit den Philistern fanden im westlichen Siedlungsgebiet des Stammes Juda statt; die Auseinandersetzung mit David aber im Jordangraben – genau gesagt, am Toten Meer. Das Ufer des »Salzmeers« wurde zum Mittelpunkt der Macht Davids.

Er holte zunächst seine Eltern und andere Familienmitglieder an der Westküste des Toten Meers zusammen, um sie dem Zugriff Sauls zu entziehen. Er hielt es schließlich für besser, seine Angehörigen über das Tote Meer ins Land Moab zu bringen.

In jenen kriegerischen Zeiten gab es Männer in genügender Zahl, die entwurzelt waren, die keine Heimat mehr hatten zwischen den Fronten der Stämme und der Philister. Aus solchen, die nichts zu verlieren hatten, bildete David eine Kommandoorganisation, die ihn schützen sollte, die aber auch die Helfer des Königs zu bekämpfen hatte. Zwei Plätze bildeten die Basis der Organisation, die beide später in der Geschichte des Jordangrabens von Bedeutung sein werden: der Berg Masada und die Höhlen von En-Gedi.

Schroff ragt der Berg aus dem westlichen Küstenland des Toten Meeres empor. Bräunlich ist der Fels, der steil von einer ebenen Plattform abbricht. Wer sich auf ihr einnistet, dem fällt die Verteidigung leicht, denn die Felswände sind nahezu unüberwindbar. Der Nachteil von Masada aber besteht darin, daß der Felsklotz entfernt liegt von den Siedlungen im Land Juda. Die Männer, die Kommandoaktionen ausführen wollten, hatten einen beschwerlichen Weg zu überwinden. Günstiger gelegen für derartige Unternehmungen waren die Höhlen von En-Gedi. Sie hatten sich zum Teil auf natürliche Weise am Abhang zum Toten Meer gebildet, zum Teil waren sie durch Menschenhand gegraben worden. Von unten her und von oben sind die Eingänge schwer erreichbar. In diesen Höhlen hausten David und seine Männer monatelang. Außer Sicherheit boten die Hänge von En-Gedi einen weiteren Vorteil: Eine Quelle sprudelte dort, die auch im heißen Sommer nicht versiegte. Die Quelle machte En-Gedi zur Oase auf dem sonst salzig-trockenen Küstenstrich.

Dem König blieb nicht verborgen, daß sich der verhaßte David in der Jordansenke, am Toten Meer aufhielt. Immer, wenn die Bedrohung des Landes durch die Philister nachließ, versuchte Saul, das Versteck des jungen Mannes aufzuspüren. Berichtet wird im Ersten Buch Samuel, Saul habe bei der Verfolgung nahe der Oase En-Gedi eine Höhle aufgesucht, um dort seine Notdurft zu verrichten. Die Kämpfer, die er bei sich hatte, seien weitergeritten. Allein habe sich der König am Eingang niedergekauert. Er merkte nicht, daß sich im hinteren Teil der Höhle David mit einigen seiner Männer aufhielt. Davids Leute, durch ein Geräusch alarmiert, schlichen sich vor zum Eingang und erkannten dort den König. Sie wollten Saul umbringen, hatte Gott ihn doch ganz offenbar ausgeliefert, damit er sterbe. David aber schreckte davor zurück, den Gesalbten zu töten. Er bekam Streit mit seinen Männern, doch er setzte sich durch. Dies geschah, ohne daß Saul eine Gefahr spürte. David konnte der kauernden Gestalt sogar ganz unbemerkt mit seinem Dolch einen Zipfel des Mantels abschneiden.

Als Saul sich einige Schritte entfernt hatte, gab sich David zu erkennen. Saul begriff, in welcher Gefahr er sich befunden hatte – als er den Zipfel seines Mantels in Davids Hand sah, da wurde ihm auch deutlich, daß dieser junge Mann der künftige König sein werde.

Eine jüdische Sage nennt den Grund für diese Erkenntnis: »Vormals hatte Samuel dem König angesagt: ›Der Herr wird das Reich Israel von dir nehmen.‹ Da fragte Saul: ›Wer wird mein Erbe sein?‹ Samuel sprach darauf: ›Ich will es dir nicht ganz offenbaren, sondern dir nur ein Zeichen geben: Wer dir mit seinem Dolch ein Stück deines Mantels abschneiden kann, der wird dir später das ganze Reich entreißen.‹ Da nun David den Zipfel von Sauls Mantel abgeschnitten hatte, entsann sich Saul der Prophezeiung Samuels, und er rief aus: ›Ich weiß, du wirst König sein in Israel!‹«

Sauls Sorge war nun, daß David sich rächen werde für Sauls Mißgunst und Mordabsichten. Doch David schwor, nicht zum Mörder an Saul und an dessen Nachkommen zu werden.

Obgleich das Gespräch vor der Höhle von En-Gedi am Toten Meer mit Gesten der Versöhnung endete, verließen Saul und David die Oase nicht gemeinsam. Saul ritt mit seinen Kämpfern in die Berge, zurück nach Gibea. David aber stieg den beschwerlichen Weg nach Masada hinauf. Er glaubte nicht daran, auf Schutz verzichten zu können.

Jüdische Legenden, Volkserzählungen, die den biblischen Bericht über Davids Leben ergänzen, berichten, der junge Mann habe sich Sorgen gemacht, ob es klug gewesen sei, vom Mantel des Königs einen Zipfel abzuschneiden. Er habe sich daran erinnert, daß ein Weiser gesagt habe: »Wer das Kleid eines Nächsten schändet, der erlebt keine Freude an seinen eigenen Kleidern.«

Sauls Tod und Begräbnis

Die Bewohner des Landes zwischen Jordan und Mittelmeerküste lebten damals in Unsicherheit. Sie wußten nicht, ob sie den Philistern zu gehorchen hatten oder König Saul – oder dem immer noch mächtigen Samuel, der das Wort des Gottes der Juden zu hören und zu deuten verstand. Diesen sich widerstreitenden Autoritäten ausgeliefert, suchten Männer und Frauen Wissen um ihre Zukunft bei Wahrsagern: Viele wollten erfahren, wer nun letztlich siegreich sein werde, wer zu bestimmen habe. Saul, so wird berichtet, sei verärgert gewesen, daß ihm die Wahrsager keine Chancen zum Sieg oder auch nur zum Überleben gegeben hätten. Er habe deshalb die Wahrsagerei im von ihm regierten Gebiet untersagt. Wahrsager, die sich nicht an das Verbot hielten, wurden ausgewiesen oder gar getötet. Als aber Saul in Bedrängnis geriet, da suchte er selbst Erkenntnis über seine Zukunft.

Die Sagen der Juden kommentieren diesen Vorfall so: »Saul hatte die Wahrsager und Zeichendeuter aus dem Lande vertrieben. In der Zeit aber sammelten sich die Philister gegen Israel. Da sprach Saul zu seinen Knechten: ›Sucht mir ein Weib, das weissagen kann, daß ich sie befrage.‹ Mit wem ist Saul in dieser Stunde zu vergleichen? Mit einem König, der, als er in ein fremdes Land drang, Befehl gab, alle Hühner abzuschlachten. Da er aber die Stadt verließ, fragte er: ›Gibt es hier keinen Hahn, der krähen kann?‹ Ihm wurde geantwortet: ›Du warst es doch selbst, der Hahn und Hennen hat schlachten lassen!‹«

Der Grund, warum Saul den Dienst der Wahrsagerin suchte, lag vor allem darin, daß Samuel kurz zuvor gestorben war. Zwar waren

Samuel und Saul im Verlauf der Jahre Feinde geworden, aber Samuel war dem König noch immer wichtig gewesen, hatte dieser alte Mann doch stets den besten Kontakt zu Gott gehabt. Saul hätte Samuel jetzt, angesichts der Philistergefahr, dringend gebraucht. Saul hatte selbst versucht, mit Gott ins Gespräch zu kommen, »doch der Herr antwortete ihm nicht, weder durch Träume noch durch die heiligen Lose noch durch Propheten« (1 Sam 28,6). Da kam dem König der Gedanke, wenn er schon nicht mehr mit dem lebenden Samuel sprechen konnte, den toten Samuel um Rat zu fragen. Ihm wurde empfohlen, im Dorf En-Dor, im Gebiet des Stammes Manasse, eine Totenbeschwörerin aufzusuchen.

Indur nennen die palästinensischen Bewohner heute ihr Dorf, das in der Ebene südöstlich des Berges Tabor liegt. Das Erste Buch Samuel erzählt von dem schaurigen Ereignis, das einst dort geschehen sein soll:

»Saul machte sich unkenntlich, verkleidete sich und ging mit zwei Begleitern hin. Sie kamen nachts zu der Frau, und er sprach: ›Wahrsage mir doch durch einen Totengeist und führe mir den herauf von den Toten, den ich dir nenne!‹ Doch die Frau antwortete ihm: ›Du weißt doch, daß Saul Wahrsager und Totenbeschwörer aus dem Lande gewiesen hat. Du willst mir sicher nur eine Falle stellen, damit ich umgebracht werden kann!‹ Da schwor Saul bei Gott: ›So wahr der Herr lebt, soll dich niemand wegen dieser Sache anklagen!‹ Da sprach die Frau: ›Wen soll ich dir von den Toten heraufrufen?‹ Er antwortete: ›Rufe mir Samuel herbei!‹ Als nun die Frau hörte, sie solle Samuel rufen, da schrie sie: ›Warum hast du mich angelogen? Du bist Saul!‹ Der König entgegnete ihr: ›Fürchte dich nicht. Was siehst du jetzt?‹ Sie sprach: ›Einen Geist sehe ich heraufsteigen aus der Erde.‹ Er fragte: ›Wie sieht er aus?‹ Sie antwortete: ›Ein alter Mann steigt empor, der in einen Mantel gehüllt ist.‹ Da erkannte Saul, daß es tatsächlich Samuel war, und er warf sich nieder. Da sprach Samuel zu Saul: ›Warum läßt du mich in meiner Ruhe stören und zwingst mich heraufzusteigen?‹ Saul antwortete: ›Ich bin in großer Bedrängnis. Die Philister greifen mich an. Gott ist von mir gewichen. Er antwortet nicht auf meine Fragen. Deshalb rufe ich dich und bitte dich: Sage mir, was ich tun soll!‹ Da sprach Samuel: ›Warum fragst du mich? Gott hat sich von dir zurückgezogen und ist gegen dich. Das ist geschehen, was er durch mich verkündigen ließ. Das Königtum hat er dir entrissen und einem anderen gegeben. David ist König. Gott wird das ganze jüdische Heer und dich selbst den Philistern ausliefern. Morgen wirst du mit deinen Söhnen bei mir, bei den Toten sein!‹ Da stürzte Saul zur Erde. Es war keine Kraft mehr in ihm, denn er hatte den ganzen Tag und die ganze Nacht nichts gegessen.« (1 Sam 28,8)

Noch war Saul König. David aber hatte einen seltsamen Frontwechsel vollzogen: Er hatte sich den Philistern angedient und es bereits zum Kommandeur der Garnison von Ziklag gebracht. Ziklag war eine Ortschaft an den südlichen Ausläufern der Berge von Juda, 18 Kilometer nördlich von Beerscheba. Berichtet wird, er habe seine Aufgabe im Dienst der Philister gut erfüllt; berichtet wird jedoch auch, seine Herren hätten ihn mit Argwohn beobachtet. Daß er früher einmal erfolgreich gewesen war im Kampf gegen sie, daran erinnerten sie sich. Als er am Kriegszug gegen Saul teilnehmen wollte, da fürchteten die Fürsten der Philister, er könne zum Verräter werden, und sie schickten ihn aus dem Lager, in dem der Angriff vorbereitet wurde, zurück nach Ziklag. Damit blieb David ohne Schuld an Sauls Untergang.

Die Strategie der Philister bestand darin, über die Ebene von Jesreel nach Osten vorzustoßen, um das Jordantal zu erreichen – so war es möglich, nördlich der Berge von Efraim das Gebiet der jüdischen Stämme zu spalten. Das Land am Oberlauf des Jordan war bei erfolgreicher Durchführung des Philisterfeldzugs abgetrennt vom Jordanland zwischen Bet-Schean und Totem Meer.

Der Plan der Philisterfürsten gelang. Nichts wird berichtet vom heldenhaften Widerstand der Männer um König Saul. Den Sagen der Juden ist zu entnehmen, daß Saul selbst mit der Niederlage gerechnet hatte. Wenn ihm der Tod bestimmt war, wie er von Samuel vernommen hatte, dann konnte dies nur geschehen, wenn die Philister siegten.

»Des anderen Tags nach der Begegnung mit Samuel nahm Saul seine drei Söhne Jonatan, Abinadab und Malkischua und zog mit ihnen in den Streit. In dieser Stunde sprach der Herr zu den Engeln, die um ihn standen: ›Seht den Helden, den ich geschaffen habe. Wenn ein Mensch zu einem Feste geht, so scheut er sich, seine Kinder mitzunehmen, aus Angst vor dem bösen Blick. Dieser aber zieht in den sicheren Tod und nimmt seine drei Söhne mit. Er sieht mit Freuden dem Verhängnis entgegen, das ihn treffen soll.‹«

Bald nach dem Beginn des Kampfes wurden die drei Söhne erschlagen. Saul selbst blutete aus vielen Wunden. Einen aus dem Gefolge, der bei ihm geblieben war, bat der König, er möge ihn töten. Als der sich weigerte, stürzte sich Saul ins eigene Schwert.

Die Philistertruppe nahm die Stadt Bet-Schean ein und stieß durch bis zum Jordan. Den Fluß überschritten sie nicht. Als die militärische Aktion abgeschlossen war, suchten Kämpfer der Philister das Schlachtfeld ab, um zu prüfen, ob sich Saul und seine Söhne unter den Toten befanden. Sie entdeckten die Leichen und schleppten sie nach Bet-Schean. Die toten Körper des Königs der jüdischen Stämme und seiner Söhne hängten sie nackt an der Mauer der Stadt auf.

Die vernichtende Niederlage der jüdischen Kampfverbände im Gebiet westlich des Jordan löste auch am Ostufer Schrecken aus. Die Menschen fragten sich, ob nun für sie alle die Herrschaft der Philister anbrechen würde. Bald wurde auch bekannt, daß der Leichnam des Königs Saul an der Stadtmauer von Bet-Schean hänge. Da erinnerten sich die Männer der Stadt Jabesch daran, daß Saul sie einst gerettet hatte, als er den Belagerungsring des Ammoniterheeres zersprengte. Sie wollten sich nun als dankbar erweisen. Besonders mutige und kampferfahrene Männer machten sich bei Nacht auf den Weg über den Jordan nach Westen. Etwa 20 Kilometer liegen Jabesch und Bet-Schean auseinander. Ohne von Wachen der Philister behelligt zu werden, erreichten die Männer die Mauer der eroberten Stadt. Sie nahmen die Leichen, die dort hingen, ab und trugen sie fort. Niemand behinderte sie bei der Rückkehr über den Fluß. Sie durchritten die Furt und kamen schließlich in ihre Stadt. Dort wurden die Toten so bestattet, wie es das Gesetz des jüdischen Glaubens vorschrieb, damit sie Ruhe fänden im Reich der Verstorbenen.

Interessenverlagerung ins Ostjordanland

Hauptstadt am Ostufer des Jordan

Das ganze Land westlich des Jordan war nach der Schlacht in der Ebene von Jesreel – die im Jahre 1006 v. Chr. stattgefunden hatte – in der Hand der Philister. Niemand war in der Lage, ihnen Widerstand zu leisten. Der Zerfall des Staates der jüdischen Stämme wäre nicht aufzuhalten gewesen, wenn nicht ein Mann aufgetreten wäre, über den im Alten Testament allerdings nur in knappen und wohl unfairen Worten berichtet wird. Abner hieß dieser Mann. Er war der Kommandeur der Truppen des Königs Saul gewesen und hatte die vernichtende Niederlage überlebt. Durch Flucht hatte er sich über den Jordan gerettet, wobei er die Furt von Damiya benützt und dann den Weg eingeschlagen hatte, der den Fluß Jabbok hinaufführt. Nach 15 Kilometern war Abner zur Stadt Mahanajim gekommen. Von ihr ist heute keine Spur mehr zu finden. Damals aber, zur Zeit der Niederlage des Königs Saul, war Mahanajim schon eine uralte Siedlung gewesen.

Im Buch Genesis wird sie schon erwähnt (32,3). Hier hatte, gemäß der Überlieferung, die Begegnung zwischen den Engeln Gottes und Jakob stattgefunden. Bei der Landnahme war Mahanajim zum Ort bestimmt worden, an dem Menschen, die das Recht gebrochen hatten, Zuflucht suchen konnten. Als »Zufluchtsstadt« hatte Mahanajim Tradition. Abner erklärte den Ort zur Hauptstadt der jüdischen Stämme.

Abner sah, daß ihm die Legitimation fehlte, sich selbst König nennen zu dürfen. Doch er war um Rat nicht verlegen. Als einstiger Feldhauptmann des Königs Saul wußte er um dessen Familie Bescheid. Den Tod der Königssöhne Jonatan, Abinadab und Malkischua hatte er am Ende der Schlacht in der Ebene von Jesreel selbst miterlebt. Doch Abner kannte noch einen vierten Sohn des Saul: Vierzig Jahre alt sei er damals gewesen. Sein Name wird im Zweiten Buch Samuel mit Ischbaal angegeben – »Mann des Gottes Baal«. Der Namensbestandteil »Baal« weist auf Verehrung des Gottes hin, der vor der Landnahme, die nun 300 Jahre zurücklag, überall im Lande Kanaan angebetet worden war. Allein der Name »Ischbaal« mußte dazu führen, daß dieser vierte Sohn

Sauls von gläubigen Juden scheel angesehen wurde. Abner aber holte Ischbaal nach Mahanajim und ernannte ihn zum König des Gebiets, das nicht von den Philistern besetzt war.

Abner wahrte damit die Kontinuität des Staates der jüdischen Stämme. Im Namen Ischbaals forderte Abner, sobald der Druck der Philister im Westjordanland nachgelassen hatte, die Sippen im Norden des jüdischen Landes auf, sich der Autorität des Königs in Mahanajim zu unterstellen. Im Verlauf weniger Monate wurde Ischbaal auch Herrscher über die Stämme Efraim und Benjamin.

Die Fürsten der Philister hatten die Herrschaft des Königs Ischbaal offenbar geduldet, schuf sie doch Rivalität zwischen den Stämmen. Nicht zugelassen hätten sie wohl die Zuordnung des Stammesgebiets Juda zum Gebiet, das von Mahanajim aus beherrscht wurde. Juda war vor allem eigenes Interessengebiet der Philister: Hier wollten sie selbst bestimmen.

Der Mann, den die Philister für geeignet hielten, das Land des Stammes Juda zu verwalten, war David, der Kommandeur der Philisterstadt Ziklag. Mit Duldung durch das siegreiche Volk gelang es David, die Ältesten des Stammes Juda zu überzeugen, er sei in diesen schwierigen Zeiten der richtige König für sie. Sie setzten ihn tatsächlich zu ihrem Herrscher ein. Hebron machte er zu seiner Hauptstadt.

Das Land der jüdischen Sippen war damit geteilt. Juda bildete eine Verwaltungseinheit für sich; die Bewohner huldigten David. Die übrigen Stämme bekannten sich zum von Juda getrennten Staat; ihr König war Ischbaal. Vorauszusehen war, daß Rivalität zwischen beiden Staatsgebilden entstand. Jeglicher Streit unter Brüdern im Gebiet am Jordan und im Bergland war im Sinne der Machtausübung durch die Philister.

Abner hatte die Absicht, den Einfluß seines Staates im Gebiet des Stammes Benjamin abzusichern. Im Namen des Königs Ischbaal ritt er mit Bewaffneten von Mahanajim aus über den Jordan in Richtung Gibeon. Das war einst die Stadt gewesen, deren Bewohner zur Zeit der Landnahme dem Feldherrn Josua durch List ein Bündnis abgerungen hatten. Zwar war damals bestimmt worden, daß die Bewohner auf ewig Knechte sein sollten, doch diese Anordnung des Josua war längst nicht mehr gültig. Gibeon war zum Zeitpunkt der Spaltung des Reiches der Stämme eine wohlhabende Stadt des Stammes Benjamin.

Da die Grenze zum Land Juda nicht fern lag, fühlten sich auch die Mächtigen der Philister – und damit auch David, der von den Philistern abhängig war – durch den Reichtum angezogen. David mußte dafür sorgen, daß der Herrscher von Mahanajim nicht Fuß fassen konnte in Gibeon. Er hatte wohl vom Ritt des Abner und dessen Männern über den Jordan erfahren und schickte daraufhin Bewaffnete ins Gebiet

Benjamin. Als Abner bei Gibeon eintraf, waren Davids Leute schon da. Sie hatten Lager bezogen »am Teich von Gibeon« (2 Sam 2,13). Ausgrabungen, durchgeführt durch Fachleute des Museums der Universität von Pennsylvania, haben bewiesen, daß es diesen »Teich von Gibeon« tatsächlich gegeben hat.

Der Platz, wo die Stadt Gibeon einst stand, heißt heute Al Dschib; er liegt etwa 15 Kilometer nordwestlich von Jerusalem, abgelegen von den großen Straßen Jerusalem–Latrun und Ramallah–Latrun. Was von der alten Stadt übriggeblieben ist, stimmt mit dem biblischen Bericht überein: Zu sehen ist ein rundes Wasserbecken, dessen Durchmesser etwa zwölf Meter beträgt. Seine Tiefe wurde mit 28 Meter gemessen. Die Wand des Beckens entlang führen 79 Stufen in die Tiefe. Das Becken war dazu da, Regenwasser aufzufangen. Vielleicht bestand in früherer Zeit auch eine Verbindung zu einer naheliegenden Quelle, in der immer noch Wasser fließt: Reste zweier unterirdischer Wasserleitungen sind erhalten.

Archäologen sind der Meinung, das Wasserbecken von Gibeon sei im 10. Jahrhundert v. Chr. entstanden. Es war also damals, als Davids Kämpfer am »Teich von Gibeon« lagerten, noch ziemlich neu – es wurde sicher als etwas Besonderes betrachtet – und war damit wert, im Zusammenhang mit einem wichtigen Ereignis im Gedächtnis der Menschen zu bleiben. Das Zweite Buch Samuel berichtet, die Männer Davids und Abners hätten sich am »Teich von Gibeon« aufgestellt: »Die einen blieben diesseits, die anderen jenseits des Teiches.« (2,13)

Die Gegner einigten sich darauf, Zweikämpfer darüber entscheiden zu lassen, wer Sieger sei. Über Stunden dauerten die Gefechte, ohne daß eine Seite die Oberhand gewann. Ein Mann nach dem anderen fiel durch das Schwert – und manchmal starben auch beide Kämpfer am Ende ihres Duells. Abner war der erste, der zur Vernunft kam: Er erkannte, daß die jüdischen Stämme begonnen hatten, sich selbst zu zerfleischen. Sein warnender Ruf wurde begriffen. Die Kämpfenden trennten sich.

Abner verließ den »Teich von Gibeon« und ritt über den Jordan zurück in die Hauptstadt Mahanajim. Eine ganze Nacht lang sei er unterwegs gewesen, wird berichtet. Diese Erkenntnis plagte ihn: »Ein langer Streit war zwischen dem Hause Saul und dem Hause David ausgebrochen. David gewann immer mehr an Stärke, das Haus Saul dagegen nahm immer mehr ab.« (2 Sam 3,1) König Ischbaal war der letzte Repräsentant des Hauses Saul gewesen.

Dasselbe Zweite Buch Samuel nennt auch den Grund für den Untergang des Hauses Saul: König Ischbaal und sein Feldherr Abner stritten sich um eine Frau.

Der einzige, der in der Hauptstadt im Ostjordanland die Macht besaß, war Abner. Allein sein Wort galt. Selbst Ischbaal hatte Angst vor seinem Feldherrn. Abner organisierte das Staatswesen nach seinem Geschmack. Nach Sauls Tod hatte der Feldherr auch dafür gesorgt, daß die gesamte Familie des Toten in Mahanajim Sicherheit fand. Er hatte auch Sauls Harem in die Stadt geholt. Als die Frauen ihr Haus bezogen, sah Abner eine der Nebenfrauen, die Saul geliebt hatte – ihr Name war Rizpa. Abner nahm sie an sich – zum Ärger des Königs Ischbaal. Abner mußte sich diesen Vorwurf anhören: »Warum schläfst du mit der Nebenfrau meines Vaters?« Heißer Zorn habe Abner gepackt. Überliefert ist seine Antwort: »Bin ich denn ein Hundskopf aus Juda? Ich unternehme alles, was ich kann, damit das Haus Saul, das Haus deines Vaters, glänzend dasteht. Ich setze mich für alle Verwandten und Bekannten deines Vaters ein und sorge dafür, daß sie nicht David in die Hände fallen, und du machst mir Vorwürfe wegen einer Weibergeschichte. Gott soll mich strafen, wenn ich nicht für David das fertigbringe, was in Gottes Absicht liegt: Ich nehme dem Hause Saul das Königtum weg und bringe es David, damit er herrsche von Dan im Norden bis Beerscheba im Süden!« (2 Sam 3,7–10)

Abner verließ die Hauptstadt am Ostufer des Jordan. In Hebron traf er mit David zusammen, der zu jener Zeit noch immer Vasall der Philister war. Doch sein Entschluß stand bereits fest, sich aus dieser Bindung zu lösen. Dies konnte nur geschehen, wenn sein Regierungsbereich nicht mehr auf Juda beschränkt blieb, sondern sich auf das Gebiet der anderen Stämme ausdehnte. Abners Vorschlag, er werde das bisher von ihm verwaltete Staatsgebiet an das Territorium von Juda angliedern – bei einem Gastmahl in Hebron unterbreitet –, kam David sehr gelegen. Der Mächtige aus Mahanajim aber glaubte, er werde künftig, nach dem Zusammenschluß der beiden Staatsgebiete, bei David so einflußreich sein, wie er es unter Ischbaal gewesen war.

Eine Zusammenarbeit von David und Abner wurde jedoch vereitelt. Abner wurde unter dem Torbogen von Hebron durch einen Vertrauten Davids ermordet. Der König von Juda bejammerte zwar den Tod des Gastes aus Mahanajim, doch fühlte er sich zweifellos erleichtert: Er brauchte die Macht im künftig vereinten jüdischen Staatsgebiet nicht mit Abner zu teilen. David war überzeugt, die Vereinigung der beiden Königreiche werde trotz des Todesfalles möglich sein – denn König Ischbaal allein werde sich nicht in Mahanajim halten können.

David brauchte nicht lange zu warten, da lag der abgeschlagene Kopf Ischbaals vor ihm auf dem Boden. In seinem Haus war König Ischbaal ermordet worden. Neid und Machtgier hatten den Mord ausgelöst. Nach Abners Tod waren Auflösungserscheinungen in Ischbaals Hauptstadt spürbar geworden. Ein Enkel Sauls, ein Sohn Jonatans, der wegen eines körperlichen Fehlers in Mahanajim keine Anerkennung und keine führende Position erhalten hatte, sah im König die Ursache seiner Zurücksetzung. Er untergrub das Ansehen Ischbaals. In dieser Stimmung der Zwietracht kamen zwei Truppenführer auf die Idee, David würde sie belohnen, wenn sie Ischbaal töteten. »Sie gingen um die heißeste Tageszeit in das Haus Ischbaals. Dieser hatte sich zur Mittagsruhe hingelegt. Die Torwächterin des Hauses war beim Weizenreinigen ermüdet und eingeschlafen. Die beiden Offiziere schlichen sich durch. Während Ischbaal auf seinem Bett im Schlafzimmer ruhte, erschlugen sie ihn und trennten seinen Kopf ab. Sie nahmen den Kopf und gingen die ganze Nacht bis Hebron.« (2 Sam 4,5–7)

Die erwünschte Belohnung erhielten die beiden jedoch nicht. David gab sich entrüstet über »Frevler, die einen rechtschaffenen Mann in seinem Haus auf seiner Lagerstatt ermordet haben«. Die Mörder Ischbaals wurden erschlagen und verstümmelt. Die Leichen waren tagelang an der Stadtmauer von Hebron zu sehen.

Nur zwei Jahre lang, von 1006 v. Chr. an, war Mahanajim Hauptstadt eines jüdischen Staates gewesen. Mit Abners und Ischbaals Tod aber war niemand mehr in der Stadt am Ostufer des Jordans, der noch die Kraft gehabt hätte, die Unabhängigkeit des nördlichen jüdischen Staates zu bewahren. David wurde zum Herrn über das Gebiet aller Stämme.

Nun war die Notwendigkeit entstanden, dem vereinigten Staat eine Hauptstadt zu finden. Hebron war nur als Provisorium gedacht gewesen. Es mußte ein Ort sein, der bisher keinem der Stämme gehört hatte – David wollte sich mit seinem Machtzentrum nicht in die Hand eines Familienclans begeben. Er suchte sich deshalb die Stadt Jebus aus, die sich seit der Landnahme, also über mehr als zwei Jahrhunderte hin, ihre Unabhängigkeit bewahrt hatte. Ihre starken Mauern und die Lage auf der Höhe über Tälern hatte den Bewohnern Sicherheit gegeben. David hätte die Festung nie bezwingen können, wenn er nicht einen genialen Einfall gehabt hätte: Er ließ seine Kämpfer durch einen Wassertunnel in die Stadt eindringen, der außerhalb der Mauern seinen Eingang hatte. Die überraschten Jebusiter fanden keine Zeit zur organisierten Gegenwehr.

Jebus wird zur »Stadt Davids«, wird zu »Jerusalem«. Für Jahrhunderte zieht nun diese Stadt Interesse und Phantasie der Menschen an. Die Bundeslade, die seit fünfzig Jahren in Kirjat-Jearim fast vergessen unter einem Zeltdach stand, wird in Davids Hauptstadt geholt. Jerusalem wird zur »Stadt Gottes«.

Der Aufstieg Jerusalems macht die Jordansenke zu einer abgelegenen

Gegend. Der Fluß ist nicht mehr Mittelachse des Landes. Alles, was politisch entscheidend ist, geschieht im Westen, im Gebiet zwischen Jordan und Mittelmeerküste. Dort finden die Kämpfe statt, die das Heer des vereinigten jüdischen Staates mit den Philistern auszutragen hat. David kann sich im Wechsel von Niederlagen und Siegen wirklich aus dem Status eines Vasallen der Philister lösen. Um die Zeit der Jahrtausendwende wird das jüdische Gebiet zum unabhängigen Staat.

Etwa zehn Jahre brauchte David zur Festigung der inneren Struktur seines Staates – wobei er das Ostjordanland außer acht ließ. Dann aber kam ihm eine Provokation sehr gelegen.

David erobert das Land Ammon

Dem Lande Ammon, auf der Ostseite des Flusses, war der König gestorben. David, der bisher keine Beziehung geknüpft hatte zu den Regierenden in Ammon, fühlte sich jetzt veranlaßt, Gesandte zu schicken, die das Beileid des jüdischen Königs überbringen sollten. Diese plötzliche Anteilnahme kam den Beratern des Ammoniterfürsten seltsam vor: Sie glaubten, die Gesandten Davids hätten vielmehr die Aufgabe, das Land und die Hauptstadt auszuspionieren. Die Männer aus Jerusalem kamen nicht dazu, ihre Beileidsworte auszusprechen. Sie wurden gepackt und halb entkleidet; auch die Bärte wurden ihnen jeweils auf einer Gesichtshälfte abgeschoren. Dann konnten die Gesandten wieder über den Jordan zurückkehren.

In Jericho machten Davids Männer halt. Mit halbabgeschorenem Bart wollten sie nicht nach Jerusalem einreiten, sie wären dort zum Gespött der Menge geworden. Sie schickten dem König Nachricht über ihren Zustand und warteten ab. Bald erhielten sie Bescheid aus Jerusalem: Am Jordan sollten sie bleiben, bis die Bärte wieder gewachsen wären.

Diesen Vorfall nahm David zum Anlaß, einen Feldzug gegen das Ostjordanland vorzubereiten. Zum Angriffsziel bestimmte er die Stadt Rabbat-Ammon. Ein Ort rückt ins Blickfeld, der in der Geschichte des Jordanlandes bedeutsam sein wird: Er heißt heute Amman und ist die Hauptstadt des Königreichs Jordanien.

Bedeutsam war Rabbat-Ammon immer gewesen. Der Ort lag an der Handelsstraße, die von der Arabischen Halbinsel nach Norden führte, zum Markt in Damaskus. Die Karawanen, die aus dem Süden Gewürze, Stoffe, edle Hölzer transportierten, machten Rast in Rabbat-Ammon, um ihre Wasservorräte aufzufüllen. Die Quelle dort war bekannt für die außerordentliche Qualität ihres Wassers. Sie ist noch vorhanden und befindet sich in einem Tal, von dem Nebentäler ausgehen. Zwischen diesen Verzweigungen des Tals erheben sich Hügel. Wer sie zählt, der kommt bei gutem Willen auf die Zahl sieben. Auf einem der Hügel stand zur Zeit des unabhängigen Staates Ammon die »Stadt des Königs«; bei der Quelle befand sich die »Stadt des Wassers«.

Wer in Rabbat-Ammon regierte, der beherrschte den wichtigen Weg nach Damaskus. David, der nach der Schwächung der Philister den Drang verspürte, sein Land nach Osten auszudehnen, wollte den bedeutsamen Ort in die Hand bekommen. »Daher bot er ganz Israel auf und überschritt den Jordan.« (2 Sam 10,17) Die Kämpfe erwiesen sich allerdings als schwer, da sich alle Herrscher am Ostufer des Jordan mit dem bedrohten Land solidarisch erklärten – und ihm tatsächlich auch zu Hilfe kamen. Erst nach etwa einem Jahr verlustreicher Gefechte begann das Heer Davids mit der Belagerung von Rabbat-Ammon.

David selbst blieb in Jerusalem. Was ihm dort geschah, berichtet das Zweite Buch Samuel: »Eines Abends stand David von seinem Lager auf, um auf dem Dach des Königspalastes hin und her zu gehen. Da entdeckte er auf einem anderen Dach eine Frau, die sich badete und wusch. Sie war von sehr schöner Gestalt. Er erkundigte sich, wer die Frau sei, und man sagte ihm: ›Das ist Batseba, die Frau des Hethiters Urija.‹ David schickte Diener in ihr Haus und ließ sie holen. Sie kam zu ihm, und er wohnte ihr bei. Danach kehrte sie in ihre eigene Wohnung zurück. Sie wurde aber schwanger. Und so ließ sie David durch einen Boten ausrichten: ›Schwanger bin ich.‹« (2 Sam 10,2–3)

Ihr Mann Urija gehörte zu den Kämpfern, die Rabbat-Ammon belagerten. Seit Monaten schon befand er sich an der Front im Ostjordanland. Wurde die Schwangerschaft seiner Frau Batseba bekannt, dann konnte sich jeder ausrechnen, daß das Kind nicht von ihm gezeugt war. David handelte schnell, getrieben vom schlechten Gewissen: Er schickte einen Kurier über den Jordan an seinen Befehlshaber, der Joab hieß. Der Kurier brachte die Order ins Hauptquartier von Rabbat-Ammon, der Offizier Urija habe sofort in der Hauptstadt zu erscheinen, um Bericht zu erstatten.

In Jerusalem angekommen, wurde Urija von David befragt, wie sich der Befehlshaber befinde, ob die Belagerung Fortschritte mache. Urija wunderte sich wohl, warum gerade er für diese unnötige Mission ausgesucht worden war. Er wurde vom König mit außergewöhnlicher Höflichkeit behandelt. Ihm wurde befohlen, die Nacht in seinem eigenen Haus zu verbringen – und David wünschte ihm ausdrücklich Stunden voll Freude.

Wenn David geglaubt hatte, damit sei das Problem der Schwangerschaft von Batseba für ihn aus der Welt geschafft, so täuschte er sich.

Urija ging nicht zu seiner Frau; er schlief in den Räumen der Palastwache, bei Kriegskameraden also. Von David deshalb zur Rede gestellt, antwortete Urija, solange die Belagerungstruppen vor Rabbat-Ammon im Freien lagerten, könne er nicht zu Hause wohnen, um dort bequem zu essen, zu trinken und mit seiner Frau zu schlafen. Sein Empfinden von Pflicht verbiete ihm, so zu handeln. Davids Überredungskunst nützte nichts; auch nicht der Versuch, Urija betrunken zu Batseba zu schicken. Urija verbrachte jede Nacht seines Heimaturlaubs auf dem kargen Lager der Palastwache.

David aber wollte unter keinen Umständen als Ehebrecher bezichtigt werden. Wenn Urija nicht mit seiner Frau schlafen wollte, dann mußte er ganz aus dem Leben der Batseba verschwinden. Urija erhielt, als er Jerusalem wieder verließ, einen versiegelten Brief, den er seinem Befehlshaber Joab aushändigen sollte. Das Zweite Buch Samuel gibt die wichtigsten Textstellen des Briefes so wieder: »Stellt den Urija an den Platz, an dem der Kampf am härtesten ist. Zieht euch dann von ihm zurück, denn er soll getroffen werden und sterben.« (2 Sam 11,15)

Wenige Tage später brachte ein Kurier dem König Nachricht von der Front: Die Kämpfer der belagerten Stadt hatten einen Ausfall unternommen und dabei viele der Belagerer getötet – auch Urija war ums Leben gekommen. Dem Kurier soll David diese Worte des Trostes an den Befehlshaber Joab mitgegeben haben: »Vergiß den Kummer über diese Sache, denn das Schwert frißt bald diesen und bald jenen. Führe den Kampf gegen die Stadt entschlossen weiter und zerstöre sie!« (2 Sam 11,25)

David holte sich nach Ablauf der Trauerzeit Batseba als Frau ins Haus. Sie gebar ihm einen Sohn, den sie Salomo nannten.

Joab war es inzwischen gelungen, das Tal von Rabbat-Ammon, die »Stadt des Wassers«, zu erobern. Auch die »Stadt des Königs« war sturmreif. Den letzten Angriff zu führen, überließ Joab seinem König, damit der als Eroberer des Ostjordanlandes gelten konnte.

Das Königreich Israel war unter David zum überregional bedeutenden Staat geworden. Diese Entwicklung war begünstigt gewesen durch den Niedergang aller bisherigen Mächte zwischen Nil und Euphrat: Weder Ägypten noch die Völker im syrisch-mesopotamischen Raum besaßen mehr Ausstrahlungskraft in das Land, das nun König David gehörte. Es hätte eine Zeit des Glücks folgen können, doch Unruhen erschütterten Jerusalem. Das Jordanland erhielt wieder Bedeutung.

Die Einigung der jüdischen Sippen – ein mühsamer Prozeß

Mit einer Vergewaltigung begann das Unglück. Amnon, einer von Davids Söhnen, konnte die Begierde nach seiner Schwester Tamar nicht mehr zähmen. Gegen ihren Willen zwang er sie zu sich aufs Lager; danach ließ er sie aus dem Haus werfen. Ihr jüngerer Bruder Abschalom nahm die Entehrte bei sich auf und plante bald schon, den Bruder Amnon für die Schande zu bestrafen. Zwei Jahre wartete er, dann ließ er bei Gelegenheit eines Festes den Vergewaltiger der Schwester töten. Abschalom sah sich zur Flucht veranlaßt. Drei Jahre lang blieb er von Jerusalem fern.

Als Abschalom vom König die Erlaubnis zur Rückkehr bekam, da war aus ihm ein wunderschöner Mann geworden, mit auffällig prächtigem Haupthaar, das ihm über die Schulter fiel. Vor allem aber hatte er im Exil politischen Ehrgeiz entwickelt. Er benützte jede Gelegenheit, um zu verkünden, daß er selbst wohl der gerechtere König im Lande Israel sein würde.

Nach vier Jahren der Propaganda – die aber offenbar dem König nicht zu Ohren gekommen war – glaubte Abschalom genügend Freunde in den Stämmen zu besitzen, um die Macht an sich reißen zu können. Er erklärte sich schließlich selbst zum Herrscher. In Hebron geschah die Proklamation. Über Mangel an Unterstützung brauchte er nicht zu klagen. Einflußreiche und einfache Leute kamen zu Abschalom nach Hebron, um sich ihm anzuschließen. Auch Hofbeamte aus Jerusalem gehörten bald zu den Anhängern dieses Gegenkönigs.

David reagierte wenig selbstbewußt und mit schwachen Nerven: »Auf, laßt uns fliehen, denn es gibt für uns keine Rettung mehr vor Abschalom!« (2 Sam 15,14) Ausdrücklich vermerkt der biblische Bericht, der König habe seinen gesamten Haushalt mitgenommen – nur zehn Nebenfrauen hätten im Palast bleiben müssen, »um ihn zu bewachen«.

Genau beschrieben ist Davids Weg. Als er das Kidrontal, draußen vor den Mauern von Jerusalem, überquerte, da bemerkte er, daß einige Priester die Bundeslade mit sich trugen. Er schickte Priester und Heiligtum wieder zurück in die Stadt. Dann stieg David weinend den Ölberg hinauf. Barfuß, aber mit bedecktem Kopf sei er den steilen und steinigen Weg bis zum Gipfel des Ölbergs gegangen. Unmittelbar östlich der höchsten Erhebung kam ihm ein Mann entgegen, der ein Knecht war im Haushalt der Saul-Nachfahren. Der schenkte dem König, der so rasch geflohen war, daß er überhaupt nichts hatte mitnehmen können, zwei gesattelte Esel. Von nun an brauchte David nicht mehr zu Fuß zu gehen. Er sei vor allem gekommen, so sagte der

Knecht, um David den Weg zu weisen, den König über den Jordan zu holen und ihn zu bitten, nach Mahanajim zu ziehen. Sein Herr aber habe sich bereits nach Jerusalem begeben, da er der Meinung sei, er werde jetzt zum König über die jüdischen Stämme ausgerufen.

Während der Flucht zum Jordan bekam David den Haß der Mitglieder der Familie Sauls zu spüren. Er wurde mit Steinen beworfen, als »Blutmensch« beschimpft, als Dieb, der dem Hause Saul das Königtum geraubt habe. Bis zur Furt bei Gilgal wurde ihm gezeigt, daß viele im Lande froh waren, ihn los zu sein.

Abschalom hatte inzwischen von Jerusalem Besitz ergriffen. Um zu zeigen, daß er der neue Herr sei, schlief er – für alle erkennbar – mit den zehn Nebenfrauen, die sein Vater im Palast zurückgelassen hatte. Auf dem Dach des Gebäudes geschah diese Besitzergreifung.

Damit war allerdings wertvolle Zeit vergeudet worden, die mit der Verfolgung Davids besser genützt gewesen wäre. Abschaloms Leute hätten den Fliehenden vor der Jordanfurt einholen müssen. Drüben über dem Fluß, im wilden bewachsenen Bergland, war die Gruppe um den König nur schwer aufzuspüren. David entschied sich klugerweise dafür, trotz Müdigkeit nicht in der Nähe von Gilgal auszuruhen. Das Zweite Buch Samuel berichtet, er sei gewarnt worden: »Übernachte nicht an den Übergängen zum anderen Ufer. Setze sofort über, sonst wird der König und sein ganzes Gefolge vertilgt werden.« (17,16) »So brach David auf mit seinen Begleitern und überschritt den Jordan, und als der Tag begann, fehlte nicht einer. Alle hatten sie den Jordan durchquert.« (17,22)

David gelangte nach Mahanajim. Die Stadt war eine Generation zuvor, von 1006 bis 1004 v. Chr., die Hauptstadt des Gegenkönigs Ischbaal gewesen, der durch einen Umsturz im eigenen Hause sein Leben verloren hatte. David war inzwischen ein alter Mann geworden, der verzweifelt war, daß er und sein Land keinen Frieden finden konnten.

Die Sagen der Juden erzählen von den Qualen, die David an seiner Seele litt: »David rief vor Gott: ›Sage mir, wie lange dein Geist mich meidet, wie lange ich täglich einen Becher mit meinen Tränen füllen kann. Ich esse Brot mit Asche und mische meinen Trank mit Tränen. Herr, lehre mich, was das Ziel meines Lebens ist, sage mir, wann ich sterben werde!‹ Der Herr aber antwortete: ›Es ist in meinem Rat bestimmt, daß die Zahl der Lebenstage keinem Sterblichen offenbart wird. Willst du aber wissen, wann du sterben wirst, so vernimm: An einem Sabbattage wird dein Leben ein Ende nehmen!‹ David sagte darauf: ›Laß mich lieber sterben an dem Tag, der auf den Sabbat folgt.‹ Der Herr aber sprach: ›Dann wird bereits die Herrschaft deines Sohnes begonnen haben, denn es darf nicht sein, daß eine Herrschaft die andere berühre, und sei es auch nur um eines Haares Breite.‹ David sprach zum Herrn: ›Gebieter der Welt! Vergib mir meine Sünde, tu an mir ein Zeichen zum Guten, damit es meine Feinde sehen und sich schämen, weil du, mein Gott, mein Helfer und Tröster bist.‹ Der Herr erwiderte ihm: ›Bei deinen Lebzeiten werde ich es dich nicht wissen lassen. Ich will es kundtun zur Zeit der Herrschaft deines Sohnes Salomo.‹«

David, so wird berichtet, habe in Mahanajim durch Gottes Wort gewußt, daß Salomo und nicht der Rebell Abschalom sein Nachfolger werde. Er begann deshalb mit Energie, den Widerstand gegen den Sohn zu organisieren, der bereits den Palast in Jerusalem bezogen und einen Teil des Harems seines Vaters in Besitz genommen hatte. Die Bevölkerung der Gegend von Mahanajim unterstützte David und stellte Kämpfer zur Verfügung. Sie sah in David noch immer die stärkere Persönlichkeit und wünschte sich deshalb seinen Sieg. Der Grund für die Bevorzugung lag in der gefährdeten Situation der Menschen im Gebiet am Ostufer des Jordan: Sie waren Überfällen durch Beduinen ausgesetzt, die aus den Wüstengebieten über die Siedlung herfielen. In der Not waren sie dann auf Hilfe aus den Städten am Jordanwestufer angewiesen. Mit Unterstützung konnten die Bedrohten jedoch nur rechnen, wenn diese Städte unter einer festen Führung einig waren. David hielten sie für fähig, erneut Mittelpunkt einer starken Zentralverwaltung zu sein.

Wie die materielle Hilfe der Siedler vom Jordanostufer aussah, das ist dem Zweiten Buch Richter zu entnehmen: »Sie brachten Betten, Decken, Schalen, irdene Gefäße, Weizen, Gerste, Mehl, Röstkorn, Bohnen, Linsen, Honig, Dickmilch, Kuhkäse und Schafe.« (17,28–29) Einer der Spender war sogar aus Rabbat-Ammon gekommen, aus einer Stadt also, die nicht zum Verband der jüdischen Stämme gehörte.

Bekannt ist auch, wer für die Finanzen Davids in Mahanajim sorgte: ein Mann, der Barsillai hieß und Landbesitzer am Ostufer des Jordan war. Er stellte David die Beträge zur Verfügung, die zum Unterhalt der Bewaffneten gebraucht wurden. Er verlangte später keine Rückzahlung und auch keine Belohnung.

Nordöstlich der Stadt Mahanajim, in waldigem Gelände, fand die Schlacht statt zwischen den Anhängern Davids und denen Abschaloms. Der König selbst blieb im Bereich der Stadt; er hielt auch einen Teil der Bewaffneten als Eingreifreserve für den Fall einer überlegenen Kampfführung durch Abschalom zurück. Doch es zeigte sich von Anfang an, daß die Beteiligung des Königs am Gefecht gar nicht nötig war: Die Männer von Mahanajim waren im Vorteil, denn sie kannten die Wälder im Bergland ostwärts des Flusses. Vermerkt ist im biblischen Bericht über den Kampfverlauf ausdrücklich: »Der Wald vertilgte an jenem Tag mehr Leute, als das Schwert fraß.« (2 Sam 18,8)

Auch Abschalom selbst wurde ein Opfer des Waldes. Er ritt, offenbar ziemlich schnell auf einem Maultier unter Bäumen. Seinen Stolz, sein langes und prachtvolles Haar, trug er offen. Es verfing sich im Astwerk einer Eiche, und da das Maultier unter ihm weg weiterlief, hing er »zwischen Himmel und Erde«. Zehn Krieger aus der Anhängerschaft Davids entdeckten den Hilflosen und schlugen ihn tot.

Die Sagen der Juden überliefern die Ereignisse so: »Abschalom war stolz auf sein schönes Haar, und sein Übermut trieb ihn zum Aufstand gegen den Vater. Aber das Haar brachte ihm Verderben, und er blieb auf der Flucht mit den Locken an der Eiche hängen. Abschalom war ein streitbarer Held und hatte sein Schwert immer an seiner Seite hängen. Warum zog er das Schwert nicht, um die Haare abzuschneiden, damit er sich rette? Es tat sich, als er an der Eiche hing, vor ihm die Unterwelt auf, und so sprach er bei sich: ›Lieber bleibe ich an der Eiche hängen, als daß ich in den Abgrund der Hölle fahre.‹ Sieben Tore hat die Hölle. Abschalom kam, als er erschlagen war, bis vor das fünfte Höllentor, da erfuhr David vom Tod seines Sohnes, und er fing an zu trauern und zu klagen. Er rief unentwegt: ›Mein Sohn Abschalom, mein Sohn!‹ So errettete David Abschalom vor den weiteren Martern der Hölle.«

Auch die Bibel erzählt von Davids unmäßiger Trauer. Er verbarg sich in seinem Haus in Mahanajim und fand kein Wort des Dankes oder Lobes für die siegreichen Kämpfer, die in die Stadt heimkehrten. Als sie merkten, daß David nicht stolz auf sie war, schlichen sie sich verstohlen durchs Tor. Sie begriffen nicht, was ihnen geschah: Sie wurden behandelt, als hätten sie sich aus dem Kampf fortgestohlen.

Erst scharfe Worte seines Feldherrn Joab brachten den König zur Vernunft: »Du beleidigst heute die Männer, die dir und deinen Söhnen, Töchtern, Frauen das Leben gerettet haben. Du liebst jene, die dich hassen, und du haßt jene, die dich lieben. Heute zeigst du uns, daß Befehlshaber, Soldaten und Untertanen dir nichts wert sind. Ich habe heute begriffen, daß es dir ganz recht wäre, wenn Abschalom lebte und wir alle tot wären. Steh jetzt auf und rede mit deinen Untertanen, so wie es sich gehört! Ich schwöre bei Gott, wenn du dein Haus nicht verläßt, dann wird kein Mann mehr die nächste Nacht bei dir verbringen. Alle werden sie über den Jordan zurückkehren. Das wäre aber für dich ein größeres Unglück als alles Elend, das seit deiner Kindheit bis heute über dich hereingebrochen ist.« (2 Sam 19,6–8)

Joabs Worte wirkten: David trat vors Haus und ging zum Stadttor. Da besannen sich auch die Bewaffneten auf ihre Pflicht: sie marschierten in geordneter Formation am König vorbei in die Stadt.

Da Abschalom, der Gegenkönig, tot war, blieb denen, die zuvor zu ihm übergelaufen waren, nichts anderes übrig, als David erneut zu huldigen. In großer Menge sammelten sich Männer aus Jerusalem und aus anderen Städten der Stämme Juda und Benjamin an der Jordanfurt bei Gilgal: »Sie waren noch vor dem König an den Jordan gelangt. Sie hatten die Furt durchschritten, um die Familie des Königs überzusetzen und ihm jeden Dienst zu leisten.« (2 Sam 19,18–19)

Als der königliche Zug von Berittenen und Volk zu Fuß in Gilgal angekommen war, an dem Ort, der die Angehörigen der Stämme an die erste Zeit der Landnahme unter Josua erinnerte, da brach Streit aus: Männer der Sippen Benjamin, Efraim und Manasse hatten den Eindruck, die Leute aus der Sippe Juda würden sich zu viele Vorrechte herausnehmen, würden den König ganz für sich beanspruchen. Deutlich wurde, daß sich alle, die nicht zum Stamm Juda gehörten, benachteiligt fühlten. Doch die Männer von Juda wehrten sich in Gilgal: »Haben wir etwa den König aufgefressen, oder ist er von uns entführt worden?« (2 Sam 19,43) Der Kampf mit Worten zog sich hin. David sagte kein Wort, das den Zwist zwischen den anderen Stämmen und Juda beendet hätte. Sein Schweigen löste den offenen Aufstand aus. Nur Männer aus dem Stamm Juda begleiteten David vom Jordan aus nach Jerusalem hinauf.

Ein Mann aus dem Stamm Benjamin sah seine Chance, gehört zu werden, Bedeutung zu erlangen und Macht – sein Name war Scheba. In Gilgal am Jordan hatte er die Hetzkampagne gegen David begonnen, und er setzte sie fort im westlichen Bergland. Erstaunlich rasch waren die Bewohner des jüdischen Königreichs bereit, eine Teilung des Staates zu akzeptieren. Als ob sie nicht aus einer Wurzel entstanden wären, trennten sich alle anderen Sippen in ihrem Bewußtsein vom Stamm Juda. Von der Großfamilie Benjamin an waren sich die nördlich lebenden Bewohner des jüdischen Staatsgebiets einig in der Ablehnung der Herrschaftsschicht, die sich in Jerusalem um David geschart hatte. Verärgerung war deshalb entstanden, weil Davids Ratgeber zum Stamm Juda gehörten und in der Gegend von Hebron zu Hause waren. Die anderen Sippen fühlten sich nicht vertreten in der Hauptstadt. Da war es einem Mann wie Scheba leicht möglich, die führenden Köpfe der Nordstämme durch seine Parolen zu veranlassen, politisch eigene Wege gehen zu wollen.

Schwierig war es jedoch für den Separatisten, den Sippen, die bereit waren, auf ihn zu hören, eine Struktur zu geben, eine Staatsform, die das Überleben als Einheit gesichert hätte. Scheba machte die Erfahrung, daß mancher der Stammesältesten bereit war, sich zum Separatstaat zu bekennen, aber kaum jemand wollte kämpfen für ein Reich, das sich Israel nennen sollte. Schebas Hoffnung, der eigene Stamm Benjamin werde Partei ergreifen für ihn, erfüllte sich nicht – nur die Männer seines eigenen engeren Familienkreises schlossen sich ihm an.

Der Haufen um Scheba war gezwungen, nach Norden zu fliehen. Joab, Davids Truppenkommandeur, hatte Befehl zu verhindern, daß der Propagandist der Zweiteilung des Reiches irgendwo Fuß fassen konnte. David hatte diese Aufgabe für schwierig gehalten; sie erwies sich schließlich als leicht. Je weiter Scheba nach Norden auswich, desto geringer wurde sein Ansehen. Militärisch verwertbare Unterstützung fanden die Fliehenden nirgends. An der nordwestlichen Küste des Sees Gennesaret erreichten sie die Jordansenke. Sie folgten dem Flußlauf weiter bis zu einer Ortschaft bei der Stadt Lajisch im Gebiet der Hermonbäche, die den Jordan bilden. Dies war der letzte besiedelte Platz, der noch zum Bereich der jüdischen Stämme gehörte – und damit der Punkt der letzten Hoffnung Schebas. Er konnte sich ausrechnen, daß er – sollten die Bewohner zu ihm halten – von hier aus seinen Einfluß jordanabwärts ausdehnen konnte. Die Voraussetzung dafür war, daß dieser letzte jüdische Ort vor den Staaten Sidon und Aram – das Zweite Buch Samuel gibt den Namen mit Abel-Bet-Maacha an – einer Belagerung standhielt. Der Wahrscheinlichkeit nach konnte sie nur von kurzer Dauer sein, da die Truppe Joabs lediglich für eine Verfolgungsjagd gerüstet war.

Jäh wurde Schebas Hoffnung zerstört. Die Bewohner der Ortschaft hatten keine Lust, ihr Leben zu riskieren für einen Mann, dessen Pläne so deutlich erkennbar gescheitert waren. Sie töteten ihn und trennten ihm den Kopf ab. Zum Zeichen, daß für Joab kein Grund mehr bestehe, mit feindlicher Absicht vor ihrer Stadt zu lagern, warfen sie den Kopf über die Mauer, Joabs Männern zu. Damit war der kurzlebige Aufstand des Scheba beendet. Joab und seine Männer konnten jordanabwärts reiten mit dem Ziel, David in Jerusalem vom glücklichen Ausgang der Verfolgung zu berichten.

Die Gefahr der Zweiteilung des Staates war gebannt. Aber das Problem war sichtbar geworden, das auch in Zukunft das jüdische Reich immer wieder bedrohte: Die Sonderstellung des Stammes Juda führte zur Eifersucht der anderen Sippen. Der Staat zwischen Jordanland und Mittelmeerküste trug den Keim der Spaltung in sich. Die Ursache war, daß die Landnahme einst nicht durch ein in sich gefestigtes Volk erfolgt war, sondern durch eine ethnische Gruppierung, die aus einzelnen Großfamilien bestand.

David aber hatte jetzt den festen Willen, Israel als Einheit zu betrachten: als *ein Volk*. Um dies zu dokumentieren, beschloß er, dieses jüdische Volk zählen zu lassen: »Ich will die Zahl des Volkes wissen!« (2 Sam 24,1) Joab, der militärische Chef des Staates, wurde beauftragt,

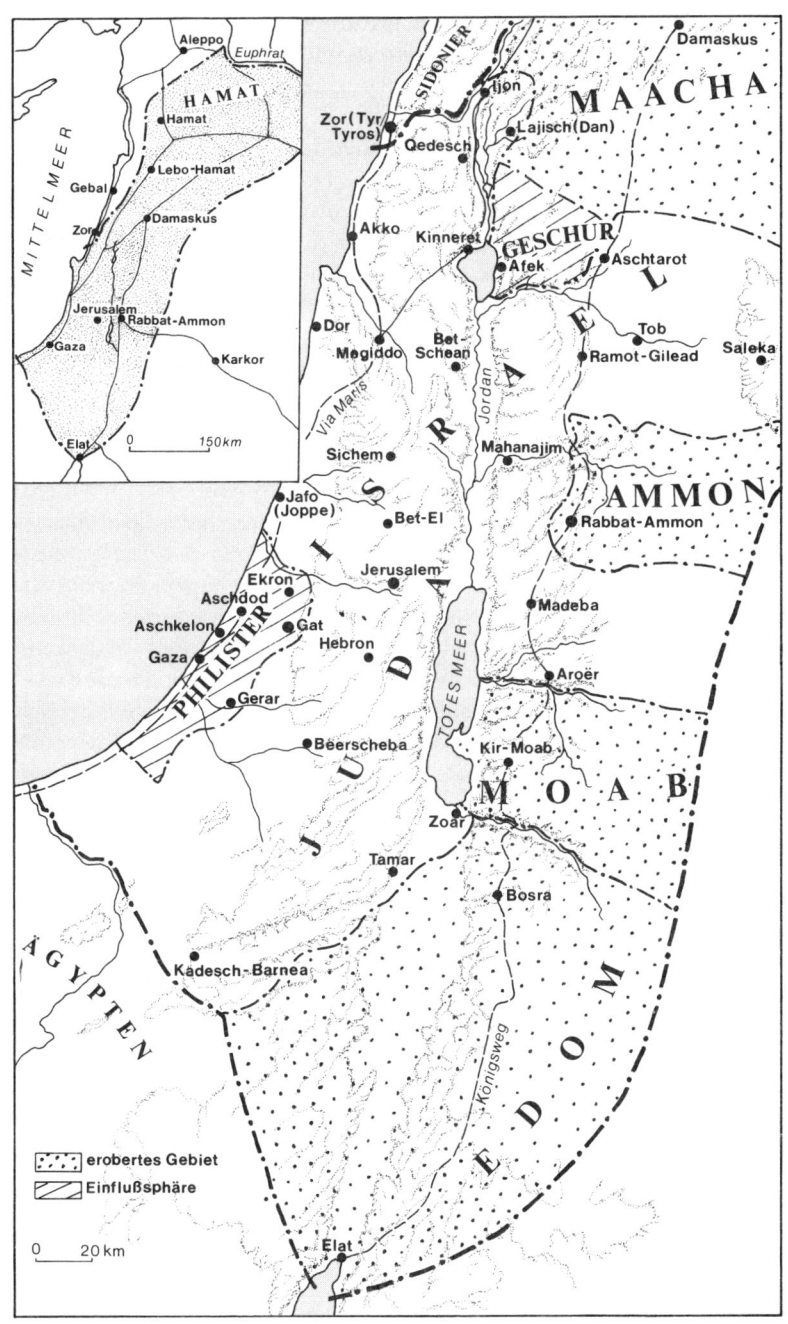

Das Königreich Davids, um 990–968 v. Chr.

durch seine Truppen die Volkszählung durchführen zu lassen. Er hatte Einwände, denn er wußte, daß Gott verboten hatte, festzustellen, wie viele Menschen um den Jordan, im Bergland und an der Küste wohnten; doch Joab mußte gehorchen.

Der biblische Bericht über die Volkszählung beginnt mit den Worten: »Sie überschritten den Jordan.« (2 Sam 23,5) Im Gebiet am Ostufer des Jordan begann Joab also mit der Arbeit, die ihm verhaßt war. Sie ritten ins Bergland nach Norden und schrieben auf, wie viele Männer sie in Städten, Dörfern oder als Nomaden auf freiem Feld lebend vorfanden. Die Frauen zählten sie nicht und auch nicht die Kinder. Am Fuße des Hermon, bei den Bächen, die zum Jordan zusammenfließen, wandten sich die Volkszähler nach Westen, um schließlich über die Berge am Jordanwestufer und über das Küstenland in den Süden zurückzukehren. Neun Monate und zwanzig Tage dauerte die Aktion der Volkszählung. Dann stand das Ergebnis fest: Im Staate Davids lebten 1,3 Millionen Männer, die das Schwert tragen konnten.

Doch erstaunlich ist, daß David sich nicht diese Gesamtzahl nennen ließ. Wer den Bericht im Zweiten Buch Samuel als ernsthafte Quelle betrachtet, der muß feststellen, daß Joab dieses Endergebnis der Volkszählung seinem Herrn mitteilte: »Israel hatte 800 000 Krieger, die das Schwert trugen, und Juda hatte 500 000.« (24,9) Wieder wurde die Zweiteilung des Reiches offenbar als selbstverständlich betrachtet.

Das Resultat der Volkszählung habe freilich bald schon korrigiert werden müssen, denn Gott habe aus Zorn über Davids Eigensinn, wissen zu wollen, wie hoch »die Zahl des Volkes« sei, für einen Tag die Pest über das ganze Land, vom Hermon bis Beerscheba, geschickt. 70 000 Männer, so wird berichtet, seien daran gestorben (2 Sam 24,15).

Vierzig Jahre war David König über das jüdische Volk – fast immer war er in Sorge gewesen um den Bestand seiner Macht. Das Zweite Buch Samuel, die Legenden und die Psalmen spiegeln seine Angst, Gott werde ihn wegen Untreue und wegen seiner Sünden vernichten. Im Augenblick großer Verzweiflung suchte der König Trost in Worten, in Versen, in poetischen Bildern, in Gleichnissen. In der ersten Hälfte des Psalms 68 schildert er seine seelische Not im Vergleich mit der Situation eines im Fluß Ertrinkenden. Gemeint sein kann nur der Jordan – auch wenn er nicht mit Namen genannt wird –, denn kein vergleichbarer Fluß existierte im Reiche Davids:

Hilf mir, Gott, denn das Wasser geht mir schon bis zur Kehle!
Ich versinke in tiefem Schlamm und finde keinen Halt.
In Wassertiefen bin ich geraten, und die Flut reißt mich hinweg.
Erschöpft bin ich vom Rufen, heiser ist meine Kehle;
meine Augen versagen vor lauter Warten auf meinen Gott.

Zahlreicher als meines Hauptes Haare sind die Menschen,
die ohne Grund mich hassen.
Stark sind meine Verderber, meine lügnerischen Feinde.
Was ich nicht geraubt, das soll ich erstatten.
Gott, du allein kennst meine Torheit;
meine Sünden sind dir nicht verborgen.
Durch mich soll niemand Enttäuschung erleben,
der deiner harrt, o Herr!
Durch mich soll niemand Beschämung erleiden,
der dich sucht, o Gott Israels.
Denn deinetwegen ertrage ich Schmach,
bedeckt Schande mein Antlitz.
Fremd geworden bin ich meinen Brüdern,
unbekannt den Söhnen meiner Mutter.
Denn der Eifer für dein Haus verzehrte mich, und die
Schmähungen aller, die dich schmähen, fielen auf mich.
Ich quälte mich selbst durch Fasten;
doch es trug mir nur Schmähungen ein.
Das Trauerkleid nahm ich mir selbst zum Gewand
und wurde Ziel des Spottes.
Die im Tore sitzen, befassen sich mit mir,
ebenso die spöttischen Lieder der Zecher.
Ich aber richte, Herr, mein Gebet zu dir zur Zeit der Gnade,
o Gott. Erhöre mich in deiner großen Huld durch deine treue Hilfe!
Entreiße mich dem Sumpf, damit ich nicht versinke! Möge ich
vor meinen Hassern Rettung finden und vor den Wassertiefen!
Nicht reiße die Wasserflut mich fort, die Tiefe verschlinge
mich nicht, sie verschließe vor mir nicht ihren Schlund.
Erhöre mich, Herr, denn gütig ist deine Huld! In deiner
großen Barmherzigkeit wende dich mir zu. (Ps 68,1–17)

Wenn die Überlieferung die Wahrheit sagt, dann war David selbst in seinen letzten Lebensstunden ohne Barmherzigkeit. Dem Sohn, den ihm Batseba geboren und den er zu seinem Nachfolger bestimmt hatte, befahl er, seinen bewährten Feldherrn Joab, der bei Mahanajim im Ostjordanland in schwieriger Situation gegen Abschaloms Anhänger gesiegt hatte, zu töten: »Schicke sein graues Haupt nicht unversehrt in das Totenreich.« (1 Kön 2,6) Der Vorwurf des Königs lautete, Joab habe im Frieden unschuldig Blut vergossen. In Wahrheit konnte ihm David nur nicht verzeihen, daß Joabs Männer den am Baum hängenden Abschalom nicht verschont, sondern erschlagen hatten.

Unmittelbar nach Davids Tod wurde Joab erschlagen, obgleich er an der Bundeslade, also im Zelt des Herrn, Schutz gesucht hatte. Belohnt werden aber sollte die Familie jenes Mannes, der ihm in Mahanajim das Geld gegeben hatte zur Finanzierung des Widerstands gegen Abschalom und der ihn bis zur Jordanfurt bei Gilgal geleitet hatte. Auch dieses Vermächtnis Davids ist erfüllt worden.

Der Jordan im Reich des Königs Salomo

Obgleich David häufig bedrängt war durch innenpolitische Unruhen, war es ihm gelungen, das Siedlungsgebiet der jüdischen Stämme in eine Großmacht zu verwandeln. Das Reich, das König Salomo erbte, reichte im Norden in das Gebiet der heutigen Staaten Syrien und Libanon hinein. Im Osten umfaßte es das Jordanien von heute – allerdings ohne die Region um Rabbat-Ammon. Der Staat Ammon, mit der Hauptstadt Rabbat-Ammon, war trotz der Niederlagen gegen das jüdische Heer unabhängig geblieben. Die Zentralachse des Reiches war wiederum der Jordan, der die Gebiete in West und Ost verband. Welches Gewicht jedoch das Land zwischen Fluß und Mittelmeerküste gegenüber dem Ostjordanland besaß, war daran abzulesen, daß in der Region im Westen zwölf Statthalter des Königs residierten, im dünner besiedelten Osten aber nur drei.

Obgleich der Fluß Zentralachse war, wurden er und das Land unmittelbar am Ufer immer unwichtiger für den Herrscher. Der Bedeutungsschwund hatte mit einer ökonomischen Revolution zu tun: Hatte bis zum Tod des Königs David der Staat Israel aus Kriegsbeute und aus Erträgen der Landwirtschaft gelebt, so wurde Salomos Reich zu einem Handelsimperium. Salomo war der erste Mächtige des jüdischen Staates, der die Bedeutung der Handelswege begriff. Sie sind in seiner Zeit allerdings auch stärker benützt worden als jemals zuvor: Aus Arabien, besonders aus den südlichen Zonen, wurden Gold und Silber zur Mittelmeerküste transportiert, ebenso Edelsteine, Duftstoffe und Gewürze. Die Städte Israels wurden zum Umschlagplatz zwischen Arabien, Ostafrika und nördlich gelegenen Handelszentren.

Der Fluß, der tief in einer Senke liegt, hatte an dieser Entwicklung keinen Anteil. Er kam aus dem Gebirge Hermon, aus unwegsamem Eis, und führte nirgendwohin. Der einzige Vorteil des Jordangebiets war, daß es fruchtbar war. Im Ostjordanland wuchsen Korn, Ölfrüchte und Trauben im Überfluß. Abnehmer waren die Hauptstadt Jerusalem, die Häfen am Meer, aber vor allem auch die Stadt Zor (Tyrus), die heute Tyr heißt und im hartumkämpften Südlibanon liegt.

Zum Staat der jüdischen Stämme zählte Zor nicht. Die Stadt war Mittelpunkt eines eigenen Reiches: Phöniziens. Weit überlegen war seine Kultur der Zivilisation im Westen oder im Osten des Jordan. Denn Zor hatte Zugang zum Mittelmeer und besaß eine Flotte mit Seeleuten, die bis zu den Häfen des heutigen Italien und Spanien gelangten. Zor wurde von erfahrenen Kaufleuten bewohnt, die Niederlassungen ihrer Handelsgesellschaften an europäischen und nordafrikanischen Küsten gründeten. Karthago gehörte zu diesen Gründungen, wahrscheinlich auch Marseille und Malaga.

König Salomo, der die Bedeutung des Handels begriffen hatte, wußte um die Schwäche seines wirtschaftlichen Systems: Sein Land besaß kaum seetüchtige Schiffe; seine Kaufleute konnten nur die Küste entlang Handel treiben. Das einträgliche Geschäft aber lag in den Beziehungen zu weit entfernten Märkten. Der Mittelmeerraum wurde ab dem 9. Jahrhundert v. Chr. zur frühen Stufe einer übernationalen Wirtschaftsgemeinschaft.

Salomo erkannte, daß ihm Reichtum auf die Dauer nur zufließen konnte, wenn er sich denen anschloß, die das Meer beherrschten. Die Partnerschaft mit Zor bot sich an. Diese war allerdings nicht leicht zu erreichen: Salomo mußte dem König Hiram von Zor zwanzig Ortschaften im bisherigen Grenzgebiet abtreten. Das Erste Buch Könige läßt wissen, Hiram habe nach der Gebietsannexion unzufrieden zu Salomo gesagt: »Was sind schon diese Dörfer, mein Bruder?« Ganz sicher konnte sich Salomo wohl der Freundschaft mit dem Herrscher von Zor nicht sein.

In dieser Situation erhielt der Oberlauf des Jordan einen Teil seiner früheren Bedeutung zurück. Seine geopolitische Lage machte ihn wichtig: Er war leicht erreichbar von Zor aus, und er konnte als Einfallstor ins Zentrum des jüdischen Staates benützt werden. Das Gebiet um den Fluß zwischen Hermon und See Gennesaret war für Salomo die weiche Flanke seines Reiches. Der König mußte darauf bedacht sein, diese Gefahrenstelle zu sichern. Als Lösung bot sich der Wiederaufbau der Festung Hazor an.

Die Stadt war gegen Ende des 13. Jahrhunderts v. Chr. beim vergeblichen Versuch der Verteidigung von Obergaliläa durch die ursprüngliche Bevölkerung gegen den Ansturm der jüdischen Sippen zerstört worden. Seither waren Hazors Ruinen von Nomaden bewohnt gewesen, die keinen festen Wohnplatz wollten, sondern nur während der regnerischen Jahreszeit für sich und für die Herden dort Schutz suchten. Jetzt wurde Hazor, auf einem Hügel gelegen, zu einer der drei Reichsfestungen, die Salomo bauen ließ.

Das Erste Buch Könige nennt die Namen der drei Festungen, die das Reich schützen sollten: Geser im Süden, auf der Höhe von Jerusalem; Megiddo in der Mitte, als beherrschender Punkt der Ebene von Jesreel;

und Hazor im Norden, als Trutzburg zwischen Hermongebirge und See Gennesaret. Der Bauplan für die Anlage der Festungswerke stimmte bei den drei Städten überein: Doppelt – und damit uneinnehmbar – waren die Mauern aufgerichtet; die Einfahrten hinter den Toren waren rechts und links durch jeweils drei Nischen gesichert, aus denen heraus Verteidiger die Eindringlinge überfallen konnten. Ausgrabungsergebnisse beweisen die Identität der Pläne.

Im Rahmen der Baumaßnahmen des Königs Salomo wurde Hazor wieder zur bedeutenden Stadt am Handelsweg nach Norden. Wichtig war sie vor allem während der Jahre, als am Tempel von Jerusalem gebaut wurde. Die Zedern aus dem Libanongebirge, die dafür gebraucht wurden, sind allerdings nicht über Hazor und den Jordan ins Land gebracht worden; die Baumstämme wurden die Küste entlang auf dem Meer geflößt. Die 10 000 Männer aber, die sich in Fronschichten in den Steinbrüchen des Libanon ablösten, wanderten durch das obere Jordantal ins Gebiet des Königs Hiram: »Einen Monat waren sie so auf dem Libanon, und zwei Monate zu Hause.« (1 Kön 5,28)

Zur Regierungszeit des Königs Salomo – sie soll vierzig Jahre gedauert haben – ist Hazor nicht angegriffen worden, während die Festung Geser im Süden einem ägyptischen Überfall zum Opfer fiel. Geser, so berichtet das Erste Buch Könige, sei verbrannt und seine Bewohner seien erschlagen worden. Die Jordansenke blieb während der Amtsjahre des Königs Salomo von Überfällen und Kriegszügen verschont, auch wenn die Bewohner der Region um den Südzipfel des Toten Meeres anfällig für Parolen wurden, die sich gegen den grenzübergreifenden Herrschaftsanspruch der jüdischen Staatsführung wandten. Auch im Lande Aram, das vom Hermongebirge herunter bis zum See Gennesaret seine Westgrenze am Jordan besaß, war Feindschaft gegen den König in Jerusalem entstanden. Doch Respekt vor Salomo verhinderte feindliche Übergriffe am Jordan.

Der Überfall der Ägypter auf die Stadt Geser war die einzige ernsthafte Störung, der Salomos Politik ausgesetzt war. Salomo konnte vor allem seine Bauvorhaben ohne Unterbrechung durchführen.

Eine Erzgießerei an der Furt von Adama

Im Zentrum der vom König geförderten Bautätigkeit stand das Haus des Herrn, der Tempel von Jerusalem, der aus Steinen und aus Holz vom Libanongebirge errichtet wurde. Als das Mauerwerk fertig war, wurde die Innenausstattung geplant, gestaltet und ausgeführt. Salomo selbst hatte in seinem Volk niemand, der in der Lage war, derartige

Arbeiten anzupacken. Noch immer gab es einen Rückstand im handwerklich-technischen Können der jüdischen Schmiede gegenüber denen der Nachbarvölker. In Zor, der Küstenstadt der Phönizier, fand sich ein Meister, der Hiram hieß – also genauso wie der dort zuständige Herrscher, mit dem Salomo schon mehr oder weniger gute, auf jeden Fall langjährige Geschäftsbeziehungen unterhielt. Meister Hiram war deshalb besonders geeignet, an der Endfertigung des Tempels mitzuwirken, weil er als Jude gelten konnte: Seine Mutter entstammte der Sippe Naftali. Der biblische Bericht bescheinigt Hiram, ein geschickter, begabter Erzschmied gewesen zu sein.

Als Meister Hiram den Auftrag übernahm, die erzenen Bestandteile der Innenausstattung des Tempels von Jerusalem zu fertigen, da suchte er einen Platz, wo die schwierigen Arbeiten ausgeführt werden konnten. Er fand die geeignete Stelle am Jordan, an der Furt von Adama, also in der Nähe der heutigen Damiya Bridge. Dort waren im Verlauf von Jahrhunderten große Lehmablagerungen entstanden, und dieses Material konnte für die Fertigung von Gußformen verwendet werden. Der Lehm wurde so geknetet, daß seine Höhlung der Gestalt des zu gießenden Gegenstands entsprach, dann wurde die Tonform hart gebrannt; sie mußte ja glühendes Erz so lange festhalten, bis es abgekühlt war. An der Furt von Adama muß damals eine Gießerei von gewaltigen Ausmaßen entstanden sein, mit Schmelzöfen und Anlagen zum Füllen der Formen, die ebenfalls auf dem Gelände gefertigt wurden.

Den von Salomo angeordneten Umfang der Arbeiten und den handwerklichen Schwierigkeitsgrad schildert das Erste Buch Könige:

»Hiram goß die beiden ehernen Säulen. Achtzehn Ellen (ungefähr sechs Meter) betrug die Höhe einer jeden Säule, und ein Faden von zwölf Ellen (ca. vier Meter) konnte sie umspannen. Ihre Dicke betrug vier Finger. Innen waren sie hohl. Dazu verfertigte er zwei Kapitelle aus Gußerz, die oben auf den Säulen ihren Platz fanden. Jedes Kapitell hatte die Höhe von fünf Ellen (ca. eineinhalb Meter). Ferner brachte er Ziergeflecht an den Kapitellen oben auf den Säulen an, für jedes der beiden Kapitelle ein Geflecht. Dann verfertigte Hiram die Granatäpfel in zwei Reihen ringsum auf dem einen Geflecht, um die Kapitelle auf den Säulen oben abzudecken. Genauso verfuhr er beim zweiten Kapitell. Die Kapitelle auf den Säulen waren lilienförmig und vier Ellen groß.« (1 Kön 7,15–19)

Der Bericht informiert, an der Decke um die Säulen seien 200 Granatäpfel aus Erz als Verzierung angebracht worden. Bis hierher reicht die Vorstellungskraft aus, um der Beschreibung zu folgen. Schwierig wird es erst bei der Schilderung des »ehernen Meeres«, das Hiram am Jordan zu gießen hatte. Es muß sich um ein besonders kunstvoll gestaltetes Wasserbecken gehandelt haben, dessen Sinn und Form allerdings nur schwer erkennbar sind. Das »eherne Meer« sei als Beispiel genannt für den hohen Standard der Gießkunst, den Hiram von Zor an die Jordanfurt bei Adama gebracht hatte:

»Sodann machte Hiram das aus Erz gegossene ›Meer‹. Es maß von einem Rand bis zum anderen zehn Ellen (mehr als drei Meter), war vollkommen rund und mehr als fünf Ellen (ca. eineinhalb Meter) hoch. Eine Schnur von dreißig Ellen (zehn Meter) konnte es rings umspannen. Unter seinem Rand waren Blumengewinde angebracht, je zehn auf einer Elle. In zwei Reihen hatte man diese Blumengewinde mit dem Becken aus einem Guß gegossen. Das Becken stand auf zwölf Rindern, von denen drei nach Norden, drei nach Westen, drei nach Süden und drei nach Osten gewandt waren. Das ›Meer‹ ruhte auf ihnen, da ihre Hinterseite jeweils nach innen gekehrt war. Des Meeres Dicke betrug eine Handbreite. Sein Rand war gearbeitet nach Art eines Bechers, der einer Lilienblüte ähnelt.« (1 Kön 7,23–26)

Das Becken und die Rinder wurden getragen von einem Gestell und von Rädern. »Die Räder waren gearbeitet wie Wagenräder. Ihre Felgen, Speichen und Naben waren alle aus Erz gegossen.« (1 Kön 7,33) Der biblische Bericht betont, daß alle Gestelle und alle Räder von gleichem Maß gewesen seien. Die Gestalt des »ehernen Meers« wurde ergänzt durch zehn Becken kleinerer Größe, zu denen jeweils ein Becher gehörte. Dann hatte Hiram noch Werkzeuge und Gefäße zu gießen, die offenbar in großer Zahl im Tempel des Herrn in Jerusalem gebraucht wurden. »Im Jordangau ließ sie der König gießen, bei der Furt von Adama, zwischen den Orten Sukkot und Zaretan.« (1 Kön 7,46) Damit ist gesagt, daß die Erzgießerei am Ostufer des Jordan lag.

Demselben König Salomo, der Handwerker, Baumeister und Arbeiter zur höchsten Anstrengung zwang, um für die Bundeslade und damit für die Präsenz des einen und allmächtigen Gottes ein Zuhause zu schaffen, wird im Ersten Buch Könige vorgeworfen, den Göttern »nachzulaufen«, die früher im Lande zwischen Jordan und Mittelmeerküste als mächtig gegolten hatten. Schuld daran soll seine Vorliebe für nichtjüdische Frauen gewesen sein – besonders für Frauen aus dem Gebiet ostwärts des Jordan. Ihnen erlaubte der König die Einrichtung von Heiligtümern für ihre Götter. Eine Frau aus Moab, die zu Salomos Haushalt gehörte, durfte ihrem Gott Kamosch auf einem Berg über dem Jordantal einen Altar bauen; eine Frau aus Rabbat-Ammon ließ mit Salomos Erlaubnis dem Gott Molechan an ähnlicher Stelle opfern. Gott habe aus Salomos Wechsel zur Vielgötterei die Konsequenz gezogen, die Aufteilung des Reiches zu gestatten – aber erst nach dem Tod dieses Königs.

Die Chance, die Teilung zu vermeiden, war nicht gering: Hätte Salomos Sohn Rehabeam den Stämmen im Norden und Osten des Jordan Zugeständnisse gemacht, hätte er Ungerechtigkeit in der Verteilung der Lasten beseitigt, wäre das Gebiet Juda nicht innerhalb weniger Tage in die Isolation geraten. Sowohl David als auch Salomo hatten die Städte im Land Juda, das sich von Kadesch-Barnea bis Jerusalem erstreckte, freigehalten von der Pflicht, Steuern zu bezahlen; die Bewohner von Juda brauchten sich auch nicht vor Fronarbeit zu fürchten. Während der letzten Jahre der Herrschaft Salomos hatten die Menschen, die im Norden und Osten des Jordan lebten, das Gefühl, dem Stamm Juda tributpflichtig zu sein: Alles, was in ihrem Gebiet wertvoll war, hatte an Jerusalem – an das Haus des Herrn oder an den Palast des Königs – abgetreten werden müssen.

Nach dem Tod Salomos hatten die Sprecher der Nordstämme und des Jordanostufers nichts anderes gefordert als die Beseitigung dieses Zustands. Der neue König, Salomos Sohn Rehabeam, aber habe geantwortet: »Mein Vater hat euch ein schweres Joch auferlegt, ich aber will es noch mehr erschweren. Mein Vater hat euch mit Geißeln geschlagen, ich aber will euch mit Stachelpeitschen züchtigen.« (1 Kön 12,14) Ausdrücklich erwähnt der biblische Bericht, »die jungen Leute, die mit ihm großgeworden waren«, hätten König Rehabeam zu dieser harten Haltung geraten – daraus ist abzulesen, daß seine Freunde und Berater alle zum Stamm Juda gehörten und daß sie sich deshalb als Elite fühlten im Reich, das David und Salomo geschaffen hatten.

Die Folge der Proklamation der harten Politik, die Rehabeam gegen die Mehrheit der Stämme praktizieren wollte, war die Teilung des Reiches im Jahre 928 v. Chr. Keine hundert Jahre hatte das jüdische Gesamtkönigreich in der Zeitspanne zwischen Saul und Salomo Bestand gehabt. Fortan wurden Juda im Süden und Israel im Norden als unabhängige Staaten regiert. Nahezu der gesamte Verlauf des Jordan lag innerhalb des Gebiets von Israel. Zu Juda zählte nur eine kleine Strecke des westlichen Flußufers zwischen dem Toten Meer und Gilgal. Die Furt bei der heutigen Allenby Bridge wurde am Westufer von Juda kontrolliert. Der Jordan war nun zur Zentralachse des Nordstaates Israel geworden.

Hatten die Pharaonen Ägyptens schon zur Regierungszeit des Königs Salomo neidvoll auf den immer wohlhabender werdenden Staat zwischen Jordanland und Mittelmeerküste geblickt, so war es zu erwarten, daß in der Machtzentrale am Nil die Aufteilung des jüdischen Staates sehr wohl bemerkt wurde und daß dieser Prozeß den Gedanken nahelegte, die ganze Region wieder dem ägyptischen Reich zuzuordnen. Kaum waren drei Jahre vergangen seit der Spaltung des Staates, den Salomo hinterlassen hatte, da drangen Streitwagenverbände und Reitertrupps vom Nil her über das Land der Philister nach Juda und nach Israel vor. Die fremden Bewaffneten verschonten auch das Jordantal nicht: Sie benützten die Furt von Adama und stürmten bis zur Stadt Mahanajim, die einst Zufluchtsstadt für David gewesen war. Wichtiger war, daß die Ägypter unter ihrem Pharao Schischak auch Jerusalem erobern und die Schätze des Tempels wegführen konnten. Die Gegenstände, die eine Generation zuvor der Erzgießer Hiram aus Zor in seiner Werkstatt an der Jordanfurt von Adama hergestellt hatte – und dazu gehörte auch das erzene »Meer« – wurden als Beute nach Ägypten geschleppt.

Die zwei Propheten aus dem Jordantal

»Dies geschah all der Sünden wegen.« Diese Worte aus dem Ersten Buch Könige stehen inmitten der Erzählung vom Niedergang und Bruderkrieg, vom Verrat am Gott der Juden. Nadab, der Sohn Jerobeams und König von Israel, »tat, was dem Herrn mißfiel« (1 Kön 15,26). Dafür wurde er von Bascha »aus dem Stamm Issachar« getötet. Und nun kommt es gar zum Massenmord: »Als er (Bascha) aber König geworden war, beseitigte er das ganze Haus Jerobeams. Er ließ keinen am Leben, sondern rottete es völlig aus.« (1 Kön 15,29)

Während Mord und Staatsstreich das politische Geschehen in Israel bestimmten, regierte in Juda das Haus David in dynastischer Thronfolge weiter. Aber keiner der Könige besaß irgendwelche Bedeutung. Die Ausplünderung des Staates Juda durch das Heer des Pharaos wirkte sich aus.

Jerusalem verlor seinen Glanz. Da gab es nichts mehr zu feiern, keinen Sieg des Königs und keine Tat des Gottes, mit dem einst Mose einen Bund geschlossen hatte. Ausgelöscht war die Erinnerung an Erfolge, die Gott und das Volk gemeinsam errungen hatten. In Vergessenheit geriet das Haus des Herrn in Jerusalem. Daß Gott dort seinen Wohnsitz haben sollte, wurde den Menschen gleichgültig. Erneut kam es zur Anbetung der alten Götter des Landes Kanaan. Baal trat im Bewußtsein der Menschen wieder die Herrschaft an. Baalstempel entstanden überall im Land.

In dieses Bild jener Zeit paßt ein Vorgang, der bis dahin nicht möglich gewesen war: Jericho wurde wieder aufgebaut. In Vergessenheit geraten war auch der Fluch, den Josua vier Jahrhunderte zuvor im Namen Gottes ausgestoßen hatte: »Verflucht sei der vor dem Herrn, der sich anschickt, Jericho wieder zu erbauen. Sein Ältester sterbe, weil das Fundament gelegt wird. Sein Jüngster verliere das Leben, weil die Stadttore eingehängt werden.« (Jos 6,26)

Ein Mann aus Bet-El im Bergland – sein Name wird im Ersten Buch Könige mit Hiël angegeben – begann sich um den verlassenen Platz in der Nähe der Siedlung Gilgal zu kümmern. Hiël machte einen Teil der Stadt wieder bewohnbar. Die Archäologen haben allerdings keine Spuren dieser Bautätigkeit gefunden. Zeugnis dafür ist nur im biblischen Bericht zu finden. Die Grundsteinlegung, so wird berichtet, habe tatsächlich Hiëls Ältesten das Leben gekostet. Der Jüngste sei gestorben, nachdem Hiël durch das von ihm gefertigte und eingesetzte Tor in der Mauer Jericho wieder zur abgeschlossenen Stadt gemacht habe.

Im Jordangraben war ein Frevel gegen Gott geschehen. Gerade dort aber, in der Gegend um den Fluß, setzte auch der Aufbruch zur religiös-moralischen Erneuerung ein. Um die Mitte des 9. Jahrhunderts v. Chr. wurde ein Mann aus dem Ostjordanland, von dessen Familie und Abstammung kaum Greifbares bekannt ist, von der Erkenntnis bewegt, daß nichts, was sich damals im Lande der Juden ereignete, im Sinne des einen und allmächtigen Gottes sein konnte. Der König über Israel zu dieser Zeit hieß Ahab, und der Mann, dessen Gewissen sich regte, wurde Elija genannt. Als Bewohner des Landes östlich des Jordan war Elija Untertan des Ahab.

In seiner Heimat begann Elija Parolen gegen den König zu verbreiten: Ahab habe eine Frau geheiratet, die aus der Fremde, aus Zor in Phönizien, stammte – sie war die Tochter des dortigen Herrschers Etbaal. Der Name des Vaters zeigt schon an, aus welchem Kulturkreis die Frau in das Haus des Königs von Israel gekommen war. Sie hatte allen Grund, sich als Angehörige einer überlegenen Zivilisation zu fühlen. Kriege und Bruderzwist, Verrat und Mord hatten im Bergland von Israel das Gefühl für höhere Lebenswerte ausgelöscht. Die Frau – ihr Name war Isebaal oder Isebel – hatte ihren Mann wohl mit Erfolg davon überzeugt, daß der wahre Luxus in ihrem Heimatland zu Hause sei – unter der Obhut des Gottes Baal. Sie bewies aber auch, wie stark die Art des Regierens im Land ihres Vaters von Intrige und List beeinflußt war. Ihrem Mann Ahab versuchte sie die Methoden aus Phönizien beizubringen. Gegen diese Frau Isebel richteten sich die Predigten, die Elija im Jordanland hielt, ganz besonders.

Elija erfuhr, der Herrscher habe Bewaffnete ausgeschickt, um ihn zu fangen. Er verbarg sich deshalb in einem östlichen Seitental des Jordangrabens. Dort lebte er, obgleich das ganze Land von Trockenheit geschlagen war. Das Erste Buch Könige erzählt, da sei ein Bach gewesen, der Wasser geführt hätte – und Raben hätten ihm an jedem Morgen und an jedem Abend Brot und Fleisch gebracht. Elija empfand

Sicherheit, vom einen und allmächtigen Gott geführt zu werden. Das gab Elija den Mut, Ahab mit dem kühnen und machtvollen Wort entgegenzutreten.

»Gemordet hast du – willst du nun auch erben?« Der Prophet aus dem Ostjordanland fühlte sein von Gott beeinflußtes Bewußtsein von Recht und Ordnung gestört durch diesen Vorfall: In der Ebene von Jesreel, direkt neben einem der Paläste des Königs, hatte ein wohlhabender Bauer, der Nabot hieß, einen Weinberg – und den wollte sich der König aneignen, um einen Gemüsegarten daraus zu machen. Nabot aber lehnte alle Bitten und finanziellen Angebote des Herrschers ab; er wollte seinen Weinberg behalten. Königin Isebel aber wußte Rat: Sie bestach Untertanen, den Weinbergbesitzer Nabot als Lästerer des Gottes Baal und als Verleumder des Königs anzuklagen. Dies geschah, und da niemand Nabot verteidigte, wurde er von Abhängigen der Königin Isebel gesteinigt. Damit konnte Ahab den Weinberg in Besitz nehmen. Mit dem Vorwurf des Propheten Elija, er habe gemordet und wolle jetzt wohl auch erben (1 Kön 21,19), hatte der König nicht gerechnet. Berichtet wird, Ahab habe Buße getan – allerdings nicht auf Dauer.

In Gilgal am Jordan hielt sich mit Elija ein jüngerer Mann auf, der sein Diener war und der gleich ihm in der Gewißheit lebte, Gott führe ihn und spreche aus ihm. Elischa nannte sich dieser jüngere Mann. Berichtet wird von einem Wunder am Jordan: »Mit Elija trat Elischa an den Jordan heran. Elija nahm seinen Mantel, rollte ihn zusammen und schlug damit auf das Wasser. Es teilte sich nach zwei Seiten, und beide schritten durch das trockene Flußbett.« (2 Kön 2,7–8) Doch damit war das Wunder am Jordan noch nicht zu Ende. Als beide am Ostufer angekommen waren, stieß vom Himmel ein »feuriger Wagen mit feurigen Pferden« (2 Kön 2,11) herunter. In diesem Wagen fuhr Elija mit Sturmwind und Donner zum Himmel empor. Elischa, am Jordanufer allein zurückgeblieben, sah in dieser Erscheinung ein Zeichen für die Größe Gottes. Er nahm den Mantel des Elija, der aus der Höhe heruntergefallen war, und schlug damit ebenfalls auf das Jordanwasser; und wieder teilte es sich, und er konnte, ohne naß zu werden, an das Westufer zurückkehren.

Aus der wiederaufgebauten Stadt Jericho kamen Menschen an den Fluß, und sie sahen, wie Elischa trockenen Fußes den Jordan durchschritt. Sie bezeichneten sich als Anhänger des im feurigen Wagen entrückten Elija und sagten, sie seien besorgt um den Propheten, den Gott vielleicht auf einem der Berge am Rand der Jordansenke abgesetzt habe. Die Männer suchten schließlich drei Tage lang auf den ansteigenden Hügeln im Osten und im Westen des Jordans nach dem Verschollenen. Sie fanden ihn nicht. Nie mehr wieder wurde der Prophet, der vom Flußufer im Sturm in den Himmel gestiegen war, auf der Erde gesehen. Elischas Gang durch den Jordan, ohne nasse Füße zu bekommen, hatte den Beobachtern deutlich gemacht, daß der Mann, dem dieses Wunder möglich war, zum Nachfolger des Elija im Amt des Propheten bestimmt sein mußte: »Der Geist des Elija ruht auf Elischa!« (2 Kön 2,15)

Diejenigen, die aus Jericho an den Fluß gekommen waren, wiesen auf ein Problem dieser neuerbauten Stadt hin: Das Wasser, das dort aus der Quelle sprudle, sei schlecht. Die Lage von Jericho sei wirklich angenehm, doch müsse festgestellt werden, daß die Zahl der Fehlgeburten das normale Maß übersteige.

Elischa, als Prophet von seinem bisherigen Meister soeben unabhängig geworden, wies nun nicht darauf hin, es sei doch seit dem Fluch des Josua Gottes Wille, Jericho unbewohnt zu lassen, und damit sei für jeden Rechtgläubigen die Pflicht gegeben, den Platz der einst zerstörten Stadt zu meiden. Im Gegenteil: Elischa half den Menschen der verfluchten Stadt Jericho. Er ließ sich Salz bringen und warf es in die Quelle hinein. Von da an war das Wasser von Jericho wieder ohne Schaden für die Bewohner genießbar. Zu erklären ist dieses Wunder dadurch, daß es Elischa wohl gelungen ist, durch das Salz die wasserführenden unterirdischen Erdspalten zu desinfizieren.

Obgleich Elischa der jüngere der beiden Propheten aus dem Jordantal war, hatte er keine Haare mehr auf dem Kopf und muß seltsam ausgesehen haben. Kinder verspotteten ihn, als er von Jericho, aus dem tiefsten Grund des Jordangrabens, hinaufsteigen wollte nach Bet-El. Sie hatten offenbar den Eindruck, der steile Weg sei zu mühsam für ihn, und deshalb lachten sie ihn aus. Von oben herunter riefen die Kinder: »Kahlkopf, Kahlkopf, steig doch herauf!« Elischa reagierte im Zorn: Er verfluchte die Kinder im Namen des Herrn. Erzählt wird, zwei Bären hätten nur kurze Zeit später 42 der Spötter zerrissen.

Derartige Erzählungen trugen dazu bei, Elischa im südlichen Jordantal und in den Siedlungen des Berglands bekannt zu machen. Viele kamen, die ihm nachfolgen wollten und seine Jünger wurden. Seine Pflicht war es, diese Anhänger zu ernähren. Er brachte es fertig, Speisen aus Pflanzen zu bereiten, die bis dahin als giftig gegolten hatten. Bei Gilgal ließ er ein Gemüse aus Unkraut kochen. Die Jünger schrien auf: »Der Tod ist im Kochtopf, o Mann Gottes!« Doch eine Zugabe von Mehl habe aus dem Unkrautsud ein schmackhaftes Essen gemacht (2 Kön 4,38–41).

Direkt am Jordan lag der Geburtsort von Elischa. Das Dorf trug den Namen Abel-Mehola und lag nördlich der Furt von Adama. Dort war Elischa bis zu seiner Begegnung mit Elija Bauer gewesen. Elischa muß sich im Tal um den Fluß wohl gefühlt haben, denn er verließ es lange Zeit nicht. Die Wunder, die er wirkte, geschahen zunächst im Jordangraben zwischen See Gennesaret und Totem Meer. Da ernährte Elischa seine Anhängerschaft, die inzwischen auf hundert Männer angewachsen war, durch eine Handvoll Brote – und es blieben, als alle satt waren, noch Brote übrig. Am Jordan fand auch die Begegnung statt mit Naaman, dem Feldherrn des Königs von Aram, dessen Hauptstadt die Oase Damaskus war.

Naaman war unterwegs, um Heilung vom Aussatz zu suchen. Das Zweite Buch Könige berichtet, der Feldherr sei deswegen sogar beim König von Israel gewesen, der aber hätte in diesem seltsamen Besuch nur eine Provokation gesehen: »Dieser König von Aram schickt zu mir, um einen Menschen von seinem Aussatz zu reinigen. Bin ich denn ein Gott, der töten und zum Leben erwecken kann? Erkennt doch und seht, daß er nur einen Streitfall mit mir sucht!« (2 Kön 5,7)

Elischa ließ den Feldherrn von Aram, der sich beim König von Israel in Jesreel aufhielt, wissen, er kenne ein Heilmittel gegen Aussatz. Voll Hoffnung kam Naaman zum Propheten des Jordantals, war aber enttäuscht, als dieser ihm sagte, er möge siebenmal ins Jordanwasser eintauchen, dann werde die Hautkrankheit verschwunden sein. Überliefert ist die Antwort des Feldherrn: »Ich hatte geglaubt, er werde aus seinem Haus herauskommen und den Namen des Herrn seines Gottes anrufen, seine Hand über meine Haut bewegen und so den Aussatz beseitigen.« (2 Kön 5,11) Dem Jordanwasser traute Naaman keine Heilwirkung zu; das Wasser von Damaskus sei besser als das Wasser aller Flüsse Israels. Die Männer seines Stabes aber waren der Meinung, Elischa habe doch nichts Schwieriges verlangt, man könne den Versuch mit dem Flußwasser ruhig wagen.

Naaman tauchte siebenmal in den Jordan und fühlte sich danach gesund. Zum erstenmal in den Schilderungen der Geschichte des Jordan ist im Zweiten Buch Könige von der Heilkraft seines Wassers die Rede. Sichtbar wird der Urkern der Taufe, der aus drei Stufen besteht: *Reinigung, Heilung, Heiligung.*

Der Aussatz wird allgemein beschrieben als Verfärbung der Haut; »weiß wie Schnee« hätten Gesicht und Hände Aussätziger ausgesehen. Möglich ist, daß die Mineralsalze, die das Wasser auf dem Weg vom Hermongebirge herunter und durch das lehmige Flußbett mit sich trägt, auf Hautschäden lindernd wirken. Als außerordentlich hoch ist der Gehalt des Jordanwassers an Mineralien erkannt worden. Die Menge der mitgeschwemmten Stoffe kann bis zu fünf Prozent betragen. Diese Stoffe stammen zum Teil aus den Lehmablagerungen, die sich südlich des Sees Gennesaret im Laufe der Jahrtausende gebildet haben. Chemische Untersuchungen ergaben, daß dieser Lehm Kalziumkarbonat und Gips enthält. Beide Stoffe sind zwar nicht ausdrücklich für heilende Wirkung bei Hautkrankheiten bekannt, und doch können sie Linderung hervorrufen – vor allem, wenn der Erkrankte fest an eine Besserung glaubt. Unbekannt ist allerdings auch, von welcher Art »Aussatz« der Feldherr Naaman befallen war. Mit dem Begriff »Aussatz« konnte Lepra gemeint sein oder auch nur eine einfache Form chronischer Hautreizung, die schon durch Körperpflege mit Wasser heilbar war.

Bekannt ist, daß vor rund 3000 Jahren rings um den See Gennesaret noch sehr viel mehr Thermalquellen aktiv waren als heute. Sie ließen ihr Wasser in den Jordan sprudeln und trugen so noch zur Erhöhung des Mineralgehalts bei – und damit zu einer möglichen Heilwirkung.

Elischa hat wohl um diese Wirkung gewußt, als er dem Feldherrn Naaman den Rat gab, er möge siebenmal ins Jordanwasser eintauchen. Elischa war im Jordantal zu Hause; er kannte die Bräuche der Menschen dort, und er war klug genug, sie zu nutzen. Auch zur Zeit Jesu wußten die Menschen noch von der besonderen Kraft des Jordanwassers. Seither ist die Erinnerung daran verblaßt – oder die Wirkung des Wassers hat nachgelassen.

Bemerkenswert ist der historische Rahmen, in dem sich die Begegnung zwischen dem Propheten Elischa und dem fremden Offizier abspielte. Das Königreich Aram, dessen Feldherr Naaman von Elischa geheilt wurde, befand sich etwa seit dem Jahre 885 v. Chr. im Kriegszustand mit Israel, dem Nordstaat der jüdischen Sippen. So ist es zu verstehen, daß der König von Israel eine Provokation befürchtete, als Naaman ihn um Rat fragte, wie er sich vom Aussatz befreien könnte. Gefährdet war die Grenze von Israel am Oberlauf des Jordan: Sie verlief den Fluß entlang bis zum See Gennesaret; dann bildete das Ostufer des Sees die Grenze. An der Südspitze, dort, wo der Jordan den See verläßt, bog die Demarkationslinie nach Osten ab. Eine Ausbuchtung wies in das Ostjordanland hinein: Immer wieder wurde sie vom Heer des Staates Aram als Basis für Angriffe benutzt. Wechselhaft war der Ausgang der Schlachten insgesamt. Als Gewinner konnte sich weder Israel noch Aram betrachten.

Die Gefahr aus Nordosten gab dem Jordan erneut strategische Bedeutung. Das Flußufer bildete eine natürliche Barriere: Die Angreifer, die aus dem Gebiet von Aram Israel erreichen wollten, mußten erst den Wasserlauf überwinden. Die Festung Hazor wurde zur Garnison für die israelischen Verbände, die zur Verteidigung nötig waren. Ausgrabungen zeigen, daß Hazor damals neue und noch stärkere Festungswerke erhielt; die Existenz von Vorratshäusern läßt sich nachweisen.

Gebäude, größer als andere, entstanden in Hazor, die wohl dem Befehlshaber und seinem Stab als Unterkunft dienten.

Alle Kraft des Staates Israel – der damals abgetrennt war vom Staat Juda – konzentrierte sich darauf, die Kampfverbände aus Aram vom Gebiet westlich des Jordan fernzuhalten. So blieb eine Gefahr unerkannt, die sich im Süden des Ostjordanlandes entwickelte: Das Land Moab am Ostufer des Toten Meers, das dem König von Israel tributpflichtig geworden war, sah die Zeit gekommen, seine volle Unabhängigkeit wieder zu erringen. Der Herrscher des Landes Moab jener Jahre hat ein Dokument anfertigen lassen, das Zeugnis gibt vom Geschehen.

»Ich bin Mescha aus Dibon, der Sohn des Gottes Kamosch. Ich bin der König von Moab. Ich schuf dieses Heiligtum auf den Höhen von Dibon für Gott Kamosch, denn er rettete mich vor allen Königen und ließ mich siegen über alle meine Feinde.« So lauten die ersten vier Zeilen dieses Dokuments. Auf einer Steinplatte, die im Jahre 1868 im Schutt der ehemaligen Stadt Dibon im Osten des Toten Meeres gefunden wurde, sind sie zu lesen. Sie wird »Mescha-Stele« genannt und zählt zu den bedeutendsten Funden, die je im Gebiet um die Jordansenke entdeckt worden sind.

Gefunden hat die »Mescha-Stele« nicht ein Archäologe, sondern der deutsche Missionar F. A. Klein, der im Ostjordanland unterwegs war, um Orte zu besuchen, die im Alten Testament erwähnt werden. Als er eigentlich nichts suchte, fiel ihm im Sand ein Steinblock auf, in den eine Schrift gemeißelt war. Bei genauerer Betrachtung erkannte der Missionar, daß die Zeichen der althebräischen Schrift zuzuordnen waren. Araber, die sich rasch um den Missionar versammelten, verlangten Geld für jede Berührung des Steins, von dem sie behaupteten, er gehöre ihnen. Der Augenschein aber hatte genügt: F. A. Klein war überzeugt, die Schrift berge wichtige historische Erkenntnisse. In Jerusalem und später in Deutschland bemühte sich der Missionar, Geldgeber zu finden, die den Kauf des Steins finanzieren könnten.

Inzwischen aber waren seine Erzählungen vom sensationellen Fund einem französischen Forscher zu Ohren gekommen. Auch er ritt von Jerusalem nach Dibon und vermochte die »Besitzer des Steins« zu überzeugen, daß er einen Gipsabdruck der Oberfläche machen müsse. Der Franzose brachte das Schriftbild nach Europa – so war es möglich, die Zeichen zu entziffern. Die französische Regierung war nach Prüfung des Textes bereit, das Steindokument für den Louvre zu erwerben. Doch der Kauf erwies sich als schwierig: Die Araber hatten den Block gesprengt, im Glauben, sie könnten durch den Verkauf von Einzelstücken mehr Gewinn machen als durch Abgabe des Ganzen. Mit Glück gelang es, alle Brocken zu finden und wieder zusammenzusetzen.

Moabitisch sind die Schriftzeichen und Wörter, die auf der Stele zu entziffern sind. Eng verwandt ist die Sprache des Königreichs Moab mit der Sprache in Juda und Israel gewesen. Die Völker um den Jordan hatten ohne Schwierigkeiten miteinander reden können. Diese Sprachverwandtschaft hat dann in der Neuzeit die Entzifferung des Textes dieses Dokuments von Dibon möglich gemacht.

Die Inschrift der Mescha-Stele schildert Vorgänge, die sich um das Jahr 850 v. Chr. ereignet hatten, also zur Zeit, als sich der Prophet Elischa am Jordan aufhielt. Wenn der Text die Wahrheit berichtet, dann hatte König Mescha von Moab schon zur Regierungszeit des Königs Ahab von Israel versucht, seinem Land die Unabhängigkeit zu erkämpfen. Ahab hatte den Freiheitsdrang der Moabiter damals unterdrücken können. Ahab war zwar als Mann der Frau Isebel verfallen, die Baal auch im Lande ihres Mannes verehrt sehen wollte, doch in Militär und Verwaltung hatte er Weichheit und Nachgiebigkeit nicht einreißen lassen. Der Nachfolger Ahabs aber war schon durch die Bedrohung aus der Region des östlichen Ufers vom See Gennesaret derart überlastet, daß er den König Mescha von Moab unterschätzte. So war es diesem möglich geworden, Siege zu erringen – und sie für die Nachwelt in Stein meißeln zu lassen.

Die Bewaffneten des Königs Mescha vertrieben die Besatzungstruppen des Staates Israel aus der Gegend von Madeba, die rechtens zu Moab gehörte; ebenso aus Jahaz in der Ebene, die hinter dem Gebirge am Toten Meer lag. Die Zeilen 18 und 19 der Mescha-Stele sagen aus, daß Israel bis hierher vorgedrungen war: »Der König Israels hatte Jahaz ausgebaut, als er gegen mich kämpfte.« Den Sieg des Königs Mescha dokumentiert diese Zeile: »Ich brach nachts auf und führte den Kampf von Tagesanbruch bis Mittag.«

Im Zweiten Buch Könige des Alten Testaments wird das Geschehen am Ostufer des Toten Meeres allerdings völlig anders dargestellt:

»Mescha, der König von Moab, betrieb Schafzucht und lieferte dem König von Israel als Tribut 100 000 Lämmer und 100 000 ungeschorene Widder. Nach dem Tode Ahabs aber fiel der König von Moab vom König Israels ab. Der König Joram rückte zu dieser Zeit von Samaria aus und mobilisierte alle Bewaffneten in Israel. Joram ließ dem König von Juda sagen: ›Der König von Moab ist mir untreu geworden. Willst du mein Verbündeter sein im Krieg gegen Moab?‹ Dieser antwortete: ›Ich will in den Krieg ziehen wie du. Meine Leute wie deine Leute, meine Pferde wie deine Pferde!‹ Dann ließ der König von Israel den König von Juda fragen: ›Auf welchem Wege wollen wir vorrücken?‹ Der König von Juda antwortete: ›Wir reiten durch die Steppe von Edom.‹« (2 Kön 3,4–8)

Der Feldzugsplan sah vor, die Truppen um die Südspitze des Toten Meeres herumzuführen, um so den starken Befestigungen des Königreichs Moab, die im Norden errichtet waren, fernzubleiben. Die südliche Route nach Moab war allerdings weiter und beschwerlicher. Das Buch Könige weiß zu berichten, daß die vereinigten Truppenverbände von Juda und Israel bereits sieben Tage unterwegs waren, samt den Herden, deren Tiere den Kämpfern als Nahrung dienten, als die beiden Könige Mangel an Wasser feststellen mußten. Sie sahen sich in Gedanken schon ihrem Feind ausgeliefert, der sich mit den Wasserstellen im sonst trockenen Bergland südlich des Toten Meeres wohl besser auskannte. In der Not nannte einer der Männer aus dem Stab des Königs von Juda den Namen Elischa; dies sei ein Vertrauter Gottes, der Rat wüßte. Die beiden Monarchen, die keine Freunde der Propheten Gottes überhaupt waren, erklärten sich einverstanden, daß dieser Elischa gesucht werde. Andeutungen im Text der biblischen Erzählung lassen erkennen, daß er sich im Jordangraben aufhielt: »Der König von Israel und der König von Juda gingen nun zu Elischa hinab.« (2 Kön 3,13)

Elischa war bereit zu helfen – allerdings ungern, da er den ihm verhaßten Herrscher von Israel erkannt hatte. Gegen den König von Juda aber hatte der Prophet nichts einzuwenden, und so gab er ihm zuliebe den Rat: »Man hebe in diesem Tal Gruben aus, eine neben der anderen. Ihr werdet weder Wind noch Regen spüren, und doch werden sich die Gruben mit Wasser füllen, und ihr werdet trinken mit den Tieren eurer Herden!« (2 Kön 3,16–17)

Was Elischa vorausgesagt hatte, wurde wahr: Die Gruben füllten sich mit Wasser. Anzunehmen ist, daß Elischa als Mann, der in der Jordansenke zu Hause war, mit dem geologischen Phänomen wasserführender Schichten im Bergland am Rande der Senke vertraut war. Als auf seinen Rat hin die Gräben gezogen wurden, da sind wohl diese wasserführenden Schichten an mehreren Stellen angestochen worden. Das Ergebnis war, daß Wasser aus den Felsen aufstieg und die Gräben füllte.

Der biblische Bericht erzählt, Elischa habe, als er Rat wußte für die beiden Könige, zugleich den Sieg von Juda und Israel über Moab vorausgesagt. Diese Prophezeiung sei ebenfalls eingetroffen: »In der Frühe des Morgens aber, als die Sonne über dem Wasser aufging, sahen die Moabiter von ferne das Wasser in den Gräben rot wie Blut. Sie sagten unter sich: ›Das ist Blut! Die Könige dort drüben haben sich wohl gegenseitig aus Angst mit dem Schwert getötet. Jetzt holen wir die Beute!‹ Als die Leute von Moab aber an das Lager der Männer von Israel herankamen, da erst bemerkten sie ihren Feind. Die Bewaffneten von Moab flohen, und sie wurden geschlagen ohne Unterlaß.« (2 Kön 3,22–24) Gemeinsam hätten die Heere von Juda und Israel das

Land Moab verwüstet: Das gute Ackerland sei mit Steinen bedeckt und die Brunnen seien verstopft worden. Kein Baum und kein Strauch sei aufrecht stehengeblieben.

Gerade dort, wo der Sieg der vereinigten Truppen von Juda und Israel stattgefunden haben soll, im Osten des südlichen Toten Meeres, reklamierte auch König Mescha Erfolge für sich, die er auf Befehl des Gottes Kamosch errungen haben will. Die Zeile 32 der Mescha-Stele sagt eindeutig, der König von Moab habe dort seine Herrschaft abgesichert. Von einem Kampf gegen Juda und Israel im Süden des Salzsees ist im Text des steinernen Dokuments von Dibon nichts zu lesen.

Die weiteren Ereignisse der Auseinandersetzung zwischen Moab und dem jüdischen Siedlungsgebiet legen den Schluß nahe, daß die Aussage der Mescha-Stele der Wahrheit entspricht: Nur kurze Zeit später gelang den Kämpfern von Moab die Überquerung des Toten Meeres. Sie benützten dabei wohl die Engstelle des Sees. Dort war die Wassertiefe auch am geringsten, bedingt durch die geologische Struktur des südlichen Jordangrabens. Die biblische Geschichtsquelle, die uns von diesem Ereignis berichtet (2 Chr 20,2), läßt erkennen, daß dieser Überfall »von jenseits des Meeres« als Überraschung empfunden wurde. Noch nie hatten Menschen in großer Zahl den Salzsee überquert.

Das Ziel der Invasion war Jerusalem, die Hauptstadt des Staates Juda. Als dort die Nachricht von der Bedrohung eintraf, befanden sich die Streitkräfte von Moab bereits am Anfang einer Steige, die von En-Gedi hinaufführt ins Bergland: »Die Streitmacht steht in Hazezon-Tamar, das ist En-Gedi.« (2 Chr 20,2)

Um Juda niederzuzwingen, hatten sich die Mächtigen aller Königreiche vom Ostufer des Toten Meeres zusammengetan. Berichtet wird, die Zahl der Bewaffneten sei unermeßlich groß gewesen – wahrscheinlich sogar zu groß, um erfolgreich handeln zu können. Unterschiedliche Interessen müssen die Könige in eine Allianz gegen Juda getrieben haben. Als der Aufstieg über die steile Wegstrecke nordwestlich von En-Gedi gelungen war, ist unter den Heerführern wohl Streit darüber entstanden, welches politische Ziel durch die Besetzung von Jerusalem erreicht werden sollte. Es blieb offenbar nicht bei wortgewaltigen Auseinandersetzungen; der Zwist wurde durch Waffen ausgetragen. Die Streitkräfte von Juda waren nicht gefordert: Die Mächtigen von Moab, Edom und Ammon brachten sich selbst um.

Bei diesem Ereignis hatte nicht Elischa die Moral der Angegriffenen gefestigt, da war ein anderer zum erfolgreichen Propheten geworden; Jahasiël war sein Name. Ganz deutlich spürbar ist jedoch, daß sich dieser Mann Elija und Elischa zum Vorbild genommen hatte. »Prophetenschulen« waren entstanden durch das Wirken der beiden Mahner aus dem Jordantal. So wie Elija und Elischa immer darauf hingewiesen hatten, daß das Beharren im Glauben an den einen und allmächtigen Gott den Völkern Juda und Israel den Sieg bringen werde, so traten nun nach und nach andere auf, die den Gottesglauben zur wichtigsten Waffe machten. Die Formulierung, die von den Propheten des Jordantals geprägt worden war: »So spricht der Herr!«, wird fortan wieder programmatischen Reden der Glaubensmänner vorangestellt.

Am Jordan, zwischen See Gennesaret und Totem Meer, unterhielt Elischa seine »Prophetenschule«. Daß sie gut besucht war, kann aus einer Geschichte im sechsten Kapitel des Zweiten Buches Könige abgelesen werden: »Die Prophetenjünger sprachen zu Elischa: ›Sieh doch, der Raum, in dem wir sitzen, ist für uns alle zu eng. Wir wollen an den Jordan gehen, und dort, am Ufer, soll sich jeder von uns Holz holen. Daraus können wir dann einen Raum zimmern, in dem wir alle Platz finden.‹« (2 Kön 6,1–2) Der Meister nahm den Vorschlag des Schülers an. Elischa ging mit an den Fluß, und gemeinsam fällten der Prophet und seine Anhänger Bäume, mit denen damals das Ufer dicht bewachsen war. Dabei, so wird berichtet, fiel einem der Schüler das Beil ins Wasser. Der Unglückliche rief laut: »O weh, Herr, es gehört gar nicht uns, es ist geliehen!« Elischas Wunderkraft habe bewirkt, daß das Beil, das bereits im Wasser versunken war, wieder auftauchte und aus dem Fluß gefischt werden konnte.

Elischas Schule am Jordan wurde zu einem Zentrum politischer Aktivität außerhalb der beiden jüdischen Hauptstädte Jerusalem und Samaria. In der Holzhütte am Fluß wurden Verschwörungen angezettelt. Elischa schickte einen seiner Schüler nach Ramot, eine Stadt im Ostjordanland, mit dem Auftrag, einen Offizier zum König über Israel zu salben. Der Schüler führte den Auftrag getreu aus. Das Zweite Buch Könige berichtet darüber: »Als er in Ramot ankam, saßen die Truppenführer eben beisammen. Der junge Mann sprach zu einem: ›Ich habe für dich eine Weisung, Oberst!‹ Der Angesprochene, sein Name war Jehu, fragte: ›An wen denn von uns allen?‹ Die Antwort war: ›An dich ganz allein, Oberst!‹ Jehu erhob sich und folgte dem jungen Mann ins Haus. Der aber goß ihm dort, als sie allein waren, Öl über das Haupt mit den Worten: ›Also spricht der Herr, der Gott Israels: Ich salbe dich zum König über das Volk des Herrn, über Israel! Du wirst das Haus Ahabs schlagen!‹« (2 Kön 9,4–7)

Der junge Mann brachte dem Obersten Jehu den Auftrag, das über Israel herrschende Königsgeschlecht auszurotten. Elischa hatte damit den Befehl zum Militärputsch gegeben – und Jehu war entschlossen, diesen Befehl auszuführen.

Glaubwürdig ist der Bericht der alttestamentarischen Geschichtsquelle, die beschreibt, wie die Offiziere im Ostjordanland die eigene Machtergreifung in der Hauptstadt, drüben über dem Jordan, in Gang brachten. Als Jehu von der Salbung durch den Schüler des Elischa zu seinen Offizierskollegen zurückkehrte, da fragten die ihn: »›Ist alles in Ordnung? Warum ist denn dieser Verrückte zu dir gekommen?‹ Jehu antwortete: ›Das war einer, der hielt viel dumme Reden!‹ Sie aber waren beharrlich: ›Das ist nicht wahr! Sage uns, was wirklich los war!‹ Da gestand er ihnen: ›Dieses und jenes hat er gesagt, dann aber meinte er: Also spricht der Herr! Ich salbe dich zum König!‹ Da ergriffen alle, die Jehu zugehört hatten, ihre Mäntel, legten sie ihm zu Füßen auf den bloßen Boden, ließen ins Horn stoßen und riefen: ›Jehu ist unser König!‹« (2 Kön 9,11–13)

Elischa hatte den Zeitpunkt zum Militärputsch gut gewählt. König Joram, der seit dem Jahr 853 v. Chr. über den Nordstaat Israel herrschte, hatte Ramot im Ostjordanland verlassen: Er war verwundet worden im Kampf gegen Truppen aus Aram, die wieder einmal aus der Gegend von Damaskus nach Süden vorgestoßen waren. König Joram war über den Jordan in die Ebene von Jesreel geritten. Doch ihm blieb kein Tag der Erholung, denn Jehu zögerte nicht. Auch er ritt, mit kleiner Begleitung, hinüber nach Jesreel. Er wurde, als er noch in weiter Entfernung war, von den Wachhabenden des Königs Joram entdeckt:

»Eine Staubwolke war zu sehen. Da sprach Joram: ›Schickt einen Reiter entgegen. Er soll sich erkundigen, ob alles in Ordnung ist.‹ Der Reiter sprengte Jehu entgegen und rief: ›Der König läßt fragen, ob alles in Ordnung ist!‹ Jehu gab zur Antwort: ›Was geht dich die Ordnung an? Wende dein Pferd und folge mir!‹ Da meldete der Wachhabende dem König Joram: ›Er ist bei ihm angekommen, doch er bleibt bei ihm.‹ Da sandte Joram einen zweiten Reiter. Als der zu Jehu kam, rief er ihm entgegen: ›Der König will wissen, ob alles in Ordnung ist!‹ Und Jehu schrie auch ihm zu: ›Was geht dich die Ordnung an. Wende dein Pferd und reite mir nach!‹ Da meldete der Wachhabende: ›Auch der zweite ist bei Jehu angekommen und reitet mit ihm. Sie fahren rasend daher. So fährt nur Jehu. Es ist das Fahren eines Wahnsinnigen!‹ Da rief Joram: ›Spannt meinen Wagen an!‹ Man spannte an, und sie fuhren hinaus. Joram, der König von Israel, und Ahasja, der König von Juda, der sich auch in Jesreel befand. Jeder fuhr auf seinem eigenen Wagen. Sie trafen Jehu beim Acker, der einst Nabot gehört hatte. Da rief Joram zu Jehu: ›Ist alles in Ordnung, Jehu?‹ Dieser antwortete: ›Was heißt Ordnung, solange die falschen Götter deiner Mutter Isebel noch ihre Heiligtümer haben?‹ Da wendete Joram Pferd und Gefährt und rief dem König

Ahasja zu: ›Verrat!‹ Aber Jehu hob seinen Bogen und schoß Joram zwischen die Schulterblätter, daß ihm der Pfeil durch das Herz fuhr. Joram brach in seinem Wagen zusammen.« (2 Kön 9,17–24)

Der Herrscher von Juda hatte rechtzeitig die Situation erkannt und war davongefahren. Jehus Leute holten ihn allerdings ein und verwundeten ihn derart, daß er bald darauf starb. So hatten durch die Verschwörung des Elischa beide jüdischen Königreiche ihre Herrscher verloren.

Isebel, die einst den König Ahab von der Überlegenheit phönizischer Kultur und des Gottes Baal überzeugt hatte, wurde aus dem Fenster ihres Hauses in Jesreel gestürzt. Die Hunde fraßen ihr Fleisch. Als Jehu sich entschloß, die Leiche begraben zu lassen – »denn sie ist schließlich eine Königstochter« –, da fanden die Diener nur den Schädel, die Beine und die Hände.

Elischas Absicht war es gewesen, durch Jehu den Baalskult ausrotten zu lassen, um wieder die Anbetung des einen und allmächtigen Gottes als Lebensgrundsatz der Sippen im Nordstaat Israel einzusetzen. Jehu befolgte den Auftrag des Drahtziehers im Militärputsch mit List. Obgleich er Isebel, die wichtigste Gläubige des Gottes Baal, hatte umbringen lassen, gelang es ihm, die Baalspriester zu überzeugen, daß er Baal verehren wolle: intensiver noch als einst Ahab. Die Geistlichen dieses Gottes wurden zu einer gewaltigen Feier zusammengerufen, in der Baals Überlegenheit demonstriert werden sollte. Keiner konnte sich der Einladung entziehen – alle wurden sie beim Gastmahl erschlagen.

Die Revolution, die Elischa befohlen hatte, endete mit dem Abbruch der Beziehungen zwischen Israel und dem phönizischen Staat an der heutigen libanesischen Mittelmeerküste. Zu spät war es Jehu eingefallen, daß Isebel eine Königstochter aus Phönizien war – und daß die Machthaber dort die Ermordung nicht einfach hinnehmen würden. Die Regierenden in Zor beantworteten den Mord nicht durch militärische Aktionen, sondern durch Beendigung der seit Salomos Zeiten ausgezeichneten Handelsbeziehungen zwischen ihrem Land und Israel. Die Folge war eine Verarmung des jüdischen Nordstaates.

Die Abtrennung Israels von Phönizien war wohl die eigentliche Absicht gewesen, die hinter dem Militärputsch steckte, der in der »Prophetenschule« am Jordan ausgeheckt worden war. Solange die phönizische Kultur Einfluß besaß in Israel, so lange bestand die Gefahr, daß die Menschen in Israel zu Gott Baal beteten, wenn sie Hilfe suchten. Herrschte Feindschaft zwischen Israel und Phönizien, war diese Gefahr gebannt – so könnte die politische Kalkulation des Elischa gewesen sein. Wenn es so war, dann erwies sie sich als falsch, denn auch Jehu bemühte sich später nicht, nach dem Gesetz Gottes zu leben.

Der Gott Baal hatte zwar für einige Zeit keine Priester mehr in Israel, dafür aber genügend Gläubige.

Elischa starb um das Jahr 830 v. Chr. Im altjüdischen Legendenwerk »Prophetenleben«, das neben dem Alten Testament besteht, wird über Elischa gesagt: »Bei seiner Geburt brüllte in Gilgal das goldene Kalb so laut, daß man es in Jerusalem hörte. Da sagte der Priester: ›Dadurch ist kund geworden, daß heute ein Prophet geboren wurde, der die Schnitz- und Gußbilder der Götzen vernichten wird.‹ Elischa wurde in Samaria begraben.«

Das Zweite Buch Könige erzählt vom Begräbnis Elischas diese Begebenheit: »Er starb und wurde begraben. Berittene Banden aus Moab fielen damals in das Land ein. Man begrub gerade einen Toten, als man die Horde ankommen sah. Darauf warf man den Toten in das Grab Elischas und eilte fort. Als der Tote die Gebeine Elischas berührte, wurde er wieder lebendig und richtete sich auf.« (2 Kön 13,21)

Fremdherrschaft und Exil als Strafe Gottes

»Er tat, was dem Herrn mißfiel«

Nach Jehu gab es kaum noch einen König, der von den biblischen Chronisten für würdig angesehen wurde, im Sinne Gottes als ehrenwert bezeichnet zu werden. Einig sind sich die Chronisten in diesem Punkt: Der Pakt mit dem Herrn aller Wesen und aller Dinge geriet damals völlig in Vergessenheit. Gott Baal beherrschte die Herzen und die Phantasie der Menschen immer stärker, wobei die Bewohner des Südstaates Juda dem Kult aus Phönizien noch eher widerstanden; die Menschen des Nordstaates hingegen hatten Baal nichts entgegenzusetzen. Dies hatte sicher mit ihrer geographischen Nähe zu Phönizien zu tun.

Dabei hätten beide jüdischen Staaten eine gemeinsame ungebrochene Ideologie dringend gebraucht. Der Glaube an den einen Gott hätte die beiden jüdischen Staaten einen können; der Zerfall des Glaubens aber ermöglichte Neid, Eifersucht und Streit und schließlich sogar Krieg zwischen Juda und Israel. Die jüdischen Sippen zerfleischten sich gegenseitig. So erkannten die Könige in Jerusalem und in Samaria nicht, daß ihnen von Euphrat und Tigris Gefahr drohte.

Im Zweistromland war seit dem 11. Jahrhundert das assyrische Großreich beharrlich gewachsen. Sein Expansionsdrang war nach Westen gerichtet, auf das Mittelmeer zu. Schon um das Jahr 860 v. Chr. war das zuvor so stolze und beherrschende Phönizien gezwungen, an Assyrien Tribut zu bezahlen, um überhaupt noch weiter bestehen und seinen Baalskult behalten zu dürfen. Daß Zor (Tyrus) seine Unabhängigkeit eingebüßt hatte, wirkte für kurze Zeit aktivierend auf die führenden Köpfe der Region. Die Kleinkönige von Aram (Damaskus), von Juda, Israel und von Ammon bildeten mit anderen zusammen eine Koalition zur Abwehr einer assyrischen Invasion. Der Angriff konnte abgeschlagen werden, noch ehe das obere Jordantal bedroht war. Eine Inschrift, die auf Erfolge des Herrschers Salmanassar III. von Assyrien hinweist, zählt die Invasion allerdings zu dessen Siegen: »Ich erschlug 14 000 Mann mit dem Schwert. Und ich schritt auf ihren toten Körpern über den Fluß Orontes, noch ehe eine Brücke geschlagen war.« Die Wahrheit sah wohl so aus, daß die Verluste der Assyrer am Orontes gewaltiger waren als die der Koalitionstruppen; die Verluste mußten die Angreifer für Generationen zur Vorsicht gezwungen haben.

Der Zusammenschluß der Kleinkönige blieb allerdings ein Einzelfall. Kaum war die Gefahr gebannt, löste sich die Einheit auf – und nie mehr läßt sich die umfassende Allianz in der Zukunft wiederholen. Die Interessen der Monarchen von Juda und Israel sind künftig ganz eng konzentriert auf ihren eigenen Lebensbereich, auf das Überleben ihres eigenen Staates in der Auseinandersetzung mit dem Bruderland. Arm wurden die Menschen beider Staaten nicht im Verlauf der Bruderkriege. Die Handelsstraßen waren keineswegs verlassen. Durch die Furten im Jordan zogen Karawanen, die aus dem südlichen Arabien kamen, in Richtung Westen, zu den Häfen des Mittelmeers. Wohlstand und Luxus blieben den Städten Jerusalem und Samaria erhalten. Zugleich aber wuchs die Mißgunst, zerfiel jeder Ansatz zu politischer oder militärischer Gemeinsamkeit.

Erstaunlich ist nur, daß der Assyrerkönig Tiglatpilesar III. im Jahre 738 v. Chr. dokumentarisch auf Inschriften festhalten ließ, er habe sich im Westen mit verbündeten Truppen von beachtlicher Stärke auseinanderzusetzen. Wahrscheinlich wollte der Herrscher damit nur seinen Erfolg in der Bedeutung steigern. Ihm gelang der Durchbruch von Norden her ins Jordantal. Im Jahr 735 v. Chr. fiel die Festung Hazor, die den Zugang zum See Gennesaret kontrollierte, in assyrische Hand. Das Ende der beiden jüdischen Staaten kündigte sich an.

Eine moralische Wende löste die Katastrophe von Hazor nicht aus. Auch dem damaligen König von Israel wird im Alten Testament angekreidet: »Er tat, was dem Herrn mißfiel.« Der Einbruch der Gegner in das Land der jüdischen Sippen galt den Gläubigen als Strafe für das Fehlverhalten der Mächtigen.

Tiglatpilesar III. verfolgte eine andere Besatzungspolitik als seine Vorgänger an der Spitze des assyrischen Reiches. Sie hatten sich mit Tribut und Ergebenheitsbekundungen der Unterworfenen begnügt; Tiglatpilesar aber wollte das eroberte Land wirklich besetzen, beherrschen und für immer behalten. Teil der Politik war die Vernichtung der bisherigen Elite in den Städten, entweder durch sofortige Tötung nach der Eroberung oder durch Deportation. Diejenigen, die bisher Einfluß gehabt hatten in der Stadt Hazor, wurden ins Zweistromland deportiert.

Zum erstenmal in der Geschichte ihrer Staaten wurden damals Juden aus ihren Städten und Dörfern vertrieben. Jordanaufwärts zogen sie aus der Heimat. Über die Zahl der Deportierten geben Inschriften

Auskunft, die Siege der Assyrer melden: Sie kann danach nicht höher als 5000 gewesen sein. Viele Bewohner wurden wohl aus Häusern und Städten gejagt, durften jedoch im Lande bleiben.

Grabungen in der Hügelaufschüttung Tell al Kedah, die alle Reste der frühen Siedlung Hazor birgt, zeigen deutlich, daß die Festung um das Jahr 730 v. Chr. durch einen Brand restlos zerstört worden ist. Damals war die gewaltigste Verwüstung erfolgt, die je einen Ort im oberen Jordantal getroffen hatte. Nichts war stehengeblieben von den Häusern, Verteidigungsanlagen und Vorratshallen. Hazor war fortan unbewohnbar. Nachzuweisen ist danach nur noch der Aufenthalt von Beduinen an jenem öden und gespenstischen Ort des Todes.

Nahezu zwei Jahrhunderte lang gehörte nun der Jordan bis ins Gebiet südlich des Sees Gennesaret hinein zum assyrischen Großreich. Dies bedeutete das völlige Ende des Nordstaates Israel: »Da verwarf der Herr das ganze Geschlecht Israel. Er demütigte alle, die dazu gehörten, und gab sie den Räubern preis, bis er sie vollends von seinem Antlitz verstieß.« (2 Kön 17,20)

In die Städte, aus denen die Bewohner vertrieben wurden, wanderten Menschen aus dem Zweistromland ein, die ebenfalls zwangsumgesiedelt wurden. Der Herrscher Assyriens vollzog in seinem Reich einen Bevölkerungsaustausch, der völkische Eigenständigkeit in den neuen Regionen des Staates vernichten sollte. Waren die Städte im Jordangraben und im Bergland westlich und östlich des Flusses bisher hauptsächlich von Nachfahren der jüdischen Einwanderer aus der Zeit der Landnahme bewohnt gewesen – und von wenigen Bevölkerungsgruppen, in der Stadt Gibeon zum Beispiel, die aus den alten Familien des Landes Kanaan stammten –, kam es jetzt zu einer Vermischung von Sippen, die den traditionellen Prinzipien der Blutreinheit, die Mose einst eingesetzt hatte, ein Ende bereitete. Eine Abgrenzung in Altbürger und Neubürger war schon deshalb nicht mehr möglich, weil diejenigen Juden, die in der Heimat bleiben durften, nicht mehr durch den Pakt mit Gott in sich gefestigt waren; da war nicht mehr der Glaube vorherrschend, die übermächtige Kraft im Himmel habe sie vor allen anderen ausgewählt. Verlorengegangen war die Überzeugung der jüdischen Sippen, sie seien von Gott über andere gestellt. Der Zwang zur Abgrenzung war nicht mehr gegeben.

Die neuen Herren brachten neue Überzeugungen mit: Sie dachten, der Herrschaftsbereich der Götter sei jeweils auf Regionen beschränkt. Ein Gott, der in der Stadt Assur am Tigris angebetet wurde, konnte, nach Meinung des Königs von Assur, wohl nicht in Hazor am Jordan mächtig und kräftig sein. Er gab die Anweisung, die Zwangsumgesiedelten hätten sich nach den Göttern der eingesessenen Bevölkerung zu richten; den Neubürgern am Jordan müsse die Anbetung des Gottes der Juden beigebracht werden, da der doch dort zuständig sei. Diese religiöse Revolution aber wollten die Familien, die ihre Heimat an Euphrat und Tigris hatten aufgeben müssen, nicht auch noch erdulden. Sie stellten auf den Hügeln Standbilder der Götter auf, die ihnen vertraut waren. Sie gewöhnten sich daran, drei Götter anzubeten: den Gott, mit dem sich die jüdischen Sippen seit der Zeit des Mose verbunden fühlten; den Gott Baal, an den sich auch die Juden gewöhnt hatten; und den Gott, den sie von zu Hause kannten. »Diese Völker verehrten also den Herrn und dienten zugleich Götzenbildern. Auch ihre Kinder und deren Nachkommen handelten so, wie ihre Väter taten.« (2 Kön 17,41)

Gegen Ende des 7. Jahrhunderts v. Chr. war nicht nur der Nordstaat Israel Bestandteil des Reiches der Assyrer, sondern auch das Philisterland. Juda aber hatte seine Unabhängigkeit bewahrt. In Jerusalem regierte noch immer ein jüdischer König. Der allerdings »tat, was dem Herrn wohlgefiel«. Er herrschte über die Jahre der Wende vom 7. zum 6. Jahrhundert v. Chr. Sein Name war Hiskija.

Energisch betrieb dieser König von Juda die Vorbereitungen zur Verteidigung. Er glaubte gute Chancen zum Überleben zu haben, denn das assyrische Reich wurde zu jener Zeit von Aufständen heimgesucht, die meist in Mesopotamien begannen, jedoch die Situation des Staates in den Außenregionen schwächten. Im Jahre 701 v. Chr. brach das assyrische Heer über Juda herein. Die Niederlage schien besiegelt, da traf im Philisterland ein ägyptisches Heer ein, das zur Unterstützung Judas auf den Weg geschickt worden war. Der Anmarsch der Ägypter veranlaßte die Assyrer zum Rückzug. Der jüdische Staat westwärts des Toten Meeres war für hundert Jahre gerettet.

War Hiskija ein König, der sich einigermaßen an die Gebote Gottes gehalten hatte, so lautete das Urteil über dessen Sohn Manasse wie über die Könige, die vor König Hiskija regiert hatten: »Er tat, was dem Herrn mißfiel.« Die Götter Kanaans nahmen stärker als jemals zuvor die Phantasie der Bewohner des Südstaates gefangen. Der Tempel des Herrn war kein Ort der Anbetung mehr; daß die Bundeslade, als Zeichen der Anwesenheit des Herrn, in diesem Tempel stand, war wohl ganz in Vergessenheit geraten.

Not herrschte nicht im Staat Juda, denn noch immer war Handel möglich mit den Staaten, die ostwärts von Jordan und Totem Meer in tributpflichtiger Situation existierten: Die Herrscher Assyriens ließen den Gebieten Ammon, Moab und Edom ein gewisses Maß an Selbständigkeit, verlangten aber dafür die Lieferung von Waren und Edelmetallen. Um die Tributgelder auftreiben zu können, mußte ein gewisser

Reichtum erarbeitet werden; dies war nur durch Handwerk und Handel möglich. So entstand aus der Notwendigkeit, Güter für Tauschgeschäfte zu erarbeiten, eine Art Wirtschaftsgemeinschaft der Staaten um das Tote Meer, die von der Großmacht Assyrien geduldet wurde, weil sie selbst davon profitierte. In einer der Sagen der Juden ist ein Hinweis zu finden, welcher Art die Geschäfte der Händler von Juda waren: »Sie schickten Öl nach Ägypten, holten von da Weizen und versandten diesen nach Assur.«

Im Jahr 639 v. Chr. verloren die Mächtigen an Euphrat und Tigris die Geduld mit den Königen von Ammon, Moab und Edom, die jede Gelegenheit der Schwäche oder der Ablenkung der assyrischen Führung dazu benützt hatten, um die Tributzahlungen zu verzögern. Die Invasion von Norden her verwüstete das Ostjordanland. Wahrheit wurde, was drei Generationen zuvor der Prophet Jesaja über die Zukunft des Königreichs Moab vorausgesagt hatte:

»Über Nacht ist Moab zerstört, vernichtet! Dibon steigt hinauf, um auf den Hügeln zu weinen, in Nebo und Madeba heult Moab; kahlgeschoren ist jedes Haupt, und jeder Bart ist abgeschnitten. In den Gassen trägt man das Trauerkleid, auf Dächern und Plätzen herrscht Geheul. Nur Weinende sind auf den Straßen zu sehen. Es schreien Heschbon und Elale. Bis Jahaz vernimmt man das Geschrei. Moab zittert. Es ist ihm in der Seele bang. Mein Herz klagt um Moab. Seine Flüchtlinge suchen Rettung in Zoar. Die Steige von Luhit rennen sie hinauf, weinend. Groß ist der Jammer über den Zusammenbruch. Fürwahr, die Wasser von Nimrim werden zu Wüstenplätzen, denn das Gras verdorrt, die Kräuter vergehen, verschwunden ist alles Grün. Was die Leute noch besitzen, versuchen sie über den Jordan zu retten.« (Jes 15,1–7)

Als das Unglück über Moab bereits hereingebrochen war, da schilderte Jeremia, der Prophet jener Zeit, die Vorgänge noch einmal, und er benützte die Worte des Propheten Jesaja an manchen Stellen fast unverändert: »Ja, die Steige von Luhit, man steigt sie mit Weinen hinauf.« (Jer 48,5)

Der Sieg Assyriens im Ostjordanland konnte als Demonstration überragender Kraft und ungebrochener Stabilität der Großmacht angesehen werden. Doch diese Meinung war falsch. Aus dem Nordosten Mesopotamiens drohte Gefahr; von dort griff das Volk der Meder an. Gefährlicher aber wurde das babylonische Volk, das um den Euphrat lebte. Im Jahre 614 v. Chr. verlor Assyrien seine Hauptstadt Assur. Vier Jahre später fielen die letzten Festungen der Assyrer am Oberlauf des Euphrat. Die Großmacht Assyrien war zerfallen – die Großmacht Babylon hatte das Erbe angetreten.

Gedanken aus Babylon an den Jordan und ans Tote Meer

Wie die assyrischen Herrscher waren die Mächtigen in Babylon entschlossen, die Ostküste des Mittelmeers zu beherrschen. Die neuen Herren an Euphrat und Tigris ließen sich keine Zeit, ihre Herrschaft zu festigen: Sie begannen sofort, Feldzüge in Richtung Westen zu organisieren. Die Offensivtruppen folgten dem Euphrat, um dann ins Gebiet des Orontes einzudringen. Damit war das Gewässersystem erreicht, das parallel zur Mittelmeerostküste verläuft. Fruchtbar ist die Gegend um den Orontes und um den Litanifluß, der die reiche Beka'a-Ebene ostwärts des Libanongebirges bewässert. Die Armee aus Babylon brauchte auf ihrem Marsch keine Not zu leiden.

Dort, wo sich der Litani in Richtung Westen wendet, dem Mittelmeer zu, trennen Erhebungen das Beka'a-Tal vom Oberlauf des Jordan. Waren sie erst überwunden, dann lag das Siedlungsgebiet der jüdischen Sippen offen vor den Angreifern. Niemand stand bei der zerstörten Stadt Hazor bereit, den Zugang zum See Gennesaret zu verteidigen. Ungehindert konnten die bewaffneten Verbände Nebukadnezars bis Jerusalem durchbrechen. Für die Hauptstadt von Juda begann eine schlimme Belagerungszeit. In der Stadt herrschte bald furchtbare Hungersnot.

Über ein Jahr lang war Jerusalem eingeschlossen, dann gelang es den babylonischen Truppen, erste Breschen in die Mauer zu schlagen. In diesem Augenblick der höchsten Gefahr floh der König von Juda – sein Name war Jojachin – mit einem großen Teil seiner Bewaffneten aus der Hauptstadt. Erstaunlich ist, daß mit Jojachin eine beachtliche Anzahl der Verteidiger den Belagerungsring unentdeckt überwinden konnte. Der Herrscher und die Kämpfer wollten sich nach Osten absetzen: »Sie schlugen den Weg zur Jordansenke ein.« (2 Kön 25,4) Der geschlossene Haufen, der Jerusalem verlassen hatte, löste sich jedoch bald auf. Die Kämpfer ließen ihren König im Stich. Nahezu ohne Begleitung erreichte Jojachin das Jordantal bei Jericho. Er hatte die Hoffnung, durch die Furt ans andere Ufer zu kommen, um sich im Land Moab verstecken zu können. Jojachin hatte den Fluß noch nicht überquert, da holten ihn Verfolger ein und nahmen ihn gefangen. Der König von Juda wurde gefesselt das Jordantal hinaufgeführt. So begann für ihn die babylonische Gefangenschaft.

Im Sommer des Jahres 587 v. Chr. war Jerusalem gefallen, war sein König weggeführt worden. Im selben Sommer noch wurde die Stadt niedergebrannt, wurden die Bewohner von Stadt und Umland an den Euphrat verschleppt. Etappen ihres langen Weges waren das Westufer des Sees Gennesaret und der Oberlauf des Jordan.

Wie sehr der Fluß und die Jordansenke überhaupt die Phantasie der Gefangenen im Lande Babylon beherrschten, ist dem Kapitel 47 des Buches Ezechiel zu entnehmen. Der Prophet war zusammen mit König Jojachin in Gefangenschaft geführt worden. In einer Vision sieht er den Wiederaufbau von Jerusalem. Gottes Hand, so schildert er, geleite ihn zuerst durch die Stadt und durch die Räume des Tempels:

»Dann führte er mich zum Tempeleingang zurück, und siehe, Wasser quoll unter der Tempelschwelle hervor nach Osten zu; denn die Vorderseite des Tempels war dem Osten zugewandt. Das Wasser aber floß unterhalb der südlichen Seitenwand des Tempels hinab, südlich vom Altar. Er führte mich durch das nördliche Tor hinaus und ließ mich außen herumgehen zum äußeren Tor, das nach Osten schaute. Da sah ich das Wasser aus der südlichen Seitenwand herausrieseln. Er schritt mit einem Maßband in der Hand in östlicher Richtung. Er maß tausend Ellen ab und ließ mich durch das Wasser hindurchwaten, das bis an die Knöchel reichte. Dann maß er nochmals tausend Ellen ab und ließ mich durch das Wasser waten, das bis an die Knie reichte. Er maß nochmals tausend Ellen ab und ließ mich durch das Wasser waten, das bis an die Hüften reichte. Er maß nochmals tausend Ellen ab, da wurde das Wasser ein Strom, den ich nicht mehr durchwaten konnte. Es war ein Wasser zum Schwimmen geworden. Da sprach er zu mir: ›Hast du es gesehen, Menschensohn?‹ Dann ließ er mich am Ufer des Stromes gehen. An beiden Ufern konnte ich eine große Anzahl von Bäumen sehen. Da erklärte er mir: ›Dieses Wasser fließt nach Osten und läuft zur Jordansenke hinab. Mit dem Jordan ergießt es sich in das Salzmeer, in das stinkende Gewässer. Kommt dieses Wasser mit dem Jordan im Toten Meer an, dann wird das Gewässer wieder lebendig und gesund. Dann werden dort wieder Lebewesen schwimmen, munter, wie es einst gewesen war. Groß wird die Menge der Fische sein. Denn sobald dieses Wasser auf das salzige Wasser trifft, wird das stinkende Gewässer wieder mit Leben erfüllt. Ja, dann werden Fischer am Toten Meer stehen. Von En-Gedi bis nach En-Eglajim werden Netze am Ufer zum Trocknen aufgespannt sein. Die Fische werden im einstigen Salzmeer dann so zahlreich in ihren Arten sein wie die Fische im großen Meer. Seine seichten Stellen aber sollen nicht salzlos und mit Leben erfüllt sein, denn sie sind zur Salzgewinnung bestimmt. An den Ufern des Flusses wachsen beiderseits allerlei fruchtbringende Bäume, deren Laub nie welk wird, deren Früchte nie zu Ende gehen. In jedem Monat tragen sie frische Früchte, denn das Wasser, das sie tränkt, geht vom Heiligtum aus. Ihre Früchte dienen zur Nahrung und ihre Blätter zu Heilzwekken.‹« (Ez 47,1–12)

Zwei Generationen lang lebten die Familien, deren Heimat einst das

Land zwischen Jordan und Mittelmeerküste gewesen war, im Zweistromland. Sie erlebten den raschen Untergang des babylonischen Reiches im Jahre 539 v. Chr. Zu jenem Zeitpunkt besetzten die Perser Babylon und wurden zum mächtigsten Volk im Mittleren Osten. Der Wechsel brachte den verbannten jüdischen Sippen mehr Freiheiten. Die Berichte des Alten Testaments geben Zeugnis dafür, daß der Anblick des Euphrat die Erinnerung an den Jordan nie verblassen ließ. Und doch zögerten die Nachkommen der Deportierten mit der Wanderung in die Heimat der Vorfahren, als der persische König Cyrus im Jahre 538 v. Chr. einigen der jüdischen Sippen das Verlassen ihrer Siedlungen am Euphrat gestattete.

Begeisterung löste die Möglichkeit, nach Jerusalem und an den Jordan zu wandern, nicht aus. Die meisten hatten gute Unterkunft und Land, das fruchtbar war; manche arbeiteten in einem Gewerbe, das sie ernährte. Es gehörte zur Gewohnheit der jüdischen Familien, sich voll Wehmut an das Land um Jerusalem, um den Jordan zu erinnern – doch waren nur wenige darauf aus, das Land der Väter tatsächlich zu sehen. Einige, die zurückgewandert waren auf dem Weg, den die Gefangenen einst zu gehen hatten, kamen wieder an den Euphrat; und sie erzählten von zerstörten Dörfern und Städten, von der Not der Menschen. Sie ermunterten niemand, die lange Fußwanderung anzutreten.

Einer, der die Heimkehr wagte, hatte eine Stellung als Höfling im Gefolge des persischen Königs Artaxerxes: Er hatte die Funktion eines Mundschenks. Sein Name war Nehemia.

Das Buch Nehemia berichtet, der Mundschenk sei eines Tages von seinem König gefragt worden, warum er so schlecht aussehe, ob er etwa krank sei. Nehemias Antwort war, daß ihn die Sehnsucht nach dem Land der Väter befallen habe – und er bat um die Genehmigung, das Haus und den Dienst des Königs verlassen zu dürfen. Als Grund gab Nehemia an, er wolle die Stadt seiner Väter wieder aufbauen. Über die Reaktion des Herrschers war Nehemia überrascht: Der König wollte nur wissen, wie lange die Reise in die einstige Heimat wohl dauere – er war also mit dem Abschied des Nehemia einverstanden. Der bisherige Höfling bekam Schutzbriefe des Herrschers von Persien mit auf den Weg, die er den Statthaltern »jenseits des Stromes«, also jenseits des Euphrat, zu überreichen hatte. So ritt Nehemia von Babylon den Euphrat aufwärts, dann wählte er allerdings nicht die Route durch die Täler des Orontes und des Litani zum Jordan. Er kürzte die Strecke ab und ritt durch die Wüste nach Damaskus und dann zum See Gennesaret. Die Heimat der Väter war erreicht.

Hindernisse, die ihn aufgehalten hätten, fand er nirgends auf seinem Weg. Im persischen Reich herrschte Ordnung: Die Straßen wurden kontrolliert; Räuberbanden hatten sich aufgelöst. Konnte sich jemand durch Schutzbriefe des Herrschers ausweisen, wurde er überall geachtet. Das Buch Nehemia erwähnt nur, daß im Ostjordanland der Statthalter Persiens im Gebiet Ammon ungern die Ankunft eines Mannes zur Kenntnis nahm, der sich mit höchster Protektion um die Belange der Juden zu kümmern hatte.

Männer wie Nehemia sorgten dafür, daß in Jerusalem der Tempel neu erstand, daß die Stadt Mauern bekam. Doch da war kein Gedanke möglich, Jerusalem wieder zur Hauptstadt eines unabhängigen jüdischen Staates zu machen. Das Land des früheren Staates Juda war als Region »Jehud« fester Bestandteil der Provinz »Jenseits des Stromes« – gemeint war der Euphrat. Die persische Zentralregierung in Babylon beherrschte einen riesigen Staat, der von Indien bis Libyen reichte. Überall galt nur der Wille des Königs, der am Euphrat seinen Palast besaß. Die Verantwortlichen der Gebiete am Ostufer des Jordan aber hatten den Verdacht, Nehemia wolle sich selbst zum König von Juda einsetzen; er habe deshalb Propheten bestellt, die ihn preisen und salben sollten. Nehemia hatte Mühe, den Argwohn zu zerstreuen.

Schwierigkeiten mit der persischen Zentralregierung entstanden Nehemia nicht. Er bekam die Freiheit, dem Distrikt Jehud Gesetze zu geben, die an der einstigen Ordnung des Mose orientiert waren. Die Menschen von Jehud erinnerten sich an den Pakt, den ihre Vorfahren 700 Jahre zuvor mit Gott geschlossen hatten. Der Glaube wurde wieder lebendig – allerdings ohne jegliche politische Kraft. In Jehud begann für die Bewohner ein Prozeß der Verinnerlichung.

Der Jordan gerät in Vergessenheit

Der Distrikt Jehud (Judäa) war ein unbedeutender Teil des Perserreiches und die Stadt Jericho ein kleiner Ort in diesem Distrikt. Vom Toten Meer an bis zur Furt von Damiya bildete der Jordan die Grenze von Jehud. Am Ostufer lag Ammon – auch dieses einstige Königreich war nun nichts anderes als ein Verwaltungsbezirk Persiens. Niemand sah irgendeine Notwendigkeit zu beobachten, was am Fluß geschah, oder gar Ereignisse schriftlich festzuhalten. Die große Politik wurde anderswo gemacht, an ständig wechselnden Plätzen zwischen Euphrat und der Ägäis.

Weitflächig spielten sich jetzt die historischen Ereignisse ab. Im Jahre 334 v. Chr. stürmte das Reiterheer Alexanders III. von Makedonien aus nach Osten, durch das Gebiet der heutigen Türkei, der Ostküste des Mittelmeers entlang nach Ägypten. Berichtet wird, Alexanders Truppen seien auch ins Jordantal eingedrungen und hätten Jericho besetzt. Es muß sich dabei wohl um einen politisch unwichtigen Beutezug gehandelt haben, der vielleicht Verpflegung sichern sollte für den über 10000 Mann starken Kampfverband, der sich an der Mittelmeerküste aufhielt. Die Jordansenke war seit Menschengedenken ein fruchtbares Gebiet – und deshalb einem Heerführer wichtig.

Das Land Jehud war für Alexander III. ohne Reiz; nicht einmal Ägypten vermochte den unruhigen Feldherrn auf Dauer zu fesseln. Weit nach Osten trieb er seine Reiter, durch Persien hindurch nach Indien. Irgendwann, so glaubte er, müsse doch die Welt zu Ende sein. Als er sich vor seinem Ziel wähnte, da meuterten seine Reiterverbände: Das Ende der Welt interessierte die Männer nicht; sie wollten zurück in die makedonische Heimat. Auf dem Rückmarsch starb Alexander III. in Babylon – nur elf Jahre nach dem Aufbruch in Makedonien.

Mit Alexanders Tod war auch die Größe seines Reiches zu Ende. Es war ohnehin nie ein in sich geschlossenes Staatsgebiet gewesen, da der Feldherr nie die Zeit besessen hatte, den eroberten Gebieten eine Zentralverwaltung und ein einheitliches Rechtssystem zu geben. Die Traditionen blieben bestehen: das persische Großkönigtum wirkte auch ohne entsprechenden Herrscher weiter; Ägyptens Rechtsordnung blieb der Pharaonenzeit verbunden; die Griechen wurden verwaltet wie zur Zeit der Stadtstaaten. Auch dem Land der Juden konnte Alexander III. seinen Willen nicht aufzwingen. Es war ihm keine Zeit geblieben, vom rastlosen Krieger zum Staatsmann zu werden.

Die Erben stritten sich. Da Alexanders Sohn bei seinem Tod noch nicht geboren war, sollte Alexanders Bruder Philipp Arrhidaios die Herrschaft übernehmen, doch er war schwachsinnig. Die Folge des Machtvakuums war, daß die Generäle nach eigenem Willen handelten und sich meist um Land und Reichtum stritten. Ihr Kampf zog auch die Region um Jerusalem und den Jordan in Mitleidenschaft. Mehrfach marschierten um das Jahr 312 v. Chr. Kolonnen durch das Land am Ostufer des Jordan. Ihr oberster Befehlshaber war Antigonos Monophthalmos (»Der Einäugige«), ein schwacher Erbe des Alexanderreiches, das längst geschrumpft war. Ihn interessierten die Asphaltvorkommen am Toten Meer, die seit dem Altertum wichtiges Dichtungsmaterial für den Schiffbau und Basismaterial für die Herstellung von Medikamenten lieferten. Antigonos Monophthalmos dachte auch daran, die Salzgewinnung zu aktivieren. Das Tote Meer sollte ein wirtschaftlich wichtiges Gebiet werden. Doch am Salzsee erfuhr er davon, daß im Heiligtum von Petra, in einer völlig verlassenen Gegend, Schätze zu finden seien. Eigentümer dieser Schätze sei das Volk der Nabatäer, das seit geraumer Zeit am Rand der Jordansenke lebte.

Die Nabatäer, Volk am Toten Meer

»Dies ist ihr Stammbaum: Der Erstgeborene Ismaels war Nebajot.« In diesem Satz aus dem Ersten Buch Chronik (1,29) mag sich der allererste Hinweis auf den Stamm der Nabatäer verbergen. Den biblischen Geschichtsquellen ist zu entnehmen, daß dieses Volk zur Zeit der Landnahme durch die Juden »Ägypten gegenüber« gelebt hatte, also wahrscheinlich auf der Halbinsel Sinai. Aus den Andeutungen der Texte – »Sie hausen in Zelten« – ist die Lebensform der Sippe abzulesen: Die Nabatäer waren Beduinen.

Ihre Wanderungen waren zunächst nach Osten orientiert. So erreichten sie die Arabische Halbinsel. Sie wurden dann auch von der Verwaltung des Assyrischen Reiches im 8. und 7. Jahrhundert v. Chr. den arabischen Stämmen zugeordnet. Assyrische Dokumente aus jener Zeit geben darüber Auskunft; in den aufgefundenen Schriften werden sie Nabati genannt. Sie sind in den Dokumenten wohl nur deshalb erwähnt, weil die assyrischen Beamten auf Vollständigkeit ihrer Statistik achteten, denn von wirtschaftlicher oder politischer Bedeutung waren die Nabatäer damals nicht.

Daß sie zu respektieren waren, ist erst aus Zeugnissen der Zeit des Antigonos Monophthalmos zu entnehmen. Einem seiner Beamten – der Name war Hieronymos von Kardia – war die Aufsicht über die Bitumengewinnung am Toten Meer übertragen worden; dort begegneten ihm Familien der Nabatäer. Sie waren darauf spezialisiert, Bitumenklumpen aus dem »Salzmeer« zu bergen, die sie dann an Agenten ägyptischer Handelshäuser verkauften. Die Händler vom Nil waren damals die besten Kunden im Geschäft mit dem natürlichen Asphalt, der zur Einbalsamierung der Toten dringend gebraucht wurde. Der Rohstoff war allerdings auch am Toten Meer nicht in Fülle zu finden. Er blieb eine teuere Kostbarkeit; für den, der damit handelte, war Bitumen eine Quelle des Reichtums. Hieronymos von Kardia hatte darauf zu achten, daß vor allem die Kasse des Antigonos Monophthalmos davon profitierte.

Der Beamte war auch Zeuge der kriegerischen Ereignisse des Jahres 312 v. Chr., als Antigonos die Absicht hatte, Petra, den Hauptort der Nabatäer, zu plündern. Offenbar ist es den Angreifern zunächst gelungen, Beute zu machen. Die Bewohner von Petra hatten sich nicht in ihrer Stadt befunden; sie waren in einer Nachbarsiedlung gewesen, um dort ein Fest zu feiern. Sofort nach ihrer Rückkehr machten sie sich auf zur Verfolgung der Räuberbande, die nach Angaben des Hieronymos ein Truppenverband von 4000 Soldaten zu Fuß und 600 Reitern gewesen sein muß. Die Wut der Nabatäer sei unermeßlich gewesen, so lautet der Bericht des Beamten. Von den 4600 Männern Antigonos' seien nur fünfzig lebendig entkommen.

Die Nabatäer seien insgesamt »nicht stärker als 10 000 Männer« gewesen – dies war die Schätzung des Hieronymos. Über das Leben der Sippe hatte sich der Beamte Notizen gemacht. Einiges fand er daran bemerkenswert: »Sie wohnen nicht in Häusern. Nur ganz wenige Familien bebauen Äcker oder Gärten. Ihre Herden geben ihnen die wichtigsten Nahrungsmittel. Eine Besonderheit ist, daß sie ihre Tiere weitab von den Städten in Wüstengebieten weiden lassen. Sie kennen die wenigen Wasserstellen, die es dort gibt. Ein großes Geschick, Brunnen zu graben, läßt sie auch dort überleben, wo eigentlich überhaupt kein Wasser zu finden ist. Wohlhabend sind sie durch ihren Handel mit Bitumen, Weihrauch, Myrrhe und Duftstoffen.«

Weihrauch und Myrrhe gewannen die Nabatäer keineswegs selbst. Sie ließen sich diese Kostbarkeiten aus Südarabien liefern. Handelskontakte bestanden auch mit weit entfernten Ländern: Aus Indien bezogen nabatäische Händler das duftende Harz Aloe, das dem Aquilariabaum abgezapft wurde; ägyptische Priester benötigten es, um wohlduftenden Rauch zu erzeugen. Aus Ceylon traf Zimt im Land der Nabatäer ein; Abnehmer dafür waren alle kultivierten Völker des östlichen Mittelmeerraums.

Die Nabatäer beherrschten einen wichtigen Sektor der »Weihrauchstraße«, die über 2300 Kilometer von Süden her durch Arabien führte. Bedeutende Stationen auf dem Weg waren Mekka und Medina. Petra jedoch, die Stadt der Nabatäer, war Endpunkt. Dort wurden die Waren gestapelt und dann auf Karawanen verteilt, die nach Ägypten, nach Phönizien oder nach Mesopotamien aufbrachen.

Über diese Stadt Petra gibt es nur einen Bericht aus früher Zeit, der allerdings auch erst kurz vor der Zeitenwende verfaßt worden ist. Autor ist der griechische Geograph und Historiker Strabo. Er notierte: »Die Hauptstadt der Nabatäer trägt den Namen Petra. Sie ist auf einer Fläche erbaut, die ringsum von Felsen umgeben ist. Der Platz der Stadt ist reich an Quellen, die genügend Wasser sprudeln lassen. Außerhalb der Stadt ist das Land wüst und öde, ganz besonders in der Richtung auf Juda zu.«

Die Erforschung der Relikte, die von der Nabatäerstadt Petra erhalten sind, ergab allerdings, daß Wasser von außen in das besiedelte Gebiet im Felskessel geleitet werden mußte. Über einen Kilometer lang war die Wasserleitung. Sie wurde gespeist von einer Quelle, die heute noch Wasser spendet. Ihr Name ist Ain Musa, die Quelle des Mose. Nach Überzeugung der Menschen jener Gegend hat hier Mose einst das Wunder vollbracht, Wasser aus dem Fels zu schlagen. Das Tal, das von der Quelle in Richtung Ausgrabungsort Petra führt, wird als Wadi Musa bezeichnet, als Tal des Mose. Es verläuft in Schlangenlinien. Diesem Tal folgte einst die Wasserleitung.

Ihre Spuren enden am wohl schönsten Rest nabatäischer Kultur: an der aus dem Fels gehauenen Fassade »Kazne Faraun«. Der Name bedeutet »Schatzhaus des Pharao«. Die Araber, die heute um das Wadi Musa leben, nennen die Fassade allerdings »Al Jarra«, die Urne: weil sie durch ein urnenförmiges Gebilde nach oben abgeschlossen wird.

Rund 40 Meter mißt die Distanz zwischen der Säulenbasis und der Urnenspitze. Die Fassade ist aus dem Fels, der aus eisenhaltigem Sandstein besteht, »herausskulptiert« worden. Der Eisengehalt des Steins führte zu Oxidationen, die der Fassade einen rötlichen Schimmer geben. Hinter der Fassade im Fels befinden sich Gänge, Kammern und Nischen, in denen früher vielleicht Sarkophage standen. Die Wissenschaftler sind sich jedoch nicht einig, ob »Kazne Faraun« als Tempel verwendet wurde oder als Begräbnisstätte. Unsicher ist auch die Zeit der Entstehung. Die griechischen Säulen und Kapitelle weisen auf die Epoche des hellenistischen Einflusses hin, der sich im Bereich der Nabatäer im 1. Jahrhundert v. Chr. durchgesetzt hatte.

Zu der Zeit, als sich Antigonos Monophthalmos für die Reichtümer der Nabatäer interessierte, war das Wunder der Felsfassade von Petra noch nicht geschaffen. Nichts von all dem war zu sehen, was heute im Felsental abseits der Straße von Amman nach Aqaba den Fremden fesselt: Die Fassaden, Mauern, Standbilder und Reliefs sind entstanden, als Rom beherrschende Macht im heutigen Nahen Osten geworden war. Für Antigonos Monophthalmos aber war Rom noch kein politischer Begriff. Er war der erste Mächtige hellenistischer Abstammung, mit dem die Bewohner von Petra in Berührung kamen.

Vom Jahre 312 v. Chr. an bleibt das arabische Volk am Südende des Toten Meeres von Bedeutung, auch wenn es nie darauf aus war, Eroberungen zu unternehmen. Der Historiker Strabo hat gegen Ende des 1. Jahrhunderts v. Chr. eine Beschreibung dieses Volkes verfaßt, die wahrscheinlich auch schon für die Nabatäer früherer Generationen zutraf: »Sie sind in allem genügsam, mäßig und von Fleiß getrieben. Vermehrt jemand sein Eigentum, dann wird er belohnt. Vermindert er seinen Besitz, wird er bestraft. Sie halten kaum Sklaven. Sie bedienen sich untereinander. Sie arbeiten jeder für jeden. Selbst die Mächtigen halten sich daran. Sie veranstalten Gastmahle, an denen immer dreizehn Personen teilnehmen. Jeweils sind bei einem Gastmahl zwei Musiker dabei. Niemand trinkt mehr als elf Becher Wein, und immer wechseln sie die Trinkgefäße. Die Häuser sind aus Stein gebaut. Ihre Stadt ist von keiner Mauer umgeben, weil sie an den Frieden glauben.«

Daß Strabo einen früheren Zustand des nabatäischen Volks beschreibt, ist an dieser Textstelle abzulesen: »Die Leichname der Toten achten sie nicht mehr als den Mist. Leichname sind für sie verwerflicher als Mist. Deshalb verscharren die Nabatäer sogar die Mächtigen neben den Misthaufen.«

Die Nabatäer, denen wir die Fassaden von Petra verdanken, sind mit den Verächtern des Ahnenkults, die Strabo charakterisiert, nicht identisch. Der griechische Historiker hielt die Erinnerung an frühere Zeiten fest, als sich die Angehörigen dieses Volks von anderen unterschieden, als sie noch nicht den Griechen und den Römern gleich sein wollten. Zu den Besonderheiten der Nabatäer im 3. Jahrhundert v. Chr. gehörte der Verzicht auf Verteidigungsanlagen: nicht nur auf Stadtmauern, wie von Strabo erwähnt, sondern auch auf Grenzbefestigungen. Nie war die Staatsgrenze eindeutig festgelegt.

Das jüdische Volk hatte immer Wert gelegt auf die genaue Definition der Abgrenzung zu den Siedlungsgebieten anderer völkischer Einheiten. Das Alte Testament gibt Zeugnis von der Festlegung des Landbesitzes. Die Nabatäer, die ihr Land nicht agrarisch nutzten, sahen keine Notwendigkeit, das Prinzip der festen Grenzen nachzuahmen. Einige Wachtstationen, die in der Wüste im Osten standen, bestimmten nicht das Ende der Ausdehnung ihres Landes, sondern dienten der Kontrolle der Handelswege.

Avraham Negev, der israelische Archäologe, fand wohl die richtige Definition, wenn er schreibt: »Es scheint, daß wir uns im Falle der Nabatäer einem neuen und bis jetzt noch kaum begriffenen Phänomen gegenüber finden, dem Phänomen der Entstehung eines Karawanenstaates nämlich.« Die Nabatäer waren eine Sippe, deren Männer ständig unterwegs waren, als Karawanenführer, als Beauftragte der Handelshäuser von Petra. Ein Volk, dessen Lebenselement die Straße war.

Die Nabatäer hatten einen einzigen kriegerischen Erfolg gegen Antigonos Monophthalmos errungen – wobei der Bericht des Hieronymos die Zahl der erschlagenen Feinde wohl übertreibt. Danach ließen sie sich nur noch selten in militärische Konflikte verwickeln. Einengung ihres Gebiets nahmen sie hin, solange ihre Zentrale, die Handelsstadt Petra, unbehelligt blieb. Ihr Lebensraum war das Bergland im Südosten des Toten Meeres. Den Griff nach dem Jordan unternahmen die Nabatäer nie. Sie wollten keines der Kleinreiche werden, die rings um den Jordangraben existierten. So waren sie – im Bewußtsein, nur gering an Menschenzahl zu sein – wichtig als Kontrolleure der Karawanen auf der Weihrauchstraße. Am politischen Spiel jedoch nahmen sie nicht teil.

Die ptolemäischen Herrscher in Ägypten sahen manchmal mit Argwohn auf die Aktivitäten der Nabatäer. Ptolemaios II. Philadelphos (285–246 v. Chr.) schickte eine Expedition an die Ostküste des Toten Meeres, um zu erkunden, wer dort die Macht in Händen habe. Teile des nördlichen Arabien ließ er erobern, um wenigstens einen Abschnitt der Weihrauchstraße kontrollieren zu können. Doch die Truppen vom Nil drangen nie bis Petra vor. Die Nabatäer blieben die Herren der Karawanenwege im Land ostwärts des Toten Meeres. Das Interesse der Herren des Nildeltas hatte sich bereits unmittelbar nach dem Tod des großen Alexander auf das fruchtbare Land zwischen Mittelmeer und Jordan konzentriert.

Zenon erforscht das Jordantal

Im Zerfall des Alexanderreiches hatte sich Ägypten selbständig gemacht. Ptolemaios, der Sohn eines Generals der Alexanderzeit, fühlte sich zum Nachfolger der Pharaonen berufen. In der Fortsetzung der traditionellen Politik der Herrscher am Nil sah sich Ptolemaios gezwungen, zur Absicherung seines Landes die Ostküste des Mittelmeers zu besetzen. Ein Heer folgte der Küstenstraße bis hinauf zur heutigen libanesischen Stadt Saida; parallel zum Heer fuhr ein Truppenverband per Schiff. Als dieser Feldzug im Jahre 286 v. Chr. abgeschlossen war, da gehörte der Küstenstreifen zwischen Gaza und Saida zu Ägypten. Um das Landesinnere kümmerte sich die ägyptische Verwaltung damals nicht. Das Gebiet Juda wurde für die Weltmacht Ägypten zum unbekannten Land.

In der Residenzstadt Alexandria im Nildelta aber dachten Verwaltungsbeamte darüber nach, daß eine genaue Kenntnis der benachbarten Gebiete Voraussetzung für vorausschauende Politik sei. Die Neigung, Gebiete zu erobern, war nach dem Zug in Richtung Libanongebirge geschwunden. Kriege wurden fast ausschließlich zur Verteidigung gegen die territoriale Expansionslust der Herrscher im Zweistromland und in Syrien geführt. Ein fremdes Staatsgebiet zu besetzen war nicht im Sinn der Nachfolger des Ptolemaios. Sie wollten eher mit den dort Mächtigen in Handelsbeziehungen treten. In Alexandria zählte wirtschaftliche Aktivität. Handel mit den nördlichen Küstenstädten des Mittelmeers wurde gepflegt. Italien entwickelte sich – nach der Einsetzung einer ägyptischen Gesandtschaft in Rom im Jahre 273 v. Chr. – zum wichtigen Geschäftspartner.

Der Erfolg der Geschäfte hing vom Angebot ab. Das Nilland konnte Weizen liefern. Die Kunden im Norden des Mittelmeers verlangten jedoch auch Olivenöl. Diesen Wunsch konnte Ägypten kaum erfüllen, denn das am Nil produzierte Olivenöl war von schlechter Qualität. Die Beamten in Alexandria aber erinnerten sich daran, daß vom Königreich Juda einst ausgezeichnetes Öl geliefert worden war. Ägypten hatte damals mit Getreide bezahlt. Die Frage war, ob das Bergland um den Jordan noch immer über Olivenbäume in guter Qualität und in ausreichender Zahl verfügte, um die Nachfrage der Händler am Nil befriedigen zu können. Da niemand Auskunft geben konnte, bestand die Notwendigkeit, einen erfahrenen Kundschafter in das Gebiet am Jordan zu entsenden.

Es war die Regierungszeit von Ptolemaios II., dessen Denken ausgesprochen wirtschaftlich orientiert war und der sich einen ebenfalls handelspolitisch denkenden Mann zum Finanzminister ausgesucht hatte. Der Name des damaligen Verantwortlichen für Geld und Geschäfte am Nil war Apollonios. Der hatte in seine Behörde Männer geholt, die fähig waren, bei Reisen durch fremde Gebiete die dortigen wirtschaftlichen Möglichkeiten korrekt zu beurteilen. Einer von diesen Agenten des Finanzministeriums war der Beamte Zenon. Er wurde 259 v. Chr. beauftragt, sich an den Jordan zu begeben.

Seine Berichte sind erhalten geblieben. Gefunden wurden sie bei der Durchforschung von Plätzen in der Oase Fajjum, die zur Zeit der Herrscher aus der Dynastie Ptolemaios bebaut und von einflußreichen Männern bewohnt worden waren. Auf Papyrus sind die Berichte des Agenten Zenon niedergeschrieben; das trockene Klima hat sie vor Zerstörung bewahrt.

Der Reisebericht beginnt mit der Landung in einem Hafen, der Stratonsturm genannt wird und aus dem sich später Caesarea entwickelte. Jerusalem war das erste Ziel des Zenon. Für einen kundigen Mann, der aus Alexandria im Nildelta kam, war die Stadt im Bergland Juda völlig unbedeutend. Sie war seit der Zerstörung durch Nebukadnezar, die nun mehr als 300 Jahre zurücklag, nie mehr ein beachtenswertes Handelszentrum geworden. Die Bewohner von Jerusalem, das wußte Zenon sofort, konnten keine Güter liefern, die für die Handelsorganisationen in Alexandria interessant waren. Auch als Kunden kamen die Leute von Jerusalem nicht in Betracht: Sie besaßen weder Tauschwaren noch Gold.

Zenon machte sich auf den Weg hinunter ins Jordantal. Er sah die zahlreichen Olivenhaine an den Hängen der Hügel; doch er bemerkte auch, daß viele der Bäume überaltert waren, daß sie durch neue ersetzt werden mußten. Die Möglichkeit war gegeben, mit den Bauern ins Geschäft zu kommen, es fehlte aber eine örtliche Handelsorganisation, die das Geschäft an Ort und Stelle für die Partner aus Alexandria durch

Generalvertretung der vielen einzelnen Ölerzeuger vereinfachen konnte. Zu klein waren die jeweiligen Parzellen, die einzelnen Familien gehörten.

Bei der Ankunft im Tal in Jericho war Zenon überrascht: Hier hatten die Bauern Methoden zur Nutzung des Jordanwassers entwickelt, die dem Wirtschaftsspezialisten, der im Nildelta zu Hause war, neuartig erschienen. Vertraut war ihm der erste Eindruck: Hauptkanäle leiteten das Wasser vom Fluß her, das dann durch ein Netz kleinerer Gräben weiter auf die landwirtschaftlich genutzten Flächen gelenkt wurde. Noch nie gesehen aber hatte Zenon Geräte, mit denen das Wasser aus dem ziemlich tief liegenden Flußbett des Jordan in die Hauptkanäle gehoben wurde. Diese Geräte wurden von den Bauern mit der Hand bedient.

Anzunehmen ist, daß am Jordan bei Jericho damals Wasserhebewerkzeuge verwendet wurden, die unter der Bezeichnung »Schraube des Archimedes« bekannt sind: Ein einem Korkenzieher ähnliches Gewinde, das in einem Metallzylinder steckt, hebt, von einer Handkurbel angetrieben, Wasser in die Höhe. Archimedes, ein griechischer Mathematiker und Physiker (287–212 v. Chr.), gilt als der Erfinder des Geräts, doch ist es durchaus möglich, daß ähnliches bereits früher existierte und von Archimedes nur vervollkommnet wurde. Das von ihm konstruierte Gerät wird zur Zeit der Reise des Kundschafters Zenon im Jordantal noch unbekannt gewesen sein. Archimedes war damals erst 28 Jahre alt und lebte in Griechenland.

Griechisch orientiert im Geiste war die gesamte damalige Welt in der östlichen Hälfte des Mittelmeers – stammte doch auch die Herrscherdynastie am Nil aus dem griechischen Kulturkreis. Neue Ideen waren in alle Bereiche des Lebens eingedrungen. Auch im Lande der Juden fand eine geistige Revolution statt. Das Erste Buch Makkabäer berichtet darüber: »In jener Zeit traten in Israel gesetzesfeindliche Leute auf. Sie redeten auf andere ein und sprachen: ›Wir wollen uns mit den Gottlosen, die rings um uns wohnen, gut vertragen! Seitdem wir uns von ihnen abgesondert hatten, traf uns viel Unglück.‹ Der Vorschlag gefiel vielen.« (1,11–12) Der Berichterstatter empörte sich besonders darüber, daß in Jerusalem nach griechischer Sitte eine Arena für Ringkämpfe eingerichtet wurde.

Vom neuen Geist beeinflußt waren auch die Bauern des Jordantals, die offenbar kleinlichen Parzellenegoismus überwunden und sich auf gemeinschaftliche Bewässerung ihres fruchtbaren Bodens geeinigt hatten. Die Geräte, die sie benötigten, um das Wasser aus dem tief eingefressenen Flußbett zu heben, stammten wahrscheinlich aus Syrien, das damals zum Reich der Seleukiden gehörte.

Der Kundschafter Zenon, der sich wunderte, daß am abgelegenen Jordan Landwirtschaft mit modernen Mitteln betrieben wurde, wandte sich von Jericho nach Osten. Er benützte die Jordanfurt gleich bei der Stadt und ritt durch das fruchtbare Land am Jordanostufer. Er verließ damit jenen Distrikt, in dem die Gesetze der Juden galten, und betrat Boden, der zum Fürstentum der Nachkommen des Tobija gehörte. Hier hatte sich in früherer Zeit der Staat Moab befunden, dessen herrschende Familie aber zur Zeit Alexanders III. durch die Herren von Ammon vertrieben worden war. Diese Mächtigen in Rabbat-Ammon stammten von einem Mann namens Tobija ab, der im alttestamentarischen Buch Nehemia als »Tobija, der Knecht Ammons« abqualifiziert wird. Jener Tobija hatte zu den Verantwortlichen im Ostjordanland gehört, denen der Wiederaufbau Jerusalems unter der Führung des Nehemia mißfallen hatte.

Nahezu 200 Jahre waren seither vergangen. Der Staat Ammon existierte in gefährdeter Unabhängigkeit zwischen den mächtigen Reichen der Ptolemäer und der Seleukiden – und von Süden bedrängt durch die Nabatäer, deren Zentrum Petra war. Trotz der Gefährdung war das Land der Nachkommen des Tobija wohlhabend. Die erste Stadt, die Zenon am Ostufer des Jordan betrat, hieß Abila. Der Kundschafter aus Alexandria fand umfangreiche Weingärten vor, die sich östlich der Ansiedlung über die Hügel erstreckten. Wein gehörte allerdings nicht zu den Waren, an denen die Händler im Nildelta interessiert waren, weil dafür beim Handelspartner Italien keine Abnehmer zu finden waren.

Nur zehn Kilometer nordöstlich von Abila, der Stadt der Weingärten, befand sich eine Siedlung, die den Namen Tyros trug – sie hieß also genauso wie die Stadt im heutigen libanesischen Küstenstreifen des Mittelmeers. Um die Stadt Tyros wuchs allerdings wenig an brauchbaren Landfrüchten; sie befand sich bereits im Bergland an der Straße, die hinaufführte nach Rabbat-Ammon. Tyros war als Militärkolonie angelegt: zum Schutz der Residenz der Fürsten, auf halbem Wege zwischen Rabbat, dem einstigen Zentrum des Staates Ammon, und dem Jordan. Nach Rabbat-Ammon begab sich Zenon, der Kundschafter aus Alexandria, nicht. Er ritt daran vorbei und suchte Orte südlich von Damaskus auf, dann interessierte er sich für das Entstehungsgebiet des Jordan. Das Massiv des Hermon ließ Zenon rechts liegen. Wieder war er auf der Suche nach Olivenhainen – und wieder fand er Weinberge. Eine der großen Traubenplantagen gehörte sogar einem griechischen Offizier, der sich am Oberlauf des Jordan von seiner Pension ein Grundstück gekauft hatte. Möglich ist, daß Männer wie dieser Offizier fortschrittliche Ideen der Landbestellung ins Jordantal gebracht hatten.

Über ein halbes Jahr hatte sich Zenon im Land um die Jordansenke aufgehalten. Er war nicht in geheimer Mission durch die Städte gereist, ganz im Gegenteil: Er hatte sich überall als Vertreter des Finanzministers des Ptolemäerstaates zu erkennen gegeben, und er hatte Vertrauensmänner eingesetzt, die Kontakt zu ihm halten sollten, wenn er nach Alexandria zurückgekehrt war. Unbekannt ist, ob sich die Geschäftsbeziehungen mit dem Land am Jordan, die Zenon selbst so skeptisch beurteilt hatte, später ausbauen ließen.

Viel Zeit für friedlichen Handel blieb ohnehin nicht. Krieg zwischen Syrien und Ägypten beeinträchtigte das Leben im Grenzland zwischen den beiden Großmächten. In der Phase der Vorbereitung der Auseinandersetzung drangen ägyptische Verbände über den Jordan nach Osten vor und beendeten den letzten Rest der Unabhängigkeit des Staates der Nachfahren des Tobija. Der Vormarsch erreichte Rabbat-Ammon, das in Philadelphia umbenannt wurde. Die Stadt gehörte nun zum ägyptisch-ptolemäischen Staatsgebiet.

Zum erstenmal in der Geschichte: Verfolgung aus Glaubensgründen

Die Städte bekamen überall im Land neue Namen. Philadelphia ist nur ein Beispiel dafür. Bet-Schean wurde Skythopolis genannt. Akko hieß Ptolemaïs. Ein Verwaltungszentrum am See Gennesaret trug den Namen Philoteria. Einige der Bezeichnungen wurden erneut verändert, als um das Jahr 200 v. Chr. syrische Truppen von Ost nach West über den Jordan zogen, um das Gebiet am Fluß und an der Ostküste des Mittelmeers dem Seleukidenstaat einzugliedern.

Langen Bestand hatten die Großreiche nicht; sie verloren durch die Verbissenheit, mit der sie im jüdischen Siedlungsgebiet gegeneinander kämpften, jegliche Kraft. Dabei wäre es für ihre Existenz entscheidend gewesen, eine Gefahr abzuwenden, die seit einer Generation immer bedrohlicher wurde – Rom wurde zur Weltmacht.

Im Jahre 168 v. Chr. mischte sich Rom zum erstenmal in die Streitigkeiten zwischen Ägypten und Syrien ein. Antiochos IV. bedrängte die Herrschaft der Ptolemäer in Ägypten und störte damit nach römischer Einschätzung das Gleichgewicht im Gebiet, das wir heute den Nahen Osten nennen. Noch ehe Antiochos IV. Alexandria erreichen konnte, stieß er auf einen römischen Truppenverband, der eben gelandet war und von Popilius Laenas befehligt wurde. Der Kommandeur aus Rom hatte Befehl, die Syrer zum Abzug aus dem Nildelta zu veranlassen. Antiochos beugte sich.

Für das Land um Jerusalem, Samaria und Jericho – diese Städte hatten ihre Namen behalten dürfen – änderte sich zunächst nichts. Antiochos IV. blieb der Herr des Landes, und er versuchte, die Menschen jener Städte in ihrem Denken, ihrem Glauben, in ihrer Vorstellung von Kultur so zu formen, wie er selbst war. Sein Gott war Zeus – und so sollte Zeus auch der Gott der Juden werden. Im Tempel, so lautete der Befehl, durfte nur noch Zeus angebetet werden.

Viele Juden fanden diesen Gedanken keineswegs unvernünftig. Wer sich Zeus zuwandte, der hielt die Gesetze des eigenen jüdischen Gottes für veraltet und dem freieren Geist der Zeit nicht mehr entsprechend. Als Antiochos spürte, daß viele Abneigung gegen Jahwe und Sympathie für Zeus empfanden, verbot er im Lande der Juden die traditionellen Gottesdienste. Wer Jahwe anbeten wollte, dem drohte Verfolgung. Die Härte der Maßnahmen löste allerdings bald schon Widerstand aus.

Der Historiker Josephus Flavius, der um das Jahr 70 n. Chr. Ereignisse aus der Geschichte des jüdischen Volkes aufschrieb – er war selbst Jude und römischer Bürger –, berichtet über die Maßnahmen des Antiochos: »Er zwang die Juden, im Widerspruch zu ihren Gesetzen, ihre Kinder unbeschnitten zu lassen und Schweine auf dem Altar zu opfern. Gegen diese Gesetzgebung lehnte sich das ganze Volk auf. Die angesehensten Bürger aber wurden durch das Richtschwert getötet.«

Das Erste Buch Makkabäer nennt weitere Details der Strategie des Seleukidenherrschers, den traditionellen Glauben der Juden auszurotten: »Die Frauen, die ihre Söhne beschneiden ließen, wurden umgebracht. Die Kinder hängte man ihnen dabei um den Hals.« (1,60–61) »Wer immer die Gesetze des Mose besaß, wurde mit dem Tode bestraft.« (1,57)

Der Gott der Juden verlor sein Heiligtum, dafür wurden überall im Lande Altäre des Zeus aufgestellt. In Jerusalem, der zentralen Stadt des jüdischen Siedlungsgebiets, wuchs die Zahl der Anhänger des Zeuskultes – in den kleineren Städten aber wollte die Bevölkerung eher am traditionellen Glauben festhalten.

Vor allem die Juden im Ostjordanland wollten sich nicht zu Zeus bekehren lassen. Es zeigte sich jedoch, daß sie nicht mehr in der Überzahl waren. Die Turbulenzen im Osten des Flusses, die zur Auflösung der alten Königreiche von Moab und Ammon geführt hatten, waren verbunden mit einem starken Druck arabischer Stämme in Richtung Jordan. Dicht besiedelt war das Bergland im Osten nie gewesen; viele der jüdischen Bewohner waren Halbnomaden geblieben, die nicht in befestigten Städten leben wollten. Sie waren deshalb anfällig für Angriffe anderer Wandervölker: Sie konnten keine Verteidigungslinie aufbauen, wenn Gefahr aus dem Osten, aus der Wüste, drohte. Da sich die Familien auf ihre Interessen konzentrierten, auf die Bewahrung der Sippe, auf den Schutz der eigenen Herden, fehlten Persönlichkeiten, die den Überblick besaßen, wie sich die überregionalen Lebensbedingungen entwickelten. So spürte niemand unter den Juden des Ostjordanlandes, daß sie im Verlauf der Jahre in ihrer bisherigen Heimat zur Minderheit wurden. Diese Veränderung der Mehrheitsverhältnisse wird aus dem Ersten Buch Makkabäer erkennbar: »Auch die Heiden in Gilead erhoben sich gegen die Israeliten, die in ihrem Gebiet wohnten, um sie auszurotten. Die Israeliten flüchteten in die Festung Datema.«

Solange der Jordan die Achse des jüdischen Staates gewesen war, hatte das Land im Osten des Flusses selbstverständlich zur Heimat der Juden gehört. In Salomos Aufteilung der Verwaltungsbezirke seines Staates hatte die Provinz Gilead im Osten großes Gewicht gehabt. Seither waren allerdings acht Jahrhunderte vergangen, war die Macht des jüdischen Zentralstaats längst gebrochen. Die Juden waren im Verlauf der Zeit zu einem der vielen unbedeutenden Völker im Gebiet des heutigen Nahen Ostens geworden, die unter dem Druck der Großmächte und unter Konflikten untereinander zu leiden hatten. Das Resultat war eine weitere Schwächung gewesen.

Die Nomadenfamilien, die zum Jordan drängten, waren arabischer Abstammung, hatten ihre Wurzeln auf der Arabischen Halbinsel. Der Konflikt, der sich in unserer Zeit auswirkt, nahm seinen Anfang: Araber und Juden stritten um dasselbe Land. Ein anderes Konfliktfeld existierte damals bereits seit tausend Jahren: Die Philister-Palästinenser beanspruchten das Küstenland am Mittelmeer zwischen Gaza und Jaffa. Jetzt griffen Araber nach dem Jordanland, nach Jordanien.

Der Übergriff war deshalb möglich geworden, weil die Juden ihre Unabhängigkeit verloren hatten. In Jerusalem regierte der Statthalter des fremden Königs Antiochos IV., der glaubte, er könne sich seine Aufgabe dadurch erleichtern, daß er den Juden auch ihre geistige Selbständigkeit, ihren Glauben, ihre Ideologie und damit ihre Identität raubte. Antiochos IV. wäre froh gewesen, sein Statthalter hätte ihm gemeldet, die Existenz der Juden als völkische Einheit habe beendet werden können. So befanden sich die arabischen Stämme im Trend der Zeit, als sie im Ostjordanland versuchten, die jüdischen Siedler zu vertreiben, sie sogar zu vernichten.

Teil III

Bewährungsproben für das auserwählte Volk und seinen Pakt mit Gott

Der lange Weg in die Diaspora

Das Reich Herodes' d. Großen und die Teilung im Jahre 4. v. Chr.

Rückbesinnung auf die einstige Größe

Der Widerstand formiert sich

Ganz so schutzlos, wie es aussah, waren die Juden im Osten des Flusses freilich nicht. Im Westen war eine Widerstandsorganisation entstanden, die sich das Kampfziel gesetzt hatte, der Anbetung des griechischen Gottes Zeus ein Ende zu bereiten, um den Pakt mit dem Gott des Mose wieder erneuern zu können. Vier Jahre vor der Verfolgung der Juden im Osten des Jordan, im Jahre 167 v. Chr., war ein Mann in der Gegend von Lydda durch die Dörfer gewandert, um den Bewohnern die Augen zu öffnen für das, was seit nahezu einer Generation im Land der Juden geschah. Seine Rede ist im Ersten Buch Makkabäer erhalten: »Weh mir! Warum ward ich geboren, meines Volkes Untergang zu erleben und den Ruin der Heiligen Stadt. Ich unternehme nichts, und sie ist den Feinden ausgeliefert. Das Heiligtum ist in der Hand von Fremden. Der Tempel ist wie ein entehrter Mann. Das Prunkgerät schaffte man als Beute fort. Man schlachtete die Kinder in den Straßen. Die jungen Männer werden mit dem Schwert umgebracht. Die Völker ringsum bereicherten sich an uns, trugen unser Eigentum als Beute fort. Der Schmuck wurde den Frauen vom Hals gerissen. Sie selbst wurden zu Dienstmägden. Die Ungläubigen haben geschändet, was uns heilig war. Was bedeutet uns noch das Leben?« (1 Makk 2,7–13)

Mattatias hieß der Mann, der die jüdischen Menschen aufzurütteln begann. Ein Priester war er, also jemand, der sich in Glaubensdingen auskannte, der vor allem wußte, was die Überzeugung, Gott stehe auf seiten der Juden, einst bewirkt hatte. Mattatias wollte ein Zeichen setzen für den Beginn des Widerstands: Er und seine Familienmitglieder weigerten sich, dem Gott Zeus zu opfern. Als trotz Warnung ein Jude das Opfer vollziehen wollte, wurde dieser regierungstreue Mann von Mattatias erschlagen. Getötet wurde auch ein Beamter der Regierung, der das Ritual der neuen Ordnung vollziehen wollte.

Für Mattatias und seine Verwandten gab es keinen Weg mehr zurück in ein normales Untertanenverhältnis. Ihnen blieb nur noch der

Kampf. Mit seinen Söhnen floh Mattatias in die Berge. Doch schon bald kamen von überall her Männer zum Versteck, um mit ihm zusammen für den Pakt mit dem einen Gott zu kämpfen. Wo sie konnten, zerstörten sie die Altäre des Zeus im Bergland. Allmählich wuchsen im Bewußtsein der Menschen, die zwischen Jordan und Mittelmeerküste lebten, das Gefühl der Ablehnung des fremden Gottes und die Gewißheit, daß nur das Festhalten am Gott des Mose das Überleben des jüdischen Volkes sichern konnte.

Als Mattatias starb, übernahm sein Sohn Judas Makkabäus die Führung des Aufstands, der auch auf Jerusalem übergriff. Diese ernsthafte Bedrohung ihrer Herrschaft konnten die Mächtigen im Seleukidenreich nicht hinnehmen. Sie schickten Truppenverstärkung nach Jerusalem; die Verbände wurden jedoch, noch ehe sie die Stadt erreicht hatten, von den Aufständischen aufgerieben.

Zum erstenmal wurde durch Judas Makkabäus im Bergland westlich des Jordan Guerillakrieg geführt. Es zeigte sich, daß gut ausgerüstete und disziplinierte Kämpfer, die in geordneten Einheiten marschierten, durch plötzliche Angriffe völlig demoralisiert werden konnten, wenn der Gegner Vorteile des Geländes auszunützen vermochte. Judas Makkabäus wählte als Ort seiner Attacken immer steile Wege oder enge Schluchten – und er griff von oben an, aus günstiger Position. Der Guerillaführer des Jahres 165 v. Chr. wußte schon, daß nichts wichtiger sei als gründliche Aufklärung, als Erkundung von Gelände und Gegner. Sein Feind verließ sich auf die eigene Stärke – und er täuschte sich. Durch geschickte Zermürbung der Truppen, die Antiochos IV. ins Land der Juden schickte, gelang es Judas Makkabäus schließlich sogar, Jerusalem in seine Hand zu bringen. Zwar konnten sich die Anhänger der religiösen Zeus-Bewegung in ihrem festungsähnlichen Stadtteil halten, doch sie hatten den Tempel räumen müssen. Dort war der Gottesdienst der alten Ordnung dreieinhalb Jahre lang unterbrochen gewesen. Judas Makkabäus sorgte dafür, daß das Heiligtum gereinigt wurde und der Gottesdienst wieder nach jüdischem Ritual stattfinden konnte.

Der Mann, der die Seleukidenbesatzung aus Jerusalem vertrieben hatte, wurde zum Hoffnungsträger für alle, die Zeus nicht als ihren Gott anerkennen wollten. Auch die bedrohten Juden im Ostjordanland, die hinter die Mauern der Festung Datema geflüchtet waren, glaubten an Judas Makkabäus und an die Kampfkraft seiner Guerillaorganisation.

Im Ersten Buch Makkabäer wird ein Schreiben zitiert, das den Kommandeur der jüdischen Freiwilligenverbände aus der Festung ostwärts des Flusses erreicht habe: »Die Ungläubigen des ganzen Landes haben sich zusammengetan, um uns zu vernichten, uns völlig zu vertilgen. Sie konzentrieren derzeit alle ihre Kräfte darauf, diese Festung zu erobern, in die wir geflohen sind. Der Befehlshaber der Belagerer heißt Timotheus. Wir bitten sehr um rasche Hilfe. Eine große Zahl unserer Männer ist während der Flucht getötet worden. So sind alle tot, die mit den Nachfahren des Tobija zusammengelebt hatten. Frauen und Kinder sind dort gefangengenommen worden. Geplündert worden ist Hab und Gut.« (1 Makk 5,10–13)

Gleichzeitig mit diesem Schreiben trafen ähnliche Notrufe aus den einst phönizischen Küstenstädten Zor (Tyros) und Sidon bei Judas Makkabäus in Jerusalem ein. Überall dort, wo die Juden in der Minderzahl waren, hatte offenbar die Verfolgung begonnen. Der Chef der jüdischen Guerillatruppe wollte keinen rechtgläubigen Juden im Stich lassen, und deshalb war er gezwungen, seine Kämpfer aufzuteilen. Judas Makkabäus selbst wollte den Kampf im Gebiet am Ostufer des Jordan führen. Dort waren die meisten der Glaubensbrüder in Gefahr, tatsächlich umgebracht zu werden. Wurde die Festung Datema gestürmt, dann war damit zu rechnen, daß die Sieger niemand am Leben ließen. Judas zog deshalb aus Jerusalem in Richtung Osten.

Die meisten seiner Männer mußten zu Fuß marschieren, nur wenige besaßen Pferde. Rücksicht konnte Judas Makkabäus nicht nehmen: Er trieb die Kämpfer zur Eile an; er wußte, wie groß die Gefahr für die Eingeschlossenen war. Trotz des Zwangs, rasch in Datema anzukommen – Stadt und Festung lagen im Osten des Sees Gennesaret –, wählte der Befehlshaber einen weiten Umweg durch die Wüste. Wäre Judas Makkabäus dem Jordan gefolgt, wären er und seine Männer sicher von syrischen Verbänden angegriffen worden, die im Gebiet der drei Flüsse, die den Jordan bilden, stationiert waren. Die Route, die von der Guerillatruppe eingeschlagen wurde, führte durch Siedlungsgebiet der Nabatäer. Deren Führung sympathisierte damals gerade mit den Aufständischen, die gegen die Herrschaft Antiochos' IV. kämpften.

Von den Kommandeuren der Grenztruppen der Nabatäer erfuhr Judas Makkabäus Genaueres über die Vorgänge der vergangenen Tage. Ihm wurde berichtet, daß die Verfolgung der Juden eine vorbereitete, mit vielen Sippen abgestimmte und perfekt organisierte Aktion gewesen sei. Die meisten der überfallenen jüdischen Familien hätten sich zwar zur Festung Datema geflüchtet, andere aber verteidigten sich mit Mühe in kleineren Siedlungen. Aus dem Bericht der militärischen Führer im Grenzgebiet der Nabatäer konnte Judas Makkabäus entnehmen, daß sich die jüdischen Familien nicht länger im Ostjordanland halten konnten. An die Verteidigung ihres Weidelands war nicht zu denken. Er mußte die Bedrohten über den Jordan ins Bergland bei Jerusalem bringen.

Die jüdischen Sippen räumen das Ostjordanland

Ehe die Evakuierungen stattfinden konnten, mußten die Glaubensbrüder aus den Stadtfestungen befreit werden, in denen sie belagert waren. Vor Datema traf Judas Makkabäus wie durch höhere Fügung genau in dem Moment ein, als die arabischen Belagerer mit dem Sturmangriff begonnen hatten. Sie verfügten offenbar über wirkungsvolle Belagerungsmaschinen, um die Mauer zu überwinden.

Die Belagerer waren so sehr beschäftigt, daß sie die Entsatztruppe gar nicht bemerkten. Um die Gefahr, entdeckt zu werden, noch zu verringern, teilte Judas Makkabäus seinen Kampfverband in kleine Gruppen auf, die sich in Deckung annähern konnten. Einzeln überfielen diese den Feind. Völlig überrascht wandten sich die Belagerer um, wollten den plötzlich aufgetauchten Feind bekämpfen, doch sie konnten sich auf die neue Situation nicht einstellen. Viele wurden niedergestochen, ehe sie begriffen, was geschah.

Das Erste Buch Makkabäer berichtet, den Männern des Judas Makkabäus sei es auch an den anderen Orten des Ostjordanlandes gelungen, die Bedrohten zu befreien. Doch damit waren die jüdischen Bewohner des Gebiets noch nicht in Sicherheit. Solange sie nicht über dem Jordan waren, befanden sie sich in Reichweite arabischer schneller Reiter. Die Krieger der Wüstenstämme, die im fruchtbaren Land am Fluß seßhaft werden wollten, waren entschlossen, die bisherigen Bewohner des Landes zu vernichten; nie sollten die jüdischen Familien als Vertriebene Rachegedanken entwickeln und auf Rückkehr hoffen können.

Daß die arabischen Stämme die ungestörte Räumung des Ostjordanlandes nicht gestatten würden, konnte Judas Makkabäus an deren Kampfvorbereitungen ablesen: Aus dem weiten Umkreis der Wüstengebiete kamen Bewaffnete am Jarmuk zusammen, an einem Nebenfluß des Jordan, der in der Nähe der Festung Datema von Osten her über die Hügel in die Senke strömt. Die Späher meldeten dem Kommandeur der Guerillatruppe, das Heer der Feinde sei riesig, sei »furchtbar stark« (1 Makk 5,38). Judas Makkabäus wußte, daß er gegen diese Streitmacht nur siegreich sein könnte, wenn er sie wieder überraschte. Er gönnte deshalb seinen Männern keinen Augenblick der Rast am Jarmuk. Seine Offiziere hatten Befehl, jedem Mann strikte Order zu geben, durch das Wasser zum Ufer zu waten, an dem sich der Feind befand.

Die Gegner des Judas Makkabäus hatten wohl erwartet, sie seien durch den Fluß Jarmuk vor einer schnellen Attacke geschützt; sie befanden sich nicht in Abwehrstellung. Es gelang den entschlossenen Angreifern, die arabischen Gegner derart zu verwirren, daß sie ihre Waffen wegwarfen und in Richtung Karnajim, der Stadt wenige Kilometer nördlich des Jarmuk, flohen. Eine Vorbereitung zur Verteidigung war nicht möglich, denn fast zur gleichen Zeit mit ihnen kamen auch die Verfolger in Karnajim an. Sieger der Kämpfe blieben die Draufgänger des Guerillachefs Judas Makkabäus.

Jetzt konnte er daran denken, die jüdischen Familien aus dem Ostjordanland zu führen. »Da ließ Judas Makkabäus alle Israeliten aus der Gegend Gilead zusammenkommen, vom kleinsten bis zum größten, ihre Frauen und ihre Kinder und alles Hab und Gut, eine sehr große Menschenmenge, um sie ins Land Juda zu bringen.« (1 Makk 5,45)

Familien, deren Heimat seit Generationen das Ostjordanland gewesen war, machten sich auf den Weg zum Fluß. Nur zehn Kilometer vom Jordan entfernt wurden die Flüchtlinge noch einmal aufgehalten: Die Männer der Stadt Efron wollten ihnen den Weg zum Fluß nicht freigeben. Die Straße verlief mitten durch die Stadt; das Gelände ringsum erlaubte keine Umgehung. Die Heimatlosen befanden sich in der Falle. Mit Worten versuchte Judas Makkabäus die Bewohner von Efron zum Nachgeben zu bewegen: »Wir wollen nur durch euer Gebiet ziehen, um unser eigenes Land zu erreichen. Keiner von uns wird euch auch nur den geringsten Schaden zufügen. Nur unseres Weges ziehen wollen wir!« (1 Makk 5,48) Doch die Männer von Efron blockierten die Straße, die zwischen ihren Hütten hindurchführte.

Wie diese Feindschaft einer Stadt, die so nahe am Jordan lag, an der einstigen Mittelachse des jüdischen Staates, hatte entstehen können, ist rätselhaft. Nie zuvor war der Name der Siedlung in den alttestamentlichen Geschichtsquellen genannt worden. Es mußte sich um einen Ort neuerer Entstehungszeit handeln. Eine Erklärung bietet sich an: Efron war wohl von Familien bewohnt, die aus den arabischen Wüsten hergewandert waren, um fruchtbaren Boden zu bestellen. Die Stadt ist Zeugnis dafür, wie sich die Bevölkerungsstruktur und die Besitzverhältnisse im Osten des Jordan verändert hatten. Das Land dort gehörte nicht mehr zur Heimat der Juden.

Judas Makkabäus wehrte sich nicht gegen diese Entwicklung. Der biblische Bericht informiert uns zwar, die Guerillatruppe habe erneut gesiegt – »Er zerstörte die Stadt von Grund auf, raffte ihren Besitz an sich und zog durch die Stadt über die Toten hinweg« (1 Makk 5,51) –, doch denkt keiner der Sieger daran, sich am Boden ostwärts des Jordan festzukrallen. Will man dem Ersten Buch Makkabäer glauben, dann war der Feind allerdings vernichtend geschlagen, dann war die Gefahr der Vertreibung gebannt.

Ganz so positiv können die Kämpfe aber nicht ausgegangen sein. Die Erzählung erweckt den Eindruck, es habe bei diesen Auseinandersetzungen keine Verluste auf jüdischer Seite gegeben, und Judas Makkabäus habe sich eigentlich als Befreier eines Teils der Heimat der Juden fühlen können. Doch er handelt nicht danach. Er läßt den Zug der Flüchtlinge eilig weiterwandern, auf die Jordanfurt zu. Bet-Schean, das damals Skythopolis hieß, war das Ziel. Ausdrücklich wird berichtet, daß Judas Makkabäus selbst die Heimatlosen angefeuert habe, nicht zu zögern, rasch die Rettung zu suchen. Er trieb die Nachzügler über den Fluß, niemand sollte zurückbleiben. So hat Judas Makkabäus das Ostjordanland aufgegeben.

Weitere Konzessionen wurden von dem Mann verlangt, der den Gedanken des jüdischen Nationalismus und die Hoffnung auf den eigenen jüdischen Nationalstaat am überzeugendsten vertrat. Seine Guerillaorganisation mußte auch Juden evakuieren, die im Gebiet des einstigen Nordstaates zu Hause waren: Familien, die sich in Westgaliläa von Sippen bedroht fühlten, die unter syrischer Protektion standen und deren Angehörige voll Verachtung und Haß auf Menschen herabsahen, die dem Gott des Mose treu bleiben wollten. Juda wurde Zufluchtsort für Bedrängte aus Ptolemaïs und Bukolon Polis, ja sogar aus den weiter nördlich gelegenen Städten Tyros und Saida.

Der Guerillakrieg gegen die Truppen des Seleukidenstaats stärkte zwar das Nationalbewußtsein der Juden, konnte jedoch nicht zur Befreiung aus der Fremdherrschaft führen. Judas Makkabäus erlahmte schließlich und räumte den Tempelberg von Jerusalem, den er drei Jahre lang gegen die hellenistisch denkenden jüdischen Verbündeten der Seleukiden verteidigt hatte. Antiochos V. befahl, den Tempel, den Judas Makkabäus hatte bauen lassen, abzureißen. Doch ehe noch der erste Balken aus der Decke gebrochen wurde, zog der Herrscher diesen Befehl wieder zurück. Eingeebnet wurden nur die Befestigungsanlagen auf dem Tempelberg. Antiochos V. hatte wohl gedacht, daß er durch Toleranz die Bewohner von Jerusalem ruhig halten könnte; er wollte keinen neuen Aufstand in der Stadt auslösen. So blieb es den Juden gestattet, ihren Gott anzubeten.

Der Grund, warum Antiochos V. den Aufstand fürchtete, war ein Streit in der eigenen Herrscherfamilie. Brüder und Vetter aus dem Hause Seleukos kämpften gegeneinander. Wollte Antiochos V. seinen Besitzstand wahren und verteidigen, brauchte er Ruhe in seinem Land. Doch der Bruderkrieg griff auch auf die Gegend um Jerusalem über. Antiochos V. starb: Ihm wurde auf Befehl mißgünstiger Verwandter der Kopf abgeschlagen. Historisch bedeutsam ist der Zwist nur deshalb, weil er dem Guerillachef Judas Makkabäus Mut machte, weiterhin gegen die durch den Streit geschwächten Seleukidentruppen zu kämpfen. Da die Kämpfe manchmal für ihn siegreich endeten, wuchs seine Hoffnung, die Freiheit der Heimat doch noch erringen zu können. Aber immer, wenn er glaubte, Ellbogenfreiheit gewonnen zu haben, erfuhr er, daß sich am oberen Jordan wieder eine Armee der Feinde sammle, um dann flußabwärts zu ziehen. So war es auch im Jahre 161 v. Chr. Die Seleukidentruppe marschierte am Westufer des Sees Gennesaret entlang und erreichte Skythopolis, das frühere Bet-Schean.

Für Judas Makkabäus bestand die Chance, den Feind anzugreifen, sobald er aus dem Jordantal ins Bergland hochstieg. Doch Kundschafter, die das Seleukidenheer auf dem Marsch vom See Gennesaret nach Skythopolis beobachtet hatten, warnten vor der direkten Konfrontation, da der Gegner zu stark sei. Der Guerillachef ließ sich überzeugen, daß es wohl klüger wäre, sich einen starken Verbündeten zu suchen. Rom sollte ihm helfen.

Ein folgenschweres Bündnis

Der Anfang des Achten Kapitels des Ersten Buches Makkabäer schildert, was Judas damals über die Römer erfuhr: »Judas hörte vom Ruhm der Römer, daß sie stark und mächtig wären und daß sie alle Bundesgenossen wohlwollend behandelten, daß sie in Treue stünden zu allen Verbündeten. Die Römer, so hörte er, seien die Stärksten und Mächtigsten. Man erzählte ihm von ihren Kriegen und Heldentaten, die sie gegen die Gallier vollbracht hatten. Sie seien Herr über jenes Volk geworden und hätten es tributpflichtig gemacht. Die Römer hätten auch große Leistungen in Spanien vollbracht, um sich dort die Gold- und Silberbergwerke zu sichern. Sie hätten das ganze Land durch Klugheit und Ausdauer in die Hand bekommen, obgleich es von ihrem eigenen Land weit abgelegen war. Auch von den Königen wurde dem Judas Makkabäus erzählt, die von den Enden der Erde herbeigezogen waren, um gegen Rom zu kämpfen. Alle hätten sie Niederlagen erlitten; alle müßten Tribut zahlen.« (1 Makk 8,1–4)

Rom, so sagten die Berater des Kommandeurs der jüdischen Guerillaverbände, sei der Herr der Welt. Gegen Rom seien die Seleukidenherrscher machtlose Geschöpfe und dem Untergang geweiht. Mit Erstaunen hörte Judas Makkabäus, daß die Römer nicht von einem König regiert würden, sondern von einer Ratsversammlung, die nichts als das Wohl der Bevölkerung im Sinn hätte. Diese Ratsversammlung wollte sich Judas Makkabäus zum Verbündeten machen.

Nicht ganz zehn Jahre zuvor hatte Rom zum erstenmal im Gebiet des heutigen Nahen Ostens seine Präsenz gezeigt: Damals hatte der römische General Popilius Laenas Antiochos IV. daran gehindert, Alexandria zu besetzen. Die Republik Rom hatte sich als Autorität erwiesen, die gewillt war, den Staaten im Osten des Mittelmeers ihren Willen aufzuzwingen. Die Episode von Alexandria war allerdings den Juden nie bekannt geworden. Sie waren zu keinem Zeitpunkt einem Römer begegnet. Judas Makkabäus glaubte wohl, die Römer seien uneigennützig, sie würden Mut und Entschlossenheit honorieren. Zu erwarten war nach seiner Ansicht, daß die Verantwortlichen im Machtzentrum am Tiber Interesse zeigen würden an einer Kontaktaufnahme zur mutigen Guerillaorganisation, die es verstanden hatte, dem starken Seleukidenheer Niederlagen beizubringen.

Judas Makkabäus konnte sich die Konsequenz seiner Bitte um ein Bündnis mit Rom nicht vorstellen. Daß die Mächtigen am Tiber entschlossen waren, wenn sie erst einmal Fuß gefaßt hatten, ihren Einfluß eher auszubauen als jemals wieder zu reduzieren, war ihm nicht bewußt. Er hatte noch nie Erfahrungen gemacht mit einem Staat, dessen Führung vom Ehrgeiz getrieben war, die ganze Welt zu beherrschen. Judas Makkabäus dachte nur an seinen Vorteil: Die Großmacht Rom sollte ihm helfen, dem jüdischen Gebiet zwischen Jordan und Mittelmeerküste die Autonomie zu erkämpfen.

Eine Delegation, die aus Vertrauensmännern der Guerillaorganisation bestand, machte sich auf den weiten Weg nach Rom. Sie hatten Vollmacht, einen Vertrag auszuhandeln. So begann eine Entwicklung, die letztlich zur Zerstörung des Tempels von Jerusalem und zum Untergang des jüdischen Nationalismus auf dem Bergkegel von Masada in der Jordansenke führte.

Dies sei, so berichtet das Erste Buch Makkabäer, der Text des Abkommens gewesen, das zum erstenmal dem römischen Heer das Recht zum Eingreifen im Bereich des heutigen Nahen Ostens gab: »Dem Volk der Römer und dem Volk der Juden möge es zu Land oder zu Wasser immerdar gutgehen! Feind und Schwert sollen ihnen keinen Schaden zufügen! Sollte jedoch den Römern oder einem ihrer Verbündeten im gesamten römischen Herrschaftsgebiet Krieg drohen, dann wird das jüdische Volk willig an der Seite Roms kämpfen. Das jüdische Volk wird den Angreifern kein Getreide liefern. Es wird dem Feind auch keine Waffen, kein Geld und keine Schiffe zur Verfügung stellen. Es wird sich so verhalten, wie es von Rom gewünscht wird. Das jüdische Volk wird seine Verpflichtungen einhalten, ohne dafür irgendwelche Forderungen zu stellen. Wird das Volk der Juden in einen Krieg verwickelt, werden die Römer bereitwillig Waffenhilfe leisten im Umfang, den die Umstände des Krieges bestimmen. Rom wird den Feinden der Juden kein Getreide, keine Waffen, kein Geld und kein Schiff liefern. Auch Rom wird seine Verpflichtungen erfüllen, ohne dafür Forderungen zu stellen.« (1 Makk 8,23–28)

Der Vertrag wurde zwar geschlossen, doch da war nirgends ein römisches Heer in der Nähe, um den Truppen des Judas Makkabäus in akuter Bedrängnis zu helfen. Das Seleukidenheer, das den oberen Jordan heruntergezogen war, hatte inzwischen Jerusalem erreicht. Die Gefechte begannen. Da zeigte es sich, daß die Kampforganisation der Juden nicht die Kraft besaß, Widerstand zu leisten. Der Angriff der Gegner zersplitterte die jüdischen Kampfverbände. Die meisten der Anhänger des Judas Makkabäus flohen. Der Kommandeur versuchte, die Ehre seiner Organisation zu retten, doch er fand bald den Tod. Mit Judas Makkabäus endete der Versuch, für das Gebiet der Juden den Seleukiden Autonomie abzutrotzen.

Der Jordan rettet die jüdische Nationalbewegung

Der Bruder des Toten, sein Name war Jonatan, übernahm die Führung der Kampforganisation, doch er war der Gejagte; der Gegner ließ ihm keine Zeit, die Widerstandsbewegung nach der Niederlage neu zu organisieren. Jonatan glaubte, im Osten des Jordan werde er sich außerhalb der Reichweite der Seleukidenarmee befinden; dort könne er sicher seine Kämpfer sammeln und für die Fortsetzung des Kampfes ausbilden. Er nahm an, daß irgendwann die Römer, gemäß den Bestimmungen des Vertrags, ihm zu Hilfe kommen würden. So durchquerte er mit den verbliebenen Kämpfern die Furt von Jericho. Im Bergland oberhalb der Jordansenke hoffte Jonatan, Verbündete im Volk der Nabatäer zu finden. Es hatte sich bisher als Sympathisant der jüdischen Aufstandsbewegung erwiesen. Jonatan fragte bei der Führung der Nabatäer im Ostjordanland an, ob er bei ihnen ein Lager für seine Ausrüstung anlegen könne. Sie gaben zwar ihre Zustimmung für die Errichtung einer Basis des jüdischen Widerstands auf ihrem Territorium, doch ließen sie es geschehen, daß plündernde Stämme das Lager ausraubten. Jonatan konnte die räuberische Sippe überfallen und für den Diebstahl bestrafen, seine Situation verbesserte sich dadurch aber nicht. Die Waffen, die er bei den Nabatäern deponiert hatte, blieben verschwunden.

Die Kerntruppe des Guerillaverbands, die kaum mehr Schwerter und Schilde besaß, war in eine verzweifelte Lage geraten, in der sie nur ein Wunder vor dem Untergang bewahren konnte. Die Verfolger waren hartnäckig: sie trieben die wenigen, die noch zu Jonatan hielten, über das Bergland von Juda. Die verfolgten Männer mußten sich verstecken; und sie wählten den Jordan als Zufluchtsort. Unter Weidenbüschen, die unmittelbar am Ufer standen, verbargen sie sich. Der Kommandeur und die Kämpfer brauchten Zeit, um endlich Atem schöpfen zu können. Doch der Befehlshaber des Seleukidenheers wußte, daß er jetzt die Möglichkeit hatte, den letzten Rest der jüdischen Nationalbewegung zu vernichten: Er glaubte, das Wasser behindere den Gegner und der Fluß werde eine Falle für Jonatan darstellen, da er die Fluchtchancen einenge.

Jonatan erkannte seine Situation offenbar ebenfalls als kritisch, denn er sah sich gezwungen, an seine Männer Worte der Verzweiflung zu richten. Sie sind im Ersten Buch Makkabäer überliefert: »Auf, kämpfen wir für unser Leben! Unsere Lage ist schlimmer, als sie gestern war oder vorgestern. Der Feind hat uns im Griff, an diesem Ufer hält er uns umzingelt. Im Rücken haben wir das Wasser. Es erstreckt sich links und rechts. Dazuhin ist da überall Sumpfgelände und Dickicht. Wir haben keinen Platz, um auszuweichen. Schreit nun zum Himmel. Nur durch seine Hilfe können wir aus den Händen dieses Feindes gerettet werden!« (9,44–46)

An einen Sieg konnten die Guerillakämpfer nicht glauben, die Übermacht des Gegners war zu groß. Es mußte schon als ein Wunder gelten, wenn sie einen Fluchtweg fanden. Nur wenige Meter entfernt befand sich das Ostufer des Jordan; dazwischen aber war das tiefe Wasser. Die Furt von Jericho war weit entfernt. Doch gerade dieser Umstand erwies sich als günstig für Jonatan und seine Männer – sie konnten schwimmen; ihre Gegner aber nicht. Als der Kommandeur diesen Vorteil begriff, gab er Befehl, jeder müsse sich ans andere Ufer retten. Die Kämpfer lösten sich vom Feind, sprangen in den Jordan und schwammen durch die reißende Strömung hinüber. Sie klammerten sich fest an den Weidenbüschen, die aus dem Wasser wuchsen, und kletterten dann an Land. Die Gegner, die Angst hatten vor dem Wasser, folgten ihnen nicht. Jonatan und seine Anhänger waren gerettet.

Der Fehlschlag schadete dem Ansehen der Seleukidengeneräle; aber auch die Macht des Herrschers, der um das Jahr 155 v. Chr. Demetrios I. hieß, wurde in Frage gestellt: Konkurrenten, die selbst regieren wollten, zettelten Komplotte an. Sie erschütterten die Fundamente des Imperiums. Diese Veränderung der Machtverhältnisse im Nahen Osten konnte Jonatan ausnützen. Er verließ das Land der Nabatäer, das ihm nach der Flucht über den Jordan Schutz geboten hatte, und schlug sich durch in die Berge im Westen der Jordansenke. Die Zahl seiner Gefolgsleute wuchs wieder an. Demetrios I. mußte sich schließlich mit dem Kommandeur der Guerillaorganisation einigen: Jonatan wurde Herr eines autonomen Gebiets im ehemaligen Lande Juda. Jerusalem aber blieb noch für drei Jahre in der Hand der jüdischen Freunde des Seleukidenherrschers.

Im Jahre 150 v. Chr. gelang es Jonatan tatsächlich, erneut einen Staat der Juden zu organisieren, der einen autonomen Status hatte und dessen Zentrum wieder der Tempelberg war. Jonatan selbst erhielt vom Seleukidenherrscher in Syrien den Titel »Strategos und Meridarchos« – Feldherr und Mitherrscher. Sein Land umfaßte auch das Jordantal zwischen der Furt von Adama und der Einmündung des Flusses ins Tote Meer und schließlich sogar die Berge ostwärts der Senke. Philadelphia, die heutige Stadt Amman, gehörte nicht zum jüdischen Staat; die Grenze verlief fünf Kilometer vor der Stadt.

Da Jonatan über einen Staat verfügte, wollte er dessen Gebiet auch schützen. Seiner bisherigen Guerillaorganisation traute er die Erfüllung dieser Aufgabe nicht zu. Er bat deshalb seine Oberherren in Syrien um die Erlaubnis, eine reguläre Armee aufbauen zu dürfen. Er erhielt die Erlaubnis. Allerdings geriet Jonatan weitere fünf Jahre später in den Verdacht, er setze die Truppe ein, um den Interessen des Herrschers von Ägypten zu dienen. In Damaskus wurde Jonatan plötzlich als Gefahr gesehen, die eingedämmt werden mußte. Durch einen Feldzug sollte sein Heer wieder zerschlagen werden. Doch der Strategos und Meridarchos wartete nicht, bis er angegriffen wurde – er zog dem Feind entgegen.

Vom See Gennesaret aus marschierte sein Verband im Jordantal nach Norden. Aus dieser Himmelsrichtung aber näherte sich eine Truppe syrischer Bewaffneter. In der Nähe des Schutthügels, der die Reste der einstigen Stadt Hazor birgt, trafen die Gegner aufeinander. Der Befehlshaber der Seleukiden wandte einen bewährten taktischen Trick an: Er spaltete seine Einheit auf und hielt die Hälfte seiner Kämpfer zurück, bis das Gefecht begonnen hatte. Dann ließ er auch die zweite Hälfte angreifen – und sie fiel den Männern Jonatans in den Rücken. Diese Aktion, perfekt durchgeführt, mußte zu Verwirrung und Panik in der Front Jonatans führen. Doch es gelang ihm, den Kern seiner Truppe daran zu hindern, blindlings jordanabwärts zu fliehen. Die mutige Haltung Jonatans lohnte sich, denn seine Männer fügten sich wieder in die Front ein und vereitelten schließlich den Sieg des Seleukidenheeres.

Schon ein Jahr später wiederholte sich die Ausgangssituation des militärischen Konflikts: Von Norden näherte sich ein syrisches Heer, um Jonatan für Eigenmächtigkeiten zu bestrafen. Er hatte sich, wie etwa zwanzig Jahre zuvor Judas Makkabäus, an die Römer gewandt, um sie als Verbündete zu gewinnen. Auch nach Sparta war eine Delegation unterwegs, die das Interesse der Bürger jenes griechischen Stadtstaates für die Belange der autonomen Juden wecken sollte. Den Seleukidenfürsten konnten derartige diplomatische Missionen, die dazu angetan waren, fremde Mächte in das Spannungsfeld des Nahen Ostens einzuführen, nicht gleichgültig sein. Jonatan für seine Kühnheit büßen zu lassen, dazu waren die Verantwortlichen der Seleukiden entschlossen. Der Truppenverband allerdings, den sie in Richtung Jordansenke entsandt hatten, war zu schwach. Noch einmal siegten Jonatan und seine Männer.

Keine zwölf Monate waren vergangen, da wurde dem Herrn über Juda erneut gemeldet, den Jordan herunter ziehe ein beachtlicher Truppenverband, der sich bereits dem See Gennesaret näherte. Jonatan sammelte seine Kämpfer und kommandierte bald eine Truppe, die an Männern so stark war wie der Gegner. Dieser Kampfverband folgte dem Weg von Jerusalem nach Jericho herunter und marschierte dann flußaufwärts bis zur Stadt Skythopolis, die früher Bet-Schean geheißen hatte. Dort erlebte Jonatan eine Überraschung.

Ihm trat der Kommandeur des gegnerischen Heeres entgegen – sein Name war Tryphon –, um ihn freundlich zu begrüßen. Er sei mit freundschaftlichen Gefühlen gekommen, so sagte Tryphon. Es sei seine Absicht, Jonatan die Festung Ptolemaïs zu schenken und mit ihr die wichtige Hafenstadt an der Mittelmeerküste. Jonatan möge am besten gleich mit ihm nach Ptolemaïs ziehen, damit die Übergabe der Stadt feierlich begangen werden könne.

Jonatans Tod in der Jordansenke und das Ende der Seleukidenherrschaft

Erstaunlich ist, daß Jonatan naiv genug war, an Tryphons Freundschaft und an das Geschenk zu glauben. Warum auch sollte ihm die Herrschaft über Ptolemaïs übertragen werden? Lag dieser Hafen – es handelt sich um das heutige Akko – doch derart weit im Norden, daß er für den Herrn von Juda nicht von wirtschaftlicher Bedeutung sein konnte. Vielleicht sah Jonatan in der Übernahme von Ptolemaïs die Grundlage für die Ausweitung seines Gebiets auf das Land des früheren jüdischen Nordstaats. In gutem Glauben befahl Jonatan seinen Männern, von Skythopolis aus über den Weg jordanabwärts nach Jerusalem zurückzukehren. Nur mit kleiner Begleitung wollte er unter dem Schutz »seines Freundes Tryphon« durch die Ebene Jesreel nach Ptolemaïs reiten.

In der Stadt am Meer wurde der ahnungslose und nahezu schutzlose Jonatan von Tryphons Bewaffneten verhaftet; wer zu seiner Begleitung gehörte, wurde niedergestochen. In Fesseln wurde Jonatan durch die Städte an der Küste geschleppt. Die Juden sollten sehen, daß der Mann, auf den sie alle Hoffnung gesetzt hatten, Gefangener der Seleukidentruppe war. Mit Jonatan als Geisel, so dachte Tryphon, sollte es möglich sein, Jerusalem in die Hand zu bekommen. Dort war inzwischen der Bürgerkrieg ausgebrochen. Die jüdischen Freunde der Seleukiden, die für einen »fortschrittlich-hellenistischen Lebensstil« eintraten, fühlten sich bedroht von den jüdischen Traditionalisten, die an die absolute Gültigkeit der Gesetze des Mose glaubten. Die Strenggläubigen waren in Zorn geraten, als bekannt geworden war, Jonatan sei von Tryphon gefangengenommen worden; sie wollten sich an den Andersdenkenden rächen. Die Traditionalisten belagerten das Stadtviertel der Hellenisten. Die Eingeschlossenen erwarteten Hilfe durch die Armee des Tryphon, die sich von der Mittelmeerküste her Jerusalem näherte.

Da veränderte ein Wetterumsturz die politische Situation: Kälte brach über das Bergland herein, der das marschierende Heer schutzlos ausgeliefert war. Als der Truppenverband vor Jerusalem eintraf, begann es auch noch zu schneien. Eine derartige Wetterlage ist gar nicht selten auf den Bergen beiderseits der Jordansenke; sie sind jeweils rund 1000 Meter hoch. Der im Buch »Jüdische Altertümer« des Josephus Flavius überlieferte Bericht aus dem Winter der Jahreswende 143/142 v. Chr. schildert allerdings eine ungewöhnliche Situation. Aus zunächst harmlosem Schneefall entwickelte sich bald ein Schneesturm, der alle Versuche der Kämpfer vereitelte, Zelte aufzubauen, die den Schnee hätten abhalten können. Tryphon war schließlich gezwungen, die sofortige Räumung des Berglandes zu befehlen. Der Marsch ins wärmere Jordantal wurde zur Flucht des Seleukidenheeres vor dem Wetter. Erst als die Männer Jericho erblickten, waren sie sicher vor Kälte und Nässe.

Am Jordan ordnete Tryphon seine Truppe. Zur Erholung wurde eine Pause eingelegt. Noch immer befand sich Jonatan, der nur wenige Tage zuvor fast als Souverän im Gebiet um Jerusalem gegolten hatte, in der Hand des seleukidischen Feldherrn. Da der Gefangene nicht mehr nützen konnte, wurde sein Tod beschlossen.

Tryphon plante keinen erneuten Feldzug aus der Wärme der Jordansenke heraus in die Kälte der Höhen um Jerusalem. Sobald sich seine Männer vom Schock des Wintererlebnisses erholt hatten, setzten sie sich nach Norden in Bewegung. Zu diesem Zeitpunkt lebte Jonatan noch, da Tryphon die Hinrichtung nicht im Bereich des jüdischen Verwaltungsbezirks, der Judäa genannt wurde, vollziehen wollte. So wurde dem nationalen Heros der jüdisch-traditionell gesinnten Menschen von Judäa der Kopf erst am Ostufer des Sees Gennesaret, im kleinen Ort Bet-Schikma, abgeschlagen.

Jonatans Bruder Simon und dessen Sohn Johannes Hyrkanos führten die Nationalbewegung weiter. Es gelang beiden, das Gebiet von Judäa einigermaßen unabhängig zu halten. Vom Oberlauf des Jordan wurde kein Durchzug fremder Truppen nach Jerusalem gemeldet. Fünf Jahre lang war dem Land Ruhe gegönnt, dann geriet die Führungsschicht wieder in die politischen Wirren im untergehenden Seleukidenstaat. Simons Schwiegersohn, kaum zum Gouverneur am Unterlauf des Jordan mit Sitz in Jericho ernannt, ermordete seinen Schwiegervater. Das Erste Buch Makkabäer endet mit der Erzählung des Verbrechens:

»Ptolemäus war der Kommandeur in der Ebene von Jericho. Er besaß viel Silber und Gold, denn er war der Schwiegersohn des Simon. Sein Sinn aber wurde hochmütig, und er wollte das ganze Land Judäa für sich gewinnen. So ersann er hinterlistige Pläne gegen Simon und seine Söhne, um sie alle zu beseitigen. Simon reiste damals sehr viel durch das Land. Er besuchte alle Städte und sorgte für sie. Da kam er nach Jericho hinab mit seinen Söhnen Mattatias und Judas. Ptolemäus nahm die drei voll Heimtücke in die kleine Festung Dok auf, die er erbaut hatte. Er gab seinen Gästen ein großes Gelage, hielt aber Kriegsleute verborgen. Als nun Simon und seine Söhne angetrunken waren, erhoben sich Ptolemäus und die Seinen, griffen zu den Waffen und überfielen Simon im Trinkgemach. Sie töteten ihn und seine beiden Söhne und auch einige aus seinem Gefolge.« (16,11–16)

Simons Sohn Johannes Hyrkanos aber überlebte, weil er sich nicht mit dem Vater in Jericho befunden hatte. Er führte den Kampf um die Autonomie jüdischen Gebietes weiter. Die Situation war günstig für ihn: die Seleukidenherrschaft wurde ab 129 v. Chr. immer schwächer. Mit einer Bedrohung durch die Mächtigen in Damaskus brauchte Simons Erbe nicht zu rechnen. Da kam kein Heer mehr aus Syrien an den Jordan.

Die Wiederherstellung des Reiches Davids

Johannes Hyrkanos nützte die Gunst der Zeit, um aufzurüsten. Sein Heer galt bald als das mächtigste im gesamten Nahen Osten. Mit dieser Truppe konnte der Herr über Judäa die Wiedereroberung des Gebiets planen, das einst dem Gebot Davids unterworfen worden war. Gewaltiger Ehrgeiz hatte Johannes Hyrkanos gepackt. Doch nicht nach Norden wandte er sich; im Osten suchte er sein erstes Ziel: Beabsichtigt war die Rückkehr ins Land ostwärts des Jordan. Seine Kämpfer überschritten bei Jericho die Jordanfurt und zogen in die Berge hinauf nach Madeba. Die Stadt wurde belagert und schließlich eingenommen. Hyrkanos wollte einen Abschnitt der Karawanenroute, die von Petra nach Norden führte, in Richtung Damaskus, unter seine Kontrolle bringen. Damit würde auch das Land Judäa zu den Staaten gehören, die Zölle kassieren konnten für den Transport der Waren aus Südarabien zu den Märkten in Syrien und an der Mittelmeerküste. Madeba im Ostjordanland wurde Zollstation und damit für die Wirtschaft des jüdischen Volkes wichtiger als Jerusalem. Die Stadt erhielt großzügigere Häuser: Da entstanden Gebäude, in denen Waren gestapelt werden konnten und in denen Menschen übernachteten. Johannes Hyrkanos investierte Geld in die Einrichtungen des Handelszentrums Madeba.

Eigentlich hatte der Befehlshaber des jüdischen Verbandes im Gebiet ostwärts des Jordan damit rechnen müssen, daß er auf den Widerstand der Nabatäer stieß, die das Ostufer des Toten Meeres beherrschten und die vor allem darauf bedacht waren, allein für die Aufsicht über den bedeutendsten Handelsweg der gesamten Region, wenn nicht sogar der gesamten damals bekannten Welt, zuständig zu sein. Doch nichts wird berichtet über eine militärische Auseinandersetzung. Die Nabatäer, die keinen Wert auf feste Grenzen legten, solange der Handelsplatz Petra nicht gefährdet war, werden wohl vor den Bewaffneten aus Judäa nach Süden zurückgewichen sein.

Auch am Westufer des Toten Meeres gelang es Johannes Hyrkanos, das Territorium von Judäa zu erweitern. In die Gegend von En-Gedi war zur Zeit der Entvölkerung durch die Deportation der Juden nach Babylon das Volk Edom eingedrungen, das nicht zu den jüdischen Sippen gehörte. Das Land dieses Volkes Edom wurde nun eingegliedert in das Gebiet Judäa. Die Menschen aber wurden gezwungen, die jüdische Religion anzunehmen; die Männer mußten sich beschneiden lassen. Die Assimilation der »Idumäer« gelang: Sie wurden überzeugte Juden und mutige Verteidiger des jüdischen Territoriums.

Johannes Hyrkanos hatte im Jahr 126 v. Chr. die Eroberung des einst von David beherrschten Gebiets begonnen. Als er 104 v. Chr. starb, da gehörte das Jordanostufer vom Toten Meer bis zur Furt von Adama zu Judäa – aber auch im weiteren Verlauf des Tals nach Norden das Westufer bis kurz vor Skythopolis. Seinem Nachfolger Aristobulos, dem nur die kurze Regierungszeit von einem halben Jahr vergönnt war, gelang es, weite Teile von Galiläa einzunehmen. Damit waren die westlichen Gebiete am See Gennesaret und am Oberlauf des Flusses Bestandteil von Judäa.

Eine Generation später war das gesamte Jordanland bis hinauf zu den Flüssen, die im Bereich des Hermongebirges entspringen und dann den Jordan bilden, Eigentum des Staates der Juden. Wieder war der Fluß zur Achse des jüdischen Landes geworden. Es hatte tatsächlich die Gestalt, die es einst zur Zeit Davids besessen hatte.

Im Machtbereich Roms

»Hierüber ergrimmte Pompejus«

Das Anwachsen des jüdischen Staates rückte ihn ins Blickfeld der überregionalen Politik. Das kleine Land Juda, das sich unter glücklichen Umständen von der Seleukidenherrschaft befreit hatte, war es den Mächtigen in Rom nicht wert, an die Erfüllung der Pflichten aus Bündnissen zu denken, die drei Generationen zuvor über weite räumliche Entfernungen geschlossen worden waren: Zur Zeit des Mattatias hatte sich das Heer der Römer noch in gewaltiger Distanz zu Jerusalem und zur Jordansenke befunden. Während der Jahre, die inzwischen vergangen waren, hatten sich die Legionen durch den gesamten hellenistisch beherrschten Raum nach Osten vorgekämpft. 64 v. Chr. besetzten sie Damaskus. Der Rest des bisherigen Seleukidenstaates wurde in die Provinz Syrien des Römischen Reiches umgewandelt. Kaum war diese politische Änderung vollzogen, da erregten Geschehnisse im Land der Juden das Interesse des Pompejus Magnus, der sich selbst gerade in Damaskus aufhielt.

In Juda war ein Bruderkrieg ausgebrochen. Hyrkanos II. und Aristobulos II. stritten sich im Jahr 63 v. Chr. darum, wer die Macht ausüben dürfe. Hyrkanos II. war der Schwächere der beiden Brüder, doch er hatte einen Ratgeber, der glaubte, die Schwäche durch ein geschicktes Bündnis ausgleichen zu können. Der Name dieses Ratgebers war Antipater; er gehörte zum Volk der Idumäer, das zwei Generationen zuvor in die Gemeinschaft der Juden eingliedert worden war. Antipaters Plan war klug durchdacht. Da hatten innerhalb weniger Jahre die Nabatäer ihren Einfluß entlang der Karawanenstraße, die von Petra, Madeba und Philadelphia in Richtung Damaskus verlief, ausdehnen können. Der Nabatäerstaat wurde damals von einem König regiert, der Aretas hieß. Ihn wollte Antipater veranlassen, zugunsten Hyrkanos' II. Partei zu ergreifen. Dies war allerdings schwierig, da es seit Menschengedenken zur Politik der Nabatäer gehörte, militärisch nicht aktiv zu werden. Antipaters Taktik war, König Aretas durch Worte und Geschenke zu bestechen.

Josephus Flavius – Jahrgang 37 n. Chr. und in Jerusalem geboren – hielt fest, was er von den Ereignissen des Jahres 63 v. Chr. wußte: »Der eigentliche Herrscher des Reiches war Hyrkanos, dem seine Mutter noch vor ihrem Tode die Königswürde übertragen hatte. Doch an Energie und Geist überragte ihn Aristobulos. In einem Gefecht bei Jericho, wo sie gegeneinander um die Herrschaft stritten, verließen denn auch den Hyrkanos die meisten seiner Anhänger und gingen zu Aristobulos über. Hyrkanos floh mit dem Rest seiner Getreuen. Es gelang ihm nur mit knapper Not, vor seinen Verfolgern Jerusalem und die Festung dort zu erreichen. Er konnte die Frau und die Kinder des Aristobulos unterwegs gefangennehmen und als Geiseln mitschleppen. Sie sollten sein Faustpfand sein, wenn es darum ging, die eigene Freiheit auszuhandeln. Die Zuspitzung des Konflikts konnte jedoch verhindert werden. Hyrkanos und Aristobulos einigten sich auf einen Vergleich: Aristobulos sollte König bleiben. Hyrkanos aber verzichtete offiziell auf den Thron. Ihm war jedoch zugesagt, daß er als Bruder des Königs ganz besondere Hochachtung genießen werde. Als dies abgesprochen war, söhnten sich die Brüder aus. Sie umarmten sich im Tempel und tauschten dann ihre Wohnungen aus. Aristobulos zog als Herrscher in den Königspalast. Hyrkanos wollte fortan das Haus bewohnen, das bisher Aristobulos gehört hatte.«

Diese Entwicklung, so fährt der Bericht des Josephus Flavius fort, habe die Gegner des so unvermittelt König gewordenen Aristobulos mit Unbehagen erfüllt, ja, sie habe sogar Furcht ausgelöst. Am meisten Angst hatte Antipater. Er hatte eine Nabatäerin zur Frau – der spätere König Herodes war der Sohn der beiden –, und diese Beziehung zum Land im Osten der Jordansenke bestimmte nun Antipaters Handeln: Er sagte zu Hyrkanos, es sei für ihn trotz der Versöhnung besser, aus Jerusalem zu fliehen und sich über den Jordan zu begeben, zum König der Nabatäer, Aretas III.

Aretas III. war der fünfte König des Volkes im Ostjordanland. Nach Meinung von Antipater war dieser Monarch besonders anfällig für Schmeicheleien. Wenn man zu ihm sage, nur er sei in der Lage, der Gerechtigkeit in Jerusalem zu ihrem Recht zu verhelfen, habe man schon gewonnen. Antipater behielt zunächst recht.

Josephus Flavius faßte das nachfolgende Geschehen so zusammen: »Antipater brachte den Aretas dazu, daß er Hyrkanos ein Heer zur Verfügung stellte, um ihm seine Königswürde wieder zu verschaffen. Dieser nabatäischen Truppenmacht – sie umfaßte 50000 Mann – konnte Aristobulos nicht widerstehen. Gleich beim ersten Gefecht am Jordan bei Jericho wurde der König geschlagen und nach Jerusalem zurückgedrängt.«

Gerettet wurde Aristobulos durch den römischen Offizier Aemilius Scaurus, der mit einem kleineren Verband Bewaffneter zu einer Aufklärungsaktion an den oberen Jordanlauf aufgebrochen war. Kaum hatte er den Fluß erreicht, kamen Gesandte der verfeindeten Brüder zu ihm, um ihn jeweils für ihren Herrn um Hilfe zu bitten. Aristobulos war so klug gewesen, seinem Gesandten eine beachtliche Menge Silber mitzugeben. Als Aemilius Scaurus dieses Silber überreicht wurde, hielt der Offizier aus Rom die Ansprüche Hyrkanos' für unrechtmäßig.

Josephus Flavius berichtet: »Nach Empfang des Silbers ließ Aemilius Scaurus dem Hyrkanos und den arabischen Stämmen durch Herolde mitteilen, daß die Römer einschreiten würden, wenn Aristobulos in Jerusalem nicht in Ruhe gelassen werde. Daraufhin zog sich Aretas voll Bestürzung aus dem Gebiet um Jerusalem zurück und marschierte mit seinem Heer über den Jordan nach Philadelphia«, heute Amman. Unterwegs aber, in der Nähe des Flusses, überfielen Berittene, die auf Aristobulos' Befehl hörten, die Truppe des Aretas. Mehr als 6000 Kämpfer sollen bei diesem Gefecht gefallen sein.

Der Nabatäerkönig hielt es nach dieser Erfahrung für klug, die traditionelle Politik der Monarchen im Ostjordanland fortzusetzen, die das Prinzip verfolgte, sich aus militärischen Konflikten fernzuhalten. Mit schmerzhaften Schlägen war er für den Versuch bestraft worden, sich in die Politik im Westen des Flusses einzumischen. Hyrkanos hatte fortan keine Unterstützung mehr zu erwarten. Doch Hyrkanos und Antipater gaben keineswegs auf. Sie wußten beide, daß ihnen Aristobulos nie verzeihen würde. Da blieb ihnen nur die Hoffnung auf Hilfe von den Römern. Pompejus war soeben selbst in Damaskus angekommen; zu ihm machten sich Hyrkanos und Antipater auf den Weg.

Josephus Flavius schrieb nieder, was dann geschah: »Ohne Geschenke, nur auf ihre Rechtstitel pochend, baten Hyrkanos und Antipater den Pompejus, er möge das gewaltsame Vorgehen des Aristobulos verurteilen und den Mann auf den Thron setzen, der nach Alter und Charakter Anspruch darauf habe.«

Doch auch Aristobulos machte sich auf, um nach Damaskus zu reiten. Er nahm auch kein Silber mit, sondern vertraute darauf, daß die Bestechungssumme, die er Aemilius Scaurus hatte aushändigen lassen, noch wirksam sei. Doch als er das Jordantal hinaufritt und dann dem Lauf des Nebenflusses Jarmuk folgte, da hatte er die Empfindung, es sei unter seiner Würde als König, sich selbst vor dem Römer zu erniedrigen. Vielleicht kam ihm sogar der Gedanke, es sei unklug gewesen, nicht auch für Pompejus Silber aus dem Tempelschatz zu holen. Noch ehe Aristobulos den Ursprung des Jarmukflusses erreicht hatte, wendete er sein Pferd und ritt wieder in die Jordansenke hinunter. »Hierüber ergrimmte Pompejus«, weiß Josephus Flavius über die Reaktion des römischen Befehlshabers zu berichten.

Pompejus war beleidigt. Der ehrgeizige und machtbewußte Feldherr fand sich mißachtet, und er entschloß sich ohne weitere Überlegung, die Absprachen zu vergessen, die sein Offizier Scaurus mit Aristobulos getroffen hatte. Sein Kandidat für die Königswürde in Jerusalem war nun Hyrkanos. Mit ihm zusammen – begleitet von der gesamten römischen Streitmacht im Nahen Osten – verließ Pompejus Damaskus, entschlossen, den Hochmut des Aristobulos zu bestrafen.

Sie benützten den Weg, den Aristobulos kurz zuvor zurückgeritten war: Durch das Tal des Jarmuk erreichten sie den Jordan. Sie benützten die Furt bei Skythopolis und zogen das westliche Flußufer entlang in Richtung Süden. Als Pompejus und Hyrkanos sich nach Westen wenden wollten, um das Land Judäa und die Stadt Jerusalem zu erreichen, da erfuhren sie, daß Aristobulos keineswegs in seine Hauptstadt zurückgeritten war. Er hielt sich noch im Jordantal auf, in der Festung Alexandreion.

Westlich der einstigen Furt von Adama – dort befindet sich heute die Damiya Bridge – sind die Reste der Festung Alexandreion auf einem aus dem Jordantal ragenden Hügel zu sehen. Das Mauerwerk war etwa zwanzig Jahre vor den Ereignissen des Jahres 63 v. Chr. errichtet worden: von den Regierenden in Judäa als zentraler Stützpunkt zur Beherrschung der Jordansenke gedacht. Von der Hügelfestung aus konnte auch der Zugang zum Bergland kontrolliert werden. Pompejus mußte, wenn er Jerusalem erreichen wollte, an diesem Bollwerk vorüberziehen.

Der römische Feldherr wußte, daß er nur durch energisches Auftreten Erfolg gegenüber dem Mann haben würde, der sich durch Entschlossenheit die Herrschaft in Judäa angeeignet hatte. Auf eine Belagerung der Festung konnte er sich nicht einlassen, wenn er sich nicht lächerlich machen wollte. Er schickte deshalb einen seiner Offiziere den Berg hinauf zum Tor, um Aristobulos den Befehl überbringen zu lassen, er möge sich sofort am Fuß der Festung, im Lager des römischen Feldherrn, einfinden.

Josephus Flavius weiß zu berichten, Aristobulos selbst habe volles Vertrauen gehabt in die Uneinnehmbarkeit der Festungswerke von Alexandreion. Der Steilhang war ungeeignet für einen Sturmangriff. Die Höhe des Berges über dem ebenen Land um den Jordan machte unwahrscheinlich, daß Steine, aus Katapulten geschleudert, die Mauern erreichen würden. Aristobulos wollte in Ruhe abwarten. Seine Unterführer aber seien in Sorge gewesen, die Römer würden doch Mittel und Wege finden, um die Mauern zu überwinden. Der beharrliche Vormarsch der Legionen durch das von den Griechen beherrschte Gebiet Kleinasiens galt als Beweis für die unwiderstehliche Kraft der Militärmaschinerie der Republik am Tiber. Die jüdischen Offiziere in der Festung fürchteten, Pompejus würde nach seinem erfolgreichen Sturmangriff keinen der Verantwortlichen aus dem Stab des Aristobulos am Leben lassen. Sie überredeten deshalb ihren König, der Aufforderung des Pompejus zu folgen und sich vor ihm zu rechtfertigen. Aristobulos war nicht feige: Er stieg tatsächlich zu Pompejus hinunter ins Jordantal und begab sich zum Zelt des römischen Heerführers. Pompejus empfing ihn unfreundlich, rügte ihn wegen seiner Respektlosigkeit und beschimpfte ihn wegen seiner Anmaßung, gegen jegliche Tradition den Thron von Jerusalem für sich zu beanspruchen. Aristobulos verteidigte sich damit, er sei nun mal der Klügere und Stärkere – die besondere politische Begabung, die ihm zuteil geworden sei, gebe ihm das Recht, die Macht im jüdischen Staat auszuüben.

Pompejus war wohl überrascht, keinen gewalttätigen Angeber vor sich zu haben, sondern einen Mann von Adel und Intelligenz, und dennoch sah er keine Möglichkeit, Hyrkanos, mit dem er von Damaskus her demonstrativ gemeinsam und einträchtig durch das Jordantal geritten war, einfach fallenzulassen. Er verlangte deshalb, daß Aristobulos die Kommandanten seiner Festungen in Judäa anwies, dem römischen Heer keinen Widerstand entgegenzusetzen. Aristobulos fügte sich; er erteilte schriftliche Befehle zur Unterlassung jeglicher kriegerischer Handlung gegen Pompejus' Truppen. Danach verabschiedete er sich vom römischen Feldherrn mit dem Versprechen, Hyrkanos als Herrscher zu akzeptieren. Er stieg aber nicht mehr hinauf zur Festung, sondern ritt nach Jerusalem, um von dort aus den Widerstand gegen die römischen Legionen vorzubereiten. Die Kommandanten seiner Festungen erhielten Anweisung, die königlichen Befehle, die im Jordantal ausgestellt worden waren, nicht zu beachten.

Und erneut war der römische Feldherr ergrimmt. In Jericho hielt Pompejus Beratungen mit seinen Offizieren ab. Sie waren alle der Meinung, Aristobulos müsse energisch angegriffen und bestraft werden. Pompejus aber wollte seinen Soldaten den nächtlichen Marsch aus der Jordansenke ins Bergland hinauf nicht zumuten. Er gab Order, eine Rast einzulegen. Der Historiker Josephus Flavius bemerkt an dieser Stelle seiner Schilderung der Vorgänge vom Jahre 63 v. Chr., daß Pompejus mit Absicht die Gegend von Jericho für das Nachtlager ausgewählt habe: »Hier ist das fruchtbarste Gebiet des ganzen Landes Judäa, und es gedeihen da die Palmen und der Balsam in Menge. Letzterer wird gewonnen, indem man mit scharfen Steinen den Schaft der Stauden in seinem unteren Teile ritzt und die aus den Einschnitten fließenden Tränen sammelt.« Offenbar hat sich der römische Feldherr gerade für dieses Phänomen interessiert.

Am anderen Morgen verließ das römische Heer die Jordansenke und marschierte den beschwerlichen Weg hinauf nach Jerusalem. Als die Kolonnen von den Mauern der Stadt aus zu erkennen waren, machte sich Aristobulos auf den Weg, um Pompejus zu begrüßen – in aller Demut, mit der Haltung des Bittstellers. Der Feldherr ließ sich erstaunlicherweise noch einmal beschwichtigen. Er versprach zu vergessen, daß Aristobulos die Befehle an seine Festungskommandanten zur Einstellung des Widerstands widerrufen hatte. Er war bereit, an das Versprechen zu glauben, die Tore von Jerusalem würden sich für die Römer öffnen. Doch er täuschte sich: Selbst wenn Aristobulos diesmal entschlossen war, die Absprache mit Pompejus einzuhalten, so waren die Anhänger des Königs nicht gewillt, auch nur einen Römer in die Stadt zu lassen. Sie hielten die Tore verriegelt. Auf Aristobulos nahmen sie dabei keine Rücksicht. Pompejus konnte ihn außerhalb der Stadt gefangennehmen lassen. Aristobulos bereute sehr, seine Festung Alexandreion verlassen zu haben, denn dort wäre er noch immer sicher und in Freiheit gewesen.

Die römische Ordnung im Land um den Fluß

Wieder war Pompejus entrüstet; diesmal darüber, daß ihn die Verantwortlichen in Jerusalem hintergangen hatten. Keine Gnade wollte er walten lassen gegen diese Stadt. Er organisierte eine wirkungsvolle Belagerung, wobei er davon profitierte, daß die Anhänger des Hyrkanos seinen Legionären halfen. Drei Monate lang blieben die Kämpfer, die sich zu Aristobulos bekannten, in der Stadt eingeschlossen, dann brach ihre Kraft. Die römischen Soldaten überwanden die Mauer und drangen in die Straßen, in die Gebäude und schließlich sogar in den Tempel ein.

Josephus Flavius' Fazit der Ereignisse lautet: »12000 Juden starben, während die Römer nur vereinzelte Tote, dafür mehr Verwundete hatten. Nichts aber konnte das Volk der Juden in dieser schrecklichen Lage so schwer treffen als die Besichtigung des Allerheiligsten durch fremde Augen. Pompejus nämlich ging mit seinem Gefolge in den Teil des Tempels, den nur der Hohepriester betreten durfte. Er betrachtete, was darin war: den Leuchter mit den Lampen, den Tisch mit den Opferschalen und Räuchergefäßen, alles aus gediegenem Gold, die Menge des aufgespeicherten Räucherwerks und den fast 2000 Talente betragenden Tempelschatz.«

Von politischer Bedeutung war die Gebietsneuordnung, die der römische Oberbefehlshaber vom Jahre 63 v. Chr. an im Jordanland durchführen ließ. Zehn Städte, die südlich des Sees Gennesaret östlich und westlich des Flusses lagen, wurden zu einem Verwaltungsgebilde, der Dekapolis, zusammengefaßt – dazu zählte auch Skythopolis, die einstige Stadt Bet-Schean.

Judäas Staatsgebiet wurde reduziert und letztlich sogar aufgeteilt in fünf Bezirke. Mit dieser Maßnahme sollte das Zusammengehörigkeitsgefühl der Bewohner von Judäa aufgelöst werden. Das Jordantal im Bereich zwischen der Festung Alexandreion und dem Toten Meer bildete einen derartigen Bezirk; Jericho war seine Hauptstadt.

Gegen die Gebietsneuordnung durch die Römer wuchs der Widerstand in den betroffenen Gebieten. Mittelpunkt dieser Bewegung wurde der Sohn des Aristobulos, dem es gelungen war, aus römischer Gefangenschaft zu entfliehen. Alexander war sein Name – dem Namen entsprechend machte er die Festung Alexandreion zu seiner Basis.

Die Führung der römischen Besatzungsmacht mußte rasch dafür sorgen, daß die Unruhe im Jordanland beendet wurde. Alexandreion wurde belagert. Die am Fuß des Hügels versammelte Streitmacht jagte den Belagerten bald derartigen Schrecken ein, daß sie sich den Römern ergaben. Der zuständige Oberkommandierende der Legionäre ließ die Festungsmauern abtragen. Alexandreion sollte nie mehr Festung jüdischer Nationalisten sein.

Doch die Römer hatten nicht mit dem Intellekt des Aristobulos gerechnet: Aristobulos, der inzwischen über fünfzig Jahre alt geworden war und sich zum Meister im Überleben entwickelt hatte, gelang die Flucht aus einem Kerker in Rom und die Überfahrt in den Nahen Osten. Er konnte sich zur Jordansenke durchschlagen. Seine Hoffnung war, die Festung Alexandreion zum Mittelpunkt einer Widerstandsbewegung zu machen. Doch der Wiederaufbau der Mauern ging nicht so rasch vonstatten, wie er sich das gedacht hatte. Der Hügel über dem Fluß war noch nicht zur Verteidigung hergerichtet, da näherte sich schon ein römischer Kampfverband auf der Straße von Jericho. Aristobulos konnte zwar zunächst ins Tal fliehen, wurde jedoch bald darauf aufgegriffen und erneut nach Rom gebracht.

Dort allerdings befand sich damals nicht die starke und in sich geschlossene Zentrale eines Weltreichs, dort herrschte Streit zwischen Pompejus und Cäsar. Deren Feindseligkeit lähmte Roms Aktivitäten in den Außenbereichen des Imperiums. Die Zentralverwaltung verlor an Einfluß. Ein Mann erkannte im Land zwischen Jordan und Mittelmeer seine Chance: Antipater, der Reiche aus dem Volk der Idumäer. Er glaubte, daß Cäsar der Stärkere sein werde im anschwellenden Bürgerkrieg. Als die Wirren in der Hauptstadt auch den Nahen Osten erreichten, als Pompejus von Cäsar bis an den Nil verfolgt wurde, da stellte sich Antipater mit jüdischen Bewaffneten auf Cäsars Seite.

Dieser Entschluß lohnte sich für Antipater. Der Sieger Cäsar übertrug ihm die volle Verantwortung für das Land Judäa. Antipater war nun, mit dem Titel Landpfleger, der Herrscher in Jerusalem und am Jordan. Auch Galiläa, das Land westlich des Sees Gennesaret wurde Antipater unterstellt. Er setzte dort seinen Sohn Herodes, der noch keine zwanzig Jahre alt war, als Gouverneur ein.

Antipater glaubte, das Glück zu seinen Gunsten gelenkt zu haben, doch das Schicksal schien sich gegen ihn zu entscheiden. Am 15. März des Jahres 44 v. Chr. wurde Julius Cäsar in Rom ermordet. Damit hatten Antipater und selbstverständlich auch Herodes ihren Protektor verloren. Anzunehmen war, daß die nun Mächtigen in Rom, die Verschwörer Brutus und Cassius, für absehbare Zeit, bis zur Festigung ihrer eigenen Situation kein Interesse an den weit entfernten Provinzen Syrien und Judäa besitzen würden. Doch das Gegenteil war der Fall: Sie gerieten miteinander in Streit. Cassius hatte guten Grund anzunehmen, die in Syrien stationierten römischen Verbände seien ihm treu ergeben – und so begab er sich eilends in den Nahen Osten. Er nannte sich nun Statthalter in Syrien. Da er Geld brauchte, um seine Streitkräfte personell zu verstärken, forderte er von den Städten im Westen des Jordan hohe Abgaben. Herodes, zuständig nicht nur für Galiläa, sondern auch für Samaria, beeilte sich, die Forderung des Römers zu erfüllen.

Durch seinen Eifer wurde Herodes zum Schützling des Cassius. Antipater aber fühlte sich bedroht: Er stand nicht unter dem Schutz der Römer. Sicherheit suchte er drüben über dem Jordan. Dort, im Bereich der arabischen Stämme, wollte er Kämpfer um sich sammeln, eine Privatarmee also, die ihn vor Anschlägen jeglicher Art schützen sollte. Doch die Vorsorge nützte nichts: Einer seiner Neider, dem die hohe Machtstellung des Antipater – der Landpfleger in Judäa war – mißfiel, vergiftete den alten Mann. Da damals jeder jedermanns Feind war im Gebiet um den Jordan, konnte der Mörder zunächst ungestraft entkommen. Sein Name war Malichus – die lateinische Form des arabischen Wortes Malik, das König bedeutet. Anzunehmen ist, daß er tatsächlich Araber war, daß er die Interessen der Einflußreichen im Land am Ostufer des Jordan vertreten hatte, die nicht Steuern an die Kriegskasse des römischen Statthalters in Syrien zahlen wollten. Auf jeden Fall scheinen die Herren aus Rom durch die Tat des Malichus aufgeschreckt worden zu sein: Die Folge war, daß Cassius den Mörder des Antipater durch eine Kommandoeinheit seiner Truppe erdolchen ließ.

Cassius und Herodes waren nun Verbündete. Der Mächtige über Galiläa und Judäa glaubte, seine Zukunft sei im Einvernehmen mit der jüdischen Protektoratsverwaltung gesichert, da entschied das Schicksal ein weiteres Mal anders. Cassius wurde, zusammen mit Brutus, das Opfer innerrömischer Auseinandersetzungen: Octavian, ein Anhänger Cäsars, vernichtete mit seiner Truppe das Heer des Statthalters in Syrien. Dieses Ereignis veranlaßte Herodes zur erneuten Suche nach einem Protektor. Er erwählte sich Marcus Antonius, den Verbündeten Octavians, was sich als vorteilhaft erwies. Marcus Antonius verlieh Herodes den Titel eines Tetrarchen, eines Regionalfürsten. Zeit, den Erfolg zu feiern, blieb ihm freilich nicht.

Eine Großmacht aus dem Osten, das Reich der Parther, wollte die Präsenz der Römer im Nahen Osten nicht dulden. Im Jahre 40 v. Chr. überfielen die Parther Syrien. Der Zeitpunkt war günstig gewählt: Die Römer hatten keine starken Truppenverbände in der Gegend von Damaskus stationiert. Der Partherfürst Pacorus hatte sich das Ziel gesetzt, Judäa zu erreichen. Er wußte Bescheid über den jüdischen Staat, denn die Menschen in den Siedlungen der Juden am Euphrat hatten ihn informiert, daß im Land zwischen Jordan und Mittelmeer die Römer eine starke Basis besäßen. Die Römer sollten vertrieben werden.

Dem Partherfürsten war auch bekannt, daß der junge Herodes eng mit unterschiedlichen römischen Verwaltungen paktiert hatte. Als das Heer der Parther jüdisches Gebiet erreichte, forderte der Kommandeur dieser Truppe den Tetrarchen auf, er möge sich wegen seiner prorömischen Haltung verantworten. Herodes floh aus Jerusalem. Am Toten Meer glaubte er sicher zu sein. In En-Gedi wollte er sich verschanzen.

Das Jordantal als Machtbasis Herodes'

Wieder einmal war die Jordansenke Zufluchtsort. Die Hoffnung des Herodes war, daß die Parther ihm nicht in die entlegene Gegend des Toten Meeres folgen würden, das damals weitab von den Handelsstraßen lag. Er wurde begleitet von einem starken Haufen Bewaffneter und von Verwandten. Sein jüngerer Bruder und seine Mutter waren bei ihm, aber auch seine Braut Mariamne und deren Mutter.

Die Oase En-Gedi, das zeigte sich bald, war nicht der richtige Platz, um sich vor den Verfolgern zu retten. Doch 20 Kilometer entfernt lag das Bergmassiv Masada, auf dem sich Befestigungsanlagen befanden. Dorthin zog sich Herodes mit seiner Begleitung zunächst zurück. Sorge, das Bergnest werde erstürmt, brauchte der Tetrarch nicht zu haben. Masada war ein Bollwerk, das einem raschen Angriff widerstehen konnte. Angst machte dem Flüchtling jedoch die Tatsache, daß die Parther nicht seine einzigen Gegner waren. Deren Verbündete waren Juden aus Jerusalem, die seit dem Streit zwischen Hyrkanos und Aristobulos Parteigänger des letzteren gewesen waren. Häufig waren nun bereits die Nachkommen jener Freunde des Aristobulos politisch aktiv geworden. Kleiner geworden war der Kreis dieser Gleichgesinnten im Laufe der Jahre nicht. Sie hatten auch nichts an Entschlossenheit eingebüßt, dem Sohn des Erzfeindes Antipater zu schaden. Die Konsequenz war, daß sie die Parther veranlassen konnten, den Kampf gegen Herodes nicht nur als augenblickliches Abenteuer zu betrachten, sondern als Auseinandersetzung um eine dauerhafte Herrschaft über das Land der Juden. Dies bedeutete, daß das Interesse der Parther an der Festung Masada keine vorübergehende Angelegenheit, sondern von langer Dauer sein würde.

Monatelang aber konnte Masada nicht verteidigt werden, weil die Vorräte fehlten, weil nicht genügend Wasser vorhanden war. Herodes mußte dafür sorgen, daß die feindlichen Verbündeten so bald wie möglich die Jordansenke verließen und nach Jerusalem zurückkehrten. War er selbst nicht mehr in der Burg, war zu hoffen, daß gar keine Belagerung stattfand. Er persönlich entschloß sich deshalb, von Masada aus mit einer Handvoll Bewaffneter nach Osten aufzubrechen: Petra, die Hauptstadt der Nabatäer, war sein Ziel. Er überquerte mit seiner Begleitung, vermutlich auf kleinen Booten, das Tote Meer an seiner engsten Stelle – dort, wo die Landzunge ins Wasser ragt. Dann ritt die Gruppe um Herodes hinauf ins bergige Land. Verwandte wollte der Tetrarch aufsuchen.

Seine Mutter, die er auf dem Berg Masada zurückgelassen hatte, war Nabatäerin; sie gehörte zu einer reichen Familie. Den Einfluß dieser Verwandtschaft wollte Herodes nützen, um Geld einzutreiben, das sein Vater Antipater dem König Malichus von Petra geliehen hatte. Der aber schickte Herodes, kaum daß dieser aus der Jordansenke in die Berge geritten war, einen Boten entgegen, der ihm mitzuteilen hatte, der Tetrarch möge bitte schleunigst zum Toten Meer zurückkehren – die Parther hätten gedroht, den Jordan nach Osten zu überqueren, wenn Herodes Aufnahme in Petra fände.

Der Abgewiesene hatte keine Wahl: Er mußte zurückreiten ins Tal und das Tote Meer erneut überqueren – diesmal in westlicher Richtung. Die Festung Masada konnte er nicht aufsuchen, denn sie wurde inzwischen doch belagert. Herodes konnte nur hoffen, daß seiner Braut Mariamne, seiner Mutter und der Schwiegermutter, die 800 Bewaffnete zu ihrem Schutz bei sich hatten, während seiner Abwesenheit nicht Wasser und Lebensmittel ausgingen. Um sie aus der Festung in der Jordansenke herausholen zu können, mußte er in der Hauptstadt seiner Verbündeten Hilfe holen, in Rom. Ein weiterer Umweg lag vor ihm.

Von Ägypten aus reiste Herodes über das Meer nach Rom, um Marcus Antonius zu treffen. Nur sieben Tage lang hielt er sich dort auf, dann fuhr er zurück im Bewußtsein, alles erreicht zu haben, was er sich nur wünschen konnte: Er trug nun den Titel »König«. Überdies beauftragte der römische Senat den Befehlshaber des Heeres im Nahen Osten, Herodes in sein Amt einzuführen.

Als Herodes jedoch nach seiner Ankunft in Judäa die römische Unterstützung dringend brauchte, da erwiesen sich die Offiziere, denen der Senat die Anweisung gegeben hatte, dem neuen König von Judäa zu helfen, als überaus korrupt: Sie nahmen Geld, handelten aber nicht. Sie wußten, daß viele Juden den Schützling der Römer als Herrscher nicht anerkennen wollten, da er nicht als reiner Jude gelten konnte: Seine Mutter war Nabatäerin, also arabischer Abstammung; sein Vater Antipater war Idumäer gewesen, Angehöriger des Volkes Edom, das in der Vergangenheit häufig Position gegen die jüdischen Sippen bezogen hatte und das erst wenige Jahre zuvor dem jüdischen Volk angegliedert worden war. Nach jüdischer Tradition gilt aber nur der als Jude, der von einer jüdischen Mutter geboren wurde. Auf Herodes traf diese Voraussetzung nicht zu. Die Schriftgelehrten konnten ihn deshalb nicht als König der Juden anerkennen. Auf ihre Anweisung blieben die Tore von Jerusalem für Herodes geschlossen. Dagegen konnte der König zunächst nichts unternehmen: Er mußte sich um seine Braut Mariamne kümmern, die mit anderen Mitgliedern der königlichen Familie in der belagerten Festung Masada eingeschlossen war.

Was Herodes befürchtet hatte, war eingetroffen: Auf dem Berggipfel war das Wasser ausgegangen. Da dort keine Quelle sprudelte, waren die Verteidiger auf Vorräte angewiesen, die sich während der Regenperiode angesammelt hatten. Doch die mehr als 800 Menschen hatten verbraucht, was sich in den Zisternen befunden hatte. Die Verantwortung für die Belagerten trug Josephus, ein jüngerer Bruder des Königs. Er hatte sich bereits überlegt, ob er nicht aus Sorge, die ihm Anvertrauten könnten verdursten, einen Ausbruch aus der Festung wagen sollte. Dagegen sprach allerdings, daß nur eine Flucht nach Osten möglich war – und in dieser Richtung war das Tote Meer im Wege. Es war völlig ausgeschlossen, die Familienmitglieder und alle Kämpfer über das Wasser zu bringen. So ließ Josephus den Gedanken an einen Ausbruch wieder fallen. Wochenlang zeigte sich keine Regenwolke über den Bergen von Judäa. Hitze und Durst quälten die Eingeschlossenen auf dem Bergplateau über der Jordansenke. Selten wehten kühlende Winde. Doch als die Not am größten war, so wird berichtet, habe ein langanhaltender Platzregen die Wasserreservoire auf Masada wieder gefüllt.

Da Herodes der Einzug in die Stadt Jerusalem verwehrt war, wandte er sich sofort dem Jordantal zu, um den in Masada Eingeschlossenen zu helfen. Die römischen Befehlshaber ließen ihn auch weiterhin im Stich: Die Legionen blieben in Syrien im Quartier. Doch der König ohne Hauptstadt hatte Geld aus Rom mitgebracht; diese Beträge benützte er nun, um Kämpfer anzuwerben, die er zur Sprengung des Blockaderings um Masada brauchte. Nach kurzer Zeit schon hatte er genügend Männer um sich versammelt. Mit ihnen ritt er hinunter ins Jordantal. Die Senke sollte für einige Zeit sein Machtzentrum sein.

Der Entsatz der Eingeschlossenen gelang: Herodes konnte Mariamne auf dem Berg Masada in die Arme schließen. Der Kampf am Fuß des Berges war kurz gewesen, denn die Parther hatten nicht mehr an der Belagerung teilgenommen; sie waren längst abgezogen. Übriggeblieben waren allein die jüdischen Verbündeten der Parther. So hatte es Herodes in der Ebene zwischen Masada und dem Toten Meer nur mit einem Haufen undisziplinierter Bewaffneter zu tun, die allein an einer möglichen Beute interessiert waren.

Herodes blieb mit Braut und Verwandten auf dem befestigten Plateau von Masada. Von hier aus konnte er beginnen, die Heimat seines Vaters, Idumäa, zu erobern, um so seine Basis zu erweitern. Wichtiger aber war ihm, noch eine zweite Festung im Jordantal in die Hand zu bekommen: Alexandreion, flußaufwärts am rechten Ufer gelegen. Herodes erkannte die strategische Bedeutung dieses Festungshügels: Von seinem Plateau aus konnte das gesamte Jordantal zwischen dem Salzmeer und dem See Gennesaret überblickt und kontrolliert werden. Liegt kein Dunst in der Senke, ist der weiße Berg Hermon zu sehen, der 100 Kilometer entfernt liegt. Wer die Festung Masada besaß, der war unangreifbar und nur durch Aushungern zu besiegen. Von Alexandreion aus aber konnte jeglicher Verkehr auf der wichtigen Straße im Tal unterbunden werden. Die Festung war zerfallen; Truppen waren dort nicht stationiert. So war es Herodes ein leichtes, den Platz zu besetzen. Er beauftragte Handwerker, die Mauern wieder aufzubauen. Von hier aus wollte Herodes Galiläa erobern.

Im Frühjahr 38 v. Chr. gelang es dem König, weite Landstriche von Galiläa unter seine Kontrolle zu bringen. Obgleich ihm die römischen Legionen im Nahen Osten immer noch nicht halfen, kämpfte er am Westufer des Sees Gennesaret gegen jüdische Kampfgruppen, die von dort aus Marschkolonnen kleiner Garnisonen der Römer angegriffen hatten. Herodes wollte auf jeden Fall als treuer Verbündeter Roms gelten. Diese Haltung lohnte sich schließlich doch: Marcus Antonius, der selbst in den Nahen Osten gekommen war, um zu sehen, welche Fortschritte Herodes als Schützling Roms gemacht hatte, gab Befehl, einen Truppenverband in Richtung Judäa zu entsenden.

Die Hilfe der Römer wurde in der Festung Alexandreion mit Bangen erwartet. Dort gab es keinen Oberbefehlshaber mehr. Der Bruder des Herodes, Josephus, hatte die strategisch richtige Erkenntnis gehabt, daß das Jordantal nicht völlig beherrscht werden konnte, solange die Stadt Jericho in den Händen von Feinden blieb. Jericho lag direkt am Weg zwischen Masada und Alexandreion. Wer von der einen zur anderen Festung wollte, der mußte die beschwerliche Route über das Bergland wählen. Josephus wollte seinem älteren Bruder imponieren und griff Jericho an – obgleich Herodes vor einer solchen Aktion ausdrücklich gewarnt hatte. Sie endete tatsächlich mit einer schlimmen Niederlage: Jericho konnte nicht erobert werden. Josephus und mit ihm viele Anhänger des Herodes kamen ums Leben. Diese Kämpfer aber hätte der König dringend gebraucht, um seine Herrschaft in Galiläa abzusichern. Ohne Hilfe der Römer waren die ehrgeizigen Pläne des Herodes nicht mehr zu verwirklichen.

Zunächst aber war der König vom Willen getrieben, den Tod seines Bruders zu rächen. Seine entschlossene Haltung veranlaßte die Verantwortlichen in Jericho, den Widerstand aufzugeben. Die Stadt am Jordan öffnete sich den Kämpfern des Herodes. Der Sieger bezog Quartier in Jericho.

Josephus Flavius berichtet, was dabei geschah: »Herodes ritt nach Jericho. Dort erlebte er ein seltsames und wunderbares Ereignis, das ihn, weil er wider Erwarten wohlbehalten daraus hervorging, in den Ruf brachte, ein besonderer Liebling der Gottheit zu sein. An jenem Abend waren bei ihm, in einem Haus in Jericho, viele vornehme Gäste zum Essen eingeladen. Kaum hatten nach Beendigung des Essens alle fremden Teilnehmer das Haus verlassen, als das Gemäuer plötzlich zusammenstürzte. Herodes erblickte darin ein Vorzeichen der Gefahr, die ihn im Krieg erwartete. Doch er glaubte auch einen Hinweis dafür erhalten zu haben, daß er dieser Gefahr entrinnen werde. Er brach mit dem Gefühl, sicher zu sein, beim Morgengrauen aus Jericho auf. Doch er war noch nicht weit von der Stadt entfernt, da stiegen etwa 6000 feindliche Bewaffnete herunter von den Bergen ins Jordantal. Sie wagten zwar nicht den Angriff auf die Truppe des Herodes, doch sie warfen aus respektvollem Abstand Steine und auch Spieße. Viele, die zu Herodes gehörten, wurden verwundet. Auch Herodes selbst wurde von einem Speer in die Seite getroffen.«

Die Zahl der Feinde war offenbar so groß, daß Herodes einen Bürgerkrieg führen mußte. In Judäa hatte der Widerstand gegen den von Rom eingesetzten König seinen Ursprung. Dieser Widerstand war militärisch gut organisiert; stark war die Entschlossenheit der Gegner des Herodes, diesen Günstling der Herrschenden in Rom zu vernichten. Der Emporkömmling sollte ausgeschaltet werden, ehe er den Interessen der bisher in Judäa Mächtigen gefährlich werden konnte.

In Judäa saßen die Feinde des Herodes – seine Freunde aber waren im unteren Jordantal zu finden. Josephus Flavius bemerkt in seiner Schilderung der Ereignisse des Winters um den Jahreswechsel 38/37 v. Chr. ausdrücklich: »Täglich strömten nun viele Juden aus Jericho und der Umgebung zu Herodes. Die Mehrzahl beseelte dabei ein unbewußtes Verlangen nach Änderung der bestehenden Verhältnisse. Herodes brannte übrigens vor Begierde, sich mit dem Feind zu messen.«

Im Frühling des Jahres 37 v. Chr. waren die römischen Truppen nach langem und langsamem Marsch in Judäa eingetroffen. Berichtet wird, dem König der Juden seien vom Senat in Rom elf Legionen mit etwa 30 000 Mann zur Verfügung gestellt worden. Herodes konnte nun endlich seine Absicht verwirklichen, Jerusalem zu belagern, und brauchte sich nicht länger mit den Festungen im Jordantal als Basis zu begnügen. Vor allem legte seine Braut Mariamne, mit der er nun bereits seit fünf Jahren verlobt war, Wert darauf, in einer richtigen Stadt und nicht auf einem öden Felsplateau hinter groben Verteidigungsmauern zu residieren. Doch Herodes konnte sein Versprechen, Mariamne werde die Hochzeitsnacht in würdigem Rahmen in Jerusalem erleben, nicht wahrmachen, weil die Stadt zäher verteidigt wurde, als der König gedacht hatte. Fünf Monate lang wiesen die Verteidiger alle Sturmangriffe ab, dann erlahmten ihre Kräfte. Jerusalem wurde im Spätsommer des Jahres 37 v. Chr. erstürmt. Die lange Belagerungsdauer hatte die Wut der Römer angestachelt. Nun rächten sie sich an den Verlierern. Herodes konnte das Massaker nicht verhindern.

Kleopatra interessiert sich für die Jordansenke

Mit dem Sieg über die bisherige Aristokratie von Jerusalem hatte Herodes eine Hauptstadt gewonnen. An das Jordantal band ihn auch fortan die Erinnerung an den Tod seines Bruders Josephus – ein Unglück, das der König nie vergessen sollte. Doch mit einemmal zwangen ihn politische Umstände, sich wieder intensiv mit dem Fluß und seinen Regionen zu befassen. Schuld daran trug Kleopatra, die Herrscherin von Ägypten.

Sie hatte ihre Schönheit als Mittel eingesetzt, um den mächtigsten Mann im Nahen Osten für ihre Zwecke einzuspannen, den Römer Marcus Antonius. Josephus Flavius läßt wissen, Marcus Antonius sei »ganz der Sklave seiner Leidenschaft« geworden; er habe meist getan, was Kleopatra von ihm verlangte. Sie wollte nun, gemäß der Tradition der Herrscher am Nil, Judäa übereignet bekommen. Marcus Antonius sollte dafür sorgen. Auch am Staat der Nabatäer war sie interessiert. Ohne Skrupel verlangte sie von ihrem römischen Lebensgefährten, er möge Herodes und Malichus, den Herrn von Petra, umbringen. Dazu war der Römer zwar nicht bereit, doch Herodes spürte, daß seine bisher so gute Beziehung zu Marcus Antonius einen Riß bekommen hatte.

Der König von Judäa bemühte sich, die Freundschaft des Herrn über die römischen Legionen durch Geldgeschenke wiederzugewinnen. Dies gelang wenigstens in Ansätzen: Marcus Antonius zeigte sich dadurch erkenntlich, daß er Kleopatra dazu überredete, sich mit Teilgebieten der Jordansenke zu begnügen. Er konnte ihr Interesse auf finanziell besonders ertragreiche Objekte lenken. Am Ostufer des Toten Meeres hatten die Nabatäer das Abfischen der Bitumenklumpen von der Wasseroberfläche zu einem gewinnträchtigen Gewerbe entwickelt. Im Verlauf der Generationen war der Bedarf an diesem Teerprodukt gestiegen: Die Baumeister verwandten nun Bitumen als Bindemittel unterschiedlicher Baustoffe. Auch das Wissen der Ärzte um die Nützlichkeit des schwarzen, schmierigen Materials hatte sich verbessert: Bitumen wurde zu Salben verarbeitet, die Entzündungen zu lindern vermochten, Schmerzen erträglicher machten und Ungeziefer vertrieben. Gerade in der nun zu Ende gehenden hellenistischen Zeit waren die Mediziner im Einflußbereich Ägyptens ganz besonders auf der Suche nach neuartigen Anwendungsmöglichkeiten bereits bekannter Naturprodukte: Sie hatten herausgefunden, daß Bitumen auch blutstillend wirkte.

Marcus Antonius machte Kleopatra auf die Wichtigkeit des vielfältig verwendbaren Stoffes aufmerksam, der allein am Toten Meer in guter Qualität und in ausreichender Menge gefunden wurde. Die Kalkulation des Römers erwies sich als richtig: Die Herrin am Nil verlor ihr Interesse am Besitz des Staates Judäa; nun wollte sie den Landstreifen an der Ostküste des Toten Meeres haben. Die Nabatäer mußten auf das Gebiet um die Bitumenvorkommen verzichten. Entschädigt wurden die bisherigen Besitzer für diesen Verlust nicht. Ägypter beaufsichtigten fortan die Arbeiter, die von Booten aus die Bitumenklumpen mit Netzen aus dem Wasser holten; Kaufleute, die aus dem Nilland gekommen waren, überwachten den Abtransport und den Verkauf an Kunden aus dem Jordangebiet.

Käufer von Bitumen waren unter anderem die Hersteller von Palmwein, die in Jericho zu Hause waren. Sie schätzten das Material deshalb so sehr, weil sie damit nicht nur ihre hölzernen Weinfässer abdichten, sondern auch die Maden vertreiben konnten, die sich gern in den Fugen leerer Fässer einnisteten und den Wein verdarben, solange er noch nicht gärte. Der würzige Palmwein aus Jericho war im gesamten Nahen Osten überaus begehrt, auch in Ägypten. Kleopatra mußte erfahren haben, daß sich in unmittelbarer Nähe des Bitumengewässers, das nun ihr gehörte, auch die Palmenhaine befanden, aus denen der Wein stammte, den sie selbst so gern trank. Der Gedanke lag nahe, ihren Lebensgefährten, den allmächtigen römischen Oberkommandierenden, der zuständig war für alle Länder im Ostteil des Mittelmeers, zu bitten, er möge ihr doch auch die Palmenhaine schenken.

Die betreffenden Grundstücke gehörten nun allerdings König Herodes, dem Herrn über Judäa und über das Jordantal. Diesen Herodes töten zu lassen, um sein Land in Besitz nehmen zu können, war ohnehin Kleopatras Wunsch gewesen. Um ihn nicht erfüllen zu müssen, ließ sich Marcus Antonius gern darauf ein, seiner Geliebten wenigstens die Palmenhaine am Jordan zu übereignen. Er teilte Herodes mit, daß er über die Grundstücke, über die darauf wachsenden Palmen und über die Einkünfte aus dem Verkauf des Palmweins nicht mehr verfügen könne. Alle Versuche, Marcus Antonius durch Bestechung umzustimmen, schlugen fehl. Herodes mußte verzichten.

Doch die Besitzgier der Herrin am Nil war damit noch nicht gestillt. Sie wollte schließlich ein weiteres Stück Land im Jordantal haben, das sich ebenfalls in unmittelbarer Nähe von Jericho befand: den Balsamgarten. Auch er gehörte Herodes und war, genauso wie die Palmenhaine, wirtschaftlich äußerst ertragreich. Balsam, aus Sträuchern gewonnen, galt bei Kopf- und Zahnweh als schmerzlindernd und wurde auch wegen seiner beruhigenden Wirkung sehr geschätzt. Balsamplantagen anzulegen, war an vielen Orten im östlichen Mittelmeerraum versucht worden, doch selten war das Ergebnis befriedigend. Im heißen und feuchten Klima der Jordansenke aber war die Aufzucht der Balsamsträucher gelungen. Die Nachfrage nach Balsam war groß – das Angebot deckte, wegen der beschränkten Plantagengröße, den Bedarf kaum. Entsprechend hoch waren die Preise.

Als Herodes das Enteignungsedikt für den Balsamgarten erhielt, muß er sehr betroffen gewesen sein, auch auf dieses Lieblingsobjekt seines Eigentums verzichten zu müssen. Doch den Staatsmann Herodes erregte nicht so sehr der persönliche finanzielle Verlust, sondern die Wahrscheinlichkeit, daß Kleopatra in Jericho ägyptische Administratoren einsetzte, um die Arbeiter in den Palmenhainen und im Balsamgarten zu überwachen – wie dies am Toten Meer mit der Ankunft der ägyptischen Aufseher bereits geschehen war. Herodes störte der Gedanke, so nahe der eigenen Hauptstadt die Kontrolle über Teile seines Landes Angehörigen einer fremden Macht überlassen zu müssen. Der Jordan sollte nicht den Ägyptern gehören – das Land um den Fluß zu behalten war der feste Wille des Königs. Ihm fiel ein Ausweg ein: Er schlug vor, es sei doch wohl einfacher für Kleopatra, wenn er alljährlich die gesamten Einnahmen der Unternehmen zur Produktion von Palmwein und Balsam einem Vertrauten der Kleopatra übergebe: So sei für die Herrin am Nil die ganze Angelegenheit am bequemsten zu erledigen.

Herodes spekulierte darauf, daß Marcus Antonius und Kleopatra eines Tages Streit bekommen würden: Lange werde der stolze Römer die Launen dieser Frau wohl nicht mehr ertragen können. War Herodes zu diesem Zeitpunkt noch immer Besitzer des Palmenhains und des Balsamgartens, dann hatte er gewonnen. Eine Übereignung aber wäre dann nicht mehr rückgängig zu machen gewesen.

Der König fürchtete zu Recht, irgendwann könnte ein Herrscher in Ägypten auf den Gedanken kommen, der Landbesitz am Jordan berechtige ihn zu Ansprüchen auf das ganze Gebiet zwischen dem Fluß und der Mittelmeerküste. Diese Sorge wich erst von ihm, als ihm mitgeteilt wurde, Kleopatra habe dem vorgeschlagenen Verfahren zugestimmt. Um ganz sicher zu sein, daß Ägypten nicht doch auf Rechtstitel pochen werde, schlug er vor, auch für das nabatäische Bitumengebiet am Toten Meer könne das Verfahren der Übergabe aller Gewinne angewandt werden. Kleopatra war auch damit einverstanden. So wurde sie nicht Eigentümerin der begehrten Objekte – ihr waren nur alle Einnahmen zugesagt. Bald darauf verließen Kleopatras Verwalter und Kaufleute die Jordansenke wieder. Herodes hatte gewonnen.

Tod im »tiefsten Loch der Erde«

Daß die Jordansenke weit unter dem Spiegel des Mittelmeers lag, war in Judäa damals bekannt. Berichtet wird, daß – zu Recht – die Gegend von Jericho als der tiefste Punkt der begehbaren Erdoberfläche galt: Hier hatte die Erde ein Loch; hier war der Mensch der Hölle am nächsten. Auf Herodes übte dieses »tiefste Loch der Erde« eine starke Anziehungskraft aus. In der Jordansenke hatte er seine erste verläßliche Basis besessen, und dort fanden auch entscheidende Ereignisse seines Lebens statt.

Im Spätsommer des Jahres 36 v. Chr. lud der König Freunde und Verwandte in seine Residenz nach Jericho ein, die damals ein bescheidenes Gebäude gewesen sein muß. Eigentlich war seine Schwiegermutter Alexandra, die Mutter von Mariamne, die Einladende; sie wollte Gastgeberin sein auf Kosten des Herodes. Ihm aber paßte der Plan der resoluten Frau, der ganze Kreis der Mächtigen in Judäa solle nach den anstrengenden Zeremonien des Laubhüttenfests, bei dem jede Person von Ansehen und Einfluß hatte anwesend sein müssen, frohe Tage der Erholung am Fluß erleben.

Daß Herodes auf den Wunsch der Alexandra einging, seine Residenz in Jericho den Gästen aus Jerusalem zu öffnen, hatte ebenfalls mit dem zu Ende gehenden Laubhüttenfest zu tun. Da hatte er zu seinem Ärger gesehen, welchen Beifall der Hohepriester Aristobulos während des Opfergottesdienstes von den Anwesenden erhielt. Aristobulos, ein Enkel jenes Aristobulos, der Gegner des Antipater gewesen war, hatte das Amt des Hohenpriesters erst kurz zuvor angetreten. Er war gerade siebzehn Jahre alt und offenbar sehr schön, wobei die Prachtgewänder, die er beim Fest trug, seine Schönheit noch betont haben müssen.

Der junge Aristobulos hatte vor allem der Schwiegermutter des Herodes gefallen; sie hatte durchgesetzt, daß er das Amt des religiösen Oberhaupts der Juden übertragen bekommen hatte – ganz gegen den Willen des Königs. Herodes hatte nachgeben müssen, weil es seine Schwiegermutter Alexandra verstanden hatte, Freundschaft mit Kleopatra zu schließen. Er war in Sorge, Alexandra könnte Kleopatra davon erzählen, daß er die Einnahmen aus dem Verkauf der Produkte der Palmenhaine und des Balsamgartens im Jordantal an die Bevollmächtigten der Kleopatra nicht immer korrekt auszahlen ließ, daß die Einkünfte aus dem Bitumengeschäft am Toten Meer höher waren als von den Beauftragten des Königs angegeben. Derartige Redereien der Alexandra fürchtete Herodes schon deshalb, weil damit zu rechnen war, daß Kleopatra im Zorn die Geschichte vom ungetreuen König der Juden dem mächtigen Römer Marcus Antonius berichtete, der dann wiederum Herodes Schaden zufügen konnte. Um Alexandra freundlich zu stimmen, hatte Herodes ja gesagt zur Ernennung des jungen Aristobulos zum Hohenpriester. Vom Augenblick seiner Zusage an aber hatte der König eine Möglichkeit gesucht, den jungen Mann zu beseitigen. In Jericho bot sich diese Chance.

Harmonisch sah das Bild aus, das der Kreis der Freunde und Verwandten im Haus des Königs einem Gast darbot, der die Spannungen und Feindschaften nicht kannte. Da war nichts davon zu spüren, daß ein Mordplan vorbereitet war. Das Mittagsmahl war ohne hitzige Gespräche zu Ende gegangen; Herodes und Alexandra hatten sich angelächelt. Dann war am frühen Nachmittag die schwüle Wärme im Jordantal unerträglich geworden. Unter der Sonneneinstrahlung verdampfte das Wasser des Flusses. Dunst stand in der Luft, den kein Windhauch vertrieb. Alexandra und Mariamne begaben sich zur Nachmittagsruhe. Auch Herodes war schläfrig. Die Jüngeren unter den Männern entschlossen sich, Kühlung beim Schwimmen zu suchen. Dies sollte, nach Art der Griechen, nackt geschehen. Aristobulos weigerte sich zunächst, die Kleider abzulegen, weil er wußte, daß die traditionell gesinnten Juden ihm, dem Hohenpriester, das Nacktbaden in der Öffentlichkeit nicht verzeihen würden. Doch als die anderen jungen Männer ihm versprachen, niemand werde in der Hauptstadt davon erfahren, daß sich Aristobulos nackt gezeigt habe, verließ er mit ihnen das Haus.

Gebadet wurde damals nicht im Jordan. Die Männer von Jericho fürchteten die Strömung des Flusses. Es war angenehmer, in die Fischteiche zu steigen, die zwischen dem Flußbett und der Stadt angelegt worden waren. Durch Zuleitung aus dem Jordan konnte das Wasser der Fischteiche immer frisch gehalten werden. Zu den Fischteichen also begab sich die Badegesellschaft um Aristobulos.

Als sich die Männer im Wasser befanden, begannen sie das Spiel des Kräftemessens. Jeder versuchte den anderen unterzutauchen, und keiner bemerkte, daß der Hohepriester Aristobulos besonders oft unter Wasser gedrückt wurde. Niemand sah, daß Aristobulos schließlich gar nicht mehr auftauchte. Als er wieder gesehen wurde, da trieb sein lebloser Körper unter der Oberfläche des Wassers.

Dem König wurde berichtet, der Hohepriester habe wohl nicht richtig schwimmen können, er sei ertrunken. Ein bedauerlicher Unglücksfall sei geschehen, den niemand habe voraussehen und verhindern können. Herodes gab sich bestürzt, zeigte Trauer und ordnete ein prunkvolles Staatsbegräbnis an. Daß er schuldlos war am Tod des jungen Aristobulos, glaubte ihm niemand. Er war besorgt, seine Schwiegermutter werde Kleopatra und damit Marcus Antonius informieren und ihn als gewissenlosen Verbrecher hinstellen, der es nicht verdiene, zu den Freunden Roms zu zählen. Seine größte Furcht war, bei Marcus Antonius in Ungnade zu fallen.

Der Mächtige am Nil aber hatte andere Sorgen. Die Einigung, die er mit Octavian getroffen hatte – Antonius regierte im Osten und Octavian im Westen des Reichs –, war nicht mehr aufrechtzuerhalten, da beide das gesamte Imperium allein regieren wollten. Jeder rüstete auf, um die Entscheidung auf dem Schlachtfeld zu suchen. Herodes, der ein Vasall von Marcus Antonius war, wurde aufgefordert, ein starkes Truppenkontingent für den Feldzug zur Verfügung zu stellen. Der König war froh, daß er gebraucht wurde. Er war nun sicher, nicht zur Rechenschaft gezogen zu werden.

Noch ehe aber Herodes seinen Truppenverband in Richtung Griechenland marschieren lassen konnte, erhielt er von Marcus Antonius den Befehl, er habe zunächst den Jordan zu überqueren, um in den Staat der Nabatäer einzufallen. Hinter dieser Korrektur der Befehle steckte eine Laune der Kleopatra. Sie war nun unzufrieden mit der Lösung, die für die Abgabe des Einkommens aus der Bitumenförderung am Toten Meer gefunden worden war. Der Nabatäerkönig Malichus sollte doch seine Zahlungen direkt an die Hofkasse am Nil leisten.

So recht einzusehen war diese Begründung für die Durchführung eines Feldzugs nicht. Vielleicht war es Kleopatras Absicht, das Land der Nabatäer ganz für sich zu gewinnen – so wie sie auch hartnäckig den Plan verfolgte, das Gebiet der Idumäer an sich zu reißen. Einen Hinweis auf Annexionsabsichten gibt Kleopatras Order, von Ägypten aus habe ebenfalls ein Truppenverband, aber von Südwesten her, in Nabatäa einzumarschieren. Dies erfuhr Herodes jedoch erst, als er gerade dabei war, den Marsch seiner Soldaten durch die Jordanfurt bei Jericho zu beobachten.

Herodes wunderte sich über den Befehl, den Jordan zu überqueren, noch aus einem anderen Grund: Bisher hatte die römische Verwaltung immer streng darauf geachtet, daß die Vasallenkönige ihre Streitkräfte nicht in Kriegen untereinander verschlissen. Jetzt aber war Herodes aufgefordert, den König der Nabatäer zu überfallen, der wie er selbst Vasall des Marcus Antonius war. Herodes konnte aus der offensichtlichen Unlogik der Aktion nur erkennen, daß sich Kleopatra offenbar eine Niederlage des Königs der Juden wünschte, um auch dessen Land in Besitz nehmen zu können.

Zu dieser Wende wäre es beinahe gekommen, denn Herodes verlor nach anfänglichen Siegen ganz entscheidend. Er mußte aus dem Ostjordangebiet fliehen. Nur mit Mühe brachte er seine Armee zurück nach Westen in die Nähe des Flusses. Militärische Schwäche veranlaßte Herodes, dem Nabatäerkönig eine Gesandtschaft zu schicken, die Friedensgespräche anbieten sollte. Der Mächtige der Juden, nur vorübergehend geschwächt, schlug dem Mächtigen der Araber Verhandlungen vor. Da geschah ein gewaltiges Naturereignis, das Schrecken unter den Menschen im Jordantal verbreitete: Die Erde bebte in langanhaltenden Stoßwellen. Erdspannungen im geologischen Graben parallel zum Mittelmeer lösten Schwingungen aus, die zu Vibrationen der Gesteinsmassen in der Erdtiefe führten. Groß war der Schaden, den die Städte in der Jordansenke erlitten: Häuser stürzten zusammen; Menschen und Tiere wurden begraben. Gewaltig war die Ernte des Todes damals – es muß sich um das Frühjahr 31 v. Chr. gehandelt haben.

Als die Erde bebte, hatten Herodes und seine Kämpfer gerade die

Jordanfurt überquert; sie befanden sich auf dem Marsch in Richtung Jericho. Daß sie die Stadt noch nicht erreicht hatten, war ihr Glück – so wurden sie nicht von herabstürzenden Balken und Steinen erschlagen. Der Befehlshaber der Nabatäertruppe aber glaubte, genau dies sei geschehen. Er gab nun seinen Soldaten Befehl, über den Jordan nach Westen zu stoßen. Zuvor aber ließ er den Gesandten, die Herodes geschickt hatte, die Köpfe abschlagen.

Herodes reagierte energisch und klug. Obgleich seine Kämpfer ermüdet waren, schickte er sie wieder über den Fluß. Dieser Angriff der jüdischen Streitkräfte veranlaßte den Gegner zum Rückzug. Herodes ließ die Nabatäer verfolgen. Mühsam war der Aufstieg ins Bergland bis nach Philadelphia, der heutigen jordanischen Hauptstadt Amman. Dort gab sich der Nabatäerkönig geschlagen. Als Sieger kehrte Herodes über den Fluß zurück.

Kleopatras listiger Plan, Juden und Araber in einen Krieg gegeneinander zu hetzen, an dessen Ende sie Judäa und das Gebiet der Nabatäer in ihr Reich hätte eingliedern können, hatte sich zerschlagen. Doch sie wird zur Zeit der Entscheidung kaum Gedanken an diese Niederlage verschwendet haben, denn ihr Lebensgefährte Marcus Antonius verlor den Kampf gegen seinen Rivalen Octavian. Für den bisherigen Herrn der römischen Ostprovinzen blieb nur noch Ägypten als Zufluchtsort. Herodes mußte versuchen, Octavian, der jetzt Herrscher über das gesamte römische Imperium war, für sich zu gewinnen. Leicht war dieses Vorhaben nicht, hatte Herodes doch in Wort und Tat mehr als andere gezeigt, daß er und Marcus Antonius Freunde in Glück und Gefahr waren.

Octavian war bereit, im Frühjahr 30 v. Chr. mit Herodes auf der Insel Rhodos zu sprechen. Der König von Judäa wußte, daß er in Gefahr war, verhaftet oder gar getötet zu werden. Er richtete sich vor der Abreise auf den schlimmsten Fall ein. Und wieder dachte er in kritischer Zeit an das Jordantal und dessen strategische Vorteile. Dort befanden sich im Abstand von einem Tagesmarsch die Festungen Masada und Alexandreion, die zehn Jahre zuvor das Fundament seiner Herrschaft gewesen waren. Nun brachte er seine engsten Verwandten dorthin: Seine Frau Mariamne und seine Schwiegermutter Alexandra hatten sich innerhalb der Mauern von Alexandreion am Jordan aufzuhalten; seinen Kindern aber wurde Masada als Aufenthaltsort zugewiesen. Die Trennung war beabsichtigt. Herodes hatte Grund zur Sorge, daß Mariamne, wenn sie erst durch seinen gewaltsamen Tod Witwe geworden war, als Königin herrschen würde. Diese Machtübernahme aber hätte bedeutet, daß Mariamnes Familie – sie gehörte zur Sippe des Aristobulos – das Land Judäa in den Griff bekommen hätte, daß die

Nachkommen des Herodes ihr Erbe nicht hätten antreten dürfen und getötet worden wären. Es herrschte also Spannung zwischen den beiden Festungen im Jordantal. Sie wurde noch stärker, als Mariamne erfuhr, daß der auf Alexandreion kommandierende Offizier – sein Name war Sohänus – Befehl erhalten hatte, Mariamne und Alexandra zu töten, falls Herodes von Rhodos nicht zurückkehrte. Durch den Tod der eigenen Frau und der Schwiegermutter sollte die Thronbesteigung Pheroras' sichergestellt werden – er war ein Bruder Herodes' –, der dann die Dynastie, die Antipater aus Idumäa begonnen hatte, fortsetzen würde.

So schien wenigstens die Macht seines Hauses gesichert, als sich Herodes nach Rhodos begab, um Octavian zu treffen, den Sieger über Marcus Antonius und Kleopatra. Gleich bei der ersten Begegnung mit dem nun allgewaltigen Octavian gelang es dem Vasallenkönig Herodes, dessen Sympathie zu erringen. Herodes argumentierte, er habe treu zu Marcus Antonius gehalten, der schließlich vom römischen Senat zum Herrn über alle östlichen Provinzen eingesetzt worden sei. Er habe Marcus Antonius aber immer den Rat gegeben, sich nicht von Kleopatra, die ja keine Römerin war, in die Politik hineinreden zu lassen. Diese Argumentation gefiel Octavian, dem unbestrittenen Herrscher Roms, und er bestätigte Herodes in seinem Amt als König von Judäa. Mächtiger als zuvor konnte Herodes in sein Land zurückkehren.

Da die Gefahr für ihn vorüber war, konnte der König Mariamne und Alexandra nicht länger auf Alexandreion festhalten: Er mußte ihnen die Reise nach Jerusalem gestatten. Beide Frauen verließen den Festungsberg im Jordantal mit Gefühlen des Zorns gegen Herodes. Sie hatten Monate damit zugebracht, über das Mauerwerk hinweg in das Flußtal zu blicken und hinüber zum Berg Hermon. Die Aussicht war ihre einzige Abwechslung gewesen. Mariamne und Alexandra hatten an jedem Tag darauf gewartet, der Offizier Sohänus trete hinter sie, um ihnen sein Schwert in den Leib zu stoßen. Als beide den Fluß entlang im Wagen nach Süden fuhren, um über Jericho Jerusalem zu erreichen, da waren sie entschlossen, Herodes nicht länger am Leben zu lassen.

Der König aber suchte eine Gelegenheit, um Mariamne töten zu lassen. Seine Schwester Salome hatte ihm erzählt, Mariamne habe während des Aufenthalts im Jordantal ein Verhältnis mit dem Offizier Sohänus gehabt, der Mariamne dann auch aus Zuneigung verraten habe, ihm sei befohlen worden, sie zu töten, wenn Herodes nicht von Rhodos zurückkehre. Diese Erzählung seiner Schwester Salome machte den König derart eifersüchtig, daß er in harmlosen Vorgängen Anzeichen einer von Mariamne und Sohänus gelenkten Verschwörung sah. Er meinte, seine eigenen Söhne seien in das Netz der Intrigen verstrickt. Da wurde ihm ein Brief in die Hand gespielt, einer der Söhne wolle die Festung Alexandreion besetzen, um vom Jordantal aus einen Aufstand gegen Herodes anzuzetteln.

Anspielungen, Gerüchte, gefälschte Handschreiben, unter Folter erpreßte Anschuldigungen türmte Herodes in seiner Phantasie zu einem gewaltigen Komplex der Verschwörung auf, die allein gegen ihn gerichtet war. Er glaubte sich schließlich nur noch durch die Hinrichtung seiner Frau retten zu können. Herodes bereute zwar schon Augenblicke später, den Befehl zur Tötung gegeben zu haben, doch diese Reue kam zu spät.

Mariamnes Ermordung machte deren Söhne zu Todfeinden ihres Vaters. Herodes lebte fortan in der Angst, die beiden Prinzen hätten nur das eine Ziel, ihn zu vergiften. Aus seiner ersten Ehe hatte Herodes einen Sohn – Antipater –, den er nun bevorzugte. Dadurch wurde die Feindschaft der Söhne der Mariamne noch stärker entfacht. Ihre Wut entlud sich allerdings nur in Beschimpfungen und Verleumdungen ihres Vaters. Herodes konnte sich jedoch nicht mehr aus dem Gespinst von Gewaltandrohung, Argwohn und Angst befreien. Er ließ die Söhne, die ihm Mariamne geboren hatte, erdrosseln.

In Samaria starben die Söhne, in der Festung Alexandreion wurden sie bestattet. Als ob sie auf dem Schlachtfeld gestorben wären, so wurden die Leichen in Sarkophagen auf der Straße, die heute von Nablus zur Damiya Bridge heruntergeführt, ins Jordantal gefahren und dann hinaufgetragen zur Festung über dem Fluß. Sie sollten dort ruhen, wo Herodes angefangen hatte, sich sein Reich zu erobern.

Krieg im Ostjordanland schafft Ärger mit Rom

Da seine Mutter Nabatäerin gewesen war, empfand Herodes immer Sympathie für die Menschen im Land ostwärts des Jordan. Dort war in der Endphase der Herrschaft des Marcus Antonius der Monarch Malichus ums Leben gekommen. Anzunehmen ist, daß Kleopatra noch kurz vor ihrem Selbstmord – sie und Marcus Antonius töteten sich selbst nach der entscheidenden Niederlage gegen Octavian – den Befehl zur Ermordung des arabischen Besitzers der Bitumenvorkommen am Toten Meer erteilt hatte. Unter dem bedeutungslosen Nachfolger des Malichus raffte am Hof der Nabatäer ein Minister, der Geschick und Weitsicht besaß, immer mehr Macht an sich. Sylläus hieß dieser Mann, der über alle Voraussetzungen verfügte, um Herodes gefährlich zu werden. Spürbar war bereits, daß Sylläus dabei war, seine Beziehungen zu Rom zu verbessern.

Dort hatte sich eine zunächst unbedeutend erscheinende Veränderung vollzogen: Octavian hatte seinen Namen in Augustus verändert. Dieser Titel »Der Erhabene« bedeutete, daß sich sein Träger über andere gestellt sah, daß er mehr Respekt als jeder römische Bürger und jede Institution der Republik für sich forderte. Er tastete zwar die traditionellen republikanischen Überlieferungen nicht an, doch er vereinigte auf sich alle Amtsgewalt und Kompetenz. Seine Erlasse regelten das Leben in Rom und in den Vasallenstaaten. Wie jeder, der in Rom regieren wollte, hatte Augustus eine expansive Politik zu führen. Als erfolgreich konnte nur der Imperator gelten, der seinen Herrschaftsbereich in weit entlegene Gebiete ausdehnte. Augustus wollte gerade dort Erfolge erzielen, wo der Rivale Marcus Antonius geherrscht hatte. Ihn zu übertrumpfen war die Absicht des »Erhabenen«.

Um den selbstgesetzten Ansprüchen gerecht zu werden, mußte Augustus darauf bedacht sein, die Einkünfte Roms durch Eroberung reicher oder anderweitig ertragreicher Gebiete zu vergrößern. Südarabien reizte ihn, das Land der heutigen Demokratischen Volksrepublik Jemen. Erzählungen und Legenden hatten die Phantasie des Augustus angestachelt. Viele stellten sich »Arabia Felix« als ein Reich voll Gold und Edelsteinen vor, in dem alle Güter aufgestapelt waren, die aus dem fernen, rätselhaften Indien kamen. In Arabia Felix mußten Samt und Seide, Weihrauch und edle Öle, Gewürze und Dufthölzer, Diamanten und Perlen zu finden sein.

Die Königin von Saba war einst aus dem Land der Sabäer nach Jerusalem gekommen, um König Salomo Handelsbeziehungen anzubieten. Die Erinnerung an den Besuch dieser Frau war keineswegs verblaßt. Aber außer diesem Ereignis war kein anderes bekannt geworden, das einen Blick auf die Bewohner des Sabäerreiches gestattet hätte. Die Nabatäer hatten über Generationen hin den engsten Kontakt mit Menschen aus Südarabien gehabt, doch scheint es so gewesen zu sein, daß die Kaufleute aus Petra nie südwärts gereist sind – sie beschränkten ihre Aktivität darauf, die Karawanen aus dem Süden zu erwarten. Die Kaufleute wußten nur, daß sechzig Stationen, Raststätten, zwischen der Südspitze von Arabia Felix und dem Handelsplatz Petra bestanden.

Augustus wollte das Geheimnis der »Arabia Felix« lüften. Im Jahre 25 v. Chr. schickte er ein Truppenkontingent los, das der »Weihrauchstraße« nach Süden folgen sollte. Die beiden Vasallenstaaten Judäa und Nabatäa hatten dem römischen Feldherrn Aelius Gallus, dem das Truppenkontingent unterstand, jegliche Hilfe zu leisten. Der Nabatäer Sylläus mußte nicht nur tausend Kämpfer stellen, sondern auch für die Organisation des Nachschubs sorgen. Da weder er noch seine Kommandeure über Erfahrungen mit der Geographie und den Menschen in

Südarabien verfügten, scheiterte Silläus an dieser Aufgabe. Seine Männer fanden die Römer in der Weite der Wüste nicht. Silläus meldete schließlich nach Rom, die Truppe sei wohl im heißen Sand verdurstet. Zum Glück für ihn hatten die Kämpfer, die von Aelius Gallus befehligt wurden, Südarabien aus eigener Kraft, wenn auch ziemlich geschwächt, erreicht. Zwar konnte Arabia Felix nicht von den Römern erobert werden, doch der dortige Herrscher erklärte sich bereit, Freundschaft mit Augustus zu schließen. Vielleicht leistete er sogar für einige Zeit Zahlungen an Rom. Augustus brauchte in seinen Annalen den Feldzug gegen die Sabäer der Jahre 25 und 24 v. Chr. nicht als Niederlage zu verbuchen. Für einen schmachvollen Ausgang hätte Augustus ohne Zweifel die Vasallenkönige von Judäa und Nabatäa verantwortlich gemacht.

Die enge Zusammenarbeit während des Südarabienfeldzugs der Römer führte dazu, daß sich persönliche Kontakte zwischen Silläus und Herodes anbahnten. Der Nabatäer besuchte den König von Judäa in Jerusalem. Zum erstenmal in seinem Leben überquerte Silläus den Jordan. Das Land im Westen des Flusses gefiel ihm besser als die eher trockene Gegend, die er zu verwalten hatte. Auch war Silläus sehr angetan von den Frauen in der judäischen Hauptstadt – und ganz besonders anziehend fand er Salome, die Schwester des Herodes.

Doch Salome war eine Frau, die Fäden der Intrige zu spinnen verstand. Sie hatte Herodes gegen Mariamne und deren Söhne aufgehetzt. Zwei Männer hatte Salome dadurch verloren, daß Herodes sie hatte hinrichten lassen – wobei Salome in beiden Fällen nichts dagegen gehabt hatte. Zum Zeitpunkt, als Silläus sich in Jerusalem aufhielt, war sie ungebunden und durchaus bereit, den einflußreichen Mann aus dem Ostjordanland zu heiraten. In einer solchen Verbindung über den Fluß hinweg sah Herodes eine Gefahr für die Wahrung des Besitzstandes der eigenen Familie: Silläus hätte beim Ableben des Herodes auf den Gedanken kommen können, sich als Erben zu betrachten und Ansprüche auf die Macht in Judäa zu stellen. Herodes erklärte deshalb, er könne seine Schwester nur einem Juden zum Mann geben, der sich dadurch ausweisen müsse, daß er beschnitten sei. Darauf ließ sich Silläus allerdings nicht ein – und so fand keine Hochzeit mit Salome statt.

Diese Zurückweisung vergaß der mächtige Nabatäer nicht. Zehn Jahre später sah er eine Möglichkeit, sich zu rächen. Er bot vierzig Gegnern des Königs von Judäa Asyl. Diese Männer hatten am Oberlauf des Jordan einen Aufstand angezettelt, einen Befreiungskampf zur Vertreibung der judäischen Soldaten, die das Gebiet im Norden besetzt hielten. Der Aufstand war mißlungen, weil die Masse der Bevölkerung passiv geblieben war. Die Anführer waren ins Land der Nabatäer geflohen. Sylläus benützte diese Asylanten als Werkzeug der Rache an Herodes. Er gestattete ihnen, eine Kampforganisation aufzubauen, die Kleinkrieg im Jordantal führen konnte. Nacht für Nacht überquerten kleine Gruppen den Fluß von Ost nach West. Sie überfielen Truppenstützpunkte der Herodesarmee, zündeten Häuser der Verwandten des Königs an, raubten im Morgengrauen vor den Städten Handelskarawanen aus, die in aller Frühe unterwegs waren.

Das Ziel dieses Guerillakrieges war die Zerstörung des Ansehens, das Herodes bisher in seinem Staat genossen hatte. Im Verlauf der Monate sank die Beliebtheit des Königs tatsächlich – und die Basen der Kampforganisation im Ostjordanland erhielten Zulauf von Männern, die im Westen des Flusses lebten und nun gegen Herodes kämpfen wollten. Ihr Argument war, ein Idumäer, ein Mann also aus dem Volke Edom, könne nicht König der Juden sein. Die Ironie der Situation bestand darin, daß der Araber Sylläus eine Kampforganisation unterstützte, die einen rein jüdisch-nationalistischen Staat schaffen wollte.

Das Verhalten des Regenten der Nabatäer mußte dem römischen Statthalter in Syrien mißfallen: Streit unter Herrschern, die Vasallen Roms waren, schwächte die Stabilität des Imperiums und konnte deshalb nicht geduldet werden. Sylläus wurde aufgefordert, die Organisation der Rebellen gegen Herodes aufzulösen und die Verantwortlichen auszuliefern. Sollte dies nicht innerhalb eines Monats geschehen sein, bekam Herodes das Recht zugesprochen, offenen Krieg gegen den Staat der Nabatäer zu führen. Wenigstens glaubte er, die Worte des Statthalters Gaius Sentius Saturninus so auslegen zu dürfen.

Sylläus weigerte sich, der Kampforganisation der Herodesgegner die Aktionen im Jordantal zu verbieten. Nach Ablauf der gesetzten Frist überschritt die Armee des Herodes den Fluß – sie benützte die Furt von Jericho – und marschierte in nabatäisches Gebiet ein. Das Ziel des Feldzugs war die Zerstörung der Rebellenbasen im Ostjordanland. Doch damit begnügte sich Herodes nicht: Er ließ durch seine Truppen auch die Dörfer und Städte, die nichts mit dem Guerillakrieg zu tun gehabt hatten, ausplündern. Die Beute war offenbar beachtlich, denn Herodes ließ sich bei der Rückkehr zum Fluß als Triumphator feiern.

Die Nachricht vom Krieg am Jordan erreichte bald auch Rom, die Hauptstadt des Imperiums. Augustus war wütend über das Verhalten des Königs von Judäa, der – nach Meinung des Imperators – unter nichtigem Vorwand den Vasallenstaat in der Nachbarschaft überfallen und ausgeraubt hatte. Daß Herodes durch eine Entscheidung des Statthalters Gaius Sentius Saturninus zum Kriegszug veranlaßt worden war, glaubte Augustus nicht. Er sprach deutlich aus, daß kein

Römer, der Statthalter des Imperators sei, das Recht habe, Kriege unter Vasallen zu gestatten. Als Augustus vernahm, daß die Soldaten des Herodes während des Überfalls im Ostjordanland 2500 Araber getötet hätten, da schrieb Augustus einen Brief an Herodes mit der knapp gefaßten Mitteilung, der König von Judäa sei nicht mehr als Freund Roms zu betrachten, sondern als Untertan des Imperators, dem künftig keinerlei Eigenmächtigkeit mehr erlaubt sei. Herodes war innerhalb kurzer Zeit tief in Ungnade gefallen.

Herodes will in Jericho sterben

Am stärksten traf den König von Judäa der Absatz des Schreibens aus Rom, der ihm das Recht nahm, seinen Nachfolger selbst zu bestimmen. Die Konsequenz war, daß er die Macht nicht mehr auf einen Sohn oder ein anderes Mitglied der eigenen Familie übertragen konnte. Die Fortsetzung der Dynastie der Nachkommen Antipaters und Herodes' war damit unsicher geworden. Die Wegnahme des Rechts, den nächsten König selbst nach dynastischen Prinzipien auszusuchen, ließ das Ansehen des Regierenden von Judäa in der gesamten nahöstlichen Region schwinden. Herodes galt nur noch als Herrscher auf Zeit, der vielleicht bald schon getötet oder verbannt werden würde.

Das unmittelbare Resultat dieses Gesichtsverlusts war der Ausbruch örtlicher Revolutionen im Königreich selbst. Diejenigen wagten sich zu erheben, die nicht länger Befehlen des Herodes folgen wollten, der zwar noch König der Juden, jedoch selbst kein Jude war. Das gespannte Verhältnis zwischen ihm und Augustus ließ den Verdacht aufkommen, die römische Verwaltung habe die Aufständischen zum Kampf gegen Herodes ermutigt. Es konnte Augustus nur recht sein, wenn der in Ungnade gefallene König an innerjudäischem Streit zugrunde ging. Es ergab sich für den Imperator günstig, daß Sylläus, der mächtige Nabatäer, in Rom eintraf, um Verhandlungen über die Zukunft des Nahen Ostens zu führen.

Möglich ist, daß Herodes bereits zu dieser Zeit daran dachte, sein Leben selbst zu beenden. Wenig von all dem, was er angefangen hatte, um seine Herrschaft den Menschen von Judäa auf ewig einzuprägen, brachte ihm selbst Gutes. Vom Jahre 20 an war er entschlossen, den Juden wieder einen Tempel in Jerusalem zu geben. Wie Salomo wollte Herodes als der Herrscher gelten, der dem allmächtigen Gott eine seiner gewaltigen Größe angemessene Heimstätte bot. Salomos Tempel hatte einst Nebukadnezar abreißen lassen in der Hoffnung, damit dem Judentum ein Ende bereiten zu können. Zwar war von Salomos

Gotteshaus keine Spur mehr vorhanden, doch die Erinnerung daran war geblieben – und die Sehnsucht, wieder einmal, irgendwann, einen neuen Bau erstellen zu können. Seit 500 Jahren hatte ein behelfsmäßiges Gebäude auf dem Platz des Salomotempels gestanden. Unter dem Protest gläubiger Juden, die überzeugt waren, der »Idomenäer« Herodes werde nie einen neuen Tempel der Juden bauen, war die einfache und doch so haltbare Konstruktion abgerissen worden. Zur Überraschung seiner Gegner ließ der König auf dem Tempelberg jedoch eine Gebäudeanlage entstehen, die an Ausdehnung das salomonische Heiligtum übertraf. Doch Lob erhielt er von den führenden Juden nicht; sie versuchten zu Herodes' Lebzeiten und danach den Leuten einzureden, es sei nicht Herodes gewesen, der den Tempel habe bauen lassen, sondern die jüdische Gemeinde.

Der Glanz, den Herodes seiner Hauptstadt Jerusalem gegeben hatte, strahlte nicht auf seine Person zurück. Die Gläubigen, denen er den Tempel geschenkt hatte, erwiesen ihrem König keineswegs Dankbarkeit und Zuneigung, als der in Rom keine Achtung mehr genoß. Sie warteten auf seinen Sturz. Doch da kam es zu einer unerwarteten Wendung: In Petra starb König Obodas, von dessen Existenz kaum jemand eine Ahnung gehabt hatte, da dessen Minister Sylläus in eigener Machtvollkommenheit alle Staatsgeschäfte des Nabatäerreichs erledigt hatte.

Mit der Frage der Nachfolge des Königs Obodas war Sylläus zu seinem Ärger nicht befaßt, da er sich in Rom aufhielt. Er mußte zur Kenntnis nehmen, daß nun im Gebiet ostwärts des Jordan einer seiner Gegner herrschte, der sich Aretas IV. nannte.

Der rasche Wechsel in der Führungsspitze des Nabatäerstaats, ohne daß der römische Statthalter in Syrien um seine Zustimmung gebeten worden wäre, mißfiel dem Imperator Augustus aufs äußerste, denn dem Vasallenkönig in Petra war nie das Recht zugestanden worden, seinen Nachfolger selbst zu bestimmen. Dies war der wesentliche Unterschied gewesen zwischen den beiden Vasallen, von denen der eine westlich, der andere östlich des Jordan regierte: Herodes hatte bisher frei wählen können, welchem Mann er die Chance geben wollte, als nächster Herrscher in den Palast von Jerusalem einzuziehen. Diese Entscheidungsfreiheit war ihm allerdings genommen worden. Der König von Judäa war in seiner Bedeutung abgesunken auf die Stufe des Monarchen »drüben über dem Jordan«. Das Resultat war, daß beide, Herodes und der neue Mann in Petra, als von Rom Geächtete ganz von selbst Verbündete wurden.

Der Nabatäer Aretas scheint in dieser Phase der energischere gewesen zu sein. Er veranlaßte Herodes, eine Vertrauensperson nach Rom zu schicken, die so viel Ansehen genoß, daß der Imperator ihr zuhörte. Diesem Gesandten gelang es offenbar, Augustus zu überzeugen, beide Vasallenkönige hätten inzwischen erkannt, daß sie einem Mißverständnis erlegen seien, als sie Krieg gegeneinander geführt hätten. Augustus glaubte schließlich sogar der Behauptung des Gesandten, die Truppen des Herodes hätten nicht 2500, sondern nur 25 Nabatäer getötet; dieser Verlust aber habe den Vasallenstaat am Osten der Jordansenke nicht entscheidend geschwächt. Damit war für den Imperator das Argument entfallen, Herodes habe durch die Tötung derart vieler Nabatäer den Interessen des Römischen Imperiums geschadet. Von einer Stunde zur anderen schwand nun das Ansehen des Sylläus, der sich in Rom aufhielt. Ihm wurde vorgeworfen, er habe durch eine Lüge Zwist erzeugt zwischen zwei Vasallenkönigen; er habe Roms Stellung im Osten des Imperiums erschüttert. Als dem Nabatäer dann noch nachgewiesen werden konnte, er habe Juden veranlassen wollen, Herodes umzubringen, da fiel es dem Imperator leicht, Sylläus töten zu lassen.

Dem König wurden erneut alle Rechte zuerkannt, die er vor dem Krieg im Ostjordanland besessen hatte – Herodes konnte sich wieder ganz auf Rückendeckung durch den Imperator verlassen. Er benützte den Prestigegewinn dazu, mit harter Hand lokale Aufstände niederzuzwingen. Doch dann verließen ihn die Kräfte, die er gebraucht hätte, um den Bewohnern des Landes Judäa seinen Willen aufzuzwingen. Krankheiten unterschiedlicher Art überkamen den nahezu Siebzigjährigen. An manchen Tagen konnte er sich kaum noch aufrecht halten. Möglich ist, daß er an Nierenversagen und, dadurch ausgelöst, an einer allmählichen Vergiftung des Blutes litt. Das rauhere Klima der Hauptstadt Jerusalem wurde ihm unerträglich, und er suchte Zuflucht im warmen Jordantal. Wieder wurde, wie vor 35 Jahren, die Flußsenke zur Basis seines Lebens. In Jericho fühlte er sich noch am wohlsten. Dies hatte aber auch damit zu tun, daß die Menschen in der Gegend am Fluß Sympathie für ihn empfanden.

Nach Jericho wich Herodes auch aus, weil in Jerusalem Protestdemonstrationen nicht mehr einzudämmen waren, die mit dem Ziel angestachelt wurden, die Beseitigung eines Adlers zu erzwingen, den Herodes über dem Tempeleingang hatte anbringen lassen. Nach Meinung mancher Schriftgelehrter war dieser Adler ein Zeichen weltlicher Herrschaft, der am Wohnsitz des allmächtigen Gottes nichts zu suchen hatte. Der gewaltige goldene Vogel verstieß auch – und darin waren sich alle einig, die Kenntnis von den traditionellen jüdischen Gesetzen besaßen – gegen das Verbot, lebende Wesen bildlich darzustellen. Den Schriftgelehrten gelang es, die Massen der Hauptstadt zu mobilisieren: Tausende demonstrierten gegen den Adler. Schließlich wagten es junge

Männer, die Figur auf die Straße zu stürzen. Dort zersprang sie. Die Masse jubelte, als ob sie eben einen Sieg über Herodes errungen hätte. Die Rädelsführer konnten von den Sicherheitsbeamten verhaftet werden. Herodes ließ sie zu sich ins Jordantal holen. In Jericho sollte die Gerichtsverhandlung gegen die Rebellen stattfinden – dort war nicht zu befürchten, daß Demonstranten die Freilassung forderten.

Herodes hatte wohl die notwendigen Maßnahmen zur Fernhaltung der empörten Jerusalemer Massen ergreifen lassen: Die Straße von der Hauptstadt herunter in den Jordangraben war am Gerichtstag gesperrt. Im Amphitheater von Jericho stand dann das Urteil schon vor Beginn der Verhandlung fest: Die Täter mußten sterben.

Daß ihm Jerusalem nicht mehr gehorchte, lastete schwer auf dem Kranken, dessen Körper jetzt von eiternden Wunden zerfressen wurde. Seine Ärzte empfahlen ihm, Schwefelbäder zu nehmen. Geeignete Quellen waren am Ostufer des Toten Meeres zu finden. Dorthin wurde Herodes gebracht. Die Quellen von Zerka Ma'in – auf sie treffen die Schilderungen der Berichte über die Heilversuche des Königs zu – werden heute noch genutzt: Das Wasser sprudelt mit einer Temperatur von 61,5 Grad Celsius aus der Erde. Es erwies sich als unzuträglich heiß für den kranken König; es linderte die Entzündungen nicht, sondern bewirkte zusätzliche schmerzhafte Reizungen. Herodes ließ sich in einer Art Sänfte nach Jericho zurückbringen.

Neue Krankheitssymptome machten sich bemerkbar: Sie betrafen die Verdauungsorgane. Herodes konnte keine Nahrung mehr behalten. Seine Kräfte schwanden dahin – nicht aber seine Entschlossenheit, die Macht seiner Familie zu festigen, den Bestand seiner Dynastie zu sichern. Alle Beamten des Landes Judäa wurden nach Jericho gerufen, um den Willen des Herrschers zu hören und ihn sich einzuprägen. Viele bekamen bei der Ankunft finanzielle Zuwendungen ausgehändigt; eine große Zahl wichtiger Männer aber wurde verhaftet und in das Hippodrom von Jericho gesperrt. Unklar ist, was Herodes mit dieser Internierung erreichen wollte. Vielleicht wollte er Persönlichkeiten beseitigen, die bei seinem Tod einen Staatsstreich hätten beabsichtigen können. Der König unterließ es jedoch, Mordbefehle zu erteilen. Viele der Verhafteten wurden nach und nach wieder freigelassen; zusammen mit den anderen Notabeln des jüdischen Staates wartete sie in der Stadt Jericho darauf, daß Herodes Entscheidungen für die Zukunft kundtun würde. Doch den Kranken quälten andere Probleme.

Enttäuscht über die vermeintliche Untreue der Söhne aus der Ehe mit Mariamne, hatte Herodes seinen ältesten Sohn, aus seiner Verbindung mit Doris, zum Erben der Macht bestimmt. Aber kaum hatte Antipater gehört, er werde dereinst als König in den Palast von

Jerusalem einziehen, da begann auch er Intrigen zu spinnen, mit dem Ziel, jene zu beseitigen, die eines Tages als Rivalen auftreten könnten. Zusammen mit Freunden plante Antipater Mordanschläge, die zum Teil wohl auch ausgeführt wurden. Herodes selbst bekam schließlich Angst vor dem skrupellosen Ehrgeiz dieses Sohnes. Er ließ Antipater ins Gefängnis nach Jericho bringen in der Absicht, bei nächster Gelegenheit seine Tötung zu befehlen. Als die Notabeln nach Jericho kamen, damit ihnen der Wille des Herrschers mitgeteilt werde, hatte Herodes den Tötungsbefehl aber noch nicht gegeben.

Derart unentschlossen war der König bisher nie gewesen. Die Ursache für das Zaudern war in seinem Gesundheitszustand zu suchen. Immer unerträglicher wurden die Schmerzen. Herodes erkannte jetzt wohl, daß er unheilbar krank war. Nachdem er tagelang nichts gegessen hatte, verlangte er nun von einem Diener, daß er ihm einen Apfel bringe und ein Messer. Über diesen Wunsch des Monarchen war niemand in seiner Umgebung erstaunt. Herodes, so wird berichtet, habe sich immer die Speisen selbst zurechtgeschnitten. So geschah es auch diesmal. Aber kaum hatte Herodes einen Bissen vom Apfel abgetrennt und in den Mund gesteckt, da holte er plötzlich mit dem Arm weit aus, um sich das Messer mit Schwung in die Herzgegend zu stoßen. Es gelang ihm jedoch nicht, den Todesstoß zu führen; ein Verwandter riß dem König gerade noch rechtzeitig den Arm zurück. Erschöpft fiel Herodes in einen todesähnlichen Schlaf.

Obgleich sich Herodes keine Wunde zugefügt hatte, waren viele der Frauen und Männer im Palast von Jericho der Meinung, ihr König sei tot. Das Gerücht vom Selbstmord konnte sich deshalb verbreiten, weil der Zugang zu den Räumen des Königs sofort gesperrt worden war. Trauergesänge waren im Palast zu hören.

In diesem Gebäude befanden sich auch die Verliese für Staatsgefangene, und in einer dieser Kerkerzellen war Antipater untergebracht. Als er die traurigen Klänge hörte, die von draußen in seine Zelle drangen, da wußte er, daß Herodes tot war; keinem anderen konnte die Trauer gelten. War Herodes verstorben, dann war er gerettet. Er mußte unbedingt sofort aus der Zelle heraus; er mußte seinen Anspruch auf die Macht geltend machen. Antipater befahl dem Offizier vom Dienst, ihm auf der Stelle die Fesseln zu lösen, denn jetzt sei er mächtig und damit in der Lage, sich erkenntlich zu zeigen. Der Diensthabende aber war vorsichtig. Er meldete den Wunsch des Antipater seinem Vorgesetzten, und der wiederum erhielt Zutritt zum König, der inzwischen wieder erwacht war.

Als Herodes erfuhr, der gefangene Sohn fühle sich bereits als Herrscher im Lande Judäa, packte ihn der Zorn. Berichtet wird, sein

Wutschrei habe nichts mehr mit menschlichen Lauten gemein gehabt. Auch ohne Worte verstand der Offizier den Willen seines Herrschers. Antipater wurde in seiner Zelle in Jericho erdolcht.

Sich aus der Jordansenke hinauf nach Jerusalem zu begeben, dazu hatte Herodes keine Kraft mehr. Vielleicht schwebte ihm vor, in der trockenen und doch warmen Luft der Bergfestung Masada Linderung zu suchen. Über die letzte Phase der Erkrankung des Königs berichtet Josephus Flavius: »Hohes Fieber hatte er nicht. Auf der gesamten Körperoberfläche empfand er heftiges Jucken und in den Eingeweiden beständige Schmerzen. An den Füßen bildeten sich Schwellungen wie bei Wassersüchtigen. Im Unterleib quälte ihn eine Entzündung und an den Schamteilen ein fauliges Geschwür, aus welchem Würmer krochen. Außerdem litt er unter Atembeschwerden, die ihm das Liegen unmöglich machten. Zeitweise spürte Herodes in allen Gliedern Krämpfe. Die weisen Männer seiner Umgebung erklärten, die Krankheit sei eine Strafe für Mordbefehle, die er gegeben habe. Herodes hing, obgleich er so viele Qualen auszustehen hatte, eben doch am Leben. Er hoffte auf Heilung, und er sann auf Heilmittel.«

Mit gutem Grund hatte er Sehnsucht nach Masada, dem Felsplateau, auf dem er luxuriöse, luftige Gebäude hatte errichten lassen. 440 Meter hoch ragt der Kegel über das Ufer des Toten Meeres auf. Da standen Häuser, deren Wände nur durch Säulen gebildet wurden, um den lindwarmen, trockenen Wind nicht abzuhalten und den Blick freizugeben über das Land am Salzmeer und um den Jordan, dessen Menschen als erste den Befehlen des Herodes gehorcht hatten. Der Palast von Masada war als Residenz für den alternden König errichtet worden. Doch der Einzug dort war Herodes nicht mehr vergönnt.

Die Ermordung seines Sohnes Antipater überlebte Herodes nur um fünf Tage. Er starb in Jericho. Qualvoll müssen seine letzten Stunden gewesen sein. Sein letzter Wunsch, in Jericho am Jordan zu sterben, ging in Erfüllung.

Unmittelbar nach dem Ableben des Königs wurde dessen Schwester Salome aktiv: Sie benahm sich, als ob sie als Reichsverweser eingesetzt worden wäre. Salome bestimmte, daß zunächst niemand außerhalb des engsten Kreises vom Ende der Herrschaft des Herodes erfahren dürfe. Dann ging sie hinüber zum Hippodrom, um nachzusehen, ob sich noch einige der Notabeln, die Herodes hatte einsperren lassen, in Haft befanden. Alle sollten sie wieder nach Hause gehen dürfen. Salome sagte den überraschten Männern – es waren nur noch wenige im Hippodrom –, der König habe sie vorsorglich in Schutzhaft gehalten, um sicher zu sein, daß ihnen bei einer möglichen Ausbreitung des Aufstands, der in Jerusalem ausgebrochen war, kein Schaden zugefügt werde. Nun aber sei die Gefahr vorüber. Nachdem das Problem der Notabeln erledigt war, informierte Salome die vollzählig in Jericho anwesende Armeeführung, daß der Staat Judäa kein Oberhaupt mehr hatte.

Salome handelte, als ob sie immer derartige Entscheidungen getroffen hätte. Sie berief alle höheren Offiziere und alle Würdenträger zur Generalversammlung ins Amphitheater von Jericho. Dort sollte der Letzte Wille des Königs verkündet werden. Wollte die Familie des Verstorbenen an der Macht bleiben, dann mußten rasch vollendete Tatsachen geschaffen werden. Salome wußte, daß die Nachfolge geregelt sein mußte, ehe die Nachricht von Herodes' Tod in Jerusalem ankam. Keinem, der voll Ehrgeiz auf eine Chance wartete, durfte Zeit gelassen werden, seinen Anspruch auf die Macht anzumelden.

Obgleich Herodes drei seiner Söhne hatte töten lassen, war der Fortbestand der Dynastie kein personelles Problem: Aus der Verbindung mit einer Samariterin war dem König ein männlicher Nachkomme geblieben; sein Name war Archelaos. Er wurde durch das Testament, das Herodes hinterlassen hatte, zum »Ethnarchen« bestimmt, zum »Herrscher der Nation«. Ihm, als dem Haupterben des Verstorbenen, unterstanden künftig die Gebiete Judäa samt Jerusalem, Samaria und Idumäa. Ein zweiter Sohn, Herodes Antipas – von einer Frau geboren, die Kleopatra hieß, jedoch nicht identisch war mit der Herrscherin am Nil, sondern als fünfte Frau des Herodes in Jerusalem lebte –, wurde zum Herrn über Galiläa und über das Gebiet des Jordanostufers zwischen dem Toten Meer und der Jordanfurt von Damiya eingesetzt. Herodes Philippus, ebenfalls von Kleopatra aus Jerusalem geboren, erhielt den gesamten Oberlauf des Jordan, vom See Gennesaret bis zu den Quellflüssen zugewiesen.

Das Reich des Herodes wurde also bei seinem Tode aufgeteilt – und die römische Verwaltung war damit einverstanden. Diese wichtige Entscheidung des Imperators in Rom war noch von Herodes selbst eingeholt worden. Notwendig war allerdings die Vollzugsmeldung nach Rom, die dann wiederum vom Imperator bestätigt werden mußte, was im komplizierten Netz des Verwaltungssystems des Weltreiches nur eine Formsache war. So konnte Salome, als sie die Versammlung der Würdenträger und Offiziere ins Amphitheater von Jericho einberief, sicher sein, daß sich der römische Gouverneur von Syrien nicht in die Entwicklung einmischte. Reibungslos vollzog sich der Machtwechsel. Den Beamten und Offizieren wurde ein Schreiben verlesen, das Herodes kurz vor seinem Tod verfaßt hatte. Es enthielt die eindringliche Mahnung, das Volk möge dem Erben Archelaos die Treue bewahren; es möge sich aller Aufruhrgedanken enthalten.

In seinem Geschichtswerk »Der Jüdische Krieg« hat Josephus Flavius die Machtübernahme festgehalten: »Sogleich wurde Archelaos unter lautem Zuruf beglückwünscht. Truppweise zogen die Soldaten samt allen Beamten an ihm vorbei. Sie gelobten ihm Treue und flehten Gottes Huld auf ihn herab. Hierauf wurden Anstalten zur Beisetzung des Herodes getroffen. Archelaos ließ es an keinem Aufwand fehlen. Er stellte, um ein prunkvolles Leichenbegängnis zu ermöglichen, den gesamten königlichen Schmuck zur Verfügung. Das Paradebett war ganz aus Gold und mit Edelsteinen besetzt. Die Decke war von buntbesticktem Purpur. Der Leichnam, der darauf lag, war mit einem Purpurgewand umhüllt. Auf seinem Haupt ruhte das Königsdiadem und darüber eine goldene Krone, und die rechte Hand hielt das Szepter. Das Paradebett umgaben die Söhne des Königs und die nächsten Verwandten. Alsdann folgten die Soldaten der Leibwache in voller Ausrüstung. Voran schritt der übrige Teil des Heeres unter Führung seiner Obersten und Hauptleute, ebenfalls unter Waffen. Daran schlossen sich 500 Diener und Freigelassene an, die köstlich duftende Würzstoffe trugen. So zog man mit dem Leichnam aus dem Jordantal herauf nach Herodium. Dort wurde der Tote nach seinem Wunsch beerdigt. Das war das Ende des Herodes.«

Im Frühling des Jahres 4 v. Chr. ist Herodes gestorben. Seine Grabstätte hatte er sich längst zuvor bereiten lassen. Herodion liegt auf halbem Wege zwischen Jerusalem und Hebron, abseits der Hauptstraße: genau dort, wo das Bergland in die Wüste übergeht, die sich bis zur Jordansenke hin erstreckt. Den Platz hatte Herodes besonders geliebt, da er sich hier im Jahre 40 v. Chr. – während der internen jüdischen Streitigkeiten zur Zeit des Parthereinfalls nach Judäa – mit seiner Braut Mariamne vor seinen Verfolgern hatte retten können. Mit der Flucht zum Toten Meer hatte damals seine erste Phase des Erfolgs begonnen. An Mariamne, die er hatte töten lassen, hatte sich der alternde Herodes gern erinnert – und so war die Idee entstanden, die Festung Herodion zu erbauen.

Dschebel Furedis heißt die Erhebung heute. Deutlich sichtbar ist – durch ihre fast kreisrunde Regelmäßigkeit –, daß sie künstlich aufgeschüttet worden ist. Auf der Kuppe sind die Fundamente zweier Mauerkreise zu erkennen, die eine umfangreiche Palastanlage mit Säulenhalle, römischem Bad und Wohnräumen schützten. In die Mauern eingefügt waren drei halbkreisförmige Türme; ein vierter Turm im Osten war, das zeigt sein Fundament, völlig rund. Manche Archäologen nehmen an, daß in diesem Fundament das Grab des Herodes zu finden sein müßte; bis heute ist es jedoch unentdeckt geblieben.

Unruheherd Jordan

Gewalt und Zerstörung werden zum Alltag

Die Teilung des judäischen Reiches hat die Kraft und das Ansehen der Teilstaaten geschwächt. Selbst das Kernland, das von König Archelaos regiert wurde, konnte nicht als stabiler Staat gelten. In Jericho hatten die Bewohner dem Monarchen zugejubelt, in Jerusalem aber wurde er mit Forderungen konfrontiert: Demonstranten verlangten, Archelaos möge die Steuern senken und Gefangene freilassen, die Herodes habe willkürlich einsperren lassen.

Von der Reaktion des neuen Königs und von den Folgen berichtet Josephus Flavius: »Um sich beim Volk beliebt zu machen, sagte Archelaos alles zu. Hierauf opferte er und hielt mit seinem Gefolge ein Freudenmahl. Gegen Abend aber versammelte sich eine große Zahl Unzufriedener. Sie beklagten den Tod der Männer, die Herodes wegen der Zerstörung des goldenen Adlers, der über dem Tempeltor angebracht gewesen war, hatte töten lassen. Die Trauer der Unzufriedenen war keineswegs erheuchelt: Markerschütterndes Schluchzen und tief empfundene Wehklage erfüllten die Stadt. Beklagt wurden die Männer, die – wie die Anführer sich ausdrückten – für das Gesetz der Väter und für den heiligen Tempel ihr Leben gelassen hätten. Ihren Tod müsse man, so schrie die Menge, an denen rächen, die Herodes zu Amt und Würden erhoben habe.«

Aus Sorge vor rascher Ausbreitung der Protestbewegung bat Archelaos die in Syrien stationierten römischen Kampfverbände um Hilfe. Sie griffen in der Hauptstadt hart durch. Josephus Flavius gibt die Zahl der durch die Römer getöteten Demonstranten mit 3000 an. Daß die Niederschlagung des Aufstands nur mit Hilfe einer römischen Legion möglich gewesen war, veranlaßte Archelaos, nach Rom zu reisen, um dem Imperator die Situation im Land um den Jordan zu erläutern.

Die Abreise des Königs raubte dem jüdischen Staat die letzte Spur von Stabilität. Eine Möglichkeit, sich selbst an die Macht zu bringen, sahen nun vor allem die Würdenträger, die eng mit Herodes verbunden gewesen waren. Mancher war dabei nicht einmal vom Drang nach

Macht getrieben, sondern von der Sorge um das eigene Überleben. Bis in die Randgebiete des jüdischen Staates war die in Jerusalem erhobene Forderung vernommen worden, diejenigen umzubringen, die von der Herrschaft des Herodes profitiert hätten. Durch den Griff nach der Regierungsgewalt wollten sich die Betroffenen vor der Rache schützen.

Ein Mann, der Simon hieß, gehörte zu denen, die Angst haben mußten. Berichtet wird, er sei von eindrucksvoller Gestalt und beachtlicher Schönheit gewesen. Im Ostjordanland hatte er für Herodes gearbeitet. Der Bericht des Josephus Flavius sagt nichts darüber aus, in welcher Funktion dieser Simon tätig gewesen war. Jedenfalls scheint er in der Lage gewesen zu sein, »sich das Diadem aufzusetzen«, das heißt, die Macht an sich zu reißen. Auf reguläre Truppen konnte sich Simon offenbar nicht verlassen; die Bewaffneten, die er kommandierte, dürften eher dem Erscheinungsbild einer Räuberbande entsprochen haben. Mit ihnen zog er über den Jordan, um in Jericho den Palast zu besetzen, in dem Herodes gestorben war. Als dieses Ziel erreicht war, wußte Simon allerdings nicht, was er unternehmen sollte, um seine Macht zu festigen. Um Zeit zu gewinnen, gestattete er zunächst einmal seinen Bewaffneten, die königlichen Güter am Jordan zu plündern. Sie hatten sich während der Jahre der Herrschaft des Herodes beachtlich vergrößert. Die Palmenhaine und Balsamgärten von Jericho zählten zu den größten der nahöstlichen Welt – und waren sicher die gärtnerischen Anlagen, die am meisten gepflegt wurden. Zu den Pflanzungen gehörten Verwaltungsgebäude, in denen Geld aufbewahrt wurde, und Wohnhäuser, in denen wohlhabende Menschen lebten. Was wertvoll und beweglich war, das trugen die Bewaffneten des Simon fort, dann zündeten sie die Gebäude an. Auch der Palast des Herodes brannte aus. Simon ließ zu, daß der gesamte Besitz der Herodesfamilie im Jordantal verwüstet wurde.

Der Brand des Palastes von Jericho wirkte jedoch nicht als Fanal für einen allgemeinen Aufstand im Westjordanland. Die Bewohner von Judäa fühlten sich eher abgestoßen. Simon erhielt keinen Zulauf. So konnte der Militärbefehlshaber von Jerusalem daran denken, Simon und seine Bande wieder über den Jordan hinüberzutreiben. Zwar verteidigten sich Simons Männer mit Geschick und Mut vor den Toren von Jericho, doch konnten sie schließlich dem Druck der diszipliniert und hartnäckig vorandrängenden Truppe nicht standhalten. Ihnen blieb als Ausweg nur die Flucht nach Osten. In einer Schlucht im Ostjordanland erhielt Simon einen Schlag mit einer Waffe ins Genick, der ihn sofort tötete.

Doch Simon war nicht der einzige, der in dieser Zeit der Unordnung glaubte, er könne einen begrenzten Machtbereich oder sogar die gesamte Gewalt im Lande Judäa an sich reißen. Josephus Flavius weiß sogar von einem Hirten, der seine Herde verließ und mit Freunden und Verwandten loszog, um »seine Hand nach der Krone auszustrecken«. Er schickte seine Anhänger auf Raubzüge. Mit dem Reichtum, den er dadurch gewann, wollte der Hirt ein Heer mobilisieren, das ihm den Einzug in Jerusalem ermöglichen sollte. Die Zeit der Abenteurer war angebrochen im Land um den Jordan.

Viele, die den Zusammenbruch der Ordnung bedauerten, gaben dem verstorbenen Herodes die Schuld. Er sei ein Gewaltmensch gewesen, der das Bewußtsein für Recht zerstört habe. In Rom gab sich Kaiser Augustus Mühe, die Hintergründe der Entwicklung im Staate Judäa zu verstehen; zu begreifen, warum das Gebiet um den Fluß zum Unruheherd geworden war. Augustus empfing eine Delegation, die aus Judäa an den Tiber gereist war, um den Imperator über die Vorgänge in ihrer Heimat aufzuklären. Josephus Flavius hat aufgezeichnet, welche Klagen der Mächtige in Rom zu hören bekam:

»Sie schilderten zunächst die Untaten des Herodes, in dem sie, wie sie sagten, keinen König, sondern den grausamsten Tyrannen gehabt hätten, der jemals zur Regierung gelangt sei. Er habe viele Menschen ermordet. Andere aber, die er am Leben gelassen, hätten die Toten noch beneidet, weil sie seine Quälerei nicht mehr zu erdulden hatten. Er habe nicht nur die Körper einzelner Untertanen grausam foltern lassen, sondern ganze Bevölkerungsgruppen seien von ihm mißhandelt worden. Um Städte, die gar nicht zum jüdischen Land gehörten, verschönern zu können, habe er seine eigenen Städte ausgeraubt. Um anderen Völkern Geschenke zu machen, habe er das Blut der Juden geopfert. So sei der frühere Wohlstand einer Verarmung gewichen. Die altehrwürdigen Gebräuche seien verwildert. Das Volk sei ohne Sitte und Gesetz. Überhaupt hätten die Juden in den 36 Jahren der Herrschaft des Herodes mehr Drangsale ausgestanden, als ihren Vorfahren in dem langen Zeitraum seit dem Auszug aus Babylon und der Rückkehr unter Cyrus zugestoßen seien. Durch allmähliche Gewöhnung an das Unglück sei dann das Volk so abgestumpft worden, daß es die harte Knechtschaft als selbstverständlich hingenommen habe.«

Die Delegation aus Judäa empfahl dem Imperator, er möge den Nachfolger des Herodes entmachten, denn auch der habe seine Regierungszeit mit schrecklichen Taten begonnen. Archelaos sei so schlimm wie sein Vater. Augustus vernahm, das Volk der Juden wolle überhaupt keinen König mehr. Die allgemeine Ansicht in der Heimat sei, daß nur ein römischer Verwalter, ein Landpfleger, wieder Ordnung schaffen könne. Die Juden würden sich dem Landpfleger fügen, denn der werde dafür sorgen, daß Gesetz und Recht wieder beachtet werden würden.

Augustus glaubte zunächst noch, unter seiner Aufsicht und mit seiner Protektion könne die Monarchie in Judäa bewahrt werden. Doch er mußte seine Meinung nach und nach korrigieren, denn die Klagen der Bewohner von Judäa nahmen an Intensität zu. Der Imperator sah sich schließlich gezwungen, Archelaos abzusetzen und nach Gallien zu verbannen. Judäa wurde zur römischen Provinz erklärt. Ein Landpfleger wurde eingesetzt, der die Gewalt zu regieren und Recht zu sprechen übertragen bekam. Der erste dieser Landpfleger hieß Coponius. Berichtet wird, er sei ein Römer von adligem Stande gewesen.

Mesad Chassidim, die Festung der Frommen

»Sie sind geborene Juden, aber untereinander mehr als andere durch Liebe verbunden. Die sinnlichen Freuden meiden sie wie die Sünde, und die Tugend erblicken sie in Enthaltsamkeit und Beherrschung der Leidenschaften. Über die Ehe denken sie gering, doch sie nehmen fremde Kinder auf, solange diese noch sehr jung und bildungsfähig sind, halten sie wie die eigenen Kinder und prägen ihnen ihre Sitten ein. Die Ehe wollen sie jedoch keineswegs abschaffen, und auch die Zeugung von Nachkommen nicht, sie wollen sich durch Geringschätzung des ehelichen Verkehrs nur vor den Ausschweifungen der Frauen schützen, da sie glauben, es sei unmöglich, daß eine Frau dem einen Mann treu bleibe.«

So begann der Historiker Josephus Flavius um das Jahr 75 n. Chr. seine Beschreibung einer jüdischen Sekte, die er Essener nannte. Damals, als Josephus Flavius an seinem Geschichtswerk »Der Jüdische Krieg« arbeitete, lagen die endgültige Vernichtung dieser Sekte und die Zerstörung von Mesad Chassidim, der Festung der Frommen, gerade sieben Jahre zurück. Josephus Flavius hatte also selbst erfahren, was er notierte. In seiner Jugend habe er, so sagt die Überlieferung, selbst bei den Essenern gelebt. Deshalb wohl schrieb er seine Erzählung in der Gegenwartsform. Er war ein Jude in römischem Dienst – und er scheint voll Sympathie für diese Essener gewesen zu sein.

»Den Reichtum verachten sie, und bewundernswert ist bei ihnen, daß sie alles gemeinsam besitzen. Da findet man keinen unter ihnen, der mehr besäße als die anderen. Es besteht nämlich die Vorschrift, daß jeder, der dieser Sekte beitreten will, sein Vermögen der Gemeinschaft abtreten muß, und so bemerkt man nirgends bei ihnen große Armut oder übermäßigen Reichtum, sondern alle verfügen, wie Brüder, über das aus dem Besitztum der einzelnen Sektenmitglieder gebildete Gesamtvermögen.«

»Die Essener haben keine eigene Stadt für sich, sondern leben verteilt über das Land, in jeder Stadt. Dort bilden sie Gruppen, die zusammenhalten«, bemerkte Josephus Flavius. Archäologische Forschungsergebnisse weisen allerdings darauf hin, daß diese Gemeinschaft doch wohl eine Art Zentrum, einen geistigen Mittelpunkt, besessen haben muß.

Khirbet Qumran nennen die Araber, die in den Oasen am Toten Meer leben, den Platz, wo sich Reste dieses Zentrums – das als eine Art Kloster bezeichnet werden kann – noch in unserer Zeit besichtigen lassen. Nicht eindeutig ist festzustellen, ob Khirbet Qumran identisch ist mit der bereits im Buch Josua erwähnten Salzstadt »Ir Melach«. Anzunehmen ist, daß der Platz von den Essenern selbst »Mesad Chassidim«, die Festung der Frommen, genannt wurde.

Qumran liegt etwa 20 Kilometer in südlicher Richtung von Jericho entfernt, auf einer 60 Meter hohen Terrasse, die aus dem Steilabhang vorspringt, der im Westen des Toten Meeres den Jordangraben begrenzt. Von dort aus ist das Tote Meer weit zu überblicken. Zu sehen sind die wenigen Oasen am Westufer, die völlig kahle Küste im Osten und die rötlichen Berge des Landes Moab.

Als sicherer Platz konnte dieser Vorsprung des Steilabhangs gelten: Nur von einer Seite her hat die Terrasse Zugang; an drei Seiten fallen die Wände steil ins Tal. Auf dem Plateau sind noch Spuren von Gebäuden vorhanden, die einst aus Felsbrocken und Backsteinen stabil errichtet worden waren. Der Komplex der Häuser läßt erkennen, wo sich einst Küche, Versammlungsraum, Vorratskammern und sieben Wasserbecken für rituelle Waschungen befanden. Die Überreste der Gebäude zeigen an, daß die Anlage aus zwei Geschossen bestand. Dreigeschossig aber war ein eckiger, wuchtiger Turm, der den Eingang zu schützen hatte. Nirgends deuten Anzeichen auf Nutzung der Räume für Wohnzwecke hin; Schlafkammern wurden nicht gefunden. Daraus ist zu schließen, daß der Platz nur zu ganz bestimmten Tageszeiten für religiöse Gemeinschaftshandlungen aufgesucht wurde.

Der Gebäudekomplex auf der Terrasse über dem Toten Meer war seit der Mitte des 2. Jahrhunderts v. Chr. von Mitgliedern der Gemeinschaft bewohnt. Eine Unterbrechung der Nutzung ist ab dem dritten Jahrzehnt v. Chr. festzustellen. Ausgelöst wurde sie wohl durch das Erdbeben, das zur Regierungszeit des Herodes, im Jahre 31 v. Chr., das Jordantal erschüttert hatte. Damals ist die Anlage offenbar derart beschädigt worden, daß sie zunächst nicht mehr bewohnt werden konnte. Die Reparatur der Schäden muß im Todesjahr des Herodes, also 4 v. Chr., erfolgt sein. Von diesem Zeitpunkt an, so bezeugen die Wissenschaftler, wurde in den Werkstätten auf dem Plateau gearbeitet.

Die Terrasse von Khirbet Qumran galt den Archäologen lange Zeit als uninteressant. Die steinernen Relikte dort wurden für Überreste eines Römerlagers gehalten. Erst zu Beginn der zweiten Hälfte dieses Jahrhunderts haben sich die Wissenschaftler mit Khirbet Qumran beschäftigt. Ausgrabungen wurden unter Leitung der Königlich Jordanischen Altertumsverwaltung in Zusammenarbeit mit Pater Roland de Vaux, dem Direktor der Jerusalemer Bibelschule des Dominikanerordens, durchgeführt. Pater de Vaux ist der Meinung, die wichtigste Entdeckung sei das »Scriptorium« gewesen. Daß es sich um einen Schreibraum, einen Saal, in dem die heiligen Bücher der Juden kopiert wurden, handele, lese er aus den Besonderheiten der Funde ab: Klumpen von Backsteinen seien als Reste von Schreibtischen zu betrachten, in denen Vertiefungen für Tintenbehälter zu erkennen seien. Tatsächlich wurden dann auch unzerbrochene Tintenfässer aus Bronze und Terrakotta in den Trümmern des Scriptoriums gefunden. Tonscherben wurden als Teile großer Tintenkrüge identifiziert.

Das Scriptorium befand sich in der Mitte der gesamten Anlage. An ihrem Rand waren Handwerksbetriebe gruppiert: Da war eine Töpferei, in der Krüge zum Aufbewahren von Schriftrollen hergestellt wurden. Im Kloster am Toten Meer wurden nach Meinung der Wissenschaftler nicht nur Kopien der heiligen Bücher, sondern auch die sichere Verpakkung dazu hergestellt.

Josephus Flavius, der als Zeitzeuge der Essener gelten kann, gibt Hinweise darauf, wie die Gemeinschaft ein solches Zentrum nützte, wie ihre Arbeitsgewohnheiten und Lebensumstände waren: »Sie werden von Vorstehern zur Arbeit eingeteilt. Jeder verrichtet die Tätigkeit, die er gelernt hat, die er versteht. Wenn sie dann bis nahe an den Mittag heran tüchtig gearbeitet haben, kommen sie an einem ganz bestimmten Ort zusammen. Sie waschen ihren Leib und kleiden sich mit einem Tuch aus Leinen. Sie begeben sich dann in ein besonderes Gebäude, das keiner betreten darf, der nicht dieser Gemeinschaft angehört. Sie versammeln sich hier im Speisesaal, gereinigt, als würden sie ein Heiligtum betreten. Dort setzen sie sich in Ruhe nieder. Der Bäcker legt ihnen die Brote vor, und der Koch stellt vor jeden eine Schüssel, die ein einziges Gericht enthält. Ehe das Mahl beginnt, spricht der Priester ein Gebet. Vor dem Gebet darf niemand etwas verzehren. Nach dem Mahl betet der Priester erneut. Zu Beginn des Essens und an seinem Ende wird Gott als der Spender der Nahrung verehrt. Nachdem sie dann ihre heiligen Kleider wieder abgelegt haben, begeben sie sich erneut an die Arbeit bis zur Abenddämmerung. Nach Sonnenuntergang treffen sie sich zur letzten Mahlzeit des Tages. Weder Geschrei noch sonstiger Lärm entweiht jemals dieses Haus, sondern jeder spricht nur, wenn es unbedingt nötig ist. Wer am Haus der Gemeinschaft vorübergeht, auf den macht die Stille einen schaurigen Eindruck. Doch hat die Ruhe ihren Grund in der beständigen Nüchternheit der Mitglieder der Gemeinschaft. Sie trinken nur so viel, als nötig ist, um den Durst zu stillen. Sie essen auch nur, solange sie Hunger haben.«

Nach den Erkenntnissen des Josephus Flavius hatten sich die Mitglieder der Gemeinschaft an strenge Gesetze der Disziplin zu halten: »Nichts unternehmen die Essener ohne ausdrücklichen Befehl ihrer Vorsteher, und nur in zwei Bereichen besitzen sie die Freiheit der Entscheidung. Es liegt bei ihnen, ob sie einer Person Hilfe leisten wollen oder nicht, ob sie Barmherzigkeit üben wollen gegenüber Armen und Leidenden. Jedem ist es gestattet, einem Hilfsbedürftigen beizustehen, einem Hungrigen Nahrung zu geben. An Verwandte aber darf ohne Einwilligung des Vorstehers nichts abgegeben werden.«

Über den Glauben, über die Gottesauffassung der Essener berichtet Josephus: »Auf eine eigentümliche Art verehren sie die Gottheit. Noch bevor nämlich die Sonne aufgeht, sprechen sie kein Wort, das nicht zum Gebet gehört. Sondern sie richten an das Gestirn gewisse altherkömmliche Gebete, als wollten sie den Aufgang der Sonne erflehen.«

Und vom Wissen der Essener um den Tod notierte der Historiker: »Sie glauben, daß der Körper der Verwesung anheimfalle, daß er vergänglich ist. Die Seele dagegen lebe in Ewigkeit fort. Der Körper, so meinen sie, sei das Gefängnis der Seele. Sobald die Seele aber von den Banden des Fleisches befreit sei, entschwebe sie, wie aus langer Knechtschaft befreit, in seliger Wonne zur Höhe. Sie lehren, den Guten sei ein Leben jenseits des Ozeans beschieden, von einem Ort, wo einem weder Regen noch Schnee noch Hitze zur Last falle. Ein linder Wind, der vom Ozean her weht, gibt dort angenehme Kühle. Den Bösen dagegen werde eine finstere und kalte Höhle zugewiesen, in der ewige Qualen auf sie warten.«

Im Bericht des Josephus Flavius fällt auf, daß er – ohne es deutlich zu sagen – die Mitglieder der Essener Gemeinde immer als Männer vor Augen hat. Frauen werden nicht erwähnt. Diese Darstellung wird ergänzt durch Bemerkungen, die Plinius der Ältere in seinem Buch »Historia naturalis« (V, 17) für nennenswert gehalten hat: »Im Westen des Toten Meeres wohnen sie, die Essener, in sicherem Abstand vom Wasser. Es ist ein seltsames, einzigartiges Volk, diese Gemeinschaft der Essener. Sie leben ohne Frauen. Sie haben aller Liebe entsagt und wohnen ohne jedes Geld – bei den Palmen. Tag für Tag wird die Gemeinschaft ergänzt. Die Zahl derer, die zusammenkommen, bleibt gleich, auch wenn Mitglieder sterben, durch Männer, die neu in die

Gemeinschaft eintreten. Das Schicksal treibt neue Genossen in den Kreis der Essener. Sie kommen, weil sie ihrer Lebensform überdrüssig geworden sind und eine neue Lebensweise suchen.«

Daß im Verlauf der Jahre viele Menschen in Khirbet Qumran starben, beweist der Friedhof ostwärts der Mauer, die den Gebäudekomplex umgibt. Dort wurden mehr als 1100 Gräber entdeckt. Aus den Resten der Gebeine ist abzulesen, daß die Begrabenen um die Zeit zwischen den Jahren 4 v. Chr. und 50 n. Chr. gestorben sein müssen. Die Archäologen haben keine Knochen gefunden, die zu einem weiblichen Körper gehört haben könnten.

Vom südlichen Teil der Terrasse aus ist, über ein Tal hinweg, eine Bergwand zu sehen – und in deren oberem Teil die Ursache, warum Pater Roland de Vaux im Jahre 1951 mit der archäologischen Untersuchung der Region begonnen hatte: Ganz deutlich sind die Eingänge von zwei Höhlen in der Mergelwand zu erkennen. Dort waren, wenige Jahre zuvor, sensationell wertvolle Funde gemacht worden.

Einst war das Tal unterhalb der Terrasse, das Wadi Qumran, fruchtbar, weil die Benutzer der Klosteranlage über einen Aquädukt Wasser hereingeleitet hatten. Längst ist die Wasserleitung geborsten; trocken liegt das Wadi Qumran in der Hitze, die in der Jordansenke brütet. Nur manchmal, wenn im Bergland von Judäa heftig und langanhaltend Regen gefallen ist, wacht die Vegetation am Talgrund auf. Dann ziehen Nomaden mit ihren Herden vom Ufer des Toten Meeres weiter landeinwärts, um sich auch im Wadi Qumran eine Zeitlang aufzuhalten. Im Sommer des Jahres 1947 trugen die sonst dürren Sträucher dort grüne Blätter. Hirten aus dem Beduinenstamm Ta'amireh trieben ihre Tiere zur Weide in das Tal – und langweilten sich dann. Da die sengende Sonne gnadenlos auf das weiß-graue Gestein brannte und es nirgends Schatten gab, wollte einer der Hirten herausfinden, ob die Höhle oben in der Wand Kühlung bieten könnte. Mühsam war der Aufstieg, doch dann verschwand der junge Mann im schattigen Loch. Kühle Luft fand er zwar nicht, dafür einen mit Staub bedeckten, verschlossenen Krug, der aus gebranntem Ton gefertigt war.

Längst schon hatten die Beduinen des Heiligen Landes einen Blick dafür, ob sich Dinge, die sie im Land um die Jordansenke fanden, zu Geld machen ließen oder nicht. Fast jeder kannte einen Händler, der scharf darauf war, alte Scherben zu kaufen. Der Hirte, der den Krug fand, war sicher, in einem bestimmten Laden in Betlehem einen guten Preis für seinen Fund zu erzielen. Als der Händler den Krug, der durch einen Deckel verschlossen war, näher untersuchte, entdeckte er, daß sich darin eine zusammengerollte uralte Handschrift befand. Da begriff er: Dies war kein Handelsobjekt für ihn. Der Händler erkannte in der

Rolle ein Relikt von höchstem Wert für Gläubige der christlich-jüdischen Religionen. Durch seine Vermittlung wurde der syrisch-orthodoxe Erzbischof des St.-Markus-Klosters in Jerusalem mit dem Fund befaßt. Dem Geistlichen war sofort bewußt, daß die Schriftrolle – schon durch ihr Alter – das Allerwertvollste war, was jemals im Bereich der christlichen und der jüdischen Glaubenswelt entdeckt worden war. Doch er konnte seine Begeisterung verbergen. Für die Summe, die beim Kauf eines uralten Kruges angemessen war, kaufte der Erzbischof das Objekt. Da er eine Beschreibung der Fundstätte bekam, war er in der Lage, selbst Nachforschungen in der Höhle von Qumran – und in benachbarten Höhlen – durchführen zu lassen. Tatsächlich wurden weitere Tonkrüge und in ihnen weitere Manuskriptrollen gefunden.

Dieser Besitz erschien dem hohen Geistlichen bald wie ein Geschenk des Himmels. Im arabisch-israelischen Krieg von 1948 war das Kloster St. Markus in Jerusalem schwer beschädigt worden. Das Geld für die Reparatur der Schäden erhielt er nun durch Verkauf der Manuskripte. Der israelische Archäologe Yigael Yadin zahlte dafür die Summe von 250 000 Dollar.

Im Jordangraben, nicht in Jerusalem wurde der Glaube bewahrt

Die »Schriftrollen vom Toten Meer« sind heute Besitz des Staates Israel. Sie werden im »Schrein der Bücher« aufbewahrt, als heiligstes Eigentum des gesamten jüdischen Volkes. Beweisen diese Schriften doch die Intensität des Glaubenslebens in einer Zeit, in der zwar Herodes den Tempel in Jerusalem erbauen ließ, in der jedoch der Inhalt der religiösen Überzeugung ausgelaugt und damit nebensächlich geworden zu sein schien. Die äußere Form war glänzend: Prächtiger als der Tempel des Herodes konnte das Haus Gottes nicht sein. Nur war der Glaube erloschen, daß Gott wahrhaftig in diesem Tempel seine Wohnstätte besaß; der Tempel war zur Äußerlichkeit entartet. Doch weitab von Jerusalem, in der kargen Landschaft am Toten Meer, saßen Männer an Schreibtischen und bewahrten das Erbe des Glaubens über die Zeit der geistigen Verflachung hinweg.

Josephus Flavius bezeugt, daß für viele Mitglieder der Glaubensgemeinschaft, »die sich von Jugend auf mit den heiligen Büchern befaßt haben«, die Vertrautheit mit der Sphäre Gottes überaus intensiv war. Der Historiker meint, mancher der Essener sei derart vertieft in den Glauben, daß er selbst aus Erfahrung und Erkenntnis Weissagungen machen könne, die sich nur in den seltensten Fällen als falsch erwiesen.

Möglich ist, daß die Schreiber, die im Scriptorium des Klosterkomplexes von Khirbet Qumran arbeiteten, diese Intensität des Glaubens besaßen. Wie niemand sonst in jener Zeit kannten sie die Weissagungen der Propheten des jüdischen Volkes. Sie werden die Bücher Mose, das Buch Jesaja, die Psalmen oder die Überlieferungen der zahlreichen nur kurzfristig bedeutenden Propheten und Lehrer der Gläubigen – Ben Sirach gehört dazu – wohl nicht gedankenlos kopiert haben. Ihre Bildung, angesammelt durch dauernde Beschäftigung mit dem heiligen Stoff, hob die Schreiber im Scriptorium weit über andere Menschen jener Zeit hinaus und ließ sie Zusammenhänge erkennen, die anderen verborgen blieben. Selbst der Hohepriester in Jerusalem wird das Wissen um die heiligen Schriften nicht besessen haben, das den Schreibern von Khirbet Qumran geläufig war.

Wahrsagungen, die in den Schriften von Qumran zu finden sind, verkünden die Schaffung eines Gottesreiches, das den wahren Gläubigen vorbehalten bleibt, den Juden, die sich nicht von der Welt haben einfangen lassen. Dieses Gottesreich aber tritt nicht von selbst ein, es wird am Ende eines apokalyptischen Krieges entstehen, dessen Auswirkung auch die erbarmungslose Bestrafung aller Heiden sein werde. Bis dahin aber sei Wachsamkeit erforderlich gegen alle, die sich außerhalb der Gemeinschaft befänden. »Die Söhne des Lichts« und »die Söhne der Finsternis« stehen einander gegenüber. Nur Mitglieder der Gemeinschaft können den Unterschied erkennen; nur sie wissen, wem die Verheißung gelten könne, wer letztlich der wahre Herrscher sei. Sie können den, der sich Macht anmaßt, in seine Schranken weisen. Da ist auch zu lesen, daß es einen geben wird, der die Hoffnung der Gläubigen sein werde. Der Gedanke an den Messias wurde in der Festung der Frommen über dem Toten Meer gepflegt. In den Höhlen in der Nähe von Khirbet Qumran wurden Texte gefunden, die auf das Kommen der von Gott gesandten Führungsgestalt hinweisen. Dazu gehört das »Testament Levi«, dem diese Verse entnommen sind:

Nachdem die Sünder bestraft sind, wird das Priestertum erlöschen.
Der Herr wird einen neuen Priester erwecken.
Ihm werden alle Worte des Herrn offenbart werden.
Sein Stern wird aufsteigen am Himmel wie der Stern eines Königs
Und leuchten im Licht der Weisheit wie die Sonne und wie der Tag.
Er wird erhöht werden über alles in der Welt.
Er wird erstrahlen wie die Sonne über der Erde.
Die Himmel werden jauchzen in seinen Tagen,
Die Wolken werden sich freuen,
Und die Engel der Herrlichkeit vor dem Angesicht des Herrn
werden in ihm glücklich sein.

Die Himmel werden sich öffnen,
Und aus dem Tempel der Herrlichkeit wird Heiligkeit
über ihn kommen. Die Herrlichkeit
des Allerhöchsten wird über ihm ausgerufen werden,
Und der Geist der Einsicht und der Heiligkeit wird auf ihm ruhen.
Denn er wird die Majestät des Herrn seinen Söhnen
in Wahrheit schenken für immer.
Unter seinem Priestertum werden die Ungläubigen Gott erkennen.
Sie werden erleuchtet werden von der Gnade des Herrn.
Unter seinem Priestertum wird die Sünde aufhören,
Und die Gottlosen werden ablassen vom Bösen.
Dann wird er die Tore des Paradieses öffnen
Und das Schwert entfernen, das die Menschen bedrohte.
Den Heiligen wird er zu essen geben vom Baum des Lebens,
Und das Böse wird von ihm gefesselt werden.
Der Herr wird sich über seine Kinder freuen.
Und er wird an seinen Vielgeliebten Wohlgefallen haben für immer.

Stärker noch als im »Testament Levi« wird im Buch Henoch ein Messias angekündigt, ein »Menschensohn«. Diese Ankündigung wirkt bereits wie ein Hinweis auf Jesus Christus. Der Autor des Buches Henoch wird den Essenern zugerechnet; sein Einfluß auf die Verfasser der Evangelien ist unbestritten.

Der Hinweis auf den Messias lautet: »Und ich sah Einen, der hatte ein Haupt von Tagen, und sein Haar war weiß wie Wolle, und bei ihm war ein anderes Wesen, dessen Antlitz das eines Mannes zu sein schien und voller Anmut, wie einer der heiligen Engel. Und ich fragte den Engel, der mit mir kam und mir alle verborgenen Dinge zeigte, über diesen Menschensohn, wer er sei, und warum er mit dem Haupt der Tage gehe? Und er antwortete und sagte zu mir: Das ist der Menschensohn, der Gerechtigkeit hat, bei dem Gerechtigkeit weilt und der alle verborgenen Schätze entschleiert, weil der Herr der Geister ihn erkoren hat und sein Geschick vor dem Herrn der Geister alles in Ewigkeit an Aufrichtigkeit übertroffen hat. Und dieser Menschensohn, den du gesehen hast, wird die Könige und die Mächtigen von ihren Lagern und die Starken von ihren Thronen fortreißen und wird die Zügel der Starken lockern und zu Staub die Zähne der Sünder zermahlen.«

Der von Gott gesandte Herrscher wurde erwartet – doch dem weltlichen Herrscher verweigerten die Essener den Respekt nicht. Besonders eng war ihr Kontakt zu Herodes gewesen. Berichtet wird, einer ihrer führenden Köpfe – sein Name wird mit Mennäus angegeben – habe sich mit Herodes unterhalten, als der noch sehr jung und noch nicht König war. Damals habe Mennäus vorausgesagt, Herodes werde ein großer König sein, aber ein sehr schlechter Mensch. Für Herodes war es offenbar leicht gewesen, sich mit den Essenern in bezug auf die Herrschaft im jüdischen Land zu einigen, da der Standpunkt der Gemeinschaft zum politischen Machtträger so fixiert gewesen sei: Kein Herrscher kann sein Amt ohne den Willen Gottes erlangen. Eine derartige Meinung mußte dem König Herodes gefallen haben – aber auch seinem Nachfolger. Die Frage ist nur, ob die Essener ihre positive Einstellung zur Macht auch auf den römischen Landpfleger übertragen haben.

Zwar war die Einsetzung eines Landpflegers von einflußreichen Männern des jüdischen Volkes als Maßnahme zur Eindämmung der königlichen Willkür gefordert worden. Doch bald änderte sich die Meinung derer, die einverstanden gewesen waren, daß Judäa römische Provinz wurde. Den Landpfleger Coponius hatten sie noch gern gesehen, weil er den Juden keine übergroßen Lasten auferlegte. Mit jedem neuen Verwalter aber wuchs die Reue, die Absetzung des eigenen Königs gefordert zu haben. Auf Marcus Ambivius (9 n. Chr.), Tinejus Rufus (11 n. Chr.) und Valerius Gratus (14 n. Chr.) folgte als vierter in der Reihe der kaiserlichen Gouverneure Pontius Pilatus; er trug die Verantwortung im Land zwischen Jordan und Ostküste des Mittelmeers zehn Jahre lang, von 26 n.Chr. bis 36 n. Chr. In seiner Herrschaftszeit kam es im Jordantal zu Ereignissen, die für die Menschheitsgeschichte von Bedeutung werden sollten.

Der Name Johannes bedeutet: Gott gibt Gnade

»Da zogen Menschen aus dem ganzen Land am Jordan und alle Einwohner Jerusalems zu ihm hinaus und ließen sich von ihm im Flusse Jordan taufen, indem sie ihre Sünden bekannten.« Von der Taufe der Massen im Jordan und von einem Mann namens Johannes berichtet hier das Markusevangelium.

Über sein Äußeres wird gesagt: »Er war gekleidet mit einem Gewand aus Kamelhaaren.« Erwähnt wird auch, was er aß: »Er lebte von Heuschrecken und von wildem Honig.«

Das Lukasevangelium nennt den Zeitpunkt der Taufe von Menschen aus dem Jordanland und aus Jerusalem: »Im fünfzehnten Regierungsjahr des Kaisers Tiberius, als Pontius Pilatus Statthalter von Judäa war und Herodes Vierfürst von Galiläa.« Das fünfzehnte Regierungsjahr des Kaisers Tiberius teilte sich auf in Monate der Jahre 28 und 29 n. Chr. Es war das zweite Dienstjahr des Gouverneurs Pontius Pilatus in Jerusalem. Mit Herodes war nicht der König gemeint, der im Jahre

4 v. Chr. in Jericho gestorben war, sondern dessen Sohn Herodes Antipas, der in Galiläa regierte und den Titel »Vierfürst« trug. Das Amt eines Vierfürsten war in der Ordnung des römischen Imperiums weniger bedeutungsvoll als das eines Königs.

Auch über den Träger des höchsten geistlichen Amtes in jener Zeit gibt das Lukasevangelium Auskunft: ». . . als Annas und Kajafas Hohepriester waren.« Kajafas – in der griechischen Umschrift Kaiphas – war Hoherpriester in den Jahren 18 bis 36 n. Chr. Er trug zwar den Titel, in Wahrheit aber war sein Schwiegervater Annas das geistliche Oberhaupt; er war Hoherpriester vor Kajafas gewesen und hatte für sich die Amtsbezeichnung einfach weiterhin behalten.

Alle die genannten Mächtigen – Pontius Pilatus, Herodes Antipas, Annas und Kajafas – haben wohl mit Argwohn zur Kenntnis genommen, was da am Jordan geschah. Wenn das Markusevangelium die Wahrheit erzählt, zogen Menschen in großer Zahl zum Fluß, um eine Zeremonie zu vollziehen, die bisher durchaus nicht üblich gewesen war in der Jordansenke.

Rituelle Waschungen waren allerdings lange schon Tradition bei den jüdischen Gläubigen: Sie sollten nicht nur die Reinheit des Körpers bewirken, sondern ganz von selbst auch die Reinheit der Seele, da Körper und Seele durchaus als Einheit gesehen wurden. Diese rituellen Waschungen wurden im Bereich des Bethauses, der Synagoge, vollzogen. Rituelle Handlungen im Wasser eines Flusses mußten als revolutionäre Neuerung gelten. Daß die Taufe, wie sie Johannes praktizierte, tatsächlich etwas Außergewöhnliches war, ist auch den Worten des Josephus Flavius zu entnehmen, der in seinem Werk »Jüdische Altertümer« (XVIII) diese Bemerkung zum öffentlichen Auftreten des Johannes notierte: »Er begeisterte die Juden zum Empfang der Taufe: Gott werde wirklich, so sagte Johannes, auf diese Taufe mit Wohlgefallen herabsehen, wenn man sie nicht empfange, um Vergebung gewisser Sünden zu erlangen, sondern zur Reinigung des Leibes, nachdem man seine Seele durch Gerechtigkeit geläutert habe.«

Josephus Flavius charakterisiert Johannes so: »Er war ein ehrenwerter Mann, der die Juden zur Tugendübung begeisterte, zur Gerechtigkeit gegeneinander.« Vom jüdisch-römischen Historiker Flavius ist nicht zu erfahren, wer dieser Mann wirklich war, woher er stammte. Über die Herkunft des Johannes gibt das Lukasevangelium Auskunft. Möglich ist, daß der Autor des Lukasevangeliums eine Überlieferung benützte, die im Kreis der Anhänger des Johannes bekannt war und mündlich weitergegeben wurde.

Bei Lukas lautet der Text so: »Zur Zeit des jüdischen Königs Herodes lebte ein Priester mit Namen Zacharias aus der Priesterkaste Abia.

Seine Frau stammte aus den Töchtern Aarons und hieß Elisabet. Sie waren beide gerecht und befolgten ohne Tadel alle Gebote und Vorschriften des Herrn. Aber sie hatten keine Kinder; denn Elisabet war unfruchtbar, und beide hatten schon ein vorgerücktes Alter erreicht. Da begab es sich, als die Kaste des Zacharias an der Reihe war und er den Dienst vor Gott verrichtete, daß er nach dem Brauch der Priester durch das Los dazu bestimmt wurde, in den Tempel des Herrn zu gehen und das Rauchopfer darzubringen, während das ganze Volk draußen zur Stunde des Rauchopfers betete. Da erschien ihm ein Engel des Herrn, der zur Rechten des Rauchopferaltars stand. Bei dessen Anblick erschrak Zacharias und wurde von Furcht gepackt. Der Engel aber sprach zu ihm: ›Fürchte dich nicht, Zacharias, denn dein Gebet ist erhört worden. Deine Frau Elisabet wird dir einen Sohn schenken, dem du den Namen Johannes geben sollst. Du wirst Freude und Glück darüber empfinden, und viele werden sich über seine Geburt freuen; denn er wird groß sein vor dem Herrn. Wein und berauschendes Getränk wird er nicht genießen, und er wird schon vom Mutterschoß an vom Heiligen Geist erfüllt sein und viele Israeliten zum Herrn, ihrem Gott, zurückführen. Er wird vor ihm hergehen, im Geist und in der Kraft des Elijas, um die Herzen der Väter den Kindern wieder zuzuwenden und um die Ungehorsamen zur Gesinnung der Gerechten zu führen, um dem Herrn ein wohlgefälliges Volk zu schaffen.‹ Da sprach Zacharias zu dem Engel: ›Woran soll ich das erkennen? Ich bin ja ein Greis, und auch meine Frau ist hochbetagt!‹ Der Engel erwiderte ihm: ›Ich bin Gabriel, der vor Gottes Angesicht steht. Ich bin gesandt, um mit dir zu reden und dir diese frohe Botschaft zu verkünden. Siehe, du wirst stumm sein und nicht reden können bis zu dem Tage, an dem dies geschieht, weil du meinen Worten nicht geglaubt hast, die doch zu ihrer Zeit in Erfüllung gehen werden.‹ Das Volk aber wartete auf Zacharias und wunderte sich, daß er so lange im Tempel blieb. Als er heraustrat, konnte er nicht zu den Menschen reden. Da merkten sie, daß er eine Erscheinung im Tempel gehabt hatte. Er gab ihnen nämlich Zeichen, blieb aber stumm. Als die Periode seines Dienstes zu Ende war, kehrte er nach Hause zurück. Nach diesen Tagen wurde seine Frau Elisabet guter Hoffnung.« (Lk 1,5–25)

Im Bergland von Judäa kam das Kind zur Welt. Der Vater Zacharias folgte dem Befehl, den ihm – so berichtet das Lukasevangelium – der Engel erteilt hatte: Er akzeptierte einen Namen für seinen Sohn, dessen Klang ihm fremd war. Der Befehl hatte gelautet: »Er wird dir einen Sohn schenken, dem du den Namen Johannes geben sollst.« Der Name war neuartig und entsprach nicht der Tradition in den Priesterfamilien. Das Lukasevangelium macht deutlich, daß mit der Namenswahl Ungewöhnliches geschah, das Verwunderung auslöste: »Für Elisabet kam die Zeit ihrer Niederkunft, und sie gebar einen Sohn. Ihre Nachbarn und Verwandten hörten, daß der Herr ihr so große Barmherzigkeit erwiesen hatte, und sie freuten sich mit ihr. Und als sie am achten Tage kamen, um das Kind zu beschneiden, wollten sie es nach seinem Vater Zacharias nennen. Aber seine Mutter nahm das Wort und sagte: ›Nein, es soll Johannes heißen!‹ Die Nachbarn und Verwandten entgegneten ihr: ›Es gibt in deiner Familie doch keinen, der so heißt.‹ Da fragten sie den Vater, wie er ihn genannt haben wolle. Der verlangte eine Schreibtafel und schrieb darauf die Worte: ›Johannes ist sein Name!‹ Da wunderten sich alle. Im selben Augenblick wurde sein Mund geöffnet und seine Zunge gelöst. Er konnte wieder sprechen und pries Gott. Da erfaßte Furcht alle Nachbarn, und im ganzen Bergland von Judäa wurden diese Begebenheiten besprochen, und alle, die davon hörten, bewahrten es im Herzen und sagten: ›Was wird wohl aus diesem Kinde werden?‹« (Lk 1,57–66)

Die Namensgebung wies den Weg des Menschen Johannes: Priester, wie der Vater, sollte er nicht werden. Doch ein normaler Beruf, wie ihn andere Männer in Judäa ausübten, kam wohl auch nicht in Betracht. Johannes war dazu bestimmt, Gott zu dienen. Unbekannt ist, wie er dazu herangebildet wurde. Daß er irgendwann seine Eltern verließ, um in der Wüste zu leben, ist dem Lukasevangelium zu entnehmen; in der Wüste »erging das Wort des Herrn an ihn«.

Die Wüste, die neue Heimat des Johannes, liegt im Osten und im Südosten von Jerusalem. Auf ganz kurzer Wegstrecke verwandelt sich das fruchtbare Land in trockene, staubige Öde. Doch Durst braucht dort niemand zu leiden, der die Wege kennt; denn zahlreich sind die Wasserstellen mit Quellen, die das ganze Jahr hindurch nicht versiegen. Nur dem Fremden, dem Städter, stellt sich das gelblich-braune Bergland als unheimlich, als todbringend dar. Der Fremde schreckt auch zurück vor dem lebensvernichtenden Salzmeer, das im Osten an die sandige und felsige Gegend anschließt. Von der Wüste Juda fällt das Gebirge ab zur Jordansenke, zum Toten Meer. Das Salzmeer und die Wüste bilden eine Einheit.

Die Öde zwischen Salzmeer und dem fruchtbaren Teil des Landes Judäa besitzt eine Faszination, die auf die Phantasie von Menschen einwirken kann, die auf der Suche nach Gott sind. Die Eintönigkeit lenkt nicht ab vom Gedanken an die Allmacht des einen Gottes. Wer sich im Ödland auf den Allmächtigen konzentriert, der glaubt auch manchmal die Stimme des Herrn zu hören. Im Buch Jesaja ist eine solche Situation beschrieben: »Eine Stimme ruft in der Wüste: Bereitet den Weg des Herrn, machet eben seine Pfade!« (40,3)

Seit der Entdeckung der Schriftrollen von Qumran wissen die Sachverständigen, die sich mit der Geschichte und dem Denken der Essener befassen, wie wichtig dieser Glaubensgemeinschaft das Buch Jesaja war. In den Höhlen über dem Toten Meer wurden zwei Rollen mit Texten dieses Propheten entdeckt. Aneinandergefügt sind die Manuskripte 7,34 Meter lang. Kein anderer Prophet ist zweimal in derart umfangreicher Form mit seinen Texten im Höhlenversteck von Khirbet Qumran vertreten gewesen. In beiden Rollen sind die Worte zu finden: »Eine Stimme ruft aus der Wüste:....«

In seiner Schrift »Johannes der Täufer in Selbstzeugnissen und Bilddokumenten« weist der Autor Jean Steinmann darauf hin, daß in ureigensten Texten der Essener, im »Handbuch der Disziplin«, ein Bezug hergestellt wird zwischen Jesaja und der Gemeinschaft. Steinmann zitiert diesen Text als Beleg: »Wenn dies der Ruf für die Gemeinde Israels nach ihrer Bestimmung eintrifft, sollen sie die Gemeinschaft der Menschen verlassen und in die Wüste gehen, um dort dem Herrn den Weg zu bahnen, wie geschrieben steht: Bahnt (dem Herrn) den Weg in die Wüste! Ebnet in der Steppe einen Pfad unserem Gotte!«

Das paßt genau zum Leben des Priestersohnes Johannes, der sich berufen fühlte, in die Wüste am Toten Meer zu gehen, um dort über Gott nachzudenken. Die Essener hatten die Vision, einer müsse Gott den Weg bahnen, von Jesaja übernommen. Die Frage ist: Wer hat Johannes auf den Gedanken gebracht, in die Wüste und ins Jordantal zu wandern? Möglich ist, daß die Essener in Khirbet Qumran den jungen Mann aus der Priesterfamilie geleitet haben. Spuren in der Überlieferung weisen darauf hin.

Jean Steinmann stellt fest, daß eine bereits im Jahre 1896 in Cairo entdeckte Schrift, die in der Wissenschaft unter der Bezeichnung »Damascus Covenant« bekannt ist und den Essenern zugeschrieben wird, ein Detail erwähnt, das sich im Markusevangelium wiederfindet: Heuschrecken seien Nahrungsmittel; der Text des Covenant gibt sogar die Anweisung, die Heuschrecken gekocht oder gebraten zu verzehren. Heuschrecken galten den Essenern als reine Nahrung. Von Johannes aber wird berichtet, er habe Heuschrecken gegessen. Die Parallele zwischen dem Kloster am Toten Meer und Johannes ist unverkennbar. Als Beweis für die Zugehörigkeit des Priestersohns zur Essenergemeinschaft kann sie kaum gelten.

Zu denken gibt jedoch der Ort, wo Johannes gewirkt hat: »Da zogen Menschen aus dem ganzen Land am Jordan und alle Einwohner Jerusalems zu ihm hinaus und ließen sich von ihm im Jordan taufen, indem sie ihre Sünden bekannten.« Im Markusevangelium wird sein

Auftreten nur allgemein an den Jordan verlegt. Das Johannesevangelium gibt einen deutlicheren Hinweis: »Das alles geschah in jenem Betanien, das jenseits des Jordan liegt. Dort taufte Johannes.« (Jh 1,28)

Der Autor unterscheidet genau: Durch die Formulierung »in jenem Betanien, das jenseits des Jordan liegt«, drückte er aus, daß nicht das andere Betanien (korrekt Bet Hanania) gemeint war, das sich im Osten des Ölbergs befindet und das einst der letzte Rastplatz der Pilger auf dem Weg von Jericho nach Jerusalem gewesen war. Unbekannt ist allerdings die präzise Lage des Ortes, den das Johannesevangelium als »jenes Betanien« bezeichnet; eine frühe Überlieferung besagt, er habe sich östlich von Jericho befunden, auf der Ostseite des Flusses, unmittelbar bei der Jordanfurt. Auf der Mosaikkarte, die einst den Fußboden der byzantinischen Kirche von Madeba im Ostjordanland gebildet hatte, befindet sich Betanien am Jordan. Die Angaben dieser Karte gehen auf frühe Überlieferungen zurück.

Bei näherer Betrachtung des Flußverlaufs erscheint es selbstverständlich, daß Johannes die Jordanfurt von Jericho ausgewählt hat, um Menschen zu taufen, denn dort ist der Fluß nicht tief, und das Wasser fließt behäbig. Beides trifft allerdings auch für die weiter nördlich gelegene Furt von Damiya und für die Furt von Bet-Schean zu – doch diese beiden Jordanübergänge liegen so weit von Jerusalem entfernt, daß der Weg hin zum Taufort und zurück nicht an einem Tag zu bewältigen gewesen wäre. Da das Markusevangelium feststellt, »alle Einwohner von Jerusalem« – gemeint sind wohl »viele« – seien zu Johannes »hinausgezogen«, erscheint die Furt von Jericho als Wirkungsstätte des Johannes als wahrscheinlich, denn sie ist von Jerusalem aus leicht zu erreichen.

Angenommen, es entspricht der Wahrheit, daß Johannes in der Nähe von Jericho getauft hat, dann ist wohl auch die Vorstellung erlaubt, daß er das nur 20 Kilometer entfernte Kloster der Essenergemeinde gekannt hat und daß er in Kontakt mit den Gemeindemitgliedern stand. Wenn Johannes sich in Khirbet Qumran aufgehalten hat, dann wußte er auch, welchen Wert die Essener auf die Taufe gelegt haben: Das Wasserbecken und die Stufen, die der Täufling hinunterzusteigen hatte, sind in den Ruinen auf der Terrasse über dem Toten Meer noch zu erkennen. Das Revolutionäre am Taufakt, den Johannes ausführte, war, daß er im fließenden Wasser des Jordan stattfand. Obgleich in diesem Zusammenhang eine Formulierung im »Handbuch der Disziplin« der Essener zu denken gibt, die besagt, daß »Gegner des Bundes« durch das Wasser der Flüsse nicht geläutert werden können.

Jedenfalls ist die Nähe des Täufers Johannes zur Essenergemeinschaft spürbar. Und deshalb ist auch der Gedanke zulässig, Johannes habe während der Taufe Gebetselemente der Essener an seine Anhänger weitergegeben. Da ist in den Texten, die in den Höhlen bei Qumran entdeckt worden sind, dieser Wortlaut zu finden: »Er wird über jeden den Geist der Wahrheit ausgießen als Wasser, das von allen Greueln der Lüge reinigt. Er wird den Geist der Läuterung herabsteigen lassen, um die Gerechten die Weisheit des Allerhöchsten zu lehren und die in der Weisheit der Himmelssöhne zu unterrichten, die ein vollkommenes Leben führen.«

Eines Tages geschah Außergewöhnliches am Jordan bei Jericho. Das Markusevangelium berichtet darüber: »Es begab sich, daß Jesus von Nazaret, das in Galiläa liegt, zu Johannes kam, um sich im Jordan taufen zu lassen. Als er aus dem Wasser stieg, sah er den Himmel sich öffnen und den Geist Gottes wie eine Taube auf sich herabsteigen. Und eine Stimme erscholl vom Himmel: ›Du bist mein geliebter Sohn, an dir habe ich mein Wohlgefallen.‹« (Mk 1,9–11)

Auffällig ist die Parallele zum Essenertext, der verkündet, der Geist der Wahrheit werde ausgegossen, der Geist der Läuterung werde herabsteigen. Jesus, so wird berichtet, habe am Jordan erlebt, wie er nicht nur die Taufe durch das Wasser, sondern auch die Taufe durch den Geist erhalten habe.

Die Lektüre des Matthäusevangeliums zeigt: Johannes der Täufer muß schon vor dem Eintauchen Jesu ins Jordanwasser gewußt haben, daß er einen ungewöhnlichen Täufling vor sich hatte. Da heißt es nämlich: »Damals aber kam Jesus aus Galiläa zu Johannes an den Jordan, um sich von ihm taufen zu lassen. Der aber wollte es nicht zulassen und sagte: ›Es wäre besser, ich würde von dir getauft werden, und du kommst zu mir?‹ Doch Jesus antwortete ihm: ›Laß es für diesmal geschehen, denn es geziemt sich für uns, alle Gerechtigkeit zu erfüllen.‹ Da gab ihm Johannes nach.« (Mt 3,13–15)

Daß er einem anderen den Weg zu bahnen hatte, der Gott näher stand als er selbst, das war Johannes schon vorher klar. Zu gläubigen Juden, die aus Jerusalem zu ihm an den Jordan gekommen waren, hatte er in bitterem, warnendem Ton sogar gesagt: »Ich taufe euch nur mit Wasser zur Buße. Der aber nach mir kommt, ist stärker als ich, und ich bin nicht würdig, ihm die Schuhe nachzutragen. Er wird euch mit dem Heiligen Geist und mit Feuer taufen.« (Mt 3,11)

Das Bild von den Schuhen, die nachgetragen werden, entnahm Johannes der Praxis seines Wirkens: Wer von ihm getauft werden wollte, der hatte seine Schuhe auszuziehen, ehe er eintauchte in das Jordanwasser. Er konnte die Schuhe am Ufer ablegen oder sie jemand in die Hand geben, damit der sie ihm nachtrug, bis die Taufe beendet war. Im Johannesevangelium ist das Bild vom Täufling, dessen Problem die

Schuhe sind, ebenfalls zu finden. Johannes sprach diese Worte zu Taufwilligen aus Jerusalem: »In eurer Mitte steht einer, den ihr nicht kennt. Er wird nach mir kommen, und ich bin nicht wert, ihm die Schuhriemen aufzubinden.« Angefügt ist eine deutliche Ortsbestimmung: »Das geschah in Betanien, jenseits des Jordan, wo Johannes taufte.«

Johannes hat wohl das Jordantal nicht nur wegen der Nähe zum Essenerkloster Khirbet Qumran als Wirkungsstätte gewählt, sondern auch, weil die Erinnerung wach war an die Propheten Elija und Elischa, die sich 800 Jahre zuvor am selben Fluß Jordan für den Glauben an den einen und allmächtigen Gott eingesetzt hatten. Elija hatte dem an »Aussatz« erkrankten Naaman damals ein Bad im Jordan verordnet; Naamans Haut wurde tatsächlich bald nach dem Eintauchen ins Flußwasser wieder rein.

Die Menschen, die in jener Zeit im Land zwischen Mittelmeer und Jordan lebten, hatten Sehnsucht nach wunderbaren Taten, nach Propheten, die Wunder bewirken konnten. Auch in den Schriften der Essenergemeinschaft spiegelt sich das Bewußtsein der Bewohner von Judäa, ein Prophet werde erscheinen und neue göttliche Offenbarungen verkünden. Die Bereitschaft war vorhanden, an Propheten zu glauben. Wer predigen konnte, der fand offene Ohren. Wer mit der Zeit gehen wollte, der mußte sich eben mit Propheten und deren Reden befassen. Die Worte der Propheten waren damals Tagesthemen. Sie lösten in den Zuhörern eine Nervosität der Erwartung aus. Festzustellen ist, daß der Ausgangspunkt der Erregung, die das Land ergriff, wieder einmal der Jordangraben war.

Den Mächtigen konnte diese Entwicklung nicht gefallen. Der römische Gouverneur Pontius Pilatus, zuständig für das westliche Ufer am Unterlauf des Jordan und am Toten Meer, war beim Imperator in Rom nur dann angesehen, wenn es ihm gelang, Ruhe in der jüdischen Provinz des Reiches zu bewahren. Herodes Antipas, der als Vierfürst Herr über Galiläa und den Jordan war, hatte revolutionäre Umtriebe zu befürchten, die durch Reden der Propheten ausgelöst werden konnten. Herodes Antipas fühlte sich ganz besonders durch die Predigten des Johannes angegriffen.

Josephus Flavius schildert in seinem Werk »Jüdische Altertümer« die Situation so: »Um Johannes hatten sich Leute versammmelt, und sie wurden durch seine Predigt aufgerüttelt und erregt. Herodes Antipas hatte Angst, die Redegewalt des Johannes würde einen Aufstand anstacheln. Das Volk war bereit, dem Johannes zu folgen.«

Daß Johannes der Täufer jedoch nicht eine allgemeine revolutionäre Stimmung erzeugte, sondern konkrete Vorwürfe gegen Herodes Antipas erhob, ist dem Markusevangelium zu entnehmen: »Johannes hatte dem Herodes Antipas vorgehalten: Es ist dir nicht erlaubt, die Frau deines Bruders zu haben!« (Mk 6,18) Der Vorwurf des Johannes war begründet. Freilich sind die Vorgänge, die dem Prediger das Recht gaben, den Herrn über Galiläa zu rügen, im Evangelientext nicht korrekt festgehalten. Der Grund dafür ist in der komplizierten Situation zu suchen, die einst in den Frauengemächern König Herodes' geherrscht hatte: Herodes Antipas war von einer Frau aus Samaria geboren worden, die Maltake hieß, Herodes Philippus, der Halbbruder von Herodes Antipas, aber von einer Frau namens Kleopatra, die aus Jerusalem stammte.

Dem Evangeliumstext ist dieser Sachverhalt zu entnehmen: Herodes Antipas war eigentlich verheiratet mit einer Tochter des Nabatäerkönigs Aretas. Auf einer Reise nach Rom gefiel ihm die Frau seines Halbbruders Herodes Philippus; diese Frau hieß Herodias. Herodes Antipas und Herodias begannen sich zu lieben. Sie verbrachten schließlich Tag und Nacht miteinander. Anstoß erregte nicht nur der offensichtliche Ehebruch, sondern auch der Umstand, daß sie als Nichte und Onkel miteinander blutsverwandt waren. Die enge Beziehung beschränkte sich nicht auf ein Reiseabenteuer. Auch nach der Rückkehr aus Rom lebten Herodes Antipas und Herodias zusammen. Der Vierfürst trennte sich von seiner rechtmäßigen Frau, die er in die Festung Machairous am Ostufer des Toten Meeres unter Bewachung halten ließ. Es gelang ihr schließlich aber doch, zu entfliehen und zu ihrem Vater Aretas nach Petra zurückzukehren.

Das Verhalten des Herodes Antipas nahm Johannes der Täufer offenbar zum Anlaß, um die Sittenlosigkeit der Regierenden zu geißeln und eine moralische Erneuerung zu fordern. Dem Markusevangelium ist zu entnehmen, daß Herodes Antipas selbst den Täufer trotz der aufrührerischen Reden gern in Ruhe gelassen hätte: »Herodes hatte nämlich Scheu vor Johannes, weil er in ihm einen gerechten und heiligen Mann sah.« (Mk 6, 20) Dieselbe historische Quelle informiert, Herodias aber habe den Propheten wegen dessen Anklage gehaßt; Johannes müsse getötet werden, habe sie gefordert.

Herodes Antipas gab der Geliebten nach: Er ließ Johannes verhaften. Ihn umzubringen war nicht die Absicht des Vierfürsten. Er hoffte wohl darauf, daß er den Gefangenen nach einer gewissen Frist wieder freilassen könne. Als Aufenthaltsort bestimmte er für Johannes die abgelegene Festung Machairous, aus der kurze Zeit zuvor seine Frau, die Tochter des Nabatäerkönigs Aretas, entflohen war.

Qal'at al Mishnaqa heißt der Berg der Festung heute. Er liegt im Felsland, zehn Kilometer vom Ostufer des Toten Meeres entfernt, abseits der »Königsstraße«, die von Petra nach Amman führt. Zu sehen sind heute noch Mauerreste eines Palastes, der großzügige Räume und Bäder enthielt. Machairous unterstand damals deshalb der Befehlsgewalt des Herodes Antipas, weil dieser nicht nur über Galiläa, sondern auch über Gebiete im Osten der Jordansenke herrschte. Herodes Antipas schätzte die Festung, die sein Vater, König Herodes, als sicheren Platz hatte erbauen lassen.

Wie die Festung Machairous einst ausgesehen hat, schildert Josephus Flavius: »Die Burg befindet sich auf einem Felsen, der sich zu gewaltiger Höhe erhebt. Schon allein deshalb ist Machairous schwer zu erobern. Von Natur aus ist der Berg unzugänglich. Denn er wird von allen Seiten von natürlichen Gräben und Schluchten umgeben, die eine beachtliche Tiefe haben, so daß sie nicht überquert und auch nicht zugeschüttet werden können. Die westliche Schlucht endet am Asphaltsee. Dem König Herodes erschien der Platz besonders für eine Festung geeignet. Er umgab ein ziemlich ausgedehntes Gelände mit Mauern und Türmen. In der Mitte des ummauerten Bezirks ließ er einen Palast anlegen, der sich durch seine Größe und durch die Pracht seiner Räume auszeichnete. Viele Zisternen, die eine riesige Wassermenge aufnehmen konnten, wurden an den günstigsten Stellen gegraben. Vorratskammern konnten so viel Getreide aufnehmen, daß die Festung für eine lange Belagerungszeit gerüstet war.«

Auf der Festung Machairous konnte sich Johannes der Täufer wohl frei bewegen; er hatte zumindest einige seiner Jünger um sich versammelt. Auch war ihm der Kontakt zur Außenwelt nicht verwehrt. Das Evangelium des Matthäus berichtet darüber, daß sich Johannes über Jesu Auftreten am Jordan habe informieren lassen: »Als aber Johannes im Gefängnis vom Wirken des Messias hörte, schickte er zwei seiner Jünger zu ihm und ließ ihn fragen: ›Bist du es, der da kommen soll, oder müssen wir auf einen anderen warten?‹ Jesus antwortete den Jüngern des Johannes: ›Gehet hin und berichtet dem Johannes, was ihr hört und seht: Tote werden auferweckt, und Armen wird die frohe Botschaft verkündet. Selig ist, wer an mir nicht irre wird.‹« (Mt 11,1-7)

Keine der überlieferten Schriften gibt Auskunft darüber, wie lange Johannes Gefangener auf der Festung Machairous war. Berichtet wird, daß er dort umgebracht wurde – weil Herodias ihren Willen durchsetzte. Herodes Antipas, der die Absicht hatte, Johannes den Täufer am Leben zu lassen, war der List seiner Frau nicht gewachsen; die, wenn ihre eigenen Reize nicht ausreichten, auch den Körper ihrer Tochter Salome als Faktor der Intrige wirken ließ.

Das Markusevangelium erzählt die Begebenheit, die zum Tod des

Johannes führte, so: »Da kam ein günstiger Tag, als Herodes Antipas Geburtstag feierte. Er gab ein Gastmahl für seine Würdenträger, seine Offiziere und für die Vornehmen aus Galiläa. Als dabei die Tochter der Herodias den Saal betrat und tanzte, gefiel sie dem Herodes Antipas und seinen Gästen sehr. Da sagte der König zu dem Mädchen: ›Erbitte von mir, was du willst, und ich werde es dir geben.‹ Und er schwor ihr: ›Alles, um was du mich bittest, werde ich dir geben, und sei es die Hälfte meines Reiches!‹ Da ging sie hinaus und fragte ihre Mutter: ›Was soll ich mir erbitten?‹ Diese antwortete ihr: ›Das Haupt Johannes des Täufers.‹ Da ging sie sofort in Eile herein zum König und bat ihn: ›Ich wünsche, daß du mir gleich jetzt das Haupt des Johannes auf einer Schüssel gibst.‹ Obwohl Herodes Antipas sehr betrübt darüber war, wollte er doch wegen seines Schwurs und mit Rücksicht auf seine Gäste die Bitte nicht unerfüllt lassen. So schickte Herodes Antipas denn sogleich einen seiner Leibwächter weg mit dem Befehl, ihm das Haupt des Johannes zu bringen. Dieser ging hin, enthauptete Johannes im Gefängnis und brachte sein Haupt auf einer Schüssel und gab es dem Mädchen. Und das Mädchen gab das Haupt seiner Mutter. Als die Jünger des Johannes dies hörten, kamen sie und holten seinen Leichnam und setzten ihn in einem Grabe bei.« (Mk 6,21–29)

Wesentliche Korrekturen dieser Geschichte sind notwendig: Herodias war in Wahrheit nicht mit Herodes Philippus verheiratet gewesen, sondern mit einem anderen Sohn des großen Königs; dieser andere Sohn hieß – wie der Vater – nur Herodes. Er lebte, ohne eine politische Funktion auszuüben, in Rom. Diesen Herodes verließ Herodias, um mit Herodes Antipas im Jahre 35 n. Chr. aus der Hauptstadt des Reiches nach Galiläa abzureisen. Die Tochter der Herodias, Salome, war zum Zeitpunkt der Gefangenschaft des Johannes, im Frühling des Jahres 28 n. Chr., verheiratet mit einem angesehenen Monarchen, der ebenfalls Vasall im römischen Imperium war. Daß sie vor dem Geliebten ihrer Mutter und vor allem vor vielen Gästen getanzt hat, ist unwahrscheinlich.

Wahr ist auf jeden Fall, daß Herodes Antipas Johannes den Täufer enthaupten ließ und daß er die Tochter des Nabatäerkönigs Aretas verstieß, weil er mit Herodias zusammenleben wollte. Darüber war der Herrscher in Petra derart wütend, daß er mit einem starken Heeresverband im Ostufergebiet des Jordan nach Norden vorstieß. Herodes Antipas gelang es nicht, den Angriff abzuwehren. Seine Truppen aus Galiläa erlitten eine schwere Niederlage. Der Historiker Josephus Flavius war der Meinung, die Demütigung durch Aretas sei die Strafe Gottes für die Hinrichtung des Johannes gewesen.

Der Gesalbte

Jesus am See Gennesaret

Von Jesus hörte der Vierfürst Herodes Antipas damals reden. Und er sprach zu seinen Leuten: »Das ist Johannes der Täufer. Er ist aus dem Reich der Toten auferstanden. Daher hat sein Wirken diese übermenschliche Kraft.« (Mt 14,1)

Ungefähr dreißig Jahre alt sei Jesus gewesen, als sein Name zum erstenmal bekannt wurde – berichtet das Lukasevangelium. »Er galt als Sohn des Josef« (3,23) und hatte den Beruf des Zimmermanns oder Bauhandwerkers gelernt (Mk 6,3). In Galiläa, in der Heimat Jesu, konnte ein Mann dieser Berufsgruppe gut leben. Aus dem Johannestext (19,26 ff.) ist abzulesen, daß die Mutter, Maria, zum Zeitpunkt von Jesu Tod Witwe war; es ist also durchaus möglich, daß der Vater wesentlich früher gestorben war – und daß der Sohn den Handwerksbetrieb hatte übernehmen müssen. Als arm war Jesus ursprünglich wohl kaum einzustufen. Anzunehmen ist auch, daß er als angesehener Bürger seines Wohnorts Nazaret galt, war da doch die Behauptung ernst zu nehmen, er sei ein Angehöriger des königlichen Stammes, des Hauses David – durch Josef, seinen Vater.

Die Verwandtschaft mit König David hatte es für Maria und Josef notwendig gemacht, unmittelbar vor der Geburt ihres Sohnes aus Galiläa nach Betlehem zu wandern, um sich dort, in der »Stadt des Hauses David«, der Pflicht zur Teilnahme an der Volkszählung zu stellen. So sicher ist es allerdings nicht, daß Betlehem als Geburtsort Jesu gelten kann. Das Evangelium des Johannes (7,41–42) läßt wissen, er sei eben nicht, wie für den Messias vorausgesagt, in Betlehem, sondern in Wahrheit in Galiläa geboren.

Es war wohl im Jahr 27 n. Chr. gewesen, als Jesus zu Johannes dem Täufer an den Jordan kam. Unmittelbar danach begann sein Wirken als Wanderprediger. Als Vorbereitung darauf ist der Aufenthalt »in der Wüste« zu sehen – vierzig Tage lang lebte Jesus in den Bergen oberhalb von Jericho, um über seine Mission nachzudenken. Nur 20 Kilometer von dem Platz entfernt, an dem sich Jesus aufgehalten hat, befand sich

Mesad Chassidim – die Festung der Frommen. Nichts deutet darauf hin, daß Jesus damals Kontakt aufgenommen hat zur Gemeinschaft der Essener, obgleich auch sein Denken und religiöses Fühlen von der »Sekte der Schriftrollen« beeinflußt gewesen sein mag.

Als die Frist von vierzig Tagen vorüber war, wanderte Jesus durch das Jordantal zurück nach Galiläa. Das Matthäusevangelium (4,13) teilt mit, er habe in Kafarnaum eine Wohnung bezogen, damit sei die Weissagung des Propheten Jesaja erfüllt, der Bote Gottes werde nicht an der heiligen Stätte Jerusalem erscheinen, sondern »am Meer in Galiläa« (See Gennesaret) und »drüben über dem Jordan«. Die Jordansenke wurde zur ersten Wirkungsstätte des Propheten Jesus.

»Das Galiläische Meer« nannten die Bewohner von Kafarnaum damals das Gewässer. Seine Ausdehnung ist tatsächlich ganz beachtlich: Der See Gennesaret ist 21 Kilometer lang und zwölf Kilometer breit. Auch er ist Bestandteil des Jordangrabens und liegt 215 Meter unter dem Spiegel des Mittelmeers.

Kafarnaum war die wirtschaftlich wichtigste Stadt am See. Hier machten die Karawanen halt, die jordanaufwärts und hinüber zur Handelsstadt Damaskus zogen. In Kafarnaum wurden für die gesamte Region Zölle erhoben – deshalb war die Berufsgruppe der Zöllner gerade hier besonders stark vertreten. Das politische Zentrum des Landes am See befand sich fünf Kilometer weiter im Süden: Tiberias, die Residenz des Herodes Antipas, des Herrschers über Galiläa.

Tiberias hatte gegenüber Kafarnaum einen Nachteil: Die Stadt durfte von wahrhaft gläubigen Juden nicht betreten werden; sie galt als unrein. Der Grund lag darin, daß die Gläubigen der Meinung waren, die Häuser der Stadt seien über einem alten jüdischen Friedhof errichtet worden. Der gesetzestreue Jude aber durfte sein tägliches Leben nicht derart mit dem Tod verbinden. So wurde Tiberias nur von Nichtjuden bewohnt. Josephus Flavius drückt diesen Sachverhalt so aus: »In Tiberias lebte nur zusammengelaufenes Volk.« Auffällig ist, daß kein einziger Bericht der Evangelien von einem Besuch Jesu in Tiberias erzählt. Er hat sich also eng an die traditionellen Vorschriften gehalten.

»Damals fing Jesus an, öffentlich zu predigen. Seine Botschaft hieß: ›Ändert euch! Kehrt um! Befaßt euch mit Gott. Er ist nahe, und ihr sollt ihm nahe sein!« (Mt 4, 17) Mit dem Inhalt seiner Predigten folgte er zunächst seinem Vorbild Johannes. So wie dieser um sich am unteren Jordan eine Gemeinde gebildet hatte, so versammelte Jesus am See Gennesaret Jünger um sich. Es ist ihm offenbar leichtgefallen, Anhänger zu finden.

»Als er das Ufer des Galiläischen Meeres entlangging, da sah er die Brüder Simon und Andreas, die ihre Netze vom Boot aus ins Meer warfen. Sie waren Fischer. Da rief er sie an: ›Auf! Mir nach! Ich will euch zu Menschenfischern machen!‹ Und augenblicklich ließen sie die Netze liegen und schlossen sich ihm an. An einer anderen Stelle sah er im Weitergehen die Söhne des Zebedäus, Jakobus und Johannes, wie sie im Schiff saßen und ihre Netze flickten. Jesus rief auch diese beiden an. Und sie ließen ihren Vater Zebedäus mit seinen Arbeiten im Schiff zurück und schlossen sich ihm an.« (Mk 1,16–20)

Dieselbe Erzählung ist, mit Varianten, auch im Text des Matthäus zu finden (4,18–22).

Reicher ist die Schilderung im Lukasevangelium. Dort (5,1–11) ist die Anwerbung der Jünger mit einem Wunder verbunden: »An einem Tage, an dem ihn die Menschen, wie es jetzt häufig geschah, umlagerten, ihn bedrängten, um ihn über Gott reden zu hören, da stand er am Strand des Sees Gennesaret, und er sah, daß da zwei Kähne am Ufer lagen, während die Fischer, nur wenige Schritte entfernt, ihre Netze wuschen. Da stieg er in eines der Schiffe, das einem Mann namens Simon gehörte, und bat ihn, er möge doch das Schiff ein wenig vom Land abstoßen. So saß er denn und redete vom Schiff aus zur Menge. Nach dem Ende seiner Rede wandte er sich dem Simon zu und sagte: ›Fahrt auf den See hinaus und werft dort euere Netze hinab. Ihr werdet einen guten Fang einbringen!‹ Da antwortete ihm Simon: ›Herr, wir haben uns die ganze Nacht über Mühe gegeben, doch gefangen haben wir nichts. Aber wenn du es sagst, will ich das Netz noch einmal auswerfen.‹ Die Fischer taten es und fingen tatsächlich eine gewaltige Menge Fische, so daß die Netze zu reißen drohten. Sie winkten ihren Freunden im anderen Schiff, sie sollten kommen und ihnen helfen, den Fang zu bergen. Die Freunde kamen, und sie füllten miteinander beide Schiffe bis an den Rand, so daß sie zu sinken drohten. Als Simon, der mit dem Zunamen Petrus hieß, das sah, warf er sich vor Jesus nieder und sagte: ›Herr! Geh aus meinem Schiff! Ich bin ein gottloser Mensch.‹ Denn der Schrecken hatte ihn und die, die bei ihm waren, erfaßt wegen des unerwartet großen Fangs. Und Jakobus und Johannes, die mit Petrus befreundet waren, war es ebenso ergangen. Da wandte sich Jesus an Petrus: ›Erschrick nicht! Von nun an wirst du Menschen fischen, Menschen bergen!‹ Und sie fuhren mit dem Schiff an Land, ließen alles stehen und liegen und schlossen sich Jesus an.«

Daß Fischer die ersten Jünger Jesu waren, hatte mit der Bevölkerungsstruktur in Kafarnaum zu tun: Die Fischer bildeten neben den Zöllnern einen starken Berufsstand, wobei die Fischer ein höheres Ansehen genossen. Jesus wußte wohl, was er tat, als er Mitglieder der Fischerzunft für sich gewann – damit hatte er viele Einzelmenschen und auch ganze Familien für sich erobert.

Es kann mit der einzigartigen Lage des »Galiläischen Meeres« zusammenhängen – es ist der tiefstgelegene Süßwassersee der Erde –, daß in diesem Gewässer mehr Fische als sonstwo zu finden sind. Bereits im Altertum war das Gewässer für seinen Fischreichtum bekannt. Er hat bis heute nicht nachgelassen. Berühmt ist der Petrusfisch, der zur Gattung der Buntbarsche gehört. Sein Name »Petrusfisch« leitet sich aus einer Begebenheit ab, die im Matthäusevangelium (17,24–27) erzählt wird: »Als sie nach Kafarnaum kamen, wandten sich Beamte an Petrus, die beauftragt waren, die Abgaben für den Tempel einzuziehen, denn man hatte einmal im Jahr an seinem Heimatort eine freiwillige Steuer für den Tempel zu entrichten. Und sie fragten ihn. ›Zahlt euer Meister nicht seinen Beitrag für den Tempel?‹ Petrus antwortete: ›Doch, er zahlt.‹« Das Geld aber trug Petrus nicht bei sich – und Jesus besaß die nötige Summe auch nicht. Doch er wußte einen Weg, es zu beschaffen: »Jesus sprach: ›Geh an den See hinunter und wirf die Angel aus. Nimm den ersten Fisch, der anbeißt. Wenn du sein Maul öffnest, wirst du eine Silbermünze darin finden. Nimm sie und gib sie den Beamten als Abgabe für mich und für dich.‹«

Diese Geschichte ist auch als Gleichnis dafür zu sehen, daß es niemand schwerfiel, am See Gennesaret das Notwendige für den Lebensunterhalt zu finden, sei es durch Arbeit oder durch Glück. Das Land um die Wasserfläche galt damals als glückliche Gegend. Die Araber nannten den See später nicht ohne Grund »Das Auge Allahs«.

Josephus Flavius hat diese begeisterte Schilderung der Region hinterlassen: »Die Üppigkeit des Bodens erlaubt jede Art von Bepflanzung, und die Bewohner nützen diesen Vorteil aus. Der Nußbaum, der mehr als jede andere Baumart eine kühle Witterung liebt, gedeiht dort ganz besonders prächtig. Genauso aber wächst die Palme, die Hitze braucht, und der Feigenbaum, der wie der Ölbaum ein milderes Klima bevorzugt. Man möchte fast glauben, die Natur trage an diesem Gewässer einen Wettstreit aus, um Gegensätze an einem Ort auszugleichen.«

Der Autor dieser Vegetationsbeschreibung gibt auch eine Erklärung dafür, warum das »Galiläische Meer« im Lauf der Zeit die Bezeichnung »See Gennesaret« bekam: Beim Küstenort Magdala liegt eine Ebene, die Ginnesar genannt wird; der Name ist wiederum abgeleitet von der hebräischen Bezeichnung, die im Alten Testament – und seit der Unabhängigkeit Israels im Jahre 1948 erneut – für die gesamte Wasserfläche verwendet wird: Yam Kinneret. Und dieser Name erinnert an die Stadt Kinneret, die im 3. Jahrtausend v. Chr., also zur Bronzezeit, bedeutend gewesen sein soll.

Nur einmal wird das »Galiläische Meer« im Neuen Testament mit dem Namen »See Gennesaret« bezeichnet – in Lukas 5, in der Geschichte von der Begegnung zwischen Jesus und den Fischern, denen er reichen Fang bescherte.

Bei den Fischern von Kafarnaum – das damals »Kefar Nahum« hieß, das »Dorf des Nahum« – bildete sich die erste Gemeinde um Jesus. In der Jordansenke entstand die Basis des Christentums. In Kafarnaum predigte Jesus weit häufiger als in jeder anderen Stadt. Nirgends sonst bewies er derart oft, daß er Kräfte besaß, die anderen Menschen seiner Zeit nicht zuteil geworden waren.

Im Kreis der Fischer wirkte Jesus die ersten Wunder: »Sie kamen in das Haus des Petrus und des Andreas mit Jakobus und Johannes. Dort lag die Schwiegermutter des Petrus krank und fiebernd darnieder, und sie sagten es Jesus. Er ging zu ihr, erfaßte ihre Hand und richtete sie auf. Da verließ sie das Fieber, und sie bewirtete ihre Gäste.« (Mk 1,29–31)

Der Text des vierten und fünften Kapitels des Markusevangeliums erzählt die Geschichte einer in sich abgeschlossenen Rundreise zu Schiff ans andere Ufer gegenüber von Kafarnaum, zur Südspitze des Sees Gennesaret. Die Fahrt begann am Abend, zu einem Zeitpunkt also, da von den Bergen starke Windböen auf die Wasserfläche in der Senke herunterstürmten. Den Fischern unserer Zeit, vor allem aber den Windsurfern, ist bekannt, daß der See ab den späten Nachmittagsstunden gemieden werden muß, weil der Wind die Wasserfahrzeuge zum Kentern bringt. Die ersten Anhänger Jesu, die Fischer von Kefar Nahum, mißachteten offenbar die Gefahr – wohl weil Jesus sehr energisch Befehle zur Bootsfahrt gegeben hatte.

»Als an jenem Abend die Dämmerung hereinbrach, da sagte er: ›Auf! Wir fahren hinüber!‹ Sie schickten das Volk nach Hause und fuhren mit dem Schiff in Begleitung anderer Schiffe auf das Galiläische Meer hinaus. Da kam ein plötzlicher Sturm auf, und die Wellen schlugen ins Schiff, so daß es voll Wasser wurde. Jesus aber lag am hintersten Ende und schlief auf einem Kissen. Da weckten sie ihn und riefen: ›Meister! Ist es dir gleichgültig, daß wir untergehen?‹ Er stand auf, stemmte sich dem Wind mit Macht entgegen und schrie das Meer an: ›Still! Keinen Laut mehr!‹ Da legte sich der Wind, und eine tiefe Stille breitete sich über dem Meer aus. Jesus fragte seine Begleiter: ›Warum seid ihr so feige? Ist euer Glaube schon verlorengegangen?‹ Da fürchteten sie sich und fragten sich, starr vor Entsetzen: ›Was ist das für ein Mann, daß ihm Wind und Meer gehorchen?‹« (Mk 4,35–41)

»Am anderen Ufer des Galiläischen Meeres kamen sie zur Umgebung der Stadt Gadara.« Sie lag abseits der Küstenstraße, mitten in Bananenplantagen, die damals wie zu allen Zeiten zwischen dem Galiläischen Meer und dem Fluß Jarmuk häufig anzutreffen waren. Die

Stadt war und ist berühmt wegen ihrer heißen Quellen. An einer dieser Quellen wird eine Wassertemperatur von 52 Grad Celsius gemessen. Nachzuweisen ist, daß schon vor mehr als 3000 Jahren Menschen Heilung an der Südspitze des Sees Gennesaret gesucht haben. Das heiße und leicht radioaktive Wasser vertrieb rheumatische Leiden und half Frauen bei Unterleibsbeschwerden. Heute heißt der Ort Hammat Gader – »die heißen Quellen von Gadara« – und ist immer noch stark frequentiert. Als Jesus in die Umgebung der Stadt kam, war Gadara ohne Bedeutung. An die Heilwirkung seiner heißen Wasser erinnerte sich kaum jemand. Erst drei Generationen später entdeckten die Römer die Quellenstadt und verwandelten sie in einen luxuriösen Badeort.

Nach Gadara zu gehen reizte Jesus nicht. Er suchte offenbar eine Begegnung: »Kaum war Jesus aus dem Schiff gestiegen, da lief ihm ein Geisteskranker, der dort in Grabhöhlen hauste, entgegen. Niemand hatte ihn je dauerhaft mit irgendeiner Fessel festhalten können. Oft hatte man ihn mit Ketten an den Füßen gefesselt, doch er hatte die Ketten immer abgerissen und die Fußfesseln aneinander zerrieben. Niemand konnte ihn bändigen. Immer war er bei den Grabhöhlen zu sehen. Durch die Nächte und die Tage hindurch schrie er dort und schlug mit Steinen auf sich selbst ein. Als er nun Jesus von weitem kommen sah, lief er ihm entgegen, warf sich vor ihm auf die Erde und schrie. Es war aber nicht er selbst, der schrie, sondern der dunkle Geist in ihm: ›Was willst du von mir, Jesus, der Sohn Gottes, des Höchsten? Ich flehe dich an, bei Gott! Quäle mich nicht!‹ Jesus hatte dem Geist zuvor befohlen: ›Hinaus, du Wirrgeist! Hinaus aus diesem Menschen!‹« (Mk 5,2–8)

Das Markusevangelium berichtet weiter, der Geist habe Jesus gebeten, doch wenigstens in Schweinen weiterhausen zu dürfen. Jesus erlaubte ihm, aus dem bisher Geisteskranken heraus- und in Schweine hineinzufahren. Nun packte der Wahnsinn diese Tiere: »Sie rasten den Abhang hinunter, etwa zweitausend Schweine, und ertranken im Galiläischen Meer.«

Die Bewohner der Gegend um die Stadt Gadara, die Augenzeugen gewesen waren oder denen berichtet wurde, was am Abhang über dem See Gennesaret geschehen war, reagierten ablehnend: Sie baten diesen Propheten dringend, er möge ihr Gebiet verlassen – er möge verschwinden. Nur der Geheilte wollte mit Jesus in das Schiff steigen, um mit ihm nach Kefar Nahum zu fahren. Jesus aber schickte ihn weg; er solle lieber seinen Angehörigen erzählen, welches Wunder ihm geschehen sei.

Wer daran glaubt, daß das Markusevangelium im Bericht über das Geschehnis an der Südspitze des Galiläischen Meeres die Wahrheit überliefert, der muß vor allem einen Sachverhalt akzeptieren: Der »dunkle Geist« hat Jesus als Sohn Gottes, als Sohn des Höchsten, angesprochen. Dies war die Konsequenz der Predigten, die Jesus selbst in Kefar Nahum gehalten hatte: »Heute, da ich vor euch stehe, steht Gott selbst vor euch, der liebende und erbarmende Gott.« (Mt 4,23)

Die Tradition der Überlieferung sieht in der Synagoge von Kefar Nahum den Ort, an dem Jesus seine Vorstellung vom Reich Gottes zuerst verkündet hatte. »Weil es gerade Sabbat war, ging Jesus in die Synagoge, um die Heilige Schrift zu lesen und auszulegen. Die Zuhörer aber erschraken und waren bestürzt über seine Worte, denn er redete zu ihnen wie einer, hinter dem Gott selbst steht, und nicht wie ein Lehrer der Heiligen Schriften.« (Mk 1,21–23)

Auf Veranlassung des »Hauptmanns von Kefar Nahum«, auf Befehl des römischen Stadtkommandanten also, soll sie gebaut worden sein. In den Jahren 1865 und 1866 wurden Reste eines Gebäudes freigelegt, das als Teil einer Synagoge identifiziert werden konnte. Der Engländer Charles Wilson, der die Ausgrabung leitete, war der Meinung, die Mauern seien zur Zeit Jesu errichtet worden – und er habe folglich den Sakralbau entdeckt, den einst der »Hauptmann«, der selbst kein Jude war, der jüdischen Gemeinde von Kefar Nahum geschenkt hatte. Erst genauere Untersuchungen, die ab 1968 unternommen wurden, brachten die schöne Vorstellung, einen Platz gefunden zu haben, an dem Jesus gepredigt hatte, zum Erlöschen. Die Synagoge kann erst aus der zweiten Hälfte des 4. Jahrhunderts stammen. Doch wird vermutet, daß die jetzt sichtbaren Reste auf den Trümmern einer älteren Synagoge stehen. Die zuständigen Behörden des Staates Israel geben allerdings für notwendige Untersuchungen auf dem durch die Synagoge geheiligten Grund keine Erlaubnis.

Doch nur wenige Meter südlich der Synagoge von Kefar Nahum sind deutliche Spuren eines Hauses gefunden worden, das zur Zeit der Anwesenheit Jesu bestand und benützt wurde. Unter den achteckig verlaufenden Grundmauern einer byzantinischen Basilika, die im 5. Jahrhundert errichtet wurde, ist das Fundament eines Hauses entdeckt worden, das umfangreicher gewesen sein muß als normale Gebäude jener Zeit. Acht Schichten wurden im Fußboden gefunden, die älteste wird im 1. Jahrhundert v. Chr. benützt worden sein. Zum Erstaunen der Archäologen war da im Wandputz der südwestlichen Ecke eines Raumes in griechischer Schrift das Wort »Petrus« eingeritzt – und die einfache Darstellung eines Fischerbootes. Die Annahme ist berechtigt, jemand habe sich einst daran erinnert, daß sich Jesus und Petrus irgendwann in diesem Raum aufgehalten haben.

Nördlich vom »Haus des Petrus« muß sich damals eine Vielzahl verwinkelter und kleiner Wohngebäude befunden haben. An den nur grob behauenen Basaltsteinen sind deutliche Rauchspuren von Feuerstellen zu erkennen; zu sehen ist auch, wo sich Eingänge befunden haben und Zugangswege. Die Altertumsforscher sind sich einig: Das Armenviertel beim »Haus des Petrus« muß von Menschen bewohnt worden sein, die dem Prediger Jesus zugehört haben werden, als er diese Worte sprach: »Ich bin aus der Lichtwelt Gottes nicht herabgekommen, um meinen eigenen Willen durchzusetzen, sondern den Willen dessen zu erfüllen, der mich gesandt hat. Gott will, daß ich niemanden verlorengehen lasse, den er mir anvertraut hat, sondern daß ich jedem von ihnen an jenem letzten Tag neues Leben schenke. Das will mein Vater, daß jeder, der auf den Sohn hinsieht und nur auf ihn, der also an ihn glaubt und sich auf ihn verläßt, ewiges Leben haben soll.« (Jh 6,38–40)

Viele von denen, die damals in Kefar Nahum lebten, fanden solche Worte empörend. Das Johannesevangelium hat auch die Erinnerung an ihren Protest bewahrt: »Sie sagten nämlich: ›Das ist doch Jesus, der Sohn des Josef! Wir kennen doch seinen Vater und seine Mutter! Er kann doch nicht behaupten, er sei vom Himmel herabgestiegen!‹« (Jh 6,42)

Berichtet wird jedoch, viele hätten sich durch Wunder überzeugen lassen. Da war Jesus wieder einmal zu Schiff hinübergefahren ans Ostufer des Galiläischen Meeres, das als abgelegen galt, weil sich dort nur vereinzelte Dörfer befanden. Doch der Wunsch Jesu und der Jünger, wenigstens für einige Zeit allein zu bleiben, ging nicht in Erfüllung: »Man hatte gesehen, wie sie abfuhren, und viele hatten es erfahren. Zu Fuß kamen die Menschen aus allen Gegenden. Sie waren eher da als das Schiff. Als dann Jesus aus dem Schiff stieg, sah er die riesige Menge, und ihr Jammer ging ihm zu Herzen, denn sie standen da, verlassen und verloren wie Schafe, die keinen Hirten haben. Da fing Jesus an, ihnen in einer langen Rede über Gottes Liebe und über Gottes Willen zu sprechen. Mittlerweile vergingen die Stunden, und es wurde Abend. Da kamen seine Jünger zu ihm und meinten: ›Hier befinden wir uns in einer unbewohnten Gegend, und es ist schon spät. Laß sie gehen, damit sie sich irgendwo etwas zu essen kaufen können.‹ Jesus antwortete: ›Gebt ihnen zu essen!‹« (Mk 6,33–36)

Die Jünger wußten, sie hatten nur fünf Brote und zwei Fische bei sich; Geld, um sich Brot bringen zu lassen, besaßen sie auch nicht. Jesus aber habe begonnen, so wird berichtet, Brot zu brechen – und die fünf Laibe seien eine ausreichende Menge gewesen, um Tausende satt zu machen. Zwölf Körbe voll Brotbrocken seien am Schluß noch übriggeblieben.

Ganz eindeutig spricht der Text des Markusevangeliums davon, das Wunder der Vermehrung der Brote sei am Ostufer des Sees Gennesaret geschehen. Doch die Kirche, die den Ort des Wunders bezeichnen soll, steht am westlichen Ufer, an einem Ort, der arabisch Tabgha heißt; der Name ist abgeleitet vom griechischen Begriff Hepta pegon, der sich mit »Sieben Quellen« übersetzen läßt.

Hochgewachsene Eukalyptusbäume stehen auf dem Gelände, wo tatsächlich sieben Quellen zu finden sind. Daß die Kirche zur Erinnerung an das Wunder an dieser Stelle gebaut wurde, ist wohl auf die Angst der ersten christlichen Gemeinden vor Gefahren am einsamen Ostufer des Sees Gennesaret zurückzuführen. Im 4. Jahrhundert wollte sich niemand zum Gottesdienst ans Ostufer begeben – so wurde praktischerweise der Ort des Wunders an das zugängliche Westufer verlegt.

Nördlich der sieben Quellen erhebt sich ein Kalkhügel auf eine Höhe von 100 Meter über dem See Gennesaret. Der Hügel trägt heute den Namen Scheich Ali. Er soll der Berg sein, auf dem Jesus seine Grundsatzrede gehalten hat, die unter dem Namen Bergpredigt bekannt ist. Da Jesus diese Rede durch eine Reihe von Seligpreisungen eingeleitet hat, wird der Kalkhügel Scheich Ali, »Berg der Seligpreisungen«, genannt. Das fünfte Kapitel des Matthäusevangeliums berichtet, was auf Scheich Ali einst geschehen sein soll: »Als Jesus die Masse der Menschen sah, ging er auf einen Berg und setzte sich, und die Jünger traten zu ihm. Und er redete zu ihnen über den Weg zum wirklichen Leben.« (Mt 5,1–2)

Über den Sinn der Worte, die Jesus danach gesagt habe, streiten sich die Theologen und Übersetzer. Luther hat sie so ins Deutsche übertragen: »Selig sind, die da geistlich arm sind, denn das Himmelreich ist ihrer.« Seit Luthers Zeiten wird darüber diskutiert, ob die Menschen als selig anzusehen sind, die einen Mangel spüren an religiösem Wissen, die sich stärker Gott zuwenden wollen, oder die Menschen, die insgesamt unbedarft sind. Besonders in unserer Zeit wuchern die Auslegungen der Worte von Matthäus (5,3).

Johannes Lehmann, der Biograph bedeutender Persönlichkeiten der Bibel, hat in seinem »Jesus-Report« einige moderne Übertragungen zusammengestellt: »Während alle anderen Seligpreisungen klar und verständlich formuliert sind, bleibt die erste dunkel und zweideutig, so daß auch ernstzunehmende moderne Bibelübersetzungen ohne Rücksicht auf Genauigkeit immer phantasievollere Deutungen anbieten. Die amtliche ›New English Bible‹ aus dem Jahre 1961 versteht die Armut finanziell und macht aus dem Geist ein Wissen: ›Gesegnet die, die wissen, daß sie arm sind, ihnen gehört das Himmelreich.‹ Auch das

›NT 68 – Die Berichte, Briefe und Zeugnisse des Neuen Testaments in heutigem Deutsch‹ meint es materiell: ›Glücklich, die gerne arm sind: ihnen gehört das Gottesreich.‹ Das ›Neue Testament für Menschen unserer Zeit‹ hält sich nicht mehr an den Text, sondern interpretiert: ›Gott liebt Menschen, die den Geist erflehen, wie Bettler eine Gabe, gerade ihnen fällt das Reich zu.‹ Während bei Jörg Zink aus den lateinischen Wörtern ›Beati pauperes spiritu‹ in seiner Übertragung eine phantasiereiche Predigt von 39 Wörtern entsteht: ›Selig sind, die arm sind vor Gott (die nicht meinen, ohne ihn stark genug zu sein, die Gottes Barmherzigkeit brauchen und alles von seiner Liebe erwarten), denn Gott liebt sie und tut ihnen die Tür zu seinem Reich auf.‹«

Johannes Lehmann lenkt, um den korrekten Schlüssel zur Textdeutung zu finden, den forschenden Sinn auf die Schriften der Essener, die in den Höhlen von Khirbet Qumran gefunden worden sind: Hier werde ganz deutlich die Geringschätzung irdischer Güter gepredigt – und Jesus selbst habe oft bewiesen, wie wenig wert ihm persönliches Eigentum war. Lehmann zieht die Konsequenz: »Die geistlich Armen, mit deren Seligsprechung die Bergpredigt einsetzt, sind also diejenigen, die absichtlich arm geblieben sind, um sich für den Geist, den Geist Gottes, zu bereiten, in der Erkenntnis, daß alle Sünden eher vergeben werden als die gegen diesen Geist« – und Johannes Lehmann nimmt als Grundlage dieser Erklärung eine Textstelle aus dem 12. Kapitel (Vers 31) des Matthäusevangeliums.

War Jesus Mitglied der Gemeinschaft von Khirbet Qumran? Hat Jesus am Kalkhügel Scheich Ali über dem See Gennesaret seine Jünger für die Gemeinschaft angeworben? Niemand kann die Fragen eindeutig beantworten. Als sicher kann gelten, was Frank Moore Cross, einer der Spezialisten, die sich mit den Schriftrollen vom Toten Meer befaßten, festgestellt hat: »Wir sind nun in der Lage, mit den entsprechenden Entdeckungen von Qumran die Tatsache zu unterstreichen, daß die Zeugnisse des Neuen Testaments in der Tat jüdisch-christliche Kombinationen sind aus zum Teil überarbeiteten Quellen der Essener.«

»Du, Kefar Nahum, wirst zur Hölle fahren!«

Gepredigt hatte er am See Gennesaret, und Wunder gewirkt – doch dann brach der Augenblick der Unzufriedenheit über Jesus herein, und er verfluchte die Städte am Galiläischen Meer: »Wehe dir, Chorazin! Wehe dir, Betsaida!« (Mt 11,21)

Chorazin war eine Stadt, drei Kilometer nördlich von Kefar Nahum, auf einer völlig unbewachsenen Terrasse des ansteigenden Berglands gelegen. Reste einer Stadtmauer und einzelner Wohngebäude sind heute noch zu sehen: der prallen Sonne ausgesetzt. Nichts, kein hoher Berg, kein Baum, kann Schatten spenden. Niemand würde nach Khirbet Koraze (Ruinen von Chorazin) kommen, wenn da nicht auf dem höchsten Punkt der einstigen Stadt eine Synagoge zu besichtigen wäre, die – in unserer Zeit – aus den Trümmern eines alten Baus wiedererstanden ist. Die Synagoge, einst im 2. Jahrhundert n. Chr. erbaut, ist restauriert worden unter Verwendung der Teile, die bei einem Erdbeben um das Jahr 300 zu einem Trümmerhaufen zusammengestürzt waren. Chorazin ist damals wirklich untergegangen.

Auch Betsaida verfluchte Jesus, und er meinte die Bewohner der Stadt. Sie befand sich ostwärts der Einmündung des Jordan in das Galiläische Meer. Betsaida war eine Küstenstadt, wie Kefar Nahum ein Ort für Fischer. Der Fischer Petrus stammte aus Betsaida. Jakobus und Johannes besaßen hier einen Betrieb zur Vermarktung der Fische. Der Ort ist identisch mit dem etwa 25 Meter hohen Hügel Et Tell auf heutigen Landkarten, der allerdings nicht am Meer liegt. Vor 2000 Jahren freilich war noch eine Bucht vorhanden, ein natürlicher Hafen für Betsaida. Die Bucht ist im Verlauf der Zeit durch Erde, Sand und Gestein ausgefüllt worden, die der Jordan in den See trug. Ausgrabungen am Hügel Et Tell haben ergeben, daß Betsaida wesentlich kleiner gewesen sein muß als Kefar Nahum.

Auch in diesem Ort hatte Jesus Wunder vollbracht. »In Betsaida gingen sie an Land. Da führten die Leute einen Blinden zu ihm und baten ihn, er möge ihn anrühren. Und Jesus nahm den Blinden an der Hand und leitete ihn vor die Stadt hinaus. Dort berührte er seine Augen mit Speichel, legte ihm die Hände auf und fragte: ›Siehst du etwas?‹ Der Blinde blickte um sich und sagte: ›Ich sehe Menschen, als ob es Bäume wären, die umhergehen.‹ Da legte Jesus ihm noch einmal die Hände auf die Augen, und der Blinde begann hell und deutlich zu sehen. Er wurde ganz gesund und sah nun alles scharf und klar. Schließlich schickte Jesus ihn nach Hause und wies ihn an, er solle auf dem Heimweg nicht durch die Stadt gehen.« (Mk 8,22–26)

Jesus war also darauf bedacht, daß die Bewohner von Betsaida nicht erfuhren, welches Wunder er an dem Blinden gewirkt hatte, obgleich ihn die Menschen dort doch ausdrücklich um die Heilung gebeten hatten. Er hatte das Wunder vor der Stadt vollbracht, und er schickte den Geheilten auf dem Umweg um Betsaida herum nach Hause. Er konnte auf diese Weise nicht erwarten, daß er die Menschen der Fischerstadt überzeugte. Jesus muß sich mißverstanden gefühlt haben; anders ist nicht zu erklären, daß sich sein Zorn auch auf Betsaida entlud. Es werde ihm am Tag des Jüngsten Gerichts schlechter ergehen, rief Jesus aus, als den Mittelmeerstädten Tyrus und Sidon, in denen das Laster zu Hause sei.

»Und du, Kefar Nahum, solltest du nicht bis zum Himmel erhoben werden? Zur Hölle wirst du hinabfahren. Denn wenn in Sodom, der schuldbeladenen Stadt, die Taten geschehen wären, die du erlebt hast, es stünde bis heute unversehrt. Ich sage: Dem Lande Sodom wird es erträglicher gehen am Tag des Gerichts als Kefar Nahum.« (Mt 11,23-25)

Keine Überlieferung berichtet, was damals in den Städten am Galiläischen Meer geschehen ist; niemand hat aufgeschrieben, was den Zorn Jesu ausgelöst hat. Die Evangelientexte bleiben zweideutig: Sie erzählen vom Zustrom der Massen, die Jesus hören wollten, die angezogen wurden durch die Macht seines Wortes – und sie lassen uns wissen, das, was er sagte, sei auf Widerstand gestoßen.

Da bleibt noch immer die Möglichkeit der Interpretation, Jesus habe etwas mit der betont römerfeindlichen Gemeinschaft der Essener zu tun gehabt, sei ein Rebell gegen die Besatzungsmacht Rom gewesen, die im Gebiet um den Jordan das Leben der Bewohner bestimmte. Diese Interpretation würde den Gedanken ermöglichen, Jesus habe am Galiläischen Meer zum Widerstand gegen die Römer aufgerufen – und er sei an dieser Aufgabe gescheitert. In dieses Gedankengebäude würde allerdings die Episode vom römischen Stadtkommandanten in Kefar Nahum nicht recht passen, dem Jesus nicht feindlich begegnet ist.

Auszuschließen ist der Gedanke, daß Jesus dem Widerstand gegen Rom angehörte, keineswegs, denn es ist nicht zu übersehen, daß aus den Evangelientexten in späterer Zeit, als die christliche Kirche in Rom ihre Heimat gefunden hatte, Episoden und Äußerungen gestrichen wurden, die als Rom-feindlich ausgelegt werden konnten. Nichts durfte in den Texten bleiben, wodurch sich die römische Staatsautorität hätte beleidigt fühlen können. Harald von Mendelssohn vertritt in seinem Buch »Jesus. Rebell oder Erlöser« die Meinung, einige Berichte seien indes nicht korrigiert, seien nicht zensiert worden. Und in ihnen spiegele sich Gewalt; da sei der Geist des Guerillakampfes erhalten geblieben.

»Jordan« heißt: »kommt von Dan«

Von Betsaida aus hat Jesus mit dem engsten Kreis seiner Anhänger eine Wanderung in den äußersten Norden des Jordantals unternommen. Er muß an Hazor vorbeigegangen sein, an den Resten der Festung, die eine so bedeutsame Rolle gespielt hatte in der Geschichte des jüdischen

Volkes. Nach 25 Kilometer hatte die Gruppe den damals beachtlichen See Hule erreicht, der heute nahezu verschwunden ist. Nur noch vereinzelte, von Landwirten und Naturschützern kultivierte Wasserflächen sind zu sehen. Sie befinden sich in einer geologischen Struktur, die »Hule-Bassin« genannt wird.

Der Hulesee, der zur Zeit Jesu wohl ein Drittel der Größe des Galiläischen Meeres gemessen haben wird, war erst in jüngster erdgeschichtlicher Zeit im Jordangraben entstanden – vor etwa 20 000 Jahren. Die Golanhöhen waren in jener Epoche aktive Vulkane gewesen, die ihre Lavamassen nach Osten in Richtung der syrischen Ebene und nach Westen ins Jordantal hinunterfließen ließen. Einer der Vulkanausbrüche muß so viel flüssiges Gestein freigesetzt haben, daß quer durch das Flußbett eine Barriere entstand, hinter der sich das Jordanwasser anstaute. Der See bildete sich und um ihn herum ausgedehnte Sumpfflächen. Die Barriere aus Lavagestein war jedoch nicht mächtig; sie konnte von Menschen durchlässig gemacht werden. Die jüdischen Siedler des ersten Jahrtausends v. Chr. beherrschten die Kunst, den Wasserstand des Hulesees zum Nutzen einer intensiven Landwirtschaft zu regulieren. Die Erde im Hule-Bassin ist außerordentlich fruchtbar.

Durch die Jahrhunderte dachten Menschen immer wieder daran, die Lavabarriere ganz zu öffnen, um durch den Abfluß des Wassers noch mehr bebaubares Land zu gewinnen. Die Verwaltung des Osmanischen Reiches verwirklichte diesen Plan um das Jahr 1835: In den natürlichen Damm wurde eine Lücke gesprengt, durch die das Seewasser entweichen konnte. Die Lücke sieht heute aus, als ob sich der Fluß selbst eine Schlucht gegraben hätte. Innerhalb weniger Wochen schwand die Wasserfläche. Der bisherige Seegrund erwies sich als ebenso fruchtbar wie das bereits landwirtschaftlich genutzte Land ringsum. Es wurde an ägyptische Siedler vergeben. Sie verwandelten das Hule-Bassin in Papyrusplantagen und in Weidegründe für Wasserbüffel. Die Ägypter bearbeiteten den Boden, doch sie wurden schließlich durch die Millionen von Mücken vertrieben, die sich auf dem auch weiterhin sumpfigen Boden wohl fühlten. Erst während der Jahre 1951 bis 1958 besiegten israelische Siedler das Malariaproblem: Sie bauten Entwässerungskanäle und benützten einen Teil des Jordanwassers zur Versorgung der Städte in Israel. So entstand das heutige Landschaftsbild.

Damals, als Jesus und seine Jünger in der oberen Jordansenke wanderten, lag vor ihnen der See; da hatten sie aber auch sumpfiges Land zu durchqueren, da waren sie den Mückenschwärmen ausgesetzt. Das Land am See war besiedelt; überall waren Bauerngehöfte zu finden. Die Menschen im Hule-Bassin bekannten sich zu jener Zeit zum jüdischen Glauben.

Nichts ist in den Evangelientexten berichtet vom Weg, den Jesus am Nordende des Hulesees eingeschlagen hat. Daß er an der Erhebung Tell Dan vorübergezogen ist, an der Stätte der alten Hauptstadt des längst verschwundenen Stammes Dan, kann als sicher gelten. Über den Trümmern war ein Hügel entstanden, von üppiger Vegetation bewachsen. Die Erinnerung an den Stamm Dan war erloschen. Doch der Begriff »Dan« war erhalten geblieben: als Name eines Flusses.

Der Dan entspringt im Gebiet von Tell Dan aus einer Quelle im Karstgestein. Der Danursprung gilt als die wasserreichste Quelle im gesamten Nahen Osten: Im Jahr sprudeln hier 220 Millionen Kubikmeter Wasser aus der Erde in einen Teich hinein. Die Temperatur im Teich beträgt, gleichbleibend zu allen Jahreszeiten, nicht ganz 15 Grad Celsius. Dort, wo der Dan aus dem Teich herausfließt, schnellt er über kleine Wasserfälle und durch Schluchten zu Tal. Heute wie einst ist das Flußufer von hohen Bäumen bestanden: Gewaltige Eschen, Eichen und Lorbeerbäume wachsen am Dan. Ihr Schatten und die von den Wasserfällen aufsteigende glitzernde Gischt machen den Wald am Tell Dan zum kühlsten Platz der gesamten Jordansenke.

Der reißende und kühle Dan, der als das bedeutendste Ursprungsgewässer des Jordan gilt, hat dem Fluß insgesamt den Namen gegeben. Er heißt hebräisch Yardān oder – da die Schreibweise der Hebräer keine eindeutigen Vokale kennt – Yardēn. Übersetzt heißt dieses Wort: »kommt von Dan«.

»Auf seinem Weg durch den äußersten Norden des Landes erreichte Jesus die Gegend von Caesarea Philippi.« Das Matthäusevangelium (16,13) gibt diesen Hinweis auf den Weg, den die Gruppe der Jünger und ihr Meister eingeschlagen hatten. Die Stadt Caesarea Philippi hat ihren Namen vom Sohn des Herodes erhalten, der nach dem Tod des Vaters vom Jahr 4 v. Chr. bis 34 n. Chr. im Norden des Ostjordanlandes regierte. Sein Name war Philippus. Die Siedlung hatte zuvor Paneias geheißen – so benannt nach dem Gott Pan – wie auch der Fluß, der dort entspringt; er behielt diesen Namen, wenn auch in leicht veränderter Form, bis in unsere Zeit: Er heißt heute Banjas. Seine Quelle liegt im Siedlungsgebiet der Drusen und ist für die Anhänger dieser Religion ein wichtiges Heiligtum. Die Drusen, deren Glauben für Außenstehende geheimnisvoll ist, unternehmen Wallfahrten zur Banjasquelle.

Wie der Ursprung des Flusses Banjas zur Zeit ausgesehen hatte, als Jesus die Wanderung nach Caesarea Philippi unternahm, ist dem Geschichtswerk »Der Jüdische Krieg« des Josephus Flavius zu entnehmen: »Ein Berg steigt in schwindelnde Höhe auf. Unten, an seinem Fuß, befindet sich eine Schlucht, in der sich eine düstere Grotte öffnet, die den Blick in einen Abgrund freigibt. Dieser Abgrund ist von unermeßlicher Tiefe. Will man den Abgrund mit dem Senkblei ausloten, so reicht keine Schnur aus, und sei sie noch so lang. Am Rand der Grotte entspringen Quellen. Die Ansicht ist zu hören, es handle sich bei diesen Quellen um den Ursprung des Jordan.«

Die Quellen des Banjas sind heute unterhalb der Grotte zu finden. Irgendwann muß ihr unterirdischer Zulauf durch Gesteinsverschiebungen, ausgelöst durch ein Erdbeben, verschüttet und umgeleitet worden sein, bis das Wasser sich einen neuen, tiefergelegenen Weg bahnte.

Felsig ist das Gebiet rings um den Ort, wo einst die Häuser der Stadt Caesarea Philippi standen – nach deren Überresten bisher kaum ein Archäologe geforscht hat, weil sie genau im Grenzgebiet zwischen Syrien und Israel liegen. Möglich ist, daß die außergewöhnlichen Felsformationen bei Caesarea Philippi Jesus zu diesen Worten an seinen Jünger Simon, der den Zunamen Petrus trug, veranlaßt haben mögen: »Du bist Petrus, das heißt Fels. Auf diesen Felsen will ich meine Kirche bauen, und die Mächte der Hölle werden sie nicht überwältigen. Ich will dir die Schlüssel zum Himmelreich geben. Wen du auf der Erde binden wirst, der wird auch im Himmel gebunden sein. Wen du auf der Erde lösen wirst, der wird auch im Himmel ungebunden sein.« (Mt 16,18–20)

Das Matthäusevangelium berichtet auch von einer Unterhaltung zwischen Jesus und seinen Jüngern – die bei Caesarea Philippi stattgefunden habe – über die Identität Jesu: »Dort wollte Jesus wissen: ›Was sagen die Leute, wer ich sei?‹ Sie antworteten: ›Einige meinen, du seist Johannes der Täufer. Andere sind der Ansicht, in dir sei Elija wiedergekommen, oder der Prophet Jeremia, oder vielleicht ein ganz anderer, der sich im Totenreich aufgehalten hat.‹ Jesus fragte weiter: ›Was sagt denn ihr selbst, wer ich sei?‹ Da antwortete Petrus: ›Du bist Christus, der Beauftragte Gottes, und du bist der Sohn des lebendigen Gottes!‹« (Mt 16,14–15)

Am Jordan erkennt Jesus seine Berufung

Der Aufenthalt Jesu in der Gegend der Quellflüsse des Jordan ist auch deshalb bemerkenswert, weil er dort zum erstenmal davon sprach, daß ihm Leiden und ein früher Tod beschieden seien: Er werde nach Jerusalem gehen und Qual auf sich nehmen müssen, die ihm durch die Ältesten, die Priester und durch die Schriftgelehrten zugefügt werden. Er werde sterben und erst am dritten Tag wieder aus dem Tode durch Gott geweckt werden. Da nahm ihn Petrus beiseite, bedrängte ihn und versuchte ihn umzustimmen. »Petrus sagte: ›Das will Gott nicht, Herr!

Das darf dir nicht zustoßen!‹ Jesus aber wandte sich um und fuhr Petrus an: ›Weg mit dir! Geh mir aus den Augen, denn du bist Satan! Du bist mir im Wege, denn du meinst nicht, was Gott will, sondern was menschlich ist!‹« (Mt 16,21–23)

Nichts ist darüber bekannt, was die Wanderung an die Quellen des Jordan bewirken sollte. Bezeugt aber ist die Rückkehr an das Galiläische Meer, nach Kefar Nahum. Erneut fuhr Jesus mit dem Schiff über den See. Das Markusevangelium (8,10) berichtet: »Er stieg mit seinen Begleitern in ein Schiff und gelangte in die Gegend von Dalmanuta.« Gemeint ist wohl die Stadt Magdala am Westufer des Sees Gennesaret, die heute Migdal heißt. Die Stadt gilt als Geburtsort der Maria Magdalena, die sich später, zur Zeit der Kreuzigung Jesu, in Jerusalem aufhielt.

Im Bericht von Tod und Auferstehung ist diese Information zu finden: »Es waren dort aber auch viele Frauen, die alles von ferne mitansahen, die mit Jesus aus Galiläa mitgewandert waren und die ihn versorgt hatten. Maria Magdalena war eine von ihnen.« (Mt 27,55–56) Daraus ist abzulesen, daß einige Frauen Jesus in der letzten Phase seines Lebens die Sorge um die tägliche Nahrung abnahmen. Denkbar ist, daß zu dieser Gruppe auch Maria aus Magdala am Galiläischen Meer gehörte. »In seiner Begleitung waren einige Frauen, die er von geistigen und körperlichen Krankheiten geheilt hatte. Unter ihnen war Maria Magdalena, die besonders schwer unter einem dunklen Geist gelitten hatte.« (Lk 8,2) Da ihr Name im Gedächtnis des Autors des Evangeliums haftengeblieben ist, kann angenommen werden, daß diese Maria aus Magdala eine besondere Bedeutung im Kreis um Jesus erhielt. Sie wird ihm wohl in der Stadt, der sie der Bezeichnung nach angehörte, zum erstenmal begegnet sein.

In Magdala geschah es, daß sich seine Gegner – die zur Partei der Pharisäer gehörten, zum Angriff formierten: »Dort fingen die Pharisäer in der Öffentlichkeit an, gegen ihn zu diskutieren, und zwar mit der Absicht, ihm eine Falle zu stellen. Sie forderten: ›Laß ein Wunder geschehen, ein Zeichen, an dem wir sehen, daß du Gott auf deiner Seite hast!‹ Aber Jesus seufzte tief: ›Warum verlangen sie nach Wundern? Was ich sage, bleibt wahr: Nie und nimmer wird diese Art von Menschen ein Zeichen von Gott sehen!‹ Und er ließ sie allein, stieg wieder ins Schiff und fuhr ans andere Ufer.« (Mk 8,11–13)

Über diese Pharisäer und deren Konkurrenten, die Sadduzäer, gibt uns Josephus Flavius, der beide Glaubensrichtungen aus eigenem Erleben kannte, Auskunft: »Sie gelten als besonders kundige Erklärer des Gesetzes. Sie machen alles von Gott abhängig und lehren, daß Rechttun und Unrechttun zwar dem Menschen freistehe, daß aber bei jeder

Handlung auch eine Mitwirkung des Schicksals zu verzeichnen sei. Die Seelen sind nach Ansicht der Pharisäer alle unsterblich, aber nur die der Guten gehen nach dem Tode in einen anderen Leib über, während die der Bösen ewiger Strafe verfallen. Die Saddzäuer hingegen leugnen die Bedeutung des Schicksals völlig und behaupten, Gott habe mit dem Tun und Lassen der Menschen gar nichts zu schaffen; vielmehr seien gute wie böse Handlungen der Menschen gänzlich dem freien Willen anheimgestellt, und nach eigenem Gutdünken trete jeder auf die eine oder die andere Seite. Weiterhin leugnen sie die Auferstehung der Seele sowie die Strafen und Belohnungen in einer anderen Welt.«

Historische und theologische Erkenntnisse in neuerer Zeit sehen den Sachverhalt deutlicher. Die Pharisäer waren eine Gruppierung gelehrter Laien, die nicht einverstanden waren mit der Denkweise der Schicht der Priester, deren Angehörige sich als eine Art aristokratischer Elite verstanden. Diese Oberschicht der Priester ist mit dem Begriff der Saddzäuer umrissen. Die Pharisäer hatten sich im 2. Jahrhundert v. Chr. formiert; im Widerstand gegen die Priester, die sich auch weltliche Macht anmaßten. Sie vermieden jedoch die Konfrontation mit den Saddzäuern, ihr Widerstand äußerte sich nie in Rebellion. Sie waren bereit, die weltliche Herrschaft zu ertragen, vorausgesetzt, es war ihnen gestattet, ihren Gottesdienst auszuüben, vor allem außerhalb des Tempels von Jerusalem. Die Pharisäer maßen dem Gottesdienst in den Synagogen aller Städte des Landes Bedeutung zu. Dort wurde das Gesetz Gottes ausgelegt und gedeutet. Dort wurde über die Erneuerung des geistigen Lebens des jüdischen Volkes nachgedacht – während genau daran im Tempel von Jerusalem kaum ein Gedanke verschwendet wurde. Die Pharisäer pflegten die lebendige Existenz der Gemeinde der Juden.

Der Gottesdienst in der Hauptstadt wurde von den Saddzäuern kontrolliert; von der Schicht, die aus Priestern bestand oder aus Männern, die sich der Priesterelite verbunden fühlten. Die Gruppierung der Saddzäuer verlangte, daß allein der Wortlaut der Fünf Bücher Mose verbindlich war für die Gläubigen, ohne Berücksichtigung mündlicher Überlieferungen, die eine freiere Interpretation des Bibeltextes möglich gemacht hätten. Die gängige Meinung, die Pharisäer seien eng in ihrem Denken gewesen, läßt sich nicht aufrechterhalten. Zu bedenken ist aber auch, daß die Saddzäuer, sosehr sie der biblischen Tradition verhaftet waren, aufgrund ihrer politischen und vor allem ihrer wirtschaftlichen Position, sich der griechischen und danach der römischen Lebensweise stärker öffnen mußten als die religiösen Laien, die auch über keine politische Macht verfügten.

Die Pharisäer und die Oberschicht der Saddzäuer überwanden die

Front, die sie trennte, als Jesus am Galiläischen Meer – anders als jeder Prophet vor ihm – seine besondere Beziehung zu Gott betonte, als er darauf hinwies, Gott habe ihn gesandt. Die Aussage, er sei der Sohn Gottes, löste schließlich die Empörung beider Schichten aus – jedoch aus ganz unterschiedlichen Gründen. Die Sadduzäer konnten in einem Mann, der sich als Gottessohn bezeichnete, nur eine Gefahr für ihre Position als geistliche Herrschaftsschicht erkennen. Für die Pharisäer aber war die Behauptung, mit Jesu Auftreten als Sohn Gottes habe das Reich Gottes schon begonnen, reine Gotteslästerung. Sie konnte nur durch ein Zeichen, durch ein Wunder aufgehoben werden.

Jesus wirkte Wunder, aber meist nur für die Augen seiner Jünger. So berichtet das Johannesevangelium: »Inzwischen war es spät geworden, und seine Jünger gingen ans Galiläische Meer hinab. Sie bestiegen ein Schiff und wollten nach Kefar Nahum hinüberfahren. Es war schon dunkel, und Jesus war noch immer nicht zu ihnen ans Ufer gekommen, dabei wehte ein stürmischer Wind, der die Wellen hochpeitschte. Nachdem sie mehr als die Hälfte der Strecke gerudert hatten, sahen sie plötzlich Jesus, wie er über den See ging, schon ganz nahe bei ihnen, und sie fürchteten sich. Er aber sprach: ›Ich bin es! Seid ohne Angst.‹ Da wollten sie ihn zu sich ins Schiff nehmen, aber ehe sie die Absicht verwirklichen konnten, war das Schiff bereits am Ufer.« (Jh 6,16–21)

Das Lukasevangelium erzählt, Jesus sei von der Küstenstadt Magdala aus zusammen mit Petrus, Jakobus und Johannes ins Bergland hinaufgestiegen. Die Überlieferung konkretisiert den Ort: Es sei der Berg Tabor gewesen, die höchste Erhebung in Galiläa. 588 Meter ragt der Berg Tabor über die Wasserhöhe des Mittelmeers, aber der See Gennesaret liegt 215 Meter unter dem Meeresspiegel. Beinahe 800 Meter sind zu überwinden beim Aufstieg von Magdala aus. Eindrucksvoll ist der Blick über den See und hinüber zum Hermongebirge; im Süden sind die Hügel von Samaria zu sehen.

Was Jesus und die drei Jünger auf dem Berg Tabor erlebten, berichtet der biblische Text: »Gerade als sie beteten, veränderte sich das Aussehen seines Gesichts, und sein Gewand fing an, in strahlendem Glanz zu leuchten. Und zwei Männer, Mose und Elija, traten zu Jesus und sprachen mit ihm. Sie erschienen in überhellem Licht und redeten mit ihm über sein Geschick, über den Tod, den er in Jerusalem erleiden würde. Petrus aber und seine Begleiter waren in tiefem Schlaf befangen, und als sie erwachten, sahen sie sein strahlendes Licht und die beiden Männer, die bei ihm standen. Als sie wieder unsichtbar waren, sprach Petrus zu Jesus: ›Meister, es ist gut, daß wir da sind. Wir wollen drei Hütten aufschlagen, eine für dich, eine für Mose und eine für Elija.‹ Petrus wußte aber selbst nicht, was er da sagte. Während er aber so redete, zog eine Wolke über den Berg und hüllte sie ein. Sie fürchteten sich. Eine Stimme redete plötzlich aus der Wolke: ›Das ist mein Sohn, den ich mir erwählt habe, auf den sollt ihr hören.‹ Und Jesus war wieder allein.« (Lk 9,29–36)

Der Entschluß, nach Jerusalem zu gehen, fiel Jesus offensichtlich schwer. Doch er spürte, daß dieser Schritt zwingend notwendig sei. Die Jordansenke hielt ihn gefangen wie eine Art Kessel: Im Kreis bewegte er sich – immer um das Galiläische Meer herum. Er predigte, diskutierte, wirkte Wunder. Viele hörten ihm zu. Er stieß auf Anerkennung, aber auch auf Ablehnung. Er hatte sein Auskommen gefunden dank der Hilfe Marias von Magdala – und trotzdem hat er die Städte am Galiläischen Meer verflucht. Verfolgt, von Häschern gejagt worden war Jesus aber nicht. Hatte er gegen die römischen Oberherren gepredigt – was nicht bewiesen ist –, so war er in Galiläa deshalb nicht belangt worden. Ganz im Gegenteil: Mit dem römischen Stadtkommandanten von Kefar Nahum hatte er sich gut verstanden. Die Staatsautorität, repräsentiert durch Herodes Antipas, hatte sich allerdings herausgefordert gefühlt durch Aussagen über den Anbruch des Reiches Gottes.

Daß ihm Ähnliches geschehen würde wie Johannes dem Täufer, konnte Jesus nicht ausschließen. Über Absichten, ihn zu töten, wird berichtet. Gewarnt wurde er von denen, die eigentlich nicht auf seiner Seite standen – von Männern aus der Partei der Pharisäer: »In derselben Stunde kamen einige Pharisäer zu ihm, die sagten: ›Geh fort! Sieh zu, daß du dich rasch entfernst! Herodes Antipas fahndet nach dir und will dich töten!‹ Jesus erwiderte: ›Sagt diesem Fuchs, daß ich noch Zeit habe! Noch heile ich Menschen an Leib und Seele. Heute und morgen bleibt mir dazu Zeit. Am dritten Tag erst, wenn Gottes Stunde kommt, wird mein Werk vollendet sein. Aber ihr habt recht! Ich muß auf dem Wege sein in Richtung Jerusalem, heute und morgen und am dritten Tag, denn es geht nicht an, daß ein Beauftragter Gottes anderswo umkommt als in Jerusalem.« (Lk 13,31–33)

Für Johannes den Täufer hatte dieser Grundsatz wohl nicht gegolten, denn er war in der Festung Machairous umgebracht worden, die ostwärts des Toten Meeres stand; und der Prophet Elija war am Jordan in der Gegend von Jericho wenn nicht gestorben, so doch entrückt worden. Elija war in den Himmel aufgestiegen. Jesus konnte sich an keinen einzigen Fall erinnert haben, daß einer, der im Auftrag Gottes gesprochen hatte, in Jerusalem getötet worden war. Trotzdem sah er Jerusalem als die Stadt an, in der sich sein Schicksal vollenden würde. Dort allerdings war nicht ein lokaler Herrscher zuständig, wie Antipas in Galiläa – in Jerusalem regierte ein römischer Administrator, der über einen wirkungsvollen Sicherheitsdienst verfügte und der keinen Menschen in seinem Verwaltungsbereich dulden konnte, von dem gesagt wurde, er repräsentiere Gottes Allmacht auf Erden.

Über den Weg, den Jesus eingeschlagen hat, gibt das Matthäusevangelium Auskunft: »Er zog weg von Galiläa und kam in das Grenzgebiet von Judäa, jenseits des Jordan.« (Mt 19,1) Vorausgegangen sein muß eine negative Erfahrung mit den Bewohnern eines Dorfes in Samaria, die im Lukasevangelium (9,53) erzählt wird: »Die Leute nahmen ihn nicht auf.« So war Jesus wohl ausgewichen ins Jordantal, in dem er sich eher geborgen fühlte. Wenn er aus dem Bergland von Samaria heruntergestiegen war, so hat er die Furt von Damiya benützt, um in das Ostufergebiet des Jordan zu gelangen.

Wie viele Tage, Wochen oder sogar Monate Jesus das Jordantal durchzogen hat, ist aus der Überlieferung nicht zu erkennen. Wer seine Phantasie in der Verfolgung des Weges durch die Worte des Lukasevangeliums leiten läßt, der stellt fest, daß sich während dieser Wanderung viel ereignet hat: Jesus hat den Jüngern das Vaterunser vorgesprochen; er hat einen Stummen zum Sprechen gebracht; er hat einen Wassersüchtigen geheilt; er hat zehn Männer von der Leprakrankheit befreit; er hat gepredigt vor Anhängern und Pharisäern. »Und er wanderte durch Städte und Dörfer und redete zu den Menschen. Die Richtung seiner Reise aber zielte auf Jerusalem.« (Lk 13,22)

Erstaunlich ist die Art, wie Jesus die Reise durchführte. Aus der großen Zahl derer, die ihn begleiteten, wählte er Männer oder Frauen aus, die in die am Wege liegenden Städte oder Dörfer vorauseilten. Jeweils zwei Personen bereiteten im nächsten und übernächsten Etappenziel Unterkunft und Mahlzeiten für Jesus und seine Begleiter vor.

Das Lukasevangelium nennt Details der Anweisungen, die Jesus seinen Quartiermachern auf den Weg mitgegeben hat: »Geht eurem Auftrag nach! Ich sende euch wie Schafe wehrlos mitten unter Wölfe. Tragt keinen Vorratsbeutel mit euch, keinen Reisesack und kein zweites Paar Schuhe, und haltet euch bei niemand am Wege auf. Wenn ihr in ein Haus eintretet, dann sprecht: ›Friede sei mit diesem Hause!‹ Wenn dort ein Mensch wohnt, der Frieden liebt, wird euer Friede ihn erfüllen. Wenn nicht, wird euer Friede wieder mit euch ziehen. Wenn ihr Unterkunft und Gastfreundschaft findet, dann laßt euch nicht weiterschicken von Haus zu Haus, sondern bleibt dort, solange ihr in der Stadt seid. Eßt und trinkt ohne Scheu, was sie haben, denn wer sich betätigt, darf erwarten, daß er versorgt wird. Wenn ihr in eine Stadt kommt und sie euch willkommen heißen, dann heilt ihre Kranken und sagt ihnen: ›Ganz nahe bei euch ist Gottes Macht und Barmherzigkeit. Ganz nahe bei euch ist Christus, der Herrscher derer, die Gott dienen.‹ Wenn ihr jedoch einen Ort betretet und sie euch von der Tür weisen, dann geht wieder auf die Straße hinaus und sagt: ›Auch den Staub von den Straßen dieser Stadt, der an unseren Füßen blieb, schütteln wir ab! Nehmt ihn zurück! Ihr sollt aber wissen, das Reich Gottes ist nahe.‹« (Lk 10,3–11)

Fast bis zur Nordspitze des Toten Meeres blieb Jesus am Ostufer des Flusses. Bei Jericho aber benützte er die Furt, um sich nach Westen zu wenden. Doch ehe er den Anstieg hinauf nach Jerusalem begann, suchte er in der Stadt ein Haus, um Rast zu machen: »Er durchwanderte Jericho. Dort lebte ein Mann namens Zachäus. Der hatte eine hohe Position im römischen Zolldienst, und er war reich. Er wollte Jesus sehen und ihn kennenlernen, doch das war unmöglich. Eingekeilt stand er in der Menge und sah nichts, denn er war nur von kleiner Gestalt. Da lief er den Leuten voraus und stieg auf einen Maulbeerbaum an der Straße, durch die Jesus kommen mußte, um von dort oben besser sehen zu können. Als Jesus an die Stelle kam, sah er Zachäus oben sitzen und rief ihm zu: ›Zachäus, komm herunter! Ich will heute in deinem Hause übernachten.‹ Zachäus beeilte sich, herunterzukommen. Er nahm Jesus bei sich auf und bewirtete ihn.« (Lk 19,1–6)

Die Jünger protestierten, stand dieser Zachäus doch im Dienst der Zollverwaltung, die vom römischen Gouverneur kontrolliert wurde. Zöllner wurden überall im Jordanland zwischen Kefar Nahum und Jericho als Betrüger angesehen, die sich durch Willkür in der Festsetzung des Zolls persönlich bereicherten. Auch Zachäus bildete keine Ausnahme. Doch Jesus habe, so wird berichtet, diesen Zöllner veranlaßt, zu versprechen, er werde die Hälfte seines Vermögens den Armen geben.

»Es ist der Herr!«

Noch vor der Ankunft Jesu in Jerusalem waren manche Schriftgelehrte darauf bedacht, sein Ansehen als Kenner der heiligen Schriften und der traditionellen Auslegungen zu zerstören. Sie stellten ihm durch Fragen Fallen und hofften sogar auf Antworten, die den Tatbestand der Gotteslästerung erfüllten und als strafwürdiges Vergehen ausgelegt werden konnten. Eine solche Frage war: »Meister, was muß ich tun, daß Gott mir das ewige Leben schenkt?« Jesus ließ sich nicht verwirren – er gab die Frage an den Fragenden zurück: »Was steht denn in den Büchern des Gesetzes? Was liest du dort?« Der Schriftgelehrte wußte selbstverständlich die richtige Antwort: »Du sollst Gott, deinen Herrn, lieben aus ganzem Herzen und von ganzer Seele, mit ganzer Kraft und mit all deinen Gedanken – und deinen Mitmenschen, wie dich selbst.

Nachdem Jesus bestätigt hatte, daß die Antwort dem Text der Gesetzesbücher entspreche, wurde er vom Schriftgelehrten gefragt: »Wer ist mein Mitmensch?« (Lk 10,25–29)

Da erzählte Jesus als Antwort eine Geschichte, deren Handlung zu jener Gegend gehörte, in der er sich gerade aufhielt, und die zugleich ein Licht wirft auf die Zustände im Jordanland in jener Zeit: »Ein Mann ging von Jerusalem nach Jericho hinab und wurde von Räubern überfallen. Die zogen ihn aus, schlugen ihn zusammen, gingen weg und ließen ihn halbtot liegen. Zufällig kam ein Priester vorüber, der ebenfalls unterwegs war nach Jericho. Als der Priester den Überfallenen sah, machte er einen weiten Bogen um ihn. Auch ein Kirchendiener sah ihn da liegen. Er wich ihm ebenfalls aus. Ein Samariter aber, der von weit her schon gereist war, sah ihn und kümmerte sich um ihn. Der Samariter verband die Wunden des Überfallenen und goß Öl und Wein darüber. Dann setzte er ihn auf sein Lasttier, führte ihn in ein Gasthaus und sorgte für ihn. Am anderen Tag zog der Samariter Geld aus der Tasche, gab es dem Wirt und sagte: ›Sorge für ihn, und wenn du seinetwegen weitere Auslagen hast, will ich sie dir ersetzen, wenn ich wieder vorbeikomme.‹« (Lk 10,30–35)

Und Jesus fragte den Schriftgelehrten: »Was meinst du: Wer von den dreien ist dem Überfallenen ein Mitmensch geworden?« Die Antwort des Schriftgelehrten war: »Der war ein Mitmensch, der sich um ihn gekümmert hat!« Da sagte ihm Jesus: »Geh und handle auch du genauso!« (Lk 10,36–37)

Die Samariter gehörten einer besonderen Sekte an – dies ist zum Verständnis der Geschichte wichtig. Für einen gläubigen Juden zählten sie zu den Abweichlern vom rechten Glauben. Als heilige Bücher galten den Samaritern nur die Fünf Bücher Mose – und auch sie nur in einer ganz bestimmten Version. Die Samariter warteten nicht auf den Messias, weil sie ihn nach ihrem religiösen Verständnis gar nicht brauchten. Sie standen damals und stehen heute in schroffem Gegensatz zur Mehrheit der Priesterschaft. Die Samariter existieren als Sekte auch in unserer Zeit. Zu ihr gehören derzeit etwa 350 Männer.

Wenn Jesus in seiner Geschichte vom Wanderer, der auf dem Weg ins Jordantal überfallen wurde, gerade dem Samariter die Rolle des Hilfsbereiten gab, der zum »Mitmenschen« wurde, dann hatte er dafür mit Absicht einen Mann gewählt, dem der gläubige Jude kaum jemals die Hand geben würde. Vor dem Abschied aus dem Jordantal hatte Jesus mit dieser Geschichte Menschlichkeit gelehrt.

Mit einem Wunder beendete Jesus den langen Aufenthalt am Fluß. Das Evangelium des Matthäus berichtet davon: »Als Jesus und seine Anhänger die Stadt Jericho eben verlassen wollten, um von dort weiterzuziehen, drängte ihnen eine riesige Menschenmenge nach. Unmittelbar am Wege aber saßen zwei Blinde, die hörten, Jesus ginge eben vorüber. Sie schrien: ›Herr, habe Erbarmen mit uns! Du König Israels!‹ Da fuhren die Leute die Blinden an, sie sollten schweigen. Aber die Blinden schrien desto lauter. ›Hilf uns, du heiliger König Israels!‹ Jesus blieb stehen, rief die Blinden zu sich und fragte sie: ›Was soll ich für euch tun?‹ Sie antworteten: ›Herr, öffne uns die Augen!‹ Da taten sie ihm leid, und er berührte ihre Augen mit der Hand. Sie aber konnten vom selben Augenblick an sehen und folgten ihm auf dem Weg.« (Mt 20,29–34)

Von Jerusalem herunter war in jenen Tagen Nachricht ins Jordantal gedrungen, der römische Gouverneur Pontius Pilatus habe eine Gruppe von Pilgern aus Galiläa im Tempel während des Gottesdienstes niederstechen lassen. Über den Grund für den Mordbefehl des Römers gab es nur Vermutungen. Offenbar hatte Pontius Pilatus Unruhen befürchtet. Möglich war auch, daß die Pilger aus Galiläa im Tempel laut die Wunder gepriesen hatten, die Jesus in ihrer Heimat vollbracht hatte. Auf jeden Fall wußte Jesus beim Gang hinauf ins Bergland, daß Spannung herrschte in der Stadt. Er war überzeugt, auf ihn warte der Tod in Jerusalem.

Als Jesus gekreuzigt und beerdigt war, geschah das Wunder der Auferstehung. Jesus erschien seinen Jüngern: und zwar dort, wo Jesus die meisten seiner Predigten gehalten, wo er geheilt hatte – im Jordangraben, am Galiläischen Meer. Das Johannesevangelium berichtet darüber.

»Als nun Petrus sagte: ›Ich will fischen gehen!‹ erklärten die anderen Jünger: ›Wir auch!‹ So gingen sie an den See hinunter und stiegen ins Boot. Aber während der ganzen Nacht fingen sie nichts. In der ersten Morgenfrühe stand Jesus am Ufer, und die Jünger wußten nicht, daß er es war. Er redete sie an und fragte: ›Habt ihr nichts zu essen?‹ Sie antworteten: ›Nein!‹ Er rief ihnen zu: ›Werft das Netz über die rechte Seite des Bootes, dann werdet ihr Fische einfangen!‹ Sie handelten, wie er gesagt hatte, und konnten das Netz wegen des Gewichts der Fische nicht mehr einholen. Da sagte der Jünger, den Jesus lieb hatte: ›Es ist der Herr!‹« (Jh 21,2–7)

DER JÜDISCHE KRIEG

Die Unruhen halten an

Nun wanderten die Führungslosen im Lande umher und verbreiteten den christlichen Glauben.« So liest sich die Fortsetzung der Ereignisse um den Tod des »Königs der Juden« im achten Kapitel der Apostelgeschichte. Ein Siegeszug war diese Verbreitung des Glaubens nicht. Wer sich von den Jüngern überzeugen ließ, Gottes Sohn sei auf der Erde gewesen, sei für die Menschen gekreuzigt worden und vom Tode wieder auferstanden, der geriet selbst in Gefahr, umgebracht zu werden. Da war ein Pharisäer, der Saulus hieß, besonders erfolgreich in der Verfolgung der Anhänger Jesu. Als er glaubte, diese Aufgabe in Jerusalem erfolgreich abgeschlossen zu haben, ließ er sich vom Hohenpriester in die nächste bedeutende Stadt, nach Damaskus, schicken, um auch dort den Frauen und Männern Tod zu bringen, die den Gekreuzigten als Sohn Gottes verehrten. Allerdings änderte dieser Saulus zur rechten Zeit radikal seine Meinung: Auf dem Weg vom See Gennesaret nach Damaskus erschien ihm Jesus als blendende Lichtgestalt und überzeugte ihn, daß diejenigen recht hatten, die ihn anbeteten. Saulus wurde als Paulus zum Prediger des neuen Glaubens.

Politisch war durch Jesus auf kurze Sicht nichts bewirkt worden. Das Land zwischen Jordan und Mittelmeer blieb in römischer Hand. Die Landpfleger, die Gouverneure, sorgten dafür, daß die jüdische Provinz für die Zentralverwaltung des Reiches Gewinn abwarf. Die Imperatoren wechselten in der Hauptstadt Rom: Auf Tiberius folgte Caligula, der im Jahre 41 ermordet wurde. Dann wurde Claudius zum mächtigsten Mann der damals bekannten Welt. Die Regierenden im Land der Juden gehörten auch weiterhin zu den Nachkommen des Herodes. Dessen Enkel, Agrippa I., genoß das besondere Vertrauen des Imperators Claudius – und erhielt die Macht über das einstige Reich des Großvaters zugesprochen. Der römische Gouverneur wurde aus Jerusalem abberufen. Judäa war nicht länger Provinz des Reiches; es hatte somit seine Unabhängigkeit wiedererlangt. Die Zeit der früheren Größe schien erneut angebrochen zu sein. Wieder wurde der Jordan zur

Achse des jüdischen Staates – wenn auch die Gebiete ostwärts davon wesentlich geringer an Umfang waren als das Hauptland im Westen.

Aller Glanz erlosch, als Agrippa I. im Jahre 44 während einer Theateraufführung in Caesarea plötzlich starb. Mit ihm verloren die Juden ihren letzten König. Da der Sohn des Verstorbenen – auch er hieß Agrippa – noch zu jung war, verwandelte Imperator Claudius das Königreich Judäa wieder in eine Provinz des Reiches. In Jerusalem zog erneut ein Landpfleger, ein Gouverneur, ein. Und damit ging auch die Zeit der Ruhe zu Ende. Die römischen Herren benahmen sich wie die Vertreter einer Besatzungsmacht, die einen besiegten Staat zu verwalten hatten. Josephus Flavius berichtet, die Emotionen der Juden seien dadurch aufgeheizt worden, daß ein römischer Soldat, der über der Säulenhalle des Tempels in Jerusalem Wachdienst hatte, den jüdischen Gläubigen aus Verachtung sein nacktes Gesäß gezeigt habe. Die Folge war, daß die römischen Soldaten nirgends im Land mehr sicher sein konnten: Waren sie in kleinen Gruppen unterwegs, wurden sie überfallen, zumeist verstümmelt und dann getötet. Die Gouverneure reagierten mit brutalen Vergeltungsschlägen, die im Gegenzug den Zorn der Juden noch mehr anstachelten.

Die Folge der Kette von Anschlägen und Vergeltungsmaßnahmen war der Zusammenbruch der Ordnung in der römischen Provinz Judäa. Niemand konnte unterscheiden, ob ein Mord, ein Überfall aus politischen oder aus kriminellen Gründen geschah. Oft mischten sich Kriminalität und Politik in den Motiven der Täter. Mancher Todesfall blieb rätselhaft und völlig unerklärlich: Offenbar hatte Mordlust die Menschen gepackt.

Letztlich wollten die Landpfleger den Verfall der Ordnung gar nicht mehr bremsen, da sie selbst davon profitierten. Sie sprachen Täter frei, wenn deren Verwandte bereit waren, hohe Summen zu zahlen. Menschen wurden vom Vertreter des Imperators eingesperrt, damit die Möglichkeit bestand, Gelder für ihre Freilassung zu erpressen. Von Rom aus wurde keinerlei Kontrolle ausgeübt – denn dort regierte Nero, der sich nicht einmal selbst unter Kontrolle halten konnte.

Die reichen Güter im Jordantal, die Olivenplantagen und Balsamhaine von Jericho reizten die Gier des geldsüchtigsten aller Landpfleger in Judäa – sein Name war Gessius Florus. Er hatte das Amt im Jahre 64 zugesprochen bekommen. Gessius Florus ließ die Kassen der reichen Güter am Jordan ausplündern; er verpfändete die Ernten der Olivengärten und die Erträge aus dem Weinanbau auf Jahre hinaus und behielt die Einnahmen für sich. Dieser Gouverneur hätte manchmal die Möglichkeit gehabt, durch Gesten des Anstands und der Versöhnungsbereitschaft den Menschen im Westen und im Osten des Jordan Ruhe zu geben, doch daran war Gessius Florus nicht interessiert. An jedem Aufruhr, den seine Soldaten niederzukämpfen hatten, verdiente er: Waren die Aufrührer erst besiegt, hatten die Überlebenden zu zahlen.

Von Jesu Anhängern im Gebiet um den Jordan und um Jerusalem hat die Überlieferung aus jenen Jahren wenig zu berichten. Das Christentum entwickelte sich damals nicht im Heiligen Land, sondern in Kleinasien und im heutigen Griechenland, wo Paulus tätig war: in Antiochia, Ephesus und Korinth. Nicht die Städte am Galiläischen Meer und nicht Jerusalem wurden zu Zentren des christlichen Glaubens, sondern Rom. Die urchristliche Gemeinde von Jerusalem zog sich noch vor Beginn des Aufstands gegen die Römer im Jahre 66 nach Pella zurück, das kanaanäische Pehel, nordöstlich von Bet-Schean. Die Christen des Nahen Ostens waren am wachsenden Widerstand gegen die Römer also nicht beteiligt.

Masada, das Rückgrat der Aufrührer

Wie Masada zur Basis des Widerstands wurde, schildert Josephus Flavius so: »Unterdessen hatte sich eine Anzahl derjenigen Juden, die um jeden Preis den Krieg wollten, zusammengeschart und war gegen die Festung mit Namen Masada aufgebrochen. Dort überrumpelten sie die römische Besatzung, machten sie nieder und legten einen Trupp ihrer eigenen Leute in die Festung.«

In den luftigen Räumen des weitläufigen Palastes auf dem Bergkegel, hoch über dem Toten Meer zu leben, das hatte sich Herodes gewünscht, als er den Tod nahen fühlte. Den Wunsch hatte er sich nicht mehr erfüllen können. Seither waren zwei Generationen vergangen. Nie, seit Herodes sie hatte ausbauen lassen, war die Festung angegriffen worden; nie war sie in mehr als sechzig Jahren Fluchtburg für Verfolgte gewesen. Obgleich der Berg für die römische Verwaltung ohne Bedeutung war, denn er beherrschte keinen reichen Distrikt, unterhielt sie auf Masada eine Garnison, allerdings offenbar von geringem Kampfwert – die Aufrührer hatten die römischen Soldaten leicht überwinden können.

Wichtig war die Eroberung der Festung für die Kämpfer gegen die Besatzungsmacht deshalb, weil seit der Zeit des Herodes die Waffenkammern von Masada gefüllt waren mit Schwertern, Lanzen, Speeren, Pfeil und Bogen. Dieses Kriegsgerät stand nun den Rebellen gegen die Truppenverbände des römischen Gouverneurs zur Verfügung.

Mit der Festung Masada als Basis für ihren Widerstand, fühlten sich nun »diejenigen Juden, die um jeden Preis den Krieg wollten«, stark genug, um den Römern in Jerusalem, am Amtssitz des Landpflegers, Ärger zu bereiten. Josephus Flavius beschreibt den Ausbruch der Feindseligkeiten: »Es geschah, daß Eleazar, der Sohn des Hohenpriesters Ananias, an die diensthabenden Priester die Aufforderung richtete, keine Opfergaben mehr von Nichtjuden anzunehmen. Eleazar besaß Macht und Einfluß genug, um seine Anweisung auch durchzusetzen, denn dieser äußerst verwegene junge Mann war der Kommandeur der Tempelwache. Das Verbot der Annahme der Opfer von Nichtjuden war der eigentliche Anfang des Krieges gegen die Römer.«

Betroffen vom Verbot, Opfer darbringen zu dürfen, war vor allem der römische Gouverneur in Jerusalem, der im Auftrag des Imperators bei allen hohen Festen, als Zeichen des Respekts vor dem jüdischen Glauben, Gaben im Tempel überreichen ließ. Ihm wurde nun bedeutet, daß Spenden aus den Händen eines Römers unerwünscht seien. Eleazar wies alle Einwände, zu jeder Zeit sei der Tempel auch durch Gaben von Ausländern geschmückt worden, energisch zurück. Daß der Gouverneur wütend war über die beleidigende Art der Zurückweisung der Spenden seines Kaisers, war dem Kommandeur der Tempelwache recht – er wollte die Römer zum ersten Schlag provozieren, der dann wiederum die jüdische Bevölkerung insgesamt zum allgemeinen Volksaufstand veranlassen würde.

Der Befehlshaber der römischen Zwölften Legion, »Fulminata«, der in Damaskus amtierende Statthalter Cestius Gallus, reagierte mit halbherzigen Maßnahmen: Zwar marschierte er mit großem Pomp in Jerusalem ein, doch zog er, noch ehe der Respekt vor den Römern wiederhergestellt war, aus der Stadt wieder ab. So konnte Eleazar, der den Tempelbereich kontrollierte, verkünden, von nun an werde nicht nur keine Spende des Imperators mehr angenommen, sondern es werde auch das tägliche Opfer für den Herrscher in Rom eingestellt, durch das Gott bisher um Wohlergehen für den Imperator gebeten wurde. Der Entzug des Opfers wirkte sich aus: Während des Rückzugs aus dem Gebiet von Jerusalem erlitt die Zwölfte Legion, »Fulminata«, erhebliche Verluste; sie büßte vor allem ihr Feldzeichen ein.

Der Sieg über den römischen Truppenverband gab der Bevölkerung die Überzeugung, die Freiheit sei erkämpft, die Römer seien für immer vertrieben. Doch die Leitung des Aufstands sah die Gefahr, daß Cestius Gallus die Niederlage nicht hinnehmen konnte, daß er mit einer starken Streitmacht zurückkehren werde. Judäa und Galiläa wurden aufgeteilt in Militärbezirke, deren Kommandeure jeweils durch Aufstellung von Kampfverbänden für unabhängige Verteidigung ihrer Region zu sorgen hatten. Im Militärbezirk am See Gennesaret wurde der junge Priester Josef als oberster Befehlshaber eingesetzt, obgleich er keinerlei militärische Erfahrung besaß – dieser Priester Josef wurde später zum Historiker Josephus Flavius.

Die Ernennung zum Befehlshaber des Militärbereichs am See Gennesaret brachte dem Priester wenig Freude ein. Einige Neider suchten ihn zu stürzen. In seinem Haus in der Stadt Taricheai, die halbwegs zwischen Tiberias und Kefar Nahum am Seeufer lag, wurde er eines Nachts von einer aufgebrachten Menge überfallen, der eingeredet worden war, er habe erbeutetes Diebesgut unterschlagen. Er konnte sich dadurch retten, daß er zu seiner Verteidigung vorbrachte, er habe wertvolle Gegenstände nur deshalb zurückbehalten, um durch deren Verkauf so viel Geld zu erzielen, daß er der Stadt Taricheai die Verbesserung der Verteidigungsanlagen finanzieren könne. Diese Argumentation brachte die Männer von Taricheai auf seine Seite, verbitterte jedoch die Verantwortlichen von Tiberias, die sich ebenfalls durch eine stärkere Stadtmauer schützen wollten. Um die Wünsche der Honoratioren von Tiberias zu hören und um zu besprechen, wie die äußere Sicherheit der Stadt zu stärken sei, lud Josef die Bevölkerung von Tiberias in die »Rennbahn«, in das Sportstadion, ein. Dort wurde allerdings im letzten Moment ein Mordkomplott entdeckt. Die Attentäter hatten bereits ihre Schwerter gezückt und waren zu Josef, der eben redete, durch die Masse der Zuhörer vorgedrungen. Gewarnt durch die Schreie seiner Leibwachen, floh er vom Erdwall, der ihm als Podium gedient hatte – direkt ans Ufer des Sees. Mit einem Kahn, den er dort fand, entkam der Befehlshaber; er ruderte in die Mitte des Sees Gennesaret und wartete dort ab, bis Truppen, die loyal zu ihm standen, in Tiberias Ruhe und Ordnung wiederhergestellt hatten.

Statt sich auf den Verteidigungsfall vorzubereiten, mußte sich Josef mit Rebellion und Verrat herumschlagen. Besonderen Ärger bereiteten ihm die Städte am See, die untereinander Rivalen waren und sich mit Waffen bekämpften – wobei ihnen der Befehlshaber des Militärbezirks nur störend im Wege stand. Als ob es die Gefahr der römischen Invasion nicht gegeben hätte, machten von einem Tag zum anderen nicht nur einige der Unzufriedenen, sondern die meisten Bewohner der bisher von Josef tatsächlich benachteiligten Stadt Tiberias Front gegen den Kommandeur.

Wie er Tiberias durch eine listenreiche Aktion auf dem See Gennesaret wieder in seine Hand brachte, notierte er selbst in seinem Geschichtswerk »Der Jüdische Krieg«. Als Historiker schrieb er von sich in der dritten Person: »Er sann darauf, die Abgefallenen zu überlisten. Er ließ alle Schiffe zusammenholen, die an der Küste in der näheren Umgebung von Taricheai zu finden waren. Es fanden sich 230 Kähne, und in jedem befanden sich vier Bootsleute. Mit ihnen fuhr er eiligst nach Tiberias. Er ließ nun die halbleeren Boote in einer Entfernung von der Stadt, von wo aus man sie nicht deutlich sehen konnte, auf dem See herumtreiben, während er selbst mit sieben Leibwächtern mehr in den Gesichtskreis der Stadt hineinfuhr. Kaum aber erblickten ihn seine Gegner, die ihn bis dahin noch geschmäht hatten, von der Mauer herab, als sie – in der Meinung, alle 230 Kähne seien mit Kriegern gefüllt – ihre Waffen von sich warfen und, wie Schutzflehende, mit Olivenzweigen winkten und ihn baten, die Stadt Tiberias zu verschonen.«

Inzwischen waren die Kriegsvorbereitungen der Römer weit vorangeschritten. Kaiser Nero hatte einen seiner fähigsten Offiziere, Titus Flavius Vespasianus, der bisher in Germanien, Britannien und in Afrika mit hohen Kommandoaufgaben betraut gewesen war, an die Ostküste des Mittelmeeres geschickt. Einer der Gründe für die Versetzung nach Judäa, so wird berichtet, sei die Angewohnheit des Offiziers gewesen, in Rom immer dann eine Festlichkeit zu verlassen, wenn der Imperator zu singen begann. Titus Flavius Vespasianus war gekommen, um mit drei Legionen die Niederlage des Cestius Gallus vergessen zu machen. Die Soldaten der drei Legionen waren überaus diszipliniert und von hoher Kampfmoral. Ihr Kommandeur schätzte Schnelligkeit und Überraschungsmomente. So konnte sich für die Juden der Sieg über die Legion »Fulminata« nicht wiederholen.

Im Jahre 67 brach das römische Heer in Galiläa ein. Vespasianus machte eine überraschende Erfahrung: Seine Gegner rissen aus, wenn er auf ihre Stellungen zurückte. Auch der junge Priester Josef konnte seine Männer nicht beieinanderhalten. Er kam dann bald auf den Gedanken, daß Widerstand im Bergland von Galiläa sinnlos war. Über seine persönliche Haltung in dieser Phase des Krieges schrieb er später als Historiker: »Er beschloß in banger Sorge um den Ausgang des Krieges, für den Augenblick der Gefahr so weit wie nur möglich aus dem Wege zu gehen, und floh daher mit denen, die ihm treu geblieben waren, nach Tiberias.«

In der Stadt am See Gennesaret brach Panik aus, als die Bewohner erfuhren, der Befehlshaber des Militärbezirks sei als Flüchtling zurückgekommen, als glückloser Kommandeur einer geschlagenen und aufgeriebenen Truppe. Als Josef spürte, wie sehr sein kopfloses Verhalten der Sache der Juden insgesamt geschadet hatte, entschloß er sich, nach Zentralgaliläa zurückzukehren, um die Verteidigung der Festung Jotapata zu leiten, die am Vormarschweg der drei römischen Legionen lag.

Jotapata bildete die Mitte des galiläischen Gebiets zwischen dem See Gennesaret und der Mittelmeerküste. Josef, der Leiter der Verteidigung der Festung, beschrieb deren Lage so: »Jotapata liegt fast ganz auf einem steilen Felsen, an dessen Seiten so tiefe Schluchten abfallen, daß es dem Hinabschauenden schon schwindelt, ehe noch sein Blick die Tiefe ermißt. Nur im Norden ist die Stadt zugänglich, wo sie quer über den sich abflachenden Bergrücken hingebaut ist. Aber auch diesen Teil hatte Josephus in die Festungswerke eingeschlossen, damit der über ihm ansteigende Berg nicht von den Feinden besetzt werden könnte. Die Stadt war übrigens ringsum von anderen Bergen verdeckt und entzog sich deshalb völlig dem Anblick, bis man in ihre unmittelbare Nähe kam. In solcher Weise war Jotapata befestigt.«

Die Römer aber besaßen Erfahrung, wie eine derartige Festung zu bezwingen war: Sie schütteten einen Erdwall auf, der nach und nach die Höhe der Mauerkrone erreichte. Zwar ließ Josef die Stadtmauer in aller Eile erhöhen, doch sah er nach einem Monat Belagerungszeit ein, daß er aus Wassermangel bald in Kapitulationsverhandlungen eintreten müßte. Der Durst in der Stadt wurde zur wichtigsten Waffe der Römer. Verzweifelt über seine Situation unternahm Josef mit den mutigsten Kämpfern der Stadt Ausfälle, um wenigstens zu versuchen, die Römer zu vertreiben. Doch Titus Flavius Vespasianus konnte es sich gar nicht leisten, vor der Zentralfestung Galiläas zu versagen. Nach 47 Tagen hatte er die Festung Jotapata bezwungen.

Josef, dem Befehlshaber, war es in den letzten Minuten vor der Niederlage gelungen, aus der Stadt zu fliehen und sich in einer Zisterne zu verbergen. Als er nach den Stunden der Aufregung Ruhe fand, da wuchs in ihm die Erkenntnis, daß der Krieg der Juden verloren war. Da er wußte, daß die römischen Soldaten nach ihm suchten, entschloß er sich in dieser für sein Volk aussichtslosen Situation, den Siegern seine Mitarbeit anzubieten. Zwar bedrückte ihn sein Gewissen, denn er war ja Jude, doch er beruhigte die innere Stimme durch dieses Gebet: »Weil du, Gott, beschlossen hast, das Volk der Juden, das du geschaffen hast, zu beugen, weil alles Glück zu den Römern gewandert ist und du meine Seele erwählt hast, die Zukunft zu erkennen, biete ich den Römern die Hand und bleibe am Leben. Dich, Gott, aber rufe ich zum Zeugen an, daß ich nicht als Verräter, sondern als dein Diener zu ihnen übergehe.«

Es gelang dem listigen Kopf, sich dem Sieger Vespasianus so interessant zu machen, daß dieser von einer Bestrafung oder von einer Übersendung des Gefangenen an den Imperator Nero absah: Josephus, wie er sich jetzt nannte, verkündete dem römischen Befehlshaber, Gott habe die Juden deshalb den Kampf um Jotapata verlieren lassen, damit er, Josephus, dem erfolgreichsten aller Römer die baldige Thronbesteigung verkünden könne. Josephus proklamierte Vespasianus in einem Gespräch unter vier Augen zum künftigen Imperator. Der Gedanke, selbst Herr über Rom zu werden, war Vespasianus nicht fremd. So fand er Josephus sympathisch und beschenkte ihn bald schon mit einem

Prachtgewand. Künftig begleitete Josephus den römischen Feldherrn auf dessen Zügen – und wurde zum Historiker.

Der römische Befehlshaber hatte begriffen, daß der jüdische Widerstand in Galiläa erst dann als gebrochen gelten konnte, wenn das Jordantal erobert war. Es diente den jüdischen Kämpfern als Nachschublinie: Sie wurden von den jüdischen Gemeinden an Euphrat und Tigris mit Waffen und Geld versorgt; die entsprechenden Transporte erfolgten durch Karawanen, die das Jordantal und die Beka'a-Ebene als Weg benützten. Um die Lebensader des jüdischen Widerstands nach Nordosten zu unterbinden, befahl Vespasianus den Feldzug in der Jordansenke.

Von der Mittelmeerküste aus schickte der Feldherr seine Legionäre auf den Weg. Bei Skythopolis – dem früheren Bet-Schean – erreichte das römische Heer die Jordansenke. Es marschierte flußabwärts und stieß nirgends auf nennenswerten Widerstand. Vespasianus nahm Tiberias ein und eroberte Taricheai.

Der Krieg im Norden des jüdischen Gebiets war damit nahezu beendet. Judäa aber war von den römischen Eroberern noch nicht behelligt worden. Dort glaubten die Bewohner weiterhin sicher zu sein. Sie unternahmen wenig, um ihre Verteidigungskraft zu stärken. Für den Notfall, so meinten die Kommandeure der Truppenverbände, sei es ja immer noch möglich, zur Festung Masada auszuweichen, um dort auf den Abzug der römischen Legionen, die ja nicht für immer im Land zwischen Jordan und Mittelmeer bleiben konnten, abzuwarten.

Josephus' Bestandsaufnahme an See und Fluß

Während des Kriegszuges im Norden, in Galiläa, hatte Josephus, einstiger Priester, dann jüdischer Befehlshaber am See Gennesaret und jetzt zwar Gefangener, aber eben doch Ehrenbegleiter des römischen Kommandeurs, Zeit, sich mit dem See und mit der Landschaft zu befassen. Über das Wasser des Sees bemerkte er: »Es ist süß und zum Trinken sehr geeignet, denn es ist dünnflüssiger als das dicke Wasser von Sumpfseen. Es ist überall klar, weil der See von sandigen Ufern begrenzt ist. Es ist wärmer als Wasser aus Flüssen und Quellen, bleibt dabei aber doch immer auch kühler, als man nach der Ausdehnung des Sees erwarten sollte. Wird das Wasser in Gefäßen der freien Luft, dem Wind ausgesetzt, so wird es fast so kühl wie Schnee. Im Sommer stellen die Bewohner der Küste deshalb bei Nacht Wassergefäße vor die Tür. Es gibt im See auch allerlei Arten von Fischen, die an Geschmack und Gestalt von Fischen anderer Gewässer verschieden sind.«

Seltsames weiß Josephus Flavius zu berichten: »Beim See ist eine überaus kräftige Quelle zu finden, die von den Eingeborenen des Landes Kepharnome genannt wird. Einige haben diese Quelle schon mit dem Nil in Verbindung gebracht, da sich in ihrem Wasser Rabenfische aufhalten, die sonst nur im Nil bei Alexandria zu finden sind.« Welche Quelle Josephus Flavius meinte, ist nicht mehr festzustellen. Mit der Stadt Kefar Nahum kann sie nichts gemeinsam haben, denn sie heißt in dem Geschichtswerk »Der Jüdische Krieg« Kepharnome. Der Rabenfisch (Covacinus niger) aber ist tatsächlich im See Gennesaret zu finden, wenn auch nur in sehr geringer Zahl. Da Süßwasserseen höchst selten sind im Nahen Osten, ist es kein Wunder, daß dieser Süßwasserfisch eben nur im süßen Gewässer des Jordangrabens – und im Nildelta aufgespürt werden kann. Die zwei Fundorte haben in einer Zeit, als es noch der Phantasie überlassen war, den Nilursprung zu suchen, dazu geführt, in Gedanken die Gewässersysteme von Nil und Jordan miteinander zu verbinden. Die Vorstellungskraft führte so weit, sich unterirdische Flußläufe auszudenken, die sogar unter dem Mittelmeer hindurch Jordansenke und Nildelta einander zuordneten.

Erstaunlich ist, daß die Kenntnis des Historikers Josephus Flavius vom Ursprung des Jordan ungenau und eher anekdotisch ist: »Die mutmaßliche Quelle des Flusses ist das Gebirge Panium. Doch wird sie selbst durch unterirdischen Zufluß aus der sogenannten Phiala, aus einer ›Schale‹, gespeist. Letztere liegt an der Straße zur Landschaft Trachonitis, nicht weit vom Wege ab. Wegen seiner runden Form wird dieses Wasserbecken mit Recht Phiala genannt, denn es hat einen kreisförmigen Rand. Stets reicht das Wasser bis zu diesem Rand heran, ohne sich abzusenken oder überzufließen. Der Tetrarch Philippus von Trachonitis wies zuerst nach, daß hier die Quelle des Jordan sein müsse, die vor ihm unbekannt war. Er ließ nämlich Spreu in die Phiala werfen, die in Panium, wo man früher den Ursprung des Flusses vermutete, wieder zum Vorschein kam. Der sichtbare Lauf des Jordan beginnt mit einer Höhle. Er durchschneidet sodann die Sümpfe und Moraste des Sees Semechonitis [gemeint ist der Hulesee, der kaum mehr existiert], legt wieder eine Strecke zurück, um den See Gennesaret in der Mitte zu durchziehen. Endlich mündet der Jordan nach einem langen Weg im Asphaltsee.«

Die Länge des Flusses – sie beträgt rund 260 Kilometer – wurde von Josephus Flavius einigermaßen korrekt angegeben. Ihm war die Besonderheit des Jordan, in einem Graben zu fließen, dessen Sohle weit unterhalb des Meeresspiegels liegt, wohl nicht bekannt; er hätte sie sonst, seiner Erzählweise entsprechend, als außergewöhnliches Wunder der Schöpfung gepriesen. Erwähnt wird auch nicht eine zweite Besonderheit: Zwischen See Gennesaret und Totem Meer beträgt die Entfernung 105 Kilometer – der Fluß aber legt 200 Kilometer zurück, also fast den doppelten Weg der Luftlinie. Schuld daran sind die Schleifen, in denen das Wasser gemächlich nach Süden fließt.

Josephus Flavius hatte sich deshalb bemüht, See und Fluß ausführlich zu beschreiben, weil er damit die Erzählung eines Ereignisses vorbereiten wollte, das er als Augenzeuge erlebt und für ungewöhnlich gehalten hatte. Vorausgegangen war die Eroberung der Stadt Taricheai. Einer beachtlichen Zahl von Juden war es gelungen, rechtzeitig auf Kähnen weit aus der Stadt auf den See hinaus zu fliehen. Die Geflohenen glaubten, vor den Schwertern der Römer sicher zu sein. Der römische Kommandeur aber gab Befehl zum raschen Bau von Flößen, mit deren Hilfe er die Juden verfolgen wollte. Schwierigkeiten, den Befehl auszuführen, entstanden nicht, denn die Bäume des Seeufers ergaben genügend geeignetes Holz.

»Mit Blut gefärbt war der ganze See«

Über den Ablauf dieser »Seeschlacht« berichtet Josephus Flavius: »Als die Flöße fertig waren, bemannte Vespasianus sie mit so vielen Soldaten, als er zur Vernichtung der auf den See geflohenen Gegner für nötig hielt. Dann stießen die Flöße vom Ufer ab. Nun aber vermochten die auf dem See umherrudernden Juden weder ans Land zu entkommen, da dieses überall von Feinden besetzt war, noch waren sie einem Kampf zu Wasser gewachsen; denn die kleinen Boote waren zwar beweglich, weil sie leicht gebaut waren, doch in der Stabilität waren sie den schweren Flößen, die aus Baumstämmen bestanden, unterlegen. Und so fürchteten sich die Männer in den Booten, in die Reihen der angreifenden Römer hineinzufahren. Gleichwohl umschwärmten sie die Flöße und kamen ihnen auch hier und da näher, wobei sie aus größerer Entfernung Steine gegen die Römer schleuderten oder sie durch Plänkelangriffe reizten. Beides aber schlug mehr zu ihrem eigenen Schaden aus. Denn mit ihren Steinwürfen bewirkten sie, weil sie gut Gepanzerte trafen, nichts weiter als ein beständiges Geklirr. Doch dabei gerieten sie selbst in die Reichweite der Geschosse der Römer. Wagten sie es, noch näher an die Flöße heranzufahren, so unterlagen sie, noch ehe sie selbst etwas ausrichten konnten, und versanken alsbald mit ihren Kähnen in der Tiefe. Andere, die sich durchzuschlagen versuchten, wurden von den Speeren der Römer durchbohrt [... oder...] mit dem Schwert niedergemacht. Wieder andere wurden durch die römischen Flöße umzingelt und dann von den Legionären gefangengenommen. Tauchte einer der Versunkenen wieder auf, so ereilte ihn alsbald ein Pfeil, oder es fuhr ihm ein Floß über den Kopf. Und wollte einer der Schwimmenden in der Verzweiflung ein Floß der Römer zu ersteigen versuchen, so hieben ihm die römischen Soldaten den Kopf oder die Hände ab. Ringsum wütete ein schreckliches Morden, bis endlich der Rest der Juden in ihren Kähnen ans Land gedrängt wurde. Auch dabei kamen viele um, indem sie entweder noch draußen auf dem See durchbohrt wurden oder gleich nach der Landung unter dem Schwert der Römer starben. Mit Blut gefärbt und voll von Leichen war der ganze See. Nicht ein einziger Mann hatte sein Leben retten können. Während der Tage, die auf die ›Seeschlacht‹ folgten, erfüllte ein schrecklicher Gestank die Luft der gesamten Gegend. Gräßlich war der Anblick: Die Ufer waren mit Schiffstrümmern bedeckt und mit aufgeschwollenen Leichen, die in der Sonnenhitze verwesten und die Luft verpesteten. Die Juden, die in der Stadt überlebt hatten, empfanden den Verwesungsgestank als schmerzliche Erinnerung an die Toten. Den Siegern aber war er widerlich. So endete dieses Seegefecht.«

Vom Glück und von den Göttern begünstigt fühlten sich die Römer: Die Schwäche der jüdischen Kampfverbände, hervorgerufen durch Zwist und Uneinigkeit, hatte ihnen am See Gennesaret geholfen. Der Feldherr Vespasian hatte guten Grund, seinen Offizieren zu sagen, der Krieg werde auch in Judäa durch Streit der Juden untereinander einfacher und weniger verlustreich werden als vorgesehen; es sei deshalb unnötig, gegen Jerusalem zu marschieren, um dort die Herrschaft der Römer wieder einzusetzen. Der Kampf zwischen ehrgeizigen Männern, von denen jeder ein Tyrann sein wolle, und deren blutrünstigen Anhängern im Gebiet Judäa werde – so erklärte Vespasianus – von selbst zur erneuten Übertragung der Macht an den Vertreter des römischen Imperators führen.

Eine Gruppe von Männern, die auf besondere Weise zur Zerstörung der Ordnung im jüdischen Gemeinwesen beitrugen, waren die Sicarier. Sie nannten sich so, weil sie mit Sicae bewaffnet waren, mit kleinen, krummen Dolchen, die sie unter der Kleidung versteckt trugen. Diese Waffen stießen sie Menschen, in denen sie ihre Gegner sahen, mitten im Gewühl in den Leib. Der Hohepriester Jonatan war ihr erstes Opfer gewesen. Die Sicarier handelten derart geschickt, daß sie einen Würdenträger nach dem anderen töteten, ohne daß die Mörder erkannt und ergriffen werden konnten. Es gelang ihnen schließlich, eine eigenständige Kampforganisation aufzubauen, die auf Ermordung der Reichen und auf kleinere Raubzüge spezialisiert war. Da sie an Zahl zunahmen, war die Errichtung eines Machtzentrums notwendig geworden. Die führenden Köpfe der Sicarier hatten sich für die Festung Masada über dem

Toten Meer entschieden. Dort richteten sie sich ein; von dort zogen sie los, um Männer zu töten, die ihnen mißfallen hatten, und um Lebensmittel und Geld zu rauben. Über viele Monate hin hatten sie allerdings nur an sich genommen, was sie zum Leben unbedingt brauchten.

Daß sie die frühere Festung des Herodes auf Masada in ihren Besitz gebracht hatten, wirkte sich positiv auf die Attraktivität der Organisation aus: Für viele, die Abenteuer liebten, war es reizvoll, in der Herodesfestung am Rande des Jordangrabens leben zu können; mancher, der während der Wirren des Bürgerkriegs oder durch den Krieg mit den Römern Haus und Heimat verloren hatte, fand auf Masada ein Zuhause. Daraus entstand die Schwierigkeit, daß die Führung der Sicarier mehr Menschen als zuvor zu versorgen hatte. Für die Ernährung mußten Lebensmittel in großer Menge zur Verfügung stehen. Durch kleinere Raubzüge waren die Hunderte von Männern, die zugelaufen waren, nicht vor dem Hunger zu bewahren. Größere Unternehmungen gegen Dörfer in der Jordansenke wurden deshalb geplant. Die erste Siedlung, die überfallen werden sollte, war die Oase En-Gedi, die unmittelbar am Toten Meer lag.

Bei Nacht überraschte der Haufen der Sicarier die Bewohner. Berichtet wird, daß die meisten der Frauen, Männer und Kinder im Schlaf getötet wurden. Um diejenigen, die geflohen waren, kümmerten sich die Angreifer nicht. Sie plünderten die Häuser aus, wobei sie Lebensmittel allem anderen vorzogen; sie nahmen auch die reifen Früchte der Gärten und Felder bei den Häusern mit. Die Versorgung der Sicarier auf Masada war für eine Woche gesichert – dafür hatten etwa 700 Menschen sterben müssen.

Woche für Woche wiederholten sich die Vorfälle: Flußaufwärts wurden die Dörfer ausgeplündert. Mittel zur Gegenwehr fanden die bewaffneten Männer des Jordantals nicht. Jedesmal waren ihnen die Sicarier an List, Schnelligkeit und an Kraft überlegen. Die Familien in der Senke zwischen See Gennesaret und Totem Meer hatten schließlich nur noch die eine Hoffnung, daß die Römer bald anrückten.

Als der Einmarsch der römischen Legionen dann tatsächlich erfolgte, da schämten sich allerdings viele Männer, daß sie gerade von den Römern Rettung erwarteten, und sie begannen, um das eigene Gewissen zu beruhigen, Widerstand zu leisten: Sie überfielen Patrouillen und Wachtposten und lauerten den Lebensmitteltransporten auf, die als Nachhut den Marschverbänden folgten. Das Ergebnis war, daß sich die Römer zu Repressalien herausgefordert fühlten. So lebten die Bewohner der Jordansenke unter doppelter Bedrückung: Sie waren Opfer der Raublust der Sicarier und der Vergeltungswut der Römer, die langsam nach Süden vorrückten.

Als Augenzeuge des Geschehens gilt wieder Josephus Flavius. Er schilderte das dramatische Geschehen so: »Die wehrlose Bevölkerung wurde niedergemetzelt. Wer floh, der riß auch die Nachbarn mit sich fort. Die Berichte der Fliehenden erfüllten ringsum alles mit Schrecken, indem sie das eigene Erleben übertrieben und erzählten, das gesamte Heer der Römer befinde sich im Anmarsch. In dichten Scharen flohen Menschen auf Jericho zu, das allein ihnen noch Hoffnung auf Rettung gab, da es starke Mauern und eine zahlreiche Einwohnerschaft besaß. Der römische Abschnittskommandeur, der Placidus hieß, setzte den Flüchtlingen bis zum Jordan nach und machte unterwegs alles nieder, was ihm in den Weg kam. Dann trieb er die ganze Menge in die Nähe des Flusses, der durch Regengüsse angeschwollen war und deshalb nirgends durchwatet werden konnte. Den Zusammengetriebenen gegenüber stellten sich die Legionäre in Schlachtordnung auf. Flucht war nun für die Juden nicht weiter möglich, und so waren sie jetzt zum Kampf gezwungen. In langer Linie dehnten sie sich am Flußufer aus und versuchten auf diese Weise, dem Geschoßhagel und dem Anprall der Reiterei standzuhalten. Doch sie wurden in den Fluß gedrängt. Es war auch für die Römer der Jordan vor lauter Leichen nicht mehr zu passieren, und sogar den Asphaltsee bedeckten tote Körper, die aus dem Fluß hineingeschwemmt worden waren.«

Vespasianus ließ den Erfolg ausnützen: Auch das Bergland sollte gesäubert werden von Gruppen, die der römischen Zehnten Legion, die in Jericho ihr Lager aufschlug, gefährlich werden konnten. Stoßtrupps der Zehnten Legion durchstreiften die Täler und Schluchten der Berge im Westen des Toten Meeres.

Sicher hatten ihre Offiziere davon erfahren, daß etwa 20 Kilometer südlich von Jericho eine jüdische religiöse Gemeinschaft ein Kloster besaß, das ein Ort regelmäßiger Begegnung der Mitglieder dieser Glaubensgemeinschaft war. Ob Josephus Flavius, der wenige Jahre zuvor den Gläubigen des Klosters nahegestanden hatte, die Römer auf den Gebäudekomplex in der felsigen Öde am Toten Meer aufmerksam machte, ist ungewiß, aber nicht auszuschließen. Der einstige Kommandeur der jüdischen Festung Jotapata in Galiläa war nämlich nicht nur zum Beobachter der Militäraktionen des Titus Flavius Vespasianus, sondern auch zu dessen Berater geworden, wobei er – nach eigener Aussage, die seinem Geschichtswerk »Der Jüdische Krieg« zu entnehmen ist – immer auf Schonung der Juden bedacht war.

Die römische Besatzungsmacht, aufs äußerste gereizt durch die Aufstandsbewegung der Juden, konnte das Fortbestehen der »Mesad Chassidim«, der »Festung der Frommen«, in der Jordansenke auf keinen Fall dulden. Die Aufständischen hatten von Anfang an den religiösen Charakter ihrer Aktion betont – sie hatten den Landpfleger, den Gouverneur, dadurch herausgefordert, daß sie seine Spenden aus Glaubensgründen nicht annehmen und für den Imperator, der ja ein Ungläubiger war, im Tempel keine Opfer mehr darbringen wollten. Gläubige gegen Ungläubige, das war die Parole in diesem Krieg. Nun aber waren die »ungläubigen Römer« dabei, die Bastionen der Gläubigen zu zerstören.

Der Archäologe Avraham Negev ist der Meinung, der wissenschaftliche Befund der Ausgrabungen lasse den Schluß zu, das Kloster der Essener am Toten Meer sei im Sommer des Jahres 68 zerstört worden. Anzunehmen ist, daß die Mitglieder der Gemeinschaft – als sie erfuhren, daß sich die römische Zehnte Legion dem Südende des Jordan näherte – ihre Bibliothek, die aus Schriftrollen bestand, aus dem Gebäudekomplex wegtrugen und in Höhlen am Steilhang über dem Meer versteckten. Die Höhlen sind von den Essenern wohl eigens zur Rettung der Rollen gegraben worden. Sie haben den Schatz der Essener 1900 Jahre lang bewahrt.

Qumran war der südlichste Punkt in der Jordansenke, den das Heer des Titus Flavius Vespasianus erreichte. Archäologen haben festgestellt, daß in den Klosterruinen bis zum Jahre 90 eine kleine römische Garnison untergebracht gewesen sein muß. Im Jahre 68 aber stockte der Feldzug der bisher siegreichen Römer zunächst.

Josephus Flavius, vom Kommandeur der jüdischen Festung Jotapata zum Berater auf seiten der Römer geworden, fand Zeit, sich vom aktuellen Geschehen abzuwenden und sich mit der Landschaft im Jordantal zu befassen. Ohne Übergang wechselte er das Thema: »Die Bewohner von Jericho hatten sich fast alle, ohne auf die Besetzung ihrer Stadt durch die Römer zu warten, auf die Berge geflüchtet, die Jerusalem gegenüberliegen. So war die Stadt nahezu leer. Wer zurückgeblieben war, verfiel dann dem Schwert der Römer. Jericho liegt in einer Ebene und ist von einem kahlen, unfruchtbaren Höhenzug überragt, der sich in bedeutender Länge gegen Norden bis in die Gegend von Skythopolis, gegen Süden bis in das Gebiet der einstigen Stadt Sodom und an die Ufer des Toten Meeres erstreckt – ein durchweg rauher und wegen seiner Unfruchtbarkeit gänzlich unbewohnter Landstrich. Ihm gegenüber zieht sich den Jordan entlang ein anderes Gebirge, das im Süden bis in die Nachbarschaft der Stadt Petra reicht. Zu diesem Gebirge gehört der ›Eisenberg‹, dessen Gestein Eisen enthält. Die Landschaft in der Mitte zwischen den beiden Gebirgen heißt ›die große Ebene‹. Zur Sommerszeit ist die große Ebene wie ausgebrannt und weist eine Luft auf, die infolge der übermäßigen Hitze sehr nachteilig auf die Gesundheit wirkt. Denn außer im Jordan gibt es

nirgends auch nur eine Spur von Wasser, weshalb auch die Palmen, die unmittelbar am Flußufer stehen, prächtig und üppig gedeihen, die weiter entfernt stehen aber sind kümmerlich.«
Der Beobachter Josephus Flavius bemerkte aber auch, daß in der Nähe von Jericho eine starke Quelle sprudelte. Er erinnert daran, daß aus dieser Quelle einst giftiges Wasser geflossen sei, das Früchte ungenießbar gemacht und bei Frauen Totgeburten bewirkt hätte. Josephus Flavius wußte, wer – der Überlieferung nach – die Qualität des Wassers verbessert habe. Der »Prophet Elisaeus«, der Nachfolger des Elija, habe die Quelle durch Salz gereinigt. Er habe so den in und bei Jericho wohnenden Menschen Fruchtbarkeit des Bodens und Kindersegen im Überfluß bis in die Gegenwart geschenkt.
Damals also priesen sich die Bewohner von Jericho glücklich, das beste Wasser der ganzen Schöpfung zu besitzen: »Es hat, wenn es zur Berieselung benutzt wird, eine derartige Kraft, daß es selbst bei nur leichter Benetzung des Bodens denselben fruchtbarer macht als anderes Wasser, das bis zur Sättigung des Erdreichs als Pfütze stehenbleibt. So bewässert die Quelle eine größere Bodenfläche als irgendeine andere. Auch hier gilt, daß Wasser, das man im Sommer vor Sonnenaufgang schöpft und dann der Luft aussetzt, sehr kalt wird und eine Temperatur annimmt, die der heißen Luft genau entgegengesetzt ist.«
Diesen Effekt nützen die Menschen im Jordantal und anderswo in der arabischen Welt heute noch aus, denn er hat nichts mit dem Wasser der Quelle von Jericho zu tun, sondern mit den irdenen Gefäßen, in denen das Wasser aufbewahrt wird: Durch die Gefäßwände dringt immer ein wenig der Flüssigkeit, die dann in der heißen Luft sofort verdunstet. So entsteht Verdunstungskälte, die sich auf das Wasser im Gefäß überträgt.
Auch der römische Oberbefehlshaber Titus Flavius Vespasianus habe sich, so berichtet Josephus Flavius, die Besonderheiten der Jordansenke angesehen. Er habe sich zudem vorführen lassen, welche erstaunliche Eigenschaft das Wasser des »Asphaltmeeres« besitze: »Als Vespasianus an den See kam, um ihn zu besichtigen, hatte er zwei Menschen, die nicht schwimmen konnten, mit auf den Rücken gebundenen Händen in das tiefe Wasser werfen lassen – und beide trieben, wie von einer Strömung in die Höhe gehoben, auf der Oberfläche umher.«
Josephus Flavius erzählt, in diesem Wasser seien die »schattenhaften Umrisse von fünf Städten zu erkennen«, die Reste also der durch Feuer zerstörten Gemeinwesen Sodom und Gomorra. Auch sonst seien noch Spuren des vom Himmel gesandten Feuers vorhanden.
Der Ehrenbegleiter des römischen Kommandeurs hatte deshalb Zeit, sich um die Geographie und um das Außergewöhnliche der Jordan-

senke zu bemühen, weil Vespasianus zögerte, die Eroberung von Jerusalem anzuordnen. Er hatte einen guten Grund dafür: Im Hochsommer des Jahres 68 war ihm gemeldet worden, der Imperator Nero sei ermordet worden. Wichtig war nun allein, keinen Schritt zu unternehmen, der vom Nachfolger als Fehler gedeutet werden könnte. Vespasianus konnte ja nicht wissen, welches Schicksal der neue Imperator dem Gebiet der Juden und der Araber zugedacht hatte. Der Mann, der nun in Rom zu bestimmen hatte, hieß Galbus. Doch über die Haltung dieses Staatschefs brauchte sich der Befehlshaber in Judäa nicht lange Gedanken zu machen. Nach einer Amtszeit von nur sieben Monaten und sieben Tagen wurde auch Galbus ermordet. Wieder hatte Vespasianus Grund, den Krieg in Judäa nicht aufflammen zu lassen.

Innerjüdische Querelen führen zur Katastrophe

Kaum hatte der Druck der römischen Kriegsmaschinerie auf die Bevölkerung nachgelassen, da brachen interner Zwist und Bürgerkrieg wieder aus. In der Festung Masada hatte ein Mann namens Simon die Kontrolle über die Sicarier an sich gerissen. Er soll von gewaltiger Körperkraft gewesen sein, auch habe ihn Waghalsigkeit ausgezeichnet. Simon veränderte die Ziele der Organisation, die ihren Sitz in der Felsenfestung hatte: Sie sollte ihm die Möglichkeit geben, seine eigene Herrschaft über Land und Menschen zu errichten. Simon wollte als Tyrann herrschen, und dabei war es ihm gleichgültig, über welches Gebiet. Sein Ziel war allein, seine Machtgelüste auszuleben. Die Festung Masada bot ihm den nötigen Rückhalt für den Kampf um die Erfüllung seiner ehrgeizigen Ideen, die – das muß deutlich gesagt sein – rein egoistisch waren. Der Wiederherstellung des jüdischen Nationalstolzes dienten sie nicht.

Trotzdem folgten diesem Mann nicht nur Entwurzelte, Abenteurer und solche, die von der Beute der Raubzüge leben wollten, sondern auch, wie Josephus Flavius notierte, »ehrenwerte Persönlichkeiten, seßhafte Familienväter, die ihm wie einem Könige dienten«. Die Ursache dafür war, daß es sonst keinen gab, der in der Lage gewesen wäre, den Männern des Gebiets zwischen Jordansenke und Mittelmeerküste ein Ziel zu setzen, für das es sich lohnte zu leben. Überall herrschten Unordnung, Unsicherheit, Gefahr für Leib und Leben. Auf Masada aber präsentierte sich einer, der zu befehlen, der allein schon durch seine körperliche Kraft einen Mittelpunkt zu bilden verstand. In Simons Nähe wurde Unterordnung verlangt – dieser Zustand wurde, gegenüber der Unordnung, als weit besser empfunden.

Da er den südlichen Teil des Jordangrabens bereits in seiner Gewalt hatte, suchte Simon nach Möglichkeiten der Erweiterung seines Herrschaftsbereichs. Wenn er von Masada aus nach Westen blickte, dann erkannte er die Berggipfel, die zur Provinz Idumäa gehörten, zum Land des Volkes Edom, das jedoch längst den jüdischen Stämmen angegliedert war. Idumäa war nur dünn besiedelt. Die Städte standen untereinander kaum in Verbindung; sie konnten leicht einzeln überrumpelt werden. So nahm Simon Hebron ein, ohne dafür energisch kämpfen zu müssen.

Nun hätte der ehrgeizige Mann eine Hauptstadt besessen, die geeignet gewesen wäre, Keimzelle eines unabhängigen Staates zu werden. Von den Römern war keine Behinderung zu befürchten, da sich Vespasianus noch immer damit beschäftigte, die Situation im Zentrum des Imperiums, in Rom, zu analysieren. Simon hätte die Chance gehabt, das Gebiet westlich des Toten Meeres nach seinem Gesetz zu regieren, wenn er über ein solches Gesetz verfügt hätte. Doch nach der Eroberung der Region Idumäa wußte er nicht, was jetzt zu tun sei. So zerstörte er aus Ratlosigkeit das Land, das von ihm abhing.

Josephus Flavius hinterließ eine genaue Beschreibung der Sinnlosigkeit des Handelns des Feldherrn Simon und der Folgen seiner Aktionen: »Er durchzog ganz Idumäa und verheerte nicht nur Dörfer und Städte, sondern verwüstete auch das ganze Ackerland. Denn außer seinen Schwerbewaffneten folgten ihm noch weitere 40 000 Mann. Für eine derartige Menschenmenge konnten die Lebensmittel nirgends reichen. So erlangte die Verarmung Idumäas einen immer höheren Grad. Denn, wie man hinter einem Heuschreckenschwarm ganze Wälder entlaubt sehen kann, so ließ Simons Heer eine völlige Wüste in seinem Rücken. Das Heer vernichtete den fruchtbaren Boden durch Zertrampeln. Es blieb nicht die Spur des früheren Wohlstands.«

Da Idumäa zugrunde gerichtet war, begann sich Simon für Jerusalem zu interessieren. Die dort Mächtigen witterten die Gefahr, daß die Masse der Menschen, die Simon gehorchten, über die Mauern der Stadt fluteten. Diktatoren in Jerusalem waren damals die Anführer einer Gruppierung, die »Zeloten« genannt wird. Dieser Begriff ist abgeleitet vom griechischen Wort »zelos«, das »Eifer« bedeutet.

Die Zeloten eiferten sich vor allem gegen die Römer, die Judäa als ihre Provinz betrachteten. Die Wurzel ihres Hasses war jedoch weniger die Ablehnung jeglicher Fremdherrschaft als die Ablehnung aller Ordnung, die nicht den Traditionen des Glaubens der Juden entstammte. Die Zeloten sahen sich vor allem als Träger des Kampfes, den das Volk Gottes gegen die Nichtjuden zu führen hätte. Die Römer waren gerade wegen ihrer Ordnung und militärischen Stärke für die Zeloten das

Idealbild eines Feindes. Sie hatten sich ursprünglich den Pharisäern zugehörig gefühlt, doch deren führende Köpfe waren nicht bereit gewesen, die Auseinandersetzung mit dem römischen Imperium auf die Spitze zu treiben. So waren die Mitglieder des Bundes der Pharisäer zum ersten Ziel der Entschlossenheit der Zeloten geworden, mögliche Gegner zu töten.

Die Zeloten rekrutierten ihre Anhänger meist aus der Jugend. Die jungen Männer, die angeworben wurden, hatten nur wenig Ahnung von den überkommenen Traditionen, Sitten und Gebräuchen der Juden. Sie waren deshalb leicht zu mißbrauchen zur Entmachtung des Hohenpriesters und anderer Honoratioren. Die Jugend, stürmisch und vor allem rücksichtslos, wurde zur Grundlage der Tyrannei der Zelotenführung in Jerusalem. Mit dem Anspruch, die wahre Kraft des Judentums zu repräsentieren, verhängten die Anführer Todesurteile über Männer, die ihnen dadurch im Wege standen, daß sie sich auf Traditionen beriefen. Den Höhepunkt ihrer Macht bildete die in rasendem Rausch erfolgte Ermordung der Priester im Tempel von Jerusalem.

Wieder war Josephus Flavius Augenzeuge. »So sah man denn die Männer, die kurz zuvor noch, mit dem heiligen Gewand bekleidet, an der Spitze des Gottesdienstes gestanden hatten, jetzt nackt den Hunden und wilden Tieren zum Fraß hingeworfen.«

Die Tyrannei der Zeloten war unangefochten, solange niemand sonst im Lande den Anspruch erhob, ebenfalls Macht ausüben zu wollen. Simon, der Herr über Masada, stellte eine Gefahr für die Herrschaft der Zeloten dar: Simon verfügte über eine schwerbewaffnete Truppe, die Zeloten über zwar mutige, aber auch undisziplinierte und vor allem untrainierte Männer, deren Haupttätigkeit, so berichtet Josephus Flavius, darin bestand, »die Häuser der Reichen zu plündern, Männer zu morden und Frauen zu schänden«. Als sicher kann gelten, daß die Bewohner des Landes Judäa, die in ihrer Mehrheit weder zu den Anhängern des Simon noch der Zeloten gehörten, schließlich nicht im Wege standen, als Simon auf Grund seiner militärischen Übermacht beanspruchte, Herr über das ganze Land zu sein. Im Frühjahr 69 zog Simon trotz des Widerstands der Zeloten in Jerusalem ein. Der Marsch vom Toten Meer in die Hauptstadt war abgeschlossen. Für die Menschen in Judäa begann damit allerdings keine bessere Zeit.

Das Chaos im Nahen Osten war ein Spiegel der Zustände in Rom. Nach der Ermordung des Imperators Galbus am 15. Januar 69, wurde ein Offizier der Garde namens Otho zum Herrn über das Imperium proklamiert. Er beging allerdings schon am 16. April jenes Jahres Selbstmord. Vitellius Germanicus, von der Armee, die in Germanien stationiert war, an die Spitze des Staates berufen, marschierte nach

Rom. Seine Soldaten, an Plünderungen gewöhnt, benahmen sich in der Hauptstadt so brutal wie in den besetzten Gebieten am Rhein. Die Bürger in Rom fühlten sich von Vitellius Germanicus erobert.

Die Berichte über die Zustände in der Hauptstadt erreichten auch die Offiziere, die am See Gennesaret und am Jordan Quartier bezogen hatten und dort auf den Befehl zum Angriff auf Jerusalem warteten. Die Offiziere hatten das Gefühl, von ihnen werde Dienst unter harten Umständen im heißen Klima verlangt – weit vom Zentrum der Macht entfernt, während andere, deren Militärlager sich eben näher bei Rom befand, die Politik dort mitbestimmten, vor allem aber Profit aus ihr schlagen konnten. Die Offiziere des römischen Heeres im Nahen Osten verlangten deshalb von ihrem Kommandeur, er solle, in ihrem Sinne, Ordnung schaffen in Rom. Titus Flavius Vespasianus, der längst daran gedacht hatte, Imperator zu werden, folgte dem Ruf, als sich auch die Truppenverbände in Ägypten für ihn erklärt hatten. Er wurde im Frühjahr 70 in Rom zum Imperator Caesar Vespasianus Augustus ausgerufen. Den Krieg in Judäa vergaß er allerdings nicht. Vespasianus übertrug die Befehlsgewalt seinem Sohn Titus. Der nahm sich nun, da in Rom Stabilität herrschte, fest vor, Jerusalem zu erobern.

Titus konzentrierte alle Legionen, die in Galiläa, Judäa und im Jordantal stationiert waren, als Belagerungstruppe um Jerusalem. Aus ihrer Garnison in Jericho fand sich die Zehnte Legion zum Kampf um Jerusalem ein; sie hatte Position am Ölberg zu beziehen und wurde dann dazu eingesetzt, von Norden her die Befestigungswälle zu durchbrechen.

Die Belagerung der Stadt Jerusalem dauerte den gesamten Sommer des Jahres 70 hindurch. Nur mühsam hatten sich die zerstrittenen Parteien der Zeloten und der Anhänger des Simon zu einer gemeinsamen Strategie der Verteidigung zusammengefunden. So mutig die Juden auch kämpften, ihr Widerstand konnte der römischen Übermacht nicht auf Dauer standhalten: 25000 Mann verteidigten die Stadt gegen 80000 Angreifer. Am Ende des Kampfes befahl Titus, Jerusalem bis auf drei Türme, die zur Erinnerung an den Kampf des Jahres 70 stehenbleiben sollten, dem Erdboden gleichzumachen. Zur Bewachung des Platzes wurde die Zehnte Legion kommandiert, deren Garnisonsstadt zuletzt Jericho gewesen war.

Obgleich die Herbstzeit begonnen hatte, als die Schlacht um Jerusalem beendet war, begab sich der Sieger Titus zur Quelle des Jordan, in das rauhere Klima der Stadt Caesarea Philippi. Sie war vom Krieg der Römer gegen die Juden völlig verschont geblieben. Die Prachtgebäude standen noch, die Herodes drei Generationen zuvor hatte errichten lassen. Da war ein römisches Theater vorhanden, in dem Spiele abgehalten werden konnten, wie sie der Elite Roms so sehr behagten: Da wurden Kriegsgefangene wilden Tieren vorgeworfen; andere mußten so lange gegeneinander kämpfen, bis der Tod das Gefecht entschied. Caesarea Philippi, an der Quelle des Jordan, war der Ort, wo sich Titus vergnügen und erholen konnte. An der Mündung des Jordan ins Tote Meer aber setzte sich der Krieg fort. Befehlshaber mittleren Ranges hatten ihn zu führen.

Die Order des Oberkommandierenden lautete, die Festung Machaerus, wie sie jetzt hieß, zu zerstören. Die Verantwortlichen im römischen Heer befürchteten, daß sich im Bergland im Osten des Toten Meeres ein Widerstandsnest gegen die Besatzungsmacht bilden könnte; die abgelegene Festung hätte sich als Befehlszentrale hervorragend geeignet. Die Sorge war wohl berechtigt, denn der Kommandeur der Zehnten Legion – er hieß Lucilius Bassus – hatte unmittelbar nach seinem Eintreffen vor der Bergbastion Machaerus feststellen müssen, daß sich innerhalb der Mauern ein starker jüdischer Kampfverband befand, der offenbar auch für eine längere Belagerungszeit ausreichend mit Lebensmitteln und Wasser versorgt war. Bassus konnte sich nur eine Erfolgschance des Sturmangriffs auf die Festung ausrechnen: Er mußte die Kriegsmaschinerie möglichst nahe an die Mauern heranbringen. Diese aber ragten über steile Schluchten empor, über Felswände, die kaum zu erklettern waren. Der Kommandeur gab Befehl, die Schlucht im Osten der Festung mit Steinen und Erde aufzufüllen, damit sie überwunden werden konnte. Eine Rampe wurde gebaut; sie wurde dann zum Vorbild für die Aufschüttung, die den Sturm auf die Festung Masada möglich machte.

Solange die Soldaten der Zehnten Legion an der Aufschüttung arbeiteten, kümmerte sich der Chronist Josephus Flavius wieder um die Besonderheiten der Region am Ostufer des Toten Meeres. Er erfuhr, bei der Festung Machaerus wachse im Boden eine Wurzel, der erstaunliche Wirkung nachgesagt werde: »Baaras heißt diese Wurzel. Sie hat eine flammrote Farbe und schießt zur Abendzeit Strahlen von sich. Nähert man sich ihr und will sie festhalten, so ist es schwer, sie zu fassen, da sie sich fortbewegt und nicht eher stehenbleibt, bis man Urin auf sie gießt. Aber selbst dann zieht die Berührung den sicheren Tod nach sich, wenn man die Wurzel ohne Handschuh packen will. Man kann sie aber auch auf ganz ungefährliche Art an sich nehmen: Nachdem man sie ringsum durch Graben so weit gelockert hat, daß nur noch ein kleiner Teil der Wurzel in der Erde steckt, bindet man einen Hund daran. Wenn nun das Tier dem, der es angebunden hat, rasch folgen will, wird sie durch den Hund leicht vollends herausgezogen. Der Hund aber stirbt auf der Stelle. Jetzt hat übrigens der, in dessen

Hand sie gerät, nichts mehr zu befürchten. Trotz der großen Gefahr beim Einsammeln der Wurzel wird sie wegen einer ganz besonderen Eigenschaft eifrig gesucht. Die Wurzel hat nämlich die Kraft, sogenannte Dämonen, böse Geister der Menschen, zu vertreiben – selbst wenn man die Wurzel nur in die Nähe der von Dämonen befallenen Personen bringt.«

Nie hat jemand nach Josephus Flavius eine derartige Wurzel im Land am Ostufer des Toten Meeres entdecken können. Seine Bemerkung aber, bei der Festung Machaerus würden Quellen heilkräftiges Wasser aus dem Boden sprudeln lassen, ist korrekt, denn sie ist heute nachprüfbar. Kaum zehn Kilometer von den noch erkennbaren Überresten der Mauern von Machaerus entfernt, befindet sich das Tal von Hammamet Main. Fünfzig Quellen sind dort gefaßt, heiße und kalte, deren Wasser insgesamt zur Heilung von rheumatischen Krankheiten geeignet sein soll. Die Eigentümlichkeit, daß heißes und kaltes Wasser unmittelbar nebeneinander aus dem Boden steigt, hat schon Josephus Flavius als bemerkenswert notiert: »Die eine Quelle ist heiß, die daneben aber ganz kalt. Beide Wasser gemischt ergeben ein überaus angenehmes, heilkräftiges und nervenstärkendes Bad.«

Das sehenswerteste Phänomen im Tal von Hammamet Main ist der etwa 45 Meter hohe Wasserfall, der von einer Felsterrasse ins Tal herunterfällt. An seinem oberen Anfang ist das Wasser der Kaskade noch in drei Ergüssen konzentriert, nach dem ersten Aufprall aber sprüht es auseinander, um dann über eine weite Fläche der Felswand gemächlicher in einen Bach zu fließen. Über Jahrtausende hin hat das Wasser an der Wand Mineralien abgelagert. Die Sinterung hebt sich durch ihre helle Färbung vom alten Gestein ab.

In der völlig abgeschiedenen Gegend der Heilquellen und ungenützten Badegelegenheiten glaubte sich Lucilius Bassus für längere Zeit aufhalten zu müssen. Die Belagerung, so dachte er, werde Monate dauern, vielleicht sogar ein Jahr. Da half ihm das Glück ganz unverhofft. Josephus Flavius schilderte das Ereignis, das den Sieg der Römer auslöste, so:

»Unter den Belagerten befand sich ein äußerst verwegener und tapferer junger Mann, der Eleazar hieß. Er hatte sich bei den Ausfällen aus der Festung immer besonders ausgezeichnet. Unter seiner Führung konnten die Juden immer wieder die römischen Soldaten daran hindern, an der Rampe zu arbeiten, die zu den Mauern führen sollte. Eines Tages, das Gefecht war schon entschieden, blieb Eleazar, um die Römer zu verhöhnen, draußen vor der Mauer stehen und fing mit seinen Freunden, die auf der Mauer standen, ein Gespräch an. Diesen günstigen Augenblick erkannte ein Soldat aus Ägypten, der zur Zehnten

Legion gehörte. Er schlich, ohne daß es jemand bemerken konnte, auf Eleazar zu, hob ihn auf und trug ihn ins Lager der Römer. Die Juden in der Festung lähmte der Schrecken. Lucilius Bassus aber gab Befehl, den Gefangenen nackt auszuziehen und auszupeitschen. Beides geschah an einem Platz, der von der Festung aus gut einzusehen war. Aufs tiefste erschütterte die Juden das Leiden des jungen Mannes. Alle, die sich in der Festung befanden, jammerten und wehklagten mit einer Heftigkeit, die eigentlich zum Schmerz des einen Mannes in keinem Verhältnis stand. Als Lucilius Bassus dies bemerkte, benützte er die Stimmung der Belagerten zu einer Kriegslist. Er ließ ein Kreuz aufrichten und alle Vorbereitungen treffen, die zu einer Kreuzigung nötig waren. Es sah so aus, als ob Eleazar sofort an das Kreuz geschlagen werden sollte. Kaum sahen dies die Juden in der Festung, als sie noch schmerzlicher bewegt wurden. Dazuhin begann nun auch Eleazar den Juden zuzurufen, sie sollten alles tun, um ihm die qualvollste aller Todesarten zu ersparen. Seine Rufe brachen den Verantwortlichen in der Festung das Herz, und sie ließen sich, gegen ihre eigentliche Absicht, zum Mitleid bewegen. Eine Delegation wurde zu Lucilius Bassus geschickt, die Kapitulation anbot. Nur zwei Bedingungen wurden gestellt: Eleazar sollte freigelassen und der Besatzung der Festung Machaerus freier Abzug gewährt werden. Lucilius Bassus willigte ein.«

Die Mauern und Gebäude von Machaerus wurden damals völlig abgetragen. Zu sehen sind nur noch die Fundamente der Mauern, die einst nahezu zwei Meter dick gewesen sein müssen, und der Gebäude, die einen Palast und zwei Türme umfaßten. Zu erkennen ist aber auch die Rampe, die Lucilius Bassus hatte aufschütten lassen.

Der Freitod der 960

Die Einnahme von Machaerus war der letzte Erfolg des Lucilius Bassus. Er starb im Frühjahr 73. Sein Nachfolger, ernannt vom Imperator Titus Flavius Vespasianus, hieß Flavius Silva. Er bekam die Stellung eines Gouverneurs zugesprochen.

Als Flavius Silva bei der Amtsübernahme die Lage in der Provinz Judäa analysierte, konnte er ganz beruhigt sein. Seine Steuereinnehmer wurden überall im Lande respektiert. Alle Juden, Männer und Frauen, bezahlten ohne lauten Protest zwei Drachmen Tempelsteuer; dieses Geld wurde jedoch nach Rom transferiert. Auch die Zolleinnahmen der Provinz standen dem Imperium zur Verfügung. Der Imperator selbst konnte mit den Erträgen der einstigen Güter des Herodes im Jordantal rechnen – vor allem der Palmenhaine und Balsamgärten bei

Jericho; sie waren zum Privateigentum der kaiserlichen Familie erklärt worden.

Da gab es nur einen Punkt in der Bestandsaufnahme des Gouverneurs Flavius Silva, der störte: Die Bergfestung Masada befand sich noch immer in der Gewalt einer Gruppe von Juden, die sich nicht der römischen Ordnung unterwerfen wollte; die Gruppe, die den Sicariern – und damit den Zeloten – zuzurechnen war, glaubte völlig sicher zu sein, denn die Bastion in 440 Meter Höhe über dem Toten Meer galt als uneinnehmbar. Wie Berg und Festung Masada im Herbst des Jahres 72 aussahen, als die Römer ernsthaft daran dachten, das letzte Widerstandsnest des jüdischen Aufstands zu bezwingen, berichtet im »Jüdischen Krieg« wiederum Josephus Flavius:

»Die Burg ist folgendermaßen beschaffen: Einen Felsen von beträchtlichem Umfang und von beachtlicher Höhe umgeben auf allen Seiten unsagbar tiefe, abschüssige und für Mensch und Tier unbezwingbare Schluchten. Nur an zwei Stellen gestattet der Fels Zugang von unten, allerdings unter äußerst schwierigen Bedingungen. Der eine Weg führt von Osten, vom Asphaltsee her, den Steilhang hinauf. Er heißt wegen seiner zahlreichen Windungen ›der Schlangenpfad‹. Er führt in langen Serpentinen in die Höhe. Geht man auf diesem Weg, so muß man sich stets abwechselnd mit einem Fuß fest anstemmen, um zu verhindern, daß man abgleitet, denn dies würde den sicheren Tod bedeuten. Tiefe Abgründe bieten einen derart furchtbaren Anblick, daß auch der Mutigste zaghaft werden kann. Ähnliche Gefahren bietet der zweite Weg, der im Westen aufsteigt. Wer nun oben auf Masada angekommen ist, der hat keine Bergspitze vor sich, sondern eine breite Fläche. Sie war zur Zeit des Herodes mit einer hohen und breiten Ringmauer umgeben worden. Wohngebäude waren an der Innenseite der Mauer errichtet worden. Die eigentliche Gipfelfläche aber hatte Herodes freigelassen, damit dort Getreide und Gartenfrüchte angebaut werden konnten, die etwaige Verteidiger bei langer Belagerung vor dem ärgsten Hunger bewahren sollten. Am westlichen Aufgang hatte sich Herodes einen Palast bauen lassen, der durch besonders hohe und starke Mauern geschützt war. Prunkvoll war die innere Ausstattung der Säle, Hallen und Bäder, deren Böden mit Mosaik ausgelegt waren. Im Bereich der Wohnhäuser und des Palastes waren überall Zisternen in den Fels gehauen worden, in denen Regenwasser gesammelt wurde. Dazuhin führte im Norden des Masadablocks ein Aquädukt, dessen Reste noch erhalten sind, zu einem riesigen Reservoir auf mittlerer Höhe in der Felswand. Von dort aus wurde das Wasser mit Krügen zu den Zisternen gebracht. Sie konnten Wasservorräte für eine lange Zeit der Belagerung speichern.«

Flavius Silva, der Gouverneur in Jerusalem, übernahm selbst die Aufgabe, dieses letzte Bollwerk des jüdischen Widerstands zu Fall zu bringen. Ihm war die Schwierigkeit, Masada zu bezwingen, bewußt. Er war darüber informiert, daß die Verteidiger über große Mengen an Lebensmitteln, auch an lebendem Vieh und an Wein verfügten. Die Belagerten lebten zudem in klimatisch günstigeren Bedingungen: Oben auf dem Bergplateau wehte meist ein kühlender Wind, der vom Meer oder von der Wüste her über den Jordangraben strich – die Belagerer aber, die sich am Fuß des Berges aufzuhalten hatten, waren der glühenden Hitze ausgesetzt. Überdies war unten die Luft feucht, durchtränkt vom Wasserdampf, der von der Oberfläche des Toten Meeres aufstieg. Flavius Silva mußte damit rechnen, daß viele seiner Soldaten den klimatischen Bedingungen nicht gewachsen waren: Ausfälle durch Krankheit oder Tod waren in großer Zahl zu befürchten – daraus konnten Unzufriedenheit und letztlich Meuterei entstehen. Dem Befehlshaber stand zwar die Zehnte Legion zur Verfügung, die als belastbar galt, doch Flavius Silva war sich nicht ganz sicher, ob die Soldaten ihm gehorchten, wenn er ihnen befahl, am Ort der größten Hitze Erdarbeiten durchzuführen. Er wollte, wie sein Vorgänger Lucilius Bassus im Fall der Festung Machaerus, einen Erdwall an die Mauern von Masada heranführen. Da in der weit und breit unbewohnten Gegend keine Sklaven zu rekrutieren waren, blieb den römischen Soldaten nur übrig, dem Befehl, Erde zu schleppen, zu folgen.

Deutlich ist in unserer Zeit die Rampe noch zu sehen, die damals in der zweiten Hälfte des Jahres 70 aufgeschüttet worden ist – sie hat seither Bestand. Die Ingenieure des Flavius Silva haben den künstlichen Aufgang zur Festung Masada dort geschaffen, wo die Talsohle ohnehin höher war, aber dennoch ist ihre Leistung und die der Soldaten erstaunlich: Gewaltig sind die Massen an Steinen, Erde und Sand, die herbeigeschafft werden mußten. Zum Glück für die Belagerer setzte mit dem beginnenden Winter auch in der Jordansenke die etwas kühlere Jahreszeit ein. Die Arbeitsbedingungen wurden erträglicher für die Römer.

Der Mann, der oben in der Festung der Kommandeur war, hieß Eleazar. Für etwa tausend Männer, Frauen und Kinder hatte er zu sorgen. Keine Schwierigkeiten hatte er damit, Nahrungsmittel und Wasser bereitzustellen: Die täglichen Rationen waren ausreichend. Das Problem war, die Menschen vor lähmender Depression zu bewahren. Wenn sie von der Mauerkrone hinunterblickten ins Tal, da sahen sie im trostlosen Küstenland am Toten Meer das geordnete Lager der Zehnten Legion; sie konnten das tägliche Militärritual der Wachablösung beobachten; sie verfolgten, wie sich Tag für Tag die Rampe den Berg heraufschob, wie ihr Abstand zur Mauerbasis der Festung immer geringer wurde. Erschreckend war für die Eingeschlossenen die Hartnäckigkeit der Römer, die nicht die geringste Hoffnung ließ, Überdruß könne die Zehnte Legion zum Abzug aus der Hölle am Toten Meer bewegen. An keinem Tag unterbrachen die Soldaten die Arbeit zur Vorbereitung des Sturmangriffs. Der römische Kommandeur und die Soldaten waren offenbar entschlossen, den Kampf um Masada bis zum siegreichen Ende zu führen.

An einen Ausbruch aus der Festung konnte Eleazar nicht denken: Rings um den gewaltigen Felsblock hatte Flavius Silva einen Erdwall aufwerfen lassen, an dem Tag und Nacht Wachen im Dienst waren. Die Überwindung des Erdwalls war für Frauen und Kinder unmöglich. Nur ein winziger Funke Hoffnung blieb dem Befehlshaber der Belagerten: In der Hauptstadt des Imperiums, in Rom, könnten wieder Unruhen, Wirren ausbrechen, die dann nicht ohne Auswirkungen bleiben würden auf die Verwaltung der Provinz Judäa. Doch in Rom regierte Titus Flavius Vespasianus mit starker Hand. Er konnte verhindern, daß Mörder den Dolch gegen ihn zückten, daß andere, außer dem eigenen Sohn, glauben konnten, auch sie besäßen die Voraussetzungen, Imperator zu werden. Der Hoffnungsfunke blieb den Belagerten – sie waren ja ohne Nachricht über Vorgänge draußen, außerhalb der Jordansenke. Sie stellten nur fest, daß im Lager der Römer nie das geringste Zeichen einer Unruhe zu bemerken war. Niemand verließ das Römerlager, und niemand traf von auswärts ein.

Als die etwas kühleren Tage vorübergingen, da war die Rampe fertig. Flavius Silva ließ die Belagerungstürme und den Rammbock hinaufschleppen vor die Mauer. Bald schon donnerte der gewaltige eisenbeschlagene Balken mit Wucht gegen die aufgeschichteten Steinblöcke. Ausgrabungen haben ergeben, daß die Befestigungen an der Basis vier Meter stark waren; die Stärke dürfte an der Krone etwa drei Meter betragen haben. Über Tage hin hatten die Steinblöcke der Mauer den Schlägen des Rammbocks widerstanden, doch dann bildeten sich Spalten, und ganz langsam glitt die gewichtigen Steine aus ihrer Halterung. Furchtbar muß das Dröhnen in der Festung geklungen haben. Die Erschütterung war sicher überall zu spüren. Beides, der Donner und das Zittern der Gebäude, zerrte an den Nerven. Erkennen zu müssen, daß die Mauer auf Dauer eben doch nicht standhalten konnte, daß irgendwann die römischen Legionäre in den Festungsbereich eindringen würden, löste Erschrecken aus. Dann kam der gefürchtete Augenblick: Eine erste Bresche war geschlagen.

Das Loch in der Mauer brachte den römischen Legionären allerdings keinen Vorteil, da die Belagerten an jener Stelle in aller Eile hinter der ersten eine zweite Mauer hochgezogen hatten, die zum Teil jedoch aus einer Sandauffüllung zwischen hölzernen Balken und nicht aus Steinblöcken bestand. Dieser Wall hatte den Vorteil, daß er die Stöße des Rammbocks weicher abfing. Die Aufschläge bewirkten sogar, daß sich der Sand besser absetzte und zu einer festen Masse wurde. Es mußte nur immer von oben her neuer Sand zwischen die Balken geworfen werden.

Der römische Befehlshaber selbst kam auf den Gedanken, wie dieser Wall zu bezwingen war: Gelang es erst, die Balken zu entzünden, dann brach die gesamte Aufschüttung in sich zusammen. Flavius Silva ließ brennende Fackeln gegen die Behelfsmauern werfen; deren Feuer entzündete tatsächlich – begünstigt durch den Wind, der in Richtung der Mauer wehte – die hölzernen Bestandteile. In der Nacht war der Brand droben auf dem Fels von unten, vom Römerlager aus, zu beobachten. Der Befehlshaber rechnete damit, der Sandwall werde bis zum frühen Morgen zusammenbrechen. Er gab deshalb für den nächsten Tag Befehl zum Sturmangriff.

Der Kommandeur auf der Festung wußte, an Rettung war nicht mehr zu denken – der Tod war den fast tausend Juden auf Masada sicher. Die Frage war nur noch, auf welche Art die Belagerten sterben würden. Eleazar habe, so wird berichtet, in der Nacht alle zusammengerufen, die mit ihm eingeschlossen waren. Männer, Frauen und Kinder hörten, was Eleazar zu sagen hatte. Josephus Flavius hat den Wortlaut überliefert. Er betont ausdrücklich, die Rede sei so, wie er berichte, gehalten worden. Zwei Frauen hätten die Nacht, als auf Masada die Mauer brannte, überlebt: »Besonders die eine der Frauen wußte alles, was gesprochen und getan worden war, aufs genaueste zu erzählen.« Josephus Flavius bürgt dafür, Eleazar habe gesagt:

»Schon lange sind wir entschlossen, weder den Römern noch sonst jemand untertan zu sein außer Gott allein, weil er der wahre und rechtmäßige Gebieter aller Menschen ist. Jetzt aber ist der Augenblick gekommen, der uns mahnt, unseren Entschluß in die Tat umzusetzen. Entehren wir uns also nicht selbst dadurch, daß wir, die wir zuvor nicht einmal eine ungefährliche Knechtschaft zu ertragen vermochten, jetzt mit der absoluten Knechtschaft uns freiwillig den schrecklichen Qualen unterwerfen, die uns sicher bevorstehen, wenn wir in die Hände der Römer fallen. Denn wie wir die allerersten waren, die sich gegen ihr Joch erhoben hatten, so sind wir auch die letzten, die ihnen noch Widerstand leisten. Ich halte es für eine besondere Gnade Gottes, daß er uns in den Stand setzt, ehrenvoll als freie Menschen unterzugehen, was anderen, deren Widerstand zusammengebrochen ist, nicht vergönnt war. Wir wissen ja, daß wir morgen überwältigt werden. Doch wir haben jetzt noch die freie Wahl, alle zusammen einen edlen Tod zu sterben. Das können unsere Feinde nicht verhindern, sosehr sie auch darauf aus sind, uns lebendig in ihre Gewalt zu bekommen. Wir sind aber auch nicht mehr in der Lage, diese Feinde im Kampf zu besiegen. Als wir damals unseren Kampf gegen die Römer begannen, da hätten wir erkennen können, daß Gott in seinem Ratschluß dieses Volk, das ihm einst so teuer gewesen ist, dem Verderben geweiht hat. Wäre Gott uns gnädig geblieben, oder wäre er wenigstens nur mäßig über uns erzürnt gewesen, so würde er nicht den Untergang so vieler Menschen geduldet haben, so würde er auch nicht seine heilige Stadt Jerusalem dem Feuer und der Zerstörungswut unserer Feinde preisgegeben haben. Und da getrauen wir uns noch zu hoffen, es könnte uns gelingen, allein als Kämpfer für das jüdische Volk übrigzubleiben und unsere Freiheit zu retten? Als hätten wir gegen Gott den Herrn nicht auch gesündigt! Ihr seht also, wie Gott eitle Erwartungen straft. Er zerstört unsere Hoffnungen. Was hat uns denn diese Festung genützt, die wir für völlig uneinnehmbar hielten? Wir haben Überfluß an Verpflegung, Wasser und an Waffen, und doch bleibt uns keine Möglichkeit der Rettung. Der Zorn Gottes, nicht der Zufall, hat den Wind in Richtung der Mauer wehen lassen, als die Fackeln geworfen wurden. Es war der Zorn Gottes wegen der vielen Frevel, die wir in unserer Raserei gegen die eigenen Landsleute begangen haben. Die Strafe dafür aber wollen wir nicht durch unsere Feinde, sondern von Gott durch unsere eigene Hand erleiden, denn sein Strafgericht ist das mildere. Ungeschändet sollen unsere Frauen sterben. Unsere Kinder sollen frei bleiben von Sklavenketten. Wenn sie uns im Tode vorangegangen sind, so wollen wir uns selbst den Liebesdienst, uns zu töten, erweisen. Dann wird der Ruhm, die Freiheit hochgehalten zu haben, uns ein ehrenvolles Leichenbegängnis ersetzen. Zuvor aber wollen wir unsere Kostbarkeiten und die gesamte Burg durch Feuer vernichten. Dies ist die einzige Niederlage, die wir den Römern noch beibringen können: Es wird sie treffen, uns nicht lebend gefangenzunehmen und keine Beute zu finden. Nur die Nahrungsmittel lassen wir übrig, damit sie nach unserem Tode zum Beweis da sind, daß wir nicht durch Hunger bezwungen wurden, sondern daß wir entschlossen waren, den Tod der Knechtschaft vorzuziehen!«

Hatte Eleazar geglaubt, die Zuhörer würden ihm zustimmen, würden damit beginnen, sich gegenseitig zu töten, so sah er sich enttäuscht. Viele jammerten über das Schicksal der Kinder und Frauen. Eleazar geriet in Sorge, seine Idee des kollektiven Selbstmords werde abgelehnt, weil nun auch diejenigen, die einen harten Charakter hatten, von den Weichherzigen durch Gedanken des Mitleids angesteckt wurden. Der Kommandeur gab sich jedoch nicht geschlagen; er begann erneut zu reden:

»Ich habe mich sehr getäuscht. Ich glaubte, den Kampf für die Freiheit mit starken Menschen zu führen, die zu sterben entschlossen sind, wenn sie nicht mehr in Ehre leben können. Leider aber seid ihr nicht stärker als andere Menschen, da ihr den Tod selbst dann noch fürchtet, wenn er euch über alles Elend hinaushebt. Der Tod gibt den Seelen die Freiheit und eröffnet ihnen den Zugang zu dem reinen Orte, der ihre Heimat ist und wo sie kein Leid mehr trifft. Solange sie aber noch an den sterblichen Leib gefesselt und von seinen Gebrechen angesteckt sind, muß man sie in Wahrheit als tot bezeichnen, denn die Verbindung von Göttlichem mit Sterblichem ist etwas Unnatürliches. Freilich vermag die Seele auch Großes zu vollbringen, während sie noch im Körper wohnt, indem sie ihn zu ihrem Werkzeug macht. Aber erst losgelöst vom Körper findet sie zur Vollendung und führt, wie Gott selbst, ein ewiges Dasein.«

Als auch die Darstellung des ewigen Lebens der Seele die Zuhörer nicht für den freiwilligen Tod begeisterte, da schilderte Eleazar den Männern, Frauen und Kindern, welche Qualen sie von den Römern am kommenden Tag zu erdulden haben würden. Damit erzielte er die gewünschte Wirkung. Mit Schwerthieben in die Kehle töteten die Männer ihre Frauen und Kinder, dann brachten sie sich gegenseitig um. Als ein letzter übrig war, steckte der die Festung in Brand und durchbohrte sich zuletzt selbst.

Josephus Flavius berichtet, die Römer hätten am Morgen jenes Frühlingstages im Jahre 73 auf Masada 960 Tote gefunden – und die zwei Frauen, die über die Ereignisse berichten konnten. Die Römer, so schrieb der Historiker, hätten den Toten ihre volle Bewunderung gezollt. Nach diesem Kampf um Masada sei in Judäa kein Feind für Rom mehr übriggeblieben, »das Land war in seiner ganzen Ausdehnung unterjocht«.

Teil IV

Nicht mehr nur Gott untertan

Wechselnde Herrschaft heißt Wandel der Kulturen

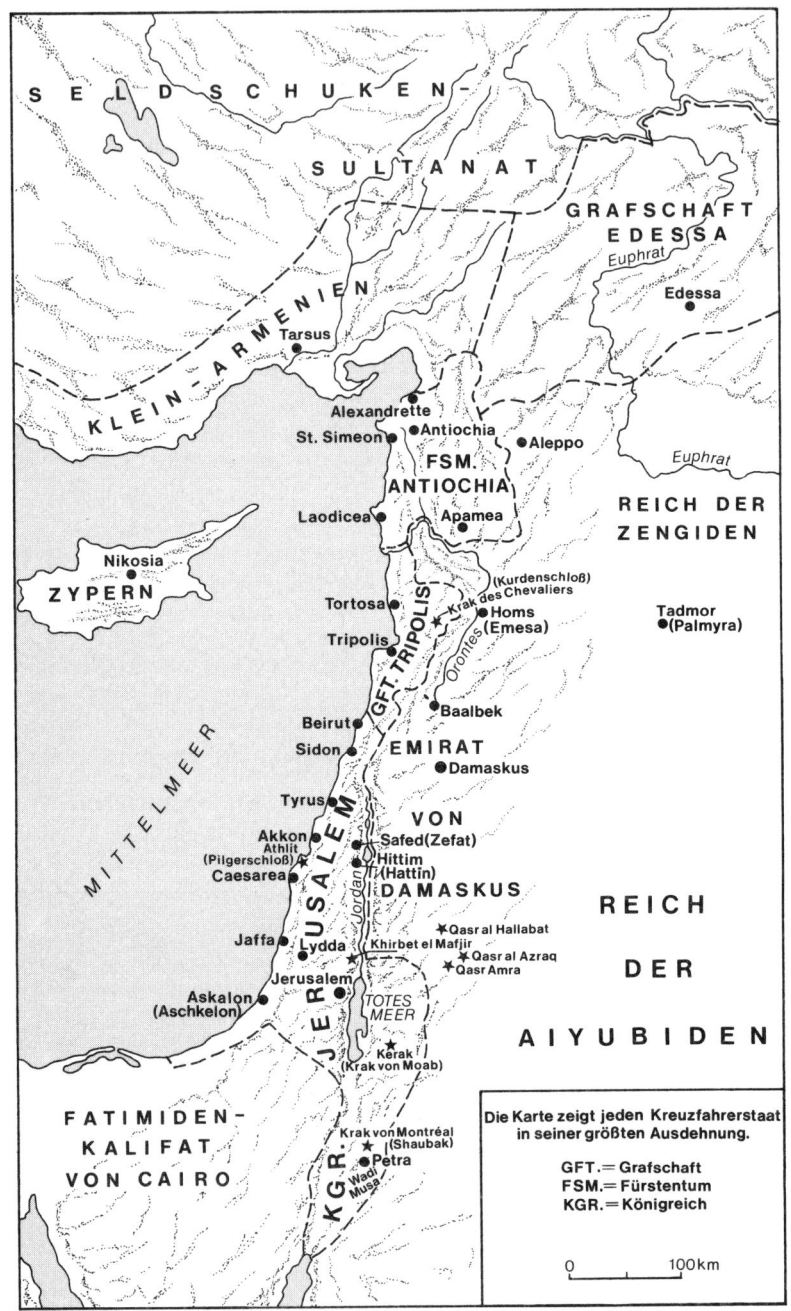

Die Kreuzfahrerstaaten im 12. und 13. Jahrhundert

Pax Romana

Östlich des Jordan entsteht der Limes Arabicus

Kaiser Vespasianus verlangte zwar, daß die religiösen Gebräuche der Hauptstadt des Imperiums ohne Einschränkung auch in der jüdäischen Provinz gepflegt werden müßten, doch gewährte er zugleich Freiheiten, die eine Bewahrung jüdischer Traditionen gestatteten. In Jamnia – die Stadt heißt heute Yavne und liegt etwa 20 Kilometer südlich von Tel Aviv – entstand, da der Tempel in Jerusalem zerstört war, mit kaiserlicher Erlaubnis ein neues religiöses Zentrum, ein Ort der Gelehrsamkeit. An der Überlieferung der Grundsätze des Glaubens arbeiteten 72 Schriftgelehrte aus der Schule der Pharisäer. Aus ihrem Kreis wurde ein oberster Rat gebildet, der gegen Schuldige, die religiöse Gesetze nicht beachtet hatten, auch Strafurteile aussprechen durfte. Die römische Zentralverwaltung ließ jedoch nie einen Zweifel daran, daß derartige Eigenständigkeiten nur geduldet wurden und daß sie jederzeit widerrufen werden konnten.

Politische Eigenständigkeit besaß das Land um den Jordan nicht mehr. Zwei Generationen hindurch geschah nichts, was wert war, in der Erinnerung der Menschen zu bleiben. Im Osten von Jordan und Totem Meer dehnten die Römer ihren Einfluß aus. Im Jahre 106 annektierte der Legat Aulius Cornelius Palma Frontonianus im Auftrag des Imperators Trajan den blühenden Staat der Nabatäer, der – im Gegensatz zum Land westlich der Jordansenke – von inneren Wirren und äußerer Bedrohung verschont geblieben war. Nichts ist bekannt von der unmittelbaren Ursache der Eingliederung in das Imperium. Spürbar aber ist, daß sie den Verantwortlichen der Nabatäer gar nicht ungelegen kam. Gegen die Übernahme regte sich kaum ernsthafter Widerstand. Die Herren in Petra hatten Grund, die Zuständigkeit in Fragen der Staatsfinanzen nicht ungern abzutreten: Die Glanzzeit des Nabatäerstaats war längst zu Ende gegangen.

Das erste nachchristliche Jahrhundert hatte dem Land im Osten des Toten Meeres reichen Gewinn gebracht. Als Judäa verarmte, wurde Petra reich. Die Bauten und Fassaden entstanden, die heute dort zu bewundern sind. Basis des Wohlstands war noch immer der Handel; unverändert führten die Karawanenrouten, die Arabien durchquerten, über die Raststation Petra. Die Nabatäer praktizierten das Prinzip der strikten Trennung von Produktion und Transport: Sie waren nicht daran interessiert, irgend etwas herzustellen – sie wollten die Organisation des Warentransports in der Hand behalten. Die römische Verwaltung, die für die Jordansenke zuständig war, mischte sich in das Geschäftsleben der Stadt Petra nicht ein; sie begnügte sich mit der Erhebung von Abgaben, die sich jedoch für den nabatäischen Staatshaushalt nicht belastend auswirkten.

Doch schon um die Mitte jenes 1. Jahrhunderts war zu erkennen gewesen, daß die gewinnbringende Ruhe im Ostjordanland zu Ende ging: Von Osten her drängten arabische Stämme in die nabatäischen Wüstengebiete herein. Deren Anführer begriffen bald, daß der Reichtum des Landes um die Stadt Petra in der Kontrolle des Handels seinen Ursprung hatte – und daran wollten sie nun auch teilhaben. Sie verlangten Schutzgebühren von den Handelshäusern in Petra; nur gegen Zahlung gaben sie die Garantie ab, daß Karawanen auf ihrem Weg durch nabatäisches Gebiet nicht überfallen wurden. Da die Höhe der Schutzgebühren ständig stieg, verminderte sich der Gewinn, der am Handelsplatz Petra erzielt wurde, zusehends.

Die Erhöhung solcher Gebühren für die Benützung der Karawanenroute verteuerte die Preise der Waren, die in der römischen Provinz Syrien ankamen. Die Verwaltung des Imperiums aber war daran interessiert, Gewürze, Weihrauch, edle Öle und exotische Stoffe zu möglichst günstigen Konditionen über arabische Handelswege aus dem Fernen Osten zu beziehen. Deshalb erhielt der Präfekt, der für Ägypten zuständig war, die Anweisung, zu prüfen, ob die begehrten Waren auf dem Seeweg durch das Rote Meer transportiert werden könnten. Diese Anweisung erweckte zunächst Erstaunen, denn bis zu jenem Zeitpunkt galt das Rote Meer als gefährliches Gewässer: Die Seeleute hatten Angst vor den unberechenbaren Winden und vor mancherlei geheimnisvollen Strömungen in der Mitte des Meeres. Seit Menschengedenken fuhren die Schiffe nur im küstennahen Wasser und nur von Hafen zu Hafen. Doch der Versuch, das gesamte Rote Meer als Wasserweg zu benützen, gelang. Der Präfekt konnte melden, daß Vorbereitungen getroffen würden, um künftig in ägyptischen Häfen die kostbaren Waren, die »Wohlgerüche Südarabiens« und die »Perlen aus dem Osten«, zu empfangen, zu lagern und auf dem Landweg zum Mittelmeer weiterzuschicken.

Damit war die Straße im Nabatäerland für Absender und Empfänger der Güter unwichtig geworden. Die Händler in Petra machten bedeutend weniger Umsatz. Möglich ist, daß viele der Bewohner des Nabatäerstaats damals in Not gerieten. Gerade in jener Zeit aber wurde auf Inschriften König Rabel II., der etwa vom Jahr 70 an in Petra herrschte, als »Retter des Volkes« gefeiert. Wahrscheinlich bestand seine Leistung darin, seinen Untertanen beigebracht zu haben, daß – wenn der Handel nicht mehr blühte – eben irgend etwas produziert werden müsse. Am Ende des 1. Jahrhunderts begannen auf nabatäischem Gebiet die ersten Versuche, fruchtbaren Boden landwirtschaftlich zu nutzen. Aus den Händlern wurden Bauern. Überdies war Rabel II. der Monarch, der seine Macht im Jahre 106 an den römischen Legaten Aulius Cornelius Palma Frontonianus abtrat.

Was in Germanien als Mittel zur Abwehr der Infiltration von Stämmen und Völkern erprobt war, wurde von der römischen Verwaltung nun auch für das Ostjordanland verordnet: Die Grenze sollte durch Befestigungen geschützt werden, durch Kastelle und Türme, durch Sandwälle. So entstand dort, wo das Berggebiet im Osten der Senke in Wüste überging, der »Limes Arabicus«. Er führte aus Syrien herunter bis zum Golf von Aqaba, in einer Länge von 350 Kilometer. Nicht alle Anlagen mußten von den römischen Soldaten neu gebaut werden; sie konnten einige Befestigungen in den Limes eingliedern, die schon von den Nabatäern errichtet worden waren. Auch am Rand der Wüste folgten die römischen Ingenieure dem System, das dort die Grenze sicherte: Die Kastelle und Türme wurden durch eine Straße verbunden, auf der schnell Truppenverbände in gefährdete Gebiete bewegt werden konnten. Die Straße erhielt den Namen Via Nova Trajana. Auf ihr waren die Patrouillen der Dritten Legion Cyrenaica unterwegs. Die Soldaten dieser Legion sorgten dafür, daß der Osten der Jordansenke unbestritten zum Römischen Imperium gehörte.

Der Untergang des unabhängigen Staates der Nabatäer führte zum wunderbaren Aufstieg der Provinz Nabatäa. Acht Jahre nachdem Petra von der Hauptstadt eines unabhängigen Landes zur Provinzstadt des Imperiums geworden war, wurde das Gemeinwesen vom Imperator Trajanus zur »Metropolis« erhoben. Dieser Ehrentitel sollte die besondere Wertschätzung des Herrschers zum Ausdruck bringen. Fünfzehn Jahre später geschah, was nur schwer vorstellbar war: Imperator Hadrianus besuchte das Ostjordanland und die Stadt Petra. Er zeichnete die »Metropolis« besonders aus. Sein Besuch galt einer wohlhabenden Provinz – die von der Landwirtschaft und vom Handwerk lebte.

Der Imperator durchquerte auf der Weiterreise den Jordan bei Jericho. Er benützte die Steige hinauf nach Jerusalem. Dort war seit der Zerstörung im Jahre 70 n. Chr. nur wenig wiederaufgebaut worden. Jerusalem war noch immer ein Trümmerfeld. Hadrianus, der für wenige Augenblicke die Überreste von Stadt und Tempel besichtigte, gab die Erlaubnis, ein neues Jerusalem zu errichten, allerdings nicht als Wohnstätte für Juden, sondern für verdiente römische Offiziere. Auch der Tempel sollte erneut erstehen – jedoch nicht als Heiligtum des Gottes der Juden, sondern des Gottes Jupiter. Die römische Provinzverwaltung in Judäa faßte damals den Entschluß, ein absolutes Verbot der Beschneidung durchzusetzen. So wurde beim Besuch des Imperators Hadrianus die Wurzel für den »Zweiten Jüdischen Krieg« gelegt.

Die Landkarte des Nahen Ostens hatte sich verändert seit dem »Ersten Jüdischen Krieg«, der im Jahre 70 mit dem Fall von Masada zu Ende gegangen war. Judäa lag nun nicht mehr am Rand des Römischen Reiches; die Interessen des Imperators, der Politiker und der Geschäftsleute in Rom endeten nicht mehr am Jordan und am Toten Meer. Die wichtigste Handelsstraße Arabiens, die Lebensader zu den Märkten des Fernen Ostens, war einbezogen in die wirtschaftliche Verflechtung des Imperiums. Hatte die Zentralverwaltung am Tiber schon drei Generationen zuvor den Juden keine Selbständigkeit zugestehen können, so war jetzt der Gedanke, den Römern könnte die Freiheit abgetrotzt werden, eine Illusion ohne jegliche Beziehung zur Realität. Der Imperator konnte dem Land zwischen Jordan und Mittelmeer keine Autonomie zugestehen, wenn er von seinen Kommandeuren am Limes Arabicus erwartete, daß sie dort die Grenzen des Imperiums schützten. Die Voraussetzung für die Verteidigung des Limes Arabicus war, daß im Rücken der Dritten Legion, Cyrenaica, kein Unruheherd Unsicherheit verbreitete. Doch als dann im Jordantal die Auseinandersetzungen zwischen Römern und jüdischen Freiheitskämpfern tatsächlich begannen, da reagierte der Militärapparat des Weltreiches erstaunlich schwerfällig. Zwar war die Präsenz römischer Truppen zwischen Jericho und Jerusalem gewaltig verstärkt worden: Der Imperator Hadrianus hatte neben der Zehnten Legion eine weitere – sie hieß Traiana – dort stationiert. Und doch konnte es geschehen, daß Rom blamable Niederlagen hinnehmen mußte.

»Männer von En-Gedi, vergeßt nicht eure Brüder!«

Der Zweite Jüdische Krieg begann im Jahr 131 n. Chr. mit einer Guerillaaktion: Am frühen Morgen wurde auf der Straße bei Jericho eine Einheit Soldaten überfallen, die sich auf dem Marsch befand. Die Legionäre hatten nicht mit einem Angriff gerechnet; sie waren darauf überhaupt nicht vorbereitet. Entsprechend hoch waren die Verluste auf seiten der Römer. Die Befehlshaber hatten zwar gewußt, daß die Juden unbequeme Untertanen sein konnten, doch waren damals keine Anzeichen für Gewalt festgestellt worden. Nun aber zeigte sich rasch, daß der Überfall bei Jericho nur Teil einer koordinierten Aktivität des Widerstands war: Den Hauptquartieren in Jericho und Jerusalem wurden zwei weitere Überfälle mit einer hohen Zahl römischer Opfer gemeldet.

Der Statthalter Tinejus Rufus zeigte sich der Herausforderung nicht gewachsen. Erschreckt durch die Partisanenaktionen und beunruhigt durch Nachrichten, vom Jordantal zögen bewaffnete Haufen in Richtung Jerusalem, befahl er die sofortige Evakuierung der Stadt. Unter dem Schutz der Zehnten Legion hatten sich alle nichtjüdischen Männer und Frauen zu Marschkolonnen zu formieren und sich mit kleinem Gepäck auf den Weg nach Caesarea an der Mittelmeerküste zu begeben. Damit war im Rücken des Limes Arabicus ein Loch gerissen in die flächendeckende Absicherung des nahöstlichen Gebiets durch das römische Militär. Ein Beispiel war gegeben für andere mögliche Freiheitsbewegungen innerhalb des Weltreiches, die ebenfalls das römische Joch abschütteln wollten. Mit Spannung blickten freiheitsbewußte Männer in Syrien, Kleinasien und Ägypten auf die Ereignisse im Land der Juden.

Die Nachricht vom Anrücken bewaffneter Verbände aus der Jordansenke, die Tinejus Rufus zur Flucht veranlaßt hatte, war korrekt. Angeführt wurden die Aufständischen von einem Mann, der eigentlich »Bar Kosiba« hieß; der Name ist mit »Sohn der Lüge« zu übersetzen. Er wurde verändert in »Bar Kochba«, der »Sohn des Sterns«.

»Simeon Bar Kochba«, so lautete der vollständige Name des Mannes, der nun den Römern Furcht einjagte. Seine Ausstrahlung auf andere, insbesondere auf junge Menschen muß überwältigend gewesen sein. Er redete in Städten und Dörfern vom Willen Gottes, den Juden wieder die Freiheit zu geben – er predigte vor allem von der Pflicht, für die Erfüllung dieser Entscheidung Gottes zu kämpfen. Doch er bot den Juden nicht nur Worte, sondern in erster Linie Taten. Ehe Simeon Bar Kochba den Aufstand losbrechen ließ, hatte er, unbemerkt von den römischen Soldaten, ausgezeichnete Vorarbeit geleistet: Überall in Judäa hatten sich Männer Waffen beschafft, hatten sich zu kleinen Kampforganisationen zusammengeschlossen und im verborgenen die Taktik der Überfälle geübt.

Der Zweite Jüdische Krieg hatte einen völlig anderen Ausgangspunkt als die Erhebung, die im Jahre 66 n. Chr. begonnen hatte: Der Aufstand damals war mit internem Streit der jüdischen Führer untereinander verbunden gewesen, mit Gewalttaten und Morden. Simeon Bar Kochba aber sorgte dafür, daß Geschlossenheit herrschte, Einheit der Kampfführung und der Kampfziele. Er glaubte daran, den jüdischen Staat proklamieren und auf Dauer gegen die Feindschaft der Römer am Leben halten zu können. In der Disziplin der Führer und der Kämpfer sah er dafür die beste Voraussetzung.

Die Flucht des Tinejus Rufus aus Jerusalem ermöglichte den Aufständischen die kampflose Einnahme der Stadt. Diesen Erfolg nutzte Simeon Bar Kochba nicht für Siegesfeiern, sondern zur Reorganisation des jüdischen Landes. Hatten die Beamten des römischen Statthalters Boden verteilt an verdiente Heeresoffiziere, an Juden, die sich verdient gemacht hatten im Sinne der Ordnung des Imperiums, so wurden jetzt die betreffenden Parzellen den früheren Besitzern wieder zurückgegeben. Die Plantagen bei Jericho, die einst Besitz des Königs Herodes gewesen waren, wurden zum Staatseigentum erklärt. Simeon Bar Kochba hoffte, mit dem beachtlichen Einkommen aus dem Verkauf von Palmwein und Balsam seinen Staat finanzieren zu können. Seit über hundert Jahren waren die Einkünfte der Plantagenverwaltung nach Rom in die Kasse des Imperators geflossen.

Die Propagandisten des Simeon Bar Kochba versuchten den Kampfwillen der Bevölkerung durch die Parole zu stärken, er sei der gesalbte König der Juden. Je geringer aber die Hoffnung wurde, die Römer könnten sich mit dem Abfall der Provinz Judäa abfinden, desto mehr wurde Simeon Bar Kochba in die Nähe Gottes gerückt: Schließlich wurde sogar erklärt, er sei der Messias. Diese Steigerung der Propagandaparolen war dringend notwendig, um die Kampfmoral der Bewohner von Judäa zu erhöhen, denn es sprach sich herum, daß die Römer sogar Truppen aus Europa herbeiholten, um die Rebellion des Simeon Bar Kochba zu beenden. Als der Kampf begann, befand sich fast ein Drittel der römischen Legionen im Nahen Osten. Kommandiert wurden die Verbände von Julius Severus, dem erfahrensten Offizier, den das Römische Reich damals besaß; er war eigens aus England geholt worden, um die Lage im Nahen Osten zu bereinigen.

Simeon Bar Kochba muß gewußt haben, daß seine Situation in Jerusalem unhaltbar war. Es war ihm keine Zeit geblieben, rund um die Stadt, die eigentlich nichts anderes als ein riesiges Ruinengrundstück war, Mauern zu errichten. Da bestanden keine Bastionen zum Schutz der Verteidiger. Der Befehlshaber des Aufstands mußte deshalb daran denken, Auffangstellungen vorzubereiten in möglichst abgelegenen Gegenden, die – nach einem wahrscheinlichen Verlust der Position Jerusalem – das Überleben der jüdischen Widerstandsbewegung sichern könnten. Derartige Stellungen waren die Ortschaften Bet-Ter, etwa zehn Kilometer südlich von Jerusalem, und Tekoa, sieben Kilometer südlich von Betlehem, sowie die Festung Herodion. Ausgrabungen beweisen, daß sich die Aufständischen in Herodion verschanzt hatten: Münzen aus der Regierungszeit des Simeon Bar Kochba wurden dort gefunden. Damals ist offenbar auch durch bauliche Veränderungen innerhalb der Festungsanlage eine Synagoge entstanden. Die Bastion auf dem Bergkegel war sicher die geeignetste Position, um nach dem Verlust von Jerusalem den Römern weiterhin Widerstand leisten zu können.

Kein Bericht ist erhalten über die Kämpfe um Jerusalem. Es ist nicht anzunehmen, daß Simeon Bar Kochba den Platz, der ihm so heilig war, ohne Not geräumt hat. 134 fiel die Heilige Stadt erneut in römische Hand. Simeon Bar Kochba verfügte jedoch noch über seine Stellungen im Bergland am Westufer des Toten Meeres. Von hier aus führten die jüdischen Widerstandskämpfer ihren Guerillakrieg gegen die römischen Legionen. Doch bald schon muß Not geherrscht haben in den Auffangstellungen. Da gab es aber die Hoffnung, daß aus der Jordansenke Lebensmittel heraufgebracht werden könnten. Dort, im Tal von En-Gedi, waren Vorratslager angelegt worden.

Rings um das Westufer des Toten Meeres sind die Felsen kahl – mit einer Ausnahme: 17 Kilometer nördlich von Masada befindet sich ein Tal, das sich durch Vegetation auszeichnet. Es steigt von der Küste nach Westen auf und endet in einem Teich voll kühlem Wasser, an dessen Rändern Sträucher und Bäume wachsen. Die Oase von En-Gedi ist in der klimatischen Hölle des Jordangrabens immer als Wunder empfunden worden. Im »Lied der Lieder« von Salomo ist eine Aussage enthalten über das Wachstum in der Oase: »Mein Geliebter ist ein duftender Blütenstand mitten in den Weingärten von En-Gedi.« Nach Meinung des Historikers Josephus Flavius waren die Palmen und Balsamsträucher des wasserreichen Tals denen von Jericho nahezu gleichzusetzen.

»Simeon Bar Kochba an Jonatan und Masabala. Schickt alle Männer aus Tekoa und aus anderen Orten, die sich bei euch befinden. Ihr sollt wissen, daß ihr bestraft werdet, wenn ihr sie nicht schickt!« Auf einem Papyrusstreifen ist dieser strenge Befehl des Simeon Bar Kochba erhalten geblieben. Archäologen hatten das Dokument in einer Höhle gefunden, im Tal Nahal Hever, das sich in der Nähe von En-Gedi nordwestwärts erstreckt. Forschern der Hebräischen Universität von Jerusalem war bekannt, daß die Oase eine der letzten Zufluchtsstätten der Anhänger des Simeon Bar Kochba gewesen war; die Spezialisten nahmen an, daß diese Männer, als ihre Situation verzweifelt war, Dokumente in Höhlen versteckten – so wie dies die bedrängten Essener in Khirbet Qumran zuvor schon gemacht hatten. Diese Vermutung erwies sich als korrekt. Eine nähere Erforschung der Steilwände im

Nahal Hever ergab, daß die dortigen Höhlen sogar das Versteck gewesen waren, in dem die jüdischen Widerstandskämpfer noch nach der Räumung der Oase En-Gedi versucht hatten, der Verfolgung durch die römischen Legionäre zu entkommen. Die Archäologen fanden auf einer Felsterrasse über den Höhleneingängen Reste eines Römerlagers; dort waren also die Verfolger stationiert, die Jagd zu machen hatten auf die Anhänger des Simeon Bar Kochba.

Ihre Bewegungsfreiheit war offenbar noch nicht eingeschränkt gewesen, als der Führer des Widerstands im Bergland westlich des Jordangrabens längst in Bedrängnis geraten war. Die Basis En-Gedi verfügte über Kämpfer und über Vorräte, die von Simeon Bar Kochba für die Verteidigung gegen die angreifenden Römer dringend gebraucht wurden. Zuständig in der Oase waren – dies ist den Dokumenten zu entnehmen – Jonatan und Masabala. Die beiden konnten jedoch nur von geringem Nutzen für die Bedrängten im Bergland sein. Simeon Bar Kochba sah sich veranlaßt, bittere Mahnungen hinunter zur Küste des Toten Meeres zu schicken:

»Von Simeon Bar Kochba an die Männer von En-Gedi, an Masabala und an Jonatan Bar Be'ayan. Schalom! Ohne Not zu leiden, sitzt ihr und eßt und trinkt vom Eigentum des Hauses Israel. Vergeßt nicht eure Brüder!«

Der Kommandeur der Kampforganisation war der Meinung, die Männer der Basis von En-Gedi würden, weit ab von jeder Gefahr, die Vorräte verprassen, würden die aktiven Kämpfer des Widerstands im Stich lassen. Der Vorwurf des Verrats war zwar nicht deutlich ausgesprochen, doch ist er aus dem Wortlaut der Schreiben herauszulesen. Sie erwecken den Eindruck, in En-Gedi sei der Eifer zu kämpfen, den Brüdern in der Kampflinie zu helfen, völlig erloschen. Simeon Bar Kochba hatte sich um einfachste Nachschubprobleme zu kümmern: »Von Simeon an Jonatan und Masabala. Schickt an das Lager vier Eselsladungen Salz!«

Erhalten geblieben, bewahrt in den Höhlen von Nahal Hever, ist in Bruchstücken der Text der letzten Meldung des Simeon Bar Kochba, die in der Oase En-Gedi ankam: »Ende... keine Hoffnung... fielen durch das Schwert... meine Brüder.«

Nach dem Tod des Simeon Bar Kochba und der Vernichtung der Widerstandsnester im Bergland war für die Besatzung der Oase En-Gedi die Zeit der Ruhe vorüber. Wenn die Kämpfer geglaubt hatten, sie würden im abgelegenen Tal an der Küste des Toten Meeres ungeschoren bleiben, so erlebten sie jetzt eine bittere Enttäuschung. Der römische Befehlshaber war entschlossen, auch diese letzte Basis des jüdischen Widerstands auszuräuchern – und er scheute keinen Aufwand.

Das Lager der Römer auf der Felsterrasse, das ist heute noch zu erkennen, war für tausend Legionäre angelegt. Niemanden aus En-Gedi entweichen zu lassen war ihre Aufgabe. Kein Bericht ist erhalten von den Ereignissen der letzten Tage und Stunden im Leben der Aufständischen, die in den Höhlen von En-Gedi hausten. Allein in der Überlieferung der jüdischen Sage hat die Erinnerung an ihre Leiden überdauert. Der Hunger soll die Männer gezwungen haben, das schon verwesende Fleisch der Gefallenen zu essen. Die römischen Soldaten, die von oben her, von der Terrasse ihres Lagers, den Höhleneingang kontrollierten, brauchten nur zu verhindern, daß jemand in die Öffnung einstieg oder daß die Belagerten flohen. Die Zeit stand auf seiten der Römer: Mangel an Wasser und an Lebensmitteln verurteilte die jüdischen Kämpfer zum Tod. Kampflos siegten die Römer im Nahal Hever am Toten Meer.

Zum letztenmal hatten sich Juden gegen die Kolonialmacht Rom aufgebäumt. Von nun an brauchten die Imperatoren am Tiber keine Aufstände mehr zu befürchten. Sie konnten für die ferne Provinz strenge Gesetze erlassen: Die Beschneidung wurde nun wirklich verboten; den Juden war es künftig untersagt, den Boden ihrer früheren Hauptstadt zu betreten. Der Stadtname Jerusalem wurde getilgt – der Ort hieß künftig Aelia Capitolina.

Die Einordnung des Landes um den Jordan in das Imperium brachte den Bewohnern einen Vorteil: Für nahezu 200 Jahre herrschte Frieden. Die Städte wurden größer, befreiten sich von ihren Stadtmauern und Befestigungen, öffneten sich dem umliegenden Gebiet. In Jericho, um ein Beispiel zu nennen, verlagerte sich die Siedlungszone völlig weg vom Hügel, der heute Tell as Sultan heißt, in Richtung Osten. Völlig aufgegeben wurde der Platz, wo sich biblische Szenen mit Jericho als Schauplatz abgespielt hatten. Die Menschen wollten nun dort wohnen, wo Herodes nahezu eineinhalb Jahrhunderte zuvor seinen Palast gebaut hatte. Die alte und die neue Stadt lagen etwa zwei Kilometer auseinander. Sie hatten nichts mehr miteinander gemeinsam. Das Jericho der Römerzeit besaß Aquädukte, die frisches Trinkwasser aus den Bergen zu Brunnen in den einzelnen Stadtvierteln leiteten. Der Überfluß an Wasser sorgte dafür, daß Jericho ein blühender Garten am Unterlauf des Jordan blieb. Doch die Bedeutung als Ort des politischen Geschehens verlor die Stadt. Zukunftsweisende Aktivität aber wurde spürbar im Norden des Jordangrabens, am See Gennesaret. Hier fanden Anhänger des Simeon Bar Kochba, die nicht zum Kreis der Kämpfer gehört hatten, eine neue geistige Heimat.

Teverya, »der Nabel der Welt«

Der Name Teverya soll vom hebräischen Wort »Tabur« abgeleitet sein, das Nabel bedeutet. Für die gläubigen Juden in der zweiten Hälfte des 2. Jahrhunderts war Teverya tatsächlich der Nabel der gesamten Welt. Die Stadt am See Gennesaret war zum geistigen und geistlichen Zentrum des Judentums geworden.

Teverya war der neue Name einer alten Stadt – sie hatte zuvor Tiberias geheißen. Sie war verschont geblieben von den Auswirkungen der zwei jüdischen Kriege. Gerade noch rechtzeitig hatten sich die Verantwortlichen der Stadt beim ersten Konflikt zu Freunden der Römer erklärt – und waren dann auch auf der Seite der Stärkeren geblieben. Zum Lohn dafür hatte die römische Verwaltung nichts dagegen einzuwenden, daß Juden, fernab von Aelia Capitolina, vom früheren Jerusalem, ein Zentrum errichteten, um ihr religiöses System neu zu ordnen, das durch die Auswirkung der beiden Niederlagen des jüdischen Widerstands in den Jahren 70 und 134 gelitten hatte. Die Neuordnung sollte die personelle Seite betreffen – die Zahl der Priester war zurückgegangen –, aber auch Glaubensinhalte. Die Zeit war reif für eine neue Deutung der alten Texte.

Zu denen, die sich zu Simeon Bar Kochba bekannt hatten, gehörte der Rabbi Simeon Bar Jochai. Er stammte aus Safed, einer Stadt nahe der heutigen Libanongrenze; sie ist die höchstgelegene Stadt des jetzigen Staates Israel. Simeon Bar Jochai hatte im rauhen Klima Safeds unter rheumatischen Erkrankungen zu leiden gehabt und deshalb bei den heißen Quellen am See Gennesaret Heilung gesucht.

Die Thermen von Tiberias Hammat hatten den Rabbi von den Bergen an den See in der Jordansenke gelockt. Die Legende sagt, diese Quellen hätten einst nur kaltes Wasser gespendet. Dem König Salomo aber hätte dieses kalte Wasser nicht behagt. Er hätte deshalb eine Schar von Teufeln beauftragt, in der Erde unter den Quellen ein gewaltiges Feuer zu entfachen. So seien die Thermen von Tiberias Hammat entstanden. Da Salomo befürchtet habe, daß die Teufel bei seinem Tod die von ihm befohlene Arbeit sofort einstellen würden, sorgte der König vor: Er veranlaßte einen Oberteufel, seinen Untertanen durch Zauberei das Gehör zu rauben – so konnten sie nie die Nachricht vom Tode des Salomo hören. Das Ergebnis sei, so berichtet die Legende, daß die Teufel bis in alle Ewigkeit für das warme Wasser der Thermen von Tiberias Hammat sorgen. In unserer Zeit sprudeln aus achtzehn Quellen am Tag 250 000 Liter schwefelhaltiges Wasser, dessen Temperatur nahezu 60 Grad Celsius mißt. Es eignet sich noch immer zur Behandlung rheumatischer Erkrankungen.

Die Thermen hatten damals, in der Mitte des 2. Jahrhunderts, dem Rabbi Simeon Bar Jochai geholfen. Er hätte sich als gläubiger Jude gar nicht in Tiberias aufhalten dürfen, denn die Stadt galt als unrein. Bei ihrer Erbauung in den Jahren nach dem Tod des Königs Herodes war ein jüdischer Friedhof eingeebnet und damit entheiligt worden. Juden, die sich an die Gesetze hielten, hatten diese Gegend zu meiden. Rabbi Simeon Bar Jochai aber nahm der Stadt Tiberias diese Belastung aus der Vergangenheit: Er proklamierte, Tiberias sei nun als gereinigt zu betrachten, stehe als Wohngebiet für Juden offen. Damit hatte der Rabbi Priestern, die sich nicht mehr in Jerusalem aufhalten durften, am See Gennesaret, in Tiberias, eine neue Heimat und wieder eine Wirkungsstätte geschaffen.

In Jamnia hatte seit der Zeit des Imperators Vespasianus eine Glaubensschule bestanden; deren Gebäude waren von römischen Soldaten nach der Niederschlagung des Aufstands, der von Simeon Bar Kochba angeführt worden war, angezündet worden. Die Asche des Lehrhauses und der Synagoge hatten die Legionäre weit verstreut. Der Grund für diese Maßnahme war die Überzeugung des römischen Statthalters, das Lehrinstitut in Jamnia habe ganz wesentlich dazu beigetragen, daß im ganzen Land eine revolutionäre Stimmung geherrscht habe.

Priester und Schriftgelehrte, die aus Jamnia vertrieben worden waren, fanden Aufnahme in Tiberias. Von nun an trug die Stadt den Namen Teverya. Die Gelehrten machten sie zur Denkschule des jüdischen Glaubens. Zur wichtigsten Persönlichkeit wurde Rabbi Jehuda ha Nassi, der um das Jahr 200 die »Mischna« vollendete, die Sammlung der Lehren, der jüdischen Religionsgesetze, die in sechs Ordnungen überliefert sind. Die Ordnung Seraim befaßt sich mit den Gesetzen um Grund und Boden, Moëd behandelt die Feste, Naschim die Ehe, Nesikim das Zivilrecht und das Strafrecht, Kodaschim den Tempelkult und die Speisevorschriften, Taharot die levitische Unreinheit.

Jehuda »ha Nassi«, der Name des Rabbi, bedeutet Jehuda »der Fürst«. Er war das Oberhaupt des Sanhedrin, des wichtigen Rates, der in religiösen Fragen als oberste Glaubensautorität galt. Die Überlieferung schildert Rabbi Jehuda als einen Mann, der Tradition bewahrte, aber sich doch bemühte, die überkommenen Gesetze der augenblicklichen politischen Realität anzupassen.

Eine dieser Überlieferungen lautet so: »Rabbi Jehuda, der Fürst, ging gestützt auf die Schulter seines Schülers, Rabbi Simlai, und sagte zu ihm: ›Simlai, du warst gestern abend nicht im Lehrhaus, als wir das Öl erlaubten.‹ Simlai sagte zu ihm: ›In unseren Tagen solltest du auch das Brot erlauben.‹ Rabbi Jehuda sagte zu ihm: ›Dann würden sie uns das Gelehrtenkollegium der Auflösung nennen.‹«

Der Hintergrund dieser Überlieferung ist, daß Rabbi Jehuda den Gläubigen erlaubt hatte, Öl als Nahrungsmittel zu verwenden, das von Händlern stammte, die keine Juden waren. Die Versorgungslage in Teverya, in der sich die meisten Bewohner – seit der Zeit, als die Stadt noch Tiberias hieß – nicht zum jüdischen Glauben bekannten, wäre sonst kritisch geworden. Wenn es in Teverya Öl gab, dann in den Läden der Ungläubigen. Diese Tatsache mußte vorläufig akzeptiert werden. Dieses Zugeständnis sollte jedoch nicht auf das Brot ausgedehnt werden. Rabbi Jehuda dachte wohl, daß nach jüdischen Vorschriften zu backen für die Gläubigen kein Problem darstelle, daß es jedoch im normalen jüdischen Haushalt schwierig wäre, Öl zu pressen.

Der Erhaltung des jüdischen Volkes dienten die Gesetze, die Rabbi Jehuda, der Fürst in der Stadt Teverya am See Gennesaret gesammelt und geordnet hatte. Dazu gehört das Gesetz über Hebammen und Ammen: »Eine Tochter Israels soll einer Fremden keine Geburtshilfe leisten, weil sie sonst einem Anhänger des Götzendienstes zur Geburt verhilft. Aber eine Fremde darf einer Tochter Israels Geburtshilfe leisten. Eine Tochter Israels soll das Kind einer Fremden nicht säugen. Eine Fremde darf das Kind einer Tochter Israels in deren Haus säugen.«

Auch Fragen des Zivilrechts regelt das Gesetzbuch Mischna: »Wer seinen Nächsten verletzt, kann ihm gegenüber wegen fünferlei verpflichtet werden: wegen Wertminderung, wegen Schmerz, wegen Heilungskosten, wegen Zeitverlust und Beschämung. Auf welche Weise wegen Wertminderung? Hat er ihm ein Auge geblendet, eine Hand abgehauen oder einen Fuß gebrochen, so sieht man den Geschädigten an, als ob er ein Sklave sei, der auf dem Markt verkauft wird; und man schätzt, wieviel er wert war und wieviel er jetzt wert ist. Schmerz: Hat er ihn mit einem Bratspieß oder mit einem Nagel gebrannt, und sei es auch nur auf seinem Fingernagel, also an einer Stelle, an der keine Wunde entsteht, so veranschlagt man, wieviel ein Mensch wie er verlangen würde, wenn er gleiches zu ertragen hätte. Heilungskosten: Hat er ihn geschlagen, so ist er für die Ausgaben ersatzpflichtig, die zur Wiederherstellung der Gesundheit entstanden sind. Sind ihm Geschwüre gewachsen, so ist er ersatzpflichtig, wenn sie wegen des Schlages entstanden sind. Er ist nicht ersatzpflichtig, wenn sie nicht durch den Schlag gewachsen sind. War eine Wunde geheilt und ist aufgebrochen, so ist er für die Heilungskosten ersatzpflichtig. War die nötige Heilung schon ganz erreicht, so ist er für die Heilungskosten nicht ersatzpflichtig. Zeitverlust: Man sieht den Geschädigten an, als ob er einer sei, der Gurken bewacht; denn er hat ihm ja den Wert für seine Hand oder für seinen Fuß schon ersetzt. Beschämung: Alles entsprechend dem Stand des Beschämers und des Beschämten.«

Was um das Jahr 200 in Teverya geschah, war in den Augen der Römer illegal. Gesetze wurden zusammengestellt und für verbindlich erklärt, die nirgends im römischen Imperium gültig waren – auch nicht in den Provinzen um den Jordangraben. Rabbi Jehuda, der Fürst, schuf ein Gesetzeswerk, das keine Rücksicht nahm auf Rechtsgrundsätze des Reiches. Die Vorschriften, die in der Mischna festgehalten wurden, setzte Rabbi Jehuda deshalb über alle anderen, weil sie – nach seiner Überzeugung – von Gott als Rechtsordnung für das jüdische Volk festgelegt worden waren. Die Konsequenz war, daß Rabbi Jehuda auf Abgrenzung gegenüber Andersgläubigen, die meist als »Sternendiener« bezeichnet wurden, besonders achtete. So verbot seine Gesetzessammlung Geldgeschäfte »um Profit« unter Juden, gestattete derartige Zinsabmachungen jedoch im Handel mit den »Sternendienern«.

Dieses Gesetz aus der Sammlung Mischna erweckte nun den Eindruck, Juden dürften Profitgeschäfte mit Andersgläubigen nach eigenem Gutdünken gestalten. Um Auswüchse zu verhindern, fügte Rabbi Jehuda, der Fürst, in einem Kommentarbuch, das Gemara, »die Vollendung«, genannt wird, Erklärungen bei, die mildernd wirkten. Die Schriften, die zur Gemara gehören, sind als fortlaufender Kommentar zur Mischna – das Wort heißt »Wiederholung« – gedacht. Die Kommentare und Erklärungen sind aus Diskussionen entstanden, die im Lehrhaus von Teverya geführt wurden. Mischna und Gemara sind am See Gennesaret niedergeschrieben worden.

Beide Bücher enthalten auch Bestimmungen und die dazu gehörenden Erklärungen, die den Handel regulieren – auch den Handel mit anderen römischen Provinzen: »Man exportiert aus dem Land Israel keine Früchte und Güter, die lebenswichtig sind, wie etwa Wein, Öl und Mehl. Rabbi Jehuda erlaubt allerdings den Export des Weines, weil dadurch der Leichtsinn vermindert wird. Und wie man aus dem Inland nicht ins Ausland exportiert, so exportiert man aus dem Land Israel nicht nach Syrien. Rabbi Jehuda aber erlaubt den Export von Provinz zu Provinz.«

Mit dem letzten Satz der Vorschrift ist gemeint, daß Rabbi Jehuda Handelsgeschäfte zwischen Provinzen, die eine gemeinsame Grenze besitzen, gestattet. Die Händler der Städte am See Gennesaret und am Oberlauf des Jordan dürfen aufgrund dieser Bestimmung auch nach Syrien liefern, obgleich der übrige Gesetzestext Syrien ausdrücklich als Land bezeichnet, das nicht zu den Exportpartnern gehört. Rabbi Jehuda, der Fürst, hat wohl deshalb für Syrien eine Sonderregelung gefunden, weil es eigentlich, als einstiger Bestandteil von Davids Großreich, zu den Ländern gehörte, die im Denken der traditionell orientierten Juden eine Sonderstellung einnahmen.

Rabbi Jehuda war auch darauf bedacht, Gesetzen zur Gültigkeit zu verhelfen, die möglichst niedrige Lebenshaltungskosten bewirkten: »Man soll im Land Israel an Gütern, die lebenswichtig sind, wie etwa an Wein, Öl und Mehl, nicht verdienen.« Für den Verkauf dieser Waren, die allgemeine Grundlage der Ernährung waren, durfte also kein Gewinn und keine Handelsspanne berechnet werden. Die Grundbedürfnisse der Gläubigen sollten befriedigt werden können, ohne daß jemand daran verdiente.

Die Gesetzessammlung Mischna erkannte die Notwendigkeit eines Obersten Gerichtshofes, der auch über die Todesstrafe zu entscheiden habe: »Vier Todesarten sind dem Gerichtshof übergeben: Steinigung, Verbrennung, Enthauptung und Erdrosselung.« Allerdings ist den Richtern Zurückhaltung auferlegt: Ein Gericht, das einmal in sieben Jahren ein Todesurteil fällt, wird in der Mischna bereits als »verderbenbringend« bezeichnet. Ausdrücklich werden im Text die Meinungen einiger Rechtsgelehrter erwähnt, die Wert auf die Feststellung legen, daß sie selbst niemals Todesurteile aussprechen würden – nicht einmal in siebzig Jahren.

Die Gesetze, die um das Jahr 200 in Teverya gesammelt wurden, berührten auch die private Sphäre der Gläubigen. Den Männern wurde dringend geraten zu heiraten: »Jeder Mensch, der keine Frau hat, ist eigentlich kein Mensch. Denn es heißt: Männlich und weiblich erschuf er sie und rief ihren Namen: Mensch.« Auch der Besitz von Grund und Boden gehört zum Menschsein: »Jeder Mensch, der kein Land hat, ist eigentlich kein Mensch, denn es heißt: Die Himmel sind die Himmel des Herrn. Die Erde aber gab er den Menschenkindern.« Grundbesitz gibt der Existenz des Menschen die Basis. Gemeint ist damit der Mann, der vor Gott Verantwortung trägt für die Einhaltung der Gesetze. Doch der Mann, der die Schrift versteht, soll auf Eigentum verzichten, wenn es darum geht, eine besondere Art von Frau zu erringen: »Immerdar verkaufe ein Mensch alles, was er hat, und heirate die Tochter eines Schriftgelehrten. Dies gleicht einer Mischung von Weinbeeren mit Weinbeeren – sie ist süß und angenehm. Er heirate aber nicht die Tochter eines Laien. Dies gleicht einer Mischung von Weinbeeren mit Brombeeren – eine häßliche und unangenehm schmeckende Mischung.«

Die Verheißung des Heils gilt allerdings für alle, für Männer und Frauen. Jedoch mit dem Zusatz: »Wodurch werden Frauen der Verheißung würdig? Dadurch, daß sie ihre Söhne im Gemeindehaus die Bibel lesen lassen, und dadurch, daß sie ihre Männer im Lehrhaus Mischna lernen lassen und daß sie auf ihre Männer warten, bis diese vom Lehrhaus kommen.«

Ziel des Menschen, so sagt die Mischna, ist es, einen Platz in der kommenden Welt zu finden. Sie deutet auch an, wie diese kommende Welt beschaffen sein wird: »Ein Vorgeschmack davon sind: Sabbat, Sonne und Beischlaf.«

Die Mischna und die dazugehörige Sammlung von Kommentaren ordnet alle Bereiche der menschlichen Existenz, von der Geburt bis zum Leben nach dem Tod. Ob die Gesetze am Ort, an dem sie gesammelt wurden, im Bereich des Sees Gennesaret oder sogar darüber hinaus beachtet wurden, darüber ist wenig bekannt. Anzunehmen ist, daß die Auswirkung der Zusammenstellung der Mischna praktisch kaum spürbar wurde. Hätten Menschen in Teverya in großer Zahl nach den Rechtsvorschriften der Mischna gelebt, wären sie mit den Juristen des römischen Statthalters in Konflikt geraten. Dies ist offenbar nicht geschehen.

Die Römer fühlen sich im Ostjordanland wohl

Die römischen Herren im jüdischen Gebiet mieden die Gegend um den See Gennesaret, obgleich das Hügelland um die Wasserfläche als idyllisch, als schön bezeichnet werden darf. In Tiberias, in Kefar Nahum, in Betsaida sind die Archäologen auf keine Spur einer römischen Besiedlung gestoßen. Selbst die heißen Quellen von Tiberias Hammat sind offenbar keine Attraktion für die doch sonst so badefreudigen Legionäre, Offiziere und Verwaltungsbeamten gewesen. Sie hüteten sich wohl vor zu engem Kontakt mit den überaus gläubigen Juden, die im 2. und 3. Jahrhundert das Bild der Städte um den See prägten. Wahrscheinlich hatten die Römer Scheu vor den ihnen so völlig fremden Gebräuchen der Schriftgelehrten und deren Schüler.

Festzustellen ist, daß die fremden Beherrscher der Region an der Ostküste des Mittelmeers Interesse fanden am Gebiet östlich des Jordangrabens. Sie entdeckten die Reize der Wüste, fühlten sich wohl in der reinen und klaren Luft, erfreuten sich an der Härte von Licht und Schatten. Sobald im Zuge der Ausdehnung des von Grenzbefestigungen geschützten Gebiets das Land nach Osten hin sicher war, bildeten sich Siedlungen, die rasch zu Städten wurden. Ein unbedeutender Ort, 25 Kilometer vom oberen Jordanlauf entfernt, einst ein regionaler Stützpunkt der Ptolemäer, »Antiochia am Goldfluß« genannt, entwickelte sich zu einer Metropole, zu einem Handelszentrum. Damals hieß die Stadt Gerasa; heute wird sie Jerash genannt (gesprochen Dscherasch). Sie liegt auf halbem Weg zwischen der heutigen jordanischen Hauptstadt Amman und der syrischen Grenze.

Beschleunigt hat das Wachstum der Stadt wohl der zweite jüdische Aufstand unter Simeon Bar Kochba. Das Land im Westen des Jordan galt als unsicher. Nach Ansicht der Römer und ihrer doch recht zahlreichen Freunde in wohlhabenden jüdischen Kreisen terrorisierten bewaffnete Banden von Herodion und En-Gedi aus die Dörfer und kleineren Städte. Sie überfielen vor allem Handelskarawanen auf den Straßen der Jordansenke. Die Folge war, daß die Karawanenführer den Platz Jericho aus ihrer Routenplanung strichen. Probleme schuf der Ausfall des Jordantals im Verkehrsnetz keineswegs. Da stand noch die alte Handelsstraße zur Verfügung, die von Petra durch das Bergland im Osten der Jordansenke in Richtung Damaskus führte. Soweit es möglich war, vermied diese Route die Wüste. Sie verlief meist direkt am Rand der unwirtlichen Gebiete – um Tier und Mensch den Weg zu erleichtern. Im Bereich dieser östlichen Karawanenstraße befand sich der bisher unbedeutende Ort Gerasa.

Die Lage von Gerasa war günstig. Dort floß ein Bach, der auch im Sommer nicht austrocknete; da wuchsen Bäume, die an einigen Berghängen und Hügelkuppen Wälder bildeten; fruchtbares Ackerland stand zur Verfügung. Doch die besondere Attraktion von Gerasa war die Nähe zur Wüste. Sie sorgte in der Stadt für trockene, gesunde Luft. Endlich fanden die Römer Lebensbedingungen, die ihnen gefielen. Sie und ihre jüdischen Freunde – die von den Schriftgelehrten auch nichts wissen wollten – begannen zu bauen: Da entstand eine gerade Straße, die 700 Meter lange »Cardo maximus«, die dem Gemeinwesen einen Mittelpunkt, eine Achse gab. Kolonnaden säumten diese Hauptstraße. Dahinter verbargen sich Läden, Verwaltungsbüros und Herbergen. Dort, wo die Kolonnaden am prächtigsten waren, befanden sich Tempel, die den in Rom angebeteten Göttern – Zeus vor allem – geweiht waren. Die Achsenstraße, die in Nord-Süd-Richtung angelegt war, wurde durch drei Querstraßen geschnitten, die wiederum ihre Abzweigungen besaßen. Am südlichen Ende der Achsenstraße, hoch über den Häusern der Stadt, stand der Haupttempel: ein Heiligtum des Gottes Zeus im hellenistischen Stil. Vor dem Tempel war ein ovaler Platz. Über seine Bedeutung sind sich die Altertumsforscher nicht ganz einig: War dieser Platz Forum oder Ort des Opfers? Diese ebene Fläche zu schaffen war schwierig, denn die Stadt Gerasa wurde nicht auf ebenem Grund erbaut, sondern an den Hängen eines Bachtals, das früher einmal Chrysorrhoas, also Goldfluß, hieß. Dort, wo sich der ovale Platz befindet, sah das Gelände einst uneben aus. Eine Senke mußte durch ein acht Meter hohes Fundament ausgeglichen werden.

Dem Römer, der sich in Gerasa aufhielt, fehlte nichts im Vergleich zu den Annehmlichkeiten, die ihm Rom zu bieten hatte. Der Vorteil der Stadt war, daß sie die Möglichkeit bot, rascher reich zu werden, als dies in Rom der Fall war. Wer sich auf Handel verstand, verdiente gut in Gerasa. Der Reichtum der Bewohner vermehrte sich noch, als in den Ajlunbergen, die von Gerasa aus leicht erreichbar waren, in großem Umfang Erze abgebaut wurden. Der wachsende Wohlstand veranlaßte die Geschäftsleute, in ihr Gemeinwesen zu investieren: Die Prachtbauten von Gerasa, darin sind sich die Altertumsforscher einig, sind nicht durch staatliche Mittel finanziert worden, sondern durch Spenden von Privatleuten.

Sie müssen ehrgeizig gewesen sein und gleichzeitig ihre Stadt sehr geliebt haben, denn sie hatten die Absicht, Gerasa gewaltig zu vergrößern. Ein Bauwerk, dessen Überreste die ursprüngliche Form deutlich erkennen lassen, gibt Einsicht in die Planung der Architekten von Gerasa. 500 Meter außerhalb des Südtors, das beim Zeustempel die Stadt im Süden abschloß, ist ein zwölf Meter hoher und 25 Meter breiter Steinkomplex zu sehen: Starke Mauern umgeben ein Haupttor und zwei Nebeneingänge. Aus den Maßen der erhaltenen Bauteile läßt sich errechnen, daß diese Torfestung einst 21,5 Meter hoch gewesen sein muß. Als Schauobjekt, als Triumphbogen, war dieses Bauwerk nicht gedacht. Es sollte einmal der repräsentative Eingang in die dann vergrößerte Stadt Gerasa sein. Im Raum zwischen dem Südtor und dem neuen, weit prächtigeren Tor sollten wohl ebenso prunkvolle Gebäude entstehen. So war die Planung.

Doch die Absicht, Gerasa an Umfang und an Zahl der Gebäude zu verdoppeln, konnte nicht mehr verwirklicht werden. Die Ursache des Stillstands der Bautätigkeit ist in der Veränderung der politischen Situation zu sehen. Solange der Metropole der Provincia Arabia keine Gefahr drohte, waren die Bewohner bereit, ihr Geld in der Stadt anzulegen, in der sie lebten. Waren die Handelsherren überzeugt, der Limes Arabicus halte noch auf lange Zeit unruhige arabische Stämme vom Ostufergebiet des Jordan ab, dann sorgten sie dafür, daß sie sich in Gerasa wohl fühlten, dann zahlten sie große Summen für Baumeister, die ihnen luxuriöse Ausführung der Bauvorhaben versprachen. In der zweiten Hälfte des 2. Jahrhunderts aber schwand das Vertrauen in die Stabilität des Limes Arabicus. Die Überzeugung setzte sich durch, daß irgendwann in absehbarer Zeit einem Feind aus der Tiefe Arabiens oder aus dem Gebiet von Euphrat und Tigris der Stoß durch die Grenzbefestigung gelingen werde.

Die wachsende Sorge der Wohlhabenden in Gerasa hing mit der Veränderung in der Struktur der römischen Truppen zusammen. Bis in die Mitte des 2. Jahrhunderts wiesen die Legionen einen starken Stamm an Personal auf, der nicht im Stationierungsgebiet rekrutiert, sondern aus dem Kernland abkommandiert war. Solange die Legionen aus Römern bestanden hatten, waren sie als verläßlich angesehen worden. Syrische oder nabatäische Soldaten und Offiziere wurden als weniger zuverlässig in der Abwehr arabischer Stämme betrachtet. Das Prinzip der lokalen Rekrutierung raubte den wohlhabenden Bürgern von Gerasa die Sicherheit.

Im 3. Jahrhundert trat dann eine Verarmung ein, die an den baulichen Überresten deutlich zu erkennen ist. Es wurden keine wirklich neuen Bauten mehr errichtet. Die Veränderung von Häusern geschah unter Verwendung bereits zuvor genutzter Materialien. Steinmetzarbeiten wurden kaum noch ausgeführt. Zu sehen sind im Ruinenfeld von Gerasa Säulen, die nicht fertiggestellt wurden. Offenbar haben die Steinmetze die Arbeit schließlich liegengelassen.

Bemerkenswert ist auch, daß die Baumeister während der Jahre der Blüte von Gerasa die Leistung der Auftraggeber an den fertiggestellten Gebäuden gern durch Inschriften verewigten. Keine einzige derartige Widmung läßt sich für die Zeit zwischen den Jahren 300 und 450 datieren. Daraus ist zu schließen, daß während dieser eineinhalb Jahrhunderte kein bemerkenswerter oder erinnerungwürdiger Bau in der Stadt entstanden ist.

Innerhalb dieser Zeitspanne setzte in Gerasa eine Veränderung ein, die das Bild der Stadt im Laufe der Jahre veränderte: Eine christliche Gemeinde entstand, die Gebäude brauchte, um sich zum Gottesdienst versammeln zu können. Um das Jahr 350 wurde die Gemeinde Gerasa bereits von einem Bischof geleitet, der Exeresius hieß. Er wurde in Dokumenten erwähnt, die sich auf ein Treffen wichtiger Kirchenführer beziehen, das im Jahr 359 in Seleukia stattgefunden haben soll. Wenn Gerasa damals einen Bischof beherbergte, muß die christliche Gemeinde beachtlich gewesen sein.

Etwas mehr als eine Generation war vergangen, seit im römischen Reich die größte und tiefgreifendste aller Christenverfolgungen stattgefunden hatte. Kaiser Diokletian hatte im Jahre 303 ein Edikt erlassen, das von allen regionalen Verwaltungen im Imperium die Zerstörung der christlichen Versammlungsstätten und die Verbrennung aller Schriften der Christen forderte. Diokletian hatte bestimmt, daß jeder, der sich zum Christentum bekannte, jeglichen Schutz durch das Recht verlor; er konnte also ohne Folgen für den Täter getötet werden.

Mit Konsequenz hatte Diokletian versucht, den Glauben an Jesus Christus zu vernichten. Im Frühjahr 304 war ein weiteres Edikt erlassen worden, das von jedermann, also auch von den Christen, Teilnahme an den Opferzeremonien für die Staatsgötter verlangte. Wer sich nicht fügen wollte, hatte mit der Todesstrafe zu rechnen. Die

Absicht des Kaisers war es gewesen, das Imperium zu erneuern. Der alte Geist – »mos maiorum«, die Vätersitte – sollte wiederhergestellt werden als Kraft, die den Niedergang des Reiches aufhalten konnte. Zum alten Geist hatte für Diokletian auch der Glaube an Zeus gehört. Im Glauben an Jesus Christus aber hatte der Kaiser eine wichtige Wurzel für den Verfall der Staatsidee gesehen. Erst im Jahre 311 war die Verfolgung der Christen abgeebbt, als die Mächtigen in Rom eingesehen hatten, daß die Ausbreitung des Christentums nicht zu verhindern war.

Der Glaube an Jesus kehrt an den Jordan zurück

Niemand kann heute sagen, ob jener Bischof Exeresius von Gerasa um das Jahr 350 in seiner Stadt über eine Kirche verfügte. Mauerreste, die bei Ausgrabungen entdeckt wurden, lassen den Schluß zu, daß erste feste christliche Sakralbauten im 5. Jahrhundert vorhanden waren. Zu belegen ist, daß im Jahre 442 die »Kirche des Elija« in Gerasa geweiht wurde. Dann allerdings folgten die Kirchweihen rasch aufeinander: im Jahr 465 die »Kirche der Apostel«, 496 die »Kirche St. Theodor«. Legenden erzählen, daß zur Zeit der Errichtung jener Kirchen in Gerasa ein Brunnen die Eigenschaft besessen habe, einmal im Jahr statt Wasser Wein sprudeln zu lassen – immer am Jahrestag der Hochzeit zu Kana sei dieses Wunder geschehen, in Erinnerung daran, daß Jesus vielen Menschen damals zu essen und zu trinken gegeben hatte. Im Ruinenfeld von Jerash ist ein Brunnen zu sehen, von dem gesagt wird, er sei der Brunnen des Weinwunders. Er steht in der Verlängerung der Säulenreihe, die heute noch den Verlauf der Hauptstraße der antiken Stadt Gerasa markiert. Unmittelbar beim Brunnen entstand neben der »Kirche St. Theodor« eine Kathedrale, die in spätrömischer Zeit das Stadtbild prägte und deren Halle rund tausend Gläubigen Platz bot.

Die Kirchen waren notwendig geworden, denn im Verlauf der Jahre hatte sich die Bevölkerungsstruktur in Gerasa völlig verändert. Römische Familien waren kaum mehr zu finden; auch die jüdischen Freunde der römischen Herren hatten Gerasa verlassen. Angehörige arabischer Stämme lebten nun in der Stadt, und sie glaubten an Jesus. Ihre Bekehrung zum Christentum war die Folge einer Wende der Politik in Rom: Dort war der christliche Glaube zu Beginn des 4. Jahrhunderts zuerst geduldet, dann zur offiziellen Religion des Staates proklamiert worden. Kaiser Konstantin hatte den Glauben an Jesus als eine Art Garantie für sein persönliches Wohlergehen und für den Zusammenhalt des Imperiums gesehen. Er sorgte dafür, daß Christen bei der

Vergabe von Posten in der Staatsverwaltung bevorzugt wurden. Wer vorankommen wollte, der mußte sich fortan Christ nennen.

Was für die Hauptstadt galt, wirkte sich auch in den Randzonen aus, und dazu gehörten die Provinz Arabia und deren wichtigste Stadt Gerasa. Die Sicherheit der Provinz war weiterhin der Besatzung der Lager und Kastelle am Limes Arabicus anvertraut. Dort war allerdings nicht einmal mehr in den höchsten Kommandofunktionen ein römischer Offizier zu finden. Offiziere und Soldaten stammten aus arabischen Großfamilien. Wer im Dienst der Römer stand, der paßte sich an: Da Christen schneller aufsteigen konnten in der Hierarchie der Armee und der Verwaltung, wuchs die Zahl der Araber, die sich zum Christentum bekannten, gewaltig an. Ganze Sippen wollten zur Gemeinschaft der Christen gehören. Das Bekenntnis zu Jesus fiel den Angehörigen der Stämme nicht schwer, denn sie hatten bisher keinem überzeugenden Glauben angehört. Die Religion des Zeus und der Artemis, die von den Römern seit Jahrhunderten bevorzugt worden war, hatte keinen Einfluß auf Araber ausgeübt. Der Glaube an Zeus hatte eher Teile des jüdischen Volkes, wohlhabende Kaufleute etwa, überzeugt. Vielfach hatten die arabischen Stämme lokale Götter angebetet, die sie in bizarren Gesteinsformationen oder in der seltsamen Gestalt alleinstehender Bäume in der Wüste zu erkennen glaubten. Besondere Anhänglichkeit band die Araber nicht an diese Gottheiten. Sie waren aufgeschlossen für eine neue Glaubenswelt, die dazuhin noch den Vorteil bot, die Ideologie der Herrschenden zu sein. So ergab es sich, daß sie das Kreuz als Zeichen akzeptierten.

Die Massenbekehrung hatte zur Folge, daß in Gerasa Kirchen gebaut werden mußten. Das Material dazu wurde den Tempeln der bisherigen römischen Götter entnommen – sie dienten als Steinbrüche. Den Überresten der Kirchen ist anzusehen, daß die Mauern nicht aus frisch gebrochenen Steinen hochgezogen wurden, daß alte Blöcke neu behauen wurden. Besondere Kunstfertigkeit wurde dazu nicht gebraucht. So gerieten die christlichen Sakralbauten von Gerasa nicht zu Glanzpunkten alter Baukunst.

Gerasa ist nur ein Beispiel für den Umbruch, in dem sich das Land um den Jordangraben im 5. Jahrhundert befand. Der Glaube an Jesus setzte sich überall durch. Innerhalb von drei Generationen vollzog sich der Wandel: Die Christen, einst verachtet und verfolgt im Land, in dem Jesus gelebt hatte, wurden zur Herrschaftsschicht. Zur Zeit, als in Gerasa Bischof Exeresius im Amt gewesen war, also um das Jahr 350, hatten sich Bewohner der jüdischen Städte noch darüber empören können, daß die römische Verwaltung die Haltung christlicher Sklaven verboten hatte. Zorn über diese Maßnahme hatte damals zu einem

Volksaufstand gegen die Römer im Lande geführt. Die Rebellion war allerdings rasch beendet worden. Von nun an unterwarfen sich die jüdischen Bewohner der fremden Autorität.

Hundert Jahre nach dem letzten Versuch der Juden, sich als politische Kraft durchzusetzen, verloren auch Städte, die bisher treu zum Glauben der Väter gehalten hatten, ihren jüdischen Charakter. Teverya – die einstige Stadt Tiberias – blieb zwar Heimat jüdischer Schriftgelehrter, doch das Stadtbild wurde nach und nach immer mehr von Kirchen beherrscht. Zu Beginn des 4. Jahrhunderts hatten die 40 000 Juden der Stadt Teverya fünfzehn Synagogen für Gebet und Lehre besessen. Dann war einer der Reichsten dieser 40 000 – er ist bekannt unter dem Namen Josef von Tiberias – zum christlichen Glauben übergetreten. Zum Zeichen seiner Bekehrung stiftete Josef von Tiberias einen großen Teil seines Vermögens für den Bau von Kirchen in Teverya selbst, aber auch in anderen Städten am See Gennesaret.

In Kefar Nahum war ein Haus, in dem – der Überlieferung nach – einst Petrus gewohnt haben soll, zur Versammlungsstätte der wachsenden Christengemeinde geworden. Die Überzeugung hatte sich durchgesetzt, auch Jesus habe sich oft in jenem Haus aufgehalten. So wurde das Haus des Petrus zu einem wichtigen Mittelpunkt für die Gläubigen. Um das Jahr 350 sind umliegende Gebäude dem Gemeindezentrum angegliedert worden; der gesamte Komplex erhielt eine Umfassungsmauer. Zur Zeit des Josef von Tiberias entstand über dem Haus des Petrus eine achteckige Basilika, deren Grundmauern bis in unsere Zeit erhalten geblieben sind. Zu besichtigen sind auch die Reste vom Haus des Petrus in Kafarnaum. In der Südwestecke des Mauerwerks fand sich, im Putz eingegraben, der Schriftzug »Petrus« – verwendet worden waren griechische Buchstaben – und die einfache Abbildung eines Fischerboots.

Nach der Reichsteilung

Von Rom aus, wo Petrus – so wird berichtet – einst als Märtyrer gestorben war, hatte die christliche Bewegung des Nahen Ostens ihren Ausgang genommen. Sie war eng verbunden mit der römischen Präsenz in diesem Gebiet und damit auch mit dem Schicksal des römischen Imperiums. Dessen langsamer Zerfall hatte bereits zur Spaltung geführt. Die Vorgeschichte war ein langwieriger Prozeß des Auseinanderlebens zwischen dem westlichen und dem östlichen Teil des Riesenreiches, dessen Gesamtheit nicht mehr von einem Punkt aus zu regieren war. Im Jahre 330 hatte Kaiser Konstantin Byzanz zu seiner Hauptstadt gewählt: Die Verlagerung der Macht nach Osten hatte begonnen. Im Westen wuchs der Druck von Germanen und Hunnen, die Siedlungsgebiete für sich suchten. Die historische Entwicklung, die »Völkerwanderung« genannt wird, hatte eingesetzt.

Im Jahre 476 erlosch die Herrschaft, die von der Hauptstadt am Tiber ausgeübt worden war. Die Verteidiger des Limes Arabicus waren nicht mehr dem Befehl Roms unterstellt. Von Byzanz ging fortan die Gewalt im Reich aus. Doch die Militärverbände im Ostufergebiet des Jordan spürten bald, daß sie für die oströmische Zentralverwaltung nicht mehr wichtig waren. Byzanz hatte einen Gegner, der dem oströmischen Reich die Lebenskraft raubte: Persien. Die dort Mächtigen wollten ihren Herrschaftsbereich ausdehnen in das Gebiet am Ostufer des Mittelmeers, um den Einfluß von Byzanz zurückzudrängen. Persien wollte auch über die Jordansenke herrschen.

Doch ehe die Auseinandersetzung der beiden Großmächte ausbrach, entvölkerte in den Jahren 541 und 542 eine Pestepidemie alle Länder zwischen Ägypten und Syrien. Die Seuche überzog die Staaten und Völker. An der Pest starben Juden, Christen und Araber; leer wurden die Häuser der Städte im Osten der Jordansenke; verwaist waren Tiberias und Betsaida. Da standen keine Kämpfer mehr bereit, um den Limes Arabicus zu verteidigen. Ostrom war gezwungen, sein Prinzip der stationären Verteidigung am Grenzwall aufzugeben und zu einer beweglichen Strategie überzugehen. Doch es zeigte sich bald, daß die byzantinischen Einheiten nicht rasch genug dorthin verlegt werden konnten, wo der Ansturm der Feinde am bedrohlichsten war.

Im Jahre 614 brachen persische Truppen ins Jordanland ein. Sie eroberten Gerasa und stießen zum See Gennesaret vor. Von der Einnahme der Stadt Teverya an hatten die Perser einen wesentlichen Verbündeten: die Juden. Sie sahen in den Eroberern eine Hilfe zur Vernichtung des letzten Restes der seit Jahrhunderten verhaßten römischen Herrschaft, aber auch zur Beseitigung der lästigen christlichen Konkurrenz. Am Ende des Jahres 614 waren alle christlichen Kirchen des Jordanlandes zerstört. Eingestürzt war die achteckige Basilika über dem Haus des Petrus in Kafarnaum. Trümmerhaufen waren die Kirchen von Teverya; durch Feuer vernichtet waren die sechs Kirchen des Bischofssitzes Jericho. Die Allianz von Persern und Teilen der jüdischen Bevölkerung erreichte den Höhepunkt ihres Triumphes in der Einnahme von Jerusalem. Dort wurden sämtliche christlichen Kirchen angezündet. Berichtet wird, damals seien 26 500 Christen getötet worden.

Doch die politische Situation änderte sich rasch. Im gesamten Gebiet, im Westen und im Osten des Jordan, gaben die Perser ihre Koalition mit der jüdischen Bevölkerung auf – die Gründe dafür sind nicht bekannt. Die Juden wurden aus Jerusalem ausgewiesen; die Christen aber durften ihre Kirchen wieder aufbauen.

Dreizehn Jahre lang waren die Perser Herrscher des Jordanlandes, dann zogen sie ab, um dem Kaiser von Byzanz das Gebiet zu überlassen. Eine Phase des Aufbaus von Kirchen und Klöstern setzte ein. Der Glaube an Jesus schien sich am Jordan endlich und endgültig durchgesetzt zu haben: in der Region, wo er über 600 Jahre zuvor gewirkt hatte. Die Überzeugung, Jesus sei der Sohn Gottes, war zur beherrschenden Ideologie am Jordan geworden.

Die Vorherrschaft der Byzantiner hatte ein Mann prophezeit, von dessen Existenz weder am Jordan noch in Byzanz irgend jemand auch nur die geringste Ahnung hatte. Die Prophezeiung ist in der dreißigsten Koransure »Ar Rum« – Rom – zu finden. Da ist zu lesen: »Besiegt sind die Römer im nahen Lande. Doch nach der Niederlage werden sie Sieger sein in einigen Jahren. Denn Allah bestimmt Vergangenheit und Zukunft.« Der Prophet, der den Sieg von Byzanz über Persien richtig vorausgesagt hatte, hieß Mohammed.

Im Namen Allahs

»Verbrennt nicht die Palmenbäume«

Um das Jahr 570 war jener Mohammed – dessen Zusatzname Ibn Abdallah, Sohn des Gottesknechts, war – in Mekka geboren worden. Eine islamische Legende berichtet, in der Nacht seiner Geburt seien die heiligen Feuer der Perser, die seit mehr als tausend Jahren ohne Unterbrechung gebrannt hätten, auf einen Schlag in sich zusammengefallen und erloschen; dies sei zum Zeichen dafür geschehen, daß der Glaube dieses eben geborenen Menschen an den einen und allmächtigen Gott die Religion der Feueranbeter vernichten werde. Die Mächtigen in Byzanz aber seien in jener Nacht durch Erdstöße vor dem Anbruch einer neuen Zeit gewarnt worden. Das Beben hätte die Paläste der Hauptstadt von Ostrom derart erschüttert, daß danach Risse in den Mauern zu sehen gewesen wären.

Kein Bericht ist erhalten, daß auch in der Geburtsstadt des Mohammed Ibn Abdallah in jener Nacht Außergewöhnliches geschehen sei. Niemand nahm in Mekka Kenntnis von dem Neugeborenen. Ärmlich waren die Verhältnisse, in denen Mohammed aufwachsen mußte. Der Vater war ein unbedeutender Kaufmann in der Handelsstadt Mekka gewesen; er war schon vor der Geburt des Sohnes gestorben. So mußten sich der Großvater und später ein Onkel um den Jungen kümmern. Mohammed wurde Kaufmann. Hätte ihm nicht das Schicksal ganz besonders geholfen, wäre er so unbedeutend wie der Vater gewesen. Doch da wurde eine reiche Witwe, die Inhaberin der Handelsfirma, in der er arbeitete, auf ihn aufmerksam. Sie nahm Mohammed zum Mann. Fortan war auch er wohlhabend. Er hatte Zeit, sich zu bilden und über Gott und die Welt nachzudenken.

Als Mohammed etwa vierzig Jahre alt war, bestürzte ihn die Erkenntnis, der Allmächtige habe zu allen anderen Völkern gesprochen, nur nicht zu den Menschen Arabiens. Ihnen habe Gott seine Offenbarung vorenthalten. Mohammed glaubte wie viele Männer und Frauen jener Zeit im Nahen Osten, das Gericht Gottes stehe unmittelbar bevor. Er begann zu fürchten, Gott habe die Araber vergessen – er und sein Volk seien auf ewig den Verdammten zugewiesen. Diese Angst steigerte sein religiöses Bewußtsein derart, daß er die Kraft erlangte, Gottes Stimme zu hören. So wurde Mohammed selbst zum Propheten der Araber. Seine Überzeugung war schließlich unerschütterlich, Gott habe ihn beauftragt, allen Menschen, also nicht nur den Arabern, den göttlichen Willen zu offenbaren. Mohammed erkannte sich als Verkünder der allgemein gültigen Ordnung Gottes – den er in seiner Sprache Allah nannte.

Der Anspruch der Allgemeingültigkeit des Glaubens an Allah bedingte, daß Mohammed Menschen, die nicht von der Existenz Allahs überzeugt waren, unter keinen Umständen als gleichberechtigt in der Gnade des Allmächtigen ansehen konnte. Die Christen und die Juden waren in Allahs Ordnung, wie Mohammed sie beurteilte, zwar »Besitzer des Buches«, also der göttlichen Offenbarung – aber eben nicht in der letztlich gültigen Form. Die war allein durch Mohammed der Menschheit mitgeteilt worden. Die Überzeugung der anderen, der Juden und Christen, konnte also auf Dauer nicht geduldet werden. So verkündete Mohammed seinen Gläubigen, daß Allah dem Islam Ost, West, Süd und Nord – also die gesamte Welt – geöffnet habe. Die Gläubigen hörten aus den Worten des Propheten die Aufforderung, den Glauben an Allah mit der Gewalt der Waffe zu verbreiten.

Mohammed besaß die Autorität, den Menschen, die an Allah glaubten, den Zug in den »Heiligen Krieg« zu befehlen, denn seit 622 war Mohammed nicht nur der Verkünder der Macht Allahs, sondern er war selbst mächtig: Er war Staatschef des Islamischen Reiches. Bescheiden hatte die Entwicklung begonnen: Die Menschen der Stadt Jathrib hatten den Vertrauten Allahs in ihre Stadt geholt, damit er Ordnung schaffe in ihrem Gemeinwesen, das seit einer Generation vom Bürgerkrieg zerrissen war. Es war ihm dann gelungen, die Bewohner von Jathrib – die Stadt nannte sich bald Medina – zur Vernunft zu bringen. Die Streitereien hörten auf. Durch Mohammeds Begabung, Menschen zusammenzuführen, entstand eine zuerst kleine Staatsform um Medina, die sich jedoch ständig vergrößerte. Im Verlauf von etwa sechs Jahren wuchs der Stadtstaat zu einem imposanten Reich auf der Arabischen Halbinsel heran. Mohammed konnte daran denken, seine Überzeugung auch auf Menschen zu übertragen, die außerhalb des arabischen Gebiets lebten.

Im Jahre 628 versuchte Mohammed die Ausbreitung des Glaubens an Allah mit diplomatischen Mitteln zu erreichen. Er hatte einen Boten an Kaiser Heraklius nach Byzanz geschickt, der die Information überbringen sollte, Allah habe ihn, Mohammed, zum Propheten für die ganze Welt bestimmt. Diese Information war verbunden mit der

Aufforderung, der Herrscher über Ostrom möge sich im Interesse seines Seelenheils ebenfalls zu Allah bekennen. Kaiser Heraklius aber war zu diesem Zeitpunkt mit Problemen beschäftigt, die den schon lange andauernden Krieg gegen die Perser betrafen. Er hat den Boten und den Brief des Mohammed aus Medina, aus der abgelegenen Stadt auf der Arabischen Halbinsel, wohl nicht einmal zur Kenntnis genommen. Von einer Antwort an den Propheten ist nichts bekannt. Nach dieser Erfahrung wird sich Mohammed entschlossen haben, die Ausbreitung des Glaubens an Allah der militärischen Gewalt anzuvertrauen.

Er selbst erlebte die expansive Phase des Islam nicht mehr. Mohammed starb im Jahre 632. Sein Tod bewirkte, daß sich die Verantwortlichen im Islamischen Staat verpflichtet fühlten, sein Vermächtnis zu erfüllen. So brach wenige Wochen später der Sturm los – gewaltig und unaufhaltsam.

Der Nachfolger des Propheten im Amt des Staatschefs, Kalif Abu Bakr, hat beim Aufbruch des islamischen Reiterheeres Worte gesprochen, die beweisen, daß er versuchte, seine Kämpfer zur Beachtung von Grundsätzen der Menschlichkeit anzuhalten. Überliefert sind diese Sätze: »Männer! Ich befehle euch, zehn Punkte genau zu beachten. Ihr sollt nicht plündern, und ihr sollt niemand durch Betrug um sein Eigentum bringen. Tötet niemand ohne Grund. Vor allem: Bringt keine Kinder, alten Leute oder Frauen um. Verbrennt nicht die Palmbäume und hackt sie nicht um. Verschont die Bäume, die Früchte tragen, und verwüstet keine Felder. Tötet keine Schafe, Ochsen oder Kamele. Nur die Tiere sollt ihr töten, die ihr braucht, um eueren Hunger zu stillen. Geschorene Männer allerdings dürft ihr, wenn ihr sie antrefft, mit dem Schwert auf die Tonsur schlagen. Aber Einsiedler sollt ihr verschonen, denn sie sind durch Gelübde gebunden, Gutes zu tun!«

Diese Verhaltensregeln galten auch für die Reiterverbände, die in Richtung Jordansenke geschickt wurden – und sie hielten sich weitgehend daran. Daß sich die arabischen Eindringlinge nicht barbarisch benahmen, sprach sich von Siedlung zu Dorf und Stadt herum. Die Motivation zum Abwehrkampf war gering. Dazuhin hatten die arabischen Stämme, denen im Römischen Reich der Schutz der Grenze anvertraut war, jeglichen Kampfgeist für die Sache des Herrschers von Byzanz verloren. Heraklius hatte, um seine Finanzreserven konzentriert für die Auseinandersetzung mit dem Todfeind Persien einsetzen zu können, den Soldaten und Offizieren am Limes Arabicus den Sold gekürzt und den bisher treuen christlichen arabischen Großfamilien die Zuwendungen gestrichen. Aus Enttäuschung erwuchs Zorn. Auf Proteste der Betroffenen reagierten die Vertreter des Kaisers Heraklius mit bürokratischer Sturheit. So geschah es, daß die Grenzwehr zum Zeitpunkt des islamischen Ansturms, der überraschend hereinbrach, nicht gerüstet war.

Ein Verband griechischer Soldaten, so wird berichtet, habe am Südende des Jordangrabens versucht, die Fremden aus dem Innern Arabiens aufzuhalten; doch die Einheit sei rasch zersprengt worden. Ungehindert konnten die islamischen Reiter bis in die Gegend von Jericho vorrücken. Dann aber erfuhr ihr Befehlshaber – sein Name war Amr –, daß Heraklius ein starkes Kontingent von Norden her auf den Jordan zumarschieren lasse. Amr, der ein erfahrener Kommandeur war, befahl eine Unterbrechung der Offensive und schickte Reiter nach Medina, die den Kalifen um Truppenverstärkung bitten sollten. Kalif Abu Bakr gab Befehl, aus der Euphratgegend Reiterverbände an den Jordan zu verlegen. Im Eilmarsch erreichte die Verstärkung das Tote Meer. Am 30. Juli des Jahres 634 fand im Bergland westlich des Toten Meeres ein Gefecht zwischen islamischen Reitern und byzantinischem Fußvolk statt. Die Moslems gewannen.

Kaiser Heraklius ordnete an, bei der Stadt Skythopolis im Jordantal eine Abwehrfront aufzubauen. Die byzantinischen Verteidiger bereiteten sich gründlich vor: Sie stauten den Jordan an und ließen das Wasser über die Ufer treten. So gelang es den byzantinischen Soldaten, das Jordantal bei Skythopolis in eine Sumpflandschaft zu verwandeln, die ein beachtliches Hindernis bildete für die islamischen Reiter. Doch der Moslemkommandeur Amr ließ seine berittenen Truppen in weitem Umweg über die Hügel im Westen des Flusses den künstlichen Sumpf umgehen. Als das Manöver gelungen war, brachen die Reiter über die unbeweglichen, panzerstarrenden Byzantiner herein. Diese flohen durch die Jordanfurt nach Osten, in der Hoffnung, Amr würde es nicht wagen, Pferde und Reiter durch den Fluß zu schicken. Amr aber wußte, daß der Jordan, insbesondere wenn eine Furt zur Verfügung stand, für seine Truppen kein Hindernis darstellte. Der Kampf endete mit der völligen Vernichtung des byzantinischen Heeres im Jordantal. Am 23. Januar 635 besetzten die Moslems die Stadt Teverya am See Gennesaret und drangen während der folgenden Wochen, den Flußlauf entlang, bis zum Hermongebirge vor. Von hier an stand den islamischen Reitern der Weg nach Damaskus offen.

Die Verteidigung der Oase wurde nicht energisch geführt, da die Verantwortung dafür in der Hand christlicher Araber lag, die sich von Heraklius schon längst lossagen wollten. Im August des Jahres 635 schien mit der Einnahme von Damaskus die Eroberung des Gebiets am Jordanostufer abgeschlossen zu sein. Doch die Freude der Moslems über den Erfolg dauerte nicht lange. Erneut rückte von Norden ein byzantinisches Heer vor. Kaiser Heraklius war entschlossen, die arabischen Eindringlinge nun endgültig zu vernichten. Der Befehlshaber der Moslems am Jordan, Amr, war abgelöst worden; der neue Mann – er hieß Khaled Ibn al Welid – räumte schweren Herzens die doch so überaus wertvolle Stadt Damaskus, um die eigene Verteidigungslinie zu verkürzen. Khaled verlegte seine Truppen an den See Gennesaret zurück und wartete auf den Angriff des kaiserlichen Heeres.

Die Moslems siegen am Jarmuk

Zwischen steilen Felshängen schlängelt sich der Jarmuk dem See Gennesaret zu. Nur direkt am Wasser wachsen vereinzelte Büsche und Grasstauden. Weit und breit ist keine wirklich fruchtbare Erde zu finden – und so kann das kostbare Naß allein keine Vegetation bewirken. Hell leuchten die gelben und braunen Farbtöne von Sand und Gestein im Sonnenlicht. Selten dämpfen Wolken die sengenden Strahlen. Erträglich wird der Aufenthalt am Jarmuk erst am späten Nachmittag, wenn die Sonne tiefer steht und sich Schatten bilden zwischen den Felsen am Fluß.

Seltsam ist, daß sich das Heer des Kaisers Heraklius hier zur Entscheidungsschlacht mit den Moslems stellte. Das Gelände im Winkel zwischen Jordan, Jarmuk und dem See Gennesaret ist zerklüftet und von kleinen Bächen durchzogen, die den größeren Gewässern zustreben. Entfaltungsmöglichkeit für militärische Verbände ist nur auf wenigen Plateaus gegeben. Vielleicht sah der Kommandeur des byzantinischen Heeres gerade darin einen Vorteil: Seine gepanzerten Fußtruppen brauchten keine weiträumigen Kampfbewegungen auszuführen; für die Reiter des Islam aber waren die Plateaus zu klein, um schwungvolle Angriffe zu unternehmen. Das zerklüftete Gelände begünstigte die Kämpfer, die sich im eng geschlossenen Verband verteidigten.

Langsam hatten sich die Byzantiner nach Süden bewegt. Im Februar des Jahres 636 waren 80 000 Mann – diese Zahl wird in byzantinischen Geschichtsquellen genannt – aus der Gegend des heutigen Libanon aufgebrochen: Das erste Gefecht zwischen Moslems und dem kaiserlichen Heer fand am 23. Juli jenes Jahres im Osten des Sees Gennesaret statt. Der Oberbefehlshaber des islamischen Reiterheeres hatte nur die Stärke und die Beweglichkeit des Gegners testen wollen. Den Vormarsch der Byzantiner konnte und wollte er nicht aufhalten. Khaled Ibn al Welid erkannte zu diesem Zeitpunkt, daß es klug war, den

Entscheidungskampf noch hinauszuzögern, denn er stellte eine steigende Bereitschaft christlicher Araberstämme fest, sich dem Heer des Islam anzuschließen. Unzufrieden mit dem Sold und mit der Sturheit der byzantinischen Militärverwaltung nahmen die Stammesscheichs, die mit ihren Sippen im Dienst der Byzantiner standen, Kontakt zu den islamischen Verbänden auf. Im Verlauf von zwei Wochen, die auf den 23. Juli 636 folgten, nahm das kaiserliche Heer an Zahl ab, während die Kampfkraft der Moslems durch die Überläufer zunahm.

Mitte August waren die kaiserlich-christlichen Verbände dann in jenem Winkel zwischen Jordan, Jarmuk und See Gennesaret angekommen. Der Plan ihrer Befehlshaber war offenbar, in die Jordansenke hinunterzusteigen, die von ihrem Lagerplatz aus deutlich zu erkennen war. Im Westen schimmerte der See Gennesaret; zu sehen waren auch die Berge von Galiläa. Khaled Ibn al Welid, der verhindern wollte, daß das fruchtbare Land um den See und um den Jordan zum Kriegsgebiet wurde, ließ seine Reiter trotz des ungünstigen Geländes um die Schluchten des Jarmuk angreifen. Bald schon bemerkte er, daß er Augenblick und Ort zum Angriff gut gewählt hatte: Den Sand und den Staub, den mehr als tausend Hufe der Pferde seiner Reiter aufwirbelten, wehte ein heftiger Wind, der von der Wüste her in Richtung Jordangraben über die Plateaus strich, den byzantinischen Kämpfern ins Gesicht. Sie waren ständig damit beschäftigt, sich die Augen zu reiben. Die byzantinischen Verbände waren schließlich eingehüllt in Staubwolken. Da sie den Feind nicht mehr sahen, wandten sich die Kämpfer um, damit ihnen der Wind nicht länger ins Gesicht blies. Doch es blieb ihnen keine Zeit, Atem zu holen oder die Augen vom Sand zu befreien, denn der Ansturm der islamischen Reiter ließ nicht nach. In der Verzweiflung, sich nicht wehren zu können, lösten sich erst einzelne, dann ganze Gruppen aus der Front der Byzantiner. Sie zerbrach schließlich. Die Flüchtenden stürzten hinunter zum Jarmuk, in der unbestimmten Hoffnung, sich dort die Augen auswaschen zu können. Doch die Reiter des Khaled Ibn al Welid waren beweglicher als die Byzantiner in ihren Panzerhemden und erreichten den Flußlauf gleichzeitig mit den Fliehenden. Die Moslems waren entschlossen, keinen Gegner am Leben zu lassen. Rot vom Blut der Getöteten soll der Jarmuk an jenem 20. August 636 hinunter in die Jordansenke geflossen sein.

Nach der Schlacht am Jarmuk befand sich kein geschlossener byzantinischer Truppenverband mehr im Land um den Jordangraben. Das islamische Heer konnte wieder nach Norden ziehen. Noch ehe das Jahr 636 zu Ende war, befand sich auch Damaskus wieder in islamischer Hand.

Daß Kaiser Heraklius versucht hatte, das Jordanland zurückzuerobern, hatte Konsequenzen für die Städte. Waren in der Phase der ersten Eroberung die Bewohner völlig unbehelligt geblieben, weil die Eroberer die Grundsätze des Kalifen Abu Bakr beachtet hatten, so war nun Milde nicht mehr zu erwarten. Zu spüren bekamen die Härte der Moslems vor allem Siedlungen, die unmittelbar nach dem Sieg am Jarmuk geplündert wurden.

In Sichtweite des Kampfplatzes am Jarmuk, auf einem hohen Felsplateau, befand sich die Stadt Gadara, die in spätrömischer Zeit aufgeblüht war und vom Kaiser in Rom den Ehrentitel einer »Colonia« verliehen bekommen hatte. In der byzantinischen Epoche war Gadara Bischofssitz für einen Großteil des Ostjordanlandes. Nach 636 erstarb das Leben in Gadara. Nur ein ärmliches Dorf existiert heute im Bereich der einstigen Stadt; es heißt Umm Qeis. Von dort aus führt eine unbefestigte Straße zu den Resten des antiken Gemeinwesens. Da ist eine 14 Meter breite Hauptstraße zu erkennen – die Pflasterung ist zum Teil erhalten. Die Spuren der Kolonnaden zeigen, daß die Stadt großzügig angelegt war, daß Gadara vor der Schlacht am Jarmuk überaus prachtvoll gewirkt haben muß.

Von deutschen Archäologen ist in den Jahren nach 1974 das Gelände untersucht worden. Sie waren beeindruckt von den ausgegrabenen Grundmauern und Fliesenböden; die Überreste geben einen Hinweis auf Größe und Schönheit einer byzantinischen Kirche, die sich einst über Gadara erhob. Experten des Deutschen Evangelischen Instituts für Altertumsforschung im Heiligen Land sind der Meinung, die Kirche sei nicht durch die Moslems, die Gadara 636 besetzten, zerstört worden, sondern erst durch das Erdbeben des Jahres 747, das viele Städte im und am Jordangraben verwüstet hat. Arabische Geographen, die nach der Besetzung im Jahre 636 das Gebiet um den See Gennesaret vermaßen und erfaßten, haben Gadara allerdings keine Bedeutung mehr zugemessen.

Besser erging es Tiberias/Teverya. Zwar war es unter arabischer Herrschaft nicht länger Zentrum jüdischer Gelehrsamkeit – die meisten Rabbiner wanderten nach Babylon aus –, doch blieb es ein Mittelpunkt des Handels am See Gennesaret. Die Fischerei, das traditionelle Gewerbe am See, machte die Bewohner wohlhabend. Sie nannten ihre Stadt nun Tubariya. Für reiche Moslems besaß Tubariya eine besondere Attraktion in den heißen Quellen, die seit alters bekannt waren. Die Christen hatten das warme Wasser nie wirklich genützt. Die Moslems aber, die Bäder fast ebenso schätzten wie einst die Römer, bauten Badehäuser, die reich ausgestattet wurden, und komfortable Wohnhäuser.

Die Menschen in den meisten Städten der Jordansenke waren nicht unzufrieden, daß die byzantinischen Herrscher für sie nicht mehr zuständig waren. Die Bürokratie des christlichen Staates war überall verhaßt gewesen; gefürchtet gewesen aber war der Streit in Fragen der Religion. Unterschiedliche Denkrichtungen waren entstanden, die sich nicht darüber einigen konnten, ob Jesus Christus göttlicher oder menschlicher Natur gewesen sei oder ob sich etwa beide Naturen in ihm gemischt hätten. Dieser Streit hatte Hirne und Seelen im byzantinischen Herrschaftsgebiet vergiftet. Geistliche aller Ränge hatten sich untereinander als Ketzer beschimpft, hatten die Gläubigen gezwungen, ebenfalls Stellung zu beziehen. Jeder Bischof hatte von seinen Abhängigen verlangt, die Bewohner der Nachbarstadt, die einem Bischof mit anderer Meinung in Glaubensfragen unterstellt waren, zu hassen, ihnen nach Möglichkeit zu schaden.

Die Besetzung des Landes durch die Moslems nahm dem Streit der Theologen jegliche Bedeutung. Für die Christen gab es nur dann Hoffnung, als Gemeinde zu überleben, wenn nicht länger Spitzfindigkeiten den Geist der Gläubigen lähmten. Daß eine Stadt noch für Jahrzehnte ihren christlichen Charakter bewahren konnte, beweisen Ausgrabungen im Ruinenfeld von Pella, das ostwärts des Jordan liegt, direkt am Rand des Grabens, 30 Kilometer südlich des Sees Gennesaret. In modernen Landkarten ist die Gegend als Tabaqat Fahl bezeichnet. Wo sich einst eine stolze Stadt erhob, befindet sich heute eine ärmliche Siedlung. Nur den Archäologen erschließt sich der Glanz von einst. Aus Resten von Mauern und Säulen erkennen sie die Umrisse einer prachtvollen Basilika. Die Altertumsforscher können beweisen, daß für die Basilika einhundert Jahre nach der Besetzung von Pella durch die Moslems eine prachtvolle neue Treppe gebaut wurde, die das Gotteshaus in ein noch eindrucksvolleres Bauwerk verwandelte. Bald darauf aber, auch dies läßt sich beweisen, wurden Nebengebäude der Basilika von Moslems als Stallungen benützt. Im Ruinenschutt des nördlichen Anbaus wurden unter Steinblöcken die Skelette von sieben Kamelen gefunden. Die Tiere waren offenbar während des Erdbebens von 747 durch die herabstürzenden Steinblöcke getötet worden. Die Existenz der Kamelskelette gilt als Nachweis dafür, daß Araber die Anbauten der Basilika für sich genutzt hatten.

Im 5. Jahrhundert war Pella Bischofsstadt geworden – und an dieser Würde wurde auch während der Zeit der arabischen Besetzung über drei Generationen nicht gerüttelt. Zwar veränderte sich der Name vom griechischen Wort Pella zum arabischen Fahl, doch behielten die Christen ihren Einfluß in der Stadt. Noch im 9. Jahrhundert konnte der Reisende Jakubi feststellen, daß in Fahl die Hälfte der Bewohner weiterhin an Jesus glaubte. Die römisch-katholische Kirche bewahrt bis heute die Erinnerung an den Bischofssitz von einst: Sie führt in der Liste kirchlicher Würdenträger noch immer einen Titularbischof von Pella.

In keinem Bericht über den Einbruch der Moslems in das Jordantal wird über Kämpfe am Limes Arabicus berichtet. Aus den Lagern und Kastellen war wohl kein Widerstand gegen sie geleistet worden. Die Wehrdörfer, in denen einst 35 000 Soldaten stationiert gewesen waren, hatten längst ihre Bedeutung eingebüßt. Die christlichen Araber, die schließlich für Ostrom Wache halten sollten am Limes Arabicus, waren rechtzeitig abgezogen.

Im Gebiet ostwärts des Toten Meeres, mitten in der Wüste, sahen die erstaunten Eroberer die mächtige Anlage Legio, deren Namen sie in Al Lejjun arabisierten. Da standen Mauern, die ein Viereck mit Seitenlängen von über 200 Meter bildeten. Über die Mauern ragten Wachttürme, von denen aus ein weiter Blick ins Land möglich war. Innerhalb der Mauern befanden sich Stallungen, Aufenthaltsräume für Offiziere und Soldaten, Vorratskammern und Gewölbe, die als Waffenkammern gedient hatten. Bei der Ankunft der islamischen Reiter in Legio hatte schon Sand die breite Lagerstraße zugedeckt. Das Bewässerungssystem, das Wasser von einer Quelle durch einen Aquädukt aus 300 Meter Entfernung ins Lager geleitet hatte, war ausgetrocknet.

Das monumentale Lager Al Lejjun zeigt, wie der Gedanke, das Römische Reich in der Wüste verteidigen zu wollen, verkommen war. Da hatten sich die Soldaten zuletzt mit Ackerbau beschäftigt. Sie hatten Wasser auf Felder geleitet, auf denen eine Spur von Lößboden zu finden war. Der Ertrag muß immerhin groß genug gewesen sein, um den Betrieb einer Mühle im Lager zu rechtfertigen. Da die Archäologen im Boden der Aufenthalträume Fischgräten gefunden haben, ist anzunehmen, daß die letzten byzantinischen Soldaten arabischer Abstammung in Al Lejjun über einen Fischteich verfügt hatten. Aus dem Toten Meer konnten die Fische nicht stammen – in seinem Salzwasser lebten auch damals keine Tiere.

Warum die islamischen Eroberer Al Lejjun nicht für sich verwendet haben, ist unbekannt. Daß sie andere Römerlager schon früh für sich nutzten, läßt sich beweisen. In der Mitte zwischen der heutigen jordanischen Stadt Ma'an und der einstigen nabatäischen Hauptstadt Petra sind die Mauerreste einer römischen Befestigung zu sehen; der Ort ist auf Landkarten mit Odruh bezeichnet. Wie er von den Römern genannt wurde, weiß niemand mehr. Arabische Chroniken berichten, daß moslemische Reiterverbände bereits im Jahre 9 der islamischen Zeitrechnung, also 631 n. Chr., Odruh besetzt hätten: demnach noch

zu Lebzeiten des Propheten Mohammed und zwei Jahre vor dem Beginn des islamischen Eroberungssturms. Mohammed selbst, so wird erzählt, habe dieses Lager im Osten der Jordansenke besucht. Lange Jahre sei in den Mauern von Odruh ein Mantel des Propheten und ein Vertrag, den er selbst unterzeichnet hatte, aufbewahrt worden.
Britische Archäologen haben sich um Odruh gekümmert. Sie haben die Spuren von Mauern und Gebäuden vom Wüstensand befreit, der in Jahrhunderten angeweht worden war. Die Fundamente der Ecktürme markieren die Ausdehnung des Lagers. Die Größe der Zisternen läßt erkennen, daß hier einst Hunderte von Soldaten mit Wasser versorgt werden konnten. Irgendein Anzeichen von gewaltsamer Zerstörung des Lagers Odruh fanden die Archäologen nicht.

In Odruh verliert Arabien die Aussicht auf inneren Frieden

Wenig hat gefehlt, und Odruh wäre im Jahre 659 ein Ort religiöser und zugleich weltpolitischer Bedeutung geworden. Heftiger Streit war entbrannt zwischen dem rechtmäßigen Kalifen Ali und dem Gouverneur in Damaskus Mu'awija, der unmittelbar vor dem Ziel stand, die Macht im islamischen Staat an sich zu reißen. In Odruh versammelten sich damals arabische Würdenträger, die Schluß machen wollten mit der Zwietracht unter Moslems. In der abgelegenen Wüstenfestung suchten sie nach einer Persönlichkeit, die stark genug war, die Kluft, die Arabien zerriß, zu überbrücken.
Drei Jahre zuvor war in Medina Kalif Othman ermordet worden. Etwa ein Dutzend Männer war in sein Haus eingedrungen und hatte das Attentat ausgeführt. Die Täter hatten zum großen Kreis der Unzufriedenen gehört, die dem Herrscher vorwarfen, er verschleudere den Reichtum, der aus den eroberten Gebieten nach Medina gebracht werde, an die raffgierige Verwandtschaft. Vielleicht war dieser Vorwurf aber nur ein Vorwand, um eigene Machtgelüste zu rechtfertigen. Einige Persönlichkeiten aus der Familie des Propheten – dazu gehörte die einstige Lieblingsfrau des Mohammed, Aischa – spielten dabei eine unrühmliche Rolle. Ali war am Mordkomplott offenbar unbeteiligt, und doch wurde ihm die Hauptschuld zugeschrieben. Aischa, die Ali haßte, weil er dem Propheten einst empfohlen hatte, sich von ihr scheiden zu lassen, sah die Stunde der Rache gekommen: Sie ließ keine Gelegenheit verstreichen, Ali in Zusammenhang mit der Ermordung des Othman zu bringen. Aischa nannte Ali zwar nicht direkt »Kalifenmörder«, doch ihre Einflüsterungen minderten Alis Ansehen in Medina.

Trotzdem wurde er 656, bald nach Othmans Ermordung, von den Honoratioren in der islamischen Hauptstadt als die Persönlichkeit anerkannt, der das Recht zustehe, das Amt des Staatschefs zu übernehmen. Ali, der seit fast einem Vierteljahrhundert, seit dem Tod des Propheten, auf diese Chance gewartet hatte, glaubte jetzt, seine Vorstellungen vom islamischen Staat verwirklichen zu können. Er hatte auch zu denen gehört, die mit der Vetternwirtschaft des Kalifen Othman nicht einverstanden gewesen waren, die Kritik übten. Mit dem Mord selbst hatte er nichts zu tun. Ali wollte nun mehr Gerechtigkeit bei der Verteilung der Staatseinnahmen walten lassen. Daß damit die bisher Bevorzugten nicht einverstanden waren, ist einzusehen. Die Freunde des ermordeten Othman waren sich darin einig, Ali müsse so bald wie möglich aus dem Amt gedrängt werden.

Von Damaskus aus beobachtete der dortige Gouverneur die Vorgänge in der Hauptstadt. Je mehr Alis Ansehen schwand, desto mehr sah er seine Stellung gefestigt. Mu'awija wollte die Abhängigkeit vom Kalifen abschütteln. Um die Entwicklung zu beschleunigen, handelte er selbst. Zum Freitagsgottesdienst in der Moschee von Damaskus stellte er das Hemd aus, das der Kalif Othman angeblich bei seiner Ermordung getragen hatte: Da waren auf dem weißen Leinen große Flecken von getrocknetem Blut zu sehen; zerrissen war der Stoff dort, wo der Dolch den Körper getroffen hatte. Es ist nicht anzunehmen, daß sich Mu'awija tatsächlich das Sterbehemd des Othman hatte besorgen können, doch damals stellte niemand Fragen nach der Echtheit. Die Gläubigen in der Moschee, die den Blutfleck sahen, verfielen in Trauer über den »Märtyrer Othman«. Sie weinten und klagten – und bald schon verfluchten sie den »Mörder Ali«. Die Menschen in Damaskus hatte Mu'awija für sich gewonnen. Mit dieser Stadt als politischer Basis konnte der Gouverneur die Konfrontation mit Ali wagen. Mu'awija erklärte, er erkenne Ali nicht mehr als seinen Herrn an.

Ali hatte inzwischen Medina verlassen, weil er die Ablehnung durch die wichtigen Männer der Hauptstadt nicht mehr ertragen konnte: Er war in Medina nicht länger als Kalif respektiert worden. Im Zweistromland um Tigris und Euphrat, in der Provinz also, glaubte Ali eine treue Gefolgschaft zu finden. Von dort aus war ihm signalisiert worden, die Bewohner der Städte an den beiden Flüssen stünden treu zu ihm, als einem würdigen Mitglied der Familie des Propheten. Kufa wurde zu Alis Machtzentrum. Hier begann er ein Heer zu rekrutieren, um Mu'awija in die Knie zu zwingen.

Zur Zeit des Propheten war Ali ein überaus tapferer Mann gewesen, doch diese Zeit lag ein Vierteljahrhundert zurück. Der Schwiegersohn des Mohammed war inzwischen über fünfzig Jahre alt und gehörte damit zur Altersgruppe der Senioren. Kämpferische Beweglichkeit konnte seine Stärke nicht mehr sein. Schwung auf seine Offiziere und Kämpfer zu übertragen gelang ihm nicht mehr. Mu'awija bemerkte bald, daß sein eigener Vorteil sein geringeres Alter war. So schickte er voll Zuversicht, daß die Zeit für ihn arbeite, ebenfalls einen Truppenverband los: in Richtung Osten, den Einheiten des Ali entgegen. Die beiden Heere standen sich schließlich gegenüber, doch suchte keine Seite die Entscheidung. Wochenlang lagerten die Truppen des Ali und des Mu'awija in Sichtweite, ohne sich in irgendeiner Weise gegenseitig zu belästigen.

Der Grund für die Scheu vor dem Kampf war ein Wort des Propheten, an das sich die Verantwortlichen beider Seiten erinnerten: »Moslems kämpfen nicht gegen Moslems!« Zum erstenmal aber bestand nun die Gefahr, daß sich Männer, die an Allah glaubten, gegenseitig umbrachten. Doch das Zuwarten führte zu keiner Entscheidung, und so entschloß sich Ali, mit seiner Truppe die Schlacht zu eröffnen. Tatsächlich kämpften seine Bewaffneten mit Mut und Standhaftigkeit. Als sich aber der Sieg Alis abzuzeichnen begann, da wandten seine Gegner einen Trick an: Sie rissen Seiten aus ihren Koranbüchern und steckten sie auf die Lanzen. Die Angreifenden, die Kämpfer des Ali, sahen sich plötzlich mit den Seiten des Heiligen Buches konfrontiert – und wichen sofort zurück. Ali konnte diesen Kampf nicht mehr gewinnen.

Der Befehlshaber auf seiten des Heeres aus Damaskus erwies sich als geschickter Taktiker: Er schlug vor, ein Schiedsgericht solle zwischen Mu'awija und Ali entscheiden. Daß sich der Kalif Ali darauf einließ, erwies sich als schlimmer Fehler. Er hatte sich damit auf eine Stufe mit Mu'awija gestellt, der ja bisher keine rechtliche Grundlage für seine Machtansprüche besessen hatte. Nun aber stand er vor dem Schiedsgericht gleichberechtigt neben Ali. Mu'awijas Chancen, der Mächtigste im Lande des Islam zu werden, waren damit gewaltig gestiegen. Alis Ansehen aber schwand immer mehr.

Ali war noch nicht völlig entmachtet, und Mu'awija war noch nicht Alis Nachfolger geworden – diese Situation drängte nach einer Entscheidung. Dieser Meinung waren auch die arabischen Würdenträger, die 659 im ehemaligen Römerkastell Odruh in Transjordanien zusammenkamen. Berichtet wird, über hundert kluge Männer hätten sich insgeheim um eine Lösung des Konflikts bemüht. Der Gedanke an eine Schlichtung zwischen Ali und Mu'awija sei rasch fallengelassen worden, weil beide auf ihrem absoluten Anspruch, die Gläubigen zu führen, beharrten. Eine Schlichtung hätte dazu geführt, daß einer seinen Anspruch hätte zurückziehen müssen. Dazu aber war weder Ali noch Mu'awija bereit.

Die Männer, die sich im abgelegenen Wüstenfort tagelang Gedanken machten, wie der islamische Staat und die Gemeinschaft der Gläubigen vor der Spaltung zu retten seien, waren Scheichs arabischer Stämme und Abgesandte aus Mekka und Medina. Jeder vertrat eigene Interessen. Die Männer aus den beiden Städten des Propheten hätten die Macht gern wieder in ihre Mauern zurückgebracht. Andere bevorzugten Damaskus als Sitz des Kalifen. Bei dieser unterschiedlichen Interessenlage war es völlig ausgeschlossen, an die Benennung eines Kompromißkandidaten zu denken. So löste sich die Versammlung der Honoratioren, die den Zusammenhalt des Islam retten wollte, in Resignation auf. Die Reliquien, die in Odruh aufbewahrt wurden – der Mantel des Propheten und der von Mohammed selbst unterschriebene Vertrag –, hatten die Männer nicht zu einer Idee inspirieren können, die dem Islam die Spaltung erspart hätte.

Zwei Jahre nach der vergeblichen Versammlung von Odruh wurde Ali, dem die Macht zuletzt völlig entglitten war, in Kufa am Euphrat ermordet. Mu'awija aus der Sippe Omaija war nun unbestrittener Herrscher im islamischen Staat. Als Kalif in Mekka oder in Medina zu herrschen, dazu hatte er keine Lust. Die Kargheit von Stadt und Umland war ihm fremd. Mu'awija empfand das Leben in der Oase Damaskus als angenehm – und er blieb deshalb auch als Kalif dort. So wurde Damaskus zur Hauptstadt des Islamischen Reiches.

Im Jordanland erfüllen sich erotische Träume

Hatten einst der Prophet Mohammed und die ersten Kalifen – Ali eingerechnet – in einfachen Verhältnissen gelebt, so veränderten sich die Lebensumstände der Herrschaftsschicht mit dem Umzug der Macht nach Damaskus. Diese Oase war schon lange ein Ort des Reichtums gewesen. Als Endpunkt der arabischen Karawanenroute war sie Sammelplatz für exquisite Güter aus der Ferne, aber auch für raffinierte Sitten. In Damaskus war die Konzentration der Lebensgenüsse damaliger Zeit zu finden. Mu'awija wollte selbstverständlich nicht in einem schlichten Gebäude regieren und wohnen – er brauchte Paläste. Und mit jedem seiner Nachfolger wurden die Ansprüche größer. Die Erinnerung daran, daß Mohammed selbst ein sehr einfacher Mann gewesen war, verblaßte. Die Omaijadenkalifen empfanden sich als Könige, und so gestalteten sie ihre Hofhaltung königlich.

Den Kaiser von Byzanz, den die Kalifen gern besiegt hätten, sahen sie als ihr Vorbild in der Gestaltung ihrer Paläste an. Bekannt war, daß der Kaiser Sommerresidenzen besaß – so wollten auch die Kalifen über ähnliche Erholungsorte außerhalb der Hauptstadt verfügen; allerdings nicht, wie der Kaiser, für die sommerliche Jahreszeit. Sie wollten der Kälte entfliehen, die im Winter den Aufenthalt in den Palästen von Damaskus unangenehm machte. Vielleicht hatte Kalif Hischam Ibn Abdel Malik, der im Jahre 724 die Herrschaft im Islamischen Reich übernahm, erfahren, daß der inzwischen längst sagenhafte König Herodes am Jordan, in Jericho Erholung gesucht hatte. Auf jeden Fall beschloß der Kalif, die Wintermonate in der Jordansenke zu verbringen. Inmitten der Palmenwälder und Balsamhaine, die einst Herodes gehört hatten, wurde ein Schloß gebaut. Eindrucksvoll sind die Ruinenreste, die dort noch zu sehen sind.

Khirbet al Mafjir heißt der Ausgrabungsort heute; er liegt drei Kilometer nördlich von Jericho. Die Anlage des Palastes läßt sich aus der Position von Säulen und Fundamenten ablesen. Sie setzte sich zusammen aus Höfen und Säulenhallen, aus Räumen für Audienzen und Empfänge und aus einer Moschee. Der wichtigste Raum – er maß 40 × 40 Meter – war das Bad des Kalifen, mit einem tiefen, gemauerten Schwimmbecken. Der Fußboden, der das Becken umgab, war durch ein geometrisch gemustertes Mosaik verziert; es ist erstaunlich gut erhalten geblieben. Das Bad von Khirbet al Mafjir gilt als das prächtigste Beispiel einer frühislamischen Vergnügungsstätte eines Kalifen. Es war die Vorwegnahme des Paradieses.

Daß das Bad der Erfüllung erotischer Träume diente, das konnten die Archäologen beweisen. Sie fanden lebensgroße Figuren aus Stuck, die üppige Frauen, nur wenig bekleidet, darstellen. Betont sind die Brüste der Frauen. Sie erregen besondere Aufmerksamkeit und erinnern daran, daß, gemäß der islamischen Überlieferung, im Paradies »hochbusige Jungfrauen« die Gläubigen erwarten. Ihr Platz war in den Nischen des Bades gewesen. Der Zweck der Figuren war, auf den Kalifen anregend zu wirken. War dieser Zweck erreicht, dann konnte sich der Herrscher mit seiner weiblichen Begleitung in einen sehr intimen Ruheraum zurückziehen, der direkt neben der Badehalle lag. Diese Kammer war besonders reich verziert. Völlig unversehrt erhalten ist der Mosaikboden, der einen Orangenbaum darstellt, von dem zwei Gazellen Blätter fressen.

Der Palast, dessen Ruinen heute Khirbet al Mafjir heißen, war allein für das Vergnügen gebaut worden. Die Omaijadenherrscher liebten Dichtung, Musik und den Tanz schöner Mädchen. Alle drei Kunstsparten konnten sie im großzügig angelegten Landhaus bei Jericho genießen. Die Lage der Vergnügungsstätte in der Jordansenke bot nicht nur Schutz vor der Winterkälte, die in Damaskus die Häuser durchdrang, sondern auch vor den neugierigen Augen der Bewohner der Hauptstadt. Die Untertanen waren angehalten zu einem Leben, das den Regeln des Koran und der islamischen Tradition entsprach. Verboten war für sie, Darstellungen von Menschen überhaupt zu besitzen. Menschliche Figuren zu zeichnen oder in Steinmetzarbeit darzustellen brachte demjenigen, der so Frevelhaftes unternahm oder in Auftrag gab, ewige Höllenqualen ein. Die Vorwegnahme des Paradieses, symbolisiert in den nackten Frauenfiguren des Bades, hätte auch dem Kalifen, dem »Gebieter der Gläubigen«, Angst vor dem Feuer der Hölle einjagen müssen. Doch Hischam Ibn Abdel Malik hatte sich offenbar im Jordantal über Sitte und Tradition hinweggesetzt.

Der Kalif hat die Mißachtung islamischer Vorschriften aber noch gesteigert. Die Archäologen fanden in Khirbet al Mafjir nicht nur erotisch geformte Stuckfiguren, sondern auch eine Darstellung des Kalifen selbst. In prächtiger Robe hatte sich Hisham Ibn Abdel Malik modellieren lassen: in einem Ehrenkleid, das wohl in Persien gewirkt worden war. Bärtig ist das Gesicht; es sollte Strenge ausdrücken. Die Archäologen sind der Meinung, die Figur sei einst in einem der repräsentativen Säle aufgestellt gewesen. Sie ist heute zusammen mit den weiblichen Gestalten im Rockefeller Museum in Jerusalem zu besichtigen.

Der Nachfolger des Kalifen Hischam Ibn Abdel Malik benützte das Lustschloß am Jordan nicht. Er fand sein Vergnügen weiter im Osten des Flusses, mitten in der Wüste, an der Straße, die von der heutigen jordanischen Hauptstadt Amman nach Azraq führt. Sein Schloß trägt den Namen Qasr Amra. Der Zweck dieser Residenz ist an einem Bild zu erkennen, das die Westwand der Audienzhalle schmückte und »Die Große Badende« genannt wird. Das Fresko zeigt eine Frau, die sich, angetan mit reichem Schmuck, in einem Bassin vergnügt. Damen, aber auch Herren des Hofes schauen ihr von einem Balkon aus zu. Daß sie nicht allein ist, scheint die Frau nicht zu stören. Das Diadem auf ihrem Kopf zeigt an, daß sie dem Herrscher nahegestanden haben muß.

Qasr Amra gehört zu den omaijadischen Wüstenschlössern, die den Altertumsforschern, als sie noch nicht an die Theorie von den Liebesnestern der Kalifen glauben wollten, große Rätsel aufgaben. Da erhebt sich aus der Ebene der Wüste ein Bau aus behauenen Steinen. Unregelmäßig ist die Form des Komplexes. Drei länglich gezogene Kuppeln überragen das Gebäude, das – nahezu fensterlos – wie eine Festung aussieht. Abweisend ist die äußere Erscheinung. Der Grund für das Fehlen von Fensteröffnungen ist nicht in der Notwendigkeit zu suchen, Feinde abwehren zu müssen, sondern in der Sorge vor dem Sand, der durch Fenster gedrungen wäre. Allein die Kuppeln haben Löcher für Luft und Wind. Unter ihnen befand sich die Audienzhalle, an die sich

Schlafräume anschlossen – vor allem aber ein umfangreicher Badetrakt mit Becken für Wasser unterschiedlicher Temperaturen. Im Schloß Qasr Amra konnte das Wasser, aber auch der Fußboden um die Badebecken beheizt werden. Vorhanden war ferner ein Schwitzbad, eine Art Sauna jener Zeit. Das Wasser für die Badeanlage wurde in einem tiefen Brunnen gewonnen, der noch zu sehen ist. Es wurde in Eimern hochgehoben und in einem Reservoir gespeichert.

Der Gebäudekomplex Qasr Amra liegt 170 Kilometer Luftlinie von der Jordansenke entfernt in einer Landschaft, die sich einzig durch Kargheit auszeichnet. Schwer erreichbar war Damaskus, die Hauptstadt des Omaijadenreiches. Die Wüstenrouten der Region zwischen dem Berggebiet des Ostjordanlandes und den Sümpfen von Azraq im Osten sind in Ost-West-Richtung gezogen. Keine traditionell gewachsene Lebensader verband das Wüstenschloß mit dem Zentrum der Macht. Wenn sich der Herrscher in Qasr Amra aufhielt, erfuhr er von politischen Ereignissen in der Hauptstadt mit einer Verzögerung von drei Tagen – so lange brauchten reitende Boten, um den einsamen Ort zu erreichen. Die völlige Absonderung des Kalifen vom Hofleben in Damaskus hat die Theorie entstehen lassen, Welid II. habe Qasr Amra bauen lassen, um den Seuchen zu entkommen, von denen Damaskus im 7. und 8. Jahrhundert häufig befallen wurde. Andere Altertumsforscher wieder waren der Meinung, alle 22 Residenzen, die im Verlauf von zwei Generationen durch die Omaijadenkalifen außerhalb der Hauptstadt erbaut wurden, hätten der Kontrolle der Stämme draußen im Land gedient – und im Falle von Qasr Amra ganz besonders der Aufsicht über die Nomaden, die sich nur ungern den Gesetzen des Kalifen beugen wollten.

Wahrscheinlich mischen sich die Motive, die zum Bau der einsamen Festungen geführt haben: Kalif Welid II. – er herrschte allerdings nur in den Jahren 743 und 744 – galt als leidenschaftlicher Jäger; diese Lust konnte er in den Sümpfen von Azraq befriedigen. Welid II. lebte in Angst vor Rebellion und vor Mördern; in Qasr Amra konnte er sich schützen. Welid II. war der Erotik verfallen; abseits von Beobachtern glaubte er sich benehmen zu können, wie er wollte. Im »Buch der Lieder«, das allerdings erst eine Generation später entstand, lebt die Erinnerung fort an diesen Herrscher: Er sei einmal völlig nackt in einen Zuber gestiegen, der mit Wein gefüllt war; bis zur Bewußtlosigkeit habe er getrunken.

Auch wenn dieser Vorfall im Wüstenschloß geschehen war, so drang doch nach und nach Kunde von der unislamischen Lebensart des Kalifen in die Hauptstadt. In den Marktgewölben flüsterten sich die Händler die neuesten Geschichten zu: Welid sei wieder einmal restlos betrunken gewesen; er habe die eigene Tochter entjungfert; er habe dem Islam völlig abgeschworen. Prinzen aus der Familie Omaija, Verwandte also, handelten schließlich, um den eigenen Ruf zu retten. Sie fühlten sich gezwungen, den Kalifen zu töten.

Jezid hieß der Prinz, der einen Haufen von 5000 Bewaffneten auf dem Weg zum Wüstenschloß anführte. Die Rebellion, die Welid II. in der Hauptstadt gefürchtet hatte, überraschte ihn nun in der Abgeschiedenheit. Zwar hatten seine Wachen noch das Tor verriegeln können, doch sprangen die Torflügel unter den wuchtigen Schlägen großer Balken bald auf. Die Rebellen fanden den Kalifen in seinem privatesten Gemach, im Badekomplex des Schlosses; dort sprach er Suren des Koran. Ein Schwerthieb trennte ihm den Kopf vom Leib. Berichtet wird, Welid II. habe in der Vorahnung des Todes diese Verse verfaßt:

> Ich lebte meinen eigenen Traum
> mit Frauen, die Statuen glichen,
> Ich lebte mit Frauen, üppig und voll,
> deren Schenkel, dem Marmor überlegen,
> dem Alabaster aber ebenbürtig waren.
> Ich lebte mit Wein, mit Sklaven, mit Pferden.
> Ich lebte mit der Lust,
> das Wild zu jagen.

»Wacht das Haus Omaija, oder schläft es?«

Der Prinz, der die Revolution geleitet hatte, wurde nun selbst Kalif; er nannte sich Jezid III. Wenn er geglaubt hatte, nun mit Glanz in Damaskus herrschen zu können, so täuschte er sich: Die Bewohner der Hauptstadt wollten nicht von einem Mann regiert werden, der Blut an den Händen hatte. Jezid III. spürte, daß er gehaßt wurde. So verließ auch er das Zentrum der Macht und schloß sich in Qasr Amra ein. Das Wüstenschloß wurde zum ummauerten Harem. Jezid III. lebte nur noch mit seinen Frauen. Daß er einen Brief von seinem Statthalter in der persischen Provinz Khorasan erhielt, wird er wohl kaum noch bemerkt haben. Der Wortlaut ist erhalten geblieben: »Wacht das Haus Omaija, oder schläft es? Ich sehe glühende Kohlen unter der Asche glimmen, die bald schon zur hellen Flamme auflodern werden. Wenn die Klugen nicht die Glut ersticken, wird das Feuer Kopf und Rumpf des Reichs der Gläubigen verzehren. Krieg entzündet sich aus aufrührerischen Reden.«

Nur fünf Monate und 22 Tage durfte sich Jezid III. Kalif nennen, dann starb er. Über die Ursache des Todes ist nichts bekannt.

Noch etwas mehr als fünf Jahre blieben der Dynastie der Omaijaden zur Herrschaft. Der letzte Kalif, er hieß Merwan II., wird in den Chroniken zwar als kraftvolle Erscheinung geschildert – er unterschied sich also von seinen Vorgängern –, doch gelang es ihm nicht, eine Gefahr zu bezwingen, die im Osten des Reiches entstanden war, in Persien und im Zweistromland: In Kufa hatte Abdallah Ibn Mohammed Abu Abbas seinen Anspruch auf das Kalifat verkündet. Er galt als Nachkomme eines Onkels des Propheten Mohammed; dieser Onkel hatte Abbas geheißen. Nach ihm wurde die Familie, die nun die Macht für sich forderte, Abbasiden genannt.

Die Propaganda des Abdallah Ibn Mohammed Abu Abbas war einfach, aber wirkungsvoll: Er wies auf seine enge Verwandtschaft mit dem Propheten hin und auf den Wunsch, den Mohammed einst geäußert haben soll, die Macht im islamischen Staat müsse seiner Familie vorbehalten bleiben. Nicht nur sei die Familie Omaija in keiner Weise der »heiligen Familie« zuzurechnen, sie sei dazuhin auch noch moralisch verkommen und habe sich den Zorn Allahs für alle Zeiten zugezogen. Die schwarze Fahne der Prophetenfamilie werde mit Allahs Hilfe die weiße Fahne der veruchten Familie Omaija in den Dreck zwingen.

An diese Propagandaparolen glaubten Hunderttausende. Aus Persien und dem Zweistromland kamen Männer und Frauen, um der schwarzen Fahne nachzuziehen. Das Heer der Omaijaden konnte den Zug nicht aufhalten. Am 22. April des Jahres 750 fiel Damaskus in die Hand der Abbasidenpartei. Nicht lange mehr sollte die Oasenstadt Machtzentrum bleiben. Schon der zweite der Abbasidenkalifen verlegte seine Hauptstadt in das Land um Euphrat und Tigris. Bagdad entstand als neuer Regierungssitz. Von nun an fielen politische Entscheidungen für lange Zeit im Osten.

Die Konsequenz für das Gebiet am Jordan war Verarmung. Niemand wohnte mehr in den Winterpalästen. Sie wurden von Sand zugeweht. Der Palast bei Jericho zerfiel; wer Steine brauchte in der Stadt, um sein Haus zu flicken, holte sie am Platz, der bald Khirbet al Mafjir hieß, die Ruinen al Mafjir. Die Handelswege des Ostjordanlandes gerieten in Vergessenheit. Auch die wirtschaftliche Macht Arabiens verlagerte sich nach Osten. Weder in der Jordansenke noch im Bergland am Rande des Grabens kam es während dreier Jahrhunderte zu Ereignissen, die berichtenswert wären.

Einbruch des Abendlands

Ein christlicher Fremdkörper westlich des Jordan

Wir kamen in das Tal, wo die verbrecherischen Städte Sodom und Gomorra, zerstört und untergegangen nach dem gerechten Urteil Gottes, dem großen See Platz gemacht haben, den man das Tote Meer nennt. Sein Wasser ist derartig salzhaltig, daß weder Vierfüßler noch Vögel es trinken können. Ich selbst, Fulcher von Chartres, habe die Probe gemacht, denn ich bin am Ufer des Sees von meinem Maultier gestiegen und habe das Wasser gekostet, das ich überaus bitter fand. Deshalb kann nichts in diesem See leben, und man nennt ihn ja auch das Tote Meer. Es hält sich dort auch kein Fisch. An der Nordseite nimmt der See den Jordan auf. Aber im Süden findet sich kein Abfluß. Beim Toten Meer befindet sich ein Berg, der gleichfalls aus Salz besteht, zwar nicht ganz, aber doch an bestimmten Stellen. Der Berg ist dort so hart wie der festeste Stein. Dort ist der Berg auch weiß wie Schnee. Das Salz, das Steinsalz genannt wird, sieht man häufig von der Höhe des Berges mit Getöse herabstürzen. Ich nehme an, daß der See auf zwei Arten salzig wird. Erstens, indem er unaufhörlich einen Teil des Salzes verschlingt, dessen Fuß die Wasser ständig bespülen. Zweitens, indem er alle Regenmengen aufnimmt, die auf den Berg fallen und die dann in den See fließen. Es kann aber auch sein, daß das Tote Meer derart tief ist, daß das Mittelmeer, das ja salzig ist, ihn unterirdisch speist. Übrigens könnte man in diesem See nicht leicht untertauchen oder ertrinken.«

Der Mann, der diese Sätze geschrieben hat – Fulcher von Chartres –, war Kreuzfahrer, ein geistlicher Ritter, der sich im Jahr 1100 im Jordangraben aufgehalten hatte. Im Jahr zuvor war er mit einem starken Verband französischer Ritter ins Westjordanland eingedrungen. Graf Raimund von Toulouse hatte den Oberbefehl über die christlichen Invasionstruppen auf dem Weg über die Küstenstraße zwischen Beirut und Jaffa und beim Anstieg ins Bergland. Dort lag auf halbem Weg zwischen Mittelmeer und Jordansenke das Ziel der Frankenritter. Jerusalem wurde nach sechswöchiger Belagerung am 14. Juli

1099 von den Kreuzrittern erobert. Die Hitze jenes Sommers sei gewaltig gewesen, so wird berichtet. Die Brunnen außerhalb der belagerten Stadt seien ausgetrocknet gewesen. Die Kreuzritter hätten Wasser schließlich vom Jordan heraufholen müssen.

Sie waren gekommen, um die dem Christentum heilige Stadt zu gewinnen, um den Pilgern aus dem Abendland eine sichere Fahrt zu dem Ort garantieren zu können, an dem Jesus gekreuzigt worden war. Wenigstens war dies zu Beginn des Kreuzzugs die Absicht der Ritter gewesen. Doch dann war in ihnen die Lust am Landbesitz erwacht, die Gier, auf heiligem Boden Macht auszuüben. Das christliche Königreich Jerusalem wurde proklamiert. Hochgegriffen war die Staatsbezeichnung, denn dieses Königreich bestand zunächst nur aus der Stadt. Das Reich war durch die Stadtmauer begrenzt. Die Sicherheit der Ritter verlangte nach Ausdehnung des Besitzstandes; ein Hinterland mußte erobert werden. Während der Belagerung waren Stoßtrupps, die Wasser zu holen hatten, schon hinuntergeritten in den Graben, doch fest Fuß gefaßt hatten die Männer aus Frankreich bisher am Fluß nicht. Aber der Gedanke war zwingend, das Jordantal im Osten von Jerusalem in Besitz zu nehmen.

Einer, der verärgert war, besetzte als erster die Gegend von Jericho: Graf Raimund, der die militärische Aktion im Heiligen Land bisher geleitet hatte. Er war erfolglos geblieben bei der Wahl zum König von Jerusalem gegen Gottfried von Bouillon, der sich allerdings nur »Beschützer des Heiligen Landes« nennen wollte. Raimund, der Unterlegene, erklärte, er werde sofort nach Frankreich zurückkehren. Doch statt sich mit den Rittern, die ihm verpflichtet waren, zur Mittelmeerküste zu begeben, ritt er mit ihnen ins Jordantal hinab. Zur Verblüffung der Begleiter verlangte er von ihnen, daß jeder auf dem Weg von Jericho hinüber zum Fluß ein Palmblatt zu tragen habe. An der Stelle am Ufer, die nach der Überlieferung der Platz der Taufe Jesu gewesen sein soll, stiegen sie alle ins Wasser des Jordan. Bezeugt ist, daß der Ritter Raimund von Aquilers gesagt haben soll, er wisse nicht, warum dies alles geschehe; es wäre besser gewesen, in Jerusalem zu bleiben, um dort eine andere gute Position für den Verlierer der Königswahl zu ertrotzen. Raimund von Toulouse befahl den Rittern, auf dem Ritt vom Jordan nach Jericho fromme Gesänge anzustimmen. Raimund bezog Quartier in der Stadt.

In jener Zeit war der Chronist Fulcher von Chartres an den Unterlauf des Jordan und ans Tote Meer gekommen. Ihm gefiel die Gegend um die Jordanmündung: »Sie ist sehr angenehm gelegen und sehr reich an jenen Palmfrüchten, die Datteln genannt werden. Sie sind von sehr süßem Geschmack. Wir ernährten uns davon. Denn andere Lebensmittel fanden wir überhaupt nicht. Beim ersten Gerücht von unserem Anmarsch waren die Araber, die dort wohnten, geflohen. Nur einige waren geblieben. Sie waren allerdings die elendigsten Erscheinungen. Sie sahen schwärzer aus als Ruß.«

Reguläre Armeeverbände versuchten nirgends, sich den Christenrittern in den Weg zu stellen. Das Islamische Reich des Kalifen war längst nicht mehr stark genug, um als Ordnungsmacht wirksam zu sein im Land um den Jordan. Seit einer Generation betrachteten sich Turkvölker als die Herren des Gebiets. Sie, kurz zuvor islamisch geworden, waren um das Jahr 1035 aus der mongolischen Steppe nach Süden geritten. Die stärkste dieser Volksgruppen waren die Seldschuken. Sie hatten Byzanz schwere Niederlagen beigebracht und um das Jahr 1070 Jerusalem besetzt. Christliche Chroniken berichten von der entsetzlichen Behandlung frommer Pilger. Nachrichten von Mißhandlungen der Mönche und Vergewaltigung der Klosterschwestern von Jerusalem hatten in Europa die Kreuzzugsbewegung ausgelöst.

Inzwischen waren jedoch Jahre vergangen. Bei der Ankunft der Kreuzritter hatte sich kein Seldschukenheer im Land um Jerusalem befunden. Die christlichen Herren trafen auf Araber, die eingeschüchtert waren, verängstigt.

Da viele Araber geflohen waren, standen Siedlungen und Dörfer leer. Güter wurden nicht bewirtschaftet – auch die Domänen, die elfhundert Jahre zuvor dem König Herodes gehört und früher hohe Gewinne erwirtschaftet hatten, befanden sich lange nicht mehr in der Hand verantwortungsbewußter Verwalter. So wurde das Land zur leichten Beute für die christlichen Herren: Erklärte einer der Ritter eine Stadt, ein Dorf, ein Gut zu seinem Eigentum, dann gehörte ihm dieser Besitz fortan tatsächlich. Die Chroniken berichten, auch christliche Dörfer, deren Bewohner seit Generationen unter islamischer Herrschaft gelebt hatten und die nun eigentlich frei waren, seien von den Kreuzfahrern in Besitz genommen worden.

Besonders landgierig war der Adlige Tankred, der sich bald Fürst von Galiläa nannte. Mit einer kleinen Schar von nur 24 Rittern und einigen Dutzend Kämpfern zu Fuß besetzte er das Land am Westufer des Sees Gennesaret. Niemand leistete ihm Widerstand, als er und seine Abhängigen in die Stadt Tiberias einzogen. Der islamische Stadtkommandant war mit seinen Bewaffneten rechtzeitig in Richtung des Jordanoberlaufs und dann weiter nach Damaskus geflohen. Die jüdischen Bewohner, die Nachkommen der Schriftgelehrten, die in römischer Zeit der Stadt Bedeutung gegeben hatten, ließen erkennen, daß sie bereit waren, in Tankred ihren Herrn zu sehen – sie kannten das Schicksal der Juden von Jerusalem, die nach der Belagerung von den christlichen

Eroberern getötet oder versklavt worden waren. Eine kleine christliche Minderheit, die in Tiberias von Moslems und Juden bisher nur geduldet worden war, glaubte jetzt, eine Zeit des Glücks breche für sie an. Die Christengemeinde am See Gennesaret bildete die dünne Basis der Unterstützung, die Tankred in der Bevölkerung des Landes fand, das er in Besitz genommen hatte. Die politische Wirklichkeit sah so aus, daß kaum eine Verbindung bestand zwischen den Bewohnern und den Kreuzrittern.

Der Gedanke, als Kreuzfahrer eine Leistung im Sinne des Christentums zu erbringen, war im Bewußtsein der christlichen Adligen längst erloschen. Ihr Sinn war auf Landbesitz und Titel ausgerichtet. An einer starken Zentralgewalt im christlichen Staat Jerusalem war keiner interessiert. Daß weltliche und geistliche Würdenträger darüber stritten, wer in der Heiligen Stadt den Vortritt habe, paßte machtbewußten Männern wie Tankred, dem Fürsten von Galiläa. Zwist in der Hauptstadt bedeutete, daß er am See Gennesaret in Ruhe gelassen wurde.

In besonders guter Situation befanden sich die Adligen, die sich schon im Verlauf des Kreuzzugs Besitz und Würden gesichert hatten. Dazu gehörte Bohemund, der Fürst von Antiochia, dessen Herrschaft im heute nordsyrischen Küstengebiet des Mittelmeers – und 400 Kilometer von Jerusalem entfernt – lag. Am Neujahrstag des Jahres 1100 hatte Bohemund die politischen Querelen in Jerusalem satt; er hatte über Weihnachten genug erlebt vom Streit zwischen Patriarch und König. Bohemund beschloß, nach Antiochia zurückzukehren – obgleich viele seiner Abhängigen in Jerusalem bleiben wollten. Er zog hinunter zum Jordan. Die Spuren von Jesus zu suchen war seine Absicht. Den Dreikönigstag verbrachte Bohemund am Jordan, am Platz, wo Johannes Jesus getauft hatte. Dann folgten der Fürst und seine ritterliche Begleitung dem Fluß bis zum See Gennesaret. Die Reisenden ruhten sich unterwegs in Bet-Schean aus, das längst nicht mehr Skythopolis hieß, und erreichten dann Tiberias. Der normale Weg hätte nun zur Küste geführt, um auf bequemeren Straßen nach Antiochia zu reiten. Bohemund aber wählte die Route, die am Oberlauf des Jordan entlangführte. Er besichtigte die Jordanquellen – er sah auch die Reste der einstigen Stadt Caesarea Philippi – und wechselte hinüber zum Litanifluß, dessen Bett zur geologischen Struktur des Jordangrabens gehört. Damit war Bohemund allerdings in den Herrschaftsbereich der islamischen Mächtigen von Damaskus eingedrungen. Doch mit Geschick und Glück entkamen die christlichen Herren den islamischen Grenzwachen.

Bohemund hatte für sich den Verlauf des Jordan von der Mündung ins Tote Meer bis zur Quelle erforscht. Er stellte fest, daß der Fluß das Rückgrat eines jeglichen Staates sein müsse, der an der Ostküste des

Mittelmeeres Bestand haben solle: Sein Fazit war, daß auch das Ostjordanland Bestandteil des christlichen Königreichs zu werden habe. Allerdings waren damals die Wege im Jordangebiet verkommen, vielfach sogar unpassierbar. Zwischen Jericho und Bet-Schean bestand keine Möglichkeit, den Fluß zu überqueren. Darin wurde von den christlichen Rittern allerdings auch ein Vorteil gesehen: Der Fluß sicherte ihr Gebiet vor Überraschungsangriffen aus dem Osten.

Erstaunlich ist, daß das Königreich Jerusalem von einer kleinen Zahl an Rittern errichtet werden konnte. Die wirklich Waffenfähigen waren wohl nie stärker als tausend Mann gewesen, die zwar über Hilfstruppen verfügen konnten, deren Kampfkraft allerdings gering war. Die Konsequenz war, daß sich die Verantwortlichen im Kreuzritterstaat hüten mußten, mit Staaten in Konflikt zu geraten, die über ein starkes Heer verfügten. So waren die Kreuzritter gut beraten, im Jahr 1108 ein Abkommen mit dem Mächtigen in Damaskus zu schließen, das Sicherheit bot für die christlichen Besitzungen am See Gennesaret. Das Ostufer des Sees wurde zum gemeinsamen Eigentum erklärt; wobei sich beide Seiten verpflichteten, keine Militärbasen in der Zone zwischen Hermon und dem Fluß Jarmuk zu errichten.

Bis zur Schlucht des Jarmuk erstreckte sich am nördlichen Ostrand der Jordansenke die Machtsphäre der Damaszener. Bis zum Fluß reichte ihre militärische Schlagkraft. Da die klugen Politiker in der reichen Stadt wußten, wo ihre Grenzen lagen, übergaben sie dem christlichen Königreich vollständig die Kontrolle über das Jordanostufer südlich des Jarmuk. Die Kreuzritter wurden damit Herren über die traditionellen arabischen Handelsrouten, die damals wieder stärker als in den Jahrhunderten zuvor genutzt wurden. Der Grund dafür war, daß die Zentralgewalt des islamischen Staates in Bagdad erlosch. Rivalität zwischen Arabern und Persern machte die Straßen in Mesopotamien unsicher. Wenn die Kaufleute zwischen zwei unsicheren Gebieten für den Weg ihrer Karawanen zu wählen hatten, dann entschieden sie sich für die westliche, die früher bewährte Route im Ostufergebiet des Jordan.

Die Kreuzritter aber sahen nie ein, daß Handelswege geschützt werden mußten, daß die Karawanenführer und Kaufleute Sicherheit erwarteten. Die Benützer der Straßen waren bereit, für ihren Schutz zu bezahlen. Wurde nichts für sie getan, zogen sie bald die Konsequenzen und umgingen die gefährlichen Gebiete. Diesen Zusammenhang begriffen die Adligen aus Frankreich nicht. Sie sahen nur, daß die Handelsrouten ihnen die Chance zu raschem Geldverdienen boten. Reichten ihnen die Einkünfte aus Zöllen nicht aus, dann überfielen sie die Karawanen und nahmen den Kaufleuten weg, was ihnen gefiel.

Recht oder Unrecht war ihnen gleichgültig. Auch die Folgen bedachten sie nicht. Ihr Egoismus verhinderte vor allem den Gedanken an die Auswirkung ihres Handelns auf die Zukunft der Gemeinschaft christlicher Ritter und auf ihren Staat. So geschah es, daß im Ostjordanland der Untergang des christlichen Königreiches Jerusalem eingeleitet wurde.

Ostwärts des Flusses werden Kreuzritter zu Raubrittern

Für die Adligen des Königreichs, deren kulturelle Wurzeln in Frankreich lagen, war das Land im Osten des Flusses die Barbarei. Sie wußten nur, daß dort wilde arabische Stämme lebten, die einer Religion angehörten, von der die Christen nur Feindschaft zu erwarten hatten. Ganz selbstverständlich blieben die Kreuzritter nach Westen orientiert. Die Sicherung der Häfen an der Ostküste des Mittelmeers hatte Vorrang, da über diese Häfen der Nachschub an Menschen und Ausrüstung aus Europa eintraf. Immer wieder kamen Schiffe an, denen Ritter entstiegen, die glaubten, rasch zu Herren über Boden und Untertanen zu werden. Die Häfen waren auch wichtig für diejenigen, die spürten, daß das Heilige Land ihnen nicht die Erfüllung der Wünsche bringen konnte. Mancher, der irgendwann vorhatte, zurück nach Europa zu reisen, machte sich Sorgen um die Sicherheit der Häfen. Sie war vor allem durch ägyptische Heere bedroht, deren Anführer der Meinung waren, jetzt, da Byzanz schwach und die Ostküste des Mittelmeers kaum geschützt sei, wäre das Nilland wieder aufgerufen, Großmacht mit Herrschaftsanspruch auch auf die Region zwischen Jordan und Mittelmeer zu werden.

Solange Ägypten nur von mittelmäßigen Regenten verwaltet wurde, konnten die Kreuzritter durch Mut und Geschick die ägyptischen Truppen zurückdrängen und die Küste feindfrei halten. Im Jahre 1167 hatte sich die Kraft Ägyptens in dieser Auseinandersetzung derart verbraucht, daß es sich den Kreuzrittern unterwerfen mußte. Das Reich am Nil war zum Protektorat des christlichen Staates Jerusalem geworden. Doch nur neun Jahre später kämpfte ein starkes ägyptisches Heer vor Jerusalem und erreichte immerhin, daß die Christen Waffenstillstand schließen mußten. Die Wende von der Schwäche zur Stärke Ägyptens hatte ein Mann erzwungen, der kein Ägypter, sondern ein Kurde war – er hieß Salah ed Din; in unserer Schreibweise als Saladin bekannt.

Sein Geburtsort war Takrit am Euphrat. Als Geburtsjahr gilt 1138. Die Familie wurde bald von Mesopotamien nach Syrien verschlagen und schließlich nach Ägypten. Mit 31 Jahren wurde der begabte Salah ed Din, fast mehr durch Glück als durch eigenen Willen, Wesir von Ägypten. Fortan duldete er am Nil niemand mehr über und neben sich.

Er begann sofort damit, den Einfluß der Kreuzritter zurückzudrängen. Seine Absicht war, das christliche Königreich von Süden und von Norden her in die Zange zu nehmen. Dazu mußte er das Gebiet der Damaszener in die Hand bekommen. Die Chance dafür war gegeben, da der Regierende in Damaskus gestorben war. Die Einnahme der Stadt gelang Salah ed Din, nachdem er in kühnem Ritt die Bastionen der Kreuzritter im Ostjordanland umgangen hatte. Im Jahre 1167 hatte sich Salah ed Din die Basis geschaffen, um den christlichen Fremdkörper im islamischen Land aufzulösen.

Christliche und islamische Chronisten sind sich darin einig, daß Salah ed Din ein Herrscher war, der sich von allen Mächtigen jener Zeit unterschied. Bezeugt ist seine Großmut, seine Menschlichkeit, seine Art, völlig überraschend gnädig zu sein. So wird berichtet, daß er, als er Hugo von Tiberias gefangengenommen hatte, ihn nicht habe töten lassen; Salah ed Din habe nur ein Lösegeld festgesetzt. Als er diese Entscheidung verkündete, habe er gesagt: »Jeder Ritter von Ehre wird sicher helfen, das Lösegeld rasch aufzubringen!« Die Antwort des Hugo von Tiberias aber sei gewesen: »Herr, ich glaube nicht, daß ich im christlichen Königreich einen Ritter finden werde, der mehr der Ehre verpflichtet ist als ihr.« Salah ed Din habe den Sinn des Satzes sofort verstanden: Er habe selbst einen Beitrag zum Lösegeld für Hugo von Tiberias geleistet.

Die Begnadigung dieses Kreuzritters war deshalb erstaunlich, weil Salah ed Din den Orden, zu dem Hugo von Tiberias gehörte, den Templerorden, haßte. Und Hugo von Tiberias war der Großmeister der Templer.

Seinem Haß ließ Salah ed Din dann freien Lauf, als die Stadt der Templer, Tiberias am See Gennesaret, erobert war. Da bezahlte er jedem Mann aus seinem Heer, der ihm den Kopf eines Templers brachte, fünfzig Dinare. Als Hunderte von Köpfen vor ihm lagen, soll Salah ed Din gesagt haben: »Wer einen Templerhals durchgehauen hat, der hat ein frommes Werk vollbracht!«

Gnade und Härte mischten sich im Charakter des Mannes, der Gegner war der Kreuzritter. Daß sie ihn lange nicht ernst nahmen, erwies sich als schlimmer Fehler.

Der Meister in der Fehleinschätzung von Schwächen und Stärken des Salah ed Din war der oberste der Ritter für das Gebiet im Osten der Jordansenke. Sein Name war Rainald von Châtillon. Absprachen, Waffenstillstandsverträge galten für ihn nicht, wenn er die Chance sah, durch einen Raubzug seinen eigenen Reichtum zu vermehren. Salah ed Din war häufig daran interessiert, mit den Verantwortlichen des christlichen Königreichs zu Vereinbarungen über eine Waffenruhe zu kommen, weil er sein Heer dazu brauchte, seine Macht über die Moslems in Ägypten und Damaskus und schließlich auch in der Euphratgegend zu festigen. Die Unterdrückung von Unruhen hatte für ihn immer Vorrang; die Auseinandersetzung mit den Kreuzrittern wurde dann unterbrochen, wenn regionale Befehlshaber glaubten, sie könnten sich Unabhängigkeit von der zentralen Gewalt ertrotzen. Hätten die Kreuzritter die Perioden des Friedens, die Salah ed Din ihnen bot, genützt, um sich auf kommende Schlachten vorzubereiten, hätten sie ihr christliches Königreich besser schützen können. Doch sie ließen es zu, daß einer von ihnen, eben Rainald von Châtillon, die Zeiten des Friedens abkürzte. Er provozierte Salah ed Din und löste so neue Auseinandersetzungen aus, die unabwendbar zur Schwächung des Ritterstaates führen mußten; denn schon der Verlust weniger christlicher Kämpfer riß eine Lücke in ihre Reihen, die nicht wieder aufzufüllen war, wenn nicht neue Gruppen von Kreuzfahrern aus Frankreich eintrafen – und dies geschah immer seltener. Salah ed Din aber besaß am Nil und in Damaskus ein reiches Reservoir an Kämpfern, die er nach Gutdünken rekrutieren konnte. Der Herrscher der Moslems war immer in der Lage, offensiven Krieg zu führen; die Christenritter aber konnten sich nur die Defensive leisten.

Die Verantwortlichen des Königreichs Jerusalem waren gegenüber dem Moslemherrscher mißtrauisch. Nach ihrer Einschätzung waren die Städte am See Gennesaret immer wieder in Gefahr, von den Truppen des Salah ed Din erobert zu werden. Der See lag zu nahe am Aufmarschgebiet der islamischen Verbände, die bei Damaskus stationiert waren. Die Christenritter versuchten deshalb eine erste Verteidigungslinie am Oberlauf des Jordan zu schaffen, mit der einstigen Stadt Caesarea Philippi als Zentrum. Doch gelang es Salah ed Din bald, die Gegend um die Quellen des Jordan zu besetzen. Die Verantwortlichen im Königreich Jerusalem waren deshalb gezwungen, eine neue Festung zwischen dem damals noch recht umfangreichen Hulesee und dem See Gennesaret zu erbauen. Der Besatzung der Festung war die Aufgabe zugewiesen, die einzige Furt zu schützen, die am Oberlauf des Jordan als Verbindung zwischen den Gebieten im Westen und im Osten des Flusses zur Verfügung stand. Beide Uferzonen waren von Moslems bewohnt, von Bauern und Händlern, die mit Argwohn den Bau der Festung beobachteten. Die Scheichs der Region informierten Salah ed Din, der in der Errichtung der Festung einen Bruch des Abkommens sah, das im Grenzland zwischen dem christlichen Staat und dem damaszenischen Gebiet am Oberlauf des Jordan die Stationierung von bewaffneten Verbänden verbot.

Salah ed Din wollte zu jenem Zeitpunkt keinen offenen Konflikt mit den Kreuzrittern, und er bot deshalb dem König des christlichen Staates – sein Name war Balduin – die Summe von 100 000 Goldstücken an, wenn er seinen Rittern befahl, die Bauarbeiten an der Jordanfestung einstellen zu lassen. Daß Salah ed Din wieder einmal darauf verzichten wollte, mit Gewalt einem Rechtsbruch entgegenzutreten, deuteten viele der Kreuzritter erneut als Beweis der Schwäche des Moslemherrschers. Auch Rainald von Châtillon gehörte zu denen, die glaubten, sich unter diesen Umständen alles leisten zu können – auch den ganz eindeutigen Bruch eines Waffenstillstands.

Im Jahre 1180 hatte Salah ed Din den Verantwortlichen in Jerusalem eine derart weitgehende Waffenruhe angeboten, daß auch ohne schriftliche Vereinbarung Frieden bestand zwischen dem Moslemheer und den Kreuzrittern. Die Absprache, die zur Waffenruhe geführt hatte, sah ausdrücklich vor, daß die Handelswege im Osten der Jordansenke von Karawanen ungehindert benützt werden konnten. Die Karawanen sollten durch Steppe und Wüste ziehen können, ohne in Gefahr zu geraten, überfallen zu werden. Rainald von Châtillon aber hatte nicht die Absicht, die Abmachungen einzuhalten. Seine Späher waren immer unterwegs, um die Route Damaskus–Mekka zu überwachen. Sie sollten ihm berichten, wenn eine Karawane mit besonders wertvollen Gütern unterwegs war.

Noch nicht ein Jahr lang war der Waffenstillstand gültig gewesen, da überfiel Rainald von Châtillon mit seinen Abhängigen im Ostjordanland eine Karawane, die Stoffe, Gewürze und Perlen in Richtung Damaskus transportierte. Einige der Karawanenführer, die sich wehrten, wurden erschlagen. Die Kamele samt den Waren ließ Rainald von Châtillon zu seiner Festung Kerak bringen. Er wollte die Beute später auf dem Markt der Hafenstadt Beirut verkaufen lassen.

Sobald Salah ed Din von diesem Überfall erfuhr, bat er den christlichen König Balduin sehr höflich, er möge doch den Befehlshaber der Kreuzritter im Ostjordanland an die Absprachen über die Waffenruhe erinnern und ihn veranlassen, die Beute herauszugeben. Balduin mußte eingestehen, daß Salah ed Din mit seiner Beschwerde im Recht war, doch es gelang ihm nicht, Rainald zum Einlenken zu bewegen. Der Ritter war der Meinung, man brauche die mahnenden Worte des Herrschers der Moslems nicht weiter zu beachten. Überhaupt sei jetzt der Zeitpunkt gekommen, um dem Islam endgültig den Garaus zu machen. Er selbst sei bereit, das christliche Heer nach Mekka zu führen, um dort das Heiligtum »des Teufels Mohammed« zu zerschlagen. Dieser Feldzug werde ohne Zweifel erfolgreich enden – und damit sei auch das Schicksal des Salah ed Din ein für allemal besiegelt. Salah ed Din erfuhr von der Prahlerei des Rainald von Châtillon, und er bewahrte dessen Worte gegen den Islam in Erinnerung. Er wußte, daß er Rainald irgendwann fassen werde. Vorläufig begnügte er sich mit geringerer Rache, die ihm jedoch wenig Befriedigung verschaffte. 1500 europäische Pilger, die durch stürmisches Wetter an die ägyptische Küste verschlagen worden waren, ließ er als Geiseln gefangensetzen. Ihre Freilassung, so teilte Salah ed Din dem christlichen König in Jerusalem mit, könne unverzüglich erfolgen, wenn Rainald von Châtillon seine Beute freigebe. Doch der Ritter ließ sich nicht durch das Schicksal von 1500 Europäern beeindrucken, die nun fortan in Ketten zu leben hatten.

»Oultrejourdain« führt ein Eigenleben

»Oultrejourdain« nannten die Kreuzritter das Land im Osten des Flusses – »Jenseits des Jordan«. Rainald von Châtillon fühlte sich dort als Gebieter. In seinem Lande wollte er – wenn er schon Mekka nicht überfallen konnte – einen gewaltigen Triumph feiern: Er wollte Salah ed Din in Oultrejourdain vernichten, wenn der Moslemführer mit seinem Heer von Aqaba heraufzöge. Daß Salah ed Din Ägypten verlassen werde, um sich an Rainald von Châtillon zu rächen, daran zweifelte niemand in der christlichen Ritterschaft. Doch stand nicht jeder auf seiten des rücksichtslosen Draufgängers, der nur an seinen Ruhm und an seinen Wohlstand dachte. König Balduin wollte zunächst nicht auf Rainalds Vorschlag eingehen, das gesamte Ritterheer in Oultrejourdain zu konzentrieren, um die Niederlage des Gegners entscheidend genug ausfallen zu lassen, daß niemals mehr mit einer Bedrohung durch Salah ed Din gerechnet werden mußte. Doch Rainald besaß Überzeugungskraft und hatte dann nach einiger Zeit überraschend starke Freunde am Hof in Jerusalem gewonnen. Sie überredeten schließlich den König, er habe jetzt die einmalige Chance, dem Königreich Jerusalem die Existenz für die Zukunft zu sichern.

Wenn Rainald geglaubt hatte, er könne Salah ed Din in eine Falle locken, so täuschte er sich. Das Heer aus Ägypten zog zwar nach der Durchquerung der Halbinsel Sinai von Aqaba aus nach Norden, doch es umging die Kreuzritter in einem weiten ostwärts gezogenen Bogen. Die Ritter, die keine Spähtrupps ausgesandt hatten, erkannten zu spät, daß ihr Aufmarsch am Jordan-Ostufer vergeblich gewesen war und daß Salah ed Din unbehelligt Damaskus erreichen konnte.

König Balduin begriff nun die Strategie des Moslemherrschers: Das Heer sollte von Nordosten her nach Galiläa einbrechen unter Ausnutzung des Vorteils, daß das christliche Heer in Oultrejourdain stand. König Balduin sah ein, daß es falsch gewesen war, dem Vorschlag des Rainald von Châtillon zu folgen. Er befahl den raschen Abzug seiner Reiterverbände aus dem Bergland ostwärts des Toten Meeres. Balduin überquerte mit Rittern und Fußvolk die Furt bei Jericho und zog dann am Westufer die Jordansenke hinauf. Zuvor aber hatte der Patriarch von Jerusalem die Waffen des gesamten Heeres segnen lassen – dort, wo der Tradition nach Jesus einst von Johannes getauft worden war. Zu dieser Zeremonie am Jordan hatte der Patriarch das »Wahre Kreuz Jesu« aus Jerusalem ins Tal herunterbringen lassen. Es sollte den Kampfgeist der Ritter erhöhen.

Salah ed Din aber verfügte über ein modernes Nachrichtenmittel, das imstande war, die Schlagkraft seiner Truppe zu steigern: Er setzte Brieftauben ein. Verteilt im Jordantal waren seine Agenten, die bei ihren Wohnhütten Taubenschläge stehen hatten. War eine Information über die Truppenbewegung der Christen weiterzugeben, dann griff sich der betreffende Agent eine Taube, steckte ihr ein beschriebenes Blatt an den Fuß und ließ sie fliegen. So erfuhren die Offiziere des Salah ed Din rasch, was König Balduin und sein Heer unternahmen.

Bei der Burg Belvoir trafen die Gegner aufeinander. Erbittert sei gekämpft worden, so berichten die Chroniken, doch habe keine Seite die andere wirklich besiegen können. Der unentschiedene Ausgang des Kampfes gab Salah ed Din und Balduin gleichermaßen Gelegenheit, sich zum Gewinner zu erklären.

Die Kräfte beider Seiten waren erschöpft. Weder Balduin noch Salah ed Din konnte daran denken, den Kampf im Jordangraben fortzusetzen. Rainald von Châtillon nutzte die Gelegenheit, nach Hause zu reiten, in seine Provinz Oultrejourdain. Noch im Herbst des Jahres 1182 ließ er den Bau von Schiffen beginnen, die dazu geeignet waren, im Roten Meer Handelsschiffe zu überfallen, zu entern und auszurauben. Der Kreuzritter, der zum Raubritter geworden war, wollte nun auch noch Seeräuber werden.

Der Platz, wo die Schiffe gebaut wurden, befand sich allerdings nicht am Roten Meer, sondern am Toten Meer. Am Ostufer wurden Bäume geschlagen, Balken gesägt und zusammengefügt. Am Toten Meer gab es das Material, mit dem die Fugen abgedichtet werden konnten: Asphalt war im Überfluß vorhanden. Als dann die Schiffe fertiggestellt waren, wurden sie auf dem Salzsee ausprobiert. Rainald von Châtillon befand, sie seien seetüchtig, und gab Befehl, auf dem Toten Meer Seemanöver auszuführen. Seine Abhängigen hatten zu üben, wie sich ein Seeräuber verhielt. Erst als die Manöver zur Zufriedenheit des Herrn von Oultrejourdain ausfielen, ordnete er an, die Schiffe über Land zur Küste des Toten Meeres zu transportieren. Kein Bericht aus jener Zeit gibt Auskunft, wie groß ihre Rümpfe waren. Da die Kreuzritter jedoch vorhatten, aufs offene Meer hinauszufahren, waren die Abmessungen sicher nicht zu klein geraten.

Schiffe und Besatzungen bewährten sich tatsächlich. Offenbar bestand kein Unterschied in ihrer Stabilität, in ihrer Schwimmfähigkeit und in ihren navigatorischen Eigenheiten bei völlig unterschiedlichen Gewässern: Im Roten Meer mußten die Schiffe eine tiefere Wasserlage gehabt haben als im Salzmeer, das allen schwimmenden Objekten einen größeren Auftrieb gibt. Erstaunlich ist die Liste der Erfolge, die durch die Flotte des Rainald von Châtillon erzielt werden konnten: Die Besatzungen, die durch ortskundige Seeräuber verstärkt worden waren, plünderten Städte an der afrikanischen Küste des Roten Meeres aus; sie erbeuteten Handelsschiffe, die aus Indien her unterwegs waren; sie gingen an Land, um eine reiche Karawane auszurauben, die aus Ägypten zur Küste gereist war; sie versenkten ein Pilgerschiff und versuchten gar nicht erst die Passagiere zu retten.

Die Beute, die schließlich in den Schiffen der Seeräuberflotte des Rainald von Châtillon verstaut wurde, war umfangreich und wertvoll. Mit Spannung wartete der christliche Adlige im Hafen Aila, der heute Aqaba heißt, auf die Rückkehr seiner Galeeren. Daß die Besatzungen erfolgreich gewesen waren, das konnte er annehmen, denn überall in den Hafenstädten am Roten Meer war Unruhe zu spüren. Erzählt wurde, eine Flotte des Königreichs Jerusalem habe bei kühnen Angriffen Gold, Silber, Perlen, Stoffe, Gewürze und duftende Wasser erbeutet. Erstaunen über diese Taten mischte sich mit Bewunderung für die mutigen Seefahrer.

Doch die Stimmung schlug um, als bekannt wurde, daß die Christen ein Pilgerschiff überfallen und dabei fromme Moslems getötet hatten. Rasch verbreitete sich die Nachricht von diesem Verbrechen unter den Gläubigen, die rings um das Rote Meer lebten – und bald schon wurde auch in den Moscheen von Cairo, Damaskus und Bagdad gegen »den Hund Rainald von Châtillon« gepredigt. Flüche von Predigern und Laien wünschten dem Ritter ewiges Verderben.

Entsetzen löste die Wut der Moslems ab, als sich von Dorf zu Stadt herumsprach, die christlichen Seeräuber seien in die Häfen Al Haura und Jambo eingelaufen, die zur heiligen Stadt Mekka gehörten. Die Absicht der Schiffsbesatzungen konnte nur sein, den heiligen Bereich um Mekka zu entweihen und schließlich die Ka'aba zu zerstören. Auch Salah ed Din glaubte, ein derartiger Frevel werde geschehen. Der

Moslemherrscher handelte rasch: Auch er ließ über Land Schiffe ins Rote Meer transportieren. Galeeren aus dem Mittelmeer wurden im Golf, der heute nach der Stadt Suez benannt ist, zu Wasser gelassen. An Zahl der Schiffe und der Mannschaft war die ägyptische Flotte dem Konvoi des christlichen Ritters überlegen. Salah ed Din konnte den Befehl geben, den Korsaren den Rückweg nach Norden abzuschneiden. Die Order wurde ausgeführt. Es gelang den ägyptischen Seeleuten, die Schiffe des Rainald von Châtillon zu entern und die Besatzung gefangenzunehmen. Die Gefangenen wurden aufgeteilt zwischen Mekka und Cairo. In jeder der beiden Städte wurden während der nächsten Wochen christliche Seefahrer hingerichtet. Salah ed Din leistete den Schwur, in seiner Gegenwart werde dem Frevler Rainald von Châtillon der Kopf abgeschlagen werden.

Der christliche Adlige war sicher erstaunt darüber, daß sein Unternehmen zur See fehlgeschlagen war. Seine Absicht war gewesen, das Land »Oultrejourdain« derart wohlhabend zu machen, daß an Selbständigkeit zu denken gewesen wäre. Reichtum hätte den Ritter Rainald von Châtillon dem König in Jerusalem gegenüber überlegen werden lassen. Nun waren die ehrgeizigen Pläne des Adligen zerstoben. Er begriff, daß er die Rache des Salah ed Din zu fürchten hatte.

Am 17. September 1183 verließ das Heer des Moslemherrschers die Oase Damaskus. Zwölf Tage später hatte die Truppe die Jordanfurt bei Bet-Schean erreicht. Aus Angst vor dem Zorn und der Rache der Moslems hatten sich die meisten der Bewohner jener Gegend hinter die Mauern der damals stark befestigten Stadt Tiberias geflüchtet. Die dortige Festung der Kreuzritter – Reste davon sind noch erhalten – galt als uneinnehmbar.

Während der zwölf Tage, die das islamische Heer brauchte, um die Jordanfurt von Bet-Schean zu erreichen, hatten die christlichen Ritter ihre Streitkräfte mobilisieren können. Die klugen Köpfe unter ihnen sahen, daß Salah ed Din durch die gewaltige Größe seines Heeres im Vorteil war; sie gaben dem König den Rat, die Moslems nicht anzugreifen. Allein Rainald von Châtillon, der nun wirklich durch die Niederlage im Roten Meer hätte begreifen müssen, daß Salah ed Din als Gegner nicht zu unterschätzen war, verlangte, die Moslemtruppe müsse nach dem Überschreiten der Jordanfurt unverzüglich angegriffen werden. Zum Glück für die christlichen Ritter konnte sich Rainald diesmal nicht durchsetzen. Die Verantwortlichen stimmten dafür, mit den Moslems nicht in einen offenen Kampf einzutreten. Sie verfolgten mit dieser nachgiebigen Strategie den richtigen militärischen Kurs: Salah ed Din, der immer wieder versuchte, die Christen so zu reizen, daß sie die Schlacht eröffnen sollten, gab schließlich nach. Am 8. Oktober 1183 zog er seine Kämpfer über den Jordan nach Osten zurück. Die christlichen Ritter, vor allem aber Rainald von Châtillon, hatten eine Atempause gewonnen.

Die Gelegenheit sollte genützt werden, um zwei junge Menschen aus der obersten Schicht der Adelselite zu verheiraten: Die elfjährige Prinzessin Isabella, die Tochter des Königs von Jerusalem, sollte die Frau des siebzehnjährigen Ritters Onfroy von Toron werden. Rainald von Châtillon bot seine Burg Kerak als sicheren Platz für das Fest an.

Eindrucksvoll sind heute noch die Ruinen der Burg: Starke Mauern und die Stümpfe fester Türme stehen auf einem felsigen Berg, der die Höhe von 950 Meter über dem Meeresspiegel erreicht – über dem Spiegel des Mittelmeers. Das Tote Meer, nur 25 Kilometer von Kerak entfernt, liegt allerdings 400 Meter tiefer. Von der jordanischen Hauptstadt Amman her – 70 Kilometer nördlich – steigt das Land stetig an.

Kahl sind die Berge ringsum. Unbewohnt ist die Gegend. Dies muß früher anders gewesen sein. Im 4. Jahrhundert war Kerak Bischofssitz geworden. Die Kirche der Stadt, »Gotteshaus von Nazaret« genannt, war berühmt über das Ostjordanland hinaus. Auf der Mosaikkarte aus byzantinischer Zeit, die in Madeba entdeckt wurde, ist Kerak als die stolze und ummauerte Stadt Characmoba zu erkennen. Stadt und Festung bildeten einen Komplex und waren doch durch einen Graben von zehn Meter Breite getrennt. Die Kreuzritter hatten auf der Basis aufbauen können, die durch die Festungsarchitekten der oströmischen Herren gelegt worden war. Die Baumeister von Oultrejourdain verwendeten rötlich gefärbtes vulkanisches Felsmaterial, das aus Steinbrüchen der Umgebung stammte.

Die Stärke der Mauern und Türme von Kerak – zum Verteidigungssystem gehörte auch ein Netz von unterirdischen Gängen und Kasematten, die bis heute intakt sind – gibt eine Erklärung dafür, warum sich Rainald von Châtillon in seinen Ansprüchen, in seiner Gier nach rasch erworbenem Reichtum und in seiner Neigung zu selbstherrlichen Entschlüssen nicht zügeln konnte. Die Burg Kerak im Land Oultrejourdain war die Wurzel der Selbstüberschätzung des Ritters. Er glaubte, mit dieser Festung als Basis unbesiegbar zu sein. Sie garantierte ihm auch gleichbleibenden Wohlstand – denn er konnte von Kerak aus die Karawanen plündern, die auf der alten Handelsstraße reich beladen von Süden durch Oultrejourdain zogen. Im Interesse seines eigenen Wohlstands konnte ihm daher nicht daran gelegen sein, daß sich der König von Jerusalem und Salah ed Din über Maßnahmen zur Sicherung der Verkehrswege im Land ostwärts des Flusses verständigten.

Auf Einladung des Burgherren Rainald trafen Anfang November des Jahres 1183 die Hochzeitsgäste auf Kerak ein, um die Vermählung von Isabella und Onfroy zu erleben. Angeführt wurde die Gästeliste von der Mutter der Braut, Königin Maria Komnene. Rainald wollte, daß das Fest prächtig gefeiert werde, und er hatte deshalb Tänzerinnen und Sänger, Gaukler und Hofnarren nach Kerak geholt. Bei Tag und bei Nacht sollten sich die Gäste unterhalten fühlen.

Während der Vorbereitung des Festes versäumten es die Ritter allerdings, die Straßen im Ostjordanland beobachten zu lassen. So konnte es geschehen, daß zum Entsetzen der Festgäste eines Morgens Salah ed Din mit Reitern und Bogenschützen am Fuß der Burg stand. Noch war sein Heer nicht stark genug, um Stadt und Festung einzuschließen, und so flüchtete die Bevölkerung aus den Dörfern der Umgebung mit ihren Herden hinter die festen Mauern von Kerak. Familien mit Kamelen, Rindern und Schafen lagerten in den Höfen der Burg. Trotz der Notsituation dachte Rainald von Châtillon nicht daran, das Fest ausfallen zu lassen. Im Gegenteil: Er verlangte von Tänzerinnen und Sängern, von Gauklern und Hofnarren Auftritte, die noch mehr Laune verbreiten sollten als zuvor.

Bis zum 20. November 1183, eine Woche nach Salah ed Dins Ankunft vor der Burg, traf für die Moslemstreiter Verstärkung aus Ägypten ein. Nun war der Herrscher in der Lage, die Schließung des Belagerungsrings zu befehlen. Er ordnete auch den Sturm auf die Unterstadt an, der überraschend schnell gelang. Die Eingeschlossenen in der Burg sahen in der folgenden Nacht herunter auf die Brände in der Stadt. Wer nicht zum Fenster treten wollte, den verfolgte der rote Schein in die Räume hinein. Zu hören war auch das Prasseln der Flammen. Das Feuer vernichtete alle Häuser.

Auch der Verlust seiner Stadt hinderte Rainald von Châtillon nicht daran, weiterhin feiern zu lassen. Der Hochzeitstag stand schließlich noch bevor. Salah ed Din wollte dem Gastgeber und den Gästen die Freude gründlich verderben: Zwischen den rauchenden Trümmern der zerstörten Stadt ließ er Belagerungsmaschinen auffahren. Rammböcke konnte er allerdings nicht einsetzen – dafür hätte er eine Terrasse auf gleicher Ebene mit der Burg gebraucht. Als Ersatz standen gewaltige Steinschleudern bereit, die von der Verstärkungstruppe aus Ägypten ins Land Oultrejourdain geschleppt worden waren. Diese Maschinen konnten zentnerschwere Felsbrocken in die Höhe schleudern. Trafen diese Felsblöcke auf die Burgmauer, richteten sie keinen nennenswerten Schaden an, doch das Getöse des Aufpralls hallte vielfach wider in den Gewölben und Kasematten. Salah ed Din wollte die Nerven der Belagerten zerrütten, und deshalb ließ er die Steinschleudern Tag und

Nacht arbeiten. Niemand sollte Schlaf finden in der Burg. Doch die Damen und Herren des christlichen Adels ließen sich nicht aus der Ruhe bringen. Sie feierten weiter bis zum Hochzeitstag.

Als die Stunde des Gottesdienstes und damit auch die kirchliche Feier der Eheschließung vorüber war, schickte die Mutter des Onfroy von Toron Speisen hinunter zum Zelt des Salah ed Din. Die Diener legten auf silbernen Schüsseln Brot und Fleisch von Ochsen und Hammeln vor dem Moslemherrscher nieder. Daneben stellten sie Flaschen mit Wein aus der Küstenebene am Mittelmeer.

Daß er teilhaben sollte am Festessen, überraschte Salah ed Din. Mit Freude nahm er die Gaben an. Die Sitte gebot, daß auch er ein Geschenk schickte, um die Ehrung zu erwidern. Ihm fiel allerdings eine besondere Geste ein. Er erkundigte sich bei den Dienern, die ihm die Speisen gebracht hatten, in welchem Turm der Burg die beiden Vermählten ihre Nächte verbringen würden. Die Diener konnten Auskunft geben. Darauf ordnete Salah ed Din an, der betreffende Turm dürfe während der Nachtstunden nicht mit Steinbrocken beschossen werden.

Nachdem die Hochzeit vorüber war, drängten die Verwandten zur Abreise, doch der Belagerungsring der Moslems machte aus den Gästen Gefangene. Sorge, daß die Geschosse der Steinschleudern eine Bresche in die Mauer schlagen könnten, hatte niemand in der Burg – doch war nicht daran zu denken, die Front der Belagerer zu durchbrechen. Hilfe konnte nur von außen kommen. Rainald von Châtillon glaubte fest daran, daß die Verantwortlichen in Jerusalem von der Belagerung der Burg Kerak erfahren hatten. Der Schein der Feuer in Kerak mußte vom Ölberg aus zu sehen gewesen sein. Rainald konnte bei klarem Wetter – wenn nicht Dunst, der vom Toten Meer aufstieg, die Sicht nahm – die Kuppe des Ölbergs deutlich erkennen. Die Entfernung zwischen Kerak und Jerusalem mißt in der Luftlinie 75 Kilometer. Um der Hauptstadt des christlichen Königreichs zu signalisieren, daß weiterhin Gefahr bestand, ließ Rainald auf dem hohen Westturm seiner Burg nachts Feuer entzünden.

Der Flammenschein des Stadtbrandes und die Feuersignale waren von Bewohnern des Ölbergs bemerkt und nach Jerusalem gemeldet worden. Die Ritter am Hofe des Königs hätten Rainald von Châtillon, der ihnen viel Ärger bereitet hatte, wahrscheinlich im Stich gelassen, doch die hochgestellten Festgäste konnten sie nicht der Gefahr ausgesetzt lassen, von Salah ed Din gefangengenommen zu werden. Sie stellten deshalb in Eile einen Verband aus Rittern und Fußvolk zusammen, der den Auftrag erhielt, Salah ed Din und dessen Heer von Kerak zu vertreiben. Als die Kämpfer des christlichen Königreichs den Jordan durch die Furt bei Jericho durchquert hatten, da erfuhr Salah ed Din, daß sich ein Ersatzheer näherte. Er fühlte wohl, daß er den Angreifern nicht gewachsen wäre, denn er gab am 4. Dezember 1183 den Befehl zum Abbruch der Belagerung. Das Moslemheer kehrte nach Damaskus zurück. Rainald von Châtillon konnte seinen hochgestellten Gästen beim Abschied sagen, Salah ed Din sei als Gegner nicht sonderlich gefährlich.

Rainalds Weg in den Untergang

Der Chronist Wilhelm von Tyrus – er war Erzbischof in jener Kreuzritterstadt am Mittelmeer – hat bei seinem Tod im Jahre 1184 eine ausführliche Geschichte des christlichen Königreichs hinterlassen. Sie enthält diese Beschreibung eines Vorgangs, der schreckliche Konsequenzen für die christliche Ritterschaft hatte: »Eines Tages kam ein Spion zum Fürsten Rainald und sagte ihm, eine große Karawane ziehe nach Damaskus und werde durch das Gebiet bei der Burg Kerak kommen. Rainald stieg sofort zu Pferde und ritt nach Kerak. Dort nahm er jeden seiner Kämpfer mit, den er antraf. Mit ihnen zusammen überfiel Rainald die Karawane. Diese aber beförderte vor allem die Schwester des Salah ed Din. Rainald erschlug einige Männer ihrer Begleitung, nahm die Schwester des Salah ed Din gefangen und brachte die gesamte Beute in seine Burg Kerak.«

Wahrscheinlich ist, daß der Chronist bei der Nennung der Schwester des Salah ed Din als Opfer des Überfalls einer falschen Information gefolgt ist. Andere Schriften geben an, die Mutter des Moslemherrschers sei durch Rainald von Châtillon gefangengenommen worden. Es war wohl so, daß keine der beiden Damen zur Karawane gehört hatte, daß jedoch die Beute, die Rainald gemacht hatte, überaus umfangreich gewesen war. Wichtig in der Beurteilung des Vorfalls ist jedoch allein, daß Rainald von Châtillon die Karawane mitten in einer Zeit des durch Absprachen abgesicherten Friedens überfallen hatte. Rainald hatte damit gültige Verträge, die zwischen dem Moslemherrscher in Damaskus und dem christlichen König von Jerusalem abgeschlossen worden waren, mit voller Absicht gebrochen. Vertragspartner war zwar der ein Jahr vor dem Ereignis verstorbene König Balduin gewesen, doch dessen Nachfolger Guido hatte die Verpflichtung, Frieden zu bewahren, übernommen.

Auf Drängen des Salah ed Din wurde Rainald vom König aufgefordert, die Gefangenen freizulassen und die Beute herauszugeben. Doch wieder fühlte sich der räuberische Ritter auf der Burg Kerak derart sicher, daß er die Gesandten des Königs Guido nicht einmal anhörte. Er wußte, daß ihn der König nicht zum Gehorsam zwingen konnte, weil der schwache Herrscher in Jerusalem auf die militärische Potenz des Rainald in kritischer Zeit nicht verzichten konnte.

Guido gab schließlich nach – Rainald brauchte keine Wiedergutmachung zu leisten – und provozierte so den Abfall einiger wertvoller und bisher treuer Ritter; sie gingen Pakte mit Salah ed Din ein. Die Streitmacht des christlichen Königreichs aber hätte bald schon gerade diese Kämpfer dringend gebraucht.

Am 30. April des Jahres 1187 empfing Raimund von Tiberias, der Verantwortliche jener Stadt am See Gennesaret, einen Gesandten aus Damaskus, der den Auftrag hatte, für Salah ed Dins Sohn – sein Name war Al Afdal – freies Geleit auf den Straßen am See zu erbitten. Die Situation war unangenehm für den Grafen Raimund: Der Sohn von Salah ed Din sollte für seinen Vater die militärische Situation an den Grenzen des christlichen Königreichs erkunden. Der Verantwortliche von Tiberias konnte trotzdem die Bitte um Genehmigung des Durchritts nicht abschlagen, denn er war einer von jenen Rittern, die mit Salah ed Din einen Pakt geschlossen hatten. Durch die Bitte, die Straßen am See ungehindert benützen zu dürfen, zwang der Moslemherrscher den Grafen Raimund von Tiberias dazu, gegen die Interessen des Königreichs zu handeln. Graf Raimund von Tiberias sah keine Möglichkeit, dem Sohn des Mächtigen in Damaskus den Ritt durch sein Gebiet zu verwehren. Er machte nur zur Bedingung, daß die islamische Reitergruppe nicht von der Straße abwich und daß sie bis zum Abend wieder in ihr eigenes Gebiet zurückkehrte. Graf Raimund wies in den Dörfern und Städten rings um den See Gennesaret seine Bewaffneten an, den betreffenden Tag von Sonnenaufgang bis zur Abenddämmerung in ihren Garnisonen zu verbringen.

Der junge Al Afdal überquerte mit seiner Begleitung, die einige hundert Mann stark gewesen sein soll, beim ersten Strahl der Sonne den Jordan, dort, wo er in den See mündet. Dann ritten die Moslems an der Stadt Tiberias vorüber. Alle Bewohner blieben hinter den Mauern. Sie befolgten damit die Anweisung des Grafen, der unter allen Umständen Streit zwischen den Moslems und seinen christlichen Untertanen vermeiden wollte. Um die Mittagszeit befand sich die islamische Reitergruppe auf dem Weg vom See Gennesaret nach Nazaret. Knapp vor dem Ziel lauerten Tempelritter, die dem Grafen Raimund von Tiberias nicht zum Gehorsam verpflichtet waren. Sie empfanden sein Verhalten als schmachvoll und waren nicht bereit, die Moslems ungehindert durch christliches Land reiten zu lassen. Wie viele es waren, wußte niemand zu berichten, doch waren sie dem Reiterverband des Al

Afdal weit unterlegen. Obgleich an einen Sieg nicht zu denken war, wagten sie – um ihrer Ehre willen – den Angriff. Keiner der Tempelritter überlebte die nächste Stunde. Als die Moslems wieder an Tiberias vorüberritten, sah Graf Raimund, der von der Mauer auf die Straße herunterblickte, daß die Reiter Köpfe auf ihre Lanzen gespießt hatten. Wessen Köpfe dies gewesen waren, erfuhr er bald schon durch einen Ritter, der das schreckliche Geschehen miterlebt hatte.

Graf Raimund von Tiberias machte sich Vorwürfe, durch seine Haltung den Tod der Tempelritter verschuldet zu haben. Er traf die Entscheidung, die Reihe derer zu verlassen, die einen Pakt mit Salah ed Din geschlossen hatten, und bot König Guido seine Mitarbeit an. Damit war er für den Moslemherrscher wieder zum Feind geworden.

Bei der Rückkehr nach Damaskus berichtete Al Afdal seinem Vater ausführlich über seine Beobachtungen und Erlebnisse im christlichen Gebiet. Das Ergebnis war, daß Salah ed Din zur Überzeugung gelangte, die Entscheidung im Konflikt mit den Christen müsse am See Gennesaret gesucht werden. Er ließ bei Banjas an der Jordanquelle große Verbände von Reitern und Fußsoldaten zusammenziehen. Sultan Salah ed Din wollte diesmal sicher sein, daß sein Heer nicht zu schwach war, um den Konflikt bis zum Untergang der Christenritter durchzustehen.

Doch ehe er seiner Streitmacht den Aufbruch in Richtung des Sees Gennesaret befehlen konnte, mußte Salah ed Din ins Land Oultrejourdain reiten, um dort auf eine Karawane zu warten, die Pilger aus Mekka nach Damaskus bringen sollte. Mitglieder der Familie des Moslemherrschers befanden sich unter den Pilgern – Salah ed Din wollte verhindern, daß auch sie in die Hände des Rainald von Châtillon fielen. So geleitete Salah ed Din persönlich die Karawane an der Burg Kerak vorüber nach Norden.

Mitte Juni des Jahres 1187 hatte die Karawane Damaskus erreicht. Nun zögerte Salah ed Din nicht länger. Am 1. Juli überquerte sein Heer im Süden des Sees Gennesaret den Jordan. Am 2. Juli befand sich bereits die Stadt Tiberias in seiner Hand. Nur noch die Kreuzritterfestung konnte sich halten; die Verteidiger dort standen unter dem Oberbefehl der Frau des Grafen Raimund, Eschiva.

Der Graf selbst war einer der Befehlshaber des christlichen Heeres. Er war der Meinung, wenn es gelänge, das Heer des Salah ed Din vom See ins trockene Bergland im Westen der Wasserfläche heraufzulocken, seien die islamischen Kämpfer verloren. Ihr Wasserbedarf – so sagte der Graf – könne dort nicht mehr gedeckt werden. Sie seien der Sommerhitze ausgesetzt in einer Gegend, in der es kaum Quellen gebe. Verteidigung und weiches Nachgeben seien deshalb die beste Strategie.

Rainald von Châtillon gab dem Grafen eine harsche Antwort: Wer nicht angreife, der sei ein Feigling; es sei wohl so, daß Graf Raimund von Tiberias vom Moslemherrscher die Schonung seiner in der Festung von Tiberias belagerten Frau Eschiva erreichen wolle. Diese gehässige Argumentation des Rainald gefiel den anderen Rittern im Rat des Königs nicht. Sie beschlossen, im Tal von Zippori die weitere Entwicklung abzuwarten. Dort bestand kein Wassermangel; zahlreiche Quellen versorgten Mensch und Tier. Auch in der Julihitze waren die Wiesen bei Zippori nicht vertrocknet; die Pferde fanden genügend Gras. Büsche und Bäume spendeten Schatten. Einen geeigneteren Platz, um eine Reitertruppe lagern zu lassen, war weit und breit nirgends zu sehen.

Die Ritter wußten, daß sich Salah ed Din dagegen in schwieriger Lage befand. Die Schüttung der Wasserstellen, über die er verfügte, reichte tatsächlich nicht aus.

König Guido hatte dem Rat der Ritter zugestimmt, zunächst bei Zippori zu bleiben. Doch in der Nacht kam Rainald von Châtillon zu ihm, um erneut den Grafen Raimund als Verräter an der christlichen Sache darzustellen. König Guido glaubte nun plötzlich an das Argument des Rainald, Graf Raimund sei von Salah ed Din mit einer hohen Summe und dem Versprechen, die gräfliche Familie zu schonen, gekauft worden. In derselben Nacht noch befahl König Guido, das christliche Ritterheer habe am frühen Morgen von Zippori aus in Richtung See Gennesaret abzuziehen, um die islamischen Eindringlinge zu vernichten.

Am Morgen des 3. Juli im Jahre 1187 setzte sich das Heer des christlichen Königreichs in Bewegung. Die Sonne brannte schon heiß, als Reiter und Fußvolk das grüne Tal verließen, um den Bergrücken zu erreichen, der dort langsam ostwärts anstieg. Nirgends war Wasser zu finden. Um die Mittagszeit litten Männer und Tiere brennenden Durst. König Guido bereute bereits den Entschluß, die Brunnen von Zippori verlassen zu haben, doch nun gab es keine Möglichkeit mehr umzukehren. Das Heer mußte so rasch wie möglich den See Gennesaret erreichen. Das Ufer des Sees aber hielt Salah ed Din besetzt.

Am frühen Nachmittag waren Mensch und Tier im christlichen Heer derart erschöpft, daß einige der Ritter dem König sagen mußten, sie seien nicht mehr bereit, an diesem Tage weiterzuziehen. Sie wollten, daß für die Nacht das Lager in der Ebene aufgeschlagen wurde. Nun erwies sich Rainald von Châtillon, der oft nicht den Scharfsinn besessen hatte, um die Folgen seiner Handlung einzuschätzen, als klarsichtig. Rainald soll gesagt haben: »O allmächtiger Gott und Herr! Den Krieg verlieren wir. Wir sind todgeweihte Leute. Das Königreich Jerusalem wird ausgelöscht!« Seine energischen Bemühungen, die Reiter und die Fußsoldaten zum Weitermarsch zu veranlassen, schlugen fehl. Zwischen Nachhut und Vorhut ritt er hin und her, doch seine Mahnungen stießen auf Gleichgültigkeit: Das Fußvolk und die Ritter legten sich am späten Nachmittag auf dem heißen und ausgetrockneten Boden nieder, um zu schlafen.

Die Schlafenden vergaßen wenigstens den Durst. Den Ritter Rainald von Châtillon aber trieb auch jetzt sein unruhiger Geist an: Er war überzeugt, in der Ebene müsse sich ein Brunnen befinden. Seine Suche schien tatsächlich erfolgreich zu sein – doch die Wasserstelle, die er fand, war ausgetrocknet. Er konnte den Erschöpften kein Wasser beschaffen. Blickte Rainald über das christliche Heerlager hinweg nach Osten, dann konnte er die große glitzernde Wasserfläche des Sees Gennesaret sehen. Zwei Hügelkuppen rahmten den Blick ein: die Hörner von Hittim.

»Qarne Hittim« heißen die Hügel seit der Zeit der frühen Besiedlung. Mit »Weizenhörner« läßt sich der Name übersetzen. Ihre Form erinnert jedoch eher an Ochsenhörner; sie sind durch vulkanische Ausbrüche entstanden. Von der Straße Tiberias–Nazaret aus sind die Hörner von Hittim zu sehen. Die Entfernung von der Stadt Tiberias beträgt nur vier Kilometer. Nichts erinnert heute daran, daß in der Gegend Qarne Hittim vor etwas mehr als 800 Jahren die Entscheidung über den Fortbestand des christlichen Königreichs Jerusalem gefallen ist. Ein Heiligtum der Drusen befindet sich heute dort. In ihm wird der Sarkophag des Jitro angebetet, des Schwiegervaters von Mose. Ihn verehren die Drusen unter dem Namen Nabi Schu'eib als Propheten ihres Glaubens. Vom 26. bis zum 28. April kommen in jedem Jahr Tausende von Drusen nach Quarne Hittim, um Nabi Schu'eib zu preisen.

Ohne Denkmal für die Ereignisse am 3. und 4. Juli des Jahres 1187 erstreckt sich die Ebene heute. Sie ist genauso staubig wie damals. Über hartes, vertrocknetes Gras stolpert der Fuß dessen, der die Straße verläßt. Vom Morgen bis zum Abend steht Hitzeflirren in der Luft. Die Wasserfläche im Osten, die Erlösung von Hitze und Durst verspricht, erscheint wie eine Perle des Paradieses.

Salah ed Din erkannte, daß ihm die christlichen Ritter in die Falle gegangen waren. In der Nacht noch ließ er das Lager seiner Feinde umzingeln. Da die Zahl seiner Männer groß war, bereitete ihm die Einschließung keine Schwierigkeit. »Wenn eine Katze aus dem Lager hätte fliehen wollen, so wäre sie den Moslems nicht entkommen« – dies schrieb der Chronist, der das Historienwerk des Wilhelm von Tyrus fortsetzte. Er beschrieb den Verlauf des Kampftages so:

»In der Nacht befanden sich die Christen in großer Not, weil weder Mann noch Pferd zu trinken hatte. Am nächsten Morgen waren die Christen zum Kampf gerüstet, und die Moslems ebenfalls. Doch die Moslems verweigerten den Kampf, sie zogen sich immer wieder zurück, wenn die Ritter auf sie eindrangen. Die Moslems wollten erst kämpfen, als die Hitze über der Ebene stand. Und ich werde euch sagen, was sie noch unternahmen. Es gab viel Krautgewächs und Heidegesträuch in jener Ebene. Ein starker Wind strich darüber. Da entzündeten die Moslems das strohtrockene Gras, und sofort breitete sich das Feuer aus. Es steigerte die Pein der Christen ins Unerträgliche.«

Die christlichen Ritter versuchten, den Ring der islamischen Kämpfer zu durchbrechen, doch ihre Kräfte waren bereits am Mittag derart erschöpft, daß ihre Angriffe immer schwungloser wurden. Der Rauch, den ihnen der Wind von den brennenden Grasflächen her ins Gesicht wehte, trocknete die Kehlen vollends aus und reizte die Augen zu Tränen. Die Umzingelten hatten nur noch einen Ausweg: Sie konnten hügelan ausweichen. Ihren König, das Symbol des christlichen Staates, wiesen die Ritter hinauf zur Hügelspitze. Er sollte, sichtbar für alle Kämpfer, das Zeichen zum Widerstand sein. Neben ihm stand das »Wahre Kreuz Jesu Christi« – es wurde an jenem 4. Juli des Jahres 1187 zum letztenmal gesehen.

Der Chronist Ibn al Athir, der Zeuge des Kampfes auf arabischer Seite war, beschrieb den Ausgang des Kampfes so:

»Der christliche König hatte auf seinem Hügel bald nur noch 150 seiner Ritter um sich. Der Herrscher der Gläubigen sah vom Tal aus dem Geschehen zu. Sein Sohn Afdal war bei ihm. Er hat mir dies berichtet: ›Ich stand an der Seite meines Vaters, als der fränkische König sich auf den Hügel zurückgezogen hatte. Die Tapferen, die um ihn waren, warfen sich auf unsere Männer und trieben die Moslems bis zum Fuß des Hügels zurück. Ich betrachtete meinen Vater und bemerkte Traurigkeit in seinem Gesicht. ›Schlagt die Teufel!‹ rief mein Vater den Kämpfenden zu und faßte sich an seinen Bart. Nach diesen Worten stürzten sich unsere Männer auf den Feind und trieben ihn erneut auf den oberen Teil des Hügels. Da rief ich voller Freude: ›Sie fliehen! Sie fliehen!‹ Doch die Christen entschlossen sich erneut zum Angriff. Sie drängten unsere Männer den Hügel herab. Dann aber warfen unsere Soldaten die Christen wieder zurück. Ich rief wieder sehr laut: ›Sie fliehen! Sie fliehen!‹ Da sah mich mein Vater an und sagte: ›Schweig! Sie werden erst geschlagen sein, wenn die Standarte des Königs fällt.‹ Kaum aber hatte er dies gesagt, als die Standarte des Königs von Jerusalem umsank. Sogleich stieg mein Vater vom Pferd, warf sich vor Allah nieder und dankte ihm unter Freudentränen.‹«

Ibn al Athir, der diesen Bericht hinterlassen hat, war nicht der einzige Chronist, der auf der Seite der Sieger die Schlacht beobachtet hat. Emad ed Din, der Biograph Salah ed Dins, beschrieb das Schlachtfeld so:

»Der Boden war bedeckt mit Toten und Sterbenden. Ich selbst schritt über die Hügel von Hittim. Ich sah abgeschnittene Köpfe, erloschene oder ausgestochene Augen, staubbedeckte Körper, ausgerenkte Glieder, abgetrennte Arme, gespaltene Knochen, durchschnittene Hälse, gebrochene Lenden, Füße, die nicht mehr am Bein hingen, in zwei Teile gehauene Körper, zerrissene Lippen, eingeschlagene Köpfe. Als ich die Gesichter der Toten sah, zur Erde gewandt und mit Blut und Wunden bedeckt, da fielen mir Worte des Koran ein: ›Der Ungläubige wird sagen: Warum bin ich nicht Staub? Welch süßen Duft strömte dieser schreckliche Sieg aus!‹«

Als die Sieger die Spitze des einen Hügels von Hittim erreicht hatten, auf dem der König von Jerusalem Zuflucht gesucht hatte, da fanden sie den christlichen Monarchen und seine Begleiter vor Erschöpfung zusammengesunken. Ihre Kraft reichte nicht mehr aus, ihre Schwerter den Moslems zu übergeben. Als sich die Ritter – sie waren nun Gefangene – zum Zelt des Salah ed Din schleppten, da zeigte es sich, daß überraschend viele am Leben geblieben waren. Unter den Überlebenden befand sich auch Rainald von Châtillon, der durch seine Überheblichkeit und Raffgier den Herrscher der Moslems derart gereizt hatte, daß sich dieser zur Vernichtung des gesamten christlichen Königreiches entschloß. Zusammen mit König Guido durfte Rainald von Châtillon in das Zelt des Siegers eintreten. Der Chronist Wilhelm von Tyrus berichtete, was im Zelt geschah:

»Salah ed Din sah, daß es dem König Guido heiß war, daß er Durst hatte, und er ließ ihm einen Becher Fruchtsaft bringen, der durch Schnee vom Berg Hermon gekühlt war. Als der König getrunken hatte, reichte er den Becher weiter an Rainald von Châtillon, und der trank ebenfalls. Als Salah ed Din sah, daß der König dem Rainald zu trinken gegeben hatte, dem Mann, den er auf der Welt am meisten haßte, war er erzürnt und sagte zum König: ›Ihr habt diesem Mann den Becher gereicht, nicht ich!‹ Hätte Salah ed Din dem Rainald selbst zu trinken gegeben, hätte er ihn begnadigen müssen. Doch für keinen Reichtum der Welt wollte Salah ed Din ihn länger leben lassen. Er wollte dem Rainald mit eigener Hand den Kopf abschlagen, weil Rainald niemals den Waffenstillstand eingehalten hatte. Sobald Rainald von Châtillon getrunken hatte, ließ ihn Salah ed Din ergreifen und aus dem Zelt führen. Er verlangte nach einem Schwert, und als man es ihm brachte, schlug Salah ed Din dem Rainald von Châtillon den Kopf ab.«

Kerak, die Festung Rainalds im Land Oultrejourdain, blieb noch mehr als ein Jahr in christlicher Hand. Längst war Jerusalem von den Moslems erobert worden, da wehte noch immer die Fahne des christlichen Königreichs über Kerak. Nahezu zwölf Monate dauerte die Belagerung der Burg, die dicke Mauern, feste Türme und unterirdische Kasematten besaß. Auch über Trinkwasser verfügten die Verteidiger – doch die Lebensmittel wurden knapp. Die Männer schickten Frauen und Kinder den Berg hinunter zu den Moslems. So sollte die Zahl der Esser in Kerak vermindert werden. Erst als das letzte Pferd in der Festung, die zur Zeit des Rainald glanzvolle Feste beherbergt hatte, aufgegessen war, wurde Kerak dem islamischen Heer übergeben. Die Sieger reparierten die Schäden an den Mauern und bauten die Wohntrakte zu einem Palast aus. Salah ed Din bewahrte in Kerak dann bis zu seinem Tode den Staatsschatz auf.

Kleinkrieg zwischen Moslems und Christen am Jordan

Das christliche Land Oultrejourdain existierte nicht mehr. Doch in der Jordansenke bestand ein letzter Rest des christlichen Königreichs weiter: Dort hielt sich die Besatzung der Festung Belvoir. Der Name ist gerechtfertigt, denn vom Platz der Festung aus, die 530 Meter hoch über dem Spiegel des Mittelmeers und 900 Meter über dem Fluß liegt, reicht der Blick weit nach Norden und Süden in den Jordangraben und hinüber in die Berge des Ostjordanlandes. Von Belvoir aus waren die Staubwolken, die feindliche Reiterverbände aufwirbelten, in einer Entfernung von nahezu hundert Kilometer zu erkennen. Schon in biblischer Zeit hatte das Felsplateau dem Stamm Issachar in kritischen Situationen Schutz geboten. Als Herodes über das Volk der Juden herrschte, diente der Fels als Station zur Weitergabe von Feuersignalen in Richtung Norden; die Besatzung nahm die Signale auf, die in Jerusalem gegeben wurden. Die Kreuzritter hatten im Jahr 1138 begonnen, auf dem Plateau die Festung zu bauen, die dann zu den großen der Burganlagen des christlichen Staates gehörte. Die Baumeister verwendeten für die Mauern und Türme von Belvoir schwarzen Basalt; die Farbe der Steine gab dem Bauwerk einen bedrohlichen Charakter.

Ein Jahr nach dem Fall von Jerusalem war Belvoir noch immer in christlicher Hand. Niemand kann sagen, was die Grundlage der Beharrlichkeit war. Das Heer des Königreichs Jerusalem bestand seit der Niederlage von Hittim nicht mehr; niemand war in der Lage, der Burgbesatzung zu helfen. Auf die Landung eines neuen Kontingents an Kreuzfahrern konnte keine Hoffnung gesetzt werden. Trotzdem lehnten die Ritter von Belvoir während des gesamten Jahres 1188 die Übergabe ihrer Festung an Salah ed Din ab. Er mußte eine mühsame und kräfteverzehrende Belagerung durchführen.

Die Belagerungsspezialisten der Moslems erkannten, daß es nur eine Methode gab, um Belvoir zu bezwingen. Sie mußten die starken Mauern zum Einsturz bringen. Dies konnte nicht durch Steinschleudern geschehen, da das Felsplateau durch ihre Geschosse kaum erreicht wurde. Stollen mußten in den Fels getrieben werden, direkt unter den Mauern – Schächte, die das Fundament aushöhlten und ihm die Festigkeit nahmen. Salah ed Din verfügte über Mineure von beachtlicher Erfahrung. Ihre Aushöhlungen brachten tatsächlich den nordöstlichen Turm von Belvoir zum Einsturz. Damit war in das Festungswerk zwar eine Bresche geschlagen, doch der Nutzen erwies sich für die Belagerer als gering. Die Bresche konnte nicht als Öffnung für einen Sturmangriff verwendet werden, da der Fels zu steil war, um eine ausreichende Zahl von Kämpfern nach oben, direkt zur Mauer bringen zu können. Salah ed Din mußte erkennen, daß Belvoir nicht erstürmt werden konnte.

Während der ersten Tage des Jahres 1189 bot der Moslemherrscher den Belagerten an, sie könnten unter Mitnahme von Waffen und aller Gegenstände, die sie wegzubringen wünschten, Belvoir unbehelligt verlassen, um zur Mittelmeerküste zu ziehen. Die fünfzig Ritter, die sich noch in der Burg befanden, nahmen jetzt das Angebot an – und Salah ed Din stand zu seinem Wort.

Im weiteren Umkreis des Jordangrabens besaß nun nur noch eine Burg eine christliche Besatzung: Die Festung Beaufort; sie lag am Westufer des Litani, der aus der Beka'a-Ebene herausfließt und sich dann nach Westen wendet, auf das Mittelmeer zu. Hoch über dem Litani ragte Beaufort auf. Die Festungsanlage war nicht die umfangreichste, doch sie besaß die dicksten Mauern. Beaufort blieb wegen seiner Stabilität ein wichtiges Bollwerk für jede Macht, die im Land um den Jordan herrschen wollte. Selbst zur Zeit moderner Waffentechnologie boten die Mauern Schutz. Sie überstanden auch israelische Luftangriffe während der palästinensisch-israelischen Kriege unserer Zeit.

Als Salah ed Din Beaufort einnehmen wollte, war Rainald von Sidon Herr der Festung. Er war einer der Überlebenden der Schlacht von Hittim gewesen, denen es gelungen war zu entfliehen. Er hatte sich noch nicht lange in der Festung am Litani aufgehalten, als Salah ed Din mit seinem siegesbewußten Heer den Fluß heraufrückte, mit dem Ziel, Beaufort einzunehmen. Sobald Rainald von Sidon sah, daß die Moslems ihr Lager aufgeschlagen hatten, daß über dem herrschaftlichen

Zelt des Salah ed Din die Fahne wehte, begab er sich hinunter, um den Herrn der Gläubigen zu begrüßen. Zu seiner Freude erfuhr Salah ed Din, der Ritter Rainald sei bereit, Beaufort an den Sieger von Hittim zu übergeben und dann aus der Gegend abzuziehen – er werde nur etwa drei Monate brauchen, um seine persönlichen Angelegenheiten zu ordnen. Es sei durchaus möglich, so ließ Rainald erkennen, daß er selbst zum Glauben an Allah übertrete.

Rainald von Sidon beherrschte die arabische Sprache, und er muß wohl ein Mann gewesen sein, der durch Worte zu überzeugen vermochte. Salah ed Din gestand dem Ritter, von dessen Rede überzeugt, tatsächlich eine Frist von einem Vierteljahr bis zur Übergabe der Burg Beaufort zu. Er befahl seinem Heer, sein Lager abzubrechen und in einiger Entfernung flußabwärts wieder zu errichten. Salah ed Din blieb zwar am Litani, doch er ließ Beaufort ohne direkte Kontrolle. Der Ritter Rainald wußte diese Chance zu nützen: Er holte Lebensmittel in die Festung, ließ die Wasserversorgung in Ordnung bringen und überwachte die Ausbesserung der Burgmauern. Salah ed Din erkannte zu spät, daß er überlistet worden war. Er hatte Zeit verloren – und auch die Lust, die Burg am Litani zu belagern. Das Moslemheer rückte ab zur Mittelmeerküste.

Salah ed Din konnte jedoch nie vergessen, daß er durch den Herrn von Beaufort zum Gespött geworden war. Sobald ihm der Krieg um die Küstenstädte Ellbogenfreiheit ließ, wandte sich der Herr der Gläubigen gegen die letzte Hochburg der Christen in der Jordangegend. Beaufort fiel im Juli des Jahres 1190 in islamische Hand.

Inzwischen waren neue Generationen von Kreuzrittern ins Heilige Land gekommen – unter Führung von wahrhaftigen Königen: Aus England war Richard Löwenherz eingetroffen, aus Frankeich Philipp-August; im Jahr zuvor war Kaiser Barbarossa auf dem Weg ins Heilige Land ertrunken – auch er war entschlossen gewesen, Jerusalem erneut für das Christentum zu erobern. Die zwei Monarchen, König Löwenherz und König Philipp-August, brachten den christlichen Rittern neue Impulse, doch konnten sie Erfolge nur in der Küstenregion erringen. Dort allerdings wurde die Basis für die erneute Ausrufung eines christlichen Königreichs geschaffen. 1191 verließ der Franzose Philipp-August und 1192 der Engländer Richard Löwenherz das Land an der Ostküste des Mittelmeers. Dieses Jahr wird als das Ende des Dritten Kreuzzugs bezeichnet. Erreicht war, daß die Christen die wichtigsten Küstenstädte behalten konnten und freien Zugang zu den heiligen Stätten erhielten.

Salah ed Din, der Herrscher, der großmütig sein konnte, aber auch konsequent in seiner Härte, war zu diesem Zeitpunkt müde und krank.

Seine Höflinge merkten, daß er sich nur noch für wenige Stunden am Tag wirklich konzentrieren konnte, daß er unter Gedächtnisschwund litt. Am 1. März 1193 verließ den Beherrscher der Gläubigen das Bewußtsein. Am 3. März starb er.

Nie hatte Salah ed Din nach der Zerstörung des Königreichs Jerusalem die Präsenz der christlichen Ritter im Lande zwischen Jordan und Mittelmeerküste völlig beenden können. Eine Basis der Ritter blieb die Burg Montfort, nahe der heutigen libanesischen Grenze auf israelischem Gebiet gelegen: Ihre Ruine ist erhalten. Die Burg geriet 1229 durch Kauf in den Besitz der Deutschordensritter. Angenommen wird, daß hier für einige Zeit Hermann von Salza residiert hat, der wohl berühmteste Hochmeister des Deutschen Ordens, der wenig später die deutsche Ostkolonisation in Gang brachte. Er wird von den Chronisten als Freund Kaiser Friedrichs II. bezeichnet, der sich, um den Kirchenbann zu lösen, gezwungen sah, im Jahre 1227, als Führer eines Kreuzzugs ins Heilige Land zu ziehen. Friedrich II. erreichte, daß ihm der damalige Moslemherrscher, Sultan Al Malik al Kamil, Jerusalem und Betlehem übereignete – der Erfolg eines überragenden Diplomaten, der selbst Arabisch sprach und die Kultur der Moslems bewunderte. Die beiden Städte waren damit dem Christentum ohne einen Schwertstreich zurückgewonnen.

Für die Christen in Europa sah dies nach Erfolg aus. Die Souveränität des Abendlandes über die heiligen Stätten war wiederhergestellt, nicht aber das Königreich Jerusalem. Da existierte keine Staatsmacht; da gab es kein christliches Hinterland um Jerusalem, das die Versorgung der Stadt hätte garantieren können. Auch die militärische Situation der Heiligen Stadt war höchst unsicher. Der Sultan hatte wohl Garantien abgegeben bei der Übereignung von Jerusalem an Friedrich II. Allerdings hatten die Moslems zuvor die Befestigungen niedergerissen: Jerusalem sollte schutzlos bleiben. So geschah es häufig, daß aus der Jordansenke bewaffnete Banden heraufstiegen, um in die Stadt einzudringen und sie auszuplündern. Die wenigen Christen, die nach Friedrichs Abreise in Jerusalem blieben, waren ungeschützt dem Druck aus dem Jordanland ausgesetzt.

Im Jahr 1229 entstand am Jordan und im ehemaligen Oultrejourdain mit der Hauptstadt Kerak, die eine Generation zuvor dem Ritter Rainald von Châtillon gehört hatte, ein halbwegs souveränes islamisches Königreich. Einer der Nachkommen des Salah ed Din war vom Familienclan zum König bestimmt worden. Seit dem Tod des großen Herrschers im Jahre 1193 waren seine Söhne und Enkel untereinander zerstritten gewesen. Jetzt waren die Mitglieder des Clans übereingekommen, den Besitz, den Salah ed Din hinterlassen hatte, durch

Zuweisung an geeignete Männer aus der Familie zu wahren. So kam es in der Jordansenke und im Ostjordanland zur Ausrufung eines Königreichs. Für das christliche Gemeinwesen in Jerusalem erwuchs daraus eine neue Bedrohung. Sie löste wiederum Besorgnis im Abendland aus. Erneut war dort die Bereitschaft spürbar, zur Verteidigung der heiligen Stätten in den Orient zu ziehen.

Am 1. September 1239 traf ein Kontingent von etwa tausend Rittern in der Hafenstadt Akko ein; wie einst bei den ersten Kreuzzügen kam auch die Mehrheit dieser Kreuzfahrer aus Frankreich. Die Ritter hatten sich darauf geeinigt, zuerst die Küstenstädte als wichtige Basen der Nachschublinie gegen Angriffe aus Ägypten zu schützen. Doch einer aus ihren Reihen – sein Name war Pierre de la Bretagne – erfuhr, daß im Osten, im Jordantal, wertvolle Beute zu erobern sei: Eine Karawane sei auf der Straße am Fluß unterwegs in Richtung Damaskus. 200 Ritter konnte Pierre de la Bretagne überreden, mit ihm nach Jericho zu reiten, um bei dieser Stadt der Karawane aufzulauern. Da er und seine Begleiter die Verhältnisse im Land um den Jordan nicht kannten, wußten sie nicht, daß Karawanen seit der Zeit des Raubritters Rainald von Châtillon nur mit starker Bewachung unterwegs waren. Pierre de la Bretagne glaubte, der Überfall finde keine Gegenwehr. Zu seiner Überraschung mußten er und die Ritter eine Schlacht bestehen; es hätte wenig gefehlt, und Pierre selbst wäre getötet worden. Aus der Verzweiflung erwuchs den Christen Kraft, und es gelang ihnen schließlich, die islamischen Bewacher der Karawane zu vertreiben. Pierre de la Bretagne war dann allerdings enttäuscht, daß der Reichtum der Karawane aus Rindern und Schafen bestand und nicht aus Gold und edlen Stoffen.

Der Überfall war im Gebiet des Herrschers von Kerak geschehen, und dieser konnte dieses Verbrechen nicht ungerächt lassen, wollte er sein Gesicht nicht verlieren. Von Kerak her führte er einen starken Kampfverband über den Jordan und hinauf nach Jerusalem. Da die Stadt noch immer unbefestigt war, gelang es seinen Männern leicht, in die Straßen einzudringen. Zur Strafe für den Überfall auf die Karawane plünderten sie die christlichen Teile der Heiligen Stadt. Als nichts mehr in den Häusern zu finden war, zog sich der islamische Kampfverband wieder über den Jordan zurück. Mit reicher Beute erreichte er Kerak. So vermehrte sich der Wohlstand in der einstigen Hauptstadt des Landes Oultrejourdain wieder. An den Ruinenresten von Kerak ist zu erkennen, daß die Palastbauten damals erweitert wurden. Den Archäologen erscheint jedoch das Fehlen fast jeglicher Ausschmückung der Innenmauern seltsam. Nur eine einzige Schmucktafel mit der Darstellung pflanzenartiger Formen konnte in Kerak gefunden werden. Die islamischen Verantwortlichen achteten offenbar darauf, daß das Verbot des Propheten, Lebewesen darzustellen, eingehalten wurde.

Im Juni des Jahres 1244 zeichnete sich für die Bewohner des Jordantals eine neue Gefahr ab: Das islamische Turkvolk der Choresmier, angesiedelt zwischen Indus und Euphrat, befand sich in einer Phase der Expansion. Das Volk beherrschte die Kalifenresidenz Bagdad und war auf der Suche nach einem neuen Herrschaftsgebiet weiter im Westen. Schnelle Reitertruppen waren unterwegs, um Städte und Dörfer zu unterwerfen. Damaskus erwies sich allerdings als zu stark – als uneinnehmbar für Reiter, die keine Belagerungsgeräte mit sich schleppen konnten. Die Stadt Tiberias am See Gennesaret aber fiel ihnen in die Hände. Nachdem die Reiter der Choresmier geplündert und gemordet hatten, brachen sie auf zum Sturmritt durch Galiläa. Am 1. Juli 1244 erreichten sie Jerusalem. Auch hier brachten sie jeden um, der ihnen vor das Schwert kam. Überlebende durften schließlich aus Jerusalem in Richtung Küste abziehen. Nur 300 Frauen und Männer sollen den rettenden Hafen Jaffa erreicht haben.

An jenem 1. Juli 1244 erlosch die Hoffnung, daß im Gebiet zwischen Jordan und Mittelmeer jemals wieder ein zusammenhängendes christliches Land entstehen könnte. Ein Aufbäumen der Ritter, die auch islamische Gegner des Turkvolkes aus dem Osten für sich mobilisieren konnten, wurde im Oktober desselben Jahres durch eine militärische Niederlage beendet.

Um den Jordan fand sich keine Persönlichkeit mehr, die imposant genug gewesen wäre, durch ihren Willen Ordnung zu schaffen. Das Land versank im politischen Chaos. Das Königreich, das sich um den Fluß, um das Tote Meer und um die Hauptstadt Kerak gebildet hatte, zerfiel. Ägyptische Heere zogen den Jordan herauf und eroberten Tiberias. Sichern konnten sich die Ägypter das Gebiet am oberen Jordangraben nicht. Die Region blieb in Unruhe.

Von Osten kündigten sich neue Gefahren an: Der Druck der Mongolen nahm zu. Im Herbst des Jahres 1256 verbreiteten sich Nachrichten in den Städten des Nahen Ostens, der sagenhafte Fluß Oxus sei von wilden Horden überschritten worden; der Stadt Bagdad drohe unmittelbar Gefahr. Einer der Feldherrn der Mongolen, so wurde am Jordan erzählt, stamme sogar von einem der drei Weisen aus dem Morgenlande ab. Er werde sicher das Land aufsuchen, das einst sein Vorfahr durchwandert hatte.

Daß der Nachfahre von Kaspar, Melchior oder Balthasar – die Erzähler jener Zeit hatten sich auf keinen der Weisen als Stammvater des Mongolenfeldherrn festlegen können – sich nicht mit der Absicht näherte, im Jordanland die Verhältnisse so zu belassen, wie sie waren, fürchtete vor allem eine Gruppe von Männern, die sich bisher dadurch ausgezeichnet hatte, daß sie überhaupt nie und vor nichts jemals Furcht gezeigt hatten. Sie wurden »Assassinen« genannt.

»Assassinen« und Christen verbünden sich

Den Namen »Assassinen« hatten die Kreuzritter erfunden – abgeleitet aus dem arabischen Wort »hashishyun«, das mit »Haschischgenießer« übersetzt werden kann. Der Genuß des Rauschgifts war zur Pflicht gemacht worden für Männer, die um das Jahr 1090 einen heiligen Eid geleistet hatten, den Befehlen des Schiiten Hassan Ibn Sabbah zu gehorchen. So war ein Orden von Kämpfern entstanden, die der Droge verfallen waren – ohne es zu wissen. Hassan Ibn Sabbah gab seinen Anhängern Haschisch ein, aufgelöst in gewohnten Getränken. Die Drogendosis war jedoch derart stark, daß die Männer in Schlaf verfielen. War ihr Bewußtsein geschwunden, wurden sie in einen Garten getragen. Dort warteten nackte Mädchen auf das Erwachen der Männer; »hochbusig« waren die Frauen, und sie entsprachen damit der Vorstellung der Moslems jener Zeit von den Gefährtinnen im Paradies. Die Mädchen im Garten des Hassan Ibn Sabbah waren willig. In den Pausen zwischen den sexuellen Vergnügungen brachten sie Speisen und Wein. So wechselten sich über Tage Liebe, Essen, Trinken und Schlaf ab. Die Männer waren tatsächlich der Meinung, sich im Paradies zu befinden.

Ehe sie begannen, sich an diesem Ort des ewigen Glücks zu langweilen, wurden die Männer wieder in Schlaf versetzt. Beim erneuten Erwachen befanden sie sich in gewohnter Umgebung. Nun machte ihnen Hassan Ibn Sabbah deutlich, daß Allah die Rückkehr ins Paradies erst dann erlaube, wenn sie Taten begangen hätten, die dem Erhabenen im Himmel wohlgefällig seien. Da sie berauscht waren von der Erinnerung an das Paradies, befolgten die Männer jeden Befehl des Hassan Ibn Sabbah, der ihnen als Anordnung im Sinne Allahs gegeben wurde. Der Schiit, der sie beherrschte, befahl ihnen, Menschen umzubringen, die ihm mißfielen. Die »hashishyun« wurden zum willigen Werkzeug des Hassan Ibn Sabbah. Sie wurden nicht von der Angst gebremst, als Mörder entlarvt und getötet zu werden. Geschah dies tatsächlich, was selten war, dann fürchteten sie den Augenblick des Todes nicht, denn er öffnete ihnen sofort das Tor zum Paradies, von dessen Existenz sie, nach den vorausgehenden Erfahrungen, überzeugt waren.

Eines der ersten Opfer wurde Nizam al Wulk, der in Persien der mächtige und reiche Wesir des Seldschukensultans Malik Schah war.

Hassan Ibn Sabbah hatte sich die Aufgabe gestellt, das Regime der Seldschuken durch Ermordung der Mächtigen zu erschüttern. So wurde im Jahre 1092 der Sultan selbst zum Opfer der »hashishyun«. Innerhalb weniger Monate gelang es den Assassinen, in Persien weite Gebiete zu beherrschen. Der Schrecken war zur wichtigsten Waffe der Gemeinschaft geworden, die sich zum Orden entwickelte. Ordensburg wurde die nordpersische Festung Alamut. Dort regierte der »Alte vom Berge«, wie Hassan Ibn Sabbah bald schon genannt wurde. Zur Zeit, als Jerusalem von den Kreuzrittern eingenommen wurde, besaß der Orden ein Gebiet, das weit größer war als das Land des christlichen Königreichs: Über fünfzig Festungen in Persien, Mesopotamien und schließlich auch in Syrien bildeten das Rückgrat des straff organisierten Staates der »hashishyun«. Voll Neid blickten manche der Ritter auf die Geschlossenheit des Ordensstaats, in dem kein Platz war für Egoisten von der Art des Rainald von Châtillon – er wäre wegen seiner Eigenmächtigkeiten ermordet worden. Die Bewunderung der Kreuzritter mischte sich mit Gefühlen des Entsetzens über die Kaltblütigkeit, mit der die Morde ausgeführt wurden. Die Assassinen wurden bald schon mit Mördern ganz allgemein gleichgestellt. Daraus entwickelte sich das sprachliche Phänomen, daß die Ritter aus Frankreich schließlich jeden Mörder als »assassin« bezeichneten. Sie brachten das Wort in ihre Heimat; dort wurde es binnen weniger Jahre Bestandteil des französischen Wortschatzes.

Im Quellgebiet des Jordan lag der Berührungspunkt zwischen Assassinen und Kreuzrittern. Oberhalb der Stadt Banjas, die in hellenistisch-römischer Zeit Caesarea Philippi geheißen hatte, befinden sich die Überreste der Festung Subeibe. Die Bewohner jener Gegend haben einen anderen Namen dafür: Sie nennen die Ruinen »Qal'at Nimrud« – Die Burg des Nimrud. Dieser Nimrud ist eine sagenumwobene Gestalt, die im Buch Genesis erwähnt wird: »Kusch zeugte den Nimrud.« Dieser war der erste Gewaltherrscher auf Erden. Er war auch »ein gewaltiger Jäger vor dem Herrn. Der Anfang seiner Königsherrschaft war Babel, Erech, Akkad und Kaine im Lande Sinear. Von diesem Lande zog er nach Assur aus.« (Gen 8–11)

Nimrud, so berichtet die Sage, habe auf dem Felsplateau über der Quelle des Jordan eine gewaltige Burg erbaut. Von dort aus habe er Pfeile in den Himmel geschossen, die Gott Angst einjagen sollten. Nimrud besaß die Vermessenheit, Gott wirklich mit Pfeilen treffen zu wollen. Gott aber schlug nicht direkt zurück; er packte nicht die Pfeile, um sie dann gegen Nimrud zu schleudern. Gott schickte eine Fliege auf die Erde, die in Nimruds Nase zu kriechen hatte. Dies gelang ihr, während der »Gewaltherrscher« in seiner Burg über der Jordanquelle schlief. Die Fliege bahnte sich dann den Weg in Nimruds Gehirn. Dort legte sie Eier, aus denen dann bald wiederum Fliegen krochen. Nach wenigen Tagen, so erzählt die Legende, sei Nimruds Gehirn von den Fliegen zerfressen worden. Unter furchtbaren Schmerzen sei Nimrud dann gestorben. So habe ihn Gott für seine Vermessenheit bestraft.

Die eine Fliege und ihre Nachkommenschaft sei nach Nimruds Tod Herrscher über die Burg gewesen. Daher komme der Name »Qal'at Subeibe«, auf deutsch »Burg der Fliege«. Die Menschen im Quellgebiet des Jordan erinnern sich lieber daran, daß in der Festung einst der legendäre Nimrud gelebt habe. Daher der Name »Qal'at Nimrud«.

Während der ersten Jahre der Existenz des Königreichs Jerusalem hatte der Orden der Assassinen eine Basis in der Qal'at Subeibe. Hier wurden junge Männer im Handwerk des Tötens ausgebildet. Auch hier wurde die Praxis geübt, Ordenskandidaten »ins Paradies« zu schicken. Qal'at Subeibe war die Heimat einer besonders gefährlichen Terrororganisation. Die Mitglieder wurden beauftragt, ihre Opfer unter den Mächtigen in Damaskus zu suchen. Der Orden der Assassinen wollte die reiche Oase in seinen Besitz bringen. Die übliche Taktik wurde angewandt: Die Assassinen destabilisierten die etablierte Macht durch Schrecken.

Die Interessen der Ordensleitung und der Führung der Christenritter am Oberlauf des Jordan deckten sich: Beide wollten die Schwächung der Herrschaftsschicht in Damaskus, die einer Ausdehnung der Assassinenregion und des christlichen Königreichs im Wege stand. Mehrfach waren Ritter zu Gast in Qal'at Subeibe. Möglich ist, daß beide Seiten ihre Politik abstimmten.

Im Jahr 1129 war die Geduld der Verantwortlichen in Damaskus erschöpft. Die Mörder waren erfolgreich gewesen: Ohne selbst gefaßt zu werden, hatten Assassinen die vorbestimmten Opfer ermorden können. Doch die regierende Schicht der reichen Stadt ließ sich nicht in Panik versetzen. Sie organisierte eine militärische Strafexpedition, die den Auftrag hatte, die Terrororganisation in der Burg Qal'at Subeibe zu zerschlagen. Die Ordensführung im Jordangebiet begriff schon während der Phase der Vorbereitungen der Damaszener Kriegsherren, daß ihre eigenen Kämpfer nicht für eine Verteidigung der Festung ausgebildet waren. Ausharren unter schwierigen Umständen war ihre Stärke nicht. So beschlossen die Verantwortlichen der Assassinen, ihre Freunde, die christlichen Ritter, als Treuhänder einzusetzen. König Balduin II. von Jerusalem bestätigte den Herren von Damaskus, die Burg von den Assassinen übernommen zu haben und sie in ihrem Namen verwalten zu wollen. Er setzte den Grafen Rénier de Brus zum Verwalter ein. Diese Besitzübertragung veranlaßte die Regierenden in

Damaskus, zunächst auf die Eroberung von Qal'at Subeibe zu verzichten. Im Jahre 1132 aber war das Heer von Damaskus stark genug, auch die Christen aus der Festung über der Jordanquelle zu vertreiben.

Die Bewunderung der Christenritter für die Disziplin der Assassinen war in jenen Jahren des engen Kontakts entstanden – und sie blieb erhalten, auch wenn die unmittelbare Verbindung zu diesem Orden damals, 1132, abriß. Dem Land am Jordan blieben die Assassinen fern. Doch sie bauten sich neue Basen im unwegsamen Bergland im Mittelmeerküstengebiet nördlich der heutigen libanesischen Grenze. Über Jahre hin unterließen sie es, Morde zu verüben, doch sie hielten die Erinnerung an ihre aktive Vergangenheit dadurch wach, daß sie einem ihnen verhaßten Fürsten nachts heimlich einen Dolch aufs Kopfkissen legten zum Zeichen des Mutes und der Entschlossenheit des Ordens, mit der heimtückischen Waffe auch weiterhin Schrecken zu verbreiten.

Wollte die Führung in Damaskus den Erfolg, den sie im Fall Qal'at Subeibe erzielt hatte, auch in den Bergen am Mittelmeer versuchen, dann – so wird berichtet – beschützten jedesmal geheimnisvolle Kräfte die Ordensburgen der Assassinen. Näherte sich ein feindlicher Truppenverband den Basen der Terrororganisation, dann behinderten ihn Kälte und Schnee auf dem Weg in die Berge, oder die Straße war durch Felsbrocken blockiert. Schon zu Zeiten des Salah ed Din kamen die syrischen Heerführer zum Entschluß, es sei wohl besser, die Assassinen in Ruhe zu lassen – in der Hoffnung, daß sie den Dolch nicht mehr zum Mord zücken würden. Salah ed Din selbst hatte auch zu denen gehört, die beim Aufwachen am Morgen einen Dolch auf ihrem Kopfkissen fanden.

Salah ed Din hatte keine Zeit gehabt, sich ernsthaft um das Assassinenproblem zu kümmern – der Streit mit den Christenrittern hatte ihn beschäftigt. Doch die neue Macht, die sich von Osten her ausbreitete, gab zu erkennen, daß sie nicht bereit war, eine Ordensgemeinschaft zu dulden, die ein unabhängiges Herrschaftsgebiet beanspruchte. Die Mongolen besetzten bei ihrer Eroberung Persiens die Basen der Assassinen. Sie verfolgten die Ordensmitglieder, in denen die Eroberer gefährliche Terroristen sahen. Die Bedrohung durch die Mongolen war für die Assassinen ein Grund, erneut ein enges Bündnis mit den noch unabhängigen christlichen Gebieten zu suchen.

Die christlichen Ritter waren bereit zum festen Bund mit den Assassinen in Syrien. Während der Verhandlungen verstärkte sich das gegenseitige Verständnis immer mehr: Die Ritter begriffen, daß die Organisation für das Überleben als Schutzverband der Schiiten in einer sunnitischen Umwelt kämpfte. Die Minderheit wehrte sich gegen den Anspruch der Sunniten, Andersdenkende vernichten zu dürfen. Wer, wie die Schiiten, sich dafür einsetzte, daß die Regierenden aus der Familie des Propheten stammen sollten, der gefährdete die Position der Mächtigen, die nichts von einem Vorrecht der Prophetenfamilie hielten. Die Situation, für die herrschende Schicht in Damaskus eine Gefahr darzustellen, galt für beide, für Assassinen und für Christen. Die einigenden Faktoren waren schließlich so stark, daß beide Seiten den Schritt wagten, ein förmliches Bündnis zu unterzeichnen, das gemeinsame Verteidigungstruppen vorsah.

Zum Zeitpunkt der Unterzeichnung hatte der Vertrag allerdings schon seinen Wert verloren, denn die Führung der Christen, deren Gebiet sich auf die Küstenstädte beschränkte, war mehr und mehr bereit, mit den anrückenden Mongolen, die seit 1258 in Bagdad heimisch waren, zu einem Einverständnis zu kommen. Diplomatische Missionen waren ausgesandt worden zum Großkhan der Mongolen, die freundlich aufgenommen wurden. Die Gesandten kamen zurück mit dem Gefühl, einige aus der Elite dieser Fremden aus dem Osten seien bereit, sich zu Christus zu bekennen. Zur Enttäuschung der Christen in den letzten Bastionen der Kreuzritter erwies sich dieses Gefühl fast immer als falsch.

1259, im Jahr nach der Einnahme von Bagdad, verlor der Orden der Assassinen seine letzten Festungen in Persien und im Irak. Sein Einfluß war fortan nur noch auf Syrien beschränkt. Doch noch im Herbst jenes Jahres brachen die Heere der Mongolen in Syrien ein. Der Herrscher von Damaskus – er hieß Sultan Nasir Jussuf – dachte zuerst an Verteidigung, doch seine Offiziere waren nicht bereit, ihr Leben einzusetzen. So war der Sultan gezwungen, nach Ägypten zu fliehen.

Am 1. März 1260 fiel Damaskus in die Hand der Mongolen. Sie beherrschten nun auch den Oberlauf des Jordan. Ihr Feldherr Kitbukha hatte auch schon bald nach der Besetzung von Damaskus die Absicht, am See Gennesaret vorbeizumarschieren und in die Jordansenke einzurücken. Unruhen in der eben eingenommenen Stadt hinderten ihn aber daran, die Absicht zu verwirklichen. Die Moslems in der Stadt rebellierten; sie wollten sich nicht damit abfinden, von einer Schicht beherrscht zu werden, die nicht islamisch war. Die neuen Herren erwiesen sich zunächst als nicht religiös; ihre Götter waren die Macht und die Gewalt. Festzustellen war aber, daß sie sich eher zum Christentum hingezogen fühlten als zum Islam. Kitbukha, der Kommandeur des Mongolenheeres bekannte sich schließlich zu Christus – er gehörte damit zu den wenigen unter den Eroberern, die durch ihr Bekenntnis über die Gefühle der Sympathie für das Christentum hinausgingen. Die Bewohner der christlichen Gebiete hatten Hoffnung, unter der Mongolenherrschaft ihren Glauben behalten zu dürfen.

Im September 1260 glaubte der Mongolenführer, nach Niederwerfung des Aufstands in Damaskus, militärisch so stark zu sein, daß er den Einmarsch ins Jordanland wagen konnte. Der Feldherr Kitbukha handelte allerdings leichtsinnig: Er schickte keine Kundschafter voraus. So wußte er nicht, daß ein ägyptisches Heer durch Galiläa heraufzog, um den Fremden aus dem Osten den Weg zu versperren. In der Gegend von Nazaret trafen Mongolen und Ägypter aufeinander. Der Kampf endete mit der Niederlage der mongolischen Angreifer. Dem Feldherrn Kitbukha wurde von den Siegern der Kopf abgeschlagen.

Hätte Kitbukha gesiegt, wäre die Situation der Christen im Land zwischen Jordan und Mittelmeerküste entscheidend verändert worden. Die letzten der christlichen Ritter hätten mit Schutz durch die Mongolen rechnen können. Vielleicht wäre sogar das christliche Königreich neu entstanden. Nun war die Hoffnung auf Selbständigkeit zerstoben. Die Schlacht im Bergland westlich der Jordansenke wurde für den Verlauf der Geschichte bedeutsamer, als es zunächst den Anschein hatte. Mit dem Rückzug auf der Uferstraße des Sees Gennesaret gaben die Mongolenherrscher ihren Anspruch auf, ihren Machtbereich auch über syrisches Gebiet auszudehnen. Ihr Vormarsch nach Westen war für immer gebremst.

Der Jordan als Grenze Ägyptens

Wo die christlichen Ritter einst zu Glanzzeiten ihres Königreichs ihre Grenze gegen Einfälle aus Damaskus verteidigt hatten, zogen nun die Mächtigen aus Cairo eine Demarkationslinie. Qal'at Subeibe, die Festung, die früher den Assassinen gehört hatte, wurde zur Bastion gegen die Mongolen. Derjenige, der den Ausbau von Qal'at Subeibe anordnete, hieß Rukn ed Din Baibars Bundukdari; er war der Herr über Ägypten.

Am Nil geboren war er nicht. Er war ein Angehöriger der Turkvölker, die in der Region um den Aralsee und um das Kaspische Meer zu Hause sind. Von Sklavenjägern war er aus seiner Heimat geraubt und nach Ägypten verkauft worden. Längst hatten es sich die Sultane Ägyptens angewöhnt, den Militärdienst durch Sklaven leisten zu lassen, die zu den kräftigen Turkvölkern gehörten. Die Kaste der Mamelucken war entstanden, der Berufssoldaten aus der Fremde.

Rukn ed Din Baibars Bundukdari war von einem Emir, der Bundukdari hieß, auf dem Sklavenmarkt erworben worden, als Neuanschaffung für die Leibgarde des Sultans am Nil. Der junge Mann war mutig, einsatzfreudig und intelligent. Er nahm schon bald die Position eines selbständigen Truppenführers ein. Er war dann der Mameluckenfeldherr, der den Mongolen im Bergland westlich der Jordansenke die entscheidende Niederlage beibrachte. Bald darauf ermordete Rukn ed Din Baibars Bundukdari seinen Herrn, den Sultan Qutuz, und übernahm selbst die Macht unter dem Herrschernamen Baibars.

Sein ganz besonderes Interesse galt dem Land, das auch die Mongolen gern besessen hätten: Baibars wollte das Land westlich des Jordan dem Mameluckenreich angliedern. Der Jordan sollte der Grenzfluß Ägyptens sein. Energisch sorgte Baibars dafür, daß ihm niemand die Grenzprovinz streitig machte. Er eroberte die Festungen der Assassinen und tötete alle Ordensmitglieder, die er gefangennehmen konnte. Da die Gemeinschaft der schiitischen Kämpfer keine Kraft mehr besaß, war ihre Vernichtung eine leichte Aufgabe. Als schwieriger erwies es sich, die letzten Reste der Christenherrschaft zu beseitigen.

Im Jahre 1266 griff Baibars die Festung Safed an, die nordwestlich des Sees Gennesaret – keine 20 Kilometer Luftlinie von Kafarnaum entfernt – am Abhang des Berglands liegt. Die Burg Safed war von den Tempelrittern als großräumige Verteidigungsanlage gebaut worden. Es war immer die Absicht der Ritter gewesen, im Falle der Gefahr den Menschen aus den Städten am See Gennesaret eine Zuflucht bieten zu können. Die Basis ihres Festungsbaus war das Gemäuer gewesen, das Josephus Flavius im Jahre 66 n. Chr. gegen die Römer zu verteidigen hatte. Die Ritter hatten den Umfang des bebauten Geländes gewaltig vergrößert und sieben Türme errichten lassen. Auf dem Hügel Ha Metzuda in der heutigen Stadt Safed sind die Überreste der einstigen Festung zu besichtigen.

Da die Burg Safed von den Kreuzrittern als uneinehmbar bezeichnet wurde, flohen damals, im Jahre 1266, etwa 2000 Menschen hinter ihre Mauern. Die Christen aus der Region Oberer Jordan und See Gennesaret meinten, in der Festung Safed den Ansturm des Mameluckenheeres überstehen zu können. Doch die Verantwortlichen hatten nicht daran gedacht, für den Verteidigungsfall eine ausreichende Menge Lebensmittel in die Festung zu holen. Nach einer Woche der Belagerung durch die Kämpfer des Sultans Baibars litten die Menschen in der Burg Hunger. Nach drei Wochen sahen sich die Ritter gezwungen, die Kapitulation anzubieten. Baibars selbst versprach freien Abzug für die Ritter und für die 2000 Flüchtlinge. Doch als die Tore der Festung geöffnet wurden, da gaben die Mameluckenoffiziere ihren Soldaten Befehl, alle Frauen und Männer zu enthaupten, die sich weigerten, zum Islam überzutreten. Die Anweisung zu diesem Befehl hatte Baibars selbst erteilt. Berichtet wird, auch sämtliche Nonnen des Klosters von Safed seien auf Anordnung des Sultans umgebracht worden.

Die Burg Safed gefiel Baibars überaus: Er hielt selbst in ihr hof. Im Frühjahr 1267 empfing er in Safed eine Delegation der christlichen Ritter, die versuchte, wenigstens einige der christlichen Besitzungen vor dem Zugriff der Mamelucken zu retten. Die Ritter waren entsetzt, als sie sahen, daß auf den Mauern der Festung Schädel in unübersehbarer Zahl lagen. Baibars hatte seine Residenz mit den abgeschlagenen Köpfen derer zieren lassen, die sich nach der Einnahme durch die Mamelucken nicht zum Islam hatten bekennen wollen.

Den Christen am See Gennesaret blieb keine Wahl mehr, als dem bisherigen Glauben abzuschwören. Die Mamelucken herrschten mit eiserner Hand. Doch sie beuteten das Land um den Jordan keineswegs aus – im Gegenteil. Die Mamelucken förderten den Handel, auch über den Grenzfluß Jordan hinweg. Safed entwickelte sich zum Markt für Gewürze und für Olivenöl von hoher Qualität. Die Händler profitierten von der Aktivität der Mamelucken zur Sicherung der Verbindung zwischen den Provinzen. Über Jahrhunderte hin hatte sich niemand um die Erhaltung oder gar um die Verbesserung der Verkehrswege gekümmert. Sultan Baibars aber brauchte Straßen, um sein Heer rasch an den Oberlauf des Jordan zu bringen, wenn wieder einmal eine Invasion der Mongolen drohte, die in Syrien noch immer präsent waren.

Eine derartige Gefahr bestand im Jahre 1271, als Edward, der Kronprinz von England, in der Hafenstadt Akko an Land ging, in der Absicht, mit tausend Rittern das Königreich Jerusalem zu errichten. Kronprinz Edward, der wohl wußte, daß er mit einer derartig kleinen Truppe nichts gegen die Streitmacht der Mamelucken ausrichten konnte, hatte die Mongolenherrscher als Verbündete gewonnen. Ihre Heeresverbände sollten über den Jordan stoßen, um Sultan Baibars aus Safed und dann aus ganz Galiläa zu vertreiben. Edward hatte sich die Eroberung von Jerusalem vorbehalten. Der ehrgeizige Plan scheiterte, weil der Sultan rechtzeitig bis Damaskus vorgestoßen war. Damit zerstörte er die Hoffnung der Mongolenführung, ganz Syrien als Basis für eine weitere Expansion in die Hand zu bekommen. Kronprinz Edward wurde allein gelassen. Er war froh, daß ihm vom Sultan ein Waffenstillstand gestattet wurde.

Noch einmal machten sich damals die Assassinen bemerkbar. In der Nacht vom 16. auf den 17. Juni 1272 gelang es einem Mann, der sich als Christ verkleidet hatte, in das Schlafgemach des Prinzen Edward einzudringen. Er verletzte den Schlafenden mit einem vergifteten Dolch. Edward starb nicht, doch er litt monatelang unter einer Wunde, die nicht heilen wollte. Als seine Gesundheit ihm erlaubte, die Seereise anzutreten, begab sich Edward aufs Schiff – um in England König zu werden. Sultan Baibars gute Wünsche begleiteten ihn.

Als Edward das Heilige Land verließ, war nur noch ein schmaler Küstenstreifen im Besitz der christlichen Ritter. Den Sieg über den letzten Rest des christlichen Königreichs erlebte Baibars nicht mehr. Er starb im Jahre 1277. Vierzehn Jahre später ergab sich die Hafenstadt Akko den Mamelucken. Damit war der letzte Stützpunkt der Kreuzfahrer gefallen. Ihre Anwesenheit im Gebiet zwischen Jordan und Mittelmeerküste blieb eine Episode, die ihre Spuren allein in den Burgen hinterließ, deren Ruinen bis heute Bewunderung erwecken.

Das Osmanische Reich
sorgt für ein Gleichmass der Zeit

»Die reinste Luft des Heiligen Landes«

Als das Land um den Jordan endlich den Moslems ganz und unbestritten gehörte, wußten sie nichts damit anzufangen. Zentren der Macht waren Cairo und Damaskus. Manchmal gingen die Mächtigen der beiden Städte gemeinsame Wege, häufig aber lagen sie im Streit miteinander. Das Land um den Fluß bildete die Verbindung zwischen Syrien und Ägypten. Es wurde zum Korridor für durchmarschierende, plündernde Heere und erlitt das Schicksal vieler Grenzländer: Nur wenige der Bewohner wollten auf Dauer dort leben. Nach einer ersten Blüte zu Beginn der Mameluckenzeit erstarb das Leben der Städte. Eine jahrhundertelang andauernde Phase der Entvölkerung setzte ein. Die tatsächlichen Machtzentren Damaskus und Cairo zogen die Menschen an.

Selbst die fruchtbaren Gebiete des Jordantals wurden verlassen. Der Prozeß der Ausdünnung der Bevölkerung wurde immer nur kurzfristig unterbrochen. Im 14. Jahrhundert kamen findige Köpfe auf den Gedanken, am Fluß Zuckerrohr anzubauen. Zuckermanufakturen entstanden südlich des Sees Gennesaret. Mit dem Einbruch von Timurs Mongolenheer in den Nahen Osten – an der Wende vom 14. zum 15. Jahrhundert – endete aber auch dieser Ansatz, dem Jordantal wirtschaftliche Bedeutung zu geben.

Die Zuckermühle von Jericho verfiel. Bauvorhaben von Bedeutung sind zur Herrschaftszeit der Mamelucken nirgends im Land um den Fluß durchgeführt worden. Ausgeschlachtet wurden die Ruinen. So lebten die Menschen inmitten der Zeugnisse einer gewaltigen Vergangenheit, ohne eine Beziehung zur eigenen Geschichte zu finden.

Jericho ist ein Beispiel dafür: Die Bewohner rissen erst die alten Paläste nieder, weil sie die Steine als Baumaterial benötigten: Sie errichteten daraus kunstlose Häuser, die wohl auch nur als vorübergehende Behausung gedacht waren. Schließlich mißfielen den Familien die schlechten Häuser; sie zogen fort. Zurück blieben in Jericho unbewohnte, primitive Gewölbe.

Allein in Jerusalem wurden zur Mameluckenzeit neue Gebäude errichtet. Dort entstanden Moscheen, Schulen, Mausoleen und Paläste. Der Grund für diese Ausnahmestellung: Jerusalem war Verbannungsort für Würdenträger, die in Cairo nicht mehr vor das Angesicht des Herrschenden treten durften. Diese Emire waren, obgleich sie in Ungnade gefallen waren, meist noch immer überaus wohlhabend, und so machten sie die Stadt, in die sie das Schicksal verschlagen hatte, zum Ort, in dem es sich leben ließ. Es wurden nur Baukünstler von sicherem Geschmack und Können beschäftigt. Sie prägten den besonderen Stil der Gebäude aus der Epoche der Mamelucken: Die Fassaden bestehen aus abwechselnden Reihen roter und weißer Steine. Daß die Siedlungen ringsum verkamen, kümmerte diese Schicht der Bewohner von Jerusalem nicht.

Eine Ausnahme im Land um den Jordangraben gibt es: die Stadt Safed. Dort befindet sich eines der seltenen Bauwerke, das zur Mameluckenzeit außerhalb von Jerusalem entstanden ist: die Djame al Ahmar, die Rote Moschee, die noch auf einen Sakralbau zurückzuführen ist, den der Eroberer, Sultan Baibars, hatte errichten lassen.

In Safed sind aber auch die Reste einer Synagoge zu sehen, die mit Genehmigung der Mameluckensultane erbaut worden ist. Sie war das Heiligtum einer umfangreichen jüdischen Gemeinde, die um das Jahr 1500 in Safed entstanden war. Die Mameluckenherrscher ließen zu, daß Juden, die nach dem Vertreibungsedikt des Jahres 1492 Spanien verlassen mußten, in Safed eine Heimat fanden. Bedeutende Rabbiner bauten Lehrinstitute auf. Einer von ihnen soll damals gesagt haben: »In Safed ist uns die reinste Luft des Heiligen Landes vergönnt. Es gibt keinen besseren Ort, um die Wahrheit und die Geheimnisse der Bücher Mose zu verstehen.«

Nur wenige Berichte sind erhalten aus den Jahrhunderten, als die Geschichte Pause machte am Jordan. Ein Dokument ist die Darstellung der Erlebnisse des Münchners Johannes Schiltberger, der als Knappe eines bayerischen Ritters 1396 in türkische Gefangenschaft geraten war. »Als Sklave im Osmanischen Reich und bei den Tataren« lautet der Titel des Buches, das er nach der glücklichen Heimkehr in seine Geburtsstadt München schrieb. 31 Jahre hatte Johannes Schiltberger im Orient verbracht. So farbig sein Bericht andere Landstriche schildert, so nüchtern ist das, was Schiltberger über das Jordantal notiert hat:

»Der Berg Galiläa reicht bis hinunter ans Tote Meer. Von Jerusalem bis dorthin sind es 200 Stadien. Das Meer selbst ist 150 Stadien lang. Der Jordan fließt ins Tote Meer, und unweit der Mündung steht die Kirche des heiligen Johannes. Ein Stück flußauf baden sich die Christen im allgemeinen im Jordan, denn dort ist er weder breit noch tief. Er hat aber viele Fische. Der Fluß entspringt aus zwei Quellen im selben Gebirge. Die eine heißt Jor, die andere Dan. Von daher hat er seinen Namen Jordan. Er fließt durch einen See und kommt dann auf eine Ebene, auf der die Heiden mehrmals im Jahr Markt halten. Auf dieser Ebene ist auch das Grab Jakobs. Ich war auf dieser Ebene mit einem jungen König unter 30 000 Mann, die ihm der türkische König geliehen hatte. Im Jordantal leben viele Christen, darunter viele Griechen.«

Dieser Bericht des Johannes Schiltberger ist deshalb bemerkenswert, weil er auf türkische Einflüsse auf das Land um den Jordan hinweist. Das Ereignis, das den Sklaven an den Fluß geführt hatte, ist zwar nicht zu identifizieren, doch seine Erwähnung zeigt, daß die Regierenden in Istanbul damals wenigstens zeitweise militärisch präsent waren in der Jordansenke.

Der Herrscher der Türken in jener Zeit hieß Bajezid I. Johannes Schiltberger erzählte vor allem von dessen Grausamkeit: Nach der Schlacht von Nikopolis hatte er 10 000 christliche Gefangene niedermetzeln lassen. Bajezid I. selbst fehlte noch die Kraft, sein Reich bis zur Ostküste des Mittelmeers auszudehnen. Die Militäraktion am Jordan, die Schiltberger beschrieb, war zu Bajezids Zeit ein Einzelfall.

Erst mehr als hundert Jahre später wurde das Land um den Jordan dem Osmanischen Reich angegliedert. Sultan Selim I. war der Eroberer. Er hatte eigentlich gar nicht die Absicht gehabt, im Mittelmeerraum sein Herrschaftsgebiet zu erweitern, doch sein Heer wurde in der Gegend der syrischen Stadt Aleppo von ägyptischen Truppen angegriffen. Die Kämpfer des Sultans gewannen die Schlacht. Diese Niederlage wirkte auf die Mamelucken insgesamt – auf die Führung und auf die Soldaten – demoralisierend. Sie leisteten dem grausamen Sultan nur geringen Widerstand. Am Ende des Jahres 1516 war Selim I. Oberherr über Syrien und Ägypten geworden und damit auch über die Landbrücke zwischen den beiden Staaten. So begann die Epoche der 400jährigen Herrschaft der Osmanen über das Land am Jordan.

Auch die Sultane, die am Bosporus herrschten, bevorzugten – wenn sie überhaupt eine Stadt zwischen Jordan und Mittelmeerküste interessierte – Jerusalem. Dort ließen sie Straßen anlegen und Trinkbrunnen bauen. Unbeabsichtigt gefördert wurde das Gebiet um den See Gennesaret. Dort setzten die Osmanen die Politik ihrer Vorgänger fort und ließen den Juden von Safed ihre Eigenständigkeit. So konnten dort um das Jahr 1560 bedeutende Lehrbücher entstehen, die den orthodoxen Juden bis heute Anleitung zur Lebensführung sind. Die jüdischen Familien machten Safed innerhalb von zwei Generationen auch zu einer wohlhabenden Stadt.

Die Sultane der Osmanen in der zweiten Hälfte des 16. Jahrhunderts waren gegenüber den jüdischen Gemeinden, die sich um den See Gennesaret bildeten, außerordentlich tolerant. Soliman der Prächtige, bekannt als der Sultan, der im Jahre 1529 beinahe Wien erobert hätte, gab der spanischen Jüdin Beatriz de Luna um das Jahr 1560 die Erlaubnis, Juden aus Spanien und Portugal auch in Tiberias anzusiedeln. Ihr Neffe Juan Mendez bekam vom Sultan kurze Zeit später die Stadt und sieben Dörfer in der Umgebung zum Lehen überantwortet. Juan Mendez, der sich im Heiligen Land »ha Nassi« (Fürst) nannte, sorgte für eine systematische Besiedlung des Gebiets durch jüdische Familien. Er nahm Ideen vorweg, die von den zionistischen Führern des beginnenden 20. Jahrhunderts unter günstigeren Bedingungen verwirklicht werden konnten.

Juan Mendez wollte sich jedoch nicht damit begnügen, den jüdischen Menschen eine Lebensbasis zu geben: Er sah sich selbst als die Verkörperung des Königs Saul, der nur darauf wartete, gesalbt zu werden. Er entwickelte schließlich sogar die Vision von einem autonomen jüdischen Staatsgebilde innerhalb des Osmanischen Reiches. Die jüdischen Geistlichen aber verhielten sich ablehnend. Keiner fand sich bereit, »ha Nassi« zu salben. Die Rabbiner waren der Meinung, die Zeit für Gelehrsamkeit sei angebrochen, nicht aber die Zeit für die Gründung eines jüdischen Staatsgebildes – und bei Betrachtung der politischen Situation hatten sie recht.

Autonomiebestrebungen innerhalb seines Reiches mußten Sultan Selim II. selbstverständlich mißfallen. Er verbot daraufhin die weitere Zuwanderung von Juden an den See Gennesaret. Viele Familien fürchteten neue Repressionen und wachsende Unsicherheit in Tiberias. Sie kehrten der Stadt den Rücken. Tiberias erlitt in den nächsten zwei Jahrhunderten das Schicksal Jerichos: Niemand wollte in den verfallenden Häusern leben.

Die Steuerlisten der osmanischen Verwaltung vom Ende des 16. Jahrhunderts sind erhalten. Sie dokumentieren den Niedergang. Keinerlei Einnahmen erhielt das Reich aus der Jordanregion zwischen See Gennesaret und der Flußmündung. Auch die Städte am See selbst konnten nur wenig zur Staatskasse beitragen. Allein das wohlhabendere Safed zahlte nach Istanbul. Gering besiedelt war offenbar das Land ostwärts des Jordan. Kerak, die frühere Kreuzfahrerfestung, gehörte zu den Plätzen, wo noch Menschen wohnten. Die Steuerlisten nennen als Siedlungsgebiet im einstigen Oultrejourdain nur Orte, die zuvor durch Befestigungen abgesichert gewesen waren. Die Ruinen waren noch immer geeignet zum Schutz gegen die Angriffe arabischer Nomadensippen.

Derartige Großfamilien aber drangen im Verlauf des 17. Jahrhunderts von der Arabischen Halbinsel in das dünn besiedelte Land um den Jordan. Zwei dieser Sippen – sie nannten sich Bani Mahdi und Bani Sakhr – ließen sich im Bergland bei der Jordanmündung nieder. Der Stamm Muhammidin bewohnte das Bergland ostwärts des Toten Meeres. Diese Stämme bauten keine Städte; sie blieben bei der Lebensweise der Beduinen. Sie beanspruchten eine bestimmte, meist genau definierte Region, auf deren Boden sie ihre Tiere weideten. Einfache Zelte genügten den Familien als Behausungen.

Reichte den Stämmen nicht mehr, was ihnen ihre Herden zum Leben gaben, dann zogen die Männer aus, um zu plündern. Die arabische Tradition der »Razzia«, des raschen, unvermuteten Überfalls, entwickelte sich erneut – diesmal im Jordangebiet, das seit der Zeit der römischen Herrschaft gegen derartige Übergriffe der Nomadenvölker verteidigt worden war. Lohnende Beute für Razzien boten die Pilgerkarawanen, die unterwegs waren zwischen Damaskus und Mekka. Die osmanischen Garnisonen waren kaum in der Lage, die Gläubigen auf dem Weg zu und von den heiligen Stätten zu schützen. Möglichkeiten zur Selbstverteidigung mußten geschaffen werden. So entstanden primitive Festungen, in die sich bedrohte Karawanen flüchten konnten.

Pilgerforts im Ostjordanland

Jeder Moslem, der seinen Glauben ernst nimmt, ist verpflichtet, einmal im Leben nach Mekka zu pilgern. Nur diese Pilgerfahrt schafft die Voraussetzung, daß ein Moslem ins Paradies aufgenommen wird. Dabei darf es dem Gläubigen nicht gleichgültig sein, wann er die Reise nach Mekka unternimmt. Nur die drei Monate Schawal, Dhu al Qada und Dhu al Hijja sind als die richtige Zeit anerkannt. Wer außerhalb dieser drei Monate die Ka'aba in Mekka besucht, der darf sich nicht als »Hajji« (Hadschi) bezeichnen. Die drei genannten Monate bestimmten also den Reiseplan der Pilgerkarawanen. Wenn die Männer eines Stammes eine Razzia durchführen wollten, dann wußten sie, wann die Karawanen der Pilger durch ihr Land zogen. Dreißig Tagesmärsche waren angesetzt für die Reise von Damaskus nach Medina.

Die reiche Oase Damaskus war der Treffpunkt für Gläubige aus Syrien, der Türkei, dem Iran und Irak; auch die Pilger aus den mittelasiatischen Turkvölkern sammelten sich zunächst in der wichtigsten Stadt Syriens. An einer Karawane beteiligten sich etwa 6000 Pilger – in jener Zeit fast ausschließlich Männer. Die meisten der Reisenden ritten auf Kamelen; viele hatten ihre Reittiere mitgebracht; andere hatten Kamele gemietet. Wer zu Fuß gehen mußte, dem stand eine besonders beschwerliche Zeit bevor, denn die Entfernung, die zurückzulegen war, betrug rund 1500 Kilometer. Gleich zu welcher Jahreszeit die Pilgerfahrt stattfand, im Bergland im Osten des Jordan drohten immer Strapazen.

Da sich die Monate der Moslems nach dem Mond orientieren, sind sie kürzer als die Monate des christlichen Kalenders. Und sie wandern durch die Jahreszeiten. So kann es geschehen, daß die drei Pilgermonate in die heiße Jahreszeit fallen – wenige Jahre später aber gehören sie zum Winter. Wer in der Hitze die Pilgerfahrt zu leisten hat, ist jedoch keineswegs schlechter dran als der Gläubige, der wartet, bis die Karawane zur Winterzeit nach Süden zieht: Der Reisende im Sommer leidet Durst – der Reisende im Winter wird von Kälte, Regen und Schnee gepeinigt. Nur diejenigen preisen Allah, die im Frühjahr und im Herbst auf der Karawanenroute im Osten der Jordansenke den heiligen Stätten entgegenreiten. Sie allerdings waren im Verlauf des 17. Jahrhunderts mehr als die Pilger des Sommers und des Winters den Razzien der Beduinen ausgesetzt, die bei Hitze den Durst und bei Regen den schweren Boden fürchteten, der ihre Pferde daran hinderte, die Entfernungen rasch zu überwinden.

Die Nomaden entwickelten eine besondere Taktik, um die Karawanen noch leichter zur Beute werden zu lassen: Sie vergifteten die Brunnen, die auf dem Weg Pilger, Karawanenführer und Tiere mit Wasser versorgten. Die für die Kolonne Verantwortlichen – die von Beruf aus argwöhnisch waren – stellten immer sehr schnell fest, wann das Wasser eines Brunnes todbringend war. Sie konnten verhindern, daß aus der vergifteten Quelle getrunken wurde, doch anderes Wasser konnte nicht beschafft werden. Trafen die Karawanen aber am vorgesehenen Ort kein trinkbares Wasser an, dann gerieten sie in eine gefährliche Lage, denn meist waren die Vorräte aufgebraucht, da die Karawanenführer sicher damit gerechnet hatten, ihre Wasserschläuche wieder füllen zu können. Waren Mensch und Tier noch in guter Verfassung, bestand Hoffnung, den nächsten Brunnen zu erreichen – wenn auch unter Aufbietung der letzten Kräfte. Waren Karawanenführer und Pilger geschwächt, hatten die Nomaden leichtes Spiel: Sie brauchten dann nur mit geringer Gegenwehr zu rechnen.

Wer das Risiko ausschalten wollte, daß Karawanen unterwegs vergiftete Brunnen antrafen, der mußte die Wasserstellen schützen. Diese Überlegung führte dazu, daß Fluchtburgen um die Brunnen angelegt wurden. Die Pilgerforts, die bis heute erhalten geblieben sind, entstanden im 18. Jahrhundert. Sie befinden sich alle im Bergland ostwärts des Toten Meeres. Daraus ist zu schließen, daß die Kolonnen aus Menschen und Tieren in osmanischer Zeit von Damaskus her zunächst die Richtung zum Jordantal einschlugen. Die Karawanen folgten dem Fluß bis zum Toten Meer; auf dieser Wegstrecke waren sie sicher, immer über trinkbares Wasser zu verfügen.

Die ältesten bildlichen Darstellungen der Pilgerkarawanen zeigen Reiter auf Kamelen und auf Pferden beim Abstieg in die Jordansenke. Diese Bilder stammen zwar vom Anfang des 19. Jahrhunderts, doch halten sie die Verhältnisse fest, wie sie zur gesamten osmanischen Zeit waren: Reiter in traditioneller arabischer Kleidung, mit Lanzen bewaffnet, geleiten Kamele mit Pilgern, eines hinter dem anderen, hinunter zum Fluß. In der Ferne ist die Spitze der Kolonne nur schwach im Dunst zu erkennen. Neben dem sich dahinschlängelnden Jordan rauchen Feuer: Sie markieren Plätze, an denen Essen zubereitet wird.

Vor dem Aufstieg ins Bergland, bei der Einmündung des Jordan ins Tote Meer, muß den Reitern zumute gewesen sein, als verließen sie das Paradies. Von nun an waren Mensch und Tier der Härte der Natur ausgesetzt.

Von der Nordspitze des Toten Meeres bis zum ersten Pilgerfort waren im Bergland rund 60 Kilometer zurückzulegen. Gleich neben der Wüstenstraße, die von der jordanischen Hauptstadt Amman nach Aqaba führt, steht mitten im freien und ebenen Gelände ein gemauerter Würfel. An einer Seite besitzt er eine niedere Tür. Scharten im Gemäuer gestatten den Blick von drinnen nach draußen. Das Gebäude ist nicht dafür geschaffen, Hunderte von Pilgern aufzunehmen – dazu ist der ummauerte Innenraum zu klein. Dieses Pilgerfort, das den Namen Qatrana trägt, beherbergte im 18. und 19. Jahrhundert eine Wache, die dafür zu sorgen hatte, daß das Wasser der Zisterne, deren Gemäuer direkt neben dem Steinwürfel zu sehen ist, nicht von Beduinen vergiftet werden konnte. Eine Quelle ist beim Fort Qatrana nicht zu erkennen. Anzunehmen ist deshalb, daß die Zisterne allein durch Regenwasser gefüllt wurde. Während der winterlichen Jahreszeit sind die Regengüsse in den Bergen ostwärts der Jordansenke ergiebig.

Anders geartet ist das Fort Qal'at Hesa, 50 Kilometer weiter südlich gelegen: Die Festung umgibt eine Zisterne, die durch Mauerwerk abgedeckt ist. Zweigeschossig ist das Gebäude, dessen Innenhof durch die Zisterne gebildet wird. Geräumige Gewölbe boten mehreren hundert Pilgern Schutz vor Sonne oder Regen. Im Obergeschoß befindet sich ein Gebetsraum, dessen Wände früher mit Inschriften geschmückt waren; eine nennt als Bauherrn den osmanischen Sultan Mustafa III., der von 1757 bis 1774 regierte.

Die nächste Festung am Weg der Pilger, Qal'at Aneza, ist 40 Kilometer von Qal'at Hesa entfernt: Wo heute die Straße über Shobaq nach

Petra abzweigt, ist die Anlage von Qal'at Aneza zu besichtigen. Sie besteht aus einem quadratisch gemauerten Gebäude, das eine mächtige Zisterne umgibt. Auch bei diesem Pilgerfort war die Wasserstelle vor den Übergriffen der Nomaden geschützt. Auf zwei Stockwerke verteilt sind Unterkünfte, Lagerräume und Kochgelegenheiten.

Wahrscheinlich waren die Pilgerforts nur während der drei Monate der regulären Pilgerfahrt durch osmanische Soldaten besetzt. Über neun Monate des Jahres hatten die Gebäude mitten in der Wüste keine Funktion.

Das Osmanische Reich konnte gar nicht mehr ständig eine Garnison in der Jordangegend unterhalten. Seine Armee litt an Auszehrung der Kräfte. Ursache war der starke Druck, den Rußland auf rumänischem Gebiet gegen die Reichsgrenze ausübte.

Die Krim ging dem Sultan Mustafa III. im Jahre 1771 verloren. Zwei Jahre später wollte der Herrscher selbst einen Feldzug anführen, um das russische Heer zurückzudrängen. Die Gefahr einer Niederlage war übermächtig geworden. Die Anzeichen der Schwäche waren deutlich zu erkennen. Die Flotte des Zaren hatte bereits die Kühnheit besessen, den Hafen von Beirut zu beschießen, um einen Aufstand der Mamelucken gegen die osmanischen Oberherren zu unterstützen. Doch die Anspannung aller Kräfte der Osmanen, um die Gefahr zu beseitigen, unterblieb, da Mustafa III. starb.

Seinem Nachfolger Abdul Hamid I. gelang es nicht, den russischen Vormarsch aufzuhalten. Das Versagen der osmanischen Truppen löste Unabhängigkeitsbestrebungen im nördlichen Jordanland aus. Stolze und wagemutige Emire eroberten sich für kurze Zeit Herrschaftsgebiete um den See Gennesaret. Scheich Omar at Tahir, neunzig Jahre alt, war bald der Herr des Landes um den Fluß. Jahrelang versuchten die Mameluckenherrscher diesen Alten aus den Bergen zu fangen, doch er reagierte derart geschickt, daß die Truppenführer aus Ägypten der Lächerlichkeit preisgegeben waren. Erst 1776 war der Traum von der Unabhängigkeit der Menschen am Jordan vorüber.

Kanonendonner – Konfrontation mit der Moderne

23 Jahre später erschreckte ungewohnter Lärm die Menschen am Fluß. Bisher hatten sie nur Flintenschüsse gekannt, von mörderischen Artilleriesalven waren sie verschont geblieben. Jetzt aber erlebten sie, wie ein Artilleriespezialist ihr Land in Besitz nehmen wollte. General Bonaparte schickte im Sommer 1799 eine seiner Divisionen an den See Gennesaret. Ihr Operationsziel war die Einnahme der Stadt Safed.

Napoleons Soldaten brauchten nur wenige Schüsse aus den Rohren ihrer großkalibrigen Geschütze auf die Festung aus der Kreuzfahrerzeit abzugeben, um die Kapitulation der Besatzung von Safed zu erzwingen. Bonapartes Artilleristen hatten den Menschen im Jordanland die erste Erfahrung mit moderner Kriegskunst gebracht.

Eigentlich hatte General Bonaparte England erobern wollen. Das Direktorium (die politisch Verantwortlichen in Paris) hatte ihn bereits zum »Oberkommandierenden der Englandarmee« ernannt. Als der General jedoch über den Ärmelkanal hinüber zu der Insel blickte – er nahm den Augenschein persönlich wahr –, da erkannte er, daß ein Eroberungsversuch ein zu großes Wagnis darstellte: Die Royal Navy würde die Überfahrt einer Landungsflotte zu verhindern wissen. England, so glaubte Bonaparte fortan, konnte nur durch einen Umweg besiegt werden. Er schlug dem Direktorium deshalb vor, die stolzen Briten durch die Eroberung Ägyptens in die Knie zu zwingen. Vom Nil aus habe Frankreich die Möglichkeit, die Fürsten Indiens aufzuwiegeln, die sich der britischen Krone gegenüber so untertänig erwiesen. Wenn England erst durch Wegnahme des wichtigen Verbindungsgliedes Ägypten von Indien abgeschnitten sei, werde es seine Bedeutung als Großmacht verlieren und auch militärisch geschwächt sein.

Die Eroberung Ägyptens war dem General jedoch auch aus persönlichen Gründen wichtig: Sein Vorbild Alexander der Große hatte das Land am Nil als Sprungbrett benutzt zur Eroberung Indiens. Was jenem Feldherrn des Altertums gelungen war, das mußte auch ihm, dem militärischen Genie der Neuzeit, möglich sein. Seine Gedanken waren vom Beginn des Ägyptenunternehmens an darauf ausgerichtet, im Land zwischen Jordan und Mittelmeer die Basis für die Realisierung seiner weitreichenden Pläne aufzubauen.

In seinen Lebenserinnerungen vermerkte Bonaparte über seine damaligen Absichten: »Die Engländer in Indien direkt anzugreifen war schwierig geworden, da sie ihre Herrschaft dort gewaltig erweitert und gefestigt hatten. Sie beherrschten alle Häfen. Sie unterhielten in Indien ein Heer von 125 000 Mann, darunter 30 000 Europäer. Um mit Aussicht auf Erfolg einen Krieg auf einem derart entlegenen Schauplatz unternehmen zu können, mußte man eine Zwischenstation beherrschen, die als Waffenplatz dienen konnte. Eine solche Zwischenstation war Ägypten, das von Toulon 2700 Kilometer und von Malabar 6600 Kilometer entfernt war. Wenn Frankreich in diesem Lande festen Fuß gefaßt hatte, mußte es früher oder später auch Indien unter seine Herrschaft bringen.«

General Bonaparte dachte daran, seine französischen Infanteristen auf Kamele zu setzen, »denn ein auf Kamelen reitendes Heer kann von

Ägypten aus in 45 Tagen den Euphrat erreichen; es braucht dann noch ein Vierteljahr bis Indien.« Als zweiter Alexander wollte Bonaparte in die Geschichte eingehen.

Den Plan, Ägypten den Engländern wegzunehmen, hatte Talleyrand, der geschickteste Außenpolitiker Frankreichs, aus dem Archiv des Ministeriums geholt; seine Vorgänger hatten ihn schon ausarbeiten lassen. Talleyrand fand, die Zeit sei reif für die Ausführung dieses Vorhabens – aber nicht aus außenpolitischen Gründen, sondern um die Machtbalance in Frankreich selbst zu bewahren: Bonaparte sollte nicht in Versuchung gebracht werden, seinen Ehrgeiz im eigenen Lande befriedigen zu wollen; diejenigen, die damals in Paris an der Macht waren, sahen den General gern in weit entfernten Ländern. Sollte das Abenteuer fehlschlagen, so meinten sie, wäre dies kein Unglück für das Direktorium – die Schuld würde allein General Bonaparte zu tragen haben.

Auch Talleyrand gehörte zu jenen, die damals gern für längere Zeit eine Distanz von vielen hundert Meilen zwischen sich und dem General sahen. Der Außenpolitiker unternahm deshalb wenig, um die Mission Bonapartes zu erleichtern. Ungenügend war Talleyrands diplomatische Vorbereitung der Militärexpedition nach Ägypten. Es wäre wohl möglich gewesen, den osmanischen Verantwortlichen am Bosporus deutlich zu machen, daß der Feldzug nicht gegen ihre Interessen, sondern gegen den Einfluß der Engländer am Nil gerichtet war. Der Sultan hätte wahrscheinlich auch der Besetzung Ägyptens, das ein Bestandteil des Osmanischen Reiches war, zugestimmt, wenn ihm gesagt worden wäre, Bonaparte werde die hochmütigen Mameluckenfürsten zur Raison bringen; die Beys der Mamelucken hatten es sich längst abgewöhnt, auf Befehle des Sultans zu achten. Da ihm jedoch der Sinn der französischen Landung an der ägyptischen Küste nur ungenügend erklärt worden war, sah er in Bonapartes Aktion einen Angriff auf seine Souveränität. Der Sultan rüstete eine Armee aus, die schlagkräftig genug sein sollte, um das französische Expeditionskorps aus dem Nildelta zu vertreiben. Als Aufmarschgebiet der osmanischen Truppe kam allein das Land westlich des Jordangrabens in Betracht. General Bonaparte – der nicht geneigt war, auf den ersten Schlag des Feindes zu warten – entschloß sich, der Armee des Sultans entgegenzuziehen. So entstand der Plan zur Besetzung des Landes, das er Palästina nannte.

Im Januar des Jahres 1799 zogen 14000 Soldaten auf der Küstenstraße der Sinaihalbinsel nach El Arish. Die Stadt war befestigt und von osmanischen Einheiten besetzt, die sich mutig verteidigten. Bonaparte gewann den Kampf, nachdem er alle verfügbaren Haubitzen zum Artillerieschlag eingesetzt hatte. Der General notierte damals diesen

Satz für die Lebenserinnerungen: »Die Armee hatte Afrika verlassen; sie befand sich in Asien.« Ein Teil des Wegs zum Indus war also zurückgelegt.

Gaza und Jaffa waren die nächsten Stationen auf dem Vormarsch. Dank des Einsatzes der Artillerie gelang es Bonaparte in allen Kämpfen, die Zahl der eigenen Opfer niedrig zu halten. Doch dann brach die Pest über die Armee herein. Als die ersten Soldaten gestorben waren, griff Panik um sich. Bonaparte versicherte den Soldaten, es handle sich nicht um die Pest. Durch diese Lüge konnte er die noch gesunden Soldaten zum Weitermarsch bewegen. Geschwächt war die Armee, die schließlich Akko erreichte.

Bonaparte hatte sich genau darüber informiert, wie die Kreuzritter im Jahre 1191 ihre Belagerungslinien angelegt hatten. Er wollte aus den Fehlern der Ritter von einst lernen. Doch er wußte auch, daß die Einnahme der Hafenstadt nicht so leicht gelingen werde – trotz der hervorragenden Artillerie. Der General fürchtete, sich vor den Mauern von Akko durch den Feind binden zu lassen. Daß sein Heer während der Belagerungszeit gefährdet war, vom Jordan her überraschend angegriffen zu werden, das war seine Sorge.

Noch im Exil auf St. Helena erinnerte er sich daran: »Verhindert werden mußte, daß feindliche Truppen über den Jordan kamen. Deshalb wurden vier Korps gebildet, um den Fluß zu überwachen. Von Nazaret aus wurde der Jordan unterhalb des Sees Gennesaret unter strenger Kontrolle gehalten. Dazu wurde eines der vier Korps gebraucht. Ein zweites besetzte strategisch wichtige Punkte am Oberlauf des Jordan. Sein Stützpunkt war die Stadt Safed. Die zwei anderen Korps kontrollierten die Zufahrtsstraßen.«

Innerhalb weniger Tage entwickelte sich Safed zum Mittelpunkt der französischen »Palästinaarmee«. Magazine wurden angelegt für Waffen, Kleidung und Lebensmittel. Für die Kranken entstanden Lazarette. Die Soldaten, die den Marsch durch die Wüste bei El Arish verflucht hatten – der Wüste gaben sie die Schuld am Ausbruch der furchtbaren Seuche –, fühlten sich im Klima, das am See Gennesaret herrscht, überaus wohl. Der Oberkommandierende erinnerte sich später: »Das Klima glich mehr dem europäischen als dem ägyptischen. Die Einheimischen waren liebenswürdiger und freundlicher.«

In Safed machten die Franzosen eine Erfahrung, die sie eigentümlich berührte. Am Ende seines Lebens erinnerte sich Bonaparte: »Die christlichen Einwohner des ganzen Landes kamen ins Lager der Franzosen. Das Glück dieser Christen läßt sich nicht beschreiben: Nach so vielen Jahren der Unterdrückung sahen sie endlich wieder Menschen ihrer Religion: Ihr wichtigstes Anliegen war, von der Bibel zu sprechen, die sie weit besser kannten als die französischen Soldaten. Ein alter Mann, der zum Essen eingeladen wurde, sagte keine drei Worte, ohne einen Bibelspruch hineinzumischen.«

Mit Erstaunen vermerkte Bonaparte, daß auch die Juden, die am See Gennesaret lebten, glücklich waren über seine Ankunft: »Es lief nämlich das Gerücht um, der Oberbefehlshaber werde bald nach Jerusalem marschieren, um dort den Tempel Salomos aufzubauen. Dieser Gedanke war den Juden sehr erfreulich.«

Andeutungen in seinen Lebenserinnerungen ist zu entnehmen, daß Bonaparte von Safed aus Agenten in die Länder schickte, die am Wege seines geplanten Feldzugs in Richtung Indien lagen. »Vertraute Leute wurden nach Persien geschickt.« Dieser Satz ist ein sehr konkreter Hinweis. Bonaparte vermerkte auch, daß die Mächtigen in Persien interessiert gewesen seien an engen Kontakten zu ihm.

Doch die Vision des Generals vom Aufbruch nach Indien wurde zur Nebensache, als Patrouillen, die den Jordan nördlich des Sees Gennesaret kontrollierten, den Anmarsch des osmanischen Heeres von Damaskus her meldeten. Es bestand aus 30000 Mann. Bonaparte konnte dieser Streitmacht nur 4000 Mann entgegenstellen. Daß der Feind in der Überzahl war, jagte ihm keine Angst ein. Bonaparte verließ sich auf sein Können und auf das Glück.

Über den Verlauf der Kämpfe im Jordangebiet berichtete der Oberbefehlshaber selbst: »Die Armee des Paschas von Damaskus traf in zwei Kolonnen am Jordan ein. Die zur rechten, 8000 Mann stark, stand unter dem Befehl seines Sohnes. Diese Kolonne brachte die Brücke in ihren Besitz, die genau in der Mitte des Jordanverlaufs zwischen dem Hulesee und dem See Gennesaret über den Fluß führt. Der Sohn des Paschas wollte die Chance der Überraschung nutzen, und er befahl die rasche Einnahme der Stadt Safed. Doch die Garnison verteidigte sich mit Erfolg. Daraufhin wurde Safed eingeschlossen. Der Pascha von Damaskus selbst lagerte mit 25000 Mann am Ostufer des Jordan an einer Furt, die er besetzen ließ. Er schickte eine Vorhut los, die auf den Höhen am westlichen Jordanufer Stellung bezog.«

Dem osmanischen Heer war der Übergang über den Jordan gelungen. Die Angreifer mußte Bonaparte zurückwerfen lassen, wenn er die offene Feldschlacht zwischen seiner kleinen Truppe und der feindlichen Übermacht vermeiden wollte. Der Reitergeneral Murat erhielt Order, Berittene zu mobilisieren, wo er nur konnte, um in die Ausgangsstellung des Feindes hineinzureiten. Es gelang Murat, tausend Mann hinter sich zu bringen. Mit dieser Einheit stürmte er los. Sein Schwung brachte die Osmanen aus dem Gleichgewicht. Sie verließen die Mauern von Safed und flohen auf die Jordanbrücke zu. Doch Murat und seine

Männer überquerten den Fluß noch vor dem Feind. Sie stürmten das Lager des Paschasohnes. Bonaparte notierte: »Alle Zelte, das Gepäck, die Kamele und die Artillerie fielen in die Hand des Siegers. Die Beute war beträchtlich. Die Feinde flohen flußaufwärts bis zu den Quellen des Jordan. Murat aber wandte sich mit seinen Reitern der Stadt Tiberias zu, die er rasch besetzte. Dort befanden sich die Hauptmagazine des osmanischen Heeres für jenes Gebiet. Murat fand so viel Weizen, Gerste, Reis, Öl und Heu, um die ganze französische Armee nebst ihren Tieren sechs Monate lang ernähren zu können.«

»Der Jordan ist nicht mit der Seine vergleichbar!«

Obgleich die Truppe seines Sohnes vernichtet war, wagte der Pascha von Damaskus den Angriff. Eine Vorhut von 3000 Mann, die den Jordan südlich des Sees Gennesaret bereits überquert hatte, rückte nach Westen vor. Die Masse seiner Soldaten folgte dieser Vorhut in beachtlichem Abstand. General Junot, der von Nazaret aus den südlichen Jordanabschnitt zu überwachen hatte, gab den Befehl zum Gegenangriff, obgleich er nur über 400 Reiter verfügte. Junot gelang es tatsächlich, die osmanische Vorhut aufzuhalten. Er konnte jedoch den Feind nicht über den Jordan zurückwerfen. Diesen Erfolg wollte der ehrgeizige General Kléber erringen, doch durch taktische Fehler geriet er in der Ebene am Berg Tabor in Bedrängnis, aus der ihn Bonaparte, der die Entwicklung des Kampfes vorausgesehen hatte, befreien konnte. Der Pascha von Damaskus hatte nicht bemerkt, daß der bedrängte Kléber Unterstützung erhielt; der Befehlshaber des osmanischen Heeres ließ sich überraschen.

Bonaparte schrieb über die Folgen dieser Überrumpelung: »Der Schrecken der Feinde war gewaltig. Das Ergebnis war die größte Verwirrung. Die ganze Armee ergriff die Flucht auf den Jordan zu. Mehrere tausend ertranken, als sie versuchten, ans andere Ufer zu gelangen. Der Jordan war durch Regengüsse stark angeschwollen.«

Bonaparte bestieg nach diesem Sieg den Berg Tabor und blickte hinüber nach Osten. Der Gedanke beschäftigte ihn, ob dieser Erfolg, die Vernichtung des osmanischen Heeres, nicht durch einen Vorstoß nach Osten genützt werden konnte. Zwischen ihm und der Stadt Damaskus gab es kein feindliches Heer mehr. Die Eroberung dieser reichen Stadt war möglich. Für den Augenblick schob er die Entscheidung über die Fortsetzung des Feldzuges auf. Doch er wußte, daß er in Versuchung geriet, denn er erinnert sich in seinem Lebensbericht, daß er damals genau auf jenem Berge gestanden habe, »auf den auch Jesus, so berichten einige Legenden, vom Teufel geführt worden sei. Der Teufel habe Jesus das ganze Land, das zu sehen war, angeboten. Die Bedingung des Teufels sei gewesen, daß Jesus ihn anbete. Doch Jesus habe nicht weltlicher Herrscher werden wollen.«

General Bonaparte hatte sich längst in den Kaiser Napoleon verwandelt und schon zum zweitenmal abdanken müssen, als er seinem Sekretär die Erinnerungen an seinen Feldzug zum Jordan diktierte. Sich selbst erwähnte er dabei in der dritten Person. Über seine Sicht der Ereignisse nach der Schlacht am Berg Tabor und über seine Gedanken stellte er fest: »In der Nacht vom 16. auf den 17. April 1799 schlief Kléber im Zelt des kommandierenden Generals. Um drei Uhr morgens ritt er ab, um sich zu seiner Division zu begeben, die unmittelbar am Jordan lagerte. Den ganzen 17. April verfolgte er die Trümmer der Armee von Damaskus; die Soldaten machten reiche Beute.«

Am Abend des 17. April hatte General Kléber mit seinen Reitern das Quellgebiet des Jordan erreicht: »Er wartete dort auf Napoleons Befehle für den 18. April.« Die Entscheidung war dringlich geworden, ob der sicher ruhmbringende Vorstoß nach Osten durch die Besetzung von Damaskus ernsthaft begonnen werden sollte. Bonaparte, von Ehrgeiz getrieben, wollte vom Jordan aus Herr der östlichen Welt werden. Er hatte eine Vision, doch er war auch Realist – und er kalkulierte die Stärke der Streitmacht, die ihm zur Verfügung stand. Da es immer noch nicht gelungen war, die Hafenstadt Akko zu erobern, waren im dortigen Belagerungsring 4000 Mann gebunden. Nachdem englische Kriegsschiffe vor dem Hafen ankerten, mußten weitere Truppen und vor allem Kanonen nach Akko gebracht werden. General Kléber hätte für den Vormarsch von den Jordanquellen aus über 2500 Infanteristen und 500 Reiter verfügen können. Der oberste Feldherr hatte sich diese Frage zu stellen: »War es vernünftig, Kléber mit 3000 Mann in eine Hauptstadt zu schicken, deren 100 000 Einwohner die fanatischsten des gesamten Morgenlandes waren? War nicht vielmehr zu befürchten, daß die Einwohner die Franzosen umzingeln würden, sobald sie erkannt hatten, daß die Angreifer nur über so wenige Soldaten verfügten? Andererseits konnte Damaskus schon am 18. April oder spätestens am Morgen des 19. April eingenommen werden. Dieser Gedanke war schon sehr verführerisch. Welche Vorteile konnten doch der Armee aus einer solchen Eroberung erwachsen! Sie würde dort Pferde, Kamele und Maultiere finden, die sie dringend zum Ersatz der Verluste brauchte. Auch andere Güter waren dort zu holen: Leder, Tuch, Kleidungsstücke, Pulver, Waffen und vor allem Geld. Leicht konnte man von den Bewohnern Steuern im Wert von acht Millionen eintreiben. Was aber für eine Eroberungsarmee noch viel wichtiger war: Mit welchem Glanz würde dieser Erfolg die französischen Waffen umgeben?«

Der damalige Oberbefehlshaber erinnerte sich später, er habe im Jordanland überlegt, ob er Kléber nicht nach Damaskus schicken sollte, um die Stadt wenigstens zu plündern und alles, was wertvoll war, mitzunehmen: »Dazu waren nur 48 Stunden nötig. Aber eine Brandschatzung zu unternehmen und dann sofort wieder über den Jordan zurückzugehen, hätte nur geringen Nutzen gebracht, wäre jedoch für die späteren Operationen sicherlich von Schaden gewesen.« Der Schaden wäre dadurch entstanden, daß die Moslems in Damaskus nach Abzug der Franzosen die 18 000 Christen umgebracht hätten, die in der Stadt lebten. Diese Christen aber würden, wenn sie am Leben blieben, beim künftigen Vorstoß in Richtung Indien den französischen Truppen tatkräftig helfen. Der Gedanke, die 18 000 Verbündeten in Damaskus dürften nicht geopfert werden, gab schließlich den Ausschlag; General Kléber erhielt den Befehl, das Gebiet um die Jordanquellen flußabwärts zu verlassen, um in der Nähe des Sees Gennesaret wahllos drei Dörfer niederzubrennen, um der islamischen Bevölkerung insgesamt Schrecken einzujagen.

Nach dieser sinnlosen Aktion wurde Kléber angewiesen, sich vom Jordanufer nach Westen zurückzuziehen. Der Fluß hatte fortan im Leben Bonapartes keine Bedeutung mehr. Daß der Oberbefehlshaber der Palästinaarmee enttäuscht war von diesem Gewässer, ist in den Lebenserinnerungen nachzulesen: »Man hatte sich unter dem Jordan einen breiten und schnell strömenden Fluß vorgestellt, etwa wie den Rhein oder die Rhône. Man war schon sehr überrascht, als man nur ein Wasserläufchen vorfand. Der Jordan ist nicht mit der Seine vergleichbar; sie ist bei weitem breiter. Der Fluß ist nicht einmal so breit wie die Aisne oder die Oise bei Compiègne.«

Erstaunlich ist, daß Bonaparte mit keinem Wort die Besonderheit des Jordan erwähnt, unter der Höhe des Meeresspiegels zu fließen. Es ist durchaus möglich, daß er und seine Ingenieuroffiziere nicht bemerkten, daß der See Gennesaret 215 Meter unter dem Niveau des Mittelmeers liegt und der Fluß bis auf 395 Meter unter Normalnull absinkt. Hätten Bonaparte und seine Soldaten von dieser auf der ganzen Welt einmaligen Besonderheit gewußt, sie hätten ihre Enttäuschung über die geringe Breite des Jordan rasch vergessen.

Am 13. Mai 1799 erhielt General Bonaparte eine Nachricht aus Paris, die ihn in Unruhe versetzte: In Europa war Krieg ausgebrochen: Ein französisches Heer war in Neapel einmarschiert. Bonaparte sah eine blamable Niederlage für das Italienheer voraus. Auf St. Helena erinnerte er sich an seine Gedanken von damals: »Der kommandierende

General sah ein ganz neues Bild der Lage vor seinen Augen: Das Direktorium, das bei der Nation in geringer Achtung stand, war vielleicht schon gestürzt. Wenn die französischen Heere in Europa Niederlagen erlitten, waren die Erfolge im Orient von nebensächlicher Bedeutung. Der kommandierende General dachte daher nur noch daran, wie er nach Frankreich zurückgelangen könnte.«

Am 24. August 1799 verließ Bonaparte seine Orientarmee – um künftig Frankreich zu regieren.

Europäer entdecken die Faszination des Jordanlandes

Der Abzug der Franzosen aus Palästina machte das Osmanische Reich, das sein Heer im Jordanland bereits verloren hatte, zum Sieger. Das Gebiet zwischen Fluß und Mittelmeerküste wurde erneut Provinz des Reiches, das von Istanbul aus regiert wurde. Zwar schien der Einbruch Bonapartes ins Jordanland ohne Folgen geblieben zu sein, doch dieser Eindruck täuschte. Daß sich der nachmalige Kaiser der Franzosen hier aufgehalten, daß er einen Sieg errungen hatte, rückte Palästina und den Fluß in den Blickpunkt auch der Europäer, die ihr Weltbild nicht am Alten und am Neuen Testament orientierten. Mit dem Beginn des 19. Jahrhunderts stieg die Zahl der Reisenden, die aus Europa kamen, stark an. Ihre Berichte fanden in Frankreich, in England, in Deutschland starke Beachtung.

Zu den Persönlichkeiten, die Interesse erweckten für die arabische Welt, gehörte der Schweizer Johann Ludwig Burckhardt. Er hatte sich im Jahr 1809 im Auftrag einer Londoner Gesellschaft, die zur Förderung der Entdeckung des Innern Afrikas entschlossen war, auf den Weg nach Arabien gemacht. Von Damaskus aus wanderte er in arabischer Kleidung durch das Land am Ostufer des Jordan. Er beherrschte die arabische Sprache – er hatte in der syrischen Hauptstadt zwei Jahre mit Sprachstudien zugebracht –, und er kannte die Glaubensregeln des Islam. Burckhardt konnte sich schließlich als Araber ausgeben.

Im Sommer 1812 ritt Burckhardt durch das Gebiet der einstigen Reiche Moab und Edom. Beduinen erzählten ihm von einer Stadt, die völlig unbewohnt sei. Häuser mit prachtvollen Fassaden seien dort zu sehen. Die Beduinen weigerten sich jedoch, ihm die geheimnisvolle Stadt zu zeigen. Von den ersten Erzählungen der Beduinen an war Burckhardt überzeugt, die Stadt mit den Gebäuden müsse das antike Petra sein. Stimmte seine Annahme, dann mußte sich in der Nähe das Grab des Aaron befinden, den die Moslems unter dem Namen Harun als Propheten des einen und allmächtigen Gottes respektieren. Das

Grab dieses würdigen Propheten zu besuchen, habe er sich durch Gelübde verpflichtet – erzählte Burckhardt den Beduinen. Seine Seele, so meinte er, werde keine Ruhe finden, bis er den Dschebel Harun, den Hügel des Aaron, besucht habe.

So nützten dem Reisenden seine islamisch-theologischen Kenntnisse. Nach islamischem Glauben hatten Mose und Aaron während der Wanderung des jüdischen Volkes im Gebiet ostwärts des Jordangrabens eine Höhle betreten. Ein goldener Thron stand dort, auf dem die Worte zu lesen waren: »Der Thron gehört demjenigen, dem er angemessen ist.« Zuerst habe sich Mose darauf gesetzt, doch er fühlte sich unbequem. Aaron habe dann feststellen wollen, ob der Thron für ihn die richtige Größe habe. Sofort erschien der Todesengel und führte Aarons Seele fort. Dies sei, so die Überlieferung, am Dschebel Harun geschehen – dort, wo heute die Fassaden von Petra zu sehen sind.

Dschebel Harun zu besuchen, konnten die frommen Beduinen dem offenbar ebenso frommen Reisenden nicht abschlagen. Argwöhnisch beobachtet, durchschritt Burckhardt das Gelände der Stadt, die hinter Felsen verborgen ist. Es war der erste Europäer der Neuzeit, der den Ort des einst glanzvollen Petra besuchte. Burckhardt prägte sich ein, was er zu sehen bekam; er durfte es nicht wagen, vor den Augen seiner Begleiter einen Plan der Stadt zu zeichnen. In keinem Augenblick gab es für ihn einen Zweifel daran, die Hauptstadt der Nabatäer entdeckt zu haben. Von Cairo aus – dort traf er im September 1812 ein – informierte er seine Londoner Auftraggeber, er habe die imposanten Fassaden der Paläste und Tempel von Petra gesehen.

Die Folge war, daß sich zwei britische Marineoffiziere, C. L. Irby und J. Mangles, auf den Weg ins Ostjordanland machten, um die Nabatäerstadt näher in Augenschein zu nehmen. Sie blieben unbehelligt von den Beduinen. Die ersten Zeichnungen der Fassaden entstanden im Jahr 1828, als Conte Léon de Laborde mit dem Lithographen Linant nach Petra kam. Der erste Deutsche in Petra war der Geograph Gotthilf Heinrich von Schubert, der von einem Landschaftsmaler begleitet wurde. Die beiden besuchten die Ruinen im März 1837. Zwei Jahre später hielt sich der Künstler in Petra auf, der die packendsten Darstellungen von Petra geschaffen hat: David Roberts, das Mitglied der britischen Royal Academy.

Er schrieb am 6. März 1839 in sein Tagebuch: »Nachdem ich Theben gesehen hatte, erwartete ich von Petra keine Überraschung. Doch da hatte ich mich getäuscht. Petra ist großartiger als alles, was ich zuvor erblickt hatte. Das ganze Tal ist mit Ruinen übersät. In der Architektur verbinden sich ägyptische mit griechischen und römischen Elementen. Die Stadt wurde vor meinen Augen immer schöner.«

Am folgenden Tag notierte David Roberts: »Diese außergewöhnliche Stadt, die sich in jeder Richtung fünf oder sechs Meilen weit erstrecken muß, erstaunt und verwirrt mich mehr und mehr. Bis hinauf zu den oberen Rändern der Berghänge ist einst jede Kluft bewohnt gewesen. Im Tal errichtete man Tempel und öffentliche Gebäude, Triumphbogen und Brücken. Zwar sind die Ruinen in dieser ungewöhnlichen Stadt gewaltig, aber verglichen mit den überwältigenden Felsen wirken sie klein. Oft habe ich verzagt meinen Zeichenstift weggelegt, weil ich nicht glaubte, einen auch nur einigermaßen treffenden Eindruck von diesem Schauspiel vermitteln zu können.«

Die Darstellungen hüten sich, einen gewaltigen Eindruck zu erwekken. Die Ruinen sind tatsächlich immer in Verbindung mit den Felsen gezeichnet. Gruppen von Beduinen sind zu sehen, die häufig wild mit ihren Waffen gestikulieren, manchmal aber auch aussehen, als ob sie sich beraten würden, wie der nächste Raubzug ausgeführt werden könnte.

David Roberts hatte schlechte Erfahrungen mit den Bewohnern des Tales von Petra gemacht: Am dritten Tag des Aufenthalts wurde ihm und seinen Begleitern ein großer Teil ihrer Ausrüstung gestohlen. Das Fazit des Künstlers: »Das Abenteuer zeigt die Verschlagenheit dieser ›Kinder der Natur‹ und macht deutlich, wie wenig man sich auf die Anständigkeit der Beduinen verlassen kann.«

David Roberts hat im Jahre 1839 auch Szenen des Lebens am Jordan in Zeichnungen festgehalten. Die Serie der Jordan-Lithographien beginnt mit dem Blick auf die Straße, die von Jerusalem in den Flußgraben herunterführt. Der Weg ist unbefestigt und steil, führt an Abhängen und Schluchten vorüber. Ohne schattenspendende Bäume zeigt Roberts die kahle Landschaft: Reisende bewegen sich zu Fuß und auf Kamelen in der prallen Sonne.

Der Diplomat und Dichter Lamartine hat in jenen Jahren den Nahen Osten ebenfalls bereist. Er beschrieb in Worten, was Roberts gezeichnet hat: »Von den Höhen der Hügel aus sehen wir, soweit das Auge reicht, nur völlig unbewachsene Bergketten, kegelförmige und zerklüftete Bergspitzen, ein endloses Labyrinth von Pässen, von denen die Berge durchschnitten werden, ewig stille Schluchten ohne einen Wasserlauf, ohne ein wildes Tier, ohne eine Blume. Das Land bei Jericho besteht aus Wogen von Steinmassen, die in Zuckungen erstarrt sind.«

Der Zeichner Roberts hatte selbst erkannt, daß den Dichtern bessere Möglichkeiten der Darstellung des Jordanlandes zur Verfügung standen als ihm: »Der Zeichenstift vermag die Eigentümlichkeit nicht wiederzugeben. Als wir aus den felsigen Bergen herauskamen, bot sich uns ein unvergeßlicher Anblick. Zu unseren Füßen erstreckte sich das

Jordantal in der ganzen Schönheit des orientalischen Abends. Das Tote Meer, der eben noch sichtbare Silberstreif des Flusses, die in den letzten Sonnenstrahlen aufleuchtenden bunten Farben des Pilgerlagers. Die Eindrücke waren eher für den Dichter zu fassen als für den Zeichner.«

Gelegenheit, am Fluß selbst Skizzen zu machen, bekam David Roberts am 1. April 1839. Im Tagebuch findet sich der Satz: »Wir ritten zum Jordan, um zu sehen, was dort vor sich ging. Mich beeindruckten sehr die Weite der Ebene von Jericho und die Enge, in die der Fluß in seinen Ufern eingeschlossen ist. Im Fluß selbst herrschte ein reges Treiben. Jung und alt, Männer, Frauen und Kinder tummelten sich bunt durcheinander im Wasser, teils ganz nackt, teils leicht bekleidet.« Seine Lithographie zeigt tatsächlich völlig unbekleidete Frauen, die von Männern beobachtet im Jordan baden. Die islamische Vorschrift, die Frau habe sich zu verhüllen, muß im Jahr 1839 am Jordan wenig beachtet worden sein.

David Roberts war fasziniert von diesem Fluß und von der vielfältigen Gestalt der Landschaft. Sein Tagebuch bezeugt diese Begeisterung: »Nachdem wir durch eine herrliche Landschaft gekommen waren, sahen wir den von Bergen umsäumten See Gennesaret. Weit zur Linken lag der schneebedeckte Hermon, und ein Berg, der näher am See liegt, ist von der Stadt Safed gekrönt. Hier umfaßte der Blick die Schauplätze der Wunder unseres Erlösers. Man sah den Jordan, der aus dem See hinausfließt, und unter uns lag die Stadt Tiberias.«

Hymnischer gestaltete der Dichter Lamartine in jenen Jahren seine Gefühle beim Anblick des Sees Gennesaret: »Ich war gekommen, um an den Gestaden zu beten, auf den Wellen, die Ihn getragen haben, auf den Bergen, wo Er gesessen ist, auf den Steinen, auf die Er sein Haupt zur Ruhe gelegt hat. Hundertmal ist Er längs dieses Ufers gegangen, das ich jetzt in andächtiger Ehrfurcht beschritt. Seine Füße haben den Staub getreten, der jetzt unter meinen Füßen lag. In den Booten der Fischer ist Er auf den See hinausgefahren, ist auf den Wellen gewandelt und hat Seine Hand dem Apostel entgegengestreckt.«

Was fehlt, ist eine Karte des Jordanlandes

Die Worte des Dichters Lamartine spiegeln die Empfindungen der Europäer wider, die »den Fluß der Propheten« im Heiligen Land besuchten. Diesen Empfindungen entsprachen auch die Landkarten, die aus Europa mitgebracht wurden: Sie orientierten sich an der Situation in biblischer Zeit. Da reihten sich um den »Jordanis Fluvius« die Gebiete der jüdischen Stämme; da wurde gezeigt, wo sich einst die

Städte Sodom und Gomorra befunden hatten. Auch die Landkarte, die 1842 in Zusammenarbeit mit den Lithographien des David Roberts in London veröffentlicht wurde – sie zeigte den Reiseweg des Zeichners –, gab nur Umrisse des Landes und kaum Details an. Die Karte verwendete biblische Begriffe: Das Ostjordanland war das »Land Moab«. Dies geschah, weil sich die Betrachter der Landkarte, angeregt durch ihre Bibellektüre, für die Orte besonders interessierten, wo sich die Geschehnisse des Alten und des Neuen Testaments ereignet hatten.

Eine Ausnahme bildete das Kartenmaterial, über das Napoleon verfügt hatte: Sein Kartograph Oberst Jacotin hatte, soweit ihm der Krieg Zeit ließ, das Westjordanland vermessen. Seine Karten sind zuverlässig, was Entfernungen betrifft, aber unvollständig in den Ortsangaben.

Die politische Realität berücksichtigten die Landkarten gar nicht – und es wäre auch wohl schwierig gewesen, Grenzen einzuzeichnen, denn sie verschoben sich häufig. Nach dem Abzug des französischen Heeres war Streit um das Land zwischen Jordan und Mittelmeer entbrannt. Es gehörte zwar dem Osmanischen Reich, doch Mohammed Ali, der Herrscher in Ägypten, glaubte auch ein Anrecht auf das Gebiet zu haben. Mohammed Ali war zwar rechtlich dem Sultan des Osmanischen Reiches unterstellt, doch es war sein Wille, die Unabhängigkeit zu erringen. Er verfolgte den Plan, den fast alle Mächtigen am Nil im Sinn gehabt hatten: Seine Absicht war, Ägypten und Syrien zu einem starken und souveränen Königreich zu vereinen.

Mohammed Ali war überzeugt, einen Rechtstitel auf Syrien, und damit auf die Region um den Jordan, zu besitzen. Er hatte im Jahre 1827 dem Sultan, der in einen Krieg mit Rußland verstrickt war, seine Flotte zu Hilfe geschickt. Sie ging damals allerdings verloren. Für den Einsatz der Flotte hatte der Sultan versprochen, er werde Mohammed Ali die Provinz Syrien übereignen. Doch Mahmud II. hielt sich nicht an sein eigenes Versprechen. Da suchte Mohammed Ali nach einem Vorwand, um sein Recht durch Krieg zu erkämpfen: Als Abdallah Pascha, der Syrien für das Osmanische Reich verwaltete, die Auslieferung von Fellachen verweigerte, die aus Angst vor dem ägyptischen Militärdienst an den Jordan geflohen waren, da schickte Mohammed Ali seinen Sohn Ibrahim Pascha mit einer starken Armee nach Palästina. Ibrahim Pascha marschierte weit über das gesteckte Ziel hinaus und besiegte bei Konja in Anatolien die Streitmacht der Osmanen. Das Resultat war, daß Syrien nun von Cairo aus verwaltet wurde. Ibrahim Pascha übernahm persönlich die Verantwortung für die neue ägyptische Provinz.

Er war ein tatkräftiger Mann und kümmerte sich besonders um die Probleme des Jordanlandes. Ibrahim Pascha stellte fest, daß die Gebiete in der Jordansenke und ostwärts des Flusses entvölkert waren. Die Ursache war rasch erkannt: Von Osten her drängten Beduinenstämme zum Fluß. Schuld daran war offenbar ein natürlicher Austrocknungsprozeß, der den Boden im ostjordanischen Bergland unfruchtbar machte. Die Beduinen suchten Weidegründe in der Nähe des ständig wasserführenden Flusses. Um Platz für ihre Herden zu schaffen, vertrieben sie die Bauern des Jordantals. Die Familien, die bisher den Boden am Fluß bestellt hatten, hausten nun als Flüchtlinge auf den Bergen des Westjordanlandes.

Die Bauernfamilien waren vor allem deshalb so leicht aus dem Tal zu vertreiben gewesen, weil sie untereinander zerstritten waren und Privatkriege geführt hatten. Diese Gewohnheit behielten sie auch als Flüchtlinge bei. Sie bauten Milizen auf, die jeden Streit mit Waffen ausfechten konnten. Da zog die »Horde mit dem roten Banner« gegen die »Horde mit dem weißen Banner«. Sie verprügelten sich gegenseitig und brachten einander um. Seit Generationen waren sie an Anarchie gewöhnt. Als Ibrahim Pascha sie an eine Spur von Disziplin gewöhnen wollte, da rebellierten die Bewohner des Westjordanlandes. Seit Menschengedenken hatten die Kaufleute am See Gennesaret keine ständigen und regulären Steuern bezahlt. Ibrahim Paschas Steuerinspektoren lösten in ganz Palästina den Zorn der Bewohner aus. Die bewaffneten Haufen vereinigten sich zum Widerstand gegen die Herren aus Ägypten. Das gesamte Land befand sich schließlich im Aufruhr. Hätte sich eine geeignete Persönlichkeit gefunden, so hätte sie damals den unabhängigen Staat Palästina proklamieren und damit eine Voraussetzung schaffen können zur Propagierung der Idee von der Existenz eines palästinensischen Volkes. Die Unabhängigkeit hätte sich gegen die Armee des Ibrahim Pascha nicht verteidigen lassen, und doch wäre der Weltöffentlichkeit damals schon bewußt geworden, daß es ein palästinensisches Volk gibt.

Der Mangel an einer geeigneten Führerpersönlichkeit erleichterte den Sieg der Ägypter. Die Rebellion der Palästinenser aber bewirkte immerhin, daß die europäischen Großmächte England und Frankreich Ibrahim Pascha aufforderten, seine syrische Eroberung wieder an den Sultan in Istanbul zurückzugeben. Der britische Außenminister Palmerston wollte das Osmanische Reich stark machen, weil er es als Bollwerk gegen Rußland einzusetzen gedachte. Zu einem schlagkräftigen Osmanischen Reich gehörte nach Palmerstons Meinung auch der Besitz der Provinz Syrien. Der Außenminister konnte am 15. Juli 1840 den außerordentlichen diplomatischen Erfolg verbuchen, daß sich neben England und Frankreich auch Rußland, Österreich und Preußen verpflichteten, Ägypten zum Verzicht auf Syrien zu zwingen.

Mohammed Ali, bedroht durch britische Schiffsgeschütze, die auf seinen Palast in Alexandria gerichtet waren, gab am 27. November 1840 seine Ansprüche, Syrien seinem Staat anzugliedern, auf. Er wies seinen Sohn Ibrahim Pascha an, aus Damaskus abzuziehen. Unter schlimmen Bedingungen erfolgte der Rückmarsch der Ägypter durch das Jordanland. Es stellte sich heraus, daß Ibrahim Pascha und seine Offiziere vom Gebiet um den Fluß keine exakte geographische Vorstellung besaßen.

Der Veterinärarzt Pierre Nicolas Hamont, der in ägyptischen Diensten war, hinterließ einen Bericht über die Flucht der ägyptischen Soldaten und Zivilisten, für die keinerlei vorsorgliche Maßnahme getroffen war: »Ibrahim Pascha geriet bei der letzten Lagebesprechung in Verlegenheit, als er jeder Division die Marschroute anweisen wollte. Jahrelang hatte Ibrahim Pascha über Syrien geherrscht, doch er hatte es nie für nötig befunden, eine Karte des Landes anfertigen zu lassen. So blieb es schließlich jedem Offizier überlassen, seine Einheit in die Heimat zurückzuführen. Das Wetter war schrecklich. Der Regen hatte den Weg in Schlamm verwandelt. Der Marsch ging über Sturzäcker. Die Artillerie blieb immer wieder stecken. Kaum hatten die Pferde ein Geschütz aus dem Schlamm gezogen, wurden sie schon vor ein anderes gespannt. Schlamm und Regen machten die Wege glitschig. Wer zu Fuß ging, der stürzte häufig. Die Frauen weinten; die Kinder schrien. Die Pferde kamen nicht von der Stelle. Die Reiter schlugen auf ihre Tiere ein. Es regnete und regnete. Die Divisionskommandeure hatten keine landeskundigen Führer und keine Kundschafter. Die ägyptischen Einheiten verloren sich in den Bergen, sie zogen durch Engpässe, inmitten von Feinden, und das alles ohne Kompaß und Karte. Sie folgten der Eingebung der Kommandeure. Aus Versehen wandten sich einige wieder nach Norden. Die Einheit, bei der sich Ibrahim Pascha befand, erreichte schließlich die Stadt Salt. Sie wurde zur Plünderung freigegeben. Ibrahim Pascha hielt sich vierundzwanzig Stunden in Salt auf.«

Salt liegt 29 Kilometer nordwestlich der heutigen jordanischen Hauptstadt Amman, am Abhang über dem Jordantal. Hier hatten die Osmanen das Verwaltungszentrum für das Ostjordangebiet eingerichtet; so war Salt zur wichtigsten Stadt jener Region geworden. Wohlstand konnte sich in Salt jedoch kaum entwickeln, denn die Stadt befand sich damals in einer Gegend, in der nur noch wenige Dörfer bevölkert waren. Viel zu plündern wird es für die Soldaten des Ibrahim Pascha in Salt nicht gegeben haben.

Über den weiteren Verlauf der Flucht berichtete Pierre Nicolas Hamont: »Am nächsten Tag setzte sich die Kolonne in Marsch und stieg von den Bergen herab in die Ebene. Sie erreichte den Jordan, der gegen Abend an einer Furt durchquert wurde. Männer, Frauen und viele Tiere wurden von der Strömung fortgerissen. Gepäck und Vorräte gingen verloren. Man biwakierte am rechten Ufer des Jordan. Am nächsten Tag schlug die Division Ibrahim Paschas den Weg nach Jericho ein, das sie bald erreichte. Jericho, von den Arabern Riha genannt, ist ein kleines Dorf, zehn Kilometer vom Toten Meer entfernt. Es gab dort einen Wehrturm, der von der Armee in Brand gesteckt wurde. Die Felder in der Umgebung sind von vielen Rinnsalen bewässert und sehr fruchtbar. Die Division blieb zwölf Stunden in Jericho und zog bei Tagesanbruch weiter. Sie wich nach Südosten aus und überschritt erneut den Jordan, diesmal in östlicher Richtung, denn Ibrahim Pascha hatte Angst, bei Hebron auf eine osmanische Division zu stoßen, von der es hieß, sie sei 12 000 Mann stark. Der Oberbefehlshaber fürchtete ein Gefecht mit den Türken, da er sich nicht mehr auf seine geschwächten, demoralisierten Truppen verlassen konnte. Beim Übergang über den Jordan ging viel Zeit verloren. Menschen, Tiere und Ausrüstung wurden fortgeschwemmt. Erst eineinhalb Stunden vom Fluß entfernt, konnte ein Lager aufgeschlagen werden, weil das Ufer völlig aufgeweicht war. Am nächsten Tag drang die Armee in die Schluchten des Ajlungebirges ein, die nach Kerak führen.«

Die Burg, die einst dem Kreuzritter Rainald von Châtillon gehört hatte, war im Wechsel zwischen ägyptischer und osmanischer Herrschaft von unterschiedlichen Garnisonen belegt gewesen. Als Ibrahim Pascha Ende Dezember 1840 mit dem demoralisierten Rest seiner Truppen in der Nähe der Burg biwakierte, da war ein Offizier dort zuständig, der eigentlich dem Sohn des Mohammed Ali hätte gehorsam sein müssen. Doch der Verantwortliche dachte nicht daran, für Ibrahim Pascha die Tore von Kerak zu öffnen. Der frühere Herr über Syrien aber durfte nicht mehr daran denken, die Burg einfach stürmen zu lassen – dafür reichten die Kräfte seiner Soldaten nicht mehr aus. So mußte der Kommandeur der flüchtenden Verbände den Befehlshaber von Kerak bitten, ihm Lebensmittel zu verkaufen. Diese Bitte führte zur demonstrativen Demütigung des einst so stolzen Ibrahim Pascha.

Pierre Nicolas Hamont schilderte den Vorgang so: »Soldaten und Pferde starben vor Hunger. Die Männer aßen das Fleisch der verendeten Tiere. Ibrahim Pascha schickte Mustafa Aga, den früheren Gouverneur von Jerusalem, zum Befehlshaber von Kerak, um mit ihm den Kauf von Lebensmitteln auszuhandeln. Der Befehlshaber versprach, am nächsten Tag Lebensmittel zu liefern, unter der Bedingung, daß die Ägypter nicht mehr als zehn Maultiere schicken würden, die begleitet sein sollten von unbewaffneten, aber mit Geld versehenen Männern.

Am nächsten Tag gab Ibrahim Pascha Befehl, die zehn Maultiere und die Männer loszuschicken. In einer Schlucht fielen Beduinen über die Begleitmannschaft her und raubten die Lasttiere. Abermals schickte Ibrahim Pascha den einstigen Gouverneur von Jerusalem los; er sollte sich beim Befehlshaber von Kerak über die Hinterlist beschweren. Der aber empfing die Abgesandten des Ibrahim Pascha mit allen Ehren und mit der Beteuerung, er sei an diesem bedauerlichen Zwischenfall völlig unschuldig. Man einigte sich, daß der benötigte Proviant am folgenden Tag unter allen Umständen geliefert werden würde. Statt der zehn Maultiere sollte Ibrahim Pascha dreißig schicken, doch auf einem anderen Weg, den der Befehlshaber von Kerak genau beschrieb. Die kleine Karawane machte sich am nächsten Tag wie verabredet auf den Weg. Kaum hatten sie die bezeichnete Straße erreicht, als sich Männer auf die Soldaten stürzten, die Maultiere davontrieben und einen Diener des Ibrahim Pascha verletzten. Die Begleitmannschaft war zu schwach, um Widerstand zu leisten; sie rannte im Laufschritt ins ägyptische Lager zurück. Auf erneute Beschwerden antwortete der Herr über Kerak mit erneuten Ausflüchten. Schließlich schlug er die Bitte des ägyptischen Oberbefehlshabers völlig ab. So waren vier Tage verloren, und in der ganzen Zeit hatten die Männer keine Rationen erhalten. Das Fleisch der verendeten Tiere wurde zu hohen Preisen gehandelt.«

Zu Tode geschwächt schleppten sich die Soldaten weiter. Als die Kolonne bei der Stadt Gaza die Grenze Ägyptens erreichte, da lebten von den 200 000 Menschen, die fast einen Monat zuvor Damaskus verlassen hatten, noch 60 000.

Noch einmal macht die Geschichte Pause

Ibrahim Pascha hatte sich bemüht, dem menschenleeren Jordangebiet neue Bewohner zuzuführen. Als er dort zuständig war, wurden Bauern aus Ägypten an den Fluß geholt. Der osmanische Herrscher Abdul Hamid II. siedelte Tscherkessen aus dem Kaukasus im Ostjordanland an; sie waren als Moslems aus dem Zarenreich geflohen. Die Tscherkessen übernahmen die Funktion von Wehrbauern: Sie hatten das besiedelte Gebiet vor den Raubzügen der Beduinen zu schützen. Diese bevölkerungspolitischen Maßnahmen der Ägypter und der Osmanen bewirkten, daß im Jordanland die Zahl der Menschen langsam wieder zunahm. Doch diese Entwicklung geschah im verborgenen. Die Großmächte – Regierungen und interessierte Öffentlichkeit – blickten auf andere Regionen des Nahen Ostens. Der Suezkanal gab Ägypten weltpolitische Bedeutung.

Im Jahre 1869 konnten die ersten Schiffe die Wasserstraße zwischen Mittelmeer und Rotem Meer benützen. Damit war der durchgehende schnelle Seeweg von England nach Indien geschaffen. England war der Hauptnutznießer des Suezkanals, doch es war ein Franzose gewesen, Ferdinand de Lesseps, der den Kanalbau vorangetrieben und die Trägergesellschaft begründet hatte. Frankreich, durch die Niederlage im Jahre 1871 gegen Deutschland in seiner politischen Position geschwächt, konnte nicht verhindern, daß England schließlich zum Hauptaktionär der Kanalgesellschaft wurde. Diese Besitzergreifung hatte zur Folge, daß die britischen Politiker, die darauf bedacht waren, jede Gefahr für den Betrieb des Suezkanals schon im Keim zu ersticken, sorgfältig die Entwicklungen in den Anrainerstaaten prüften.

Palästina, nur durch die Sinaihalbinsel von der Wasserstraße getrennt, wurde wichtig für die Verantwortlichen in London. Mit Argwohn beobachteten sie, daß sich das Deutsche Kaiserreich immer enger mit dem Staat der Osmanen verband. Kaiser Wilhelm II. gab Freundschaftserklärungen für den Sultan ab und schickte Militärexperten nach Istanbul, die helfen sollten, die türkische Armee zu reformieren. Der Kaiser selbst besuchte im Herbst 1899 das Heilige Land, das zum Reich des Sultans gehörte. Die Absicht war tatsächlich, die Verbindung zwischen dem Deutschen und dem Osmanischen Reich zu stärken.

Wilhelm II. hatte damals auch geplant, das Jordantal zu besuchen, doch er war vor der Hitze dort gewarnt worden. So blieb er der Senke fern. Doch sein Besuch in Palästina hatte einen Nebeneffekt: Deutsche wanderten in diese nahöstliche Gegend aus. An der palästinensischen Mittelmeerküste und am See Gennesaret bildeten sich Kolonien deutscher Siedler. Den Regierenden in London – aber auch der Zionistischen Bewegung in England und in den USA – war der wachsende deutsche Einfluß im Land westlich des Jordan verdächtig.

Ungern gesehen wurde auch, daß die Leitung eines weiteren strategisch wichtigen Verkehrsprojekts in der Hand eines deutschen Ingenieurs lag. Heinrich August Meissner aus Leipzig war für den Bau der Hedschas-Bahn auf der Strecke Damaskus–Ma'an zuständig. Gerade dieser militärisch interessante Schienenstrang im Ostjordanland wurde von einem Ingenieur gebaut, den die deutsche Delegation am Hof des Sultans in Istanbul empfohlen hatte. Die Verwaltung des Osmanischen Reiches betonte zwar, die Hedschas-Bahn habe den Zweck, Pilger rasch und sicher zwischen Damaskus und den heiligen Stätten hin und her befördern zu können, doch hatte der osmanische Generalstab das Projekt von vornherein unter militärischen Gesichtspunkten gefördert.

Allein schon die Geschwindigkeit, mit der die Trassierung vorangetrieben wurde, mußte den Verdacht wecken, die Bahn werde für einen bald bevorstehenden Krieg gebraucht: 1902 waren die ersten Gleise bei Damaskus verlegt worden; zwei Jahre später hatte die Trasse Amman und weniger als zwölf Monate später Ma'an erreicht. Als 1908 Medina durch einen Schienenstrang von 1303 Kilometer Länge mit Damaskus verbunden war, fehlte nur noch die Fortsetzung bis Mekka. Doch die Strecke Medina-Mekka wurde nie gebaut. Der Protektor der Hedschas-Bahn, Sultan Abdul Hamid II., wurde am 24. August 1908 von seinen eigenen Offizieren verhaftet. So fehlte die Persönlichkeit, die bisher den Bahnbau aus religiösen Motiven gefördert hatte. Jetzt bestimmten nur noch die Militärs in Istanbul, und ihnen genügte, daß die Eisenbahn durch Transjordanien fertiggestellt war. Auf dieser Linie konnten sie Truppen rasch an Brennpunkte verlegen, die im Falle eines Konflikts mit englischen Einheiten im Gebiet zwischen Totem und Rotem Meer entstehen würden.

Die Vertreter der britischen Krone in Cairo, denen das Projekt Hedschas-Bahn von Anfang an mißfallen hatte, suchten schon bald nach Verbündeten, um die Bauvorhaben stören zu lassen. Sie wußten, daß den Beduinensippen der Gedanke, Pilger könnten künftig mit dem Eisenbahnzug von Damaskus nach Mekka reisen, gründlich mißfiel. Zum Leben der Männer in der Wüste hatte das Abenteuer gehört, Pilgerkarawanen zu überfallen und auszurauben. Solche Kamelkolonnen zogen langsam von Wasserstelle zu Wasserstelle; sie konnten zu Pferd leicht eingeholt werden. Die Beduinenscheichs besaßen genügend Vorstellungskraft, um zu begreifen, daß sich Wagen, die von einer Dampflokomotive auf Schienen gezogen wurden, schnell fortbewegten und für Reiter keine leichte Beute mehr wären. Die Scheichs hatten die enge Zusammenarbeit zwischen Militär und Bahnverwaltung bemerkt: Da waren 5000 Soldaten damit beschäftigt, den Gleiskörper zu planieren und Schienen zu verlegen. War die Armee schon an den Bauarbeiten beteiligt, mußte auch damit gerechnet werden, daß sie Bahnanlagen und Züge schützte, wenn die Strecke einmal befahren wurde. Vorbei waren dann die Zeiten der ungetrübten Freude an Überfällen auf Karawanen. Die Scheichs versuchten deshalb, die Fertigstellung der Linie durch Sabotageakte so lange wie nur möglich zu verhindern. Diese Haltung machte sie ganz von selbst zu Verbündeten der Engländer. Die künftige Zusammenarbeit zwischen britischen Offizieren und Stammeschefs im Ostjordanland zeichnete sich ab. Sie war gegen die Allianz des Osmanischen Reiches mit den Deutschen gerichtet.

Zu den Faktoren, die der britischen Verwaltung in Cairo anzeigten, daß Deutschland beabsichtigte, sich im Jordanland zu engagieren, gehörte das Erscheinen von deutschsprachigen Männern in Transjordanien, die nach Altertümern suchten – dabei jedoch nie vergaßen, das

Gelände in weitem Umkreis kartographisch zu erfassen, wobei sie sich auffällig um jedes Detail kümmerten. In Cairo wurde befürchtet, daß die deutsche Oberste Heeresleitung bald schon über sehr detailgetreue Generalstabskarten vom Ostjordanland verfügen könnte, die an Qualität den britischen Orientierungshilfen überlegen wären.

Die Karten der britischen Armee waren von Mitarbeitern des Palestine Exploration Fund erarbeitet worden. Zum Team der Kartographen hatte Leutnant Kitchener gehört, der spätere Feldmarschall und Lord. Unter schwierigen Umständen – von Malaria geplagt und von Beduinen gejagt – hatten die Spezialisten zwischen 1871 und 1877 die erste vollständige Erfassung des Landes Palästina durchgeführt. Diese Engländer waren auch die ersten, die exakt nachwiesen, daß sich die Sohle des Jordangrabens weit unter dem Niveau des Mittelmeerspiegels befindet. Die Kartographen verwendeten Barometer: Durch Messen des Luftdrucks – die Geräte waren eingestellt auf Normalnull der Meereshöhe – konnten sie in der Senke eine Abweichung feststellen, aus der die Höhendifferenz berechnet wurde.

So maßstabsgetreu die Palästinakarte auch war, über das Transjordanland gab sie kaum genaue Auskunft. Über dieses Gebiet, so fürchteten britische Offiziere in Cairo, würde, dank der Altertumsforscher, der deutsche Generalstab bald schon über bessere Kenntnisse verfügen.

Eine Absichtserklärung
wird zum politischen Angelpunkt

Der Weltkrieg wirft seine Schatten voraus

Zu den Personen, denen von englischen Beobachtern nicht geglaubt wurde, daß sie sich allein um Spuren der Vergangenheit kümmerten, gehörte der österreichische katholische Theologe Alois Musil, ein Vetter des Schriftstellers Dr. Robert Musil. Im Juli 1896 wanderte Alois Musil zu Fuß von Jerusalem aus über den Jordan. Fünf Tage brauchte er bis zur Stadt Madeba. Musil wollte die sehr alte Mosaikkarte im Fußboden der dortigen Basilika sehen. Sie war 1884 entdeckt und bei Restaurierungsarbeiten beschädigt worden. Die Karte faszinierte ihn, und nur wenige Tage später war Alois Musil selbst damit beschäftigt, die Umgebung der Stadt Madeba in einer Karte zu erfassen.

Über diese Anfänge seiner Arbeit notierte er später selbst: »Das Land, das ich durchstreifte, war karthographisch nicht verzeichnet, daher mußte ich mir meine eigenen Karten skizzieren. Irgendwie hatte ich gelernt, dies zu tun. Natürlich hatte ich einen Kompaß und einen Höhenmeßbarometer, doch fand ich bald heraus, daß diese Geräte nicht genügten. Ich konnte die Breite nicht bestimmen. Ich hatte einen kleinen Barometer, aber ich konnte die Seehöhe nicht bestimmen.«

Dieser Mangel an Kenntnis und Ausrüstung läßt das Ergebnis der Arbeit erstaunlich erscheinen: Die Landkarte, die Alois Musil vom Ostufergebiet des Toten Meeres zeichnete, ist bewundernswert präzise.

Während der Jahre 1908 und 1909 erforschte Alois Musil von Damaskus aus die Wüstenzonen im Süden und Osten der Stadt. Finanziert wurde die Expedition von der k. u. k. Regierung in Wien. Zum Arbeitsprogramm gehörten im wesentlichen diese Punkte: Ergänzung der bisher erarbeiteten Landkarte, genaue topographische Beschreibung der Region, umfassende Aufzeichnung aller Stämme und Sippen. Diese Aufgabe erfüllte Alois Musil, der längst die Theologie aufgegeben und die Orientforschung zu seinem Lebensinhalt gemacht hatte, derart gut, daß ihn die österreichische Regierung schon ein Jahr später wieder in das Land ostwärts des Jordan schickte. Diesmal sollte er die hygienischen Verhältnisse der Hedschas-Bahn überprüfen. Entlang der Bahnlinie waren Sanitätsstationen einzurichten. Von Musil wurde erwartet, daß er die richtigen Orte dafür bestimmte.

Hinter diesem Auftrag verbargen sich jedoch andere Absichten. Die osmanische Regierung in Istanbul machte Musil deutlich, daß sie an Informationen über die arabischen Stammeshäuptlinge im Bereich der Eisenbahn interessiert war. Sie wollte wissen, welche politischen Ansichten die Scheichs vertraten und wie sie selbst ihre Zukunft sahen. Musil sollte also in Erfahrung bringen, ob die Herren der Wüste zwischen Transjordanien und Hedschas Pläne verfolgten, mit fremder Hilfe unabhängig zu werden. Besonderes Interesse war darauf gerichtet, ob die Scheichs zu der Vertretung Englands in Cairo Kontakt aufgenommen hatten.

Obgleich Alois Musil im Auftrag der osmanischen Regierung reiste, wurde er von den Repräsentanten dieser Regierung in Arabien mit überaus distanzierter Haltung begrüßt. Ihm wurden Schwierigkeiten bereitet, mit denen er nicht gerechnet hatte. Die Verantwortlichen in der Provinz Syrien sahen in Musil einen unangenehmen Späher der Zentralregierung in Istanbul, der gekommen war, um der Schlamperei nachzuspüren. Die osmanischen Beamten gaben sich Mühe, dem Fremden Einblicke zu verwehren.

Die Schlamperei ließ sich jedoch nicht verbergen. In einem Bericht bemerkte Musil: »Solange europäische Ingenieure in Verwendung standen, herrschte überall Ordnung, aber seit ihrer Entlassung geht alles zugrunde.«

Dabei war es als Wunder zu betrachten, daß der Bahnverkehr im sandigen Land Transjordaniens und in der arabischen Wüste überhaupt funktionierte. Nie hatte es im Nahen Osten bislang eine derartige Bahnstrecke gegeben. Das Personal – es bestand zwar aus Untertanen des Sultans, doch setzte es sich aus Türken, Kurden, Armeniern, Arabern zusammen – hatte erst eingelernt werden müssen, nachdem sich die osmanische Bahnverwaltung aus Gründen des nationalen osmanischen Stolzes, entschlossen hatte, den Betrieb der Züge in die Hände osmanischer Beamter zu legen.

Das Fazit der Erfahrungen während der Reise mit der Hedschas-Bahn und vor allem während der Abstecher zu arabischen Stämmen war die Feststellung, daß die Scheichs ganz offensichtlich voll Sympathie für England waren, das in Ägypten eine mustergültige Verwaltung aufgebaut hatte. Musil stellte fest, im Unterschied zu den Engländern seien die Türken als faule, arrogante und unintelligente Verwalter ihrer Länder verhaßt. Daß England seine Herrschaftsgebiete ausweite, war offenbar der Wunsch vieler Scheichs.

Der osmanischen Verwaltung konnten solche Vorstellungen nicht gefallen. Wer die Herrschaft der Engländer bevorzugte, der war als Hochverräter einzustufen. Alois Musil, dessen Auftraggeber die Regierung in Istanbul war, fühlte sich veranlaßt, ähnlich zu urteilen. Doch er reagierte klug: Er schlug nicht vor, Annäherungen der Stämme in Transjordanien und auf der Arabischen Halbinsel an das englisch verwaltete Ägypten zu unterdrücken; sondern er entwickelte einen Plan, um Araber und Türken auszusöhnen. Sein Heimatland Österreich-Ungarn nahm er dabei als Vorbild. Dort waren zwei Völker unter einer Krone vereint. Der Sultan aus dem Hause Osman sollte Türken und Araber repräsentieren – wobei den arabischen Stämmen, nach Musils Meinung, eine gewisse Autonomie zugestanden werden müßte.

Musil machte auch gleich Vorschläge, welche arabischen Stammeschefs als führende Köpfe im arabischen Staatsteil in Frage kämen: Da war der Fürst An Nuri, der zwischen Jordangraben und Euphrat mächtig war; und da waren die Fürsten aus den Häusern Raschid und Saud, die sich die Macht über das Zentrum der Arabischen Halbinsel teilten. Der Familie Haschem, die in Mekka zuständig war, traute Musil damals nur wenig zu. Sein Favorit für die Führungsrolle in Arabien war An Nuri, den er bereits »König der Araber« nannte. Seiner eigenen Regierung in Wien schlug Musil vor, sie solle sich aktiv dafür einsetzen, daß der türkisch-arabische Staat Wirklichkeit werde. Der Ausbruch des Weltkrieges im Jahre 1914 verhinderte diese Entwicklung.

Britische Truppen rücken in Jerusalem ein

Musil hielt es für eine Selbstverständlichkeit, daß der Sultan der Osmanen den Engländern den Frieden aufkündigte, sobald der Krieg zwischen Deutschland und Österreich-Ungarn auf der einen Seite und England und Frankreich auf der anderen Seite ausbrach. Doch für die Verantwortlichen in Istanbul war dieser Schritt gar nicht so selbstverständlich. Die stabile Freundschaft zwischen dem Sultan und dem deutschen Kaiser war keine Garantie für Waffenbrüderschaft, denn der Partner der Deutschen, Österreich-Ungarn, hatte auf dem Balkan eine Expansionspolitik verfolgt, die den Interessen der Osmanen gewaltig schadete. Zudem lebte die Erinnerung an die Unterstützung fort, die England mehrmals den Türken in der Auseinandersetzung mit Rußland gewährt hatte. Der Erzfeind Rußland aber war nun mit den Engländern verbündet – diese Allianz gab den Ausschlag: Das Osmanische Reich erklärte am 2. November 1914 England den Krieg.

Am selben Tag reiste Alois Musil mit der Eisenbahn von Wien ab in Richtung Damaskus. Nun brauchte er nicht länger den Altertumsforscher zu spielen. Musil kam in offizieller Mission nach Arabien: Er hatte die Stämme ostwärts des Jordangrabens und im Umland von Aqaba an ihre Pflicht als Untertanen zu erinnern, das Osmanische Reich gegen England zu unterstützen. Musil sollte auch prüfen, ob ein Vorstoß arabischer Reiterverbände zum Suezkanal unternommen werden könnte. Das Wunschdenken der Strategen in Wien und Istanbul war darauf ausgerichtet, die Araber zu veranlassen, den Schiffsverkehr im Suezkanal zu unterbrechen, um die Verbindung zwischen Großbritannien und Indien zu erschweren. Derartige Hoffnungen zerstörte Alois Musil allerdings rasch: Am 1. Dezember 1914 schrieb er aus Damaskus an seine Regierung, mit einer Hilfe der arabischen Stämme sei im Fall einer »Operation Suezkanal« nicht zu rechnen.

Da der deutsche und der türkische Generalstab an ihrer Planung festhalten wollten, England durch eine erfolgreiche Aktion auf ägyptischem Boden in die Knie zu zwingen, mußten sich die militärischen Planer zur Offensive eigener Truppen entschließen. Doch die britischen Verbände, die wußten, welche Bedeutung der Wasserweg hatte, verteidigten ihre Position energisch. Dann trat Ruhe ein an der nahöstlichen Front, die damals bei Gaza und Beerscheba verlief. Im März 1917 flackerten die Kämpfe erneut auf: Die Engländer griffen an. Ihre Offensive wurde durch die exzellente österreichisch-ungarische Artillerie aufgehalten, die vor Gaza in Stellung stand.

Im Herbst 1917 aber rückte der Krieg näher an die Jordansenke heran, die drei Jahre lang verschont geblieben war. Der britische General Edmund Allenby hatte die Voraussetzungen zum Sieg der englischen Armee geschaffen. Zehntausende Reiter und 30 000 Infanteristen waren auf der Sinai-Halbinsel für die Offensive zusammengezogen worden. Dieser Mannschaft standen 500 Geschütze zur Verfügung. Die österreichisch-ungarischen und türkischen Verbände konnten nur 200 Geschütze einsetzen – und die Mannschaft bestand aus 1000 Reitern und 20 000 Infanteristen. Allenbys Truppe besaß die Übermacht. Trotz deutscher Unterstützung konnte die osmanische Front nicht gehalten werden. Der Rückzug begann während der letzten Tage des Oktobers 1917. Am 11. Dezember 1917 betrat der Eroberer Allenby in feierlicher Zeremonie durch das Jaffa-Tor die Heilige Stadt.

Wenige Wochen ehe Jerusalem von Allenby erobert wurde, hatte Alois Musil einen illustren österreichischen Gast zu betreuen, den Erzherzog Hubert. Die beiden hohen Offiziere – Musil war inzwischen längst zum General befördert worden – besichtigten das Jordantal. Es war jedoch nicht ihre Absicht, Möglichkeiten zum Aufbau einer Verteidigungslinie zu inspizieren. Sie vergnügten sich bei einer Motorbootfahrt auf dem Toten Meer, wobei sie auch versuchten, gegen die

Strömung in den Jordan hineinzufahren. In Jericho speisten und übernachteten der Erzherzog und Musil. Als Jerusalem am 8. Dezember 1917 von General Allenby besetzt wurde, hatte Alois Musil Arabien für immer verlassen. Als im Jordantal gekämpft wurde, war Musils Gegenspieler der Mann der Stunde. Sein Name: Thomas Edward Lawrence.

Das Ende der türkischen Flotte auf dem Toten Meer

Seine Ausdehnung ist beachtlich: 76 Kilometer mißt das Tote Meer in der Länge, 17 Kilometer in der Breite. Gewässer dieser Größenordnung sind überall auf der Welt von Schiffen befahren. Die Oberfläche des Toten Meeres aber ist meist leer. Da keine Stadt, und nicht einmal eine Siedlung von Bedeutung an seinem Ufer zu finden ist, besteht keine Notwendigkeit, Menschen und Waren hin und her zu befördern. Seit den Flottenmanövern des Kreuzritters Rainald von Châtillon hatte niemand daran gedacht, Kriegsschiffe auf dem Toten Meer schwimmen zu lassen. Die osmanische Armee aber übertrug zur Zeit des Ersten Weltkriegs die Versorgung der Garnison in Kerak einer Einheit der Marine. Sie erfüllte auch den Auftrag, Transporte von Waffen und Ausrüstungsgütern durchzuführen, die dann über Kerak nach Aqaba weitergeleitet wurden. So wurde für derartige Transporte der beschwerliche Aufstieg von Jericho aus ins Bergland umgangen. Der Hafen Kerak lag keine 20 Kilometer von der Stadt entfernt. Er befand sich im seichten südlichen Teil des Toten Meeres.

Was dort in einer Nacht, sechs Wochen nach dem Fall Jerusalems geschah, beschreibt T. E. Lawrence in seinen Lebenserinnerungen: »Wir konnten den kühnen Abdallah al Feir sehen. Er lagerte unter uns am Südufer des Toten Meeres. Eine Niederung ist dort, die von Süßwasserbächen durchzogen ist. Von reichem Pflanzenwuchs ist sie bedeckt. Wir hatten Abdallah al Feir den Vorschlag gemacht, er möge einen Überfall auf den Seehafen von Kerak durchführen, um die dort liegende türkische Flotte zu vernichten. Er nahm sich etwa siebzig ausgesuchte Reiter, die zu den Beduinenstämmen von Beerscheba gehörten, und ritt mit ihnen während der Nacht auf schmalen, aber gut gangbaren Landstreifen zwischen den Bergen von Moab und dem Seeufer hin bis nahe an das türkische Lager. Beim ersten Morgenlicht, als sie weit genug sehen konnten, um Galopp reiten zu können, brachen sie aus dem Unterholz hervor gegen die Schiffe und Motorboote, die in der Bucht festgemacht waren. Dies geschah, während die Besatzungen und Bewachungen am Strand in Schilfhütten schliefen.

Die Männer waren von der türkischen Marine. Auf Gefechte zu Lande waren sie nicht vorbereitet. Sie hatten keine Ahnung, was ein Kavallerieangriff war. Erst das Dröhnen der Pferdehufe bei der scharfen Attacke hatte sie geweckt. Das Gefecht war zu Ende, noch ehe es begonnen hatte. Die Hütten wurden verbrannt, die Vorräte geplündert. Die Schiffe wurden auf den See hinausgefahren und versenkt. Dann ritten unsere Leute, ohne einen einzigen Mann verloren zu haben, mit ihren sechzig Gefangenen zurück und priesen ihre Heldentat. Am 28. Januar 1918 hatten wir das Ziel erreicht, den Schiffsverkehr auf dem Toten Meer lahmzulegen. Vierzehn Tage früher war es geschehen, als wir Allenby versprochen hatten.«

Der Autor dieses Berichts, der von den Hügeln über dem Toten Meer aus den Angriff beobachtet hatte, befand sich als britischer Offizier im Bergland über dem Jordangraben. Seine Aufgabe war es, die arabischen Stämme auf der Seite Englands in den Krieg gegen die Osmanen zu führen – und er war darin erfolgreich. T. E. Lawrence hatte dieselbe Funktion wie der Österreicher Alois Musil, der während des Krieges die Stämme für die Fahne des osmanischen Sultans begeistern sollte. Musil bewies keine so glückliche Hand, obgleich seine Voraussetzungen besser waren als die von Lawrence. Alois Musil mußte nicht gegen die Politik der eigenen Regierung ankämpfen.

Die Schwierigkeit für Lawrence bestand darin, daß der britische Außenminister am 2. November 1917 in einem Brief an Lord Rothschild die Erklärung abgegeben hatte, die Regierung in London werde den Aufbau einer »Heimat« für die Juden in Palästina unterstützen. Diese »Balfour Declaration« stand im Widerspruch zu Beteuerungen derselben britischen Regierung gegenüber den Scheichs der arabischen Stämme, sie werde nach dem Zusammenbruch des Osmanischen Reiches für die Gründung eines unabhängigen arabischen Staates sorgen.

Doppelzüngig war die Politik Englands im Jahre 1917. Die »Balfour Declaration« sollte die Juden in England und in den USA veranlassen, sich intensiver am Krieg gegen Deutschland und vor allem gegen die Türkei zu beteiligen. Das Versprechen, der arabische Staat werde nach dem Krieg existieren, aber war gegeben worden, um die Aufgabe von Thomas Edward Lawrence zu erleichtern, die Stämme für den aktiven Kampf zu mobilisieren.

Die bedeutendste Leistung des Engländers bestand darin, die Führer der Stämme vergessen zu lassen, daß es die »Balfour Declaration« überhaupt gab. Sie hatten von dem Versprechen Englands an die Juden gehört, und sie waren empört gewesen. Doch dann vertrauten sie Lawrence, der durch Optimismus, Aufrichtigkeit und durch Kampfesmut zu begeistern wußte. Ihm war es tatsächlich gelungen, die Stammesscheichs aus dem Hedschasgebiet auf der Seite Englands in den Krieg gegen die Osmanen zu führen.

War Alois Musil zunächst Theologe gewesen, so hatte sich Lawrence schon von Jugend an für Kriege interessiert. Er hatte am Jesus College in Oxford Militärgeschichte studiert. Im Jahre 1909 war er in Syrien und in Palästina gewesen, um die Schauplätze biblischer Kriege zu besuchen. Seine Kenntnis des Landes und der Menschen hatte ihn dann bei Kriegsbeginn zu einem wertvollen Mitarbeiter der britischen Verwaltung des Nahen Ostens gemacht. Er hatte zunächst als Stabshauptmann in Cairo Geheimdienstberichte über die osmanische Armee auszuwerten. Als ihm die Schreibtischarbeit zu mißfallen begann, bat er darum, Verbindungsoffizier beim Groß-Scherifen von Mekka und Medina werden zu dürfen. So wurde Lawrence Initiator des Aufstands der Araber.

Der schönste Augenblick jener Monate, die Lawrence damit zubrachte, Wüstenkrieger in Soldaten zu verwandeln, die einem taktischen, wenn nicht sogar strategischen Konzept zu folgen vermochten, sei der Einzug durch das Jaffator nach Jerusalem gewesen. Es sei ihm vergönnt gewesen, unmittelbar hinter dem Oberbefehlshaber, General Allenby, zu marschieren. Lawrence, der für diese Zeremonie direkt von der Front im Ostjordanland gekommen war, hatte sich für seinen Einzug in Jerusalem erst bei Offizierskollegen Uniformstücke ausleihen müssen.

Als der »schönste Augenblick« vorüber war, informierte Allenby die Offiziere seines Stabes und Major Lawrence, daß seine Truppen nach dem verlustreichen Anstieg von der Mittelmeerküste hinauf nach Jerusalem erschöpft seien; er könne deshalb nicht die Fortsetzung des Feldzugs in Richtung Jericho befehlen. Wenn er jedoch die Lage betrachte, so meinte Allenby, dann bilde das Bergland, das zum Toten Meer abfalle, eine gefährlich offene Flanke für die britischen Truppen, denn jenes Gewässer befinde sich noch fest in der Hand der osmanischen Soldaten. Allenby informierte die eigenen Offiziere und Lawrence, auf dem Toten Meer seien auffällig starke Schiffsbewegungen festgestellt worden. Offenbar hatte der osmanische Generalstab angeordnet, daß die türkischen Einheiten, die noch Brückenköpfe am Westufer des Toten Meeres besetzt hielten, zu verstärken seien. Auf den Schiffen seien sowohl Transporte von Mannschaften als auch von Geschützen beobachtet worden. Von äußerster Wichtigkeit für die Sicherheit der britischen Verbände zwischen El Arish und Jerusalem sei deshalb die Vernichtung der türkischen Flotte auf dem Binnenmeer. Durch diese Maßnahme werde auch der Transport von Lebensmitteln unterbunden, den die Türken zwischen dem Hafen Kerak und Jericho organisiert hätten. Seine Geheimdienstleute, so sagte Allenby, hätten festgestellt, daß Jericho nicht flußabwärts von Norden her versorgt werde, sondern von Süden her. Die Stärkung der Jerichofront sei wohl der Garnison in Kerak übertragen worden.

Die Worte des Oberbefehlshabers hatten Lawrence veranlaßt, die Zerstörung der türkischen Flotte im Toten Meer zu planen. Zur Durchführung des Unternehmens hatte er seine arabischen Reiter – sie stammten zumeist aus dem Hedschas – in zwei Gruppen aufgeteilt. Er selbst blieb mit einer Einheit von fünfzig Männern auf dem Bergrücken über der Senke. Unten, direkt am Ufer, war eine etwas stärkere Gruppe eingesetzt, die der arabische Reiterführer Abdallah al Feir kommandierte. Ihr war die Aufgabe übertragen, den Hafen Kerak zu überfallen. Lawrence hatte das Unternehmen von der Höhe aus abzudecken.

Die Bewacher des Hafens und die schlafenden Schiffsbesatzungen zu überfallen erwies sich dann als problemlos durchführbare militärische Aktion. Schwieriger war die Auseinandersetzung mit der Garnison in der Festung, die einst Rainald von Châtillon so viel Sicherheit gegeben hatte, daß er zu selbstmörderischer Kühnheit verleitet worden war. Kerak gehörte am Beginn des Jahres 1918 zum Bereich der 48. Türkischen Division. Diese Einheit besaß Geschütze und Maschinengewehre in ausreichender Zahl. Der Kommandeur hatte Teile der Ausrüstung tatsächlich an die Garnison Jericho abgeben können, denn seine Truppe blieb auch weiterhin gut versorgt: Die Verwaltung der Hedschas-Bahn setzte alle verfügbaren Transportmittel für Fahrten von Norden nach Kerak ein.

Durch Späher, die zu den westjordanischen Stämmen gehörten, erfuhr Lawrence vom regen Bahnverkehr auf der Strecke von Amman zum Bahnhof Sultani, östlich von Kerak. Aus den Berichten, die er erhielt, schloß Lawrence, daß er mit seinen bescheidenen Streitkräften keinen direkten Angriff gegen Kerak wagen konnte – doch er hatte dem Oberbefehlshaber beim Abschied in Jerusalem versprochen, seine Basis so bald wie nur möglich in Jericho aufzuschlagen. Ehe Lawrence seine Reiter an die Jordanmündung verlegen konnte, mußte er das Problem Kerak gelöst haben.

T. E. Lawrence ritt mit seinen Männern auf der Höhe östlich des Jordangrabens weiter nach Norden, auf die Festung zu. Er berichtet in seinen Lebenserinnerungen darüber: »Der Schnee lag sehr hoch, und kein Weg war mehr zu erkennen. Es ging jetzt in großen Windungen bergauf, zwischen Hügeln und wirren Steinhaufen hindurch. Schon die Überwindung der ersten beiden Biegungen kostete mich ein Übermaß an Anstrengung. Mein Kamel Wodheia, erschöpft durch das knietiefe Waten im weißen Zeug, begann zu erschlaffen. Doch Wodheia stapfte ääweiter, um gleich darauf an einer abschüssigen Stelle fehlzutreten. Wir kullerten beide den Hang hinunter und landeten in einer hohen verharschten Schneewehe. Nach dem Sturz stand Wodheia wimmernd wieder auf und blieb zitternd stehen.«

Manchmal, wenn der Schneefall nachließ, hatten Lawrence und seine Männer Gelegenheit, hinunterzublicken in den Jordangraben. Sie sahen grünes Land, und sie konnten sich die angenehmen Temperaturen dort unten am Südrand des Toten Meeres vorstellen. Sie befanden sich mehr als 1000 Meter über dem Talgrund. Hier oben waren die Reiter vom Erfrieren bedroht. Es blieb Lawrence nichts anderes übrig, als mit seiner Truppe ins warme Tal abzusteigen. Besiegt vom Wetter im Bergland, mußte der Initiator der Revolte der Araber gegen die Osmanen zur Kenntnis nehmen, daß Allenby selbst inzwischen Jericho erobert hatte. Die reguläre britische Armee war damit am Jordan angekommen. Das Datum war der 21. Februar 1918.

Allenbys Feldzug am Jordan

Kriegsentscheidend waren die Aktionen der Araber nie gewesen. Es war ihnen zwar mehrfach gelungen, die Hedschas-Bahn durch Sabotageakte zu unterbrechen – dadurch wurde die Versorgung und damit die Sicherheit der osmanischen Garnisonen entlang der Strecke bis hin nach Medina gefährdet – doch waren die Interessen der Engländer immer eindeutig auf Palästina, auf die Überquerung des Jordan und auf die Eroberung von Damaskus ausgerichtet. Was sich ostwärts des Toten Meeres oder gar auf der Arabischen Halbinsel ereignete, war dem Feldherrn Allenby nahezu gleichgültig. Jenes Gebiet galt ihm nur dann als wichtig, wenn sich dort berittene Kämpfer anwerben ließen, die bereit waren, ihr Leben für die Vertreibung der Osmanen aus dem Jordantal und aus dem Bergland ostwärts von Jericho zu opfern. Daß die arabischen Freiwilligen die Stadt an der Jordanmündung nicht hatten einnehmen können, ließ Allenbys Interesse an der »Arabischen Revolution« erkalten. Er war bereit, den Krieg am Jordan allein mit seinen englischen Truppen, denen auch indische Soldaten angehörten, zu führen.

Daß die Soldaten aus England und Indien Probleme hatten, sich ohne geländekundige Führer im Bergland südwestlich von Jericho zu bewegen, war für den Kommandeur eine eher bittere Erfahrung. Allenby hatte angeordnet, eine Einheit abseits der Straße Jerusalem–Jericho durch das Kidrontal marschieren zu lassen, um dort versprengte osmanische Soldaten aufzuspüren. An einen normalen Marsch war allerdings nicht zu denken: Die Wege waren zu schmal; bald schon gab es gar keine Pfade mehr. Die Soldaten mußten ihre Pferde zurücklassen. Dann aber wurden sie angenehm überrascht: Bei Jerusalem hatte ein kalter Wind geweht – jetzt aber stiegen sie hinunter in die Jordansenke, hinein in eine warme, feuchte, beinahe stickige Luft. Die Soldaten hatten schon vielerlei erlebt; das Jordantal aber bescherte ihnen eine völlig neue Erfahrung.

Im offiziellen britischen »Intelligence Handbook«, dem Nachschlagewerk der Generalstäbler – gültig für die Jahre 1917 und 1918 –, war über das Jordantal zu lesen: »Niemand weiß zu sagen, wie dort das Klima während der Sommermonate beschaffen ist, denn kein zivilisiertes menschliches Wesen konnte gefunden werden, das jemals die heiße Jahreszeit im Jordangraben zugebracht hat.« General Allenby kannte diesen Absatz im »Intelligence Handbook«, und er nahm den Satz ernst. Sein Bemühen war, das Hindernis »Jordan« zu überwinden, ehe im Mai 1918 die heiße Jahreszeit begann.

Der Fluß erwies sich allerdings als tückisch. In der Nacht, ehe bei Morgengrauen begonnen werden sollte, die »Allenby Bridge« bei Jericho über den Fluß zu schlagen, stieg das Wasser innerhalb von zwei Stunden um drei Meter. Der Jordan trat über seine Ufer. Das Wasser schoß reißend dem Toten Meer entgegen. Zwei Tage lang war nicht daran zu denken, die eiserne Brücke über den Fluß zu schieben. Als die Brücke dann passierbar war, wollte sie Allenby schon bald als Ausgangspunkt für eine Offensive verwenden. Doch diese Absicht konnte er nicht verwirklichen – der oberste Generalstab in London nahm ihm die Voraussetzung für einen raschen Sieg am Fluß. Die Strategen dort brauchten dringend Truppen, um in Frankreich die Verluste auszugleichen, die im Herbst 1917 durch deutsche Offensiven gegen die britische Front entstanden waren. Allenby war noch vor dem Ende des Jahres 1917 aufgefordert worden, zwei seiner fünf Eliteeinheiten nach Europa zu entsenden. 60 000 Mann hatte die britische Palästinaarmee an die Flandernfront abzugeben. Allenby hatte zu gehorchen.

Allenby resignierte allerdings nicht, denn die Vorgesetzten in London hatten ihm zu verstehen gegeben, daß der Palästinafront auch weiterhin Bedeutung zugemessen werde, denn ein Sieg über die osmanischen Streitkräfte werde die Regierung in Istanbul zwingen, um Waffenstillstand zu bitten. Wenn Deutschland aber – so war die Kalkulation der britischen Politiker – seinen Verbündeten Türkei verlöre, dann wäre das Kaiserreich bald selbst gezwungen, Friedensverhandlungen anzubieten. General Allenby war aufgefordert, sobald wie nur irgend möglich die Offensive im Jordantal zu eröffnen und nach Nordosten vorzustoßen.

Die Initiative zu ergreifen war auch der Wunsch des Oberbefehlshabers. Doch von Tag zu Tag beunruhigten ihn die Meldungen über steigende Erkrankungszahlen immer stärker. Anfang April 1918 litten Hunderte der Soldaten, die in Zelten bei Jericho hausten, unter Symptomen der Malaria. Allenby beriet sich mit den Militärärzten. Sie verlangten, daß sofort Maßnahmen gegen die Fliegenschwärme ergriffen werden sollten, die morgens und abends aus dem feuchten Gras der Ebene und aus dem Buschwerk am Fluß aufstiegen. Allenby befahl, Tausende von ägyptischen Arbeitern nach Jericho zu bringen. Ihre Aufgabe war es, Gräben zu ziehen, um die sumpfigen Landflächen zu entwässern. So wurde den Moskitos der Lebensraum genommen. Das Resultat war schon nach einer Woche zu spüren: Die Fliegenschwärme, die über das Militärlager Jericho herfielen, waren unbedeutender geworden. Die Auswirkung auf die Moral der Truppe war beachtlich: Die Soldaten verloren mehr und mehr die Angst vor der Erkrankung, und bald nahm auch die Zahl der Kranken ab. Die Gefahr, im Jordantal Soldaten durch Krankheit zu verlieren, war gebannt.

Allenby haßte das Land um den Fluß. Ein Offizier mit Geschichtskenntnissen erzählte ihm, Kleopatra habe einst einen Palast bei Jericho besessen, und sie habe sich hier mit Marcus Antonius vergnügt. Der General weigerte sich, dies zu glauben. Er meinte, in dieser feuchten Hitze könne wohl niemand Interesse an der Liebe haben; hier falle einem doch jede Bewegung schwer. Dazuhin müsse man immer damit rechnen, im Bett von Skorpionen, riesigen Spinnen, bissigen Fliegen und unangenehmen Tausendfüßlern überfallen zu werden.

Die britischen Militärärzte stellten fest, daß sich selbst winzige Wunden zu Entzündungen entwickelten, die im Lazarett gepflegt werden mußten. Besonders betroffen davon waren die Kavalleristen. Ritten sie in kurzen Hosen, dann rissen ihnen dornige Büsche Kratzer in die Beine; die Reiter beachteten die Wunden erst dann, wenn sie bösartig anschwollen und eiterten. Der General verbot deshalb Offizieren und Soldaten der Kavallerie – es handelte sich um Australier – kurze Hosen zu tragen. Diese Anordnung, die vernünftig war, brachte ihm Spott ein: Allenby sei der erste Offizier, den die nackten Beine der Männer störten.

Im Frühsommer 1918 wurde die britische Palästinaarmee wieder personell verstärkt: durch indische Einheiten, durch Bataillone armenischer Flüchtlinge und durch kleinere jüdische Kampfverbände. Letztere setzten sich aus Freiwilligen zusammen, die sich nach der Veröffentlichung der »Balfour Declaration« zum Kriegsdienst gemeldet hatten; sie wollten ihre Dankbarkeit dafür zeigen, daß die britische Regierung dem Aufbau einer Heimat der Juden in Palästina positiv gegenüberstand. Die jüdischen Soldaten bildeten drei Bataillone der »Royal Fusiliers«. Sie entstammten meist dem wohlhabenden jüdischen Bürgertum der englischen Großstädte.

Die Veränderungen in der Struktur der Palästinaarmee hatten zur Folge, daß Allenby sehr vorsichtig war in den weiteren militärischen Operationen. Er mußte Rücksicht darauf nehmen, daß viele seiner Soldaten völlig unerfahren waren. Der Vormarsch nach Norden, flußaufwärts, wurde gleich bei der Damiya Bridge, 30 Kilometer von Jericho entfernt, angehalten. Daß Vorsicht nötig war, zeigte sich beim Versuch, die Stadt Salt, im Bergland ostwärts des Flusses, einzunehmen. Zwar erreichte ein Infanterieverband tatsächlich die Häuser von Salt, doch die britischen Soldaten wurden durch einen türkischen Gegenangriff sehr rasch wieder ins Tal hinuntergetrieben. Einige hundert Frauen, Männer und Kinder folgten der Einheit, die sich absetzte. Sie gehörten zu christlichen Familien, die lautstark und begeistert die Engländer am Stadtrand von Salt begrüßt hatten. Sie hatten nun zu fürchten, von den Türken und von islamischen Bewohnern der Stadt umgebracht zu werden. Sie behinderten allerdings die Absetzbewegung der englischen Soldaten, denen kein geordneter Rückzug gelang. Nur mit Mühe erreichten die Flüchtenden die Jordanbrücke bei Jericho. Der erste Versuch, sich östlich des Flusses festzusetzen, war den Engländern mißlungen.

T. E. Lawrence, der jetzt keine rechte Aufgabe mehr hatte, gab für das Scheitern der Aktion seinen regulären britischen Offizierskollegen die Schuld. Sie hätten sich erst durch Unterhändler die Hilfe der regionalen Scheichs erbitten oder erkaufen müssen. Nie hätten die Offiziere zulassen dürfen, daß sich die christlichen Bewohner von Salt mit den englischen Soldaten verbündeten. Sein Fazit war, daß er, T. E. Lawrence, die Aktion anders angepackt hätte.

Die Situation war tatsächlich kritisch für die britische Palästinaarmee. Ihr Versagen machte der osmanischen Führung Mut: Nördlich der Damiya Bridge setzten die Türken Soldaten auf primitiven Holzfähren über den Fluß nach Westen. Sie sollten Jericho von Norden her angreifen. Doch die englischen Soldaten, die sich bei der Damiya Bridge eingegraben hatten, konnten die tastenden Angriffsversuche der Türken abwehren.

Unmittelbar nach dem mißglückten Vormarsch nach Salt wurde Allenby informiert, daß die Front der Engländer und Franzosen in Frankreich eingedrückt worden sei; die deutsche Armee sei wieder auf dem Vormarsch. Dem Oberbefehlshaber in Palästina wurde mitgeteilt, sein Operationsgebiet sei aufgrund dieser Ereignisse in der Reihe der kriegswichtigen Prioritäten heruntergestuft worden – er müsse sogar mit dem weiteren Abzug von Soldaten rechnen. Dieser Mitteilung folgte bald schon der Befehl, zwei erfahrene Divisionen freizustellen zum Schiffstransport nach Europa.

Trotz dieser Schwächung seiner Kampfkraft wollte Allenby nicht resignieren. Seit dem Tag der Ankunft am Jordan hatte er geplant, zur Erntezeit seine Truppen ins Ostjordanland zu schicken, um die türkischen Soldaten daran zu hindern, Getreide zu beschlagnahmen. Die Versorgung der osmanischen Truppen war äußerst schlecht, da das Nachschubsystem insgesamt miserabel organisiert war. Die Soldaten waren gezwungen, die Lebensmittel an Ort und Stelle zu besorgen. Die Versorgungsoffiziere der Türken warteten schon auf den Tag, an dem das Getreide erntereif war. Allenby wollte ihnen zuvorkommen.

Ermutigt zur Offensive im Bergland wurden der General und seine Stabsoffiziere durch Scheichs aus dem Stamm Sakhr, dem die Äcker im fruchtbaren Land zwischen Salt und Amman gehörten. Die Scheichs, die das Hauptquartier der Engländer in Jericho besuchten, waren besorgt um ihre Getreideernte – auch sie hatten bemerkt, daß die Türken an Beschlagnahme dachten. Ihre Interessen und die der Engländer verbanden sich. Englische Soldaten und Krieger des Stammes Sakhr sollten die Türken aus der Gegend von Amman vertreiben.

Von der Brücke bei Jericho aus stieß eine Division, deren Soldaten aus Australien stammten, ins Bergland vor. Unterstützt wurde diese Division durch eine neuseeländische Einheit, die weiter nördlich den Fluß überqueren konnte. Am Abend des Angriffstages war die Stadt Salt tatsächlich erobert. Jetzt war der Zeitpunkt gekommen für den Einsatz der Krieger des Stammes Sakhr, von denen erwartet wurde, daß sie türkische Verbände daran hinderten, die Front bei Salt zu stabilisieren. Doch unbehelligt blieben die Fahrzeuge der Türken auf der Straße von Amman nach Salt – niemand vom Stamm Sakhr griff in den Kampf ein. Ihre Entschuldigung war später, sie hätten vor dem Angriffstag eine Bedingung gestellt: Nur wenn sie Waffen ausgehändigt bekämen, würden sie den Engländern helfen. Im Hauptquartier der Briten aber war nichts von einer derartigen Bedingung bekannt.

Die Vorbereitung zum Angriff auf Salt hatte die ganze Kraft der britischen Generalstabsoffiziere gefordert. Sie hatten keine Zeit gehabt, sich um Meldungen zu kümmern, die von türkischer Truppenkonzentration bei der Damiya Bridge sprachen. Zur völligen Überraschung der Engländer begannen die Türken von jener Brücke aus einen Angriff am Jordanostufer in Richtung Süden. Der Zweck dieser Aktion war, die Verbindung zwischen dem Militärlager Jericho und den britischen Einheiten in Salt abzuschneiden. Nur durch Flucht konnten sich die Soldaten der Australischen Division davor retten, eingeschlossen zu werden. Die Geschütze, die aus dem Jordantal hoch nach Salt geschleppt worden waren, mußten zurückgelassen werden.

Daß sich die Scheichs des Stammes Sakhr nicht an ihr Versprechen gehalten hatten, sich am Kampf zu beteiligen, raubte General Allenby restlos das Vertrauen in die Führer des Aufstands der Araber. Er hielt sie fortan für eine »unzuverlässige Bande«.

Bei aller Verachtung für die Araber wußte Allenby, daß er noch einmal die Unterstützung der Stämme erreichen mußte, wenn er eine weitreichende Offensive über das Jordangebiet hinaus führen wollte. Ihre Hilfe sollte darin bestehen, die Strecke der Hedschas-Bahn südlich von Damaskus zu unterbrechen. Gelang es, den Gleiskörper zu sprengen, konnte die osmanische Heeresverwaltung die Frontlinie nicht mehr mit Nachschub versorgen. T. E. Lawrence übernahm selbst das Kommando und stellte sich eine Truppe aus ihm vertrauten Stammeskriegern zusammen. In Qasr al Azraq, einem Wüstenschloß der Omaijaden, richtete der Major seine Basis ein. Von dort aus zog er selbst mit Stoßtrupps los, um Brücken und Gleiskörper zu zerstören.

Die britischen Strategen hatten zur Offensive in Richtung Damaskus einen neuen Plan entwickelt. Sie hatten begriffen, daß die Türken darauf eingerichtet waren, Angriffe der Engländer am Rand des Jordantals abzuwehren. Die türkischen Verteidigungsstellungen waren dort hervorragend ausgebaut. Die Etappenstadt Amman bot ausreichende Lagermöglichkeit für Lebensmittel und Ausrüstung. An der Jordanfront fühlten sich die türkischen Truppen sicher. Zweimal schon hatten sie den Angriff der Engländer abgewehrt – ihre Offiziere waren überzeugt, daß Allenby auch eine dritte Attacke von Jericho nach Salt befehlen würde. Doch der oberste Befehlshaber dachte daran nicht mehr. Der Durchbruch war für den Bereich der Mittelmeerküste geplant. Dorthin verlegte Allenby die Hauptmacht seiner Truppen.

Behutsam vollzog sich dieser Vorgang. Am Jordan ließ er den Eindruck erwecken, dort werde die nächste Großaktion vorbereitet. Staubwolken, von einer Handvoll Soldaten aufgewirbelt, täuschten vor, starke Infanterieeinheiten seien im Anmarsch. Über Nacht wurden ausgestopfte Säcke so beim Lager Jericho arrangiert, daß sie, durch Feldstecher gesehen, wie Pferde aussahen. Die türkischen Beobachter glaubten, während der Dunkelheit seien Kavallerieverbände am Jordan eingetroffen. Alle Beobachtungen überzeugten die türkischen Offiziere, ihre Einschätzung der Lage sei richtig: Der britische Angriff werde aus dem Flußtal erfolgen.

Groß war die Überraschung, als die Engländer am 19. September 1918 von der Küste aus angriffen. Der Vormarsch gelang in beachtlicher Geschwindigkeit: Die britische Kavallerie durchfegte die Ebene von Jesreel, vorbei am Berg Tabor, und erreichte innerhalb weniger Stunden den Jordan unmittelbar bei der Einmündung des Jarmuk. Dort befand sich die Jordanbrücke der Bahnstrecke von Damaskus nach Haifa. Sie fiel am Abend des 20. September unzerstört in die Hand der Engländer.

Bei der türkischen Armee hatte sich inzwischen ein Wechsel im Oberbefehl vollzogen: Der Chef des deutschen Expeditionskorps in Palästina, Liman von Sanders, führte nun die Verteidigung anstelle eines unfähigen osmanischen Kommandeurs. Er befahl die Konzentration der türkischen Einheiten an der Südspitze des Sees Gennesaret. Zwischen dem Fluß Jarmuk und der Stadt Tiberias sollten die Angreifer abgefangen werden. Zum Zentrum des Widerstands bestimmte Liman von Sanders die Bahnstation Samak am Austritt des Jordan aus dem See. Dort wurde ein deutscher Maschinengewehrtrupp im Bahnhofsgebäude untergebracht. Daß mit den Maschinenwaffen die Kavallerie der Briten niedergemäht werden könnte, das war die Hoffnung des deutschen Oberbefehlshabers. Die Angreifer erlitten auch tatsächlich hohe Verluste, doch bald schon überrannten sie die Stellung.

Nach dem Fall der Bahnstation Samak brach jeglicher Widerstand der Türken und Deutschen zusammen. Am 1. Oktober 1918 eroberten die Engländer Damaskus. Zuvor schon hatten die Streitkräfte, die noch am Jordan verblieben waren, den Erfolg der Einnahme von Salt und wenig später auch von Amman zu verzeichnen. England hatte auch ostwärts von Jericho gesiegt.

Niemand sah damals voraus, daß mit diesem Sieg am Fluß der Konflikt der Zukunft vorbereitet war. Die Probleme der Gegenwart waren im Keim schon vorhanden. Im Streit, der sich anbahnte, sollte fünf Jahrzehnte später die Brücke, die der General 1917 über den Jordan hatte schlagen lassen, von Bedeutung sein. Sie trägt heute noch seinen Namen: Allenby Bridge.

Der Jordan als Grenzfluß

England hatte in zehn Briefen, die im Jahre 1915 zwischen dem britischen Hochkommissar in Cairo, Sir Henry McMahon, und Scherif Hussein von Mekka gewechselt worden waren, das Versprechen abgegeben, die Gründung eines unabhängigen Staates der Araber zuzulassen, doch waren die Regierenden in London entschlossen, auf alle Fälle die Einbeziehung Palästinas in einen solchen Staat zu verhindern. England selbst sollte Verantwortung tragen für die Verwaltung des Landes zwischen Jordan und Mittelmeerküste. Am 24. Juli 1922 waren die Bemühungen britischer Politiker, eine solche Lösung zu erreichen, von Erfolg gekrönt: Der Völkerbund übertrug England das Mandat über Palästina. Den Bewohnern des Landes war nur »local autonomy« zugestanden: Selbstverwaltung auf Gemeindeebene. Souverän war der englische König, die Macht hatte die Regierung in London inne.

Mehr Selbständigkeit aber sollte nach dem Krieg das Ostjordanland erhalten. Die Regierenden in London und in Paris kamen zunächst überein, daß den Arabern, die sich am Aufstand gegen das Osmanische Reich beteiligt hatten, die zwischen McMahon und Scherif Hussein abgesprochene Unabhängigkeit wenigstens auf Teilgebieten zugestanden werden sollte. Emir Faisal, der Sohn Scherif Husseins, sah sich von England und Frankreich ermutigt, am 20. März 1920 in Damaskus den Titel eines Königs von Syrien anzunehmen. Seinem Reich rechnete Faisal auch das Land westlich und östlich des Jordan zu. Doch seine Regierungszeit war kurz. Noch im Frühjahr 1920 beschlossen die Großmächte England und Frankreich, den französischen Staat – mit Billigung durch den Völkerbund – als Mandatsträger einzusetzen. Trotz der Kompromißbereitschaft des vom Arabischen Kongreß bestätigten Königs kamen französische Truppen zum Einsatz. Damaskus wurde besetzt. Faisal verlor sein Königreich und mußte fliehen. England konnte ungehindert seinen Einfluß auf Transjordanien ausdehnen.

Schon zur Regierungszeit von Emir Faisal hatten sich ostwärts der Jordansenke unabhängige Kleinstaaten gebildet. Der südlichste dieser Staaten umgab die Stadt Kerak; die dortige souveräne Verwaltung nannte sich »Nationalregierung von Moab«.

Der britische Hochkommissar, Sir Herbert Samuel, wollte diese Aufsplitterung nicht dulden. Seine Sorge war, daß die Kleinstaaten gegeneinander Krieg führen würden: um Land und Wasserstellen. Sir Herbert Samuel fühlte sich zur Aufrechterhaltung der Ordnung verpflichtet. Er schickte deshalb hundert Soldaten unter Arabisch sprechenden Offizieren über den Jordan nach Salt; sie sollten die Funktion des Ordnungshüters übernehmen. Die Zersplitterung Transjordaniens wurde verhindert.

Dort wollte die britische Regierung nicht, wie im Gebiet westlich des Jordan, als Alleinherrscher auftreten. In Transjordanien konnte eine Art Wiedergutmachung gegenüber Scherif Hussein von Mekka in die Wege geleitet werden: Er wurde gefragt, welcher seiner Nachkommen ostwärts des Flusses Emir werden könnte. Hussein schlug seinen zweiten Sohn Abdallah vor. Im April 1921 bereits wurde Abdallah von der britischen Regierung als Herrscher über das Emirat Transjordanien eingesetzt. Wichtige Teile seiner Souveränität mußte er allerdings noch in britischer Hand belassen: London kümmerte sich um die Außenpolitik des Emirats und um das Kommando über das transjordanische Militär. Auch der Finanzhaushalt der Regierung in Amman unterlag britischer Kontrolle. England holte sich jedoch keine Gelder aus der transjordanischen Staatskasse. Im Gegenteil: Das Emirat Transjordanien wurde für London zum Zuschußgebiet.

Die Grenzen formierten sich, um die heute gestritten wird: Im Jordangebiet wurde der Jarmuk zum Grenzfluß zwischen Transjordanien und Syrien. Der Jordan selbst trennte das Emirat von Palästina ab. Die Grenzlinie folgte der Mitte der Jordansenke auch im Bereich des Toten Meeres.

Die Regelung, die von den Großmächten getroffen worden war, befriedigte die Bevölkerung, die in Palästina und im Land ostwärts des Jordan lebte, in keiner Weise. Alle litten sehr unter einer Teilung des Gebiets, dessen Zusammengehörigkeit seit der Zeit der Römerherrschaft selbstverständlich war: Die Grenze des zusammenhängenden Gebiets war durch den Limes Arabicus am Rand der Wüste definiert gewesen. Jetzt aber hatte England eine Zweiteilung durchgeführt. Das Emirat Transjordanien war entstanden und das Mandatsgebiet Palästina. Zwischen beiden Staatsgebilden floß der Jordan als Grenze. Der Fluß, der im Verlauf der Geschichte das Bergland an seinen Ufern zusammenband, hatte nun die Funktion, zu trennen. Die arabische Bevölkerung erkannte in dieser Trennung eine Absicht der Mandatsmacht: Das Land westlich des Flusses sollte den Juden als Heimat übergeben werden.

Folgen der trickreichen Politik Lord Balfours

Die Grundlage der Furcht der arabischen Bevölkerung, Palästina werde in einen jüdischen Staat verwandelt, war die Existenz der »Balfour Declaration«. Daß diese Erklärung den Juden in Palästina eine Heimstätte versprach, war tief in das Bewußtsein der Araber eingeprägt. Sie konnten nicht glauben, daß der britische Außenminister damals, am 2. November 1917, den Juden ein ebenso wertloses Versprechen gegeben hatte wie zuvor schon den Führern des arabischen Aufstands. Immer wieder wiesen die Honoratioren der Araber darauf hin, daß die Juden in Palästina nur eine Minderheit darstellten, die nie und nimmer Anspruch darauf hätte, sich autonom verwalten zu dürfen. Im Jahre 1920 lebten etwa 700 000 Menschen zwischen Jordan und Mittelmeerküste; davon bekannten sich 65 000 zum jüdischen Glauben. Die meisten dieser 65 000 waren in den Küstenstädten zu Hause, in der Zone zwischen Tel Aviv und Haifa.

Der Druck zur Gründung eines eigenen jüdischen Staates in Palästina war in diesem nahöstlichen Land weniger zu spüren als in London. Dort beriefen sich die jüdischen Organisationen auf die »Balfour Declaration« und auf das darin verbriefte Recht zur Bildung einer eigenen Verwaltung. Zu den Persönlichkeiten, die Druck ausübten auf die britische Regierung, gehörte Samuel Landmann, der Sekretär der »Zionist Organization« in London. Er verfolgte hartnäckig sein Ziel, die Regierenden Englands davon zu überzeugen, daß sie die Gründung eines jüdischen Staates tatsächlich versprochen hätten. Das Resultat war, daß die Hochkommissare im Mandatsgebiet die Sperren öffneten, die zuvor eine stärkere jüdische Zuwanderung nach Palästina verhindert hatten.

Es kamen arme, aber auch reiche Juden nach Palästina. Viele besaßen das nötige Geld, um sich Land zu kaufen. Mancher Araber nahm die günstigen Angebote an und trat seinen Boden ab. Die Politik der britischen Hochkommissare bestand darin, die früheren arabischen Landbesitzer, die nun über Geld verfügten, zu veranlassen, ihr Kapital »drüben über dem Fluß«, im Emirat Transjordanien, anzulegen. So ergab sich ganz allmählich eine Verschiebung der Besitzverhältnisse: Bei Beginn des britischen Mandats über Palästina besaßen jüdische Familien nur einen geringen Teil des Bodens zwischen Jordan und Mittelmeer; von Jahr zu Jahr aber nahm dieser Anteil durch legale Kaufvorgänge zu. Mit jedem Quadratmeter Land, der in jüdischen Besitz überging, konnte der Anspruch auf souveräne Selbstverwaltung der Juden gefestigt werden.

Dem Emir Abdallah von Transjordanien war es angenehm, wenn wohlhabende arabische Familien über den Grenzfluß Jordan zu ihm ins Land kamen. Das Emirat »drüben über dem Jordan« war arm. Willkommen war jeder Araber, der Geld brachte. Diese Haltung des Emirs gefiel wiederum dem Verantwortlichen der »Zionist Organization«: Hätte Abdallah die Grenze am Fluß dichtgemacht, hätte sich mancher Kauf von Boden in Palästina nicht so leicht abwickeln lassen. Der Emir achtete allerdings sehr darauf, daß Juden nicht über den Jordan herüberwechselten. Das britische Hochkommissariat war im Jahr 1925 der Ansicht, in Transjordanien lebten insgesamt höchstens drei Juden.

Im Bewußtsein der politisch denkenden arabischen Bevölkerung festigte sich die Meinung, die Engländer hätten längst beschlossen, den Jordan zur endgültigen Grenze zwischen Arabien und einem jüdischen Staat werden zu lassen. Der Wille wuchs, sich gegen eine derartige Entwicklung zu wehren. Da keine Möglichkeit bestand, mit einem Verantwortlichen über das Problem zu reden – der britische Hochkommissar fürchtete Unruhen und war kaum daran interessiert, die Sorgen und Wünsche der Araber zu hören –, entlud sich Zorn in Gewalt. In Safed, am Rande des Jordangrabens, entartete sie am 30. August 1929 zum Blutrausch.

Die Stadt im Norden des Sees Gennesaret hatte längst ihre Bedeutung als geistiges Zentrum des Judentums verloren. Der Grund dafür lag nicht im Zerfall religiöser Werte, sondern in der Tatsache, daß Safed im 19. Jahrhundert häufig von Erdbeben heimgesucht wurde. Damals war die Gesteinsstruktur des Jordangrabens in Bewegung geraten. 1837 wurden 4000 Bewohner unter zusammenbrechenden Gebäuden begraben. Drei Jahre später verwüstete das nächste gewaltige Beben, was von Safed übriggeblieben war. Danach vollzog sich der Wiederaufbau nur sehr langsam. Immerhin lebten am Ende des 19. Jahrhunderts noch 12 000 Menschen in Safed; davon war etwa die Hälfte jüdischen Glaubens. Im Jahre 1916, achtzehn Monate ehe General Allenby zum See Gennesaret vorstieß, wütete eine Typhusepidemie in Safed. Mehr als 3000 Menschen starben an der Krankheit.

Im Jahre 1928 zählten die Behörden rund 10 000 Bewohner – noch immer bestand die Hälfte aus Juden. Für eine Feindschaft zwischen Arabern und Juden gab es in Safed keinen direkten Grund. Am See Gennesaret war nur wenig Land durch Juden gekauft worden. Doch der britische Hochkommissar stellte später fest, in der Stadt seien die arabischen Familien durchweg bei den jüdischen Händlern verschuldet gewesen. Dieser Umstand und die allgemein herrschende dumpfe Wut der Araber gegen die offenbar von der Mandatsmacht bevorzugten Juden führte dazu, daß am 30. August 1929 empörte Araber über jüdische Bewohner herfielen: 23 Juden, unter ihnen auch Kinder, wurden umgebracht. In den jüdischen Vierteln brannten über hundert Gebäude bis auf die Grundmauern nieder. Nach jenem Schreckenstag verließen etwa 2000 Juden die Stadt.

Das Massaker von Safed war kein Einzelfall. Überall dort wurden Menschen umgebracht, wo Reibungsflächen bestanden zwischen arabischen und jüdischen Bewohnern. Die britischen Hochkommissare stellten fest, daß kein Mittel zu finden sei, um den Streit zu schlichten. Daraus zog wiederum eine königliche Kommission unter Vorsitz von Lord Peel in London die Konsequenz, allein die Teilung des Landes westlich des Jordan könne Ruhe und Frieden ins Land Palästina einziehen lassen. Doch ehe die britische Regierung daran denken konnte, die Trennung der verfeindeten Volksgruppen Wirklichkeit werden zu lassen, brach der Zweite Weltkrieg aus.

Der Holocaust beschleunigt die Entwicklung

Für mehr als fünf Jahre hatte nun der Schutz des Suezkanals Priorität in der britischen Politik. In Palästina, das den Briten als Hinterland der Wasserstraße galt, regierte das britische Militär. Palästina wurde zum Militärlager – gedacht als Auffangstellung, wenn es dem Deutschen Afrikakorps unter dem Befehlshaber Rommel gelingen sollte, den Suezkanal tatsächlich zu erreichen.

Neben der starken militärischen Präsenz wurde während der Kriegsjahre ein zweiter Faktor wichtig: die jüdische Zuwanderung, die ohne Erlaubnis der Regierung in London vor sich ging. Zwischen Kriegsausbruch und dem Ende des Jahres 1939 kamen bereits 7000 jüdische Frauen, Männer und Kinder an der palästinensischen Mittelmeerküste an. Bis zum Kriegsende ließ der Flüchtlingsstrom den jüdischen Bevölkerungsanteil in die Höhe schnellen. Der Krieg überdeckte zwar die Spannungen zwischen Arabern und Juden in Palästina, doch die Londoner Regierung vergaß dieses Konfliktpotential nicht. Winston Churchill, der Premierminister, wußte, daß nach dem Krieg eine wichtige Aufgabe wartete: die Teilung Palästinas. Er ahnte allerdings nicht voraus, welche Komplikationen eine derartige Maßnahme für die Zukunft bringen würde.

Als dann der Krieg zu Ende war, gehörte England zwar zu den Siegern, gewonnen hatte es jedoch nichts. Die Kraft des Landes war verbraucht. Die Initiative in der Palästinafrage ging an den amerikanischen Präsidenten Harry S. Truman über. Seine Politik führte zur Abstimmung in der Generalversammlung der Vereinten Nationen über eine Auftrennung arabischer und jüdischer Siedlungsgebiete in Palästina. Am 29. November 1947 hatten die Delegierten über den Teilungsplan abzustimmen. 33 waren dafür, dreizehn dagegen bei zehn Enthaltungen. Ein Delegierter war abwesend.

Teil V

Brennpunkt Naher Osten

*Ein Pulverfaß alter und
neuer Konflikte*

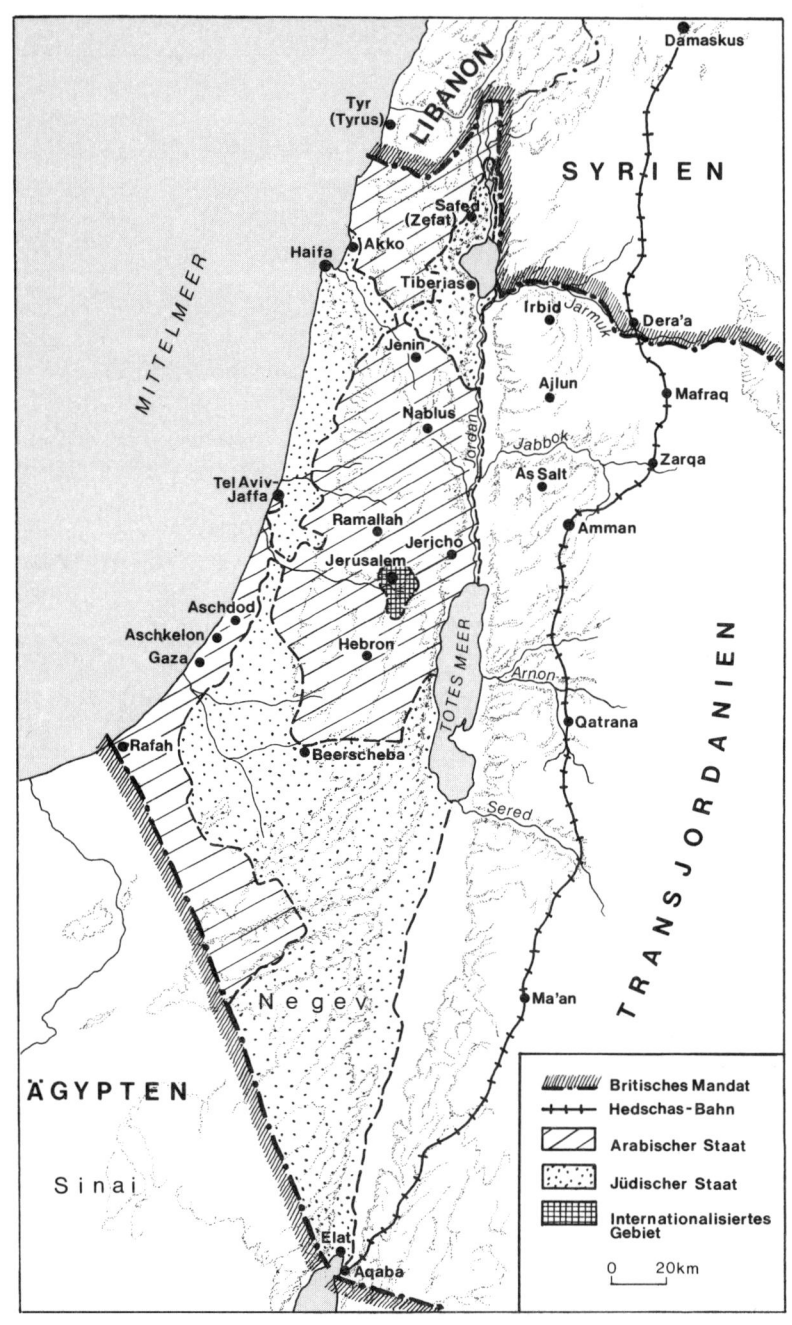

Mandatsgebiet Palästina und UN-Teilungsplan (1947)

Der Kampf um Israel

Abruptes Ende des britischen Mandats

Die Abstimmung in New York löste in den jüdischen Gebieten in Palästina Begeisterung aus: Wenigstens ein Teil der früheren Heimat der Juden sollte selbständig werden. Schätzungen zum damaligen Zeitpunkt ergaben, daß etwa 650 000 Juden im Land zwischen Jordan und Mittelmeer lebten. Sie empfanden Glück an jenem 29. November 1947. Die 1,1 Millionen Araber aber erlebten einen Tag der Schmach. Da war kaum einer, der nicht der Meinung war, die Weltorganisation habe Land verteilt, das ihr gar nicht gehörte. Die Araber in Palästina sahen sich als Opfer eines gewaltigen Landraubs.

Wäre der Teilungsplan verwirklicht worden, hätten die Juden mit der Zuweisung fruchtbarer Zonen rechnen können: Am Jordan hätte das autonome jüdische Gebiet begonnen – im Quellgebiet des Flusses, bei der einstigen Burg des legendären Jägers Nimrud. Westlich des Jordan sollte ein 20 Kilometer breiter Streifen Land der jüdischen Bevölkerung gehören. Einbezogen in diesen Streifen wäre die Stadt Safed gewesen. Der Vorteil dieser Landzuweisung für die jüdischen Bewohner wäre gewesen, daß ihr autonomes Gebiet vom Ursprung des Flusses an über das Jordanwasser hätte verfügen können. Auch der See Gennesaret wäre in der Mitte geteilt worden. Südlich von Nazaret wäre eine Verbindung geschaffen worden zwischen den Gebieten der Juden in der Jordansenke und dem langen Gebietsstreifen zwischen Haifa und Tel Aviv an der Mittelmeerküste. Die weitaus größte Region des Landes der Juden aber wäre Wüste gewesen. Südlich von Beerscheba wies der Teilungsplan den jüdischen Siedlern umfangreiches Gebiet zu, das allerdings nur unter Schwierigkeiten landwirtschaftlich nutzbar war.

Daß der Teilungsplan zum Scheitern verurteilt war, wurde schon am Tag nach der Abstimmung deutlich: Auf der Straße von Petach Tikva nach Lydda wurde ein Bus beschossen – fünf jüdische Fahrgäste wurden tödlich getroffen. Die Absicht der Vereinten Nationen, die Todfeinde zu trennen, war fehlgeschlagen. Beide Seiten im Konflikt empfanden nur noch Haß aufeinander. Bei Überfällen, Angriffen,

Zusammenstößen starben innerhalb weniger Tage 1700 Menschen. Die erste Fluchtbewegung der Bewohner arabischer Dörfer begann. Es gab nur den einen Fluchtweg: nach Osten, in Richtung Jordansenke.

Die Mandatsmacht England reagierte mit Panik. Für die Regierung in London gab es nur das eine Ziel: Rückzug aller Streitkräfte aus Palästina. Mitte Mai 1948 sollte das Mandat über das Heilige Land enden. Was danach aus dem Land westlich des Jordan werden sollte, kümmerte die Verantwortlichen an der Themse nicht. Das britische Mandat endete im Chaos.

Noch ehe der britische Hochkommissar Palästina verließ, sollten die Gebiete, die nach dem UN-Teilungsplan der jüdischen Bevölkerung zugesprochen waren, von jüdischen Milizionären besetzt werden – dies war der Wille des Kommandeurs der Miliz Palmach. Sein Name war Yigael Allon. Er verfügte am Ende des britischen Mandats über 40 000 Kämpfer. Damit waren einige der gesteckten Ziele zu erreichen.

Wichtig war dem Kommandeur die Einnahme der Stadt Safed nördlich des Sees Gennesaret. Am 30. April 1948, also zwei Wochen vor Ablauf des Mandats, begann der Angriff auf die Stadt. Wiederum zwei Wochen zuvor hatten die Engländer ihre Garnison aus Safed abgezogen, obgleich zu diesem Zeitpunkt arabische Bewaffnete den jüdischen Stadtteil, in dem 1500 Menschen wohnten, abgeriegelt hatten. Die Mehrheit der Bewohner von Safed – 10 000 Frauen und Männer – waren Moslems. Sie wehrten sich mit aller Kraft gegen den Angriff der Palmach und brachten deren Kämpfern hohe Verluste bei. Über fünf Tage hin wütete der Kampf von Haus zu Haus, dann mußte Yigael Allon die Attacke unterbrechen. Doch die Hoffnung der Araber von Safed, sie könnten ihre Stadt halten, endete in einer Enttäuschung. Der Angriff wurde bald schon fortgesetzt. Am 10. Mai befand sich Safed in der Hand der Palmach.

Die Erinnerung an das Massaker vom 30. August 1929 war nicht erloschen im Bewußtsein der Juden. Yigael Allon glaubte, den Tod der 23 Juden rächen zu müssen. Sämtliche arabischen Bewohner von Safed wurden aus ihren Häusern getrieben und nach Osten über den Jordan geschickt.

Ähnlich war es allerdings zuvor schon den Arabern von Tiberias ergangen – auch sie hatten ihre Stadt verlassen müssen. Sie waren ebenfalls nach Transjordanien gezogen. Das Gebiet am Westufer des Sees Gennesaret war damit vollständig in jüdischer Hand. Dies war auch im Teilungsplan der Vereinten Nationen so vorgesehen gewesen. Festzustellen ist jedoch auch, daß Tausende von arabischen Familien aus ihrer angestammten Heimat vertrieben wurden, weil Israel sie nicht mehr am See Gennesaret dulden wollte.

Am 14. Mai um 18 Uhr Ortszeit erklärte die Regierung in London, nicht mehr verantwortlich zu sein in Palästina. Um 18.01 Uhr wurde der Staat Israel proklamiert. In Tel Aviv trat die Provisorische Regierung zusammen.

Israelischer Sieg im Jordantal

Noch am selben Tag griff die »Arabische Legion« des transjordanischen Emirs Abdallah im Jordantal südlich des Sees Gennesaret an. Sie eroberte das Kraftwerk Naharayin. Auch die syrische Armee begann ihren Angriff am 14. Mai. Infanterieeinheiten und Panzerverbände folgten dem Fluß Jarmuk herunter ins Tal. Die Siedlung Zemach sollte besetzt werden, die sich direkt an der Südspitze des Sees Gennesaret befindet. Sie war erst drei Wochen zuvor von der Organisation Palmach erobert und auch sofort bewohnt worden. Die neuen Siedler selbst organisierten ihre Verteidigung, da es zu diesem Zeitpunkt keine israelische Armee gab, die ihnen hätte zu Hilfe kommen können. Es gelang den Verteidigern zunächst, den syrischen Vormarsch aufzuhalten, doch am 18. Mai sahen sich die Siedler gezwungen, das Dorf Zemach zu räumen. Sie ließen viele Tote zurück.

Mit diesem Erfolg war den Syrern der Einbruch ins Jordantal gelungen. Die Gefahr war groß für den jungen Staat Israel, daß die syrische Armee weiter flußabwärts stieß bis Bet-Schean, um von dort in die Ebene von Jesreel einzudringen. General Yigael Yadin, der Generalstabschef der Miliz Haganah, vollbrachte in jenen gefährlichen Stunden die Meisterleistung, einige seiner wenigen Geschütze in das Hügelland über dem Jordantal zu transportieren. Ihren Salven gelang es, die syrischen Panzer zum Rückzug zu zwingen. Die syrischen Soldaten räumten das Dorf Zemach wieder. Am 23. Mai 1948 stand fest, daß damit im Jordantal der entscheidende Sieg des gesamten Krieges von 1948 errungen worden war. Die Wirkung des Erfolgs bestand darin, daß die Bewohner des jungen Staates spürten, wie stark ihre eigene Kraft war; die jüdischen Kämpfer waren den regulären arabischen Armeen gewachsen. Die Kampfmoral in Israel stieg gewaltig an.

Die syrische Armeeführung wollte die Niederlage nicht hinnehmen. Sie befahl für den 6. Juni die Eroberung der Siedlung Mishmar Hayarden, die am Jordan zwischen dem Hulesee und dem See Gennesaret liegt. Diesmal war der Angriff, durchgeführt von Panzerverbänden und begleitet von Artillerieunterstützung, erfolgreich. Als der letzte Verteidiger von Mishmar Hayarden tot war, brachen syrische Infanteristen in die Siedlung ein. Die Panzer der Syrer erreichten kurze Zeit später die Hauptstraße, die von der libanesischen Grenze parallel zum Jordan in das Gebiet des Sees Gennesaret führte. An der weiteren Ausbeutung des Erfolgs wurden die Sieger allerdings durch den Waffenstillstand gehindert, der zwischen allen Kriegsparteien für den Abend des 11. Juni 1948 vereinbart worden war.

Doch nicht nur im Norden der Jordansenke war gekämpft worden. Am Morgen des 15. Mai 1948 hatte die jordanische Arabische Legion den Fluß über die Allenby Bridge und die Damiya Bridge überquert. Dieser Truppenverband – er umfaßte insgesamt 10 000 Soldaten – war schon vor der Proklamation des Königreichs Transjordanien im Jahre 1946 entstanden. Die ersten Einheiten waren im Jahr 1939 aufgestellt worden, in einer Zeit, als sich der Ausbruch des Zweiten Weltkriegs abzeichnete. Der Verband »Al Jeish al Arabi« – die Arabische Legion – hatte das Wüstengebiet um Amman abzusichern, das damals als entferntes Hinterland des Suezkanals galt. Als dann das Königreich Transjordanien gegründet wurde, lag es nahe, die Arabische Legion als Armee des neuen Staates einzusetzen. Die britische Regierung, die an einer Stabilität Transjordaniens interessiert war, hatte den Ausbau der Arabischen Legion angeregt und zugleich die Finanzierung gesichert. Britische Offiziere führten das Kommando. So war die Arabische Legion durchaus als Ableger der britischen Armee zu sehen. Ihr Oberbefehlshaber war Generalleutnant Sir John Bagot Glubb. Bekannt war er unter dem Namen Glubb Pascha; die Beduinensoldaten aber nannten ihn Abu Hunaik, »Vater des kleinen Kinns«.

In der Nacht, ehe die Arabische Legion in Jerusalem eingreifen sollte, lagerte die Truppe bei Jericho. Der Befehlshaber Glubb Pascha erinnerte sich an die Stimmung während jener Stunden:

»Es wurde Abend, bis die letzte Einheit von der Bergstraße in die Ebene vor Jericho einbog, um zu ihrem Biwakplatz zu rollen. Schon stiegen bläuliche Rauchsäulen von vereinzelten Lagerfeuern auf, die sich über die ganze Ebene verteilten. Im Süden blinkte wie ein silberner Spiegel das Tote Meer, eingezwängt zwischen den Felswänden der Berge von Moab und Judäa. Die Sonne versank hinter den Bergen von Judäa, und die winzigen Türme droben auf dem Gipfel des Ölbergs hoben sich in der Ferne über uns wie feine schwarze Haare gegen den goldenen Himmel ab. Jericho lag schon in purpurviolettem Schatten. Östlich von uns aber leuchtete noch die steile Wand der transjordanischen Berge in rosarotem Glanz. Das weite Jordantal hinauf und hinab blinzelten kleine Gruppen von Lagerfeuern in die einfallenden Schatten. Uns zu Häupten leuchtete der Himmel in überirdischem Glanz. Sein Lichtblau ging in der Ferne, jenseits des Silberspiegels des Toten

Meeres, allmählich in gelbliche Töne über. Das ganze weite Himmelszelt aber war gesprenkelt mit kleinen, flockigen Wölkchen. Während ich ergriffen war von all dieser Glorie und Herrlichkeit, hatte ich fast das Gefühl, als könnten jeden Augenblick aus diesem flammenden Rot der Wolken auf weißen Schwingen die Menge der himmlischen Heerscharen herniederschweben. Die Luft war still. Kein Laut war zu hören. Da kam vom Jordan herüber ein leiser Luftzug, und plötzlich roch es angenehm nach Gras und Feuchtigkeit. Der Himmel war inzwischen grau geworden. Ich stieg in meinen Wagen und fuhr die nun leere, kurvenreiche Strecke hinauf nach Amman. Dort stellte ich fest, daß wie durch ein Wunder die Telefonverbindung mit Jerusalem noch nicht unterbrochen war. Herzzerreißende Anrufe erhielten wir aus der Stadt über dem Fluß: ›Die Juden dringen überall vor. Es herrscht Aufruhr. Überall heftiges Schießen. Alle Araber sollen ermordet werden. Kommt und rettet uns! Kommt schnell, ehe es zu spät ist!‹«

Die Arabische Legion, diese disziplinierte, an britischen Drill gewöhnte Beduinentruppe, drang am 15. Mai in Richtung Jerusalem auf Lastwagen unter starkem Panzerschutz nach Jerusalem vor. Ohne behelligt zu werden, fuhr die Kolonne die steile Straße von Jericho aus hinauf. Emir Abdallah hatte den Befehl erteilt, dafür zu sorgen, daß die Heilige Stadt nicht Besitz des Staates Israel werde. Die Taktik des Generalleutnants Glubb Pascha war deshalb auf die unbedingte Besetzung der Altstadt konzentriert, denn dort befanden sich der Felsendom und die Klagemauer – dort war das Herz von Jerusalem. Die Verluste auf seiten der Arabischen Legion waren groß, doch es gelang ihr, den Auftrag zu erfüllen: Die Altstadt von Jerusalem – samt dem Felsendom, dem Heiligtum der Moslems – konnte für das Emirat Transjordanien und damit für die islamische Welt gesichert werden.

Die Arabische Legion war die einzige arabische Armee, die am Tag des endgültigen Waffenstillstands im Konflikt von 1948 mit Stolz auf ihre Leistung zurückblicken konnte. Die syrischen Einheiten waren wieder über den oberen Jordan zurückgeworfen worden; die Ägypter hatten die Negev-Wüste nicht besetzen können; die Arabische Legion aber hatte dafür gesorgt, daß der wichtigste Teil von Jerusalem dem Emirat Transjordanien eingegliedert werden konnte.

Flüchtlingselend

Als die Kämpfe im Herbst 1948 ausklangen, waren 800 000 Palästinenser ohne Heimat. Die meisten waren geflohen aus Sorge, im Kampfgebiet ihr Leben zu verlieren; viele wollten nicht unter israelischer

Herrschaft leben; Zehntausende aber waren mit Gewalt aus Dörfern vertrieben worden, die von Israelis beansprucht wurden. Israelischer Druck und Angst der Palästinenser hatten dafür gesorgt, daß die Mehrzahl der Araber, die in Städten und Dörfern gewohnt hatten, die jetzt zum Staat Israel gehörten, ihre Heimat verließen. Innerhalb und außerhalb der Kampfzonen waren überall Kolonnen unterwegs: Frauen, Männer und Kinder, die mit sich schleppten, was sie hatten mitnehmen können. Viele Familien suchten Rettung im Libanon, andere im Küstenstreifen um die Stadt Gaza. Die größte Zahl der arabischen palästinensischen Sippen aber wandten sich zum Jordan.

Entlang der Straße, die von Jericho nach Norden führte, ruhten die Hunderttausende der Heimatlosen zum erstenmal, seit sie ihre Häuser verlassen hatten, aus. Erschöpft ließen sie sich auf dem Boden am Straßenrand nieder – und warteten auf Hilfe. Wasser hatten sie genügend; aus den Rinnsalen, die dem Jordan zuflossen, konnte auch im Sommer Wasser geschöpft werden. Lebensmittel hatten sie auf die Flucht mitgenommen. Sie froren auch in den Nächten nicht, die Wärme der Jordansenke hüllte sie ein. Wer aus dem Bergland kam, der machte zum erstenmal die Erfahrung des völlig anderen Klimas im Flußgraben unter dem Meeresspiegel. Die Menschen bekamen jedoch auch die schlimmen Seiten der warmen Luft zu spüren: Riesige Fliegenheere fielen über die schlafenden Flüchtlinge her. Längst waren die Drainagen verfallen, die General Allenby im Jahre 1917 zur Eindämmung der Moskitoplage hatte graben lassen.

Innerhalb weniger Tage verflog die Hoffnung auf Hilfe. Die einzige Organisation, die überhaupt in der Lage war, den Flüchtlingen beizustehen, war die Arabische Legion – doch das Ausmaß des Elends überforderte auch sie. Um Hunderttausende zu ernähren, waren die Einheiten nicht eingerichtet. So schufen sich die Flüchtlinge selbst Feuerstellen und kochten einfache Speisen. Sie lebten noch immer in der Gewißheit, einer werde kommen, um ihnen zu sagen, was mit ihnen geschehen werde. Doch Emir Abdallah, dem das Jordanwestufer jetzt unterstand, ließ sich nicht sehen und Generalleutnant Glubb Pascha auch nicht.

Viele Familien konnten das untätige Abwarten nicht mehr ertragen – sie versuchten weiterzuwandern, über den Fluß hinüber in die größere Sicherheit Transjordaniens. Doch diese Familien mußten feststellen, daß sowohl die Allenby Bridge als auch die Damiya Bridge gesperrt waren. Wer hartnäckig fragte, warum die Soldaten der Arabischen Legion niemand durchließen, dem wurde geantwortet, dies sei nötig, um die Übergänge für das Militär freizuhalten. In Wahrheit hatte Emir Abdallah angeordnet, die Flüchtlinge im Westufergebiet des Jordan zu halten. Er fürchtete, die Menschen aus Palästina könnten Unruhe nach Transjordanien bringen. Der Emir wollte den inneren Frieden nicht gefährden. Die Untertanen sollten verschont bleiben von den Bildern des Jammers.

So geschah es, daß die Flüchtlinge blieben, wo sie waren: an der Straße, die von Jericho nach Norden führt. Die Familien spannten zunächst Tücher auf, um sich abzugrenzen, um als Familie leben zu können. Daraus entstanden einfache Hütten. Da viele der Flüchtlinge Bauern gewesen waren, wollten sie auch fern der Heimat Boden bestellen, säen und ernten. Wo fruchtbares Land nicht beackert wurde, nahmen es die Flüchtlinge in Besitz. Sie schufen sich eine neue Heimat – in Armut.

Im Dezember 1948 kam Emir Abdallah dann doch ins Jordantal, aber nicht, um die entstehenden riesigen Flüchtlingslager zu besuchen und um den Hunderttausenden einen Weg in die Zukunft zu weisen, sondern um den Honoratioren von Transjordanien und vom Westuferland zu verkünden, er sei fortan der König von Gesamtpalästina.

Während der darauffolgenden Monate zeigte König Abdallah, daß er weiter blickte als andere arabische Politiker. König Faruk von Ägypten glaubte, die Niederlage gegen Israel sei ein korrigierbares Versehen gewesen, dem der baldige Sieg folgen werde. König Abdallah wußte, daß Israels Existenz nun als politische Tatsache zu akzeptieren war. Er stimmte deshalb Geheimverhandlungen mit Vertretern des Staates der Juden zu. König Abdallah traf sich mit Golda Meïr.

Sobald Gerüchte über Abdallahs Aktivitäten an die Öffentlichkeit drangen, protestierten alle anderen arabischen Staaten und verlangten, der König möge die Kontakte zu Israel unterbrechen. Sein Argument: Nur im Einvernehmen mit den Verantwortlichen in Israel könne den Hunderttausenden, die im Jordantal gestrandet waren, Hilfe gebracht werden; ohne Mitarbeit der Israelis sei an eine Wiedergutmachung oder gar eine Lösung ihrer Probleme nicht zu denken. König Abdallah wurde von den anderen arabischen Monarchen und Präsidenten gezwungen zu erklären, er werde nicht im Namen der Flüchtlinge mit Israel verhandeln. Verlangt wurde vom König auch, auf die »Annexion« des palästinensischen Gebiets zu verzichten. Der Standpunkt der Arabischen Liga machte deutlich, daß das Westjordanland in der Meinung der Mehrheit der arabischen Staatschefs nicht zu Jordanien gehörte: Abdallah galt nicht als Herr der Flüchtlingslager am Fluß.

Am 20. Juli 1951 wurde König Abdallah am Eingang der Al-Aqsa-Moschee in Jerusalem erschossen. Der Mörder gehörte zu denen, die dem König von Gesamtpalästina nicht verzeihen konnten, daß er palästinensisches Gebiet seinem Staat angegliedert hatte.

Nachfolger des toten Königs wurde zunächst dessen Sohn Talal, der jedoch schon ein Jahr später aus Gesundheitsgründen abdanken mußte. Am 2. Mai 1953 wurde Talals Sohn Hussein Monarch des Landes am Jordan.

Streit um das Jordanwasser

Der junge König wollte seine Monarchie, die zu den armen Staaten der Welt zählte, wirtschaftlich voranbringen. Seine Hoffnung setzte er auf das Jordantal. In seiner 1961 verfaßten Selbstbiographie »Mein gefährliches Leben« schrieb er über seine Projekte:

»Wir setzten uns für die volle Entwicklung der Fördermöglichkeiten für Mineralien am Toten Meer ein. 250 000 Tonnen Phosphate konnten dort im Jahr gewonnen werden. Am Toten Meer kann Bromin und Magnesium gewonnen werden. Möglich ist sogar die Herstellung von Schwerem Wasser. Ich möchte vor allem aber unsere Pläne für landwirtschaftliche Bewässerung erwähnen, besonders im Jordantal, wo wir, dank des Klimas, eine im Nahen Osten seltene Möglichkeit haben für den Anbau von Gemüse und Obst während des ganzen Jahres. Aber turmhoch über allen meinen anderen Hoffnungen steht das große Jarmuk-Projekt im Jordantal, das für 150 000 Morgen Land die Bewässerung sichern und Elektrizität im Überfluß für Industrie, Landwirtschaft, Gewerbe und für den privaten Verbrauch liefern könnte.

Ich möchte kurz erklären, was ich mir unter dem Jarmuk-Projekt vorstelle und wie es durch Zufall im Kopf eines hochbegabten amerikanischen Fachmannes entstanden ist. Eines Tages im Jahr 1951 flog der Chef der Abteilung für Wasserversorgung des amerikanischen Entwicklungsprogramms für Jordanien, Mills E. Bunger, über jordanisches Gebiet, als schlechtes Wetter seine Maschine zum Ausweichen zwang. Bunger flog vom Jordan weg etwas östlich und kreuzte den Jarmuk, der ein Nebenfluß des Jordan ist. Bunger sah die Stelle, wo drei kleine Flüsse in den Jarmuk münden. Weiter unten verengt und vertieft sich das Tal. Blitzartig erkannte der Fachmann, daß hier der ideale Platz für einen Staudamm sei, um das Flutwasser des Jarmuk zu sammeln. Ein Plan war geboren. Ein Damm von 160 Meter Höhe würde Jordanien und Syrien mit hydroelektrischer Kraft versorgen.«

König Abdallah hatte das Projekt 1951 – kurz vor seiner Ermordung – gebilligt. Er hatte es deshalb für realisierbar gehalten, weil der Jarmuk durch arabisches Gebiet floß und Israel nicht berührte. Der Fluß bildet die Grenze zwischen Jordanien und Syrien. Diese beiden Staaten aber waren dabei, sich im Fall des Jarmukprojekts zu einigen.

Die Interessen Israels waren also nirgends betroffen. Dieses Argument war auch für die Beamten der Vereinen Nationen wichtig, die das Projekt finanzieren sollten: Sie gehörten einer neutralen Instanz an und mußten deshalb darauf achten, keine ärgerliche Reaktion der israelischen Regierung auszulösen. Die UN-Beamten wollten für den Dammbau zunächst 200 Millionen Dollar verwenden, die zur Hilfe für die Flüchtlinge im Westjordanland vorgesehen waren – schließlich sollten im durch Bewässerung gewonnenen Land Bauern angesiedelt werden, die ihren Heimatboden verloren hatten.

Als Hussein Monarch wurde in Jordanien, da war der Optimismus riesig im Königreich, daß der Jarmukdamm Fortschritt bringen werde. Er schrieb selbst: »Es war das erste Mal seit 1948, daß ein Gefühl wirklicher Hoffnung das darniederliegende Jordanien beseelte. Die Sachverständigen versicherten, innerhalb von drei Jahren könnten über 100 000 Menschen im Gebiet um die Jarmukmündung leben und arbeiten. Wir fingen bereits an, in den Flüchtlingslagern Arbeitskräfte anzuwerben. Dann, im Herbst 1953, nach zwei Jahren Vorbereitungsarbeit, legten die Israelis in Washington und bei den Vereinten Nationen Protest ein. Sie begründeten den Protest damit, daß sie einen Plan vorziehen würden, von dem alle Länder des ganzen Gebiets Nutzen hätten und nicht nur Jordanien und Syrien. Um das Maß voll zu machen, behaupteten die Israelis sogar, sie könnten, als Anlieger im Jordantal, einen Teil des Jarmukwassers beanspruchen – schließlich sei der Jarmuk ja ein Nebenfluß des Jordan.«

Tatsächlich würde der Jordan ohne den Jarmuk nur die Hälfte seines Wassers führen – der Nebenfluß verdoppelt die Wassermenge des Jordan. Allerdings geschieht diese Vermehrung des Jordanwassers nicht über das ganze Jahr verteilt. Der Jarmuk steigt im Februar stark an; da schießt eine gewaltige Flut das Tal herunter. Schon ab März verringert sich die Wasserführung des Jarmuk wieder. Im September sinkt sie ab auf ein Dreißigstel der Wassermenge zur Flutzeit. Der Gedanke, das Flutwasser aufzustauen, um damit das ganze Jahr über jordanisches Land zu bewässern, war vernünftig. Einzusehen ist aber auch, daß die israelische Regierung als Jordananlieger einen Teil des Jarmukwassers beanspruchte, da der Jordan ohne Jarmuk eben nur die Hälfte wert war.

König Hussein konnte nicht verstehen, daß sich die USA und die europäischen Staaten aufgeschlossen zeigten für die Argumentation der Israelis. Nach seiner Meinung handelte es sich um eine rein arabische Angelegenheit, ob am Jarmuk ein Damm gebaut werde oder nicht. Hussein schrieb in seinen Erinnerungen: »So wurde ein Plan verhindert, der schon 1956 mindestens 100 000 Flüchtlingen, die ihre Heimat durch Israel verloren hatten, die Möglichkeit gegeben hätte, ihren Lebensunterhalt selbst zu verdienen und ihre Selbstachtung wiederzugewinnen.« Der König deutete damit an, daß die Flüchtlinge in den Lagern an der Straße von Jericho damals vor allem darunter litten, notgedrungen auf milde Gaben der Vereinten Nationen angewiesen zu sein, um überhaupt leben zu können.

Als Israel 1953 gegen jordanische Pläne, den Jarmuk aufzustauen, protestierte, da arbeitete die israelische Regierung längst an eigenen Projekten zur Nutzung des Wassersystems in der Jordansenke. Dem jordanischen König waren diese Absichten bekannt: »Israel will bis zum Jahr 1963 den Jordan umleiten. Dies verstößt nun wirklich gegen alle Grundsätze des internationalen Rechts.« Ausgangspunkt der israelischen Überlegungen war, daß das Wasser – eine Kostbarkeit im Nahen Osten – fast ungenützt durch den Jordangraben floß, um dann im Toten Meer zu verdunsten.

Die Zukunftsplaner des jüdischen Staates diskutierten darüber, ob nicht das Jordanwasser in der Region des Sees Gennesaret aufgefangen und in Pipelines zur Wüste Negev geleitet werden könnte. Dort waren israelische Landwirtschaftsexperten dabei, Steppe in fruchtbaren Boden zu verwandeln.

Zu denen, die in Israel nachdachten, wie das Jordanwasser zur Verbesserung der Lebensverhältnisse nicht nur der Menschen im eigenen Staat genutzt werden könnte, gehörte Teddy Kollek, der dann 1965 Bürgermeister von Jerusalem wurde. Er hatte 1934 die jüdische Siedlung En Gev am östlichen Ufer des Sees Gennesaret mitgegründet. Um das Jahr 1955 war Teddy Kollek der Meinung, zwischen den Anliegern der Jordansenke werde ganz von selbst Frieden entstehen, wenn sich diese Staaten dazu entschließen könnten, das Jordanwasser gemeinsam zu nutzen.

Die Regierung des Präsidenten Eisenhower war leicht für eine derartige von Menschheitsidealen durchdrungene Idee zu gewinnen; die USA waren bereit, die Finanzierung zu sichern. Der Vorsitzende der US-Handelskammer, Eric Johnston, schaltete sich als Vermittler zwischen Israel und Jordanien ein. Teddy Kollek war einer der Gesprächspartner auf israelischer Seite. Er ist der Meinung, die jordanische Delegation sei von Anfang an auf Konfrontation aus gewesen. Endlose Diskussionen um die Frage, wieviel Wasser am Hulesee durch Verdunstung verlorengehe, habe Eric Johnston durchzustehen gehabt. Die Jordanier hätten darauf bestanden, daß auch auf israelischem Gebiet die Schüttung jeder Quelle vermessen werde, damit dann wieder über Rechtsansprüche auf Wassermengen gestritten werden könnte.

Vom Ende des gemeinsamen israelisch-jordanischen Projekts, das der Jordanregion hätte den Frieden bringen sollen, war Teddy Kollek tief getroffen. Er erinnert sich daran, was dann Ende 1955 geschah: »Eric Johnston fühlte sich veranlaßt, auch Gamal Abdel Nasser zu informieren. Dies geschah auf Wunsch der Jordanier. Nasser erhob sofort kategorisch Einspruch gegen das gesamte Projekt. Er wollte es auf keinen Fall dulden. Wir waren außer uns vor Empörung. Wir fragen: ›Was hat denn Nasser damit zu tun? Der Jordan gehört doch wahrhaftig nicht zu Ägypten!‹ Aber die Amerikaner konnten die Jordanier nicht dazu bewegen, ohne Billigung durch Nasser weiterzumachen. Auf einmal hörten die Planungsgespräche auf.«

Gamal Abdel Nasser war es, der dem Jordanprojekt ein Ende gesetzt hatte. Er war der Überzeugung gewesen, daß eben doch letztlich die Israelis alleiniger Nutznießer des Jordanwassers sein würden. »Die Israelis übertölpeln den König!« – das war Nassers Argumentation. Zu jenem Zeitpunkt war er noch weit davon entfernt, dem israelischen Volk überhaupt ein Lebensrecht im Land, das er noch immer Palästina nannte, einzuräumen.

Weit auseinander klafften die Denkwelten der arabischen und der israelischen Führung. Ein aufgeschlossener Mann wie Teddy Kollek konnte nicht verstehen, warum König Hussein von Jordanien auf Gamal Abdel Nasser Rücksicht nehmen mußte in einer Frage, die Ägypten gar nicht betraf. Kollek vermochte offenbar nicht richtig einzuschätzen, welche Bedeutung Nasser damals, im Jahre 1955, schon erlangt hatte.

Hussein bekam in jenem Jahr Nassers Einfluß besonders deutlich zu spüren: Der König wollte dem Bagdadpakt beitreten, dem der arabische Staat Irak schon angehörte. Doch Nassers Propaganda gegen diesen Pakt hatte bewirkt, daß in der jordanischen Hauptstadt Unruhen ausbrachen. Hussein begriff, daß er vorsichtig sein mußte. Politik zu machen ohne Billigung Nassers konnte sich der König nicht erlauben.

Hussein brauchte schon seinen vollen Mut, am 29. Oktober 1956 nicht auf Ägyptens Seite in den Krieg einzutreten, den Israel mit einer massiven Offensive begann und der mit der Eroberung der gesamten Sinai-Halbinsel durch israelische Streitkräfte endete. Im israelisch-arabischen Krieg von 1956 wurde der Jordan nicht zur Front. Hussein hatte allerdings zuvor seinen Preis bezahlt: Er hatte Glubb Pascha, den britischen Oberkommandierenden der Arabischen Legion, der als Engländer Nasser ein Dorn im Auge war, entlassen.

War auch das Jordangebiet vom Krieg verschont geblieben, so änderte sich nichts daran, daß der Fluß Objekt des Streits blieb. Die Syrer arbeiteten nun an einem Vorhaben, den Banjas, einen der Zubringerflüsse des Jordan, umzuleiten. Das Banjaswasser sollte nur noch Syrien zur Verfügung stehen. Nun erklärte die israelische Regierung, jegliche

Umleitung von Wasser aus dem Flußsystem des Jordangrabens werde als kriegerischer Akt angesehen, der eine israelische Militäraktion auslöse. Als syrische Arbeiter begannen, einen Kanal zu graben, der das Wasser nicht ins Jordantal, sondern in Richtung Quneitra geleitet hätte, ordnete der israelische Generalstab die Beschießung jenes Gebiets durch Artillerie an. Die Syrer stellten daraufhin die Arbeiten ein.

Im November 1964 wurden jedoch erneut Baumaschinen am Banjasfluß eingesetzt, um ein Kanalbett zu graben. Diesmal griff die israelische Luftwaffe die Baustelle an. Wieder entschloß sich die syrische Regierung zum Abbruch der Arbeiten. Sie hatte begriffen, daß Israel die Drohung tatsächlich ernst meinte, auf jede Umleitung von Wasser durch eine kriegerische Aktion zu antworten. Zu jenem Zeitpunkt war kein anderer arabischer Staat bereit, den Syrern zu helfen, wenn sie angegriffen wurden.

Über den Ausgang der Auseinandersetzung um das Jordanwasser berichtet Teddy Kollek: »Schließlich bekamen wir Unterstützung der Amerikaner für den Bau einer zentralen Wasserpipeline, die vom See Gennesaret zur Negev-Wüste führt. Sie verläuft dabei durchweg in israelischem Kernland. Die Jordanier erhielten Geld, um ihr Land vom Jarmuk bis zum Toten Meer zu bewässern.«

König Hussein konnte zu Beginn der sechziger Jahre seine Vision von der Nutzung des Jarmukwassers wahrmachen: Der östliche Ghor-Kanal wurde gebaut, eine betonierte Rinne, die Wasser aus dem Jordan-Nebenfluß ins fruchtbare Land am Ostufer des Jordan bringt. Aus dem Jarmuk erfolgt die Ableitung durch einen Tunnel. Nirgends auf der 69 Kilometer langen Kanalstrecke werden Pumpen gebraucht; das Wasser fließt immer talwärts, parallel zum Fluß. Es ermöglichte die Intensivierung der Landwirtschaft bis in die Gegend des Toten Meeres. Der Junikrieg von 1967 unterbrach diese positive Entwicklung.

»Unsere Soldaten verbeißen sich wie Rasende ins Jordanwestufer«

Der schwelende Konflikt zwischen Arabern und Israelis flammte zunächst im Jordangebiet wieder auf. Die Palästinensische Befreiungsbewegung (PLO) war seit Beginn der sechziger Jahre zu einer Kampforganisation geworden, die dem Staat Israel zwar keinen nachhaltigen Schaden zufügen, ihm jedoch durch Sabotageakte und Überfälle schmerzhafte Nadelstiche versetzen konnte. Die israelische Armee nahm die Kommandoaktionen zum Anlaß, zurückzuschlagen. Getroffen wurden dabei nicht die Basen der PLO, sondern Gehöfte und Dörfer der Jordanier. Da die Kommandos jeweils aus der Jordansenke südlich des Sees Gennesaret ins Bergland von Galiläa hinaufstiegen, wählten die Chefs der israelischen Artillerie und der Luftwaffe Ziele im Jordantal für die Vergeltungsschläge. Die syrische Artillerie, auf den Golanhöhen östlich des Sees Gennesaret stationiert, heizte die Spannung durch Beschießung israelischer Siedlungen am Seeufer an. Gamal Abdel Nasser sah sich veranlaßt, verbal die Emotionen der Araber hochzupeitschen. Da weder die Regierenden der USA noch der UdSSR daran dachten, dämpfend auf die Verantwortlichen in Ägypten und in Israel einzuwirken, explodierte die Spannung im Nahen Osten am Morgen des 5. Juni 1967: Der Krieg brach aus.

Schon um die Mittagszeit des ersten Kriegstages besaß die königlich-jordanische Luftwaffe keine Flugzeuge mehr. Israelische Piloten hatten die Maschinen am Boden zerstört. Damit war den jordanischen Panzerverbänden jegliche Chance genommen, erfolgreiche Aktionen durchzuführen, denn Israel konnte nun seine Luftüberlegenheit in vollem Umfang einsetzen. Eine Panzerarmee wird dem Feind zur leichten Beute, wenn nur dieser noch über Flugzeuge verfügt. König Hussein war sich des Risikos voll bewußt, als er seiner Panzertruppe im Jordantal den Befehl zum Angriff gab.

Über die Situation an der Front berichtet der König selbst: »Unsere Panzertruppe, die mit Panzern vom Typ Patton M-48 ausgerüstet war, bestand aus zwei Brigaden, aus der 40. und aus der 60. Brigade. Die 40. Brigade hatte, so sah es der Kriegsplan vor, das nördliche Jordantal zu verteidigen. Die 60. Brigade war bei Jericho stationiert. Der Oberbefehl über unsere Einheiten lag in der Hand des ägyptischen Generals Abdel Moneim Riad, den Gamal Abdel Nasser uns als erfahrenen Strategen empfohlen hatte. General Riad erteilte um 12.40 Uhr der 60. Brigade den Befehl zur Abfahrt nach Hebron. Sie sollte von dort aus versuchen, sich mit der ägyptischen Panzerspitze zu vereinen, die – so lauteten die Meldungen aus dem Bunker des Generalstabs in Cairo – schon bald Beerscheba erreichen mußte. Die Position bei Jericho sollte die 40. Panzerbrigade übernehmen, die zu diesem Zweck aus dem Nordabschnitt des Jordantals abgezogen wurde. Um die Wahrheit zu sagen, es wäre klüger gewesen, die 40. Panzerbrigade zu lassen, wo sie war, denn es war vorauszusehen, daß Israel sich die Gelegenheit nicht entgehen lassen würde, diese Bresche zu einem Durchbruch im Norden und zur Invasion des Jordantals zu nützen.«

Was der König befürchtet hatte, trat ein. Kaum war die 40. Brigade nach drei Stunden Fahrt – unter ständigem Beschuß durch die israelische Luftwaffe – in Jericho angekommen, begannen die israelischen

Verbände im Gebiet südlich des Sees Gennesaret den Durchstoß zum Jordan. Dort befand sich jetzt allerdings nur noch eine Infanteriebrigade, die – wie alle anderen jordanischen Einheiten – nicht mehr aus der Luft geschützt werden konnte.

König Hussein erinnert sich: »General Riad wandte sich nun an die Syrer: Sie sollten eingreifen, um uns vom israelischen Druck an der Nordfront zu entlasten. Sie lehnten ab unter dem Vorwand, ohne Deckung aus der Luft nichts unternehmen zu können. Um 20.45 Uhr befiehlt General Riad, von Verzweiflung getrieben, der 40. Brigade, die in Jericho kämpft, nach Norden zurückzufahren. Um 21.30 Uhr verläßt sie Jericho und rückt nach Norden ab, von wo sie gekommen ist. Die Brigade fährt, so schnell es die Motoren erlauben – 40 Kilometer pro Stunde –, unter einem Gewitter von Raketen, die von israelischen Staffeln gegen unsere Panzer abgefeuert werden. Am Dienstag, dem 6. Juni, ist für mich die Situation völlig klar. Dieser Krieg ist verloren.«

Um die Mittagszeit des 6. Juni erreichte ein Funkspruch aus Nassers Hauptquartier in Cairo den General Riad in Amman: »Wir sind einverstanden, daß Sie Ihre Truppen vom Westufer abziehen und die Zivilbevölkerung bewaffnen.« Der König wunderte sich über dieses Einverständnis, das gar nicht erbeten worden war. Im Befehlsbunker störte ihn, daß die Kommandeure die Realität der Front nicht begriffen. Er konnte schließlich die Offiziere im eigenen Hauptquartier nicht mehr ertragen, den ägyptischen Befehlshaber vorneweg. »Er findet immer wieder Zeit zu einer Ruhepause.« Hussein selbst dachte nicht an Ruhe. Die Not seiner Soldaten trieb ihn um.

Der König beschreibt die Ereignisse des Nachmittags des zweiten Kriegstags so: »Unsere Soldaten verbeißen sich wie Rasende ins Jordanwestufer. Sie stehen im Nahkampf, Haus um Haus. Um jedes Mäuerchen wird gekämpft. Ich verlasse das Hauptquartier und fahre hinunter ins Jordantal. Ich setze mich selbst ans Lenkrad, denn so kann ich mich besser auf das konzentrieren, was rings um mich vorgeht. Die Straßen sind verstopft von Lastwagen, Jeeps, von allen möglichen Fahrzeugen, die verbogen, aufgerissen, zerschmettert sind und jenen unverkennbaren Geruch nach verbranntem Lack, Metall und Pulver ausströmen, wie ihn die Explosionen der Granaten hinterlassen. Und inmitten dieses Trümmerfeldes schleppen sich Menschen dahin. Sie marschieren in Gruppen von dreißig bis vierzig Mann. Verwundet und erschöpft schlagen sie sich durch und versuchen, den grauenhaften Todesstößen auszuweichen, zu denen die Horden der Mirageflugzeuge aus einem blauen, wolkenlosen Himmel immer wieder ansetzen. Je näher ich der Front komme, um so erschreckender wird der Anblick dieser vernichteten Armee, um so bestürzender das Gefühl der Niederlage.«

An jenem Dienstag, dem 6. Juni, um 23 Uhr jordanischer und israelischer Ortszeit soll, nach dem Willen der Vereinten Nationen, das Feuer eingestellt werden. Noch immer verteidigen jordanische Verbände die Front in Jerusalem, Hebron, Ramallah und Nablus. Das Westufer des Jordan wäre nicht verlorengegangen, wenn die Stellungen dort gehalten worden wären – doch General Riad hat unmittelbar vor der Entscheidung der Vereinten Nationen den Befehl zur Räumung aller Gebiete im Westen des Jordan gegeben; alle jordanischen Verbände sollten sich über die drei Brücken, die zur Verfügung stehen, ans Ostufer zurückziehen. Hussein, der wieder zurückgefahren war ins Hauptquartier in Amman, ist entsetzt über den Räumungsbefehl. Er ordnet an, daß die Front weiterhin zu halten ist. Doch sein Befehl erreicht die meisten der Kommandeure, die Absetzbewegungen zu leiten haben, nicht mehr. Wer den Befehl über Funk hört, der kümmert sich nicht darum; seine einzige Sorge ist, rechtzeitig eine der Brücken zu erreichen.

Die 60. Brigade, die in Richtung Hebron beordert worden ist, um der ägyptischen Panzerspitze entgegenzufahren, hat längst festgestellt, daß die Offensive der Ägypter gar nicht stattgefunden hat. Sie ist einem sinnlosen Befehl gefolgt. Nun verliert die Führung den Kopf. Die Panzereinheit löst sich auf. Die einzelnen Panzerkommandeure haben zu entscheiden, auf welchem Weg sie zurück nach Jericho fahren. Die einzige Hauptstraße ist verstopft. Die Trampelpfade aber können von den breiten Kettenfahrzeugen nicht benützt werden. Die Panzer bleiben schließlich stecken. Die Besatzungen steigen aus und fliehen zu Fuß hinunter ins Tal.

Zum Zeitpunkt, an dem das Feuer eingestellt werden soll, befinden sich Jordanier und Israelis in Bewegung: Die Jordanier fliehen, und die Israelis fahren mit ihren Panzern hinterher. Die Sieger besetzen innerhalb weniger Stunden die Brücke bei Bet-Schean und die Damiya Bridge. Die jordanische Führung will noch eine Auffangstellung in Jericho organisieren. Doch der Schwung der israelischen Panzerfahrer ist nicht zu stoppen; sie feuern jeden Widerstand nieder. Mit der Stadt Jericho wird auch die Allenby Bridge erobert. Das gesamte Westufergebiet ist damit in der Hand der Israelis.

Die Zahl der jordanischen Toten und Vermißten in diesem kurzen Krieg gibt König Hussein selbst mit 6094 an. Die Israelis zählen bei Kriegsende 550 Tote.

Hoffnung der Entwurzelten

Karame – eine Kleinstadt im Jordantal

Hunderttausende von Palästinensern hatten nahezu zwanzig Jahre in den Lagern am Westufer des Jordan zugebracht. Sie hatten sich mit der Not abgefunden und mit dem Nichtstun. Die Vereinten Nationen waren verantwortlich dafür geworden, daß die Flüchtlinge nicht verhungerten. Die Entwurzelten hatten immer in der Hoffnung gelebt, daß ihnen irgendwann die frühere Heimat wiedergeschenkt werde. Bei Kriegsausbruch war für Stunden diese Hoffnung ganz stark geworden, denn es konnte doch einfach nicht sein, daß Israel, das kleine Land, erneut die starken arabischen Armeen zerschlug. Die Hoffnung löste sich dann rasch in Schrecken auf. Die Angst, von den Israelis überrollt zu werden, trieb die Familien aus den Lagern. Sie wurden erneut zu Flüchtlingen.

Hunderttausende versuchten über den Jordan zu kommen. Auf kleinen Handwagen nahmen sie mit, was sie glaubten nicht entbehren zu können. Menschen und Wagen blockierten die Brücken. Dies geschah bereits, solange noch die Kämpfe im Bergland tobten. Als sich die Niederlage deutlich abzeichnete, waren auch die Zufahrtsstraßen von Menschen überfüllt. Zehntausende ballten sich vor der Allenby Bridge zusammen. Die Flüchtenden wurden rücksichtslos beiseite gedrängt von den Militärfahrzeugen der fliehenden jordanischen Armee. Als die israelischen Soldaten dann die Brücken kontrollierten, unterbanden sie die Flucht nicht. Im Gegenteil: Wer in den Lagern bei Jericho ausharren wollte, wurde noch Tage und Wochen nach Abschluß des Waffenstillstands abtransportiert und hinübergetrieben ins Ostjordanland.

Wenige der Flüchtlinge wollten diesmal am Fluß bleiben. Viele Familien scheuten die Nähe zu den Israelis. Sie drängten hinauf ins Bergland, in die Gegend von Amman. Dort suchten sie Sicherheit. Doch es gab auch Beherzte, die ihre alte Heimat nicht aus dem Blick verlieren, die hinübersehen wollten auf die Berge im Westen des Flusses. Diese Familien stellten ihre Wagen und ihre geringe Habe nur 15 Kilometer von der Allenby Bridge entfernt ab. Und da, wo sie sich für die erste Nacht niederließen, da blieben sie – direkt bei einem kleinen Dorf, das Karame heißt. Der Name dieses Ortes läßt sich mit »Ehre« übersetzen. Von den Hunderttausenden, die über die Brücken geflohen oder deportiert worden waren, wählten etwa 250 000 Karame als neuen Platz für ihr Flüchtlingsdasein.

Einer der Bewohner des Ortes, der keine fünf Kilometer abseits vom Jordan liegt, war damals Yassir Arafat. Wie andere auch, wohnte er in einem niederen Haus, das aus getrocknetem Lehm gebaut worden war. Drinnen befanden sich Stühle, Tisch, ein Bett – aber auch ein Funkgerät. Arafats primitives Haus war das Hauptquartier seiner Kommandoorganisation Al Fatah. Die Flüchtlinge in Karame, die eben beherzter waren als andere, waren zum größten Teil Mitglieder von Al Fatah. Aus ihren Reihen rekrutierte Arafat die Stoßtrupps, die nachts durch den Jordan wateten, um im besetzten Gebiet israelische Patrouillen zu überfallen, um Armeelager zu beschießen, um Straßen zu verminen. Arafat hatte die Parole ausgegeben: »Die arabischen Streitkräfte haben aufgehört zu kämpfen – unser Kampf beginnt erst!« Die Kampforganisation Al Fatah erreichte durch Aktionen und durch Parolen, daß die Niedergeschlagenheit aus den Gemütern der gedemütigten Palästinenser wich. Arafat versprach, daß der Volkskrieg gegen Israel zum Erfolg führen werde. So war das Flüchtlingslager Karame zum Zentrum des Widerstands geworden.

Dem israelischen Geheimdienst entging nicht, was im Ort gleich drüben über dem Fluß geschah. Die Geheimdienstinformationen veranlaßten die Armee zur »Operation Karame«, die das Ziel hatte, die Basis der Al Fatah zu zerschlagen. Am 21. März 1968 beginnt der Angriff. Ausgangspunkt ist die Allenby Bridge. Die Panzer rollen bis zum winzigen Ort Schune, dort zweigt von der Hauptstraße, die hinauf nach Salt führt, der Weg nach Karame ab. Bei Schune gelingt es der jordanischen Artillerie, die Panzer an der Spitze der Kolonne abzuschießen. Der Vormarsch der israelischen Truppe ist gestoppt.

Jordanische Beobachter hatten während der Vortage bemerkt, daß bei Jericho auffällig starke israelische Einheiten zusammengezogen wurden. So war die Truppenführung in Amman vorgewarnt gewesen; sie hatte westlich der Hauptstadt Artillerie bereitstellen können. Die Beobachter hatten ihre Informationen auch an Yassir Arafat weitergegeben. Die Führung der Al Fatah sorgte sofort dafür, daß die Frauen, Kinder und die Männer, die nicht zu den Kämpfern zählten, in die Täler der Berge um die Stadt Salt evakuiert wurden. So war auch Al Fatah zum Kampf bereit.

Die Abschußerfolge der jordanischen Artillerie haben zwar die israelischen Panzer an der Weiterfahrt gehindert, doch die Entschlossenheit der israelischen Führung, Karame auszuräuchern, ist ungebrochen. Hubschrauberschwärme fliegen auf das Lager zu. Infanteristen springen aus dem Fluggerät und beginnen sofort zu feuern. Die Kämpfer der Al Fatah haben sich gut verschanzt und wehren sich. Doch der israelische Verband besitzt die überlegene Feuerkraft. Die Palästinenser können nicht verhindern, daß die Angreifer ein Haus nach dem anderen sprengen. Bis 15 Uhr ist etwa die Hälfte des Lagers zerstört. Zu diesem Zeitpunkt beginnen die israelischen Soldaten mit dem Abtransport der Verwundeten, das Ende der Aktion zeichnet sich ab. Bei Einbruch der Dunkelheit befindet sich kein Israeli mehr am östlichen Jordanufer. Zurückgeblieben sind nur die Toten.

Die jordanische Armee und die Kampforganisation Al Fatah betrachteten sich am Tag danach als Sieger dieser Schlacht im Jordantal. König Hussein und Arafat waren stolz darauf, die Israelis daran gehindert zu haben, auch das Ostufer des Jordan zu erobern – doch dies war wohl nie die Absicht der israelischen Führung gewesen. Sie hatte Arafat aus der Flußnähe vertreiben wollen. Der Kampf um Karame war Teil einer Phase in der Auseinandersetzung, die mit dem Begriff »Abnützungskrieg« gekennzeichnet wurde.

Der Abnützungskrieg brachte dem östlichen Jordanland schlimme Verwüstungen. Es wurde zum Übungsgebiet der israelischen Luftwaffe. Die Dörfer im Tal wurden beschossen – sie waren ohnehin nicht mehr bewohnt. Geschichten waren damals im Umlauf in Jordanien von Bauern, die ihr Land am östlichen Ghor-Kanal auch unter gefährlichen Bedingungen weiterhin bebauen wollten: Auf solche Männer hätten es die israelischen Piloten besonders abgesehen, die mutigen Bauern des Jordantals würden im Tiefflug gejagt werden.

Das Ergebnis der Patrouillenflüge israelischer Kampfflugzeuge war, daß das Ostufer des Jordan zur Öde wurde. Vom Sommer 1968 an hielten sich dort nur noch Mitglieder der palästinensischen Kampforganisationen auf. Sie hatten sich in den verlassenen Dörfern Unterstände und sogar bombensichere Bunker gebaut. Sie hatten in den Seitentälern des Jarmuk und des Zarqaflusses Höhlen bewohnbar gemacht, in denen sie sicher waren vor den Raketen und Bordwaffen der israelischen Kampfflugzeuge.

Die Armee des Königs Hussein hatte das Jordantal geräumt und völlig Arafats Kämpfern überlassen, die nun ein ideales Operationsgebiet für Guerillaaktionen besessen hätten – wenn sich die israelischen Sicherheitsbehörden nicht gewehrt hätten. Sie installierten ein System von Wachtposten und elektronischen Zäunen am Westufer des Jordan, das von Woche zu Woche undurchdringlicher wurde. Schließlich gelang es den Fatahkämpfern nur noch selten, den Israelis im besetzten Gebiet

Schaden zuzufügen. Überwand ein Stroßtrupp doch noch das Sicherheitssystem und gelang es den Männern, Minen zu legen, dann schlug die israelische Luftwaffe sofort unbarmherzig zurück. Ihre Ziele waren der östliche Ghor-Kanal und die Dörfer im Bergland um Amman. Schwer getroffen wurde dadurch die jordanische Landwirtschaft. Nach einem Jahr Abnützungskrieg war der Kanal, der Jarmukwasser ins Jordantal fließen ließ, weitgehend zerstört.

Der Waffenstillstand, der auf Vorschlag des amerikanischen Außenministers William Rogers im Dezember 1969 an allen Fronten des Nahostkrieges in Kraft treten sollte, wirkte sich im Jordantal nicht aus. Da die palästinensische Kampforganisation mit Propaganda ihre Entschlossenheit verkündete, Israel zu zerstören, besaß die israelische Führung einen ausreichenden Grund, um die Basen dieser »Terrororganisation« aufzuspüren. Im Jordantal ging der Abnützungskrieg nicht zu Ende. König Hussein, der dem Waffenstillstand ebenfalls zugestimmt hatte, mußte Position beziehen gegen Yassir Arafat, der inzwischen Vorsitzender der Palästinensischen Befreiungsorganisation (PLO), der Dachorganisation aller Kommandoorganisationen der Palästinenser, geworden war.

In den Basen im Jordantal, in Karame zum Beispiel, waren die Kämpfer beschäftigungslos. Vom Frühjahr 1970 an konnten sie keine Einsätze gegen Ziele im besetzten Gebiet mehr durchführen. Den Israelis war die vollkommene Sicherung der Waffenstillstandslinie am Jordan gelungen. Die Kämpfer, auf der Suche nach neuen Aufgaben, wandten sich der jordanischen Innenpolitik zu. Sie sahen mehr und mehr in König Hussein einen angreifbaren Feind. Die Parole lautete: »Der König ist ein Lakai der Amerikaner. Ist er beseitigt, dann wird unser Kampf gegen Israel leichter. Hussein behindert uns. Er arbeitet mit den Israelis zusammen. Er hat die Existenz des Staates Israel längst akzeptiert.«

König Husseins Bemühungen um Ausgleich und Frieden

Wollte König Hussein wieder glaubwürdig werden gegenüber der amerikanischen Regierung – er wirkte unglaubwürdig, denn er wollte Waffenstillstand, die Palästinenserführer in seinem Land aber predigten Krieg –, mußte er gegenüber Arafat und anderen Chefs der PLO hart durchgreifen. Im September 1970 vertrieb seine Armee die PLO-Einheiten und ihre Führung aus Amman. Die Verluste der Palästinenser, insbesondere der Zivilisten, in diesem Bürgerkrieg waren hoch.

Yassir Arafat mußte, um einen Waffenstillstand zu erreichen, Zugeständnisse machen. Die Kämpfer sollten sich in Basen konzentrieren, die sich in den Wäldern von Jerash (Dscherasch) und Ajlun (Adschlun) befanden, im Bergland um den Jordan-Nebenfluß Zarqa. Ein Detail des Abkommens war auch die Verlegung der Stützpunkte aus dem Jordantal in die Berge. Auf diese Weise wurden die Kämpfer von der Waffenstillstandslinie entfernt. Die jordanischen Streitkräfte zogen in die Senke am Fluß ein. Ihre Führung war entschlossen, jede Spur eines Konflikts mit Israel zu vermeiden. Vom Winter 1970/71 an wurde das Jordantal zu einer Zone der Ruhe.

Der König hatte nie wirklich die Absicht gehabt, der PLO das Bergland von Jerash und Ajlun auf Dauer zu überlassen. Am 13. Juli 1971 begann der Großangriff der jordanischen Armee gegen die letzte Bastion der palästinensischen Guerillas auf königlichem Gebiet. Über den Ausgang der Schlacht konnte es keinen Augenblick Zweifel geben. Der jordanische Ministerpräsident Wasfi Tall verkündete am 19. Juli, in Jordanien existiere keine Stellung, keine Basis der PLO mehr. Am 28. September 1971 wurde dieser jordanische Ministerpräsident in der Eingangshalle des Sheraton-Hotels in Cairo von vier Palästinensern erschossen.

Hussein spürte, daß sein Regime mit der Feindschaft der Palästinenser nicht fortleben konnte – die meisten Bewohner seines Landes waren Palästinenser. Es mußte ihm gelingen, diese Menschen zu überzeugen, daß sie mehr durch ihn, durch den jordanischen Monarchen, für das palästinensische Volk erreichen konnten als durch Yassir Arafat und die PLO. Bot Hussein eine politische Lösung an, konnte er darauf hoffen, daß die Schlacht um Amman – die ihm bei Palästinensern den Schimpfnamen »Der Schlächter von Amman« eingetragen hatte – in Vergessenheit geriet. Die Idee des politischen Angebots an das palästinensische Volk entwickelte Hussein im Winter 1971/72.

Im März 1972 verkündete der König, er plane die Schaffung eines »Vereinigten Arabischen Königreichs«. Es werde sich zusammensetzen aus der »Jordanischen Region«, deren Hauptstadt Amman sein werde, und der »Palästinensischen Region« mit der Hauptstadt Jerusalem. Die beiden Teile des Königreichs, für die jeweils ein autonomer Status vorgesehen war, würden in einer Föderation zusammengefügt werden. Politischer Mittelpunkt der Föderation werde der König sein; der Plan sah vor, daß die Residenz des Monarchen in Amman sein werde. Dem König sollte ein Stab von Föderationsministern zur Seite gestellt werden.

Im Plan zur Schaffung eines »Vereinigten Arabischen Königreichs« war eine politische Rolle für die PLO nicht vorgesehen. Diese Organisation erklärte auch sofort, der Plan sei nie zu verwirklichen; er sei eine letzte, verzweifelte Anstrengung des jordanischen Monarchen, die Palästinenser als Untertanen behalten zu können. Den Vorteil, den der Plan des »Vereinigten Arabischen Königreichs« bot, wollte kein Mitglied der PLO-Führung erkennen – und dieser Vorteil lag in der Person des Königs selbst: Die israelische Regierung war bereit, mit ihm zu verhandeln. Yassir Arafat aber war bereits von allen maßgebenden Politikern des jüdischen Staates als Verhandlungspartner abgelehnt worden.

Seit dem Sommer 1967 hatten die Verantwortlichen in Tel Aviv darauf gewartet, daß Hussein Verhandlungsbereitschaft signalisierte. Unmittelbar nach Kriegsende waren Premierminister Levi Eshkol und die Parlamentsmehrheit, die ihn trug, bereit, die meisten der besetzten Gebiete an die Verlierer der Auseinandersetzung zurückzugeben. Die Regierenden in Israel dachten noch nicht daran, das Land zwischen dem Fluß und den Berghöhen behalten zu wollen. Wenn König Hussein damals am Verhandlungstisch erklärt hätte, er werde künftig dafür sorgen, daß Frieden herrsche zwischen seinem Staat und Israel, dann wäre ihm das Land am westlichen Jordanufer übergeben worden. Doch ihn banden die im Herbst 1967 auf der Gipfelkonferenz aller arabischen Staatschefs in Khartum getroffenen Absprachen: Sie verboten jegliche Verhandlung mit Israel; sie untersagten den geringsten Kontakt. Für Hussein gab es nur eine Hoffnung, doch noch Verhandlungen führen zu können: Wenn ihn die Palästinenser beauftragten, in ihrem Namen zu reden, dann durfte er es wagen, in Gespräche mit dem bisherigen Feind einzutreten.

Ein Mandat durch die Palästinenser, durch die am meisten vom Konflikt Betroffenen, hätte die Situation tatsächlich verändert, hätte dem König Handlungsfreiheit verschafft. Seine Erwartung war, daß die palästinensischen Honoratioren, die Vertreter der Menschen in Städten und Dörfern des Westuferlandes – die sich ja nicht, wie die Flüchtlinge in den Lagern, auf den Weg ans Ostufer gemacht hatten –, zu ihm nach Amman kommen würden, um ihn zu bitten, er möge doch in ihrem Namen mit der israelischen Regierung sprechen. Doch niemand kam. Die Beamten, die Bürgermeister im besetzten Gebiet bezogen zwar weiterhin ihre Gehälter aus der jordanischen Staatskasse, doch als Untertanen des Königs Hussein fühlten sie sich nicht mehr. Die Persönlichkeit, der sie sich fügen wollten, war nur noch Yassir Arafat. Er befand sich jetzt zwar nicht mehr »drüben über dem Fluß«, sondern in der libanesischen Hauptstadt Beirut, doch er war weiterhin Leitfigur der Palästinenser insgesamt. Und er blieb es – trotz zeitweiliger Anfeindungen und Krisen.

So mußte Hussein erfahren, daß die Bewohner der »Palästinensischen Region« gegen seine Absicht waren, ein »Vereinigtes Arabisches Königreich« zu gründen. Dies wiederum hatte zur Folge, daß auch Anwar as Sadat, der Staatschef Ägyptens, der damals als Beschützer der Palästinenser gelten wollte, dagegen war. Sadat brach dann sogar die diplomatischen Beziehungen zum Königreich Jordanien ab. Sein Vorschlag, eine Föderation der Gebiete an den Jordanufern zu schaffen, brachte den König völlig in die Isolation. Kaum ein arabischer Staatschef sprach noch mit dem Monarchen.

Daß er verpönt war in Arabien, schadete seinem Ansehen im eigenen Lande. Im November 1972 versuchte ein Armeeoberst, einen Militärputsch durchzuführen. Obgleich die Bevölkerung durchaus Sympathie empfand für die Putschisten, mißlang die Rebellion gegen den Monarchen. Schuld am Scheitern war der Mangel an Vorbereitung. Hussein, der schon einige Putsche und Attentate überstanden hatte, war auch diesmal vom Glück begünstigt.

Die Isolation, in der sich Hussein befand, führte dazu, daß er weder von Anwar as Sadat noch vom syrischen Präsidenten Hafez Assad von deren Vorbereitungen zum erneuten arabisch-israelischen Krieg informiert wurde. Beide Präsidenten betrachteten den Monarchen sogar als Sicherheitsrisiko. Sie waren der Meinung, Hussein würde alle Informationen dem US-Geheimdienst weitergeben – dann sei allerdings auch schon bald die israelische Regierung informiert. So geschah es, daß das Jordantal verschont blieb vom Oktoberkrieg des Jahres 1973. Jordanien stand in diesem Konflikt abseits.

Am Ostufer des Flusses konnte der Wiederaufbau ungestört vorangetrieben werden. Dafür setzte sich besonders Kronprinz Hassan ein. Unter seiner Führung bildete sich die Jordan Valley Commission, die vor allem für die Instandsetzung des östlichen Ghor-Kanals arbeitete. Er wurde sogar um 18 Kilometer verlängert. Die Bewohner von einst konnten zurückkehren. Mit staatlicher Hilfe entstanden ihre Dörfer neu.

Der Gedanke an die Aufstauung des Jarmukflusses wurde wieder aufgegriffen. Doch seit dem Krieg von 1967 waren an seinem nördlichen Ufer nicht mehr die Syrer, sondern die Israelis zuständig. In der Endphase des Konflikts hatte die israelische Armee das Golanplateau erobert – und damit war der See Gennesaret zum Binnengewässer des Staates Israel geworden. Dort, im Bergland ostwärts des Sees, abseits des Flusses, war im Oktober 1973 der Krieg erneut aufgeflammt.

Das Tal der Tränen

Der Beginn der Kämpfe war koordiniert zwischen den Befehlshabern der ägyptischen und der syrischen Armee: Am Samstag, 6. Oktober 1973, präzise um 14 Uhr, begannen die Ägypter mit der Eroberung des Suezkanal-Ostufers und die Syrer mit dem Vormarsch in Richtung oberer Jordan. Der arabischen Seite gelang ein Überraschungsangriff: Die israelische Führung hatte zwar geahnt, daß an den Waffenstillstandslinien Vorbereitungen für Militäraktionen getroffen wurden, doch niemand hatte ernsthaft Konsequenzen aus den Ahnungen gezogen. Am Festtag Yom Kippur, am Tag der Stille, hatte sich niemand mit dem Gedanken an Krieg beschäftigen wollen.

In der ersten Angriffswelle setzte die syrische Führung 500 Panzer ein. Die Israelis verfügten an der Golanfront zu diesem Zeitpunkt nur über hundert gepanzerte Fahrzeuge. Der überlegenen Streitmacht gelang der Durchbruch. Am 9. Oktober war die Situation der israelischen Verteidiger verzweifelt: Sie hatten östlich des Sees Gennesaret keine zusammenhängende Front halten können; der Durchbruch der Syrer bedeutete, daß israelische Panzertruppen vom Feind von vorn und im Rücken bedroht wurden. Da ihnen kein Rückzug zum Fluß mehr möglich war, verteidigten sie sich mit übermenschlichem Heldenmut. Die syrischen Panzerfahrer aber, die den Jordan vor sich sahen, wurden leichtsinniger. Sie überdehnten ihre eigene Kampflinie und wurden so anfällig für Flankenangriffe.

Eine derartige Attacke erfolgte von der Jordanbrücke an der Nordspitze des Sees Gennesaret aus. Sie traf syrische Panzer, die auf der »Tapline Road« vorrücken wollten. Diese Straße folgte dem Rohrsystem der Transarabien-Pipeline von Saudi Arabien zur libanesischen Mittelmeerküste. Durch die Tapline floß saudiarabisches Öl. Die Tapline Road war gebaut worden, damit Reparaturfahrzeuge bei Problemen mit Röhren oder Pumpanlagen rasch die Pannenstellen erreichen konnten. Für Panzer war diese Straße ein bequemer und fast völlig gerader Weg. Dieser Umstand wurde für die Syrer allerdings zur Falle. Aufgereiht fuhren ihre Panzer hintereinander – und wurden so eine Beute der Panzerabwehr, die von der Seite auf sie feuerte.

Die Syrer griffen inzwischen mit ihrer gesamten Panzerstreitmacht von 1400 Kettenfahrzeugen zwischen dem Berg Hermon und dem Fluß Jarmuk an. Den Israelis war es zwar auch gelungen, Reserven heranzuführen, doch mußte das Oberkommando immer bedenken, daß die Front am Oberlauf des Jordan nicht die einzige Gegend war, in der sich Israel zu verteidigen hatte: Auch am Suezkanal waren die israelischen Panzerverbände in Bedrängnis geraten. Das ägyptisch-syrische Konzept schien noch am Morgen des 10. Oktober zum Erfolg zu führen. Um die Mittagszeit aber hatten die Israelis die Wende erzwungen. Ihre Panzerabwehrgeschütze hatten sich als wirkungsvoller erwiesen. Am Abend des 10. Oktober waren 867 syrische Panzer vernichtet. Das israelische Oberkommando konnte vom gewaltigsten Sieg sprechen, der je in einer Panzerschlacht errungen worden war.

Einen Tag später gelang den israelischen Panzereinheiten der Durchbruch durch die syrischen Linien vor Damaskus. Das flache Land im Osten der Golanhöhen stand den Israelis offen. Die israelische Regierung entschloß sich allerdings dazu, nicht in die syrische Hauptstadt Damaskus einzumarschieren. Dabei hätten sich die Syrer nicht gegen die Eroberer wehren können, denn alles, was sie an Kriegsmaterial besaßen, lag zerstört im oberen Jordantal. Etwa 3500 syrische Soldaten hatten das Leben verloren. Die Israelis hatten 772 Tote zu beklagen. Für beide Seiten hatte sich das Jordantal zwischen Banjas und dem See Gennesaret als »Tal der Tränen« erwiesen.

Jordanien hatte zwar in der Endphase doch noch die 40. Panzerbrigade an die syrische Front geschickt, um dort stabilisierend zu wirken, doch ihre Teilnahme am Krieg endete wenig ruhmreich. Israelische Geschütze belegten die Spitze des langsam über den jordanisch-syrischen Grenzort Dera'a vorrückenden Verbandes mit Granaten; die Reaktion der 40. Panzerbrigade war sofortiger Rückzug. Der Vormarsch war ohnehin nur als Geste ohne militärische Bedeutung gedacht.

Daß Jordanien nicht wirkungsvoll am Konflikt teilgenommen hatte, schwächte die Position des Königs noch mehr. Die Arabische Gipfelkonferenz von Rabat entschied im Oktober 1973, das Westufer des Jordan unterstehe nicht mehr jordanischer Souveränität. Die PLO trage künftig für die Menschen dort die Verantwortung. Es sah damals so aus, als füge sich Hussein dieser Entscheidung. Doch bis 1988 glaubte er daran, das Westufergebiet werde wieder zu seinem Staat zurückkehren. Er wollte das Land »drüben über dem Fluß« wiederhaben – doch er besaß keinerlei Einfluß mehr auf das, was dort geschah.

Landnahme der Gegenwart

Nach dem Junikrieg des Jahres 1967 war der Gedanke der Rückgabe besetzter Gebiete für fast alle israelischen Politiker eine Selbstverständlichkeit. Übereinstimmend waren sie allerdings auch der Meinung, daß den Palästinensern nie mehr der Ostteil von Jerusalem überlassen werden dürfe – und daß am Jordan eine Sicherheitszone geschaffen werden müsse. Der Streifen Land am Westufer des Flusses sollte durch militärische Anlagen bestückt werden. Doch bald schon schwand die Bereitschaft, das Land wieder zurückzugeben. Das politische Konzept entstand, Siedler ins Jordantal zu holen, die das Land für Israel in Besitz zu nehmen hatten.

Im Allonplan war die Taktik für diese erste Phase der Landnahme fixiert: Durch Siedlungen sollten Tatsachen geschaffen werden, die dann bei eventuellen Verhandlungen mit Jordanien von Vorteil für Israel sein konnten. Der Allonplan – der zwar Richtschnur, aber nie Richtlinie offizieller israelischer Politik wurde – sah vor, daß einige dieser Siedlungen durchaus Verhandlungsobjekt sein könnten; ein Verzicht auf diese Siedlungen hätte durch arabische Zugeständnisse erkauft werden können. Daran, daß die Sicherheitszone am Jordan bewahrt bleiben sollte, ließ der Allonplan allerdings keinen Zweifel.

Die Arbeiterpartei verfolgte eine gemäßigte Siedlungspolitik. Nach dem Überraschungssieg des Likudblocks bei den Knessetwahlen am 17. Mai 1977 bestimmte jedoch Menachem Begin die Haltung der israelischen Regierung. Er ließ keinen Zweifel daran, daß er das Jordantal als Eigentum des jüdischen Staates betrachtete – und zwar für immer. Sein wichtigster Berater in dieser Frage wurde Ariel Sharon, einer der Helden des Krieges von 1967. Sharon erarbeitete einen aggressiven Plan der Landnahme. Dieser Sharonplan sah vor, überall im Westuferland des Jordan die arabischen Siedlungsgebiete durch neu zu gründende jüdische Siedlungen aufzuspalten. Keile sollten hineingetrieben werden in bisher zusammenhängende arabische Gebiete. Sharon schlug vor, es müsse darauf geachtet werden, daß nirgends Ballungsräume für Palästinenser bestehen blieben, in denen mehr als 100 000 Menschen leben könnten. Durch Aufspaltung der palästinensischen Siedlungszonen sollte die Kontrolle der im Westen des Jordan lebenden Palästinenser erleichtert werden.

Für die Gründung jüdischer Siedlungen wurde Boden benötigt; das Westuferland aber war in arabischem Besitz. Der Sharonplan stellte ohne Scheu die Forderung, der nötige Siedlungsboden müsse eben beschlagnahmt werden. Ein Grund zur Beschlagnahme sei immer dann gegeben, wenn an einem bestimmten Platz militärische Einrichtungen geschaffen werden müßten. Sicherheit des Staates, so lautete das Argument, habe immer Vorrang gegenüber der Bewahrung des privaten Eigentums. Die Folge war, daß das Landwirtschaftsministerium, das immer in der Hand eines überzeugten Vertreters expansiver Siedlungspolitik war, vom Verteidigungsministerium eine Liste der Plätze im Westjordanland anforderte, auf denen irgendwann einmal militärische Anlagen installiert werden könnten. Die genannten Plätze wurden dann sofort vom Staat mit Beschlag belegt, auch wenn dort ein palästinensischer Bauer seinen Acker besaß. In den meisten Fällen wurde das Grundstück dann mit Stacheldraht umzäunt – es lag brach. Proteste der Palästinenser nützten nichts, da es gegen Forderungen der israelischen Sicherheitsbehörden keine Möglichkeit des Einspruchs gab. Lag das Land aber erst einige Zeit brach, dann war damit zu rechnen, daß sich militante Siedlungswillige darauf niederließen. Da sie Ariel Sharons Unterstützung besaßen, brauchten sie sich nicht vor dem Eingreifen von Polizei oder Militär zu fürchten. Kam der frühere palästinensische Eigentümer und verwies auf seine Rechte, wurde er bedroht. Er resignierte, denn die Siedlungswilligen hatten Maschinenpistolen in der Hand und er nicht.

Eine zweite Methode der Aneignung von palästinensischem Land im Jordangraben bestand darin, den Boden geflohener Bauern als herrenlos zu bezeichnen. Ein Großteil der Grundbesitzer war 1967 nach Jordanien geflohen – sie befanden sich also im Ausland. Selbst wenn die Äcker verpachtet waren, galten sie fortan als herrenlos, da der Pächter ja nicht der Besitzer war. »Um Ordnung in die Besitzverhältnisse zu bringen«, wurden die Äcker der Kontrolle des Staates unterstellt. Dem Pächter wurde gekündigt – jüdische Siedler übernahmen bald das Land. Boden, der früher vom jordanischen Staat verwaltet wurde, ging ohne Formalitäten in israelischen Staatsbesitz über. Meist wurde für solches Land ein öffentlicher Treuhänder bestellt, der dann selbstverständlich jüdische Siedlungsinteressenten bevorzugte. Die Regierungsdirektive zur Übernahme von jordanischem Staatsland ließ sich allerdings auch ausdehnen: Die palästinensischen Dorfverwaltungen wurden aufgefordert, rechtliche Beweise vorzulegen, daß das Land, das zu einer Ortschaft gehörte, auf legale Weise erworben worden war. Derartige Beweise zu erbringen war jedoch schwierig im Westjordanland, das seit den Jahren des Zweiten Weltkriegs Turbulenzen erlebt hatte, die ganz von selbst zu Besitzerwechsel bei Haus und Boden geführt hatten. Konnten aber die Rechtstitel nicht beigebracht werden, übernahm der israelische Staat den Boden. Auch für diese Äcker wurde ein Treuhänder bestellt. Die Folge war wiederum Besiedelung durch Bürger des Staates Israel.

Mit dieser Methode gelang es dem israelischen Landwirtschaftsministerium, für jüdische Siedler Boden zur Verfügung zu haben, der mitten im palästinensischen Siedlungsgebiet liegt. So konnten jüdische Dörfer im Lebensbereich der Palästinenser entstehen. Diese Weiterentwicklung des Sharonplans ermöglichte eine intensivere Aufspaltung der bisherigen Palästinenserzonen im Westuferland des Jordan.

Je länger die Besetzung des Landes anhielt, desto selbstverständlicher wurde für israelische Politiker der Gedanke, daß der Boden insgesamt in jüdische Hand übergeführt werden müsse. So entstand die Idee, den palästinensischen Bewohnern könne wohl ein gewisses Maß an Selbstverwaltung übertragen werden, doch dürfe diese Autonomie nie zum Anspruch führen, auch den Boden – oder gar das Wasser – verwalten zu wollen. Die Aufsicht über Land und Wasser behielt sich der Staat Israel vor.

Das Ergebnis dieses Denkens war, daß die für das besetzte Gebiet zuständige Behörde den palästinensischen Städten und Dörfern vorschrieb, wieviel Wasser sie verbrauchen dürften. Hat ein Dorf die Absicht, einen neuen Brunnen zu graben, braucht es dazu eine Genehmigung. Sie wird durchweg nicht erteilt, mit der Begründung, die Grundwassersysteme im Westjordanland und im eigentlichen Israel wären eng miteinander verflochten. Jede zusätzliche Wasserentnahme, gleichgültig von wem sie vorgenommen werden würde, bliebe nicht ohne Auswirkung auf das Gesamtsystem. Auffällig ist nur, daß die neuen jüdischen Siedlungen ihre Brunnen graben dürfen, ohne erst eine Erlaubnis einholen zu müssen. Die Palästinenser im Westjordanland klagen, ihre Felder würden austrocknen. Auch auf diese Art werde versucht, die arabischen Bauern zum Verzicht auf die Landwirtschaft zu veranlassen.

Die Aggression, die in der israelischen Landnahme der Gegenwart steckt, ist ein wesentlicher Grund für »Intifada«, für den Aufstand. Die Palästinenser werden durch ihre Überzeugung zur Rebellion gegen die israelische Besatzungsmacht getrieben, daß sie mit jedem weiteren Tag der Unfreiheit ein Stück mehr ihrer Heimat verlieren. Vielen aber ist die Heimat wertvoller geworden als das Leben. Über den Jordan hinüber auszuwandern, ist kein Ausweg für die junge Generation der Palästinenser.

Als der Aufstand gerade zwei Monate alt war, reagierten die israelischen Militärbehörden mit Schließung der Schulen und Universitäten im besetzten Gebiet. Das Argument war, diese Bildungseinrichtungen seien die Brutstätten des Aufruhrs, von dort seien für die jungen Palästinenser die Impulse zur Gewalt ausgegangen. Der Gedanke, Steine gegen israelische Soldaten zu werfen, sei in den Schulen ausgeheckt worden. Die Schließung der Schulen und Universitäten beraubte 300 000 junge Menschen jeglicher Möglichkeit, sich weiterzubilden, denn auch Unterricht auf privater Basis war verboten. Wurde ein Lehrer dabei ertappt, daß er einer Gruppe oder einer Einzelperson in seiner Wohnung Unterricht erteilte, hatte er wegen Übertretung einer Vorschrift der Militärverwaltung mit Bestrafung zu rechnen.

Trotzdem ließen sich die »Geheimschulen« nicht unterdrücken. Ihre Organisation lag meist in der Hand von Angehörigen der PLO, die wiederum dafür sorgten, daß der Geist der Intifada nicht erlosch. Das Lehrmaterial, das die Intellektuellen der PLO in den Unterrichtsverstecken verwandt hatten, bestand aus jordanischen Schulbüchern der Zeit, als dem König Hussein noch nicht der Haß auf den Staat verlorengegangen war, der ihm das Land westlich des Jordan genommen hatte. In diesen älteren jordanischen Schulbüchern wurde das Recht der Araber auf ihre Heimat im Westen des Flusses gelehrt. Den Schülern wurde die Erfüllung der Pflicht abgefordert, für das Land am Jordan und für den Besitz dieses »heiligen Flusses« zu kämpfen. So wurde das Wort »Jordan« neben dem Wort »Jerusalem« zum Symbol für das Heimatgefühl der Palästinenser.

Die amerikanische Regierung machte Israel immer wieder darauf aufmerksam, daß die Schließung der Schulen und Universitäten die Rebellion eher aufheizen als eindämmen werde. In der zweiten Julihälfte des Jahres 1989 gab Yitzhak Shamir widerwillig dem Drängen der Verantwortlichen in Washington nach: Die Bildungseinrichtungen durften ihre Arbeit wiederaufnehmen. Dank ernteten sie dafür nicht. Die Palästinenser sagen: »Die Israelis haben unserem Volk eineinhalb Jahre Bildung gestohlen.«

Festzuhalten ist, daß zum erstenmal seit der Zeit der ersten Landnahme durch die jüdischen Sippen, die Menschen um das Land an der Jordansenke kämpfen, die tatsächlich dort leben wollen. Es sind nicht mehr die Ägypter, die Babylonier, die Griechen, Römer, die Seldschuken, Mongolen, die Kreuzritter, die Mamelucken, Franzosen und Engländer, die den Jordan beherrschen wollen – die Juden und die Palästinenser machen einander den Fluß streitig. Die Geschichte des Jordangrabens ist in gewaltigem Bogen zu ihren Anfängen zurückgekehrt, zum Konflikt zwischen den jüdischen Sippen und den Philistern.

»Der König geht betteln, die Königin kauft ein«

Böse Worte gegen Hussein sind zu hören in den Suks der Städte und Dörfer am Ostrand des Jordantals. Besonders in As Salt, dem größten Markt des Ostjordanlandes, brodelt die Unzufriedenheit. Die Stadt liegt an der Straße, die hinunterführt von der jordanischen Hauptstadt in die Senke des Flusses. Die Straße war bis 1967 die Verbindungsader zwischen Amman und Jerusalem. Bis heute fühlen sich die Menschen von As Salt besonders verbunden mit den Bewohnern des Westjordanlandes. Mit mehr als Interesse nehmen sie deshalb teil an »Intifada«, am Aufstand der Palästinenser. In ihren Gedanken sind sie bereit, auch aktiv zu kämpfen.

»Seit der König darauf verzichtet hat, der Souverän zu sein über die Frauen und Männer, die in Jericho leben, hat er sich verabschiedet aus der Politik dieser Region. Hussein spricht nicht mehr zu den Menschen. Seit vielen Monaten hat niemand mehr auch nur den Ansatz einer politischen Perspektive aus dem königlichen Mund gehört.« Das ist die gängige Meinung der Männer auf dem Suk von As Salt. Sie wissen, daß der Markt nur dann einen Gewinn abwirft, wenn das Land gesund ist. Die Händler aber sind überzeugt, das Königreich sei krank. Sie lesen den Zustand des Staates Jordanien an den geringen Erträgen der Landwirtschaft im östlichen Jordantal ab: Zwar bringen täglich Lastwagen Gemüse und Früchte auf der Serpentinenstraße herauf nach As Salt – doch die Ernte reicht gerade aus, um den Markt am Ort zu befriedigen. Da bleibt wenig Ware übrig, die weitertransportiert werden könnte nach Amman.

Die Händler in der Hauptstadt spüren noch deutlicher als ihre Kollegen in As Salt, wie es um Jordanien steht: 90 Prozent des Lebensmittelbedarfs müssen durch Einfuhren gedeckt werden. Dafür werden pro Jahr 500 Millionen Dollar ausgegeben. Das Königreich am Ostufer des Jordan ist hochverschuldet. Im Verhältnis zur Bevölkerungszahl ist die Schuldenlast der Jordanier höher als die der Ägypter, die als bettelarm gelten. Die Händler auf dem Markt von Amman haben alle schon davon gehört, daß auf jeden Jordanier ein Schuldenanteil von acht Millionen Dollar entfällt. »Nur die Israelis stehen noch höher in der Kreide als wir!« lautet der boshafte Kommentar.

Die Schuld wird der Mißwirtschaft königlicher Minister gegeben, aber auch dem Herrscher selbst. Bei den Händlern von Amman und As Salt kursiert der Bericht einer Zeitung aus Kuwait über die Verschwendungssucht des Königs, obgleich die jordanische Zensurbehörde dagegen tätig geworden ist. Da wird beschrieben, daß Königin Nur ein Diamantenkollier im Wert von drei Millionen Dollar gekauft habe: von Geld, das sich Hussein beim Emir von Kuwait erbettelt hätte. Der Artikel – in einer Zeitung gedruckt, die von der kuwaitischen Zensurbehörde kontrolliert wird – spiegelt die Verärgerung der Mächtigen im Emirat Kuwait wider. Sie seien vom jordanischen Monarchen »gemolken« worden, sagen sie ganz offen.

Aber die herrschende Schicht in Kuwait steht mit ihrem Zorn nicht allein: Sultan Kabus von Oman ist empört darüber, daß sich Königin Nur einen »rosa Palast« bauen läßt – von Hilfsgeldern des Sultanats Oman. Dieser Königin Nur – sie ist Husseins vierte Frau, eine gebürtige Amerikanerin und gelernte Architektin, – wird die Verantwortung für die mißliche Lage des Königreichs Jordanien zugeschoben. Sie ist verhaßt bei den Untertanen.

Die königliche Hauptstadt täuscht über den wirklichen Zustand Jordaniens hinweg. Sie bietet den äußeren Schein des Wohlstands: Die Residenzen der Herrscherfamilie wurden prächtig ausgestaltet; nicht weniger prunkvoll sind die Gebäude der Ministerien und Banken sowie die zahlreichen modern konzipierten Bürohäuser. Sie allerdings, die Filialen ausländischer Firmen beherbergen sollten, stehen halb leer. Kaum ein Weltkonzern sieht die Notwendigkeit, in Amman Büroetagen anzumieten. Die Hauptstadt des Königreichs Jordanien wurde auf Drängen der Herrscherfamilie aufgebläht. »Der Ballon wird platzen!« Das ist die Prognose eines britischen Diplomaten in Amman.

Die Hauptstadt protzt, das Jordantal aber verarmt. Dringend notwendig wäre der weitere Ausbau des Ghor-Kanals, der Wasser aus dem Jarmuk auf die fruchtbaren Felder der Senke bringt. Doch da der König kein Interesse zeigt an der Entwicklung des Jordangrabens, kümmern sich auch die zuständigen Ministerien nicht darum. Das Geld des Staates wird in Amman verbraucht; für das Land zwischen dem See Gennesaret und dem Toten Meer bleibt nichts übrig.

Im Frühjahr 1989 begannen sich die Untertanen zu empören. In den Städten ostwärts des Jordangrabens kam es zu Demonstrationen gegen die Verschwendungssucht des Königs, die zum Niedergang des Staatshaushalts und damit zur Teuerung im Land geführt habe. Um dem Haushaltsdefizit entgegenzuwirken, waren die Preise für importierte Lebensmittel und für Benzin spürbar erhöht worden. Die Familien verarmten. Dagegen wollten die Menschen protestieren – und wurden von der Polizei niedergeknüppelt. Formal waren die Sicherheitsbehörden im Recht, als sie hart durchgriffen, denn seit den Jahren der Kämpfe mit Israel herrscht in Jordanien Kriegsrecht. Es gab zwölf Tote. Die Jordanier nennen diesen Aufstand inzwischen »Preis-Intifada«. Dieser bezeichnende Name soll den König spüren lassen, daß er so unbeliebt ist wie »drüben über dem Jordan« die israelische Besatzungsmacht.

Taher al Masri, der seinem König zwei Jahrzehnte lang – als Außenminister und schließlich als Staatsminister für wirtschaftliche Angelegenheiten – treu gedient hatte, nahm zur Zeit der Unruhen seinen Abschied. Sein Standpunkt: »Der König verweist darauf, die Umstände würden ihn dazu zwingen, die Bevölkerung unter Druck zu halten. Seit Jahren bekommen wir zu hören, ›die Umstände‹ seien schuld an allem. Niemand in der königlichen Familie setzt sich dafür ein, ›die Umstände‹ zu ändern.« So konnte es geschehen, daß Israel *und* Jordanien von »Intifada«, vom Aufstand, betroffen wurden.

Der König, in kritischer Situation für Entschlußkraft und Mut bekannt, verlor im Herbst 1989 seine Apathie. Er brach sein Schweigen und erklärte sich bereit, seinen Untertanen die freie Wahl von Abgeordneten zu gestatten. Zum erstenmal durften Persönlichkeiten kandidieren, die bisher verbotenen Organisationen angehört hatten. Nun brauchten sich Kommunisten und religiös orientierte Politiker nicht mehr zu verstecken. Auch die arabischen Nationalisten, die einen harten Kampf gegen Israel fordern, durften ihre Parolen verkünden.

Nicht der Wunsch nach politischer Toleranz hat König Hussein dazu veranlaßt, den Feinden seiner Monarchie mit dieser Wahl eine Chance zu geben, sondern sein bisher bewährtes Gespür für Taktik. Ließ er allen die Möglichkeit der freien Agitation, dann war die Wahrscheinlichkeit groß, daß sie sich gegenseitig neutralisieren. Husseins Hoffnung war, daß Streit ausbrach zwischen Kommunisten und Religiösen, zwischen den Gläubigen, die im Schlagwort »Der Islam ist die Lösung!« das Heil sehen, und den Feinden der Monarchie, die »Alle Macht dem Volk« geben wollen.

Doch Hussein erlebte eine bittere Überraschung. Als am 9. November 1989 in Amman die Wahlergebnisse bekannt wurden, da hatte der König Grund zur Klage über seine Untertanen: Die Religiösen hatten mehr als ein Drittel der Sitze im künftigen Parlament errungen. Sie bildeten damit einen beachtlichen geschlossenen Block gegenüber den vielfältig zersplitterten Gruppierungen, von denen sich der König Unterstützung erhoffen konnte. Hussein hatte den Fehler begangen, seinem Volk die Bildung von Parteien zu verbieten. So war jeder Kandidat gezwungen, eine Partei für sich zu bilden. Der Summe der königstreuen Kandidaten fehlte überdies ein gemeinsames Parteiprogramm – jeder trat gegen den anderen an. Allein die Linken und die Religiösen hatten, ohne eine Partei zu gründen, gemeinsame Parolen gefunden. So hatte sich die Forderung »Alle Macht dem Volke!« durchsetzen können; als überlegen aber hatte sich die Parole »Der Islam ist die Lösung!« erwiesen.

Zum erstenmal durften 1989 im Land ostwärts des Jordan auch Frauen wählen. Sie haben dafür gesorgt, daß die Königstreuen nicht die starke politische Kraft im Staate Jordanien werden konnten. Ihre Wahlentscheidung war gegen Königin Nur gerichtet, die den König »zum Betteln in die reichen Emirate geschickt hatte«. Vor allem aber waren es die Frauen gewesen, die eine politische Wende in Richtung Islam bewirkt hatten. Dabei waren die Frauen insgesamt keineswegs zahlreich zur Wahlurne gegangen. Die Frauen aus den Beduinenstämmen hatten sich, gemäß ihrer Tradition, zurückgehalten: Sie dürfen sich nur selten in der Öffentlichkeit zeigen. Die Freiheit zu wählen hatten sich jedoch die Palästinenserinnen in den Lagern genommen. Sie verzichteten auf die Tradition der weiblichen Zurückhaltung. Sie wollten eine Richtung weisen, und sie hatten Erfolg: Im Palästinenserlager Wahdat erhielt der kräftig engagierte Moslemprediger Abdul Manem Abu Zant die meisten Stimmen. Die Frauen hatten für ihn geworben, und sie haben ihn gewählt.

Der Name Abdul Manem Abu Zant aber steht für ein Programm: die Wiedervereinigung der beiden Hälften des Jordantals. Die Ufer im Westen und Osten sollen nach Meinung des Predigers zum Staat der Palästinenser zusammengeschlossen werden. König Hussein bliebe dann nur die Hochfläche ostwärts des Jordangrabens. Die Hauptstadt Amman und die Wüste will Abdul Manem Abu Zant dem König nicht abnehmen.

Für den Staat, den Yassir Arafat anstrebt, ergibt sich so eine neue Perspektive: Die Heimat der Palästinenser würde sich nicht auf das Gebiet am Westufer des Jordan beschränken; sie würde sich ausdehnen auf das Land beiderseits des Flußlaufes. Der Jordan könnte zur Achse, zum Zentrum des Palästinenserlandes werden.

Yassir Arafat zögert, diese Perspektive seinem Programm einzuverleiben. Würde sich der PLO-Chef für diese Form eines künftigen Staates Palästina einsetzen, könnte die Zahl seiner Feinde erheblich anwachsen. Beschränkt sich Arafats Vision von der Palästinenserheimat auf das Gebiet am Westufer des Jordan, dann ist allein der Staat Israel sein Gegner; wollte Arafat auch einen Teil von Transjordanien in die Vorstellung vom unabhängigen Land Palästina einfügen, wäre König Hussein sein erbitterter Gegner. Die Erfahrung, daß Hussein ein harter und zäher Gegner ist, hat Arafat bereits gemacht. An einer Wiederholung dieser Auseinandersetzung ist der PLO-Chef nicht interessiert.

Zu Beginn des neunten Jahrzehnts des 20. Jahrhunderts setzt sich bei den Menschen des Jordantals die Hoffnung durch, daß sich die Entspannung zwischen Ost und West auch in der Senke, die Zeuge von so viel Leid war, auswirken wird. Gleichzeitig aber wächst die Sorge, die Großmächte USA und UdSSR könnten, berauscht vom Gefühl der Annäherung und der Öffnung der Blöcke, die Menschen im Jordangraben vergessen.

Allein können die Politiker der Länder um den Fluß ihre Probleme nicht lösen. Sie brauchen die USA – aber auch die UdSSR. Allein der Druck der beiden Großmächte kann den Menschen am Jordan eine gemeinsame Zukunft bringen. Das Schweigen der Großen in der Weltpolitik aber macht den Radikalen Mut. Der Prediger Abdul Manem Abu Zant, der die beiden Jordanufer unter dem Islam vereinigen will, profitiert davon. Mehr als eine Hoffnung ist der Frieden im Jordantal noch nicht.

Anhang

Ergänzende Literatur

Aharoni, Y./Avi-Yonah, M.: Der Bibelatlas. Die Geschichte des heiligen Landes 3000 Jahre v. Chr. bis 200 Jahre n. Chr. Mit kommentierendem Text. Hamburg 1982
Allegro, J. M.: Die Botschaft vom Toten Meer. Das Geheimnis der Schriftrollen. Frankfurt a. Main 1957
– : The Dead Sea Scrolls and the Christian Myth. Newton Abbey 1979
Barber, N.: Die Sultane. Frankfurt 1975
Barth, M.: Der Jude Jesus. Israel und die Palästineser. Zürich 1975
Bayer, E.: Griechische Geschichte in Grundzügen. Darmstadt ^{6}1988
Beek, M. A.: Geschichte Israels. Von Abraham bis Bar Kochba (= Urban Taschenbuch, 47). Stuttgart ^{4}1974
Behr, H.–G.: Söhne der Wüste. Wien 1975
Bengtson, H.: Römische Geschichte. Republik und Kaiserzeit. München ^{6}1988
Ben-Gurion, D.: Wir und die Nachbarn. Tübingen 1968
Benoist-Méchin, J.: Bonaparte en Égypte ou Le Rêve inassouvi. Paris 1980
– : Lawrence von Arbien. Der entschwundene Traum. Stuttgart 1967
Ben-Sasson, H. H.: Geschichte des jüdischen Volkes, 3 Bde. Stuttgart 1978–80
Biblische Stätten einst und heute. Stuttgart 1983
Biermann, P.: Profangeschichte des Judentums. Luxemburg 1978
Bonaparte in Ägypten. Aus der Chronik des 'Abdarrahmān Al-Ǧabartī (=Serie Piper). München 1989
Braun, H.: Qumran und das Neue Testament, 2 Bde. Tübingen 1966
Carmichael, J.: The Death of Jesus. London 1963
Dayan, M.: Leben mit der Bibel. Wien 1981
– : Diary of the Sinai-Campaign. London 1966
Die Bibel und ihre Welt, 2 Bde., Bergisch Gladbach 1969
Droysen, J. G.: Geschichte des Hellenismus. München 1980
Ende, W.: Arabische Nation und islamische Geschichte. Beirut 1977
Feigl, E.: Musil von Arabien. Vorkämpfer der islamischen Welt. München 1985
Fisher, S. N.: The Middle East. A History. New York ^{3}1979
Fohrer, G.: Geschichte Israels von den Anfängen bis zur Gegenwart. Heidelberg ^{2}1979
Fraser, Th. G.: The Middle East. 1914–1979. London 1980
Freud, S.: Der Mann Moses und die monotheistische Religion (= Fischer–Studienausgabe, Bd. IX). Frankfurt a. Main 1974
Gabrieli, F.: Die Kreuzzüge aus arabischer Sicht. Zürich 1973
Geschichte der arabischen Welt. Hrsg. v. U. Haarmann. München 1987
Glubb, J. B.: A Short History of the Arab Peoples. London 1969
Grant, M.: Die römischen Kaiser. Von Augustus bis zum Ende des Imperiums. Bergisch Gladbach 1989

Grobba, F.: Männer und Mächte im Orient. Göttingen 1967
Grözinger, K. E.: Qumran (= Wege der Forschung, 410). Darmstadt 1981
Herrmann S.: Geschichte Israels in alttestamentlicher Zeit. München 1973
Hitti, Ph. Kh.: History of the Arabs from the Earliest Times to the Present. London ^{10}1970
Hottinger, A.: Die Araber. Werden, Wesen, Wandel und Krise des Arabertums. Zürich 1960
– : 10mal Nahost. München 1970
Hussein de Jordanie: Mon Métier du roi. Paris 1975
Jüdische Sagen und Legenden. Wiesbaden 1959
Keller, W.: Und die Bibel hat doch recht. Forscher beweisen die historische Wahrheit. Neuausgabe. Düsseldorf 1978
Kenyon, K. M.: Archäologie im Heiligen Land. Neukirchen-Vluyn ^{2}1976
– : Die Bibel im Licht der Archäologie. Düsseldorf 1980
Kollek, A. (Teddy): Ein Leben für Jerusalem. Hamburg 1980
Kollek, T./Pearlman, M.: Jerusalem. Heilige Stadt der Menschheit. Neuausg. Frankfurt a. M. 1985
Konzelmann, G.: Aufbruch der Hebräer. Der Ursprung des biblischen Volkes. München 1976
– : Die Araber und ihr Traum vom Großarabischen Reich. München 1974
– : Die großen Kalifen. Das Goldene Zeitalter Arabiens. München 1977
– : Jerusalem. 4000 Jahre Kampf um eine heilige Stadt. Hamburg 1984
– : Mohammed. Allahs Prophet und Feldherr. Bergisch-Gladbach 1980
– : Suez. Der Kanal im Streit der Strategen, Diplomaten, Ingenieure. München 1975
Krämer, G.: Jordanien. In: Nohlen, D./Nuscheler, F. (Hrsg.): Handbuch der Dritten Welt, Bd. 6. Hamburg 1983.
Laqueur, W.: Der Weg zum Staat Israel. Wien 1975
Lawrence, T. E.: Die sieben Säulen der Weisheit (= dtv, 1456). München 1979
Lehmann, J.: Das Geheimnis des Rabbi J. Was die Urchristen versteckten, verfälschten, vertuschten. Hamburg 1985
– : Moses. Der Mann aus Ägypten. Religionsstifter, Gesetzgeber, Staatsgründer. Hamburg 1983
Maier, J.: Die Texte vom Toten Meer, 2 Bde. München 1960
Mansfield, P.: The Arab World. A Comprehensive History. New York 1976.
Matuz, J.: Das Osmanische Reich. Grundlinie seiner Geschichte. Darmstadt 1985
Mayer, H. E.: Geschichte der Kreuzzüge (= Urban Taschenbuch, 86). Stuttgart 1965
Meir, G.: Mein Leben. Hamburg 1975
– : This is Our Strength. Selected Papers. New York 1962
Mendelssohn, H. v.: Jesus. Rebell oder Erlöser. Hamburg 1981
Milger, P: Die Kreuzzüge. Krieg im Namen Gottes. München 1988
Musil, A.: Kusejr 'Amra, 2 Bde. Wien 1907
Negev, A.: Funde und Schätze im Land der Bibel. Stuttgart ^{2}1979
Noth, M.: Geschichte Israels. Göttingen ^{7}1969
Perowne, S.: Herodier, Römer und Juden. Palästinas Schicksal zur Zeit Jesu Christi und der Apostel. Stuttgart 1958
Planhol, X. de: Kulturgeographische Grundlagen der islamischen Geschichte. Zürich/München 1975
Prause, G.: Herodes der Große, König der Juden. Hamburg 1977

Rathmann, L. (Hrsg.): Geschichte der Araber, 6 Bde. Berlin (-Ost) 1971 ff.
Roth, C.: Geschichte der Juden von den Anfängen bis zum neuen Staate Israel. Stuttgart 1954
Salibi, K.: A History of Arabia. Delmar 1980
Sandmel, S.: Herodes. Bildnis eines Tyrannen. Stuttgart 1968
Schalit, A.: König Herodes. Der Mann und sein Werk (= Studia Judaica. Forschungen zur Wissenschaft des Judentums, 4). Berlin 1969
Schiltberger, J.: Als Sklave im Osmanischen Reich und bei den Tataren (=Edition Erdmann). Stuttgart 1983
Sellin, E.: Einleitung in das Alte Testament. Neubearbeitet von G. Fohrer. Heidelberg ^{10}1965
Sourdel, D.: Histoire des Arabes. Paris 1976
Steinmann, J.: Johannes der Täufer in Selbstzeugnissen und Biddokumenten (=Rowohlts Monographien, 39). Hamburg 1960
Taeschner, F.: Geschichte der arabischen Welt. Stuttgart ^{2}1964
The Letters of T. E. Lawrence. Ed. D. Garnett. London 1938
Tibi, B.: Vom Gottesreich zum Nationalstaat (= Suhrkamp TB, 650). Frankfurt a. Main 1987
Vucinich, W. S.: The Ottomann Empire. Its Record and Legacy. Huntington 1979
Wilson, E.: Die Schriftrollen vom Toten Meer. München 1956
Yadin, Y.: Bar Kochba. Archäologen auf den Spuren des letzten Fürsten von Israel. Hamburg 1971
– : Hazor. Die Wiederentdeckung der Zitadelle König Salomos. Hamburg 1976
– : Masada. Der letzte Kampf und die Festung des Herodes. ^{6}Hamburg 1975

Register

Aaron 96, 423 f.
Abbas, Abdallah Ibn Mohammed Abu 369
Abbas, Mahmud 42
Abbasiden 369
Abdallah, Emir v. Transjordanien u. Kg. v. Jordanien 40 f., 450, 452, 459, 461–464
Abdallah Pascha, Gen. 427
Abdul Hamid I., Sultan 415
Abdul Hamid II., Sultan 431, 433
Abel-Bet-Maacha 158
Abel-Mehola 171
Abila 199
Abinadab 143, 145
Abner 145–149
Abraham 57, 60 f., 64, 70, 72, 94 f.
Abschalom 153–157, 161
Abu Bakr, Kalif 354 f., 358
Abu Jihad 51 f.
Abu Simbel 80
Abu Zant, Abdul Manem 488
Adam (Ort) 120
Adama 120, 164 ff., 168, 171, 215, 219, 223; s. a. Damiya
Adoni-Zedek 93
Aelia Capitolina 337 f.
Afdal, Wezir Al 387 f., 391
Afrika 162 f., 304, 417
Agag 138
Ägais 190
Ägypten(-er) 22, 24, 30, 52, 57 ff., 64 f., 67, 70 f., 78–82, 87 f., 93–97, 103 f., 107 ff., 118 f., 127, 131, 152, 164, 167 f., 185 f., 190–193, 196, 200, 215, 230, 233–236, 239 f., 288, 317, 319, 330, 333, 350, 375 ff., 379, 381 f., 384, 397 f., 403 ff., 408, 410, 415–418, 427–431, 436 ff., 445, 463, 467, 469 ff., 477 ff., 484 f.

Ahab, Kg. v. Israel 169 f., 175, 178, 180
Ahasja, Kg. v. Juda 179 f.
Ai 87–90
Ain Musa 193
Aischa 361
Ajalon 92, 136
Ajlunberge (Adschlun) 345, 430, 476
Akko (Akkon) 200, 216, 397, 406 f., 418, 421
Aleppo 410
Alexander II. (Hasmonäer) 226
Alexander d. Gr., Kg. v. Makedonien 190 f., 196, 199, 416 f.
Alexandra 237 f., 240 f.
Alexandreion 223–226, 231 f., 240 ff.
Alexandria 196 f., 199 f., 211 f., 307, 429
Algier 24 ff., 33–37
Ali, Kalif 361–364
Allah 279, 351–354, 363, 369, 391, 395, 399, 413
Allenby, Edmund 438–449, 453, 462
Allenby Bridge 69, 167, 444, 449, 460, 462, 471 ff.
Allon, Yigael 458
Amalek 137 f.
Am'ari (Lager) 48 f.
Amarna 109
Ambivius, Marcus 265
Amenophis IV., Pharao 109
Amman 26, 38 f., 42, 44, 63, 66–69, 118, 150, 194, 215, 222, 240, 274, 343, 366, 383, 412, 429, 433, 442, 447 f., 450, 460 f., 470–477, 484–488
Ammon, Ammoniter 62 f., 118 ff., 132, 143, 150 ff., 162, 177, 182, 185 f., 190, 199, 201
Amnon 153
Amoriter 67 ff., 71, 74, 79 f., 91 ff.
Amr 355 f.

493

Amra (Qasr) 366 ff.
Amurru s. Amoriter
Ananias 302
Anat 99 f., 103 f.
Anatolien 427
Anderson, Sten 19 f., 22 ff.
Andreas 277 f., 280
Annas 266
Antigonos Monophthalmos 191–195
Antiochia 301, 372
Antiochos IV., syr. Kg. 200 ff., 206 f., 211
Antiochos V., syr. Kg. 210
Antipater (Vater Herodes' d. Gr.) 220 ff., 226 f., 229 f., 237, 241, 246
Antipater (Sohn Herodes' d. Gr.) 242, 249 ff.
Antonius, Marcus 228, 230, 232, 234–243, 445
Apollonios 197
Aqaba 63, 194, 331, 379, 381, 412, 438 f.
Araba 67
Araber 18, 20, 24, 27, 31 f., 35, 45 f., 52 f., 174, 227, 242 ff., 258, 279, 313 f., 350, 352–361, 364, 372 ff., 391, 411 f., 423, 430, 435–444, 448–454, 457–464, 467 ff., 472 f., 476 ff., 480–484
Arabia (Prov.) 345, 348
Arabia Felix 243 f.
Arabien, Arab. Halbinsel 116 f., 150, 162, 183, 192 ff., 196, 201 f., 208, 219, 227, 230, 239, 245, 330 ff., 345, 352–355, 360 ff., 369, 411 f., 423, 436–439, 443, 478; s. a. Saudi Arabien
Arafat, Yassir 17–30, 32–37, 41 f., 44, 47, 50 ff., 473–477, 488
Aram 158, 164, 172 ff., 179, 182
Aram-Damaskus s. Aram
Archelaos (Herodes' Sohn) 252 ff., 257, 265
Archimedes 198
Aretas III., Kg. d. Nabatäer 220 f.
Aretas IV., Kg. d. Nabatäer 247 f., 273, 275
Aristobulos I., Kg. v. Judäa 219, 237
Aristobulos II., Kg. u. Hoherpriester 220–226, 229
Aristobulos (Hoherpriester) 237 f., 240

Armacost, Michael 19
Armenier 436
Arnon 67 f., 119; s. a. Wadi Mujib
Artaxerxes, pers. Kg. 189
Artemis 348
Aschdod 127 ff.
Aschkelon 78, 127
Assad, Hafez 35, 478
Assur 184, 186
Assyrien, Assyrer 182–187, 192
Augustus, Gaius Octavius, röm. Ks. 243–248, 256
Azraq (Qasr) 366 f., 448

Baal 94, 98–102, 105 f., 115, 117 f., 126, 129 f., 145 f., 168 ff., 175, 180 ff., 185
Babylon, Babylonier 107, 186–191, 219, 256, 358, 484
Bagdad 369, 374, 381, 398, 403, 467
Baibars Bundukdari, Rukn ed Din, Sultan 404–407, 409
Bajezid I., Sultan 410
Baker, James 21 f.
Balduin I., Kg. v. Jerusalem 378 ff., 386
Balduin II, Kg. v. Jerusalem 401
Balfour, Arthur James Earl of 451 ff.
Balfour Declaration 440, 445, 451 f.
Banjas 289 f., 388, 400, 467 f., 480
Bar Be'ayan, Jonatan 336 f.
Bar Kochba, Simeon 333–339, 344
Barsillai 155
Bascha 168
Bassus, Lucilius 318 ff., 322
Batseba 151 f., 161
Beaufort 394 f.
Beerscheba 143, 148, 160, 438 f., 457, 469
Begin, Menachem 43
Beirut 79, 370, 378, 415, 477
Beka'a-Tal 79, 187, 306, 394
Belvoir 380, 396 f.
Ben Ammi (Stammvater) 62
Benjamin (Stamm) 102, 105 f., 113, 122–126, 130 ff., 136, 146 f., 157 f.
Ben Sirach 263
Bernadotte, Folke Graf 20
Betanien 270
Bet-El 87, 130, 169, 171
Bet-Horon 92
Betlehem 138 f., 276, 334, 396

Bet-Peor 72f.
Betsaida 285ff., 343, 350
Bet-Schean 115, 128, 132, 143f., 200, 210, 216, 219, 226, 270, 301, 306, 373f., 382, 459, 471
Bet-Schemesch 129
Bet-Schikma 217
Bet-Ter 334
Bohemund, Fürst v. Antiochia 373
Bonaparte s. Napoleon
Bosporus 410
Breschnew, Leonid 27
Britannien 304
Brutus, M. Junius 227f.
Bukolon Polis 210
Bunger, Mills E. 464
Burckhardt, Johann Ludwig 423f.
Byblos 82
Byzanz 350–360, 364, 372, 375

Cäsar, Gaius Julius 226ff.
Caesarea 197, 300, 333
Caesarea Philippi 289f., 317f., 373, 377, 400
Cairo 26, 78, 269, 381f., 404, 408f., 424, 427, 433f., 436, 441, 449, 469f., 476
Caligula, röm. Ks. 299
Camp David 43, 52
Carter, Jimmy 43
Cassius, Gaius Longinus 227f.
Ceylon 193
Chorazin (Khirbet Koraze) 285f.
Choresmier 398
Churchill, Sir Winston 454
Cisjordanien 41; s. a. Westjordanland
Claudius, röm. Ks. 299f.
Coponius 257, 265
Cross, Frank Moore 285
Cuéllar, Pérez de 22
Cyrus, pers. Kg. 189, 256

Dagon 128f.
Dalmanuta 291
Damaskus 32, 35, 57, 69, 78, 150f., 173, 179, 189, 199, 215, 218ff., 222f., 228, 277, 299, 302, 344, 355ff., 361–365, 367, 369, 372ff., 376–379, 381f., 386ff., 397, 401–404, 408, 412, 414, 419–423, 429, 431ff., 435, 437, 443, 448ff.

Damiya 68f., 120, 145, 165, 167, 190, 223, 242, 252, 270, 295; s. a. Adama
Damiya Bridge 69, 120, 165, 223, 446f., 460, 462, 471
Dan (Hügel) 287, 289
Dan (Stadt) 115
Dan (Stamm) 141ff., 289
Datema (Festung) 202, 206ff.
David, Kg. v. Juda 43, 46, 73, 127, 139–143, 146–162, 167ff., 218f., 276
Debora 107, 109ff.
Dekapolis 226
Demetrios I., syr. Kg. 214
Dera'a 69, 480
Deutsche, Deutschland 423, 432ff., 437, 440, 444, 449, 454
Dibon 174f., 177, 186
Diokletian, röm. Ks. 346f.
Dok 218
Doris 249
Drusen 289, 392
Dschebel al Aqra 99ff.
Dschebel Furedis 253; s. a. Herodion
Dschebel Harun 424
Dschebel Usdum 59; s. a. Sodom

Eben-Eser 128ff.
Edom, Edomiter 65–68, 119, 175ff., 185f., 219, 230, 245, 315, 423
Edward, Prinz v. Engl. 406f.
Efraim (Gebirge) 143
Efraim (Stamm) 106f., 109, 113f., 117, 120, 126ff., 130, 146, 157
Efron 209
Eglon, Kg. v. Moab 105
Ehud 105f.
Eisenhower, Dwight D. 466
Ekron 129
Elale 186
Elam 57
El Arish 417f., 441
Elat 66
Eleazar 302, 319f., 322–326
Elija 169ff., 177f., 267, 272, 290, 293f., 313
Elisabet 267f.
Elischa 171ff., 176–181, 272
Emad ed Din (Chronist) 392
En-Dor (Indur) 142
En-Eglajim 188

En-Gedi 139 ff., 177, 188, 219, 228, 310, 332, 335 ff., 344
En Gev 466
England, Engländer 395, 406 f., 416 f., 423 f., 428, 432, 434, 436–441, 443–454, 458, 460 f. 484
Ephesus 301
Eschiva, Gräfin v. Tiberias 388 f.
Eshkol, Levi 477
Etbaal, phöniz. Kg. 169
Euphrat 77, 79 f., 103 f., 107, 152, 182, 185 ff., 189 f., 228, 306, 345, 362, 364, 371, 375, 398, 416
Europa 24 f., 28 f., 33, 52, 163, 174, 372, 375, 418, 422 ff., 426, 444, 447
Exeresius, Bischof v. Gerasa 346 ff.
Ezechiel 188

Faisal, Kg. v. Syrien 450
Fajjum 197
Faruk, Kg. v. Ägypten 463
Feir, Abdallah al 439, 442
Florus, Gessius 300
Frankreich, Franzosen 370 f., 374 f., 377, 395, 397, 400, 418 ff., 422 f., 427, 432, 437–444, 446, 450, 484
Friedrich I. (Barbarossa), röm.-dt. Ks. 395
Friedrich II., röm.-dt. Ks. 396
Frontonianus, Aulius Cornelius Palma 329, 331
Fulcher v. Chartres 370 f.

Gad (Stamm) 102, 105
Gadara (Hammat Gader) 280 f., 358; s. a. Umm Qeis
Galbus, röm. Ks. 314 ff.
Galiläa 210, 219, 227 f., 231 f., 266, 271 f., 273–277, 291, 294 f., 298, 301 f., 304 ff., 311, 317, 357, 372 f., 380, 398, 404, 406, 409, 469
Galiläisches Meer s. See Gennesaret
Gallien 211, 257
Gallus, Aelius 243 f.
Gallus, Cestius 302, 304
Gat 129
Gaza (Stadt) 78, 93, 101, 127, 196, 202, 418, 431, 438, 462
Gazastreifen 33 f., 37
Geiger, Jack 52 f.
Genf 18 f., 22, 25

Gennesaret, See 15, 60, 70, 72, 78, 81, 102, 107, 109 f., 113 ff., 117, 126, 158, 163 f., 172 f., 175, 178, 183 f., 189, 200, 207, 211, 215 ff., 219, 226 f., 231, 252, 276–288, 291, 293 f., 298 f., 301–304, 306–310, 317, 337–341, 343 f., 350, 355–359, 372 ff., 376 f., 387–390, 398, 403–406, 408, 410 f., 415, 418 ff., 422, 426, 428, 432, 449, 453, 457–460, 466, 468 f., 479 f., 486
Gerasa 343–348, 350
Germanicus, Vitellius, röm. Ks. 316 f.
Germanien, Germanen 304, 331, 350
Geser 163 f.
Ghor-Kanal 468, 474 f., 478, 486
Gibea 121–124, 126, 129, 133, 139, 141
Gibeon (Al Jib, Dschib) 91 ff., 101, 146 f., 184
Gideon 117 f.
Gilead 124, 202, 209
Gilgal 82, 87–93, 101 f., 104 ff., 113 f., 125 f., 130, 132 ff., 136 ff., 154, 157, 162, 167, 169 ff., 181
Ginnesar, Ebene 279
Glubb, Sir John Bagot (Glubb Pascha) 460 ff., 467
Golan 288, 469, 478 ff.
Goliat 43, 46, 127, 139
Gomorra 57, 59, 61 f., 313, 370, 427
Gorbatschow, Michail 27 ff.
Gottfried v. Bouillon 371
Gratus, Valerius 265
Griechen, Griechenland 127, 191, 194 f., 198, 215, 238 f., 301, 410, 484
Gti, Kg. v. Hazor 108
Guido, Kg. v. Jerusalem 386–389, 391 f.

Habbash, George 35 f.
Hadrian, röm. Ks. 331 f.
Haifa 449, 451, 457
Hammamet Main 319
Hammurabi, Kg. v. Babylon 107
Hamont, Pierre Nicolas 429 f.
Haschem (Fürstenhaus) 38, 40, 437
Hassan, Prz. v. Jordanien 478
Hauser, Rita 20, 23
Hazezon-Tamar 177
Hazor 106–114, 163 f., 173, 183 f., 187, 215, 287

Hebräer 64, 127, 133; s. a. Israel(-iten)
Hebron 39, 42, 46, 91, 93, 102, 146, 148 f., 153, 157, 253, 315, 430, 469, 471
Hedschas 432 f., 435 f., 441 ff., 448
Heraklius, oström. Ks. 353–356, 358
Hermann v. Salza 396
Hermon(gebirge) 12 f., 58, 66, 72, 75, 99, 107, 114 f., 158, 160, 162 ff., 172, 199, 219, 231, 241, 293, 355, 374, 392, 426, 479
Herodes d. Gr., Kg. v. Judäa 221, 227–242, 244–256, 258, 262, 264 ff., 273 f., 289, 299, 301, 310, 317, 320, 334, 337, 339, 365, 372, 393
Herodes (Sohn v. Herodes d. Gr.) 275
Herodes Agrippa I., Kg. 299 f.
Herodes Antipas, Tetrarch 252, 265 f., 272–277, 294
Herodes Philippus s. Philippus
Herodias 273 ff.
Herodion 253, 334 f., 344
Heschbon (Hisban) 68 f., 78, 119, 186
Hethiter 78–81, 88, 151
Hiël 169
Hieronymos von Kardia 192 f., 195
Hill, Charles 19
Hiram, phöniz. Kg. 163 ff.
Hiram (Meister) 164 ff., 168
Hisban s. Heschbon
Hiskija, Kg. v. Juda 185
Hittim, Hörner v. 390, 392–395
Hor, Berg 66 f.
Hubert, Erzherzog v. Österreich 438 f.
Hugo v. Tiberias 376
Hulesee 288 f., 307, 419, 459, 466
Hunnen 350
Hussein, Kg. v. Jordanien 22, 24 f., 32 f., 38–45, 464–471, 474–478, 480, 484–488
Hussein, Scherif v. Mekka 449 f.
Hyrkanos I. s. Johannes H.
Hyrkanos II. s. Johannes H.

Ibn al Athir (Chronist) 391 f.
Ibn Sabbah, Hassan 399 f.
Ibrahim Pascha 427–431
Idumäa, Idumäer 219 f., 226, 230 f., 239, 241, 245 ff., 252, 315
Ije-Abarim 66 f.
Indien 190 f., 416 f., 419, 432, 438, 443

Indur 142
Indus 398, 418
Irak 403, 412, 467
Iran 412
Isaak 72, 94
Isabella, Przn. v. Jerusalem 383 f.
Isai 138 f.
Ischbaal 145–149, 154
Isebel 169 f., 175, 179 f.
Islamisches Reich (nach 632) 354 f., 361–364, 368 f., 372 ff.
Ismael 192
Israel (frühes Reich) 114, 118, 121 f., 125, 127, 138, 140 f., 152 f., 157 f., 160 ff.
Israel (Nordreich) 167 ff., 172–185, 198, 298
Israel, (heutiger Staat), Israelis 17–21, 23 ff., 27, 29–34, 36 f., 41–54, 99, 262, 279, 282, 290, 338, 396, 457 ff., 461 ff., 465–484
Israel, Israeliten (Söhne, Stamm, Volk) 55 ff., 68, 70 f., 77, 81, 85, 92, 94, 103, 118 ff., 151, 184, 202, 209, 267, 269, 336, 340 f., 487 f.; s. a. Juden
Issachar (Stamm) 114, 168, 393
Istanbul 410 f., 428, 432, 436 ff., 444
Italien 163, 196, 199

Jabbok 68, 119, 145
Jabesch 124, 132, 144
Jabin, Kg. v. Hazor 109 f.
Jacotin, M. 427
Jaffa 202, 370, 398, 418
Jahasiël 177
Jahaz 175, 186
Jahwe 76, 94–98, 100–104, 107, 117, 201
Jahza 68
Jakob 72, 94, 145, 410
Jakobi, Gad 54
Jakobus (Bruder des Johannes) 278, 280, 286, 293
Jamm 100
Jamnia (Javne) 329, 339
Jarmuk 208, 222 f., 280, 356 ff. 374, 449, 451, 459, 464 ff., 468, 474 f., 478 f., 486
Jathrib 353
Jawad, Saleh Abdel 39

497

Jebus (Jerusalem) 121, 149
Jebusiter 113, 149
Jehu 178–182
Jehuda »ha Nassi«, Rabbi 339–342
Jemen 116, 243
Jerash (Dscherasch) 343, 347, 476
Jeremia 186
Jericho 39, 41, 43, 46, 72–76, 82–89, 93, 102, 105 ff., 136, 168–171, 187, 190 f., 198, 201, 213 f., 216 ff., 221, 224, 226, 232 f., 235–241, 245 f., 248–252, 254 f., 258, 270 f., 276, 294, 296 ff., 311 ff., 317, 321, 332 ff., 337, 344, 355, 365, 369, 371, 374, 380, 386, 408, 411, 425 f., 430, 439, 441–449, 460–463, 466, 469–473, 485
Jerobeam I., Kg. v. Israel 168
Jerusalem 20, 25, 33, 37 f., 41, 44 f., 47, 53, 73, 91 ff., 113 ff., 121, 136, 147, 149–155, 157, 162–167, 174, 177 f., 181–191, 197 ff., 201, 206 f., 210, 213 ff., 216–225, 227–233, 237, 241, 243 f., 246–250, 252–256, 262, 265, 268–273, 277, 290–302, 309, 312, 314–318, 331, 333 ff., 337 ff., 350 f., 366, 370–373, 379–382, 385 ff., 393, 395–398, 400, 409 f., 419, 425, 430 f., 435, 437 ff., 441–444, 461, 463, 466, 471, 476, 480, 484
(-Ost) 39, 42, 47, 48
Jerusalem, christl. Königreich 371, 373 ff., 377 ff., 381–393, 395 ff., 400 f., 406 f.
Jesaja 186, 277
Jesreel, Ebene 110, 114, 145, 164, 171 f., 179 f., 449, 459
Jesus v. Nazaret 173, 264, 271, 274, 276–299, 301, 346–349, 351, 359, 371, 373, 380, 420 f.
Jezid III., Kalif 368
Jiftach 118–122
Jitro 94 f., 390
Joab 152, 156, 158, 160 f.
Johannes (Jünger) 278, 280, 286, 293
Johannes d. Täufer 265–277, 290, 294, 380
Johannes Hyrkanos I., Kg. v. Judäa 217 ff.
Johannes Hyrkanos II., Hoherpriester, Kg. u. Ethnarch 220–225, 229

Johnston, Eric 466 f.
Jojachin 187 f.
Jonatan (Hoherpriester) 309
Jonatan (Makkabäer) 213–217
Jonatan (Sohn Sauls) 133, 136, 143, 145, 149
Joram, Kg. v. Israel 175, 179 f.
Jordanien 22, 24, 30, 32 f., 36, 38–46, 150, 162, 202, 360, 366, 383, 460, 464–478, 480–488
Josef (Priester) 302–305; s. a. Josephus Flavius
Josef (Vater Jesu) 276, 283
Josef v. Tiberias 349
Josephus (Bruder v. Herodes) 230, 232 ff.
Josephus Flavius 201, 217, 221–225, 232 ff., 251, 253–258, 260, 266, 272, 274 f., 277, 289, 291, 300–308, 311–316, 318 f., 321, 324 ff., 335
Josua 72–78, 81 f., 85–93, 100–106, 111, 114, 125 f., 129, 133, 146, 157, 168, 171, 187
Jotapata 304 f., 311 f.
Juda (Berge von) 143, 197
Juda (Land) 139, 146, 148, 167, 209 f., 214, 216, 220
Juda (Reich) 167 ff., 174–180, 182, 185 ff., 190, 196 f.
Juda (Stamm) 102, 113, 127 ff., 139, 146, 157 f., 167
Judäa 72, 217 ff., 223–228, 230, 232–237, 240 f., 243–249, 251 ff., 256 f., 261, 265, 267 f., 272, 295, 299 f., 304, 306, 309, 314–317, 320, 323, 326, 329, 332, 334, 460
Judas Makkabäus 206–213, 215, 218
Juden 18, 23, 25, 37; 57–484: passim, insb. 64 f., 76, 83, 86, 94 f., 98–103, 106, 229 f., 342, 373, 393, 440, 444 f., 451–454, 457 f., 461, 484
Junot, Andoche 420
Jupiter 332

Kabus, Sultan v. Oman 485
Kadesch 79 f.
Kadesch-Barnea 65 f., 101, 119, 167
Kafarnaum (Kefar Nahum) 277–283, 285 ff., 291, 293 f., 296, 303, 307, 343, 349 f., 405
Kajafas (Kaiphas) 266

Kaleb 102
Kamil, Al Malik al, Sultan 396
Kamosch 166, 174, 177
Kampelman, Max 19
Kanaan 65ff., 78, 88, 93, 98–103, 107, 109, 111f., 114ff., 126, 133, 145, 168, 184f.
Karame 472f., 475
Karnajim 208f.
Karnak 79
Karthago 163
Kass, Drora 20
Kaukasus 431
Kefar Nahum s. Kafarnaum
Kenyon, Kathleen M. 85f.
Kerak (Characmoba) 378, 383–386, 388, 393, 396ff., 411, 430f., 439, 442, 450
Khartum 32, 477
Khorasan (Prov.) 368
Kidrontal 153, 443
Kinneret, See s. Gennesaret, See
Kirjat-Jearim 129, 149
Kissinger, Henry 17, 21, 27, 52
Kitbukha 403f.
Kitchener, Horatio Hubert Earl of 434
Kléber, Jean-Baptiste 420ff.
Klein, F. A. 174
Kleinasien 301, 333
Kleopatra, Kgn. v. Ägypten 233–242, 252, 445
Kleopatra (Gem. Herodes' d. Gr.) 252, 273
Kohl, Helmut 24, 29
Kollek, Teddy 53, 466ff.
Konja 427
Konstantin d. Gr., röm. Ks. 347, 349
Koraze, Khirbet 286; s. a. Chorazin
Korinth 301
Krim 415
Kufa 362, 364, 369
Kurden 377, 436
Kuwait 485

Laborde, Léon Conte 424
Laenas, Popilius 200, 211
Lajisch 115f., 158
Lamartine, Alphonse de 425f.
Landmann, Samuel 452
Laschon (Halbinsel El Lisan) 58
Latrun 136, 147

Lawrence, Thomas Edward 439–443, 446, 448
Legio s. Lejjun
Lehmann, Johannes 284f.
Lejjun, Al (Legio) 360
Lesseps, Ferdinand v. 432
Levi (Stamm) 121f., 129ff.
Libanon 33, 35, 79, 107, 115, 162, 196, 199, 338, 356, 396, 460, 462, 477, 479
Libanongebirge 79, 162, 164, 187, 196
Libyen 190
Linant (Lithograph) 424
Litani(fluß) 79, 187, 189, 373, 394f.
London 26, 80, 423f., 426, 432, 440, 444, 449–454, 458f.
Lot 57–62, 64, 70, 121
Luhit, Steige v. 186
Lukas (Evangelist) 266
Luna, Beatriz de 411
Luther, Martin 284
Lydda 205, 457

Ma'an 360, 432f.
Machairous, Machaerus 273f., 294, 318ff.
Madeba (Medeba) 59, 68, 186, 218ff., 270, 383, 435
Mafjir, Khirbet al 365f., 369
Magdala (Migdal) 279, 291, 293
Mahanajim 145–149, 154ff., 161f., 168
Mahmud II., Sultan 427
Makedonien 190f.
Makkeda 93
Malichus (Mörder) 227
Malichus (Malchos), Araberkg. 229, 234, 239, 242
Malik, Hischam Ibn Abdel 365f.
Malik Schah, Sultan 399
Malkischua 143, 145
Mamelucken 404–410, 415, 417, 484
Manasse (Stamm) 101f., 105f., 113, 117, 126ff., 142, 157, 185
Mangles, J. 424
Mari 109
Maria (Mutter Jesu) 276
Maria Komnene, Kgn. v. Jerusalem 384
Maria Magdalena 291, 294
Mariamne 228–231, 233, 237f., 240ff., 253

499

Masabala 335
Masada 139 ff., 212, 228–232, 240, 251, 301, 306, 310, 314 ff., 318, 321–326, 332, 335
Masri, Taher al 486
Mattatias 205 f., 218, 220
Matthäus (Evangelist) 278, 284
McMahon, Sir Henry 449 f.
Medeiniyeh, Khirbet al 68
Medina 193, 353 ff., 361, 364, 412, 433, 441, 443
Megiddo 79, 163
Meïr, Golda 463
Meissner, Heinrich August 432
Mekka 193, 352, 361, 364, 378 f., 381 f., 388, 412, 433, 437, 441, 450
Mendelssohn, Harald v. 287
Mendez, Juan 411
Mennäus 264 f.
Merenptah, Pharao 81, 93
Merwan II., Kalif 369
Mescha, Kg. v. Moab 174–177
Mesopotamien 67, 104, 107, 152, 182, 184 ff., 193, 374 f., 400
Michmas (Muchmas) 136
Midian 94 f., 116 ff.
Migdal (s. a. Magdala) 291
Mishmar Hayarden 459
Mittelmeer 35, 65, 78 ff., 82, 91, 95, 99, 102, 109, 113, 116, 121, 126 f., 129, 131, 138, 141, 150, 158, 162 f., 167, 180, 182 f., 187, 190 f., 193, 196, 198 ff., 202, 206, 212, 216 f., 219, 226, 228, 235 f., 239, 265, 272, 277, 287, 293, 299, 304, 306 f., 314, 332 f., 343, 350, 370 f., 373 ff., 382 f., 385, 393–396, 398, 402, 404, 410, 414, 416, 423, 427, 432, 434, 441, 448–452, 457, 479
Mitterrand, François 24, 29
Mizpa (in Gilead) 122 f., 130
Moab (Stammvater) 62
Moab, Moabiter 62–68, 70 f., 72 ff., 78, 105 f., 119, 139, 166, 174–177, 181, 185 ff., 199, 201, 258, 423, 427, 439, 450, 460
Mohammed Ali, Sultan 427, 429 f.
Mohammed Ibn Allah (Prophet) 351–354, 361–364, 369, 378
Mongolen 398, 402–406, 408, 484
Montfort 396

Mose 64–76, 78, 89, 94–97, 100, 103, 114, 125 f., 131, 168, 185, 193 f., 201, 205 f., 210, 219, 293, 390, 409, 424
Mot 99 f.
Mu'awija 361–364
Mubarak, Husni 22, 24 ff.
Murat, Joachim 419 f.
Murphy, Richard 19
Musil, Alois 435–441
Musil, Robert 435
Mustafa III., Sultan 414 f.
Mustafa Aga, Gen. 430
Muwatallis, Kg. d. Hethiter 79 f.

Naaman 172 f., 272
Nabatäer 191–196, 199, 207, 213, 219–222, 229 f., 234, 236, 239 f., 242–248, 273, 275, 329 ff., 346, 360, 424
Nabi Schu'eib 390; s. a. Jitro
Nablus 39, 42, 242, 471
Nabot 170, 179
Nadab, Kg. v. Israel 168
Naftali (Stamm) 109, 114, 117, 165
Nahal Hever 335 ff.
Nahr al Asi 79, 99; s. a. Orontes
Nahr al Kalb (Hundsfluß) 79
Napoleon I., Ks. 415–423, 427
Nasir Jussuf, Sultan 403
Nasser, Gamal Abdel 467, 469 f.
Nazaret 109, 276, 387, 390, 404, 418, 420, 457
Nebajot 192
Nebo, Berg 186
Nebukadnezar, Kg. v. Babylon 187, 197, 246
Negev (Wüste) 72, 461, 466, 468
Negev, Abraham 85, 195, 312
Nehemia 189 f., 199
Nero, röm. Ks. 300, 304 f., 314
New York, 20–23, 52 f., 457
Nikopolis 410
Nil 64 f., 77 ff., 81, 94–97, 103, 107 ff., 120, 127, 152, 167 f., 192, 196–200, 227, 234 ff., 238 f., 252, 307, 375 ff., 416 f., 427
Nimrud 400 f., 457
Nizam al Wulk, Wesir 399
Nur, Kgn. v. Jordanien 484 f., 487
Nuri, Fürst An 437

Obodas, Kg. d. Nabatäer 247
Octavian 228, 238, 240–243; s. a. Augustus, röm. Ks.
Odruh 360f., 363f.
Ölberg 153, 270, 317, 385, 460
Omaijaden 63, 364–369
Oman 485
Onfroy v. Toron 383ff.
Orontes (Nahr al Asi) 79, 99, 183, 187, 189
Osmanen, Osmanisches Reich 288, 408–411, 414f., 417, 419f., 423, 427–433, 436–443, 447–450
Österreich 428, 435, 437f., 440
Ostjordanland 102, 118, 120, 122ff., 134, 144f., 147, 149–152, 155, 161f., 169f., 174, 178f., 186, 190, 199, 201f., 206–210, 213, 219, 221f., 239, 242, 245, 248, 255, 270, 330f., 343f., 355, 358, 369, 374ff., 378, 383f., 393, 397, 424, 427ff., 431–434, 441, 447, 450, 472, 484–488; s. a. Oultrejourdain u. Transjordanien
Ostrom 350, 352ff., 360, 383
Othman, Kalif 361f.
Otho, röm. Ks. 316
Oultrejourdain 379–384, 388, 393, 396f., 411
Oxus 398

Pacorus 228
Palästina (Prov.) 418, 422f., 427f., 432ff., 440f., 443–446, 449
Palästina (Mandatsgebiet) 450–454, 457f., 463
Palästina (postulierter u. proklamierter Staat) 17f., 25, 29–38, 417, 467, 488
Palästinenser 17–54, 78, 202, 461ff., 472–488
Palmerston, Henry John Temple, Viscount 428
Pan 289
Paneias 289; s. a. Caesarea Philippi
Panium 307
Paris 416f., 422, 450
Parther 228f., 231, 253
Paulus (Apostel) 299
Peel, Sir Robert 453
Pella 301, 359f.
Perez, Shimon 44f.
Perser 189ff., 354, 374

Persien 350ff., 368f., 399f., 402f., 419
Petach Tikva 457
Petra 191–196, 199, 218ff., 229, 234, 243, 247, 273, 275, 312, 329ff., 344, 360, 415, 423ff.
Petrus (Simon Petrus, Apostel) 277–280, 282f., 286, 290, 293f., 298, 349
Pheroras 241
Phiala 307
Philadelphia 200, 215, 222, 240; s. a. Rabbat-Ammon
Philipp Arrhidaios 191
Philipp-August, frz. Kg. 395
Philippus (Sohn Herodes' d. Gr.), Tetrarch 252, 273ff., 289, 307
Philister 55, 127f., 130, 133–136, 139–146, 148, 150f., 168, 185, 202, 484
Philoteria 200
Phönizien 162, 165, 169, 180, 182, 193
Pierre de la Bretagne 397
Pilatus, Pontius 265f., 272, 298
Pisga (Ras Siyagha) 70, 72
Plinius d. Ältere 260
Pompejus, Gnäus P. Magnus 220, 222–227
Portugal 411
Powell, Colin 19
Preußen 428
Ptolemäer 196f., 199f.
Ptolemaios I., ägypt. Kg. 196f.
Ptolemaios II. Philadelphos, Kg. 196f.
Ptolemaïs 200, 210, 216; s. a. Akko
Ptolemäus, Claudius 218
Pulasti 126f.; s. a. Philister
Punon 67
Purasti s. Pulasti

Qal'at Aneza 414f.
Qal'at Hesa 414
Qal'at al Mishnaqa 273
Qal'at Nimrud 400; s. a. Subeibe
Qal'at Subeibe s. Subeibe
Qasr Amra s. A.
Qasr al Azraq s. A.
Qatrana 414
Qumran 258–263, 269–272, 285, 311f., 335
Quneitra 468

Rabat 480
Rabbat-Ammon (Philadelphia) 150ff., 155, 162, 166, 199f.; s.a. Amman
Rabel II., Kg. d. Nabatäer 331
Rabin, Yitzhak 46
Rahab 74f., 85f.
Raimund v. Aquilers 371
Rainald v. Châtillon 376–390, 392f., 396f., 400, 430, 439, 442
Rainald v. Sidon 394f.
Raimund v. Tiberias 387ff.
Raimund v. Toulouse 370f.
Rama 130, 139
Ramallah 87, 89, 147, 471
Ramot 178f.
Ramses II., Pharao 64, 78–81, 93
Raschid (Fürstenhaus) 437
Ras Siyagha 70; s.a. Pisga
Reagan, Ronald 24ff., 28, 36
Rehabeam, Kg. v. Juda 167
Rénier de Brus 401
Rhodos 240f.
Riad, Abdel Moneim 469ff.
Richard Löwenherz 395
Rizpa 148
Roberts, David 424–427
Rogers, William 475
Rom (Stadt) 212, 220, 222, 227, 229f., 233, 244–248, 252, 256, 272f., 275, 287, 299–302, 304, 314–318, 323, 332, 334, 344f., 347, 349f., 358
Rom, Römisches Reich 194ff., 200, 211ff., 220–228, 231–257, 265f., 272–275, 287, 294, 298–326, 329–339, 341–351, 354, 360, 363, 484
Rommel, Erwin 454
Rotes Meer 66, 94, 330, 380ff., 432f.
Rothschild, Edmond de 440
Ruben (Stamm) 102, 105
Rufus, Tinejus 265, 333f.
Rußland 415, 427f., 437

Saba, Kgn. v. 243
Sabäer 243f.
Sadat, Anwar as 25, 52, 478
Safed 338, 405f., 409ff., 415f., 418f., 426, 453, 457f.
Safi, As 61
Said, Mohammed 25
Saida 115, 196, 210

Sakhr 447f.
Saladin (Salah ed Din), Sultan 375–396, 402
Salmanassar III., Kg. v. Assua 182
Salome (Schwester Herodes' d. Gr.) 241f., 244, 251f.
Salome (Tochter Herodias') 274f.
Salomo, Kg. v. Juda u. Israel 73, 152, 155, 162–168, 180, 202, 243, 246f., 338, 419
Salt 41, 429, 446–450, 473, 484f.
Salzmeer s. Totes Meer
Samak 449
Samaria (Prov.) 175
Samaria (Stadt) 178, 181ff., 201, 227, 242, 252, 273, 293, 295, 297
Samuel 130–134, 136–143
Samuel, Sir Herbert 450
Sanders, Liman v. 449
Saturninus, Gaius Sentius 245
Saud (Herrscherhaus) 437
Saudi Arabien 22, 479
Saul 73, 129, 131–149, 153f., 167, 411
Saulus 299; s.a. Paulus
Scaurus, Aemilius 222f.
Scheba 157f.
Scheich Ali (Hügel) 284f.
Scheschong, Pharao 120
Schilo 125ff., 130
Schiltberger, Johannes 409f.
Schischak, Pharao 168
Schittim (Tell al Harman) 69f., 72, 75
Schubert, Gotthilf Heinrich v. 424
Schune 473
Schweden 19f., 24
Sebulon (Stamm) 109, 114
Seldschuken 372, 399ff., 484
Seleukia 346
Seleukiden, Reich der 198–201, 206, 210–218, 220
Selim I., Sultan 410
Selim II., Sultan 411
Sered (Nahr az Zered) 66f.
Severus, Julius 334
Shamir, Yitzhak 43, 45, 53, 484
Sharif, Abu Bazam 36
Sharon, Ariel 43, 45f., 481f.
Sheinbaum, Stanley 20
Shobaq 414
Shultz, George 17–26, 53
Sidon 158, 207, 287

Sihon, Amoriterkg. 68f., 78, 119
Silva, Flavius 320–324
Simeon Bar Jochai 338f.
Simlai 339
Simon (Makkabäer) 217f.
Simon (Sicarier) 314–317
Simon (Sklave des Herodes) 255f.
Simon Petrus s. Petrus
Simson 128
Sinai, Berg 64f., 95ff.
Sinai, Halbinsel 94–97, 103, 192, 379, 417, 432, 438, 467
Sisera 110f.
Skythopolis 200, 210f., 216, 219, 223, 226, 306, 312, 355, 373; s. a. Bet-Schean
Sodom 57–62, 66,121, 287, 312f., 370, 426
Sohänus 241
Soliman d. Prächtige, Sultan 411
Spanien 163, 211, 411
Sparta 215
Steinmann, Jean 269
Stockholm 20, 23, 25
Strabo 193ff.
Straßburg 29
Stratonsturm 197; s. a. Caesarea
Subeibe (Qal'at Nimrud) 400ff., 404
Suez(kanal) 52, 382, 431f., 438, 454, 460, 479
Sukkot 166
Sultani 442
Sylläus 242–248
Syrien 24f., 30, 34ff., 84, 99, 101, 162, 196, 200, 210, 215, 218ff., 227f., 231, 245, 252, 254, 288, 290, 330f., 333, 341, 343, 346, 350, 373ff., 400, 402ff., 406, 408, 410, 412, 427–430, 436, 450f., 459–462, 464f., 467–470, 478ff.

Tabaqat Fahl 359
Tabgha 284
Tabor, Berg 109f., 114, 142, 293, 420f., 449
Tahir, Omar at, Scheich 415
Takrid 375
Talal, Kg. v. Jordanien 464
Tall, Wasfi 476
Talleyrand, Charles Maurice de 417
Tamar 153

Tankred, Fürst v. Galiläa 372f.
Taricheai 303, 306, 308
Tekoa (Stadt) 334
Tel Aviv 20, 79, 136, 329, 451, 457, 459, 477
Tell, At 87f., 286; s. a. Betsaida
Tell Dan s. Dan
Tell al Harman 69; s. a. Schittim
Tell al Kedah 107f., 184; s. a. Hazor
Tell al Maqlub 132; s. a. Jabesch
Tell al Qadi 115; s. a. Dan
Tell as Sultan 83ff., 105, 107, 337; s. a. Jericho
Terach 70
Teverya 338–343, 349f., 355, 358; s. a. Tiberias
Thatcher, Magaret 24, 29
Theben 80
Tiberias 277, 303f., 306, 338ff., 349f., 358, 369, 372f., 376, 382, 387–390, 398, 411, 420, 426, 449, 458; s. a. Teverya
Tiberias Hammat 338, 343
Tiberius, röm. Ks. 265
Tiglatpilesar III., Kg. v. Assur 183
Tigris 103f., 109, 182, 184–187, 306, 345, 362
Timotheus 207
Timur 408
Titus, röm. Ks. 317f.
Tobija 199f., 207
Totes Meer 13, 54, 57ff., 62f., 65ff., 69, 72, 76ff., 82, 102, 113, 117, 121, 126, 129, 137, 139ff., 143, 167, 172, 174–178, 185–188, 190ff., 195f., 215, 219, 226, 228–231, 234–237, 239, 242, 249, 251ff., 258–263, 268ff., 272f., 285, 294ff., 308, 310ff., 315f., 318f., 321ff., 329, 332, 335ff., 355, 360, 370f., 373, 380f., 383, 385, 398, 409, 412ff., 426, 430, 433, 435, 438–444, 451, 460, 464, 466, 468, 486
Trachonitis 307
Trajan, röm. Ks. 329, 331
Transjordanien 38–41, 63, 69, 102, 363, 433f., 436f., 450ff., 458–463, 488
Truman, Harry S. 454
Tryphon 216f.
Tscherkessen 431

503

Tubariya 358; s. a. Tiberias, Teverya
Tunis 28, 50ff.
Türkei, Türken 190, 409f., 412, 430, 436–440, 442, 444, 446–449; s. a. Osmanen, Osman. Reich
Tyros 199, 210
Tyrus 109, 287

UdSSR 27f., 469, 488
Umm Qeis 358; s. a. Gadara
Urija 151f.
USA 17–29, 33f., 36, 43, 47, 52f., 440, 454, 466, 469, 475, 484, 488

Vaux, Roland de 259, 261
Vespasianus, Titus Flavius, röm. Ks. 304ff., 308f., 311–314, 317, 320, 323, 329, 339

Wadi Mujib 67
Wahdat (Amman New Camp) 487f.
Walters, Vernon 25f.
Washington 17, 20ff., 25–29, 36, 53, 465
Welid I., Khaled Ibn al, Kalif 356f.
Welid II., Kalif 367f.
Westjordanland 32ff., 37–41, 44f., 49–54, 77, 82, 87, 93, 102f., 121, 133, 146, 225, 370, 427f., 463, 465, 477, 481–484, 488

Wien 411, 435, 437f.
Wilhelm II., dt. Ks. 432
Wilhelm v. Tyrus 386, 390, 392
Wilson, Charles 282

Yadin, Yigael 262, 459
Yaln 136
Yavne 329

Zacharias 266ff.
Zachäus 296
Zaretan 166
Zarqa 39, 68
Zarqa (Fluß) 474, 476
Zebedäus 278
Zemach 459
Zenon 196–200
Zered, Nahr az s. Sered
Zerqa Ma'in 249
Zeus 201, 205f., 344, 347f.
Ziklag 143, 146
Zippori 389
Zoar 57, 59, 61f., 186; s. a. As Safi
Zor 162f., 166, 168f., 180, 182, 207; s. a. Tyrus
Zweistromland 67, 182ff., 189, 196, 369; s. a. Mesopotamien